혼자서 터득하는

원천징수와 4대보험
업무 가이드

혼자서 터득하는
원천징수와 4대보험 업무 가이드

2018년 10월 30일 초판 발행
2025년 3월 25일 7판 발행

지 은 이 ┃ 윤지영·최세영
발 행 인 ┃ 이희태
발 행 처 ┃ **삼일피더블유씨솔루션**
등록번호 ┃ 1995. 6. 26 제3-633호
주   소 ┃ 서울특별시 용산구 한강대로 273 용산빌딩 4층
전   화 ┃ 02)3489-3100
팩   스 ┃ 02)3489-3141
가   격 ┃ 29,000원

ISBN   979-11-6784-376-0 93320

2025년판 핵심세무시리즈

혼자서 터득하는

원천징수와 4대보험 업무 가이드

윤지영 · 최세영 공저

머리말

2021년 11월 19일부터 모든 사업자는 급여를 지급할 때 근로자에게 임금명세서를 의무적으로 교부해야 한다. 이러한 임금명세서를 작성하기 위해서는 기본적으로 소득세에 대한 원천징수세액 및 4대보험 사용인부담금에 대하여 반드시 알아야 한다. 이렇듯 급여관리뿐만 아니라 세무·노무관리는 회사의 핵심 업무영역으로 그 중요성이 더 커지고 있다. 따라서 인사(총무)·재정(회계)관리 실무자는 세무·노무업무의 원활한 처리를 위해서 원천징수제도와 4대보험 및 근로기준법에 대한 정확한 이해와 숙지가 필요하다.

본서에서는 원천징수제도에 대한 세법규정을 빠짐없이 정리하였고, 예제 및 사례를 통하여 혼자서도 실무에 적용할 수 있도록 내용을 충실하게 담아내었다. 또한, 노무업무에 대한 비중이 커지고 있는 현실을 반영하여 입·퇴사 신고와 보수총액신고, 근로내역확인서 및 이직확인서 등 서식 작성방법에 대하여 상세하게 설명하였다. 특히, 일용근로자나 외국인근로자, 해외파견 근로자, 휴직이나 출산전후휴가 등의 4대보험 업무규정도 실무에 적용할 수 있도록 정리하였다. 근로기준법 규정인 평균임금, 통상임금, 최저임금과 연차유급휴가수당, 연장(휴일, 야간)수당 등도 쉽게 접근할 수 있도록 노력하였다.

이에 대한 구체적인 특징은 다음과 같다.

1. 원천징수제도에 대한 기본개념(원천징수자, 세율, 납세지, 신고·납부방법, 가산세 등)을 혼자서도 터득할 수 있도록 설명하였다.

머리말

2. 개인소득별 원천징수에 관한 각 소득별 원천징수대상, 원천징수세율 및 신고·방법 등의 세법규정을 빠짐없이 정리하였다.

3. 원천징수이행상황신고서 작성방법 및 수정신고방법과 연말정산 시 추가징수·환급방법을 사례를 통하여 상세히 설명하였다.

4. 소득별로 지급명세서 제출시기 및 방법을 설명하고, 지급명세서 작성 사례를 알기 쉽게 설명하였다.

5. 입·퇴사 시 4대보험 관련 신고서의 작성방법을 자세히 설명하고, 개정 규정도 꼼꼼히 반영하였다.

6. 4대보험료의 정산방법을 설명하고, 보수총액신고서 작성 시 주의사항과 작성방법을 사례를 통하여 서술하였다.

7. 일용근로자, 단시간근로자, 외국인근로자, 해외파견 근로자, 휴직자, 노조전임자, 근로시간면제자, 친족 등의 4대보험 규정을 별도로 정리하여 효율성을 높였다.

8. 평균임금, 통상임금, 최저임금, 법정휴일, 주휴수당, 연차유급휴가수당, 연장(휴일, 야간)수당 등도 이해하기 쉽게 설명하였다.

마지막으로 집필하는 동안 함께하신 하나님께 모든 영광을 돌리며, 책을 마무리할 수 있도록 도움을 아끼지 않으신 한국세무사고시회 장보원 회장님과 삼일피더블유씨솔루션 이희태 대표이사님, 조원오 전무님 이하 임직원분에게 감사드린다.

이 책을 읽을 독자들에게 무한한 애정과 고마움을 전합니다.

- 저자 일동 -

차 례

차 례

차 례

제2편 알기 쉬운 4대보험 실무

차 례

차 례

제 **1** 편

알기 쉬운 원천징수 실무

제1장 원천징수제도

1. 원천징수제도란?

　원천징수대상 소득을 지급하는 자(국가, 법인, 개인사업자, 비사업자 등 : 원천징수의무자)가 소득을 지급하는 때에 소득자의 세금을 미리 징수하여 납부하는 것을 말한다.

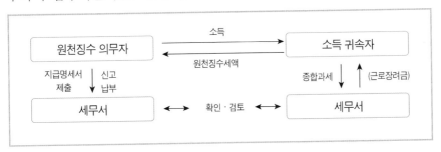

(1) 완납적 원천징수(분리과세)

　완납적 원천징수는 원천징수로 납세의무가 종결된다(분리과세). 주요 분리과세소득은 다음과 같다(세율은 지방소득세를 제외한 소득세율이다).

① 근로소득

　　㉠ 일용근로자의 급여액(6% 원천징수)

　　㉡ 단일세율 과세특례가 적용되는 외국인근로자 근로소득(19% 원천징수)

② 이자소득 및 배당소득

　　㉠ 법원에 납부한 보증금 및 경락대금에서 발생하는 이자소득 (14% 원천징수)

　　㉡ 비실명이자소득 및 배당소득(45% 또는 90% 원천징수)

　　㉢ 직장공제회초과반환금(연분연승법에 따른 기본세율 원천징수)

ㄹ 법인으로 보는 단체 외의 단체 중 수익을 구성원에게 배분하지
아니하는 단체로서 단체명을 표기하여 금융거래를 하는 단체가
금융회사 등으로부터 받는 이자소득 및 배당소득(14% 원천징수)

ㅁ 조세특례제한법에 의하여 분리과세되는 소득

ㅂ 상기 외 이자소득과 배당소득(출자공동사업에 따른 분배액 제외)
의 합계금액이 2,000만 원 이하인 경우(원천징수된 경우에 한함)

③ 기타소득

ㄱ 연금계좌에서 연금외수령(일시금수령을 의미)하는 다음 기타
소득(15% 원천징수)

❶ 연금계좌세액공제를 받은 금액

❷ 연금계좌의 운용실적에 따라 증가된 금액

ㄴ 무조건 분리과세되는 다음 기타소득
[20%(3억 원 초과 30%) 원천징수]

❶ 복권 및 복권기금법에 따른 복권당첨금

❷ 승마투표권(경마), 승자투표권(경정, 경륜), 소싸움경기투표
권, 체육진흥투표권의 환급금, 슬러트머신 및 투전기 등의 당
첨금품

❸ '❷'와 유사한 소득으로서 기획재정부령으로 정하는 소득

ㄷ 법 소정 서화·골동품의 양도로 발생하는 소득(20% 원천징수)

ㄹ 원천징수된 기타소득금액(상기 'ㄱ'부터 ㄷ'에 해당하는 경우 제
외)이 연 300만 원(필요경비 제외한 금액) 이하인 경우로서 분
리과세를 선택한 경우(20% 원천징수)

④ 사적연금소득

ㄱ 의료목적, 천재지변이나 그 밖에 부득이한 사유 등 법소정 요건
을 갖추어 연금계좌에서 연금형태로 인출하는 연금소득(3~5%
원천징수)

❶ 소득세법 제59조의3 제1항에 따라 연금계좌세액공제를 받은 금액

❷ 연금계좌의 운용실적에 따라 증가된 금액

ⓛ 퇴직소득세 과세이연규정에 따라 원천징수되지 아니한 퇴직소득을 연금수령하는 연금소득(연금외수령하는 경우 원천징수세액의 70% 또는 60%)

ⓒ 'ⓖ' 및 'ⓛ'을 제외한 연금소득의 경우

❶ 총연금액이 1,500만 원 이하인 경우

: 분리(저율)과세[1]와 종합과세를 선택할 수 있다.

❷ 총연금액이 1,500만 원 초과인 경우

: 15% 분리과세와 종합과세를 선택할 수 있다(2023년부터 적용, 2023년 1,200만 원).

(2) 예납적 원천징수

원천징수에 의하여 납세의무가 종결되는 것이 아니라 확정신고(연말정산)하여야 하며, 해당 원천징수세액은 납부할 세액에 대한 예납적 성격으로 자진납부세액 계산 시 기납부세액으로 공제한다.

구분		신고의무
원천징수되는 소득	완납적 원천징수	납세의무 종결되어 확정신고의무 없음(분리과세).
	예납적 원천징수	납세의무 종결되지 않고 확정신고의무 있음(종합과세).
원천징수되지 않는 소득		

---

1) (55세~69세)5%, (70세~79세)4%, (80세~)3%, (종신수령)4%

소득세법상 열거된 소득에 대한 종합과세를 원칙으로 하되, 일부 분류과세 및 분리과세를 한다.

- 종합과세: 종합소득 중 과세기간 발생소득을 합산하여 과세. 누진세율 적용 (비과세, 분리과세 제외)
- 분리과세: 종합소득 중 법에서 규정한 특정소득에 대하여는 소득의 지급자가 원천징수하고 과세를 종결하는 방식
- 분류과세: 소득세법상 개인소득 중에서 양도소득, 퇴직소득은 장기간 집적·형성된 점을 감안하여 종합소득으로 합산과세하지 않고 각각 별도로 과세

과세방법		개인소득 구분
종합과세	종합소득세	연간 2천만 원 초과 금융소득 (이자소득+배당소득)
		사업소득
		근로소득
		연금소득
		기타소득
분류과세	퇴직소득세	퇴직소득
	양도소득세	양도소득
분리과세	원천징수세	개인소득 중 분리과세대상 소득

2. 거주자 및 비거주자 판정

(1) 판정기준

① 국내에 주소를 두거나 1과세기간 동안 국내에 183일 이상 거소를 둔 개인은 거주자라 하고, 거주자가 아닌 개인을 비거주자라 한다.

- 주소는 국내에서 생계를 같이 하는 가족 및 국내에 소재하는 자산의 유무 등 생활관계의 객관적 사실에 따라 판정한다.
- 거소는 주소지 외의 장소 중 상당기간에 걸쳐 거주하는 장소로서 주소와 같이 밀접한 일반적 생활관계가 형성되지 아니하는 장소를 말한다.

② 국내에 거주하는 개인이 국내에 주소를 가진 것으로 보는 경우
　㉠ 계속하여 183일 이상 국내에 거주할 것을 통상 필요로 하는 직업을 가진 때
　㉡ 국내에 생계를 같이 하는 가족이 있고, 그 직업 및 자산상태에 비추어 계속하여 183일 이상 국내에 거주할 것으로 인정되는 때
③ 국외에 거주 또는 근무하는 자가 국내에 주소가 없는 것으로 보는 경우
　외국국적을 가졌거나 외국 영주권을 얻은 자로서 국내에 생계를 같이 하는 가족이 없고, 그 직업 및 자산상태에 비추어 다시 입국하여 주로 국내에 거주하리라고 인정되지 아니하는 때
④ 외국을 항행하는 선박 또는 항공기의 승무원
　승무원과 생계를 같이 하는 가족이 거주하는 장소 또는 승무원이 근무기간 외의 기간 중 통상 체재하는 장소가 국내에 있는 때에는 당해 승무원의 주소는 국내에 있는 것으로 본다.

(2) 거주기간의 계산

① 국내에 거소를 둔 기간은 입국하는 날의 다음 날부터 출국하는 날까지로 한다.
② 국내에 거소를 두고 있던 개인이 출국 후 다시 입국한 경우에 출국 목적이 관광, 질병의 치료 등으로서 명백하게 일시적인 것으로 인정되는 때에는 출국한 기간도 국내에 거소를 둔 기간으로 본다.

③ 국내에 거소를 둔 기간이 1과세기간 동안 183일 이상인 경우에는 국내에 183일 이상 거소를 둔 것으로 본다(2018. 2. 13. 속하는 과세기간에 발생하는 소득분부터 적용).: 개정 전에는 국내에 거소를 둔 기간이 '2과세기간에 걸쳐 183일 이상'인 경우에 거주자로 판정하였다.

④ 재외동포가 입국한 경우 입국 목적이 관광, 질병의 치료 등에 해당하여 입국한 기간이 명백하게 일시적인 것으로 인정되는 때에는 해당 기간은 국내에 거소를 둔 기간으로 보지 아니한다.

(3) 거주자 판정 특례

국외에서 근무하는 공무원, 거주자나 내국법인의 국외사업장 또는 해외현지법인(내국법인이 발행주식총수 또는 출자지분의 100%를 직접 또는 간접 출자한 경우에 한정) 등에 파견된 임직원은 거주자로 본다.

(4) 소득세법에 따른 거주자 및 비거주자의 과세범위

1) 거주자

소득세법에서 규정하는 국내·외의 모든 소득에 과세한다.

다만, 해당 과세기간 종료일 10년 전부터 국내에 주소나 거소를 둔 기간의 합계가 5년 이하인 외국인 거주자에게는 과세대상소득 중 국외에서 발생한 소득의 경우 국내에서 지급되거나, 국내로 송금된 소득에 대해서만 과세한다.

2) 비거주자

소득세법 제119조에 따른 열거된 국내원천소득에 한하여 과세한다.

소득자	소득발생처	과세 여부	비고
거주자	국내	과세	
	국외	과세	일부 비과세 혜택 단기 외국인 거주자의 국외원천소득 과세 완화*
비거주자	국내	과세	국내원천소득에 대해서만 과세
	국외	과세 제외	예 비거주자가 내국법인의 해외지점에서 근무하는 경우

* 외국인 거주자로서 해당 과세기간 종료일로부터 소급하여 10년 동안 국내에 주소나 거소를 둔 기간의 합계가 5년 이하인 개인의 국외원천소득의 경우, 국내에서 지급되거나 국내로 송금된 금액에 대해서만 과세

● 외국인근로자에 대한 과세방법

1) 외국인근로자 개념

외국인근로자는 해당 과세연도 종료일 현재 대한민국의 국적을 가지지 아니한 사람을 의미하므로, 거주자 중 외국인과 비거주자 중 외국인근로자를 말한다. 대한민국 국적을 가진 재외국민은 외국인근로자가 아니다.

2) 외국인근로자에 대한 (단일세율)과세특례(조세특례제한법 제18조의2)

① 대상소득

외국인근로자(일용직근로자 제외)이 국내에 근무(특수관계기업에 근로를 제공하는 경우는 제외)함으로써 받는 근로소득으로서 2023. 12. 31. 이전에 국내에서 최초로 근로를 제공한 날부터 20년 이내에 끝나는 과세기간까지 받는 근로소득

② 세액계산

해당 근로소득(사택제공이익을 제외한 비과세소득 등은 포함)에 19%를 곱한 금액을 세액으로 할 수 있다. 이때 소득세법 및 조세특례제한법에 따른 소득세와 관련된 비과세, 공제, 감면 및 세액공제에 관한 규정을 적용하지 않으며, 해당 근로소득 종합소득과세표준과 합산하지 않는다. 또한 매월분 근로소득 지급 시 간이세액표에 불구하고 19% 원천징수할 수 있다.

③ 신청절차

근로소득세액의 연말정산을 하는 때에 근로소득자 소득·세액공제 신고서에 외국인근로자 단일세율적용신청서(조세특례제한법 시행규칙 별지 제8호 서식)를 첨부하여 원천징수의무자·납세조합 또는 납세지 관할 세무서장에게 제출하여야 한다.

3) 외국인근로자의 연말정산(소득세법 제122조)

외국인근로자가 거주자인 경우 내국인 거주자와 동일한 방법으로 연말 정산하되, 주택마련저축 소득공제는 세대주만 받을 수 있으므로 외국인 은 적용되지 않는다. 또한 2021. 1. 1. 이후부터 주택임차자금 원리금 상환액·장기주택저당차입금 이자액·월세액을 지급하는 경우에 다음의 요건을 충족한다면 주택자금 소득공제 등을 적용한다.

① 외국인근로자 요건

㉠ 「출입국관리법」에 따라 등록한 외국인 또는 「재외동포법」에 따라 등록한 외국국적동포

㉡ 배우자, 생계를 같이 하는 직계존비속 등이 주택자금공제를 받지 않은 경우

② 주택임차자금 차입금 요건

㉠ 임대차 계약증서 입주일과 체류지 등록일 또는 거소신고일 중 빠른 날부터 3개월 이내에 차입

㉡ 거주자 또는 거주자의 기본공제대상자가 임대차계약을 체결

③ 월세세액공제 대상 주택

㉠ 국민주택규모 또는 기준시가 3억 원 이하

㉡ 거주자 또는 거주자의 기본공제대상자가 임대차계약을 체결

㉢ 임대차계약증서의 주소지와 체류지 또는 거소신고지가 같을 것

4) 외국법인 소속 국내 파견 고소득 근로자의 원천징수

2022. 4. 1. 이후 개시하는 사업연도부터 다음 요건을 충족하는 사용 내국 법인은 파견 외국법인에 지급하는 금액에 대하여 원천징수하여야 한다.

① 다음 ㉮, ㉯ 중 어느 하나에 해당하는 경우

㉮ 파견외국법인과 계약상 근로대가의 합이 20억 원 초과

㉯ 직전연도 실제 근로대가의 합이 20억 원 초과

② 직전 사업연도 매출액 1,500억 원 또는 자산총액 5천억 원 이상의
  대기업
③ 항공운송업, 건설업, 과학 및 기술서비스업 등의 업종을 영위

3. 원천징수의무자의 범위

(1) 원천징수의무자

소득세법상 이자·배당소득, 근로소득, 기타소득, 퇴직소득 및 법인세법
상 이자소득 등 원천징수대상으로 되는 소득을 지급하는 국가, 법인, 개인
사업자, 비사업자는 원천징수의무자이다.

다만, 원천징수대상인 사업소득을 지급하는 자가 사업자가 아닌 개인인
경우 원천징수의무는 없다.

(2) 원천징수의무의 대리

원천징수를 하여야 할 자(원천징수대상 사업소득의 경우에는 사업자
등으로 한정)를 대리하거나 그 위임을 받은 자의 행위는 수권 또는 위임
의 범위에서 본인 또는 위임인의 행위로 보아 소득세(법인세)를 원천징
수하여야 한다.

(비거주자 및 외국법인은 요약표에서 제외함: 비거주자 및 외국법인은 국내원천소득 중 원천징수대상 소득에 대하여 원천징수하며 조세조약이 우선한다.)

원천징수의무자	소득자	원천징수대상 소득
소득을 지급하는 자* (국가, 법인, 개인사업자, 비사업자)	내국법인	• 이자소득 • 배당소득 중에서 집합투자기구이익 중 투자신탁의 이익
	비사업자	이자소득, 배당소득, 근로소득, 연금소득, 기타소득, 퇴직소득(양도소득 제외)
사업자 (국가, 법인, 개인사업자)	개인사업자	면세대상인적용역, 의료보건용역 사업

* 이자소득, 근로소득, 퇴직소득, 기타소득을 지급하는 자가 사업자등록번호 또는 고유번호가 없는 개인인 경우라도 원천징수의무자로서 원천징수세액을 납부할 의무가 있다.

비사업자(사업자등록 없는 사업자 포함)인 개인이 원천징수의무자인 경우 원천신고하는 방법

【사례】 면세대상 인적용역대상자(작가, 운동선수 등)가 사업소득 원천 징수대상 소득을 지급하는 경우

(1) 홈택스에서 공동인증 등으로 로그인
　　　⇨ 신고/납부 ⇨ 원천세를 선택한다.

(2) 일반신고 ⇨ 정기신고작성을 선택한다.

(3) 원천징수의무자(소득을 지급하는 자)의 주민등록번호와 지급받는 자의
소득종류를 입력한다.

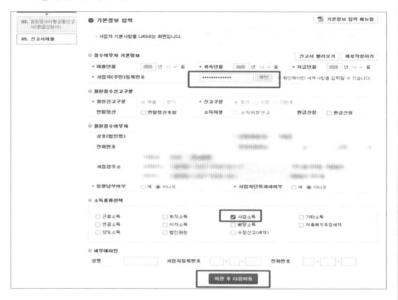

(4) 인원수를 입력하고 총지급액 및 소득세 등을 입력한다. 이때 소득세
등 입력 시 지방소득세액은 제외한다(홈택스는 국세(소득세 등)를 신
고하는 사이트이고, 지방세인 지방소득세 등은 이택스(위택스)에서
신고·납부한다).

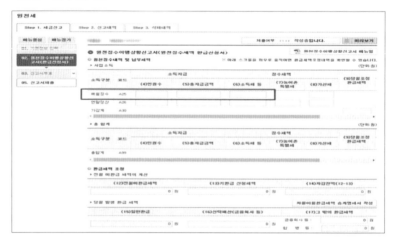

(5) 해당사항 없으면 [저장 후 다음이동]을 선택한다.

(6) 내용을 확인하고 [신고서 제출하기]를 선택한다.
    [Step 2. 신고내역]을 선택하면 납부서 및 영수증을 출력할 수 있다.

(7) 원천징수 신고납부 후 다음 연도에 관련 지급명세서를 반드시 제출하
    여야 한다(미제출시 가산세 있음).

윤셈의 톡톡

대표이사가 법인으로부터 자금을 차입(가지급금)한 후 이자(비영업대금이익)를 지급하는 경우 대표이사에게 원천징수의무가 있으므로, 대표이사는 법인의 이자소득에 대한 법인세를 원천징수하여 신고·납부하여야 한다. 다만, 금전소비대차계약 시 법인에게 원천징수를 대리(위임)하게 한다면 법인이 원천징수하여 신고·납부할 수 있다. 이 경우에는 원천징수이행상황신고서상의 원천징수의무자와 소득자가 모두 법인이 된다.

4. 원천징수대상 소득과 원천징수세율

(1) 소득자가 거주자인 경우

※ 연간 2천만 원 이하의 이자·배당소득은 원천징수로 납세의무가 종결되므로 종합소득세 과세표준 합산신고 대상이 아니다. 연간 300만 원 이하의 기타소득금액은 분리과세를 선택할 수 있다. 또한, 연 1,200만 원 이하의 사적연금소득은 분리과세(3%,4%,5%)를 선택할 수 있으며, 연 1,200만 원 초과하는 사적연금소득은 15% 분리과세를 선택할 수 있다.

원천징수대상 소득		원천징수세율(지방소득세 포함)
이자소득	비영업대금이익	27.5% (P2P 투자 이자소득: 15.4%)
	직장공제회 초과반환금	기본세율
	비실명 이자소득	49.5%
	금융실명법(제5조)에 따른 비실명소득(차등과세)	99% 원천징수의무자가 고의 또는 중과실 없이 15.4%로 원천징수한 경우에는 실소유자가 소득세 원천징수 부족액을 납부함(2019. 1. 1. 이후 지급하는 소득분부터 적용).
	분리과세 이자소득	5.5%, 9.9%(또는 15.4%)
	그 밖의 이자소득	15.4%

원천징수대상 소득			원천징수세율(지방소득세 포함)
배당소득 (배당가산 액 제외)	출자공동사업자의 배당소득		27.5%
	비실명 배당소득		49.5%
	금융실명법(제5조)에 따른 비실명소득(차등과세)		99%
	분리과세 배당소득		5.5%, 9.9%(또는 15.4%)
	위 이외의 배당소득		**15.4%**
근로소득	국내 근로소득	근로소득 (연말정산)	기본세율
		매월분 근로소득	기본세율 (근로소득간이세액표 적용)
		일용근로자 근로소득	6.6%
	국외근로소득		해당사항 없음.
연금소득	국민연금, 공무원연금 등		기본세율(연금소득간이세액표 적 용한 후 연말정산)
	연금계좌납입액이나 운용실적 에 따라 증가된 금액을 연금 수령한 연금소득		나이와 소득유형에 따른 차등세율 (3.3%, 4.4%, 5.5%)[2]

---

2) 공적연금 이외의 소득에 대하여는 다음의 원천징수세율이 적용된다. 이 경우 다음의 요건을 동시에 충족하는 때에는 낮은 세율을 적용한다.

① 연금소득자의 나이에 따른 다음의 세율(지방소득세 포함)

나이(연금수령일 현재)	세율
55세 이상 70세 미만	5.5%
70세 이상 80세 미만	4.4%
80세 이상	3.3%

② 사망할 때까지 연금수령하는 법, 소정의 종신계약에 따라 받는 연금소득에 대해서는 4.4%(지방소득세 포함)

원천징수대상 소득		원천징수세율(지방소득세 포함)
연금소득	이연퇴직소득의 연금수령	① 연금수령시점 10년 이하 $$\left(\dfrac{이연퇴직소득세}{이연퇴직소득} \times 70\%\right)$$ ② 연금수령시점 10년 초과 (지방소득세 별도) $$\left(\dfrac{이연퇴직소득세}{이연퇴직소득} \times 60\%\right)$$
사업소득	원천징수대상 사업소득	3.3% (거주자인 외국인 직업운동가는 22%, 보험모집인 등에 대해서는 연말정산)
	위 이외의 사업수입	해당사항 없음. (납세조합징수 가능)
기타소득	복권당첨금 중 3억 원 초과분	33%(3억 원 이하 22%)
	연금계좌의 연금외수령	16.5%
	종교인소득(연말정산)	기본세율
	매월분 종교인소득	기본세율(간이세액표 적용)
	기타소득 (봉사료수입금액을 적용받는 분 제외)	22%
	계약의 위약·해약으로 받은 위약금·배상금, 뇌물·알선수재 및 배임수재로 인해 받은 금품	해당사항 없음.
봉사료수입금액		5.5%*
퇴직소득 (국외근로소득자의 퇴직소득은 제외)		기본세율

* 사업자(법인 포함)가 음식·숙박용역이나 서비스용역을 공급하고 그 대가를 받을 때 원천징수대상 봉사료를 함께 받아(봉사료의 금액이 공급가액의 20%를 초과하는 경우) 해당 소득자에게 지급하는 경우에는 그 사업자가 그 봉사료에 대한 소득세를 원천징수하여야 한다.

(2) 소득자가 내국법인인 경우

원천징수대상 소득		원천징수세율(지방소득세 포함)
이자소득	비영업대금의 이익	27.5%
	그 외 이자소득	15.4%
배당소득	투자신탁의 이익	15.4%

※ 법인과세 신탁재산이 이자소득 등을 지급받고, 법인과세 신탁재산의 수탁자가 금융회사 등인 경우 원천징수하지 않는다(2021. 1. 1. 이후 신탁계약을 체결하는 분부터 적용).

윤셈의 톡톡

배당소득에서 이익배당은 현금배당하거나 주식배당 또는 현물배당으로 할 수 있다.

이때 주식배당소득의 수입시기는 법인의 잉여금처분결의일이며 원천징수시기는 현금배당과 같이 실지 이를 지급하는 시점이다. 주식을 지급하지 않고 등기하는 방법으로 지급하였다면 등기일에 15.4%(지방소득세 포함) 세율을 적용하여 원천징수하여야 할 것으로 보인다. 또한 잉여금처분결의일로부터 3개월이 되는 날까지 지급하지 아니한 경우에는 그 3개월이 되는 날에 배당소득을 지급한 것으로 보아 반드시 소득세를 원천징수하여야 하며, 원천징수하지 않을 경우 원천징수 등 납부지연가산세가 부과된다.

윤셈의 톡톡

내국법인에 대한 배당은 원천징수대상에 해당하지 않으므로 원천징수세액은 없으나 지급명세서도 제출하여야 하며 미제출 시 가산세가 부과된다. 다만, 금융회사 등에 지급하는 이자소득 중 원천징수대상 채권 등 외의 소득에 대하여는 지급명세서를 제출하지 아니한다.

5. 원천징수의 시기와 방법

(1) 원천징수의 시기

원천징수의무자는 원천징수대상 소득금액 또는 수입금액을 지급하는 때에 원천징수한다.

(2) 원천징수시기에 대한 특례(지급시기의제)

특례적용 시점까지 지급하지 아니한 경우 원천징수시기 특례가 적용되어 특례적용 시기에 지급한 것으로 보아 원천징수하여야 하며, 원천징수하지 않는 경우에는 원천징수 등 납부지연가산세가 부과된다.

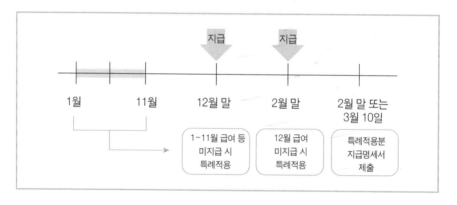

원천징수의무자가 원천징수대상 소득금액을 실제 지급하지 않았지만, 다음에 정한 때에는 지급한 것으로 보아 원천징수를 하여야 한다. 원천징수시기 특례규정이 적용된 경우, 원천징수시기 특례가 적용되는 소득(근로, 사업연말, 퇴직소득)에 대하여 지급명세서를 법정 제출기한까지 제출하여야 한다.

구분	원천징수시기 특례적용
근로소득	• 1~11월 근로소득을 12월 31일까지 지급하지 않은 경우: 12월 31일 • 12월분 근로소득을 다음 연도 2월 말일까지 지급하지 않은 경우: 2월 말일
퇴직소득	• 1~11월 퇴직자의 퇴직소득을 12월 31일까지 지급하지 않은 경우: 12월 31일 • 12월 퇴직자의 퇴직소득을 다음 연도 2월 말일까지 지급하지 않은 경우: 2월 말일
이자 · 배당소득	법인이 이익처분 등에 따른 배당 · 분배금을 처분 결정한 날부터 3개월이 되는 날까지 지급하지 아니한 경우: 3개월이 되는 날 (다만, 11월 1일부터 12월 31일까지의 사이에 결정된 처분에 따라 다음 연도 2월 말일까지 배당소득을 지급하지 아니한 경우: 처분을 결정한 날이 속하는 과세기간의 다음 연도 2월 말일)
연말정산 사업소득	• 1~11월의 연말정산 사업소득을 12월 31일까지 지급하지 않은 경우: 12월 31일 • 12월분 연말정산 사업소득을 다음 연도 2월 말일까지 지급하지 않은 경우: 2월 말일

● 원천징수하지 않는 경우

① 원천징수 제외
  ㉠ 소득세(법인세)가 과세되지 아니하거나 면제되는 소득
  ㉡ 과세최저한(건별 기타소득금액 5만 원 이하 등) 적용 기타소득금액
② 원천징수 배제소득
  원천징수대상 소득으로서 발생 후 지급되지 아니함으로써 소득세가 원천징수되지 아니한 소득이 종합소득에 합산되어 소득세가 과세된 경우 그 소득을 지급할 때에는 소득세를 원천징수하지 아니한다.

③ 납세의무자가 이미 종합소득 과세표준 확정신고 · 납부한 경우

원천징수대상 소득을 지급하면서 원천징수를 하지 않았으나 해당 소득자가 그 소득금액을 이미 종합소득 또는 법인세 과세표준에 합산하여 신고하였거나 과세관청에서 소득세 등을 부과 · 징수한 경우는 원천징수하지 아니한다.

구 분	내 용
원천징수의무자 납부의무	이미 소득자가 종합소득세 등 신고 시 합산하여 납부한 경우 납부할 필요 없음.
지급명세서 제출의무	원천징수대상 소득에 대해 원천징수 여부와 관계없이 지급명세서를 제출해야 함. 지급명세서미제출가산세 적용 대상임.

④ 소액부징수

㉠ 소득세 또는 법인세의 원천징수에 있어서 당해 세액이 1,000원 미만인 때에는 원천징수를 하지 아니한다. 다만, 거주자에게 지급되는 이자소득, 인적용역 사업소득(2024. 7. 1. 이후 지급분부터)의 경우 당해 소득에 대한 원천징수세액이 1,000원 미만이더라도 원천징수를 하여야 한다.

㉡ 일용근로자에게 일당을 한꺼번에 지급하는 경우 소득자별 지급액에 대한 원천징수세액 합계액을 기준으로 소액부징수 대상 여부를 판단하여야 한다.

🏛️ 윤쌤의 톡톡

개인사업자 법인전환 시 기타소득으로 보는 영업권

기타소득으로 보는 영업권의 수입시기가 대금을 청산한 날, 자산을 인도한 날 또는 사용 · 수익일 중 빠른 날(다만, 대금을 청산하기 전에 자산을 인도 또는 사용 · 수익하였으나 대금이 확정되지 아니한 경우 그 대금 지급일)이므로 수입시기의 다음 연도 5월(6월) 종합소득확정신고 시 영업권 전체 금액에 대하여 신고 · 납부해야 한다(수령여부 불문). 이때 법인이 이미 종합소득 과세표준 확정신고 · 납부한 영업권 대가를 지급하는 때에는 원천징수 배제대상으로 원천징수는 하지 않으나 기타소득지급명세서는 제출하여야 한다.

(3) 원천징수영수증 발급

원천징수의무자는 그 지급받는 자에게 원천징수영수증을 발급하여야 하며, 그 지급받은 자의 실지명의를 확인하여야 한다. 다만, 원고료, 강연료, 해설계몽 또는 연기의 심사 등을 하고 받은 보수에 해당하는 기타소득으로서 100만 원(필요경비를 공제하기 전의 금액을 말함) 이하의 금액을 지급하는 경우에는 지급받는 자가 원천징수영수증의 교부를 요구하는 경우를 제외하고는 이를 교부하지 않을 수 있다.

대상	교부시기
계속 근로자	해당 과세기간의 다음 연도 2월 말일까지 교부 ※ 다만, 종된 근무지의 원천징수의무자는 주된 근무지의 연말정산을 받고자 하는 자의 원천징수영수증을 즉시 교부
중도 퇴직자	퇴직일이 속하는 달까지의 근로소득에 대하여 그 퇴직일이 속하는 달의 급여 지급일 다음 달 말일까지 교부
일용 근로자	지급일이 속하는 달의 다음 달 말일까지 교부
퇴직소득	그 지급일의 다음 달 말일까지 교부

소득구분		교부시기
이자소득·배당소득		지급하는 때
사업소득	연말정산 대상소득	연말정산일이 속하는 달의 다음 달 말일까지
	연말정산 대상 제외 소득	지급하는 때
연금소득	국민연금·직역연금	다음 연도 2월 말일까지
	퇴직연금·사적연금	지급하는 때
기타소득	종교인소득	연말정산일이 속하는 달의 다음 달 말일까지
	종교인소득 외	지급하는 때

6. 원천징수세액의 납세지

(1) 원천징수세액의 납세지

원천징수 관할 세무서장에게 신고·납부하여야 한다.

원천징수의무자		원천징수 납세지
개인	거주자	• 거주자의 주된 사업장의 소재지 • 주된 사업장 외의 사업장에서 원천징수하는 경우 그 사업장의 소재지 • 사업장이 없는 경우에는 거주자의 주소지 또는 거소지
	비거주자	• 비거주자의 주된 국내사업장의 소재지 • 주된 국내사업장 외의 국내사업장에서 원천징수를 하는 경우에는 그 국내사업장의 소재지 • 국내사업장이 없는 경우에는 비거주자의 거주지 또는 체류지
		비거주자의 국내원천소득의 원천징수의무자 (위의 납세지를 가지지 아니한 경우) • 유가증권 양도소득의 경우 유가증권을 발행한 내국법인 또는 외국법인의 국내사업장의 소재지 • 그 외의 경우 국세청장이 정하는 장소
법인	원 칙	• 법인의 본점 또는 주사무소의 소재지(소재지가 없는 경우: 사업의 실질적 관리장소) • 법인으로 보는 단체인 경우: 당해 단체의 사업장 소재지 (사업장이 없는 단체의 경우 대표자 또는 관리인의 주소) • 외국법인인 경우: 당해 법인의 주된 국내사업장 소재지
	독립채산제 지점 등	법인의 지점·영업소 그 밖의 사업장이 독립채산제에 따라 독자적으로 회계사무를 처리하는 경우 그 사업장의 소재지 (독립채산제 사업장의 소재지가 국외에 있는 경우 제외)
	• 본점일괄납부 • 사업자단위로 등록한 경우[3]	법인의 본점 또는 주사무소 소재지
	납세조합	• 납세조합의 소재지

(2) 본점일괄납부 특례

법인의 지점·영업소 등 사업장이 독립채산제에 의해 독자적으로 회계
사무를 처리하는 경우 원천징수세액은 각 지점 등에서 납부하여야 하나,
본점 관할 세무서장에게 원천징수세액 본점일괄납부신청서를 제출한 경
우 본점이나 주사무소에서 일괄하여 원천징수세액을 납부한다.

1) 본점일괄납부 신청 및 신고·납부

① 본점일괄납부신고서 제출

독립채산제 지점 등에서 지급하는 소득의 원천징수세액을 본점 등에서
일괄납부하고자 하는 때에는 일괄납부하려는 달의 말일부터 1개월 전까
지 원천징수세액 본점일괄납부신고서를 본점 등의 관할 세무서장에게 제
출하여야 한다. 일괄납부는 모든 세목을 신청하거나 세목별로 부분신청
가능하다.

② 신고 및 납부방법

본점일괄납부 사업자는 본점일괄납부대상 사업장의 원천징수내역을
1장의 신고서에 작성하여 신고·납부하여야 한다.

③ 철회신청

원천징수세액 본점일괄납부 법인이 당해 원천징수세액을 각 지점별로

---

3) 본점일괄납부 승인신청서를 제출하지 않아도 본점 또는 주사무소에서 총괄하여 납부할 수
   있다. 다만, 법인의 지점에 대한 지방소득세(특별징수분)는 각 지자체에 별도로 납부해야
   한다.

납부하고자 하는 때에는 원천징수세액 본점일괄납부 철회신청서를 관할 세무서장에게 제출하여야 한다. 다만, 승인받은 날이 속하는 날부터 3년 이내에는 철회신청을 할 수 없다.

❏ **본점일괄납부**

원천징수이행상황 신고서 제출	매월분 원천징수이행상황신고서상 총지급액, 징수할 세액, 납부할 세액에 대해 이를 본점이 1장으로 작성하여 제출한다.
지급명세서 제출	본점에서 일괄제출한다. 다만, 지점분에 대해서는 지점 사업자등록번호를 기재한다.
연말정산 실시	연말정산은 지점별로 실시하고 지점분 환급세액을 본점에서 일괄조정환급하거나 환급신청한다.

❏ **독립채산제에 의하여 독자적으로 회계 사무를 처리하는 경우**

법인의 지점 또는 영업소가 당해 사업장과 관련된 일상적인 수입과 지출을 지점장 등의 책임하에 입금 또는 지출처리하고 그 실적을 손익계산서나 원가계산서 등으로 나타내어 본점에 보고하는 경우(자금관리목적 또는 전산시스템에 의한 계산 등의 사유로 지점 등에 근무하는 종업원의 급여 또는 퇴직금 등 대규모 지출항목은 본점에서 직접 지출하고 회계처리는 지점 등에서 처리하는 경우 포함)를 말한다.

[별지 제62호의2 서식] (2019. 3. 20. 개정)

원천징수세액 본점일괄납부신고서

접수번호	접수일자		처리기간

신고인	① 법 인 명		② 사업자등록번호
	③ 본점소재지		
	④ 대표자성명		⑤ 주 민 등 록 번 호

일괄납부적용 개시일	년 월 귀속분(년 월 일 납부분)부터

원천징수세액신고납부실적	구 분	소득세							법인세
		이자소득	배당소득	사업소득	근로소득	기타소득	퇴직소득	연금소득	
	합 계								
	본 점								
	지점계								
	지점 ( )								
	지점 ( )								
	지점 ( )								

「법인세법 시행규칙」 제2조의3에 따라 원천징수세액 본점일괄납부 신고서를 제출합니다.

년   월   일

신 고 인   (서명 또는 인)

세 무 서 장 귀하

작 성 방 법

1. 신고납부실적은 신고일이 속하는 연도의 직전 연도의 실적을 적습니다.
2. (   )에는 지점의 사업자등록번호를 적습니다.

210mm×297mm[백상지 80g/㎡ 또는 중질지 80g/㎡]

(3) 사업자단위과세사업자

사업자단위로 등록한 법인 및 개인사업자는 본점 등을 원천징수세액의 납세지로 할 수 있다. 이때 사업자단위과세사업자로 전환되는 월 이후 지급하거나 연말정산하는 소득에 대해 법인의 본점 등에서 1장의 원천징수이행상황신고서를 작성하여 제출한다.

> **윤셈의 톡톡: 국가기관 등의 원천징수**
>
> ❑ 국가, 지자체 등의 경우 근로소득, 사업소득, 기타소득 등에 대해 본부에서 일괄하여 납부하는 경우에는 지부 등에서 원천징수한 세액을 포함하여 원천징수이행상황신고서를 본점에서 작성한다.
>
> ❑ 세무중학교 교직원 급여는 교육청에서 지급하고 강사료는 학교에서 지급한 경우, 교육청의 원천징수이행상황신고서에 강사료에 대한 원천징수내역을 포함하여 신고·납부 및 교육청 명의로 지급명세서 제출한다.

구분	교직원 급여	강사료	원천징수 신고 및 납부	지급명세서 제출
학교	–	기타소득	–	–
교육청	근로소득	–	학교지급분 포함하여 원천징수 신고·납부	학교지급분 포함하여 지급명세서 제출

● **지방소득세 특별징수**

❑ **지방소득세 특별징수**
1) 원천징수의무자가 소득세·법인세를 원천징수한 경우 지방소득세를 소득세 등과 동시에 특별징수하여야 한다.
2) 특별징수하는 지방소득세의 납세지
   ① 근로소득 및 퇴직소득에 대한 지방소득세: 근무지 관할 지방자치단체
   ② 이자소득·배당소득 등에 대한 소득세 및 법인세의 원천징수 사무를

본점 또는 주사무소에서 일괄처리하는 경우의 지방소득세: 소득의
지급지를 관할하는 지방자치단체
3) 특별징수하는 지방소득세 세율
  • 개인 지방소득세: 소득세액의 10%
  • 법인 지방소득세: 법인세액의 10%
4) 조세조약에 의해 지방소득세가 포함된 제한세율을 적용하는 경우(미국,
  필리핀, 남아프리카 공화국, 베네수엘라, 카타르, 이란 등을 제외한 국
  가)의 지방소득세 계산방법

  • 법인(소득)세 = 과세표준(지급액) × 제한세율 × $\dfrac{10}{11}$

  • 지방소득세 = 과세표준(지급액) × 제한세율 × $\dfrac{1}{11}$

5) 납부방법
  징수일이 속하는 달의 다음 달 10일(반기별 납부대상 원천징수의무자는
  반기 마지막 달의 다음 달 10일)까지 지방세법상 특별징수세액의 납부
  서에 계산서와 명세서를 첨부하여 납부한다.

● 지방소득세 종업원분

❑ 종업원분 주민세
종업원을 고용하여 사업소를 운영하는 사업주에게 부과되는 지방세이다. 각
사업소별로 최근 12개월간 지급한 종업원 급여총액의 월평균금액이 1억5천
만 원이 초과하는 경우에 해당 사업주는 종업원에게 지급하는 급여총액의
0.5%를 사업소 소재 지방자치단체에 매월 신고납부하여야 한다.

(1) 종업원분 주민세 면세 기준
  지방세법의 면세규정(지방세법 제84조의4)에 따라 각 사업소별로 최
  근 1년간 '종업원의 급여총액의 월평균금액'이 1억5천만 원(300만 원
  ×50) 이하인 경우에는 종업원분 주민세는 과세하지 않는다.
  여기서 '종업원 급여총액의 월평균금액'은 납세의무성립일이 속하는 달
  을 포함하여 최근 12개월간(사업기간이 12개월 미만인 경우에는 납세

의무성립일이 속하는 달부터 개업일이 속하는 달까지의 기간) 해당 사업소의 종업원에게 지급한 급여총액을 해당 개월 수로 나눈 금액을 말한다.

만약, 당해년도 4월분 종업원분 주민세 면세 여부 판단을 위해서는 직전년도 5월부터 당해년도 4월까지 기간의 급여총액 월평균금액의 1억5천만 원 초과 여부를 검토하여야 한다.

구 분	종업원 급여총액의 월평균금액
계속기업	$\dfrac{\text{12개월간의 해당 사업소의 종업원에게 지급한 급여총액}}{\text{12월(또는 사업기간)}}$
개업·휴폐업 기업	$\dfrac{\text{사업기간 중 해당 사업소의 종업원에게 지급한 급여총액}}{\text{사업기간}}$ * 영업한 날이 15일 미만인 달의 급여총액과 그 개월수는 제외

(2) 건설현장의 면세기준 판단 : 사업소 개념

지방세법 제74조 제4호에서는 '사업소'를 인적 및 물적 설비를 갖추고 계속하여 사업 또는 사무가 이루어지는 장소로 정의하고 있다.

일반적으로 지점의 경우에는 별도의 시설과 인력을 갖추고, 독립적으로 회계처리를 하면서 사업을 계속한 경우에는 개별적인 '사업소'로 인정되고 있다.

각 건설현장의 경우에도 일반적으로는 본사와 분리하여 사업소에 해당되는 것으로 인정되며, 따라서 각 건설현장별로 면세기준(1억5천만 원) 초과 여부를 판단하면 된다.

(3) 일용근로자 급여도 과세대상 : 종업원 개념

종업원의 범위는 계약의 명칭·형식을 불문하고 그 실질에 있어 당해 사업소에 근무하거나 근로를 제공하여 사업에 종사하면서 당해 사업소로부터 급여를 지급받는 사람을 말한다(대법원 2009. 5. 14. 2009두17803).

따라서 면세기준 판단 및 과세표준 급여총액의 대상이 되는 '종업원'에는 정규직 근로자 이외에도 단시간근로자, 일용근로자 등이 모두 포함되며, 국외근로자만 제외된다.

(4) 납세지 등
　① 과세표준
　종업원분 주민세의 과세표준은 근로소득에 해당하는 급여의 총액을 말
　하며 따라서 비과세 대상 급여는 제외된다.

　② 납세지
　종업원분 주민세는 급여를 지급한 날 현재의 '사업소 소재지'를 관할하
　는 지방자치단체에 신고·납부한다.

　③ 납부기한
　종업원분의 납세의무자는 매월 납부할 세액을 다음 달 10일까지 납세
　지를 관할하는 지방자치단체의 장에게 신고하고 납부하여야 한다.

　④ 가산세
　㉠ 무신고 가산세 : 신고납부세액의 20%
　㉡ 과소신고 가산세 : 과소신고분(신고하여야 할 세액)의 10%
　㉢ 납부불성실 가산세 : 납부하지 아니한 세액 × 납부기한의 다음 날
　　부터 자진납부일(납세고지일)까지 기간 × 0.022%

● 농어촌특별세

1) 납부대상
　원천징수대상 소득이 다음과 같이 농어촌특별세액 과세대상에 해당하는
　경우 원천징수의무자는 농어촌특별세를 징수하여 신고·납부하여야 한다.
　① 이자·배당소득
　　조세특례제한법에 의해 소득세를 감면받은 경우(다만, 농어촌특별세
　　법 제4조 제4호의 감면은 비과세)
　② 근로소득
　　주택자금차입금 이자세액공제를 적용받는 근로자
2) 세액계산
　① 이자·배당소득
　　조세특례제한법에 의하여 감면받은 이자·배당소득에 대한 소득세

의 감면세액의 10%

② 근로소득
주택자금차입금 이자세액공제금액의 20%

7. 원천징수세액의 신고 및 납부

(1) 일반적인 경우(월별납부)

1) 원천징수한 소득세는 그 징수일이 속하는 달의 다음 달 10일까지
신고·납부하여야 한다(국세정보통신망에 의한 제출 및 우편제출
시 10일자 소인이 찍혀 있는 경우 포함). 이때 「원천징수이행상황
신고서」에는 원천징수하여 납부할 세액이 없는 자에 대한 것도 포
함하여 제출하여야 한다.

2) 「원천징수이행상황신고서」 작성대상자

원천징수대상 소득을 지급하는 원천징수의무자(대리인 또는 위임자를
포함)는 납부(환급)세액의 유무와 관계없이 작성하여 제출하여야 한다.

❏ 국가 및 법인의 경우 본점(본부)에서 일괄하여 납부하는 경우에는 지
점 등에서 원천징수한 세액을 포함하여 원천징수이행상황신고서를 작
성하여야 한다.

❏ 본점일괄납부 시 지급명세서상 원천징수의무자는 본점 또는 해당 지점
으로 하여 본점에서 제출한다.

(2) 반기별납부 특례 및 배제

1) 반기별납부 특례

상시 고용인원 수 및 업종 등을 고려하여 법령으로 정하는 원천징수의무자는 원천징수세액을 그 징수일이 속하는 반기의 마지막 달의 다음 달 10일까지 납부할 수 있다.

(가) 신청에 의한 원천세 반기별납부 신청(승인) 요건 및 방법

① 종업원 수

직전 과세기간(신규사업자는 신청일이 속하는 반기)의 매월 말일 현재 상시고용인원의 평균인원수가 20인 이하인 경우. 다만, 종교단체는 상시 고용인원 요건이 없으며, 국가 및 지방자치단체, 납세조합, 금융보험업 사업자는 제외된다.

② 신청기간

㉠ 6월 1일~6월 30일: 승인 시 7~12월 급여 지급분을 다음 연도 1월 10일까지 신고·납부할 수 있다.

㉡ 12월 1일~12월 31일: 승인 시 다음 연도 1~6월 급여 지급분을 다음 연도 7월 10일까지 신고·납부할 수 있다.

(나) 반기별납부 포기

반기별납부 사업자가 매월 신고·납부로 변경하고자 하는 경우에는 「원천징수세액 반기별납부 포기신청서」를 관할 세무서에 제출한다.

포기신청서는 제출한 월의 징수분부터 매월 신고·납부하여야 한다.

이때 반기별납부를 포기하는 경우에는 반기 시작(개시)월부터 매월 납부로 전환되기 전월(포기월)까지 지급한 금액 및 원천징수 내역을 1장의 원천징수이행상황신고서로 작성하여 포기월의 다음 달 10일까지 신고·

납부하여야 한다.

2) 반기별납부 특례 배제

다음에 해당하는 경우에는 그 원천징수세액을 그 징수일이 속하는 달의 다음 달 10일까지 원천징수 관할 세무서 등에 납부하여야 한다.

① 소득처분된 상여·배당 및 기타소득에 대한 원천징수세액
② 「국제조세조정에 관한 법률」 제9조(소득금액 조정에 따른 소득처분 및 세무조정) 및 제14조(배당으로 간주된 이자의 손금불산입)에 따라 처분된 배당소득에 대한 원천징수세액
③ 「소득세법」 제156조의5(비거주자 연예인 등의 용역 제공과 관련된 원천징수 절차 특례) 제1항 및 제2항에 따른 원천징수세액

> **사례**
>
> **20×1년 10월에 반기별납부 포기신청서를 제출한 경우**
> 20×1. 11. 10.에 신고하는 원천징수이행상황신고서의 귀속연월에는 반기납 개시월(20×1년 7월), 지급연월에는 반기납 포기월(20×1년 10월)을 기재하여 제출한다.

원천징수세액 반기별납부 포기신청서

징수의무자	인적사항	상 호(법인명)		대 표 자	
		사 업 장 주 소		업 종	
		사업자등록번호		전화번호	

반기별납부 포기 신청사항	
매월 납부하고자 하는 기간	년 월 징수분부터

반기별로 납부하던 원천징수세액을 매월 납부하기 위하여 반기별납부 포기 신청서를 제출합니다.

년   월   일

원천징수의무자: 인

세무서장 귀하

※ 유의사항

 - 포기신청서를 제출한 월의 징수분부터 매월 신고·납부하여야 합니다.
 - 반기 중에 신청서를 제출한 경우에는 신청서를 제출한 월의 다음 달 10일까지 해당 반기의 첫 번째 월부터 신청서를 제출한 월까지의 징수분에 대해 1장의 신고서를 따로 작성하여 제출하고 징수한 세액을 납부하여야 합니다.

210㎜×297㎜(신문용지 54g/㎡(재활용품))

8. 원천징수 등 납부지연가산세

(1) 원천징수 등 납부지연가산세

국세를 징수하여 납부할 의무를 지는 자가 징수하여야 할 세액을 납부기한까지 납부하지 아니하거나 과소납부한 때에는 그 납부하지 아니한 세액 또는 과소납부한 세액에 대해 가산세를 부담한다. 원천징수와 관련하여 신고불성실가산세는 없다.

소득세 또는 법인세를 원천징수하여 납부할 의무와 납세조합이 근로소득 또는 사업소득에 대한 소득세를 원천징수하여 납부할 의무 포함한다.

원천징수의무자가 매월분 급여에 대해 간이세액표에 의한 세액보다 과소납부한 경우에도 원천징수 등 납부지연가산세가 적용된다.

다음의 가산세를 적용할 때 납세고지서에 따른 납부기한의 다음 날부터 납부일까지의 기간(징수유예기간 제외)이 5년을 초과하는 경우에는 그 기간은 5년으로 한다.

원천징수 등 납부지연가산세 $= \text{Min}(①, ②)$

① 미납(과소)세액$\times 3\%$ + (과소 · 무납부세액 $\times \left(\dfrac{22}{100,000}\right)^{2)} \times$ 경과일수)

② 한도: 미납세액 · 과소납부세액 $\times 50\%$
  (단, 법정납부기한의 다음 날부터 고지일까지의 기간에 해당하는 금액은 10%를 적용한다.)

  1) 경과일수 : 법정납부기한의 다음 날부터 납부일까지의 기간
     (납세고지일부터 납세고지서에 따른 납부기한까지의 기간 제외)
  2) 2019년 2월 11일까지는 3/10,000을 적용한다.
     2019년 2월 12일부터 2022년 2월 14일까지 25/100,000

● (지방소득세) 특별징수납부 등 불성실가산세

지방소득세 특별징수의무자가 징수하였거나, 징수할 세액을 기한 내에 무납부 또는 과소납부한 경우 가산세를 부과한다.

특별징수납부 등 불성실가산세: Min(①, ②)

① (미납세액 × 3%) + (미납세액 × 미납기간 × 0.022%*)

  * 미납기간: 납부기한 다음 날~자진납부일(납세고지일)

  * 2018. 12. 31.까지는 0.03%을 적용한다.

   2019. 1. 1.~2022. 6. 6.는 0.023%을 적용한다.

② 미납세액 × 10%

(2) 원천징수 등 납부지연가산세 제외 대상

① 국가·지방자치단체 또는 지방자치단체조합은 원천징수납부지연가산세를 적용하지 아니한다.

   다만, 국가 등으로부터 근로소득을 지급받는 자가 근로소득자 소득·세액공제신고서를 사실과 다르게 기재하여 부당하게 소득공제를 받은 경우 국가 등은 원천징수 등 납부지연가산세에 해당하는 금액을 당해 근로자로부터 징수하여 납부하여야 한다.

② 우리나라에 주둔하는 미군

③ 국민연금, 공무원연금, 군인연금, 사립학교교직원연금, 별정우체국법에 의한 연금, 연계노령연금, 연계퇴직연금에 따라 연금소득을 지급하는 자

④ 국민연금, 공무원연금, 군인연금, 사립학교교직원연금, 별정우체국법에 의한 연금에 따라 퇴직소득을 지급하는 자

○ 연말정산 과다공제에 따른 가산세

① 연말정산 시 과다하게 공제받은 경우

㉠ 해당 종합소득 확정신고기한 이전에 수정신고하는 경우

근로자가 단순한 착오 또는 세법에 대한 무지로 인하여 연말정산시 과다하게 공제받은 경우에도, 원천징수의무자는 원천징수 등 납부지연가산세를 납부하여야 한다.

근로자가 직접 주소지 관할 세무서에 수정신고하는 경우에도 원천징수의무자는 원천징수 등 납부지연가산세를 부담하나, 원천징수의무자가 수정신고를 하는 경우 해당 근로자에게는 일반과소신고가산세를 부담하지 않는다(법규과 - 562, 2009. 12. 3.).

> ❏ 법규과 - 562, 2009. 12. 3.
> 원천징수의무자가 근로자의 부당공제분에 대하여 과세표준확정신고 기한 전에 관할 세무서장에게 수정신고하여 신고·납부한 경우 근로자는 과소신고가산세를 부담하지 아니하나, 원천징수의무자는 원천징수납부불성실가산세를 부담하여야 하고, 부당공제분을 근로자가 소득세확정신고 법정기일 내에 신고·납부한 경우 원천징수의무자에게 원천징수납부불성실가산세가 적용됨.

㉡ 해당 종합소득 확정신고기한 이후에 수정신고하는 경우

원천징수의무자는 원천징수 등 납부지연가산세를 납부하여야 한다.

근로자가 직접 주소지 관할 세무서에 수정신고하는 경우에도 원천징수의무자는 원천징수 등 납부지연가산세를 부담하고, 원천징수의무자가 수정신고를 하는 경우 해당 근로자에게는 일반과소신고가산세와 납부지연가산세를 부담한다. 다만, 원천징수 등 납부지연가산세가 적용되는 부분에 대해서는 국세의 납부와 관련하여 납부지연가산세를 부과하지 않는다.

> ❏ 국세청 연말정산 안내서
> 근로자가 세법을 정확히 알지 못해 과다 소득·세액공제를 받은 경우에도 가산세가 적용되는지?
> • 가산세는 고의나 과실의 유무와는 관련 없이 의무위반 사실만 있으면 가산세 부과요건이 성립되는 것으로 고의나 과실 및 납세자의 세법에 대한 부지(알지 못함)·착오는 가산세를 감면할 정당한 사유에 해당하지 않음.

> • 과소신고한 소득금액에 대하여 원천징수한 소득세가 있는 경우에는 과소
> 신고가산세 산정시 산출세액에서 차감한다.

② 근로자가 허위기부금 영수증을 제출하는 등 부당하게 공제받은 경우
원천징수의무자에게는 원천징수 등 납부지연가산세를 적용하는 것이며 근
로자에게는 부정과소신고가산세가 부과된다.

③ 원천징수의무자의 폐업·행방불명 등과 근로소득자의 퇴사한 경우
소득세를 원천징수한 내용에 탈루 또는 오류가 있는 경우로서 원천징수의
무자의 폐업·행방불명 등으로 원천징수의무자로부터 징수하기 어렵거나
근로소득자의 퇴사로 원천징수의무자의 원천징수 이행이 어렵다고 인정되
는 경우 연말정산에 의하여 납부한 근로자에 대해 관할 세무서장이 직접 경
정한다.

④ 수정신고에 따른 과소신고가산세의 감면
  • 법정신고기한이 지난 후 1개월 이내: 90% 감면
  • 법정신고기한이 지난 후 1개월 초과 3개월 이내: 75% 감면
  • 법정신고기한이 지난 후 3개월 초과 6개월 이내: 50% 감면
  • 법정신고기한이 지난 후 6개월 초과 1년 이내: 30% 감면
  • 법정신고기한이 지난 후 1년 초과 1년 6개월 이내: 20% 감면
  • 법정신고기한이 지난 후 1년 6개월 초과 2년 이내: 10% 감면

9. 원천징수이행상황신고서 작성방법

(1) 기본 작성방법

1) 신고구분 및 귀속연월과 지급연월

① 신고구분						[√]원천징수이행상황신고서 [　]원천징수세액환급신청서	② 귀속연월	20×1년 7월
매월	반기	수정	연말	소득 처분	환급 신청		③ 지급연월	20×1년 7월

(가) 신고구분

① 매월분 신고 시: '매월'에 'ㅇ' 표시한다.

② 반기별 신고 시: '반기'에 'ㅇ' 표시한다.

③ 수정신고 시: '수정'에 'ㅇ' 표시한다.

④ 인정상여 등 소득처분에 따른 신고 시 '소득처분'에 'ㅇ' 표시한다.

　※ 지점법인 · 국가기관 및 개인은 '소득처분'에 'ㅇ' 표시할 수 없다.

⑤ 매월분 신고의 경우 계속근무자의 연말정산분이 포함된 경우

'매월' 및 '연말'란 두 곳에 모두 'ㅇ' 표시한다.

　※ 원천세 월별 납부자의 경우 3월 10일까지 세무서에 제출하는 원천징수이행상황신
　고서에 '연말정산'과 '매월'에 'ㅇ' 표시를 한다.

⑥ 원천징수세액을 환급신청하려는 경우

'환급신청'란에 'ㅇ' 표시하고 「㉑ 환급신청액」에 표기한 후 원천징수
세액환급신청서 부표를 작성해야 한다.

(나) 귀속연월

① 소득이 발생한 연월을 기재한다.

② 반기별납부자는 반기 개시월(1월 또는 7월)을 기재한다.

③ 소득처분(인정상여)의 경우

귀속연월은 당초 연말정산 귀속연월(20×1년 귀속인 경우 귀속연월은
20×2년 2월)을 기재한다.

④ 사업자단위로 등록한 경우

법인의 본점 또는 주사무소에서는 사업자단위과세사업자로 전환되는 월 이후 지급하거나 연말정산하는 소득분에 대해 작성하여 제출한다.

| 원천징수대상 소득별 귀속시기 |

원천징수대상소득		귀속시기
근로소득	일반적인 경우	근로를 제공한 날
	잉여금처분상여	당해 법인의 잉여금처분 결의일
	인정상여	당해 법인의 사업연도 중 근로를 제공한 날. 이 경우 월평균금액을 계산한 것이 2년도에 걸친 때에는 각각 해당 사업연도 중 근로를 제공한 날로 함.
	퇴직위로금 퇴직공로금	지급받거나 지급받기로 한 날
	주식매수선택권 행사이익	주식매수선택권을 행사한 날
	도급 기타 유사한 계약에 의한 급여	과세표준확정신고 기간 개시일 전에 당해 급여가 확정되지 않는 경우: 확정된 날(확정된 날 전에 실제 받은 금액은 그 받은 날)
퇴직소득	일반적인 경우	퇴직을 한 날
	잉여금처분에 따른 퇴직급여	해당 법인의 잉여금처분 결의일
	중간정산금	약정에 의하여 최초로 지급받기로 한 날(지급일에 관한 약정이 없는 경우에는 실제로 지급받은 날)
	기타의 경우	소득을 지급받은 날
사업소득 (부가가치세 면세 의료보건 용역 및 일부 인적용역)		용역대가를 지급받기로 한 날 또는 용역의 제공을 완료한 날 중 빠른 날

원천징수대상소득		귀속시기
기타소득	원칙	그 지급을 받은 날
	광업권,영업권 등의 양도소득	그 대금을 청산한 날, 자산을 인도한 날 또는 사용·수익일 중 빠른 날. 다만, 대금을 청산하기 전에 자산을 인도 또는 사용·수익하였으나 대금이 확정되지 아니한 경우에는 그 대금지급일
	법인세법에 의하여 처분된 기타소득	당해 법인의 해당 사업연도의 결산확정일
연금소득		연금을 지급받거나 받기로 한 날
이자소득		대부분 현금주의에 의함. [다음의 이자소득은 약정상 지급일(약정상 받기로 한 날]을 수입시기로 한다. ① 기명채권, ② 직장공제회초과반환금, ③ 비영업대금의 이익, ④ 유형별포괄주의에 해당하는 이자 등]
배당소득	무기명주식의 이익이나 배당	그 지급을 받은 날
	잉여금의 처분에 의한 배당	당해 법인의 잉여금처분 결의일
	건설이자 배당	당해 법인의 건설이자배당 결의일
	출자공동사업자의 배당 등	과세기간 종료일 등

▣ 일반적인 근로소득의 귀속시기

근로를 제공한 날로 한다. 따라서, 20×1년 12월의 급여를 20×2년 1월에 지급하더라도 20×1년 12월의 급여에 대하여 20×1년 귀속 근로소득에 대한 연말정산 시 해당 12월 급여를 포함하여 연말정산을 수행하여야 한다.

▣ 성과급의 귀속시기

매출액·영업이익률 등 계량적 요소에 따라 성과급상여를 지급하기로 한 경우 당해 성과급상여의 귀속시기는 계량적 요소가 확정되는 날이 속하는 연도가 되는 것이며, 계량적·비계량적 요소를 평가하여 그 결과에 따라 차등 지급하는 경우 당해 성과급상여의 귀속시기는 개인별 지급액이 확정되는 연도가 되는 것이다.

따라서, 20×1년 경영성과에 따라 차등지급하는 성과인센티브의 귀속시기는 개인별 지급액이 확정되는 연도인 20×2년이 되는 것이다.

■ 연차수당의 귀속시기

근로기준법의 규정에 의한 연차 유급휴가일에 근로를 제공하고 지급받는 연차수당의 수입시기는 소정의 근로일수를 개근한 연도의 다음 연도가 되는 것이다.

따라서, 20×1년도 출근율에 의하여 20×2년에 발생한 연차유급휴가 중 미사용한 부분에 대하여 20×3년 1월에 지급하는 연차수당의 귀속시기는 소정의 근로일수를 개근한 연도(20×1년)의 다음 연도인 20×2년이 되는 것이다.

(다) 지급연월

① 원천징수대상소득의 지급연월(또는 지급의제월)을 기재한다.

② 반기별납부의 경우

반기 종료월(6월 또는 12월)을 기재한다.

(20×1년 귀속 근로소득 연말정산의 경우 지급연월은 20×2년 2월)

③ 「소득처분」의 경우

소득금액변동통지서를 받은 연월 또는 법인세 과세표준 신고일(수정신고일)의 연월을 기재한다.

| 원천세 반기별납부자의 귀속연월 및 지급연월 기재 방법 |

구분	귀속연월	지급연월
20×1년 상반기(1~6월) 지급액(원천징수세액)	20×1년 1월	20×1년 6월
20×1년 하반기(7~12월) 지급액(원천징수세액)	20×1년 7월	20×1년 12월

각 소득별 지급시기를 요약하여 보면 다음과 같다.

원천징수대상 소득		지급시기
근로소득	일반적인 경우	지급하는 때
	1월~11월까지의 급여를 12월까지 미지급한 경우	당해 연도 12월 31일
	12월분 급여액을 다음 연도 2월 말까지 미지급한 경우	다음 연도 2월 말일
	잉여금처분에 의한 상여를 그 처분결정일로부터 3개월이 되는 때까지 미지급한 때	처분결정일로부터 3개월이 되는 날
	법인세법에 의해 처분되는 상여	소득금액변동통지서를 받은 날 또는 과세표준 및 세액신고기일
	법인세 수정 신고시 처분되는 소득	수정신고일
퇴직소득	일반적인 경우	지급하는 때
	1월~11월까지의 급여를 12월까지 미지급한 경우	당해 연도 12월 31일
	12월분 급여액을 다음 연도 2월 말까지 미지급한 경우	다음 연도 2월 말일
	잉여금처분에 의한 퇴직급여액을 그 처분결정일로부터 3개월이 되는 때까지 미지급한 때	처분결정일로부터 3개월이 되는 날(단, 그 처분이 11월 1일부터 12월 31일까지의 사이에 결정된 경우에 다음 연도 2월 말일까지 그 상여를 지급하지 아니한 경우에는 그 상여를 2월말일에 지급한 것으로 봄)
사업소득	일반적인 경우	지급하는 때
	[연말정산대상 사업소득] 보험모집인 방문판매사원에게 보험모집수당·방문판매수당을 지급하지 아니한 경우	1월~11월분의 금액을 12월 31일까지 미지급한 경우 → 12월 31일

원천징수대상 소득 (사업소득 마지막 행)		
[연말정산대상 사업소득] 보험모집인 방문판매사원에게 보험모집수당·방문판매수당을 지급하지 아니한 경우	1월~11월분의 금액을 12월 31일까지 미지급한 경우	12월 31일

원천징수대상 소득		지급시기	
		12월분 금액을 다음 연도 2월 말일까지 미지급	다음 연도 2월 말일
기타 소득	일반적인 경우	지급할 때	
	「법인세법」에 의하여 처분된 기타소득	처분결정·경정에 의한 경우	소득금액변동통지서를 받은 날
		법인세 신고시 소득처분된 경우	해당 법인이 법인세 과세표준 및 세액의 신고기일 또는 수정신고일
연금소득		지급할 때	
이자소득(귀속시기 : 현금주의의 경우)		지급할 때	
배당 소득	일반적인 경우	지급할 때	
	법인이 이익 또는 잉여금의 처분에 따른 배당 또는 분배금을 그 처분을 결정한 날부터 3개월이 되는 날까지 지급하지 아니한 경우	그 3개월이 되는 날	
	의제배당	주식의 소각, 자본의 감소 또는 자본에의 전입을 결정한 날 등	
	「법인세법」에 의하여 처분된 배당	결정·경정에 의한 처분	소득금액변동통지서를 받은 날
		법인세 신고시 소득처분된 배당	해당 법인이 법인세 과세표준 및 세액의 신고기일 또는 수정신고일

⊙ 해당 소득의 귀속연월과 지급연월을 기준으로 원천징수이행상황신고
서를 작성한다.

⊙ 귀속연월이 다른 소득을 같은 월에 함께 지급하는 경우, 원천징수이행
상황신고서를 귀속연월별로 각각 작성하여 제출한다.

20×1년 5월 급여, 6월 급여를 20×1년 6월 말에 지급한 경우, 다음과 같이 2장
의 원천징수이행상황신고서를 작성하고 소득세 등을 신고 · 납부하여야 한다.

구분	신고구분	귀속연월	지급연월	신고연월
① 5월 급여	매월	20×1년 5월	20×1년 6월	20×1년 7월
② 6월 급여	매월	20×1년 6월	20×1년 6월	20×1년 7월

⊙ 귀속연월이 같은 소득을 같은 달에 2회 이상 지급하는 경우, 원천징수
이행상황신고서는 1장만 작성하여 제출한다.

20×1년 4월 급여를 5월 10일과 5월 30일에 각각 지급하는 경우, 다음과
같이 1장의 원천징수이행상황신고서만 작성한다.

구분	지급일	귀속연월	지급연월	신고연월
4월 급여	5/10, 5/30	20×1년 4월	20×1년 5월	20×1년 6월

⊙ 지급시기의제

1~11월분의 급여를 12월 말까지 미지급한 경우는 12월 말에 또는 12
월분의 급여를 다음 연도 2월 말까지 미지급한 경우에는 다음 연도 2
월 말에 지급한 것으로 보아 원천징수이행상황신고서를 귀속연월별로
각각 작성하여 제출하고 신고 · 납부하여야 한다.

20×1년 11월 급여와 12월 급여를 20×2년 4월 말에 지급한 경우, 다음과 같이 원천징수이행상황신고서를 각각 작성하고 소득세 등을 신고·납부한다.

구분	신고구분	귀속연월	지급연월	신고연월
11월 급여	매월	20×1년 11월	20×1년 12월	20×2년 1월
12월 급여	매월	20×1년 12월	20×2년 2월	20×2년 3월

근로소득 지급명세서는 20×2년 3월 10일까지 제출한다.

⑰ 중도퇴사자의 연말정산과 계속근로자의 연말정산

㉠ 20×1년 12월 퇴사자 연말정산: 1명 연간 총급여액 10,000,000원(12월 지급)

구분	신고구분	귀속연월	지급연월	신고연월
중도퇴사자	매월	20×1년 12월	20×1년 12월	20×2년 1월

20×2. 1. 10. 원천세 신고서 반영

⇨ 중도퇴사(A02)란에 기재. 1명 10,000,000원

㉡ 20×1년 계속근로자 연말정산: 15명 연간 총급여액 150,000,000원

구분	신고구분	귀속연월	지급연월	신고연월
연말정산	연말	20×2년 2월	20×2년 2월	20×2년 3월

20×2. 3. 10. 원천세 신고서 반영

⇨ 연말정산(A04)란에 기재. 15명 120,000,000원

■ **중도퇴사자의 연말정산**

1. 소득자별 근로소득원천징수부 확인
   (1) 소득자별 근로소득원천징수부
      회사는 퇴직자가 퇴직하는 달의 근로소득을 지급할 때에 퇴직하는 날까지의 기간의 근로소득금액에 대하여 정산을 수행하여야 한다 (근로소득의 중도정산).

소득자별 총급여액, 기납부세액 등을 확인할 수 있는 "소득자별 근로소득원천징수부"를 확인하여 퇴직하는 날까지의 기간의 근로소득 금액 및 기납부세액을 집계하여 근로소득의 중도정산을 실시한다.

2. 근로소득세액의 정산
  (1) 근로소득의 중도정산
      연중 퇴사자의 근로소득세액의 중도정산 방법은 연말정산 방법과 동일하게 다음과 같이 수행하나, 일반적으로 퇴사 시점에 소득공제신고를 하지 아니하므로 인적공제, 4대보험료(산재보험은 제외) 공제 또는 표준공제, 근로소득세액공제를 적용하여 정산을 수행한다.

      ① 과세표준의 계산 : 퇴직하는 날까지의 근로소득금액 소득공제
      ② 산출세액의 계산 : 과세표준 기본율
      ③ 차감원천징수세액의 계산 : 산출세액 세액감면·공제 기납부세액

🖳 윤셈의 톡톡

20×1년 12월 귀속 퇴직소득은 20×2년 1월에 지급하는 경우, 다음과 같이 원천징수이행상황신고서를 작성하여 신고·납부한다.

구분	신고구분	귀속연월	지급연월	신고연월
12월 퇴직소득	매월	20×1년 12월	20×2년 1월	20×2년 2월

❑ 퇴직소득 지급명세서는 귀속 기준으로 신고하는 것이며, 퇴직소득의 수입시기(귀속시기)는 퇴직한 날이므로, 20×1년 12월 31일에 퇴직한 근로자에게 20×2년 1월에 지급한 퇴직소득은 20×1년 퇴직소득 지급명세서 제출 시 포함하여야 하는 것이며, 이에 따른 지급명세서와 원천징수이행상황신고서의 불일치는 문제가 되지 않는다.

(라) 원천징수 명세 및 납부세액

❶ 원천징수 명세 및 납부세액(단위: 원)

소득자 소득구분			코드	소득지급 (과세 미달, 일부 비과세 포함) ④ 인원	소득지급 ⑤ 총지급액	징수세액 ⑥ 소득세 등	징수세액 ⑦ 농어촌특별세	징수세액 ⑧ 가산세	⑨ 당월 조정 환급세액	납부세액 ⑩ 소득세 등 (가산세 포함)	납부세액 ⑪ 농어촌특별세
개인 (거주자·비거주자)	근로소득	간이세액	A01	5	30,000,000	900,000					
		중도퇴사	A02	1	10,000,000	△100,000					
		일용근로	A03	12	6,000,000	0					
		연말정산 합계	A04								
		연말정산 분납신청	A05								
		연말정산 납부금액	A06								
		가감계	A10	18	46,000,000	800,000				800,000	
	퇴직소득	연금계좌	A21								
		그 외	A22								
		가감계	A20								
	사업소득	매월징수	A25								
		연말정산	A26								
		가감계	A30								
	기타소득	연금계좌	A41								
		종교인소득 매월징수	A43								
		종교인소득 연말정산	A44								
		그 외	A42	2	1,000,000	40,000					
		가감계	A40	2	1,000,000	40,000				40,000	
	연금소득	연금계좌	A48								
		공적연금(매월)	A45								
		연말정산	A46								
		가감계	A47								
	이자소득		A50								
	배당소득		A60								
	저축 등 해지 추징세액 등		A69								
	비거주자 양도소득		A70								
법인	내외국법인원천		A80								
수정신고(세액)			A90								
총합계			A99	20	47,000,000	840,000				840,000	

㉠ '④ 인원'

원천징수대상 소득을 지급받는 자의 인원 수를 기재한다. 반기별납부자의 경우에는 반기 마지막 달의 인원을 기재한다.

㉡ '⑤ 총지급액'

지급명세서 제출 대상 비과세 및 과세미달을 포함한 총지급액을 기재한다.

윤쌤의 톡톡

• 「④ 인원」 및 「⑤ 총지급액」 기재 시 유의사항

원천징수대상 소득에는 비과세 근로소득의 기재 여부 검토표의 기재 여부에서 ○표시에 해당하는 것이 포함된다. 비과세 근로소득의 기재 여부 검토표의 기재 여부에서 ○표시되는 것은 지급명세서에도 포함하여 제출한다.

• 「원천징수이행상황신고서」상 「총지급액 합계」와 「지급명세서」상 「총지급액 합계」는 동일해야 한다.

| 비과세 근로소득을 원천징수이행상황신고서에 기재 여부 |

법조문	비과세 항목	기재 여부
소법 §12 3 아	비과세 학자금(소득세법 시행령 §11)	○
소법 §12 3 자	소득세법 시행령 §12 1(법령 · 조례에 따른 보수를 받지 않는 위원 등이 받는 수당)	○
	소득세법 시행령 §12 9~11(경호수당, 승선수당 등)	○
	소득세법 시행령 §12 12 가(연구보조비) -유아교육법, 초중등교육법	○
	소득세법 시행령 §12 12 가(연구보조비) -고등교육법	○
	소득세법 시행령 §12 12 가(연구보조비) -특별법에 의한 교육기관	○
	소득세법 시행령 §12 12 나(연구보조비 등)	○
	소득세법 시행령 §12 12 다(연구보조비 등)	○
	소득세법 시행령 §12 13 가(보육교사 근무환경개선비)	○
	소득세법 시행령 §12 13 나 (사립유치원 수석교사 · 교사 인건비)	○
	소득세법 시행령 §12 14(취재수당)	○
	소득세법 시행령 §12 15(벽지수당)	○
	소득세법 시행령 §12 16 (천재 · 지변 등 재해로 받는 급여)	○

법조문	비과세 항목	기재 여부
소법 §12 3 자	소득세법 시행령 §12 17 (지방이전기관 종사자 이전지원금)	○
	소득세법 시행령 §12 18(종교관련종사자가 소속)	○
	소득세법 시행령 §12 18(종교관련종사자가 종교단체의 규약 또는 소속 종교단체의 의결기구의 의결 승인 등을 통하여 결정된 지급 기준에 따라 활동을 위하여 통상적으로 사용할 목적으로 지급받은 금액 및 물품)	○
소법 §12 3 차	외국정부 또는 국제기관에 근무하는 사람에 대한 비과세	○
소법 §12 3 파	작전임무 수행을 위해 외국에 주문하는 군인 등이 받는 급여	○
소법 §12 3 거	소득세법 시행령 §16 ① 1(국외 근로 보수) 100만 원	○
	소득세법 시행령 §16 ① 1(국외 근로 보수) 500만 원	○
	소득세법 시행령 §16 ① 2(국외 근로)	○
소법 §12 3 더	생산직 등에 종사하는 근로자의 야간수당 등	○
소법 §12 3 머	출산, 6세 이하 자녀의 보육 관련 비과세 (월 10만 원 이내)	○
소법 §12 3 서	교육기본법 §28 1에 따라 받는 장학금	○
소법 §12 3 어	소득세법 시행령 §17의3 비과세 직무발명보상금	○
구 조특법 §15	주식매수선택권 비과세	○
조특법 §16의2	벤처기업 주식매수선택권 행사이익 비과세	○
조특법 §88의4 ⑥	우리사주조합인출금 비과세(50%, 75%, 100%)	○
소법 §12 3 자	전공의 수련보조수당	○
조특법 §18	외국인 기술자 소득세 면제	○
조특법 §19	성과공유 중소기업의 경영성과급에 대한 세액공제 등	○
조특법 §29의6	중소기업 핵심인력 성과보상기금 수령액에 대한 소득세 감면 등	○
조특법 §30	중소기업에 취업하는 청년에 대한 소득세 감면	○

법조문	비과세 항목	기재 여부
조세조약	조세조약상 소득세 면제(교사, 교수)	○
소법 §12 3 가	복무 중인 병이 받는 급여	×
소법 §12 3 나	법률에 의한 동원직장에서 받는 급여	×
소법 §12 3 다	산업재해보상보험법에 의해 지급받는 요양급여 등	×
소법 §12 3 라	근로기준법 등에 의해 지급받는 요양보상금 등	×
소법 §12 3 마	고용보험법에 의하여 받는 육아휴직급여 등	×
	국가공무원법 등에 따라 받는 육아휴직수당 등	×
소법 §12 3 바	국민연금법에 따라 받는 반환일시금(사망으로 받는 것에 한함) 및 사망일시금	×
소법 §12 3 사	공무원연금법 등에 따라 받는 요양비 등	×
소법 §12 3 자	소득세법 시행령 §12 2~3(일직료·숙직료 등)	×
	소득세법 시행령 §12 3(자가운전보조금)	×
	소득세법 시행령 §12 4, 8 (법령에 의해 착용하는 제복 등)	×
소법 §12 3 카	보훈급여금 및 학습보조비	×
소법 §12 3 타	전직대통령 예우에 관한 법률에 따라 받는 연금	×
소법 §12 3 하	종군한 군인 등이 전사한 경우 해당 과세기간의 급여	×
소법 §12 3 너	국민건강보험법 등에 따라 사용자 등이 부담하는 보험료	×
소법 §12 3 러	비과세 식사대(월 20만 원 이하)	○
	현물 급식	×
소법 §12 3 버	국군포로가 지급받는 보수 등	×
소법 §12 3 저	사택 제공 이익	×
	주택 자금 저리 무상 대여이익	×
	종업원 등을 수익자로 하는 보험료 신탁부금 공제부금	×
	임직원을 피보험자로 하는 손해배상 보험료	×

ⓒ '징수세액(⑥~⑧)'

- 원천징수의무자가 소득을 지급 시 원천징수하는 「⑥ 소득세 등」, 「⑦ 농어촌특별세」, 「⑧ 가산세」를 기재한다.
- 원천징수의무자는 원천징수대상 소득별로 해당되는 코드에 맞추어 각 소득별로 발생한 납부 또는 환급할 세액을 기재한다. 환급할 세액은 해당란에 '△' 표시하여 기재한다.
- 소득별 징수할 세액의 합계는 총합계(A99)의 ⑥~⑧란에 구분 기재하고, '△' 표시된 세액은 총합계(A99)의 ⑥~⑪란에는 기재하지 아니하고, 그 합계액을 [❷ 환급세액 조정, 당월 발생 환급세액, ⑮ 일반환급]란에 기재한다.

❶ 원천징수 명세 및 납부세액 (단위: 원)

소득자 소득구분			코드	원천징수명세					⑨ 당월 조정 환급세액	납부세액	
				소득지급 (과세 미달, 일부 비과세 포함)		징수세액				⑩ 소득세 등 (가산세 포함)	⑪ 농어촌 특별세
				④ 인원	⑤ 총지급액	⑥ 소득세 등	⑦ 농어촌 특별세	⑧ 가산세			
개인 거주자 · 비거주자	근로소득	간이세액	A01	10	10,000,000	550,000					
		중도퇴사	A02								
		일용근로	A03								
		연말정산 합계	A04	10	111,000,000	△ 1,550,000					
		연말정산 분납신청	A05								
		연말정산 납부금액	A06			△ 1,550,000					
		가감계	A10	20	121,000,000	△ 1,000,000					
	기타소득	연금계좌	A41								
		종교인 매월징수	A43								
		소득 연말정산	A44								
		그 외	A42								
		가감계	A40								
총합계			A99	2	121,000,000						

❷ 환급세액 조정 (단위: 원)

전월 미환급 세액의 계산			당월 발생 환급세액					⑱ 조정대상 환급세액 (⑭+⑮+⑯+⑰)	⑲ 당월조정 환급세액계	⑳ 차월이월 환급세액 (⑱-⑲)	㉑ 환급 신청액
⑫ 전월 미환급 세액	⑬ 기환급 신청 세액	⑭ 차감 잔액 (⑫-⑬)	⑮ 일반 환급	⑯ 신탁재산 (금융 회사 등)	⑰ 그 밖의 환급세액						
					금융 회사 등	합병 등				
			1,000,000					1,000,000		1,000,000	

ⓓ '⑨ 당월조정환급세액' 및 납부세액

ⓐ 납부할 세액의 합계 〉 「⑱ 조정대상환급세액」 경우

환급금액을 「⑨ 당월 조정환급세액」란에 코드 [A10, A20, …]별 징수세액과 순서대로 상계하고, 잔액은 납부세액 「(⑩·⑪)」란에 작성한다.

❶ 원천징수 명세 및 납부세액(단위: 원)

소득자 소득구분		코드	④ 인원	⑤ 총지급액	⑥ 소득세 등	⑦ 농어촌특별세	⑧ 가산세	⑨ 당월 조정 환급세액	⑩ 소득세 등 (가산세 포함)	⑪ 농어촌특별세
근로소득	간이세액	A01	10	12,000,000	450,000					
	중도퇴사	A02								
	일용근로	A03								
	연말정산 합계	A04	10	144,000,000	△1,000					
	연말정산 분납신청	A05								
	연말정산 납부금액	A06								
	가감계	A10	20	156,000,000	△550,000					
퇴직소득	연금계좌	A21								
	그 외	A22	1	138,000,000	6,600,000					
	가감계	A20	1	138,000,000	6,600,000			550,000	6,050,000	
사업소득	매월징수	A25								
	연말정산	A26								
	가감계	A30								
기타소득	연금계좌	A41								
종교인소득	매월징수	A43								
종교인소득	연말정산	A44								
	그 외	A42	1	300,000	24,000				24,000	
	가감계	A40	1	300,000	24,000					
연금소득	연금계좌	A48								
	공적연금(매월)	A45								
	연말정산	A46								
	가감계	A47								
이자소득		A50	1	1,600,000	400,000				400,000	
배당소득		A60								
저축해지 추징세액 등		A69								
비거주자 양도소득		A70								
법인 내·외국법인원천		A80								
수정신고(세액)		A90								
총합계		A99	23	295,900,000	7,024,000			550,000	6,474,000	

(개인·거주자·비거주자 / 법인)

• 총합계 A99행의 ⑥~⑧란에 소득별 가감계(A10, A20, A30 …)를 합산기재
• "△" 표시된 세액은 포함하지 아니함

2. 환급세액 조정(단위: 원)

전월 미환급 세액의 계산

⑫ 전월 미환급 세액	⑬ 기환급 신청 세액	⑭ 차감 잔액 (⑫-⑬)

당월 발생 환급세액

⑮ 일반 환급	⑯ 신탁재산 (금융회사 등)	⑰ 그 밖의 환급세액	
		금융 회사 등	합병 등
550,000			

⑱ 조정대상 환급세액 (⑭+⑮+⑯+⑰)	⑲ 당월 조정 환급세액계	⑳ 차월이월 환급세액 (⑱-⑲)	㉑ 환급 신청액
550,000	550,000		

ⓑ 납부할 세액의 합계 〈 「⑱ 조정대상환급세액」 경우

납부할 세액의 합계를 한도로 위의 ⓐ와 같은 방법으로 조정하여 환급하고, 「⑱ 조정대상환급세액」의 남은 금액은 납부세액 「(⑩·⑪)」란에 기재하지 아니하고 「⑳ 차월이월환급세액」에 기재한다.

「⑱ 조정대상환급세액」은 전월 미환급세액과 당월발생환급세액의 합계를 기재한다.

[조정환급 관련 신고서 작성 사례]

연말정산 근로소득세 △100만 원이고, 기타소득세 10만 원인 경우

근로소득세 △100만 원(❷ 환급세액 조정란의 ⑮ 일반환급에 기재)으로 기타소득세 10만 원(⑲ 당월조정환급세액에 기재)을 조정환급하고 남은 근로소득세 90만 원에 대해 ⑳ 차월이월환급세액에 기재한다(환급신청하는 경우에는 ㉑ 환급신청액에 기재함).

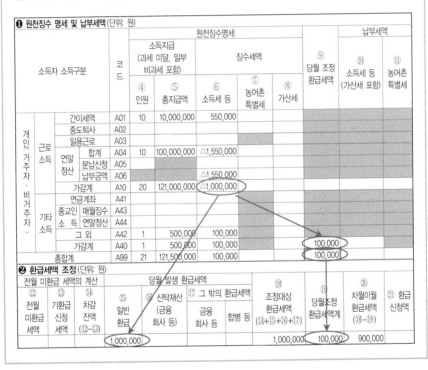

제1장 · 원천징수제도 / 65

(마) 환급세액 조정

❷ 환급세액 조정 (단위: 원)										
전월 미환급 세액의 계산			당월 발생 환급세액				⑱ 조정대상 환급세액 (⑭+⑮+⑯+⑰)	⑲ 당월조정 환급세액 계	⑳ 차월이월 환급세액 (⑱-⑲)	㉑ 환급 신청액
⑫ 전월 미환급세액	⑬ 기환급 신청세액	⑭ 차감잔액 (⑫-⑬)	⑮ 일반환급	⑯ 신탁재산 (금융 회사 등)	⑰ 그 밖의 환급세액					
					금융 회사 등	합병 등				

[전월미환급세액의 계산]

⑫ 전월미환급세액

직전월의 [차월이월환급세액]란의 금액을 옮겨 적는다.

⑬ 기환급신청세액

원칙적으로 원천징수환급이 발생한 경우 다음 달 이후에 납부할 세액에서 조정환급하는 것이나, 다음 달 이후에도 원천징수할 세액이 없거나 원천징수하여 납부할 소득세가 환급할 금액에 미달하여 세무서에 직접 환급 신청한 금액을 기재한다.

⑭ 차감잔액 : 전월미환급세액 − 기환급신청세액

전월미환급세액 중 기환급신청한 세액을 차감한 잔액으로 전월에서 당월로 실제 이월된 금액을 기재한다.

[당월발생환급세액]

⑮ 일반환급

징수세액(⑥~⑧)(근로소득과 사업소득은 가감계를 기준으로 산정)이 "△"인 금액의 합계를 기재한다.

⑯ 신탁재산(금융회사 등)

신탁재산이 원천징수된 세액에서 신탁재산분등법인원천세액환급(충당)계산서(「법인세법 시행규칙」에 따른 별지 제69호 서식) ⑦ 법인세란

의 계 금액을 차감한 금액을 기재

⑰ 그 밖의 환급세액

■ 금융회사 등

금융회사 등이 「소득세법 시행령」 제102조의4에 따라 환매조건부채권의 매매거래에 따른 원천징수세액을 환급하는 금액 및 「법인세법 시행령」 제114조의2에 따라 환매조건부채권 등의 매매거래에 따른 원천징수세액을 환급하는 금액을 기재

■ 합병 등

합병 또는 사업자단위과세 전환 등으로 인해 피합병법인 또는 지점 등의 차월이월환급세액을 합병법인 또는 사업자단위과세 본점(또는 주사무소) 등이 승계하는 경우 해당 환급세액을 기재

[조정대상환급세액]

⑱ 조정대상환급세액 = ⑭ 차감잔액 + ⑮ 일반환급 + ⑯ 신탁재산(금융회사 등) + ⑰ 그 밖의 환급세액

[당월조정환급세액]

총합계(A99) 코드의 「⑨ 당월조정환급세액」(당월조정환급세액의 합계액)을 「⑲ 당월조정환급세액계」란에 그대로 옮겨 기재한다. 당월조정환급세액계(⑲)가 ⑱ 조정대상환급세액을 초과하여서는 아니된다.

[차월이월환급세액]

차월이월환급세액(⑳) = 조정대상환급세액(⑱) - 당월조정환급세액계(⑲)

[환급신청액]

「⑳ 차월이월환급세액」중 환급받고자 하는 경우에는 「㉑ 환급신청액」에 적고 원천징수세액환급신청서 부표를 반드시 작성한다.

환급신청액과 환급신청서 부표의 환급신청액의 합계가 일치하여야 한다. 환급신청 시 전원미환급세액이 있는 경우에는 「전원미환급세액 조정명세서」를 작성하여야 한다.

기납부명세서는 반드시 첨부하여야 한다(환급대상 소득 코드가 수정신고(A90)인 경우 제외).

(바) 근로소득 구분

근로소득		간이세액	A01							
		중도퇴사	A02							
		일용근로	A03							
	연말정산	합계	A04							
		분납신청	A05							
		납부금액	A06							
		가감계	A10							

① 매월납부 원천징수

급여에는 상여, 인정상여, 주식매수선택권 행사이익, 우리사주조합인출금, 임원 퇴직소득금액 한도초과액을 포함하여 기재한다.

간이세액(A01)	매월 급여 지급액 및 원천징수한 내역을 기재
중도퇴직(A02)	연도 중 중도퇴사자의 연말정산 내역을 기재
일용근로(A03)	일용근로자에게 지급한 일당 및 원천징수 내역을 기재
연말정산(A04)	연도 말까지 계속 근로자에 대한 연말정산한 내역을 기재

② 비거주자·외국법인에게 국내원천소득을 지급하는 경우

비거주자 또는 외국법인에게 국내원천소득을 지급한 원천징수의무자는 지급시기에 원천징수한 세액을 다음 달 10일까지 납부한다.

소득자	소득구분	기재항목
비거주자 (개인)	이자소득	신고서 부표 C61 기재 / 본표 A50 기재
	배당소득	신고서 부표 C62 기재 / 본표 A60 기재
	선박 등 임대·사업소득	신고서 부표 C63 기재 / 본표 A25 기재
	인적용역소득	신고서 부표 C64 기재 / 본표 A25 기재
	사용료소득	신고서 부표 C65 기재 / 본표 A25 기재
	유가증권 양도소득	신고서 부표 C66 기재 / 본표 A70 기재
	부동산 등 양도소득	신고서 부표 C67 기재 / 본표 A70 기재
	기타소득	신고서 부표 C68 기재 / 본표 A40 기재
외국법인	이자소득	신고서 부표 C81 기재 / 본표 A80 기재
	배당소득	신고서 부표 C82 기재 / 본표 A80 기재
	선박 등 임대·사업소득	신고서 부표 C83 기재 / 본표 A80 기재
	인적용역소득	신고서 부표 C84 기재 / 본표 A80 기재
	사용료소득	신고서 부표 C85 기재 / 본표 A80 기재
	유가증권 양도소득	신고서 부표 C86 기재 / 본표 A80 기재
	부동산 등 양도소득	신고서 부표 C87 기재 / 본표 A80 기재
	기타소득	신고서 부표 C88 기재 / 본표 A80 기재

③ 개인(거주자·비거주자) 소득구분 중 2013년 신설된 퇴직소득·기타
소득·연금소득의 연금계좌(A21, A41, A48) 항목은 연금계좌(DC형,
IRP, 연금저축) 사업자인 금융회사만 작성한다.

(사) 분납

① 맞춤형 원천징수세액 선택

근로자가 본인의 연간 세부담 수준에 맞게 원천징수세액을 근로소득
간이세액표에 따른 세액의 80%, 100%, 120% 중 선택할 수 있다.

원천징수세액을 조정하고자 하는 근로자는 「소득세 원천징수세액 조

정신청서」 또는 「소득·세액공제신고서」에 원천징수세액의 비율을 선택하여 원천징수의무자에게 제출한다.

이때 제출하는 날이 속하는 달의 다음 달부터 변경된 비율을 적용한다. 원천징수세액을 조정 신청한 경우에는 조정한 날부터 해당 과세기간 종료일까지 계속 적용한다.

② 연말정산 납부세액 분납

　㉠ 분납대상

　　근로소득 연말정산 결과 추가납부세액이 10만 원을 초과하는 경우 2~4월분의 근로소득을 지급할 때까지 나누어 원천징수할 수 있다. 추가납부세액이 10만 원 이하인 경우는 2월 급여 지급 시 전액 원천징수하여야 한다.

　㉡ 분납방법

　　근로자는 연말정산 추가납부세액이 10만 원을 초과하는 경우 소득·세액공제신고서에 분납을 표시하여 원천징수의무자에게 제출한다. 원천징수의무자는 근로자의 분납신청에 따라 원천징수하고 『분납자명세서』를 작성하여 보관하여야 한다. 다만, 분납신청한 근로자가 분납기간 중 퇴사(전출)하는 경우 퇴사(전출) 시 분납금액 전액을 원천징수한다.

[연말정산 결과 환급세액이 발생하여 분납신청한 경우]

| 연말정산 결과 |

근로자	연말정산 결과			납부			비고
	① 총지급액	② 소득세	③ 3월 10일	④ 4월 10일	⑤ 5월 10일		
합 계	330,000,000	△200,000	△800,000	300,000	300,000		
****	100,000,000	600,000	200,000	200,000	200,000		분납신청 ○
****	160,000,000	△1,100,000	△1,100,000				
****	70,000,000	300,000	100,000	100,000	100,000		분납신청 ○

| 월별 근로소득 간이세액 원천징수 내용 |

급여 지급	인원	총지급액	원천징수 소득세	비고
2월	5	80,000,000	500,000 ⑥	3. 10. 신고
3월	5	50,000,000	500,000	4. 10. 신고
4월	5	40,000,000	400,000	5. 10. 신고

① 3월 10일 신고분 원천징수이행상황신고서

소득자 소득구분		코드	원천징수명세					⑨ 당월 조정 환급세액	납부세액	
			소득지급 (과세 미달, 일부 비과세 포함)		징수세액				⑩ 소득세 등 (가산세 포함)	⑪ 농어촌 특별세
			④ 인원	⑤ 총지급액	⑥ 소득세 등	⑦ 농어촌 특별세	⑧ 가산세			
근로소득	간이세액	A01	5	80,000,000	500,000	⑥				
	중도퇴사	A02								
	일용근로	A03		①	②					
	연말정산 합계	A04	5	330,000,000	△200,000					
	연말정산 분납신청	A05	2		600,000	④+⑤				
	연말정산 납부금액	A06			△800,000	③				
	가감계	A10	10	410,000,000	△300,000	③+⑥				

※ 연말정산 결과는 A04란에 기재. '소득세 등' A04 = A05＋A06
※ 가감계(A10) ⇒ 인원, 총지급액(A01＋A02＋A03＋A04), 소득세 등(A01＋A02＋A03 ＋A06)
※ 3월 신고분 분납신청(A05) = 4월 신고분 납부금액(A06)＋5월 신고분 납부금액(A06)

② 4월 10일 신고분 원천징수이행상황신고서

소득자 소득구분		코드	원천징수명세					⑨ 당월 조정 환급세액	납부세액	
			소득지급 (과세 미달, 일부 비과세 포함)		징수세액				⑩ 소득세 등 (가산세 포함)	⑪ 농어촌 특별세
			④ 인원	⑤ 총지급액	⑥ 소득세 등	⑦ 농어촌 특별세	⑧ 가산세			
근로소득	간이세액	A01	5	50,000,000	500,000					
	중도퇴사	A02								
	일용근로	A03								
	연말정산 합계	A04			300,000					
	연말정산 분납신청	A05								
	연말정산 납부금액	A06			300,000	④				
	가감계	A10	5	50,000,000	800,000	A01(500,000)+A06(300,000)				

※ 분납금액을 납부할 때는 A04, A06의 '소득세 등'에 분납금액을 동일하게 기재. 다만, A04의 인원, 총지급액과 A05의 인원, 소득세 등은 기재하지 않음.
※ 가감계(A10) ⇒ 인원, 총지급액(A01 + A02 + A03), 소득세 등(A01 + A02 + A03 + A06)

③ 5월 10일 신고분 원천징수이행상황신고서

소득자 소득구분		코드	원천징수명세					⑨ 당월 조정 환급세액	납부세액	
			소득지급 (과세 미달, 일부 비과세 포함)		징수세액				⑩ 소득세 등 (가산세 포함)	⑪ 농어촌 특별세
			④ 인원	⑤ 총지급액	⑥ 소득세 등	⑦ 농어촌 특별세	⑧ 가산세			
근로소득	간이세액	A01	5	40,000,000	400,000					
	중도퇴사	A02								
	일용근로	A03								
	연말정산 합계	A04			300,000					
	연말정산 분납신청	A05								
	연말정산 납부금액	A06			300,000	⑤				
	가감계	A10	5	40,000,000	700,000	A01(500,000)+A06(300,000)				

※ 분납금액을 납부할 때는 A04, A06의 '소득세 등'에 분납금액을 동일하게 기재. 다만, A04의 인원, 총지급액과 A05의 인원, 소득세 등은 기재하지 않음.
※ 가감계(A10) ⇒ 인원, 총지급액(A01 + A02 + A03), 소득세 등(A01 + A02 + A03 + A06)

(아) 환급

원천징수의무자는 차월이월환급세액이 있는 경우, 다음 달 이후 원천징수분에서 '조정환급' 방법과 '환급신청' 방법 중 선택할 수 있다.

① 조정환급
ㄱ 원천징수 세액 중 타세목 간에 납부할 세액을 환급할 세액과 상계하여 차감하고 남은 환급세액은 차월이월한다.

ㄴ 조정환급은 「원천징수이행상황신고서」에 그 조정명세를 기재하여 제출한 경우에만 적용할 수 있다.

② 환급신청
ㄱ 환급신청 요건

「원천징수이행상황신고서」의 「⑳ 차월이월환급세액」란의 금액에 대해 원천징수의무자가 환급세액신청을 한다.

환급신청 시 전월 미환급세액이 있는 경우에는 「전월미환급세액조정명세서」를 작성하여야 한다.

「기납부세액명세서」가 반드시 첨부되어야 한다. 다만, 환급대상 소득코드가 수정신고(A90)인 경우에는 첨부대상이 아니다.

ㄴ 환급신청 시 구비서류
- 원천징수이행상황신고서(원천징수세액환급신청서)
- 원천징수세액환급신청서 부표, 기납부세액 명세서
- 근로소득 지급명세서. 단, 지급명세서를 제출기한 내에 제출한 경우 추가 제출할 필요 없다.

③ 국세환급금계좌신고
「국세환급금계좌신고」란은 환급금액이 2천만 원 미만인 경우에 기재하고, 2천만 원 이상인 경우에는 별도 "계좌개설신고서"[국세기본법 시행규칙 별지 제22호 서식(1)]를 원천징수 관할 세무서에 제출해야 한다.

※ 원천징수세액을 환급신청하는 경우 환급신청대상자의 지급명세서를 제출하여야 한다.

(자) 신고서 부표 작성 여부

신고서 부표 등 작성 여부

* 해당란에 "○" 표시를 합니다.

부표(4~5쪽)	환급(7~9쪽)	승계명세(10쪽)

① 「원천징수이행상황신고서(부표) 작성 여부」란에는 원천징수이행상황신고서(부표) 작성 여부를 해당란에 '○' 표시하여야 한다.

② 「원천징수이행상황신고서 부표」(4쪽)를 작성해야 하는 경우
근로소득(A01, A02, A03, A04, A10) 중 파견근로에 대한 대가, 이자소득(A50), 배당소득(A60), 법인원천(A80)에 해당하는 소득을 지급하거나 저축해지추징세액(A69) 및 연금저축해지가산세를 징수한 원천징수의무자와 비거주자 또는 외국법인에게 국내원천소득을 지급한 원천징수의무자는 반드시 「원천징수이행상황신고서」(부표)를 작성하여 신고해야 한다.

③ 「원천징수세액환급신청서 부표」(7쪽)를 작성해야 하는 경우
㉠ 「원천징수이행상황신고서」(1쪽)상 「㉑ 환급신청액」을 환급신청한 경우에 작성한다. 회사가 환급신청을 하지 않고 조정환급하는 경우에는 작성할 필요가 없다.
㉡ 환급신청하는 경우 「기납부세액 명세서」(8쪽)와 「전월미환급세액 조정명세서」(9쪽)를 작성한다.

④ 「원천징수세액환급신청서 부표」(10쪽)를 작성해야 하는 경우
합병 또는 사업자단위과세 등으로 피합병법인 또는 지점 등의 차월이

월환급세액을 합병법인 또는 사업자단위과세 본점 등이 승계하고자 하는 경우「원천징수세액환급신고서」(부표)를 작성하여 제출한다.

(10쪽 중 제10쪽)

사업자등록번호(B법인) □□□-□□-□□□□□		합병 및 사업자단위과세 전환 등에 따른 차월이월 환급세액 승계 명세				(단위: 원)
승계대상 사업자		차월이월 환급세액 승계근거		승계대상 차월이월 환습세액 명세		
사업자 등록번호	상 호	일자	근거*	귀속연월	지급연월	차월이월 환급세액
000-00-00000	A법인	20×1. 7. 1.	1	20×1년 6월	20×1년 6월	1,000,000

* 승계근거: 합병(1), 사업자단위과세 전환(2), 그 밖의 원인(3)

| 근로소득 연말정산을 반영한 원천신고 |

구분		신고구분	귀속연월	지급연월	신고일
매월지급 매월납부 (원천징수이행상황신고서 1장)		매월, 연말 (환급신청)	2월	2월	3월 10일
익월지급 매월납부 (원천징수이행상황신고서 2장)		**연말 (환급신청)**	**2월**	2월	3월 10일
		매월	1월	2월	
매월지급 반기납부	환급신청 ○	반기, 연말 환급신청	1월	2월	3월 10일 (1월, 2월 원천분)
		반기	1월	6월	7월 10일 (1월, 2월 원천분 제외)
	환급신청 ×	반기, 연말 (환급신청)	1월	6월	7월 10일
익월지급 반기납부 (・귀속연월: 전년도 12월~ 당해 연도 5월 ・지급연월: 당해 연도 1월~ 당해 연도 6월)	환급신청 ○	반기, 연말 환급신청	1월	2월	3월 10일 (1월, 2월 원천분)
		반기	1월	6월	7월 10일 (1월, 2월 원천분 제외)
	환급신청 ×	반기, 연말 (환급신청)	1월	6월	7월 10일

(2) 반기별납부 사업자의 원천징수이행상황신고서 작성방법

1) 반기별납부 사업자의 원천징수이행상황신고서

구분 항목	인원 작성방법	지급액 작성방법
간이세액(A01)	반기 마지막 달의 인원 기재	
중도퇴직(A02)	반기 중 중도퇴사자의 총인원 기재	
일용근로(A03)	월별 순인원의 6개월 합계 인원을 기재	
사업소득(A25)	지급명세서 제출대상 인원(순인원) 기재	6개월간 지급한
기타소득(A40)		총지급액을 합산
퇴직소득(A20)		하여 기재
이자소득(A50)	지급명세서 제출대상 인원을 기재	
배당소득(A60)		
법인원천(A80)		

2) 반기별납부 사업자의 원천징수이행상황신고서 작성

① 반기 근로소득 지급(4명, 총지급액 40백만 원, 소득세 800,000원)
② 반기 중 중도퇴사자 연말정산(1명, 총지급액 10백만 원, 소득세 △100,000원)
③ 반기 일용근로소득 지급(13명, 총지급액 7백만 원)
④ 반기 기타소득 지급(2명, 총지급액 1백만 원, 소득세 40,000원)

① 신고구분						[√]원천징수이행상황신고서 [ ]원천징수세액환급신청서		② 귀속연월	20×1년 7월
매월	(반기)	수정	연말	소득 처분	환급 신청			③ 지급연월	20×1년 12월

원천징수 의무자	법인명(상호)	○○○	대표자(성명)	△△△	일괄납부 여부	여, (부)
					사업자단위과세 여부	여, (부)
	사업자(주민) 등록번호	×××-××-×××××	사업장 소재지	○○○○○	전화번호	×××-××-×××××
					전자우편주소	@

❶ 원천징수 명세 및 납부세액 (단위: 원)

소득자 소득구분			코드	원천징수명세					납부세액		
				소득지급 (과세 미달, 일부 비과세 포함)		징수세액			⑨ 당월 조정 환급세액	⑩ 소득세 등 (가산세 포함)	⑪ 농어촌 특별세
				④ 인원	⑤ 총지급액	⑥ 소득세 등	⑦ 농어촌 특별세	⑧ 가산세			
개인 (거주자·비거주자)	근로 소득	간이세액	A01	4	40,000,000	800,000					
		중도퇴사	A02	1	10,000,000	△100,000					
		일용근로	A03	13	7,000,000	0					
		연말 정산 합계	A04								
		연말 정산 분납신청	A05								
		연말 정산 납부금액	A06								
		가감계	A10	18	57,000,000	700,000				700,000	
	퇴직 소득	연금계좌	A21								
		그 외	A22								
		가감계	A20								
	사업 소득	매월징수	A25								
		연말정산	A26								
		가감계	A30								
	기타 소득	연금계좌	A41								
		종교인 소득 매월징수	A43								
		종교인 소득 연말정산	A44								
		그 외	A42	2	1,000,000	40,000					
		가감계	A40	2	1,000,000	40,000				40,000	
	연금 소득	연금계좌	A48								
		공적연금(매월)	A45								
		연말정산	A46								
		가감계	A47								
	이자소득		A50								
	배당소득		A60								
	저축 등 해지 추징세액 등		A69								
	비거주자 양도소득		A70								
법인	내외국법인원천		A80								
	수정신고(세액)		A90								
	총합계		A99	20	58,000,000	740,000				740,000	

3) 반기별납부 연말정산 환급세액 신고방법

A04(연말정산) '⑥ 소득세'가 '△'인 경우(환급신청과 조정환급 중 선택)

(가) 환급신청하는 경우

1~2월 지급분을 포함하여 3월 10일까지 환급신청한다. 7월 10일까지 반기 신고하는 원천징수이행상황신고서에는 3월 환급신청 시 이미 신고한 1~2월분을 제외하고 신고·납부한다.

- 환급신청 가능액 = ㉮ - ㉯
  ㉮ 연말정산 환급할 세액
  ㉯ 1월 및 2월에 지급한 소득의 원천징수세액 합계액

* 다만, ㉯ ≥ ㉮ 경우에는 7월 10일 신고 시 조정환급한다(환급신청 불가).

(나) 조정환급(3월 10일까지 환급신청하지 아니한 경우)

7월 10일까지 반기별로 원천징수이행상황신고서를 제출한다. 연말정산 환급세액은 1~6월 사이에 원천징수하여 납부할 세액에서 조정환급한다.

4) 반기별납부 연말정산 작성

(주)일선(반기별납부)의 원천징수세액(20×2년 1월~20×2년 6월)

귀속연월	지급연월	원천징수세액	환급세액	조정
20×2년 1월	20×2년 1월	1,500		
20×2년 2월	20×2년 2월	2,000		
20×1 귀속 연말정산	20×2년 2월	농특세 500	8,000	(500)
20×2년 3월	20×2년 3월	1,200		
20×2년 4월	20×2년 4월	1,000		
20×2년 5월	20×2년 5월	2,000		
20×2년 6월	20×2년 6월	2,000		
합계		10,200	8,000	(500)

① 20×2년 1~2월 지급한 소득의 원천징수세액: 3,500원

② 20×1년 귀속 연말정산 원천징수세액: 소득세 △8,000원, 농특세 500원

(가) 연말정산분을 환급신청하는 경우

① 환급신청분 원천징수이행상황신고서(3월 10일 제출)

① 신고구분						[√]원천징수이행상황신고서 [ ]원천징수세액환급신청서		② 귀속연월	20×2년 1월
매월	(반기)	수정	(연말)	소득처분	(환급신청)			③ 지급연월	20×2년 2월

❶ 원천징수 명세 및 납부세액 (단위: 원)

소득자 소득구분			코드	소득지급 (과세 미달, 일부 비과세 포함)		징수세액			납부세액		
									⑨ 당월 조정 환급세액	⑩ 소득세 등 (가산세 포함)	⑪ 농어촌 특별세
				④ 인원	⑤ 총지급액	⑥ 소득세 등	⑦ 농어촌 특별세	⑧ 가산세			
근로소득		간이세액	A01	10	50,000	3,500					
		중도퇴사	A02								
		일용근로	A03								
	연말정산	합계	A04	10	220,000	△8,000	500				
		분납신청	A05								
		납부금액	A06			△8,000	500				
	가감계		A10	20	270,000	△4,500	500		500	0	0
총합계			A99	20	270,000		500		500	0	0

❷ 환급세액 조정 (단위: 원)

전월 미환급 세액의 계산			당월 발생 환급세액				⑱ 조정대상 환급세액계 (⑭+⑮+⑯+⑰)	⑲ 당월조정 환급세액계	⑳ 차월이월 환급세액 (⑱-⑲)	㉑ 환급 신청액
⑫ 전월 미환급 세액	⑬ 기환급 신청세액	⑭ 차감 잔액 (⑫-⑬)	⑮ 일반 환급	⑯ 신탁재산 (금융회사 등)	⑰ 그 밖의 환급세액					
					금융 회사 등	합병 등				
			4,500				4,500	500	4,000	4,000

㉠ 신고구분: 반기, 연말, 환급신청 표시

㉡ 귀속연월: 반기납 신고의 경우 귀속월은 20×2년 1월로 작성

㉢ 지급연월: 환급신청의 경우 20×2년 2월로 작성

㉣ 간이세액(A01): 20×2년 1~2월 지급한 급여 및 원천징수 내역 기재(1,500+2,000)

㉤ 연말정산(A04): 20×1년 귀속 계속근로자 연말정산 원천징수 내역 기재

ⓑ 근로소득 가감계(A10): 근로소득(A01~A04) 가감한 세액을 기재하며, 「⑥ 소득세 등」은 간이세액과 연말정산세액을 가감한다. 즉, 납부세액은 없고 4,500원 환급한다.

ⓐ 당월조정 환급세액: 타 세목 간 조정환급한 세액을 기재한다. 농어촌특별세 500원과 조정환급한 금액만 기재한다.

ⓞ 환급세액 조정

구분	작성방법	금액
⑮ 일반환급	A10, A20, A30, A47 ········ A90의 「⑥ 소득세 등」란의 △ 금액을 합계하여 기재	4,500
⑱ 조정대상 환급세액	⑭ 차감잔액 + ⑮ 일반환급 + ⑯ 신탁재산 + ⑰ 기타	4,500
⑲ 당월조정 환급세액계	총합계(A99)의 ⑨ 당월조정 환급세액 기재	500
⑳ 차월이월 환급세액	⑱ 조정대상 환급세액 - ⑲ 당월조정 환급세액계	4,000
㉑ 환급신청액	「⑳ 차월이월 환급세액」란의 금액 내에서 신청 * 환급신청 시 원천징수세액환급신청서 부표 작성	4,000

② 반기별 원천징수이행상황신고서(7월 10일 제출)

① 신고구분						[√]원천징수이행상황신고서 [ ]원천징수세액환급신청서		② 귀속연월	20×2년 1월
매월	반기	수정	연말	소득처분	환급신청			③ 지급연월	20×2년 6월

❶ 원천징수 명세 및 납부세액 (단위: 원)

소득자 소득구분		코드	원천징수명세					⑨ 당월 조정 환급세액	납부세액	
			소득지급 (과세 미달, 일부 비과세 포함)		징수세액				⑩ 소득세 등 (가산세 포함)	⑪ 농어촌 특별세
			④ 인원	⑤ 총지급액	⑥ 소득세 등	⑦ 농어촌 특별세	⑧ 가산세			
근로소득	간이세액 A01	A01	10	90,000	6,200					
	중도퇴사 A02	A02								
	일용근로 A03	A03								
	연말정산 합계 A04	A04								
	연말정산 분납신청 A05	A05								
	연말정산 납부금액 A06	A06								
	가감계 A10	A10	10	90,000	6,200				6,200	
총합계 A99		A99	10	90,000	6,200				6,200	

❷ 환급세액 조정 (단위: 원)

전월 미환급 세액의 계산			당월 발생 환급세액				⑱ 조정대상 환급세액 (⑭+⑮+⑯+⑰)	⑲ 당월조정 환급세액계	⑳ 차월이월 환급세액 (⑱−⑲)	㉑ 환급 신청액
⑫ 전월 미환급 세액	⑬ 기환급 신청세액	⑭ 차감 잔액 (⑫−⑬)	⑮ 일반 환급	⑯ 신탁재산 (금융회사 등)	⑰ 그 밖의 환급세액 금융회사 등	⑰ 그 밖의 환급세액 합병 등				
4,000	4,000	0								

㉠ 귀속연월: 귀속월은 20×2년 1월(20×2년 1~2월분을 환급신청 시 포함하여 신고하였더라도, 반기별 신고의 귀속연월은 1월로 표시됨)

㉡ 지급연월: 지급월은 20×2년 6월

㉢ 간이세액(A01): 20×2년 3~6월 지급한 급여 및 원천징수 내역 기재(3월에 이미 신고한 1~2월 지급 급여 및 원천징수 내역은 제외)

㉣ 전월 미환급세액은 3월 환급신청 시 제출한 원천징수이행상황신고서의 「⑳ 차월이월 환급세액」의 금액을 기재

㉤ 기환급 신청세액은 원천징수의무자가 환급신청한 세액(3월 환급신청 시 제출한 원천징수이행상황신고서의 환급신청액)을 기재

(나) 연말정산분을 환급신청하지 아니한 경우(20×2. 7. 10. 제출)

① 신고구분				[√]원천징수이행상황신고서 [ ]원천징수세액환급신청서		② 귀속연월	20×2년 1월
매월 (반기) 수정 (연말)	소득처분	환급신청				③ 지급연월	20×2년 6월

❶ 원천징수 명세 및 납부세액 (단위: 원)

소득자 소득구분		코드	원천징수명세					⑨당월 조정 환급세액	납부세액	
			소득지급 (과세 미달, 일부 비과세 포함)		징수세액				⑩소득세 등 (가산세 포함)	⑪농어촌특별세
			④인원	⑤총지급액	⑥소득세 등	⑦농어촌특별세	⑧가산세			
근로소득	간이세액 A01	A01	10	140,000	9,700					
	중도퇴사 A02	A02								
	일용근로 A03	A03								
	연말정산 합계 A04	A04	10	220,000	△8,000	500				
	연말정산 분납신청 A05	A05								
	연말정산 납부금액 A06	A06			△8,000	500				
가감계		A10	20	360,000	1,700	500			1,700	500
총합계		A99	20	360,000	1,700	500			1,700	500

❷ 환급세액 조정 (단위: 원)

전월 미환급 세액의 계산			당월 발생 환급세액				⑱조정대상환급세액(⑭+⑮+⑯+⑰)	⑲당월조정환급세액계	⑳차월이월환급세액(⑱-⑲)	㉑환급신청액
⑫전월미환급세액	⑬기환급신청세액	⑭차감잔액(⑫-⑬)	⑮일반환급	⑯신탁재산(금융회사 등)	⑰그 밖의 환급세액					
					금융회사 등	합병 등				

㉠ 귀속연월: 귀속월은 20×2년 1월

㉡ 지급연월: 지급월은 20×2년 6월

㉢ 간이세액(A01): 1~6월 지급한 급여 및 원천징수 내역 기재

㉣ 연말정산(A04): 20×1년 귀속 계속근로자 연말정산 원천징수 내역 기재

(3) 수정신고 및 경정청구

1) 수정신고 및 경정청구

(가) 수정신고

원천징수이행상황신고서를 제출한 후 원천징수대상 소득 및 세액이 사실과 다른 경우, 이미 제출한 원천징수이행상황신고서를 수정하여 제출

하고 추가 납부할 세액이 있는 경우에는 납부한다.

> ❑ **근로자의 수정신고**
>
> 근로소득만 있는 자 등에 대하여도 수정신고권한을 부여하게 되어 원천징수의무자가 연말정산과정에서 누락한 부분을 당해 소득자가 수정신고를 할 수 있다.
>
> 과세표준수정신고서의 제출 근로소득세액의 연말정산분에 대하여 수정신고를 하고자 하는 원천징수의무자 또는 근로자는 과세표준수정신고서 및 추가자진납부계산서를 최초 신고서사본 및 자진납부계산서(수정분)와 함께 관할세무서장이 결정 또는 경정하여 통지하기 전까지 관할세무서장에게 제출한다.

(나) 경정 등의 청구

최초신고 및 수정신고한 내용이 세법에 의하여 신고하여야 할 과세표준 및 세액을 초과하거나, 세법에 의하여 신고하여야 할 환급세액에 미달하는 경우 경정 등의 청구를 할 수 있다. 다만, 법정신고기한(연말정산세액 또는 원천징수세액의 납부기한) 경과 후 5년 이내에 과세관청으로 하여금 이를 정정하여 결정 또는 경정하도록 청구하여야 한다.

① 경정 등의 청구 요건

다음의 요건을 모두 충족하는 경우 원천징수의무자 또는 당해 소득자가 경정청구할 수 있다.

- ㉠ 연말정산(근로소득, 연금소득, 사업소득), 퇴직소득, 분리과세되는 이자, 배당, 연금, 기타소득이 있어야 한다.
- ㉡ 소득세, 법인세 등 납부한 세액이 있어야 한다.
- ㉢ 지급명세서를 제출하여야 한다.

② 경정 등의 청구에 대한 관할 및 결과 통지

결정 또는 경정의 청구를 받은 세무서장은 그 청구를 받은 날로부터 2개월 이내에 과세표준 및 세액을 결정 또는 경정하거나 결정 또는 경정하여야 할 이유가 없다는 뜻을 통지하여야 한다.

원천징수대상자가 이자·배당 등 분리과세소득에 대해 경정청구하는 경우 원천징수의무자 납세지 관할 세무서장에게 제출한다. 이때 경정청구서가 관할이 아닌 곳에 잘못 제출된 경우 그 경정청구서를 관할 세무서장에게 지체 없이 송부하고, 이 사실을 청구인에게 통지한다.

③ 근로소득 경정청구 시 제출서류

　㉠ 원천징수의무자 경정청구 시(원천징수 관할 세무서에 제출)
　　• 과세표준 및 세액의 결정(경정)청구서 [국세기본법 시행규칙 별지 제16호의2 서식]
　　• 수정 원천징수이행상황신고서
　　• 수정 근로소득 지급명세서
　　• 소득·세액공제신고서(연말정산 시 당초분, 경정청구 관련 수정분)
　　• 경정청구 관련 증빙서류

　㉡ 근로자 경정청구 시(주소지 관할 세무서에 제출)
　　• 과세표준 및 세액의 결정(경정)청구서 [국세기본법 시행규칙 별지 제16호의2 서식]
　　• 근로소득 지급명세서(당초분, 수정분)
　　• 소득·세액공제신고서(연말정산 시 당초분, 경정청구 관련 수정분)
　　• 경정청구 관련 증빙서류

2) 원천징수이행상황신고서 수정신고

(가) 원천징수이행상황신고서 수정신고 방법

㉠ 원천징수이행상황신고서의 「① 신고구분 수정」에 'O'표시

㉡ 당초 제출한 원천징수이행상황신고서의 귀속연월, 지급연월과 동일하게 기재한다.

㉢ 당초 제출한 원천징수이행상황신고서의 [❶ 원천징수 명세 및 납부세액]과 [❷ 환급세액 조정]을 새로 작성하는 원천징수이행상황신고서의 해당란을 반으로 나누어 상단에 붉은색으로 기신고 내용을 적고, 하단에는 수정사항을 반영하여 검정색으로 기재한다.

(나) 원천징수이행상황신고서 수정신고 작성 사례

① 원천징수세액을 누락한 경우 수정신고(과오납부)

20×1년 8월분 급여를 2명에게 900만 원을 지급하였으나, 원천징수이행상황신고서에는 1명에게 400만 원을 지급한 것으로 작성하여 제출한 후 10월에 이 사실을 확인하여 수정신고하고자 한다.

구분	소득구분	귀속연월	지급연월	제출일	인원	총지급액	원천징수 세액
당초 20×1년 8월분	근로(A01)	20×1. 8.	20×1. 8.	20×1. 9. 10.	1	4,000,000	50,000
	(수정할 내용) 8월에 입사한 직원 1명에 대한 급여 5백만 원 및 원천징수세액을 누락하였음을 10월에 확인하여 11월 10일까지 수정신고						
수정 20×1년 8월분	근로(A01)	20×1. 8.	20×1. 8.	20×1. 11. 10.	2	9,000,000	110,000
	(가산세) 원천징수납부지연가산세 미납세액 × 3% + (미납세액 × 0.022% × 경과일수) ≤ 미납세액 × 50%(10%)						
정기 20×1년 10월분	근로(A01)	20×1. 10.	20×1. 10.	20×1. 11. 10.	2	7,000,000	80,000

㉠ 당초 원천징수이행상황신고서

(20×1년 8월 귀속 → 20×1년 9월 10일 제출)

① 신고구분						[√]원천징수이행상황신고서 [ ]원천징수세액환급신청서		② 귀속연월	20×1년 8월
(매월)	반기	수정	연말	소득 처분	환급 신청			③ 지급연월	20×1년 8월

❶ 원천징수 명세 및 납부세액 (단위: 원)

소득자 소득구분		코드	원천징수명세					⑨ 당월 조정 환급세액	납부세액	
			소득지급 (과세 미달, 일부 비과세 포함)		징수세액				⑩ 소득세 등 (가산세 포함)	⑪ 농어촌 특별세
			④ 인원	⑤ 총지급액	⑥ 소득세 등	⑦ 농어촌 특별세	⑧ 가산세			
근로소득	간이세액 A01		1	4,000,000	50,000					
	연말정산 합계 A04									
	연말정산 분납신청 A05									
	연말정산 납부금액 A06									
	가감계 A10		1	4,000,000	50,000				50,000	
수정신고(세액) A90										
총합계 A99			1	4,000,000	50,000				50,000	

❷ 환급세액 조정 (단위: 원)

전월 미환급 세액의 계산			당월 발생 환급세액					⑱ 조정대상 환급세액 (⑭+⑮+⑯+⑰)	⑲ 당월조정 환급세액계	⑳ 차월이월 환급세액 (⑱-⑲)	㉑ 환급 신청액
⑫ 전월 미환급 세액	⑬ 기환급 신청세액	⑭ 차감 잔액 (⑫-⑬)	⑮ 일반 환급	⑯ 신탁재산 (금융회사 등)	⑰ 그 밖의 환급세액						
					금융 회사 등	합병 등					

㉡ 수정 원천징수이행상황신고서

(20×1년 8월 귀속분 수정 → 20×1년 11월 10일 제출)

• 아래 서식에서는 편집상 파란색으로 표시되었으나 신고 시 반드시 붉은색으로 기재하여야 한다.

① 신고구분						[√]원천징수이행상황신고서 [ ]원천징수세액환급신청서		② 귀속연월	20×1년 8월
(매월)	반기	(수정)	연말	소득 처분	환급 신청			③ 지급연월	20×1년 8월

❶ 원천징수 명세 및 납부세액 (단위: 원)

소득자 소득구분		코드	원천징수명세					⑨ 당월 조정 환급세액	납부세액	
			소득지급 (과세 미달, 일부 비과세 포함)		징수세액				⑩ 소득세 등 (가산세 포함)	⑪ 농어촌 특별세
			④ 인원	⑤ 총지급액	⑥ 소득세 등	⑦ 농어촌 특별세	⑧ 가산세			
근로소득	간이세액 A01		1 2	4,000,000 9,000,000	50,000 110,000		3,000			
	가감계 A10		1 2	4,000,000 9,000,000	50,000 110,000		3,000		50,000 113,000	
수정신고(세액) A90										
총합계 A99			1 2	4,000,000 9,000,000	50,000 110,000		3,000		50,000 113,000	

- 수정 귀속연월과 지급연월은 반드시 수정 전 신고서와 동일하게 기재한다.
- 수정신고(세액)(A90)

  별지로 작성한 수정신고서의 총합계(A99)의 [납부세액(101)]의 차액을 당월신고서 [수정신고(A90)]란의 [징수세액(6~18)] 칸에 각각 옮겨 적은 후 "A"의 합계금액은 [당월발생환급세액-15 일반환급]으로 이기한다.

  * 수정신고서의 (수정신고 (A90)란은 기재하지 아니하는 것이며 수정신고서의 총합계 (A99)란의 차액을 수정신고월 정기신고서 (수정신고 (A90)란에 옮겨 기재하는 점에 유의하여야 한다.

ⓒ 정기 원천징수이행상황신고서(수정신고세액 포함)

(20×1년 10월 귀속 → 20×1년 11월 10일 제출)

* 수정신고로 발생한 납부(가산세 포함) 또는 환급할 세액은 수정신고하는 월에 제출하는 당월분 신고서의 수정신고세액(A90)란에 이기하여 납부·환급세액을 조정한다.

① 신고구분						[√]원천징수이행상황신고서 [ ]원천징수세액환급신청서		② 귀속연월	20×1년 10월
매월	반기	수정	연말	소득처분	환급신청			③ 지급연월	20×1년 10월

❶ 원천징수 명세 및 납부세액 (단위: 원)

소득자 소득구분		코드	원천징수명세					납부세액		
			소득지급 (과세 미달, 일부 비과세 포함)		징수세액			⑨ 당월 조정 환급세액	⑩ 소득세 등 (가산세 포함)	⑪ 농어촌 특별세
			④ 인원	⑤ 총지급액	⑥ 소득세 등	⑦ 농어촌 특별세	⑧ 가산세			
근로 소득	간이세액	A01	2	7,000,000	80,000					
	가감계	A10	2	7,000,000	80,000				80,000	
수정신고(세액)		A90			60,000		3,000		63,000	
총합계		A99	2	7,000,000	140,000		3,000		143,000	

* (참고) 수정신고(세액) A90 기재금액 계산과정

구분		인원	총지급액	소득세 등	농특세	가산세	당월조정	소득세 등	농특세
① 당초분		1	4,000,000	50,000				50,000	
② 수정분		2	9,000,000	110,000		3,000		113,000	
A90 기재내역	차이(②-①)			60,000		3,000		63,000	

> 수정신고로 인한 세액 증가 및 감소분은 수정분 원천징수이행상황신고서
> 와 함께 제출하는 정기분 원천징수이행상황신고서의 A90란에 기재하고,
> 수정분 원천징수이행상황신고서의 A90란에는 기재하지 않는다.

② 환급세액을 과다신고한 경우 수정신고(과다환급)

근로소득자 4명의 환급세액이 900,000원이나 1,000,000원으로 환급세
액을 과다신고한 경우

㉠ 수정 원천징수이행상황신고서

• 아래 서식에서는 편집상 파란색으로 표시되었으나 신고 시 반드시 붉은색으로 기재하여야 한다.

❶ 원천징수 명세 및 납부세액(단위: 원)

구 분		코드	원천징수내역					⑨당월조정환급세액	납부세액	
			④인원 ⑤총지급액 소득지급(과세 미달, 일부 비과세 포함)	⑥소득세등 징수세액	⑦농어촌특별세	⑧가산세			⑩소득세 등 (가산세포함)	⑪농어촌특별세
근로소득	가감계	A10	5 / 2,000,000	△1,000,000					0	
			4 / 1,800,000	△900,000		30,000		30,000	0	
퇴직소득		A20	2 / 1,000,000	100,000				100,000	0	
			2 / 1,000,000	100,000				100,000	0	
사업소득	가감계	A30	4 / 2,500,000	75,000				75,000	0	
			4 / 2,500,000	75,000				75,000	0	
내·외국법인원천		A80	5 / 7,000,000	200,000				200,000	0	
			5 / 7,000,000	200,000				70,000	130,000	
수정신고(세액)		A90								
총 합 계		A99	16 / 12,500,000	375,000				375,000	0	
			15 / 12,300,000	375,000		30,000		275,000	130,000	

④ ③

❷ 환급세액 조정(단위: 원)

전월 미환급 세액의 계산			당월발생환급세액					⑱조정대상환급세액(⑭+⑮+⑯+⑰)	⑲당월조정환급세액계	⑳차월이월환급세액	㉑환급신청액
⑫전월미환급세액	⑬기환급신청 세액	⑭차감잔액(⑫-⑬)	⑮일반환급	⑯신탁재산(금융회사등)	⑰그 밖의 환급세액 금융회사등	⑰그 밖의 환급세액 합병등					
			1,000,000					1,000,000	375,000	625,000	
			900,000					900,000	275,000	625,000	

조정환급 가능금액
900,000−625,000 ②

당초 신고금액과
동일금액을 기재 ①

ⓛ 정기 원천징수이행상황신고서(수정신고세액 포함)

❶ 원천징수 명세 및 납부세액(단위: 원)

구 분	코드	소득지급 (과세 미달, 일부 비과세 포함)		징수세액			⑨ 당월조정 환급세액	납부세액	
		④ 인원	⑤ 총지급액	⑥ 소득세 등	⑦ 농어촌 특별세	⑧ 가산세		⑩ 소득세 등 (가산세포함)	⑪ 농어촌 특별세
수정신고(세액)	A90			130,000	0	0	0	130,000	0

ⓐ 차월이월환급세액

수정 후 차월이월환급세액의 금액을 반드시 수정 전(당초) 차월이월환급세액과 동일한 금액으로 한다. 만약 수정 후 정확한 금액으로 차월이월환급세액이 변경되면 수정하기 전에 신고된 부분을 모두 수정신고하는 문제가 발생한다. 이를 방지하기 위하여 수정 후 차월이월환급세액도 수정 전 신고한 금액(625,000)으로 하는 것이다.

ⓑ 당월조정환급액

올바른 조정대상환급세액(900,000)에서 당초 차월이월환급세액(625,000)을 제외한 금액을 당월조정환급액(275,000)으로 한다.

③ 연말정산 과다공제한 경우 수정신고

직원 중 직계존속을 배우자와 중복공제하여 추가 납부세액 300,000원이 발생하였다.

ⓛ 수정신고

(20×1년 2월 귀속분 수정 → 20×1년 10월 10일 제출)

• 아래 서식에서는 편집상 파란색으로 표시되었으나 신고 시 반드시 붉은색으로 기재하여야 한다.

① 신고구분						[√]원천징수이행상황신고서 [ ]원천징수세액환급신청서			② 귀속연월	20×1년 2월
매월	반기	(수정)	(연말)	소득처분	환급신청				③ 지급연월	20×1년 2월

❶ 원천징수 명세 및 납부세액 (단위: 원)

소득자 소득구분		코드	원천징수명세					⑨당월 조정 환급세액	납부세액	
			소득지급(과세 미달, 일부 비과세 포함)		징수세액				⑩소득세 등(가산세 포함)	⑪농어촌특별세
			④인원	⑤총지급액	⑥소득세 등	⑦농어촌특별세	⑧가산세			
근로소득	간이세액	A01	8 / 8	22,000,000 / 22,000,000	1,000,000 / 1,000,000					
	중도퇴사	A02								
	일용근로	A03								
	연말정산	A04	8 / 8	323,000,000 / 323,000,000	△3,900,000 / △3,600,000		20,000			
	가 감 계	A10	16 / 16	345,000,000 / 345,000,000	△2,900,000 / △2,600,000		20,000	△300,000	320,000	
기타소득	가 감 계	A40	1 / 1	1,000,000 / 1,000,000	50,000 / 50,000			50,000 / 50,000		
수정신고(세액)		A90								
총합계		A99	17 / 17	346,000,000 / 346,000,000	50,000 / 50,000		20,000	50,000 / △250,000	320,000	

❷ 환급세액 조정 (단위: 원)

전월 미환급 세액의 계산			당월 발생 환급세액				⑱조정대상환급세액(⑭+⑮+⑯+⑰)	⑲당월조정환급세액계	⑳차월이월환급세액(⑱-⑲)	㉑환급신청액
⑫전월미환급세액	⑬기환급신청세액	⑭차감잔액(⑫-⑬)	⑮일반환급	⑯신탁재산(금융회사 등)	⑰그 밖의 환급세액					
					금융회사 등	합병 등				
			2,900,000 / 2,600,000				2,900,000 / 2,600,000	50,000 / △250,000	2,850,000 / 2,850,000	

● 수정신고 시 납부서 작성방법

❑ 실무에서는 수정사항이 발생하면 가산세 때문에 가능한 즉시 수정신고
하고자 한다. 또한 수정신고 시 반드시 수정신고할 날에 납부도 함께해
야 한다. 이는 수정신고일과 납부일이 다른 경우 (납부지연)가산세로
인하여 신고금액과 납부금액이 달라지게 되기 때문이다.

❑ 다음은 홈택스에서 납부서를 작성하는 방법이다.
 • 홈택스에서 공동로그인 ⇨ 신고/납부 ⇨ 국세납부 ⇨ 자진납부를 선
   택한 후 납부서를 작성한다(수정신고일에 납부하여야 한다).

1) 분류기호: 0126 [국세, 국세청]

2) 서 코 드: 관할 세무서 3자리

3) 납부연월: [사례 20×1년 7월 ⇒ ×107], 20×1년 6월 귀속

4) 납부구분: **수정신고 시 납부구분은 「2」 수시분 자납을 선택한다.**

1	확정분 자납: 부가가치세 확정신고, (소득·법인)세 정기신고분
2	수시분 자납: 수정신고, 추가신고, 정정신고 등 수시로 자납하는 것
3	예정신고·중간예납: (부가가치·양도소득)세 예정신고, 법인세 중간예납
4	원천분 자납: 원천징수의무자가 원천징수한 (소득·법인)세 원천분

5) 세목별 코드(세목별로 납부서 작성)

종합소득세	10	이자소득세	11	배당소득세	12	사업소득세	13
근로소득세	14	기타소득세	16	연금소득세	17	퇴직소득세	21
양도소득세	22	법인세	31	상속세	32	증여세	33
부가가치세	41	주세	43	인지세	46	개별소비세	47
교통세	53	농어촌특별세	55	종합부동산세	57	과징금	90

* 1993. 8. 12. 이전에 개설된 금융계좌가 차명계좌인 경우 1993. 8. 12.(금융실명제 시행일) 현재 잔액의 50%를 과징금으로 징수(금융실명법 부칙 제6조 제1항)

6) 수입징수관서 및 계좌번호: 관할 세무서명과 세무서 계좌번호

● 지방소득세 특별징수분 납입서 및 영수필 통지서 작성

❑ 원천징수이행상황신고서

소득자 소득구분		코드	원천징수명세					⑨ 당월 조정 환급세액	납부세액	
			소득지급		징수세액				⑩ 소득세 등 (가산세 포함)	⑪ 농어촌 특별세
			④ 인원	⑤ 총지급액	⑥ 소득세 등	⑦ 농어촌 특별세	⑧ 가산세			
근로 소득	간이세액	A01	20	40,000,000	3,200,000					
	가감계	A10	20	40,000,000	3,200,000				3,200,000	
퇴직소득		A20	3	100,000,000	1,500,000				1,500,000	

❑ 지방소득세 특별징수분 납부서 및 영수필 통지서

구분		인원	과세표준액	지방소득세
이자소득				
배당소득				
사업소득				
근로소득		20	3,200,000	320,000
연금소득				
기타소득				
퇴직소득		3	1,500,000	150,000
저축해지추징세액 등				
비거주자 양도소득				
법인원천	내국법인			
	외국법인			
가산세액(조정액)				
가산세				
계		23	4,700,000	470,000

(4) 소득처분에 대한 원천징수 및 종합소득세 신고

1) 소득처분에 대한 원천징수

다음의 소득처분금액은 종합소득으로서 원천징수대상에 해당하므로 법인은 지급시기의제일인 신고일 또는 소득금액변동통지 수령일에 지급한 것으로 보아 다음 달 10일까지 소득의 종류에 따라 위와 같이 원천징

수하여야 한다.

소득처분	귀속연월	지급연월 (원천징수시기)
(인정)상여	당초 연말정산의 귀속연월 (세무조정 대상연도)	• 소득금액변동통지 받은 날 연월
(인정)배당	그 법인의 당해 사업연도의 결산확정일 (세무조정 대상연도의 다음 연도)	• 법인세 과세표준 신고일 • 법인세 과세표준 수정신 고일
기타소득		

2) 귀속자의 종합소득세 신고

근로소득 외 확정신고대상인 소득이 있는 경우 해당 소득의 귀속자는
지급시기 의제일의 다음다음 달 말일까지 종합소득세 과세표준확정신고
·납부하여야 한다. 배당처분금액은 해당 법인의 해당 사업연도 결산확
정일을 귀속자의 배당소득 귀속시기로 하여 종합소득에 합산과세(금융
소득이 2,000만 원 초과시) 해당시 종합소득세를 신고·납부하여야 한다.

소득처분 종류	소득의 귀속자	원천징수세율	소득세 확정신고
상여 (근로소득)	임원 또는 직원	기본세율	신고, 처분 통보받은 다음 달 10일까지 원 천징수 후 확정신고 대상이면 다음다음 달의 말일까지 확정 신고·납부
배당 (배당소득)	임직원이 아닌 주주	배당소득의 14%	
기타소득 (기타소득)	임직원, 주주가 아 닌 경우	소득금액의 20%	
기타사외유출	과세대상이 아니거 나, 이미 귀속자 소 득에 포함된 경우	해당 없음.	

| 소득처분 |

구분		귀속자		소득처분
익금산입/ 손금불산입	사외 유출	주주, 출자자(임직원 제외)		배당
		임직원	귀속자가 분명한 경우	(귀속자별)상여
			귀속자가 불분명한 경우	(대표자)상여
		법인 또는 개인사업자		기타사외유출
		법정 기타사외유출		
		상기 외의 사외유출		기타소득
	사내유보			유보
	기타			기타
손금산입/ 익금불산입	사내유보			△유보
	기타			기타

| 대표자 상여 |

대표자 구분		귀속자
1인대표자		1인대표자
2인 이상의 대표자인 경우		사실상 대표자
대표자가 변경된 경우	귀속이 분명한 경우	각인에게 귀속된 대표자
	귀속이 불분명한 경우	각인의 재직기간의 일수에 따라 안분계산

❏ 대표자 상여로 처분된 금액과 건강보험료

대법원 판결로 법인세법에 따라 상여로 처분된 금액인 인정상여는 소득세법 제20조의 근로소득에 포함됨에도 국민건강보험법 시행령 제33조의 보수에는 포함되지 않는다(대법원 2015. 11. 26. 선고 2015두44479 판결).

국민건강보험법 제91조 제1항 제2호는 보험료 연체금 및 가산금으로 과오납부한 금액을 환급받을 권리는 3년 동안 행사하지 아니하면 소멸시효가 완성된다고 규정. 따라서 현재 2017년 귀속분에 대한 대표자 상여처분액에 대한 건강보험료 부과액부터 환급이 가능하다.

3) 원천징수 및 종합소득세 신고의무 지연시 가산세의 적용

① 지급시기 의제일을 기준으로 인정상여 등에 대하여 원천징수하여 신고납부한 경우에는 가산세를 부과하지 않는다.

② 지급시기 의제일을 기준으로 인정상여에 대하여 소득세 확정신고를 하는 경우에는 귀속시기에 관계없이 신고불성실, 납부지연가산세는 부과하지 않는다.

그러나 확정신고를 하지 않았다면 신고불성실가산세와 납부지연가산세가 되며, 무납부일수의 기산일은 추가신고 자진납부기한(다음 다음 달 말일까지)의 다음 날부터 계산하는 것이고, 당초 소득귀속연도의 확정신고기한을 기준으로 하는 것은 아니다.

❏ **소득세집행기준 70-134-1(인정상여 등 소득처분에 따른 추가신고납부 및 가산세 적용)**

① 종합소득과세표준 확정신고기한이 지난 후에 배당·상여 또는 기타소득으로 처분됨으로써 소득금액에 변동이 발생함에 따라 다음에 해당하는 자가 소득세를 추가 납부해야 하는 경우 해당 법인(또는 거주자)이 소득금액변동통지서를 받은 날(법인이 신고함으로써 소득금액이 변동된 경우에는 그 법인의 법인세 신고기일을 말한다)이 속하는 달의 다음다음 달 말일까지 추가신고납부한 때에는 과세표준확정신고 기한까지 신고납부한 것으로 본다.
1. 종합소득과세표준 확정신고 의무가 없었던 자
2. 세법에 따라 과세표준확정신고를 하지 않아도 되는 자
3. 과세표준확정신고를 한 자

② 추가신고자진납부 사유가 발생하여 추가신고자진납부 기한 내에 추가신고를 하였으나 추가로 납부해야 할 세액을 전액 납부하지 아니한 경우에는 확정신고 기한 내에 신고납부한 것으로 보지 아니하므로 신고불성실가산세를 적용하는 것이며, 추가로 납부해야 할 세액의 일부만 납부한 경우 신고불성실가산세는 추가납부할 세액 중 납부한 세액이

차지하는 비율만큼 감면한다.

③ 근로소득만 있는 거주자가 법인세법에 따라 상여로 처분된 소득에 대하여 제1항에 따른 추가신고자진납부를 하지 아니한 경우 납부불성실가산세는 추가신고자진납부기한의 다음 날부터 계산한다.

④ 과세표준확정신고 의무가 있으나 무신고한 자는 제1항에 따른 추가신고납부를 한 경우에도 기한 내에 신고납부한 것으로 볼 수 없으므로 가산세를 적용한다.

4) 소득처분 원천징수이행상황신고서 작성방법

소득처분으로 인하여 증가된 금액과 세액은 원천징수이행상황신고서 수정신고 대상이 아니라, 별도의 신고로 본다.

소득처분이 있는 때[소득금액변동통지서 받은 날, 법인세 신고기한 종료일, 수정신고일]에 소득을 지급한 것으로 보아 소득처분으로 인한 증가액만 별도의 원천징수이행상황신고서를 작성한다.

반기별납부자도 소득처분이 있는 경우는 매월 납부자와 동일하게 소득처분이 있는 때[소득금액 변동통지일, 법인세 신고기한 종료일, 수정신고일]의 다음 달 10일까지 원천징수이행상황신고서를 별도로 작성하여 제출하고 추가 납부하는 때에는 가산세 대상이 아니다. 다만, 이미 제출한 지급명세서는 당초 제출한 지급명세서 내역에 소득처분된 금액을 반영하여 재작성한 지급명세서를 반드시 제출해야 한다.

사례

❑ 20×1년 귀속 법인세 세무조정 내역
  • 20×1년 연말정산 귀속연월 : 20×2년 2월
  • 20×1년 귀속 결산확정일   : 20×2년 3월 15일
  • 20×1년 귀속 법인세 신고일: 20×2년 3월 31일

소득처분	귀속시기	원천징수시기 (지급시기)	지급명세서 제출시기
상여	20×2. 2.	20×2. 3.	20×2. 3. 10.[세무조정이 20×2. 3. 10. 이후인 경우 세무조정(상여)을 반영하여 재작성한 후 다시 제출함]
배당	20×2. 3.	20×2. 3.	20×3년 2월 말 (지급시기의 다음 연도 2월 말)
기타소득	20×2. 3.	20×2. 3.	

사례

20×1년 귀속 법인세 통합조사 후 20×5. 6. 5. 소득금액변동통지서를 수령하였다. 통지금액은 1억 원(대표자 인정상여)이며, 20×1년 귀속 대표자 연말정산 내역은 총급여 1억 5천만 원, 결정세액 15백만 원이다. 이때 소득금액변동통지 금액 1억 원을 추가하여 재정산할 때 결정세액 25백만 원이다.
⇒ 인정상여 처분 시 원천징수이행상황신고서 기재 내역은 다음과 같다.
  ① 신고구분: 매월, 소득처분 "○" 표시
  ② 귀속연월: 20×2년 2월 ⇐ 20×1년 연말정산 분의 귀속연월 기재
  ③ 지급연월: 20×5년 6월 ⇐ 소득금액변동통지서 받은 월을 기재
  ④ A04(연말정산)
  ⑤ 인원: 1명 ⇐ 소득처분 인원
  ⑥ 지급액: 1억 원 ⇐ 소득처분 받은 금액
  ⑦ 소득세 등: 10백만 원 ⇐ 연말정산 재정산 추가납부세액
  ※ 수정신고가 아니고 별도신고이다.

5) 소득처분 원천징수이행상황신고서 작성

① 12월 말 법인으로 20×2년 법인세 정기신고 시(20×1년 귀속분) 업무용 승용차 관련 비용을 손금불산입 소득처분(상여)하였다. 1명에 5천만

원, 추가 정산세액 7백만 원

② 20×2년 3월분 근로소득 지급

   (20명, 총지급액 7천만 원, 소득세 900,000원)

   ⇨ 각각 별지로 신고서를 작성하여 제출(정기분신고서, 소득처분신고서)

   ㉠ 정기분신고서(20×2년 3월 귀속 → 20×2년 4월 10월 제출)

① 신고구분						[✓]원천징수이행상황신고서 [　]원천징수세액환급신청서	② 귀속연월	20×2년 3월
매월	반기	수정	연말	소득 처분	환급 신청		③ 지급연월	20×2년 3월

❶ 원천징수 명세 및 납부세액 (단위: 원)

소 득 자 소득구분		코드	원천징수명세					납부세액	
			소득지급 (과세 미달, 일부 비과세 포함)	징수세액			⑨ 당월 조정 환급세액	⑩ 소득세 등 (가산세 포함)	⑪ 농어촌 특별세
			④ 인원	⑤ 총지급액	⑥ 소득세 등	⑦ 농어촌 특별세	⑧ 가산세			
근로 소득	간이세액	A01	20	70,000,000	900,000					
	중도퇴사	A02								
	일용근로	A03								
	연말 정산 합계	A04								
	분할신청	A05								
	납부금액	A06								
	가 감 계	A10	20	70,000,000	900,000				900,000	

   ㉡ 소득처분신고서(20×2년 2월 귀속 → 20×2년 4월 10일 제출)

   [수정신고가 아닌 별도신고]

① 신고구분						[✓]원천징수이행상황신고서 [　]원천징수세액환급신청서	② 귀속연월	20×2년 2월
매월	반기	수정	연말	소득 처분	환급 신청		③ 지급연월	20×2년 3월

❶ 원천징수 명세 및 납부세액 (단위: 원)

소 득 자 소득구분		코드	원천징수명세					납부세액	
			소득지급 (과세 미달, 일부 비과세 포함)	징수세액			⑨ 당월 조정 환급세액	⑩ 소득세 등 (가산세 포함)	⑪ 농어촌 특별세
			④ 인원	⑤ 총지급액	⑥ 소득세 등	⑦ 농어촌 특별세	⑧ 가산세			
근로 소득	간이세액	A01								
	중도퇴사	A02								
	일용근로	A03								
	연말 정산 합계	A04	1	50,000,000	7,000,000					
	분할신청	A05								
	납부금액	A06			7,000,000					
	가 감 계	A10	1	50,000,000	7,000,000				7,000,000[4]	

---

4) 차기이월 환급액이 있는 경우 조정환급

※ 법인세법에 의한 소득처분이 있는 경우 반기별납부자도 매월납부자와 동일하게 소득처분의 원천징수시기(소득금액변동통지를 받은 날, 법인세 신고일, 수정신고일)가 속하는 달의 다음 달 10일까지 신고한다.

※ 소득처분으로 인하여 증가되는 금액은 당초 신고서를 수정신고하는 것이 아니고, 소득처분이 있는 때에 소득처분의 귀속연월의 소득을 지급한 것으로 보아 소득처분금액과 추가 정산세액만 원천징수이행상황신고서에 기재하여 신고한다.

※ 이미 제출한 지급명세서(원천징수영수증)는 당초분의 지급명세서에 소득처분금액을 반영하여 재작성된 지급명세서를 제출한다.

구분	법인세과세표준 신고(수정신고)에 따른 인정상여	과세관청의 경정 또는 결정에 따른 인정상여
소득처분 확인	세무조정에 의한 소득처분 : 소득금액조정합계표에서 확인	• 법인 : 과세관청은 결정·경정일로부터 15일 이내에 법인에게 소득금액변동통지서 송부(법인의 원천징수의무의 발생) • 소득자 : 과세관청은 소득자에게도 통지사실을 알려야 하나 세법상 실체적 효력 없는 안내절차

(1) 연말정산 시 인정상여가 확정되는 경우

해당 과세기간에 대한 연말정산 시, 인정상여를 총급여액에 포함하여 연말정산하여 원천징수한다. 지급명세서도 인정상여가 포함된 지급명세서를 제출하면 된다. 추가 원천징수하거나 지급명세서를 재제출할 필요가 없다.

■ 법인세법 시행규칙 [별지 제55호 서식]

사업 연도	20*1. 01. 01 ~ 20*1. 12. 31.	소득자료	[인정상여] [인정배당] [기타소득]	명세서		법 인 명	(주)세무비법
						사업자등록번호	000-00-00000

①소득 구분	②소득 귀속연도	③배당·상여 및 기타소득금액	④원천징수할 소득세액	⑤원천징수일	⑥신고여부	소득자		⑨ 비고
						⑦성명	⑧주민등록번호	
1. 인정상여	2021	50,000,000	7,000,000	2022/02/28	여	김대표	000000-*******	연말정산 원천징수필

(2) 연말정산 이후 인정상여가 확정되는 경우

① 해당 과세기간에 귀속한 근로소득과 인정상여를 합산하여 연말정산을 재정산하고, 추가납부액을 원천징수 신고납부한다.

② 지급명세서 수정신고(재제출)

연말정산을 재정산하면 반드시 재작성된 지급명세서를 다시 제출하여야 한다. 이 경우 지급명세서 제출관련 가산세는 없다.

❶ 법인세 신고 : 소득자료명세서

사업 연도	20*1. 01. 01 ~ 20*1. 12. 31.	소득자료	[인정상여] [인정배당] [기타소득]	명세서		법 인 명		(주)세무비법
						사업자등록번호		000-00-00000

①소득 구분	②소득 귀속연도	③배당·상여 및 기타소득금액	④원천징수할 소득세액	⑤원천징수일	⑥신고여 부	소득자		⑨ 비고
						⑦성명	⑧주민등록번호	
1. 인정상여	20*1	50,000,000	7,000,000	2022/03/31	부	김대표	000000-*******	

❷ 원천징수 신고

① 신고구분						[√]원천징수이행상황신고서 [ ]원천징수세액환급신청서		② 귀속연월	20×2년 2월
매월	반기	수정	연말	소득 처분	환급 신청			③ 지급연월	20×2년 3월

❶ 원천징수 명세 및 납부세액 (단위: 원)

소 득 자 소득구분		코드	원천징수명세						납부세액	
			소득지급 (과세 미달, 일부 비과세 포함)		징수세액			⑨ 당월 조정 환급세액	⑩ 소득세 등 (가산세 포함)	⑪ 농어촌 특별세
			④ 인원	⑤ 총지급액	⑥ 소득세 등	⑦ 농어촌 특별세	⑧ 가산세			
근로 소득	간이세액	A01								
	중도퇴사	A02								
	일용근로	A03								
	연말 정산 합계	A04	1	50,000,000	7,000,000					
	연말 정산 분할신청	A05								
	연말 정산 납부금액	A06			7,000,000					
	가 감 계	A10	1	50,000,000	7,000,000				7,000,000	

❸ 근로소득 지급명세서 재제출

● 부당해고기간의 급여에 대한 원천징수

❑ **소득세 집행기준 20 - 38 - 3(부당해고기간의 급여에 대한 귀속연도 등)**

① 근로자가 법원의 판결·화해 등에 의하여 부당해고기간의 급여를 일시에 지급받는 경우에는 해고기간에 근로를 제공하고 지급받는 근로소득으로 본다.

② 제1항의 근로소득에 대하여 해당 원천징수의무자가 다음의 시기에 원천징수를 하는 경우에는 기한 내에 원천징수한 것으로 본다.

1. 법원의 판결이 해당 과세기간 경과 후에 있는 경우에는 그 판결이 있는 날의 다음 달 말일까지 연말정산하는 때

2. 법원의 판결이 해당 근로소득이 귀속하는 과세기간의 종료일 전에 있는 경우에는 「소득세법」 제134조 제1항 또는 제2항에 따라 원천징수하는 때

❑ **부당해고 관련 손해배상금(가산보상금 포함)과 지연이자 상당액**

부당해고 관련 손해배상금(가산보상금 포함)과 지연이자 상당액은 기타소득에 해당하며, 부당해고 등 명예훼손이나 정신적 고통에 대한 손해배상금 및 이에 대한 지연이자는 과세대상에서 제외한다(법인 46013 - 632, 1998. 3. 24., 원천세과 - 237, 2010. 3. 17., 서면법규 - 1551, 2012. 12. 28.).

제2장

지급명세서 제출

1. 지급명세서 및 간이지급명세서 제출시기

구분	제출기준	제출기한	휴업(폐업)한 경우
근로소득 퇴직소득	귀속시기	다음 연도 3월 10일	휴업일(폐업일 등)이 속하는 다음다음 달의 말일
사업소득	지급시기		
배당소득[5] 이자소득 기타소득	지급시기	다음 연도 2월 말	휴업일(폐업일 등)이 속하는 다음다음 달의 말일
일용근로소득	귀속시기[6]	2021년 7월 이후[7] 지급일이 속하는 달의 다음 달 말일 (매월 제출)	휴업일(폐업일 등)이 속하는 달의 다음 달 말일
원천징수대상 사업소득간이지급명세서	귀속시기[8]	2021년 7월 이후[9] 지급일이 속하는 달의 다음 달 말일 (매월 제출)	휴업일(폐업일 등)이 속하는 달의 다음 달 말일
상용근로소득 간이지급명세서		1~6월분 : 7월 31일	휴업일(폐업일 등)이 속하는 반기 마지막 달의 다음 달 말일*
		7~12월분 : 다음 연도 1월 31일	
사업장제공자의 간이지급명세서	귀속시기	지급일이 속하는 달의 다음 달 말일 (매월 제출)	휴업일(폐업일등)이 속하는 달의 다음 달 말일
인적용역기타소득 간이지급명세서	지급시기	2024년 이후 지급일이 속하는 달의 다음 달 말일(매월 제출)	휴업일(폐업일 등)이 속하는 달의 다음 달 말일

* 근로소득 간이지급명세서 제출기한까지 근로소득 지급명세서가 제출된 경우로서, 다음에 해당하는 경우에는 근로소득 간이지급명세서 제출대상에서 제외함.
  ① 상반기 중 휴업(폐업 등)하여 근로소득 지급명세서를 7월 31일 전에 제출한 자
  ② 하반기 중에 휴업(폐업 등)하여 근로소득 지급명세서를 해당 연도의 다음 연도 1월 31일 이전에 제출한 자

---

1. 상용근로소득 간이지급명세서에 대한 가산세 특례(2024년)
   ① 적용내용
     소득지급일이 속하는 반기의 다음 달 말일까지 간이지급명세서 제출 시 미제출 가산세를 면제한다.
   ② 적용대상
     2024. 1. 1.~6. 30.에 지급하는 상용근로소득
     : 소규모사업자의 경우 2024. 1. 1.~12. 31.에 지급하는 소득
     * 소규모사업자 : 직전연도 상시고용인원이 20인 이하로서 원천징수세액 반기별납부자

2. 인적용역 관련 기타소득 간이지급명세서에 대한 가산세 특례
   ① 적용내용
     기타소득 지급명세서를 소득지급일이 속하는 과세연도 다음 연도의 2월 말일까지 제출 시 미제출 가산세를 면제한다.
   ② 적용대상
     2024. 1. 1.~12. 31.에 지급하는 인적용역 관련 기타소득

3. 상용근로소득 간이지급명세서 제출에 대한 세액공제
   ① 적용대상

---

5) 배당소득 지급시기 의제시 유의
6) 12월 31일까지 해당 귀속연도분의 일용근로소득을 지급하지 않은 경우 12월 말일을 지급일로 보아 다음 해 1월 말일까지 제출함.
7) 2021년 7월 이전 : 분기의 마지막 달의 다음 달 말일까지 제출. 휴업일(폐업일 등)이 속하는 분기의 마지막 달의 다음 달 말일까지 제출
8) 해당 귀속연도의 근로·사업소득을 12월 말일까지 미지급한 경우에는 12월에 지급한 것으로 보아 작성한다.
9) 2021년 7월 이전 : 반기 마지막 달의 다음 달 말일까지 제출. 휴업일(폐업일 등)이 속하는 반기 마지막 달의 다음 달 말일까지 제출·해당 귀속연도의 근로·사업소득을 12월 말일까지 미지급한 경우에는 12월에 지급한 것으로 보아 작성한다.

상시고용인원 등을 고려하여 대통령으로 정하는 소규모사업자 및 이를 대리하는 세무대리인

② 공제금액: 기재된 소득자 수 등을 고려하여 대통령으로 정하는 금액

③ 공제한도: 연간 300만 원(세무회계법인 600만 원), 최소공제액 1만 원

④ 적용기간: 2024. 1. 1.~2025. 12. 31.

❏ **지급명세서 귀속시기**

구분	지급명세서 귀속시기
일반적인 경우	지급일이 속하는 연도
지급시기의제규정이 적용되는 경우	과세기간 종료일이 속하는 연도

❏ **퇴직소득 지급명세서 귀속시기**

소득세납세의무가 있는 개인에게 퇴직소득을 국내에서 지급하는 자는 퇴직소득지급명세서를 그 지급일(지급시기의제규정이 적용되는 퇴직소득은 해당 소득에 대한 과세기간 종료일을 말함)이 속하는 과세기간의 다음 연도 3월 10일(휴업 또는 폐업한 경우에는 휴업일 또는 폐업일이 속하는 달의 다음다음 달 말일)까지 원천징수 관할 세무서장·지방국세청장 또는 국세청장에게 제출하여야 한다.

• 퇴직소득 지급시기 특례에 의해 해당 퇴직소득이 속하는 과세기간 종료일의 다음 연도 3월 10일까지 제출하여야 한다.
즉 20×1년 12월 귀속 1월 지급이여도 귀속이 12월에 해당하는 소득이기 때문에 그 과세기간의 종료일인 20×1. 12. 31.의 다음 연도인 20×2. 3. 10.까지 제출하는 것이다.

(1) 간이지급명세서

1) 제출대상

① 원천징수대상 사업소득 간이지급명세서(거주자의 사업소득)

소득세 납세의무가 있는 개인에게 원천징수대상 사업소득을 국내에서 지급하는 자는 간이지급명세서(거주자의 사업소득)를 원천징수 관할 세무서장, 지방국세청장 또는 국세청장에게 제출하여야 한다. 간이지급명세서는 연말정산 지급명세서 등과는 별도 제출하는 것으로, 기존의 사업소득 지급명세서는 동일하게 제출한다.

② 상용근로소득 간이지급명세서

소득자(상용직 근로자)의 인적사항과 근무기간 및 소득 지급금액 등을 포함하고 있는 서류로, 근로소득을 지급하는 원천징수의무자는 간이지급명세서를 제출하여야 하는 의무가 있다.

2) 제출기준

해당 귀속연도의 근로소득을 12월 말일까지 미지급한 경우에는 12월에 지급한 것으로 보아 작성한다.

◆ 2024년 12월 급여를 2025년 1월 지급시 2025년 1월 말일까지 간이지급명세서를 제출한다.
◆ 2024년 12월 사업소득을 2025년 1월 지급하는 경우
  ① 연말정산 대상 사업소득: 2025년 1월 말일까지 간이지급명세서 제출
  ② 그 외의 사업소득: 2025년 2월 말일까지 간이지급명세서 제출(사업소득 지급일의 다음달 말일까지 제출)

❏ **일용근로소득도 간이지급명세서 제출대상인가요?**

일용근로소득은 간이지급명세서 제출대상이 아니며, 일용근로소득 지급명세서를 제출하여야 한다.

❏ **간이지급명세서(거주자의 사업소득)를 매월 제출하면 지급명세서를 제출하지 않아도 되나요?**

간이지급명세서는 매년 3월 10일까지 제출하는 지급명세서와는 별도로 제출하는 것이다. 따라서, 지급명세서는 종전과 동일하게 제출하여야 한다(20×1년 귀속 지급명세서 제출기한: 20×2년 3월 10일).

❏ **간이지급명세서(거주자의 사업소득)를 작성하고 있다. 소득자의 업종코드 중 '기타자영업(940909)'은 어떤 경우에 선택하나요?**

기타자영업 코드(940909)는 고용관계 없이 독립된 자격으로 일정한 고정보수를 받지 아니하고 그 실적에 따라 수당 또는 이와 유사한 성질의 대가를 지급받는 경우로서, 간이지급명세서(거주자의 사업소득) 소득자의 35개 업종코드 중 어느 하나에 분류되지 않는 업종인 경우 기재한다(예: 컴퓨터 프로그래머, 전기·가스검침원 등).

근로계약에 의하여 근로를 제공한 날 또는 시간에 따라 근로의 대가를 계산하여 받는 사람으로서, 일용근로자(예: 식당주방보조원, 시간제 편의점근무자, 건설노동자 등)는 일용근로소득지급명세서를 제출한다.

(2) 사업장제공자의 과세자료 제출

1) 제출의무자: 사업장제공자 등

대리기사, 퀵서비스기사, 캐디 등 용역제공자(8개 업종)에게 용역제공과 관련된 사업장을 제공하거나, 용역을 알선·중개한 자는 사업장제공자 등의 과세자료제출명세서를 제출할 의무가 있다.

다만, 대리·퀵서비스 업종의 경우 2022년 1월 1일 이후 소득발생분부터 알선·중개업체가 아닌 노무제공플랫폼사업자가 제출하여야 한다.

① 사업자제공자 등의 과세자료 제출대상 거래

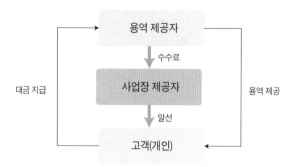

② 원천징수대상 거래: 간이지급명세서 작성, 제출대상

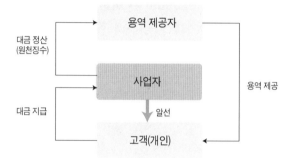

2) 제출대상용역: 용역제공자

: 2024년 1월 1일 이후 발생하는 소득부터는 스포츠강사 및 트레이너
가 추가된다.

코드	제출대상용역	제출대상 사업자
11	골프경기보조용역	골프장사업자
12	간병용역	병의원, 간병인협회
13	대리운전용역	대리운전사업자
14	소포배달용역	퀵서비스사업자
15	파출용역	직업소개소
16	수하물운반원	도매시장, 집단상가, 재래시장

코드	제출대상용역	제출대상 사업자
17	중고자동차판매원	중고자동차 매매사업자
18	욕실종사원	목욕탕사업자

3) 제출기한

해당 수입금액 또는 소득금액이 발생한 달의 다음 달 말일까지 제출해야 한다.

4) 제출의무자 불이익: 과태료 부과

제출의무자가 미제출하거나 사실과 다르게 제출하는 경우에는 시정명령을 하고, 명령사항을 위반할 경우 제출의무자에게 과태료가 부과된다(2022. 1. 1. 이후 소득발생분부터 적용).

① 미제출 시 건당 20만 원
② 일부를 제출하지 않거나 사실과 다르게 제출 시 건당 10만 원

다만, 과세자료 제출명세서에 누락되거나 사실과 다르게 기재된 용역제공자 인원수가 전체 용역제공자 인원수의 5% 이하인 경우에는 과태료가 부과되지 않는다.

5) 제출의무자 혜택: 세액공제

제출의무자는 용역제공자 인적사항 및 용역제공기간 등 기재해야 할 사항이 모두 기재된 소득자료를 제출기한 내 전자제출하는 경우 해당 용역에 대한 소득금액이 발생한 달이 속하는 과세연도의 소득세·법인세에서 세액공제 혜택을 받을 수 있다(2021. 11. 11. 이후 소득발생분부터 적용).

기재된 용역제공자 인원수 × 300만 원(연간 200만 원 한도)

2. 지급명세서 및 간이지급명세서 제출 불성실가산세

(1) 지급명세서 제출 불성실 가산세(일용근로소득 제외)

① 지급명세서 미제출금액 × 1%
② 제출된 지급명세서 불분명 또는 허위제출금액 × 1%
③ 지연제출: 제출기간 후 3개월 이내 제출하는 경우 0.5%

(2) 지급명세서의 불분명한 사유

① 지급자 또는 소득자의 주소·성명·납세번호나 사업자등록 번호·
소득의 종류·소득의 귀속연도 또는 지급액을 기재하지 아니하였
거나 잘못 기재하여 지급사실을 확인할 수 없는 경우
② 이자·배당소득지급명세서에 유가증권표준코드를 적지 아니하였거
나 잘못 적어 유가증권의 발행자를 확인할 수 없는 경우
③ 이연퇴직소득세를 적지 아니하였거나 잘못 적은 경우

❏ 「법인세법 시행령」 제120조에 의하면 제출된 지급명세서에 지급자 또
는 소득자의 주소, 성명, 고유번호나 사업자등록번호, 소득의 종류, 소
득 귀속연도 또는 지급액을 적지 아니하였거나 잘못 적어 지급사실을
확인할 수 없는 경우에는 가산세가 적용되는 것으로 열거되어 있다.
근로소득지급명세서를 제출하면서 총지급액 및 기타 사항은 정상적으
로 지급명세서에 기재하여 제출하였으나 과세 및 비과세소득의 구분만
착오 기재하였다고 하더라도 근로소득의 지급사실을 확인할 수 없는 경
우가 아니라면 지급명세서제출불성실가산세는 적용되지 않는 것이다.

- 재무부 법인 46012 - 19. 1995. 2. 2.
  근로소득을 지급한 근로소득지급조서를 제출하면서 착오로 지급조서의 일부분을 잘못 기재한 경우에도 근로소득의 지급사실을 확인할 수 없는 경우가 아니라면 가산세는 부과하지 아니하는 것임.

(3) 간이지급명세서 제출 불성실가산세(일용근로소득 지급명세서 포함):
인적용역 기타소득 간이지급명세서는 2024. 1. 1.부터 적용

1) 가산세율

① 지급명세서 미제출금액 × 0.25%

② 제출된 지급명세서 불분명 또는 허위제출금액 × 0.25%

③ 지연제출: 제출기간 후 1개월(상용근로소득 간이지급명세서(2023년까지)는 3개월) 이내 제출하는 경우 0.125%

2) 일용근로소득, 원천대상 사업소득 불분명가산세 면제

명세서상(일용근로소득, 원천대상 사업소득) 불분명한 경우, 소득자의 인적사항, 지급액 등을 잘못 적어 지급사실을 확인할 수 없는 경우 그 불분명 금액이 5% 이하인 경우 가산세를 면제한다.

(4) 원천징수대상 사업소득 및 인적용역 관련 기타소득 지급명세서 · 간이지급명세서 제출 불성실 가산세 중복적용 배제

1) 적용시기

㉠ 원천징수대상 사업소득
  : 2023. 1. 1. 이후 지급하는 소득분부터 적용
㉡ 인적용역 관련 기타소득
  : 2024. 1. 1. 이후 지급하는 소득분부터 적용

2) 적용내용

❶ 기한까지 제출하지 아니한 경우 ❷ 지급사실이 불분명하거나 기재된 금액이 사실과 다른 경우 지급명세서(가산세율: 1%)와 간이지급명세서 (가산세율: 0.25%)를 모두 미제출하거나 불분명한 경우 높은 가산세율 1%만 적용한다. 다만, 연말정산 사업소득은 지급명세서(1%)·간이지급 명세서(0.25%) 제출 불성실 가산세를 중복적용한다.

(5) 간이지급명세서 제출 특례

① 적용시기
  ㉠ 원천징수대상 사업소득
    : 2023. 1. 1. 이후 지급하는 소득분부터 적용
  ㉡ 인적용역 관련 기타소득
    : 2024. 1. 1. 이후 지급하는 소득분부터 적용
② 적용대상: 원천징수대상 사업소득, 인적용역 관련 기타소득
③ 적용방법
  간이지급명세서(매월)를 모두 제출 시 지급명세서 제출을 연 1회 면제한다. 다만, 연말정산 사업소득은 간이지급명세서와 지급명세 서를 모두 제출하여야 한다.

(6) 가산세 한도

과세기간 단위로 1억 원(중소기업·사업자가 아닌 자는 5천만 원). 다만, 고의적으로 위반한 경우 당해 한도를 적용하지 아니한다.

(7) 지급명세서 제출 시 유의사항

① 세무대리인과 원천징수의무자가 중복되지 않도록 한다.

② 홈택스, 서면 또는 전산매체로 중복되지 않도록 한다.

③ 홈택스 부서사용자ID 등 다른 ID로 중복되지 않도록 한다.

④ 수시제출하고 연간합산분으로 중복되지 않도록 한다.

⑤ 부서사용자 아이디를 이용하여 제출한 자료는 동일 원천징수의무자 자료라도 부서사용자 아이디가 다르기 때문에 각각 최종 제출한 자료를 유효한 자료로 인정된다.

⑥ 총괄부서사용자 아이디로 부서사용자가 제출한 자료를 다시 불러와서 제출하면 부서사용자가 제출한 자료는 취소 처리된다.

⑦ 제출기한이 경과한 지급명세서는 홈택스를 이용하여 제출할 수 없으며 서면이나 전산매체로 작성하여 관할 세무서에 제출해야 한다.

⑧ 직접작성방식으로 제출한 경우 본점사업자가 지점사업자의 지급명세서를 대리해서 제출할 수 없다. 다만, 금융은 본점이 지점자료를 제출하는 것이 가능하다.

⑨ 변환방식으로 제출하는 경우 본점에서 지점자료를 작성해서 제출할 수 있다. A레코드는 본점사업자번호를, B레코드에서는 지점사업자번호를 기재하여 제출한다.

⑩ 지급명세서를 제출기한까지 여러 번 전송한 경우, 마지막으로 제출(전송)한 자료만 유효한 자료로 인정한다.

⑪ 세무대리인에게 위임해서 제출한 자료를 회사가 확인하려면, 홈택스 로그인 → [신청/제출] → [(근로·사업 등)지급명세서]에서 지급명세서 선택 → [Step 2. 제출내역]에서 [나의 과세자료 제출현황] 클릭 → 접수일자를 설정하고 [조회하기]를 클릭 → 제출된 자료목록을 확인하면 된다.

(8) 전자신고한 지급명세서 삭제

제출기간 마감일 +2일 내에서 홈택스에서 공동인증서로 로그인 후 [신청/제출] → [과세자료제출] → [과세자료 삭제요청] 또는 [신고/납부] → [세금신고 삭제 요청]에서 [세금신고 삭제요청서]를 작성해서 홈택스 제출이 가능하며, 2일이 지난 이후에는 관할 세무서에 「세금신고 삭제요청서」를 서면으로 제출할 수 있다.

3. 지급명세서 작성 시 유의사항

(1) 근로소득 지급명세서

1) 근무기간, 감면기간을 정확히 기재

① 주(현), 종(전)근무처별 근로소득 발생(재직)기간을 기재한다(특히 중도 입사자는 입사일, 중도 퇴사자는 퇴직일을 정확히 기재).
② 근무처명
   ㉠ (현)근무지와 (종전)근무지의 근무처명(법인명 또는 상호)을 기입(동일 직장에 재취직할 때는 당초분은 전근무지란에 기입)하고, 같은 해 근무지가 4이상인 경우에는 (전)근무지란을 별지에 기입한다.
   ㉡ 합병, 기업형태 변경 등으로 해당 법인이 연말정산을 하는 경우에 피합병법인과 기업형태 변경 전의 소득은 전란에 별도로 기재한다.
   ㉢ 납세조합에서 원천징수한 국외원천근로소득을 국내원천근로소득과 합산하여 연말정산하는 경우에는 납세조합(⑯-1)에 조합명을 기재한다.

□ 4대보험의 기준소득월액은 '주(현)근무지의 ⑪ 근무기간'과 '⑯ 계의 소득금액'을 활용하여 결정되므로, 근무기간을 다음과 같이 잘못 기재하는 경우 불이익을 당할 수 있다.
- 20×1. 7. 1. 입사자의 근무시작일을 20×1. 1. 1.로 기재하는 경우
- 종(전)근무지, 주(현)근무지를 합산하여 현 근무지에 신고하는 경우
- 20×1년 12월 급여를 20×2년 1월 이후에 지급하고, 20×1년 급여에 포함하지 않고 신고하는 경우

📊 윤셈의 톡톡: 지급명세서 제출누락 주의[미제출 시 가산세]

- 중도퇴사자에 대한 근로소득 지급명세서도 반드시 계속 근로자분과 함께 제출하여야 한다(제출기한: 다음 연도 3월 10일까지).
- 계약직 근로자에 대한 지급명세서도 반드시 일반근로자와 함께 제출하여야 한다.

2) 외국인근로자가 외국인 단일세율적용신청서를 제출한 경우

「총급여」란에는 [I. 근무처별소득명세 ⑯ 계의 합계]의 금액에 당해 근로자의 비과세소득*을 합한 금액을 기재한다.

* 비과세소득에는 지급명세서 기재 제외대상 비과세소득을 포함한다. 다만, 사택제공의 이익은 포함하지 아니한다.

사례

급여 22,000,000원, 상여 25,000,000원, 비과세소득 6,000,000원(지급명세서 기재대상에 해당하지 아니하는 비과세소득 포함)인 외국인근로자인 경우
⇨ [근무처별소득명세 ⑯ 계의 합계] 금액 47,000,000원을 입력하고, ㉑ 총급여란에는 [근무처별소득명세 ⑯ 계의 합계] 47,000,000원에 비과세소득 6,000,000원을 더한 53,000,000원을 기재한다.

3) 지급명세서 작성대상 비과세소득

해당 기재란에 해당 코드와 비과세금액을 기재한다.

비과세소득 종류가 많은 근로자의 경우 원천징수영수증 Ⅱ. 비과세소득란에 해당 번호별 총액을 기재하고, 비과세소득 세부 내역은 별지를 이용하여 기재할 수 있다.

	⑱ 국외근로	M0X						
	⑱-1 야간근로수당	O0X						
Ⅱ. 비 과 세 및 감 면 소 득 명 세	⑱-2 출산·보육수당	Q01	1,200,000					1,200,000
	⑱-4 연구보조비	H0X						
	⑱-5 비과세학자금	G01	3,000,000					3,000,000
	⑱-6							
	~							
	⑱-31							
	⑲ 수련보조수당	Y22						
	⑳ 비과세소득 계		4,200,000					4,200,000
	⑳-1 감면소득 계							

4) 기납부세액

① 전근무지의 기납부세액(소득세) : 전근무지의 사업자등록번호란은 반드시 기재한다.

　㉠ 전근무처에서 퇴직자로서 정산이 완료된 근로자의 경우
　　전근무지에서 발급받은 근로소득 원천징수영수증의 '⑫ 결정세액'란의 금액을 기재한다. 즉, 전근부처에서 퇴직정산할 때 환급받은 세액은 납부한 세액이 아니므로 기납부세액에서 제외하여야 한다.

　㉡ 전근무처에서 퇴직정산을 하지 않고 전입한 근로자의 경우
　　전근무지 기납부세액란 기재시에 당해 근로자가 전근부처에서 받아 오거나 전 근무처로부터 인계받은 "소득자별 근로소득원천징수부"상의 매월 납부세액의 합계액을 기재한다. 이 때 "근무처별 소득명세(⑪)~⑯"란도 전근무지소득과 현근무지소득을 반드시 구분하여 기재하여야 한다.

② 주(현)근무지 기납부세액

기납부세액이라 함은 당해연도분 급여에 대하여 징수의무자가 근로자로부터 징수한 간이세액을 말하므로, 현근무지 기납부세액은 당해 근로자가 당해연도에 현근무처에서 징수한 세액이 합계를 말한다.

	구 분			⑧ 소득세	⑨ 지방소득세	⑩ 농어촌특별세
Ⅲ. 세액명세	⑫ 결정세액					
	기납부세액	⑬ 종(전)근무지 (결정세액란의 세액을 적습니다)	사업자 등록 번호			
		⑭ 주(현)근무지				
	⑮ 납부특례세액					
	⑯ 차감징수세액(⑫-⑬-⑭-⑮)					

5) 소득·세액공제 명세

외국인근로자가 외국인단일세율적용신청서를 제출하여 단일세율을 적용하는 경우 소득·세액공제명세 기재대상에 해당되지 아니한다.

 윤쌤의 톡톡: 12월 중 퇴직하는 경우

근로자가 12월 중에 퇴직하는 경우 중도퇴사에 해당하므로, 퇴직하는 달의 급여 지급하는 때에 중도퇴사자 연말정산을 하여야 한다. 중도퇴사자의 근로소득 지급명세서는 20×2년 3월 10일까지 제출하면 된다. 퇴직자가 연말정산 공제를 제대로 적용하지 못한 경우에는 20×2년 5월에 추가 공제를 반영하여 신고할 수 있다.

• 20×1년 12월 퇴사자의 급여를 20×1년 12월에 지급하는 경우
  20×2년 1월 10일까지 원천징수이행상황신고서의 A02(중도퇴사)란에 기재하여 원천징수신고 함.
• 20×1년 12월 퇴사자의 급여를 20×2년 1월에 지급하는 경우
  20×2년 2월 10일까지 원천징수이행상황신고서의 A02(중도퇴사)란에 기재하여 원천징수신고 함.

실무적으로는, 퇴직자의 편의를 위하여 12월 중도퇴사자를 중도퇴사(A02 기재)로 처리하지 않고, 계속 근로자와 함께 연말정산한 후 다음 연도 3월

10일에 연말정산에 대한 원천신고할 때 「연말정산」란에 합산해서 신고하기도 한다.

(2) 퇴직소득 지급명세서

1) 제출자

소득세 납세의무가 있는 개인에게 퇴직소득을 국내에서 지급하는 원천징수의무자이다.

2) 제출시기

① 그 지급일이 속하는 과세기간의 다음 연도 3월 10일까지 제출한다. 퇴직소득 원천징수시기에 대한 특례가 적용되는 경우, 지급일은 해당 귀속 과세기간 종료일 또는 다음 연도 2월 말이다.
② 원천징수의무자가 휴업 또는 폐업한 경우에는 휴업일 또는 폐업일이 속하는 달의 다음다음 달 말일까지 제출한다.

3) 퇴직급여를 합산하여 지급하는 경우

법인이 임원(지배주주 등 및 지배주주 등과 특수관계에 있는 자는 제외) 또는 사용인에게 해당 법인과 특수관계인인 법인에 근무한 기간을 합산하여 퇴직급여를 지급하는 경우, 해당 임원 또는 사용인이 마지막으로 근무한 법인은 해당 퇴직급여에 대한 원천징수 및 지급명세서의 제출을 일괄하여 이행할 수 있다.

(3) 이자소득 및 배당소득 지급명세서

1) 제출자

① 소득세 납세의무가 있는 개인에게 이자소득, 배당소득, 장기저축성 보험

의 보험차익에 해당하는 금액을 국내에서 지급하는 자이다. 법인 및 소득금액의 지급을 대리하거나 지급을 위임 또는 위탁받은 자 등도 포함한다.

② 내국법인(신탁재산에 귀속되는 소득은 신탁법인에 소득이 지급된 것으로 봄)에 이자소득 또는 배당소득을 지급하는 자이다.

③ **내국법인에 대한 배당은 원천징수대상에 해당하지 않으므로 원천징수세액은 없으나 지급명세서도 제출하여야 하며 미제출 시 가산세가 부과된다.** 다만, 법인세법 시행령 제111조 제2항 각호의 금융회사 등에 지급하는 이자소득 중 원천징수대상채권 등 외의 소득에 대하여는 지급명세서를 제출하지 아니한다.

2) 제출시기

① 그 지급일이 속하는 연도의 다음 연도 2월 말일까지 제출한다.

② 원천징수의무자가 휴업 또는 폐업한 경우에는 휴업일 또는 폐업일이 속하는 달의 다음다음 달 말일까지 제출한다.

윤쌤의 톡톡

1) 개인의 경우 종합과세대상소득(T,G)을 분리과세대상소득(L,H,O,B)으로 제출하지 않도록 주의하여야 한다. 분리과세대상소득으로 제출 시 금융소득이 2천만 원 초과인지 여부를 판단할 때 제외되어 금융소득 종합과세가 적용되지 않고 누락될 수 있기 때문이다.

2) 법인의 경우에는 원천징수대상소득(C)을 원천징수대상이 아닌 소득(W 등)으로 분류되지 않도록 주의하여야 한다. 이는 비영리법인 등에게 이자를 지급하거나 금융회사 등에게 투자신탁의 이익을 지급하면서 원천징수대상이 아닌 소득으로 제출하면 안되기 때문이다.

3) 이자소득·배당소득지급명세서 작성 사례

① 내국법인(비상장)이 주주(대주주)에게 일반배당금을 지급하는 경우

[ ] 이자배당소득 원천징수영수증	[ ] 소득자 보관용
[√] 이자배당소득 지 급 명 세 서	[ ] 발행자 보관용
	[√] 발행자 보고용

※ 제2쪽, 제3쪽의 작성방법을 읽고 작성하여 주시기 바라며, [ ]에는 해당되는 곳에 √표를 합니다. (4쪽 중 제1쪽)

접수번호	접수일	관리번호	처리기간	즉시

징수 의무자	① 법 인 명 (상 호) △△산업	①-1 영문법인명(상호)	② 대표자(성명) □□□	③ 사업자등록번호 ×××-××-×××××
	④ 주민(법인)등록번호 ######-#######	⑤ 소재지 또는 주소 서울 종로 수송 ###		

소득자	⑥ 성명(상호) ○○○	⑦ 주민(사업자)등록번호 ######-#######		⑦-1 비거주자 생년월일	⑧ 소득구분코드 111
	⑨ 주 소 서울 종로 인사 ###	⑩ 거주구분 [√] [ ] 거주자 비거주자	⑪ 거주지국	⑪-1 거주지국코드	⑫ 계좌번호 (발행번호)	⑬ 신탁 이익 여부 [ ] [√] 여 부

지 급 명 세

⑭ 지급일			⑮ 귀속연월		⑯ 과세구분	⑰ 소득의 종류	⑱ 조세특례등	⑲ 금융상품코드	⑳ 유가증권표준코드 (유가증권발행사업자등록번호)	㉑ 채권이자구분	㉒ 지급대상기간	㉓ 이자율등	㉔ 지급액 (소득금액)	㉕ 세율(%)	원 천 징 수 세 액				
연	월	일	연	월											㉖ 소득세	㉗ 법인세	㉘ 지방소득세	㉙ 농어촌특별세	㉚ 계
20×1	03	31	20×1	03	G	51	NN	A52					10,000,000	14	1,400,000		140,000		1,540,000

위의 원천징수세액(수입금액)을 정히 영수(지급)합니다.

20×2 년 02 월 28 일

징수(보고)의무자   (서명 또는 인)

종로 **세무서장** 귀하

☞ 일반회사가 주주에게 배당소득 지급 시 유가증권표준코드란에 일반회사의 사업자등록번호 기재

② 내국법인(비상장)이 주주(소액주주)에게 일반배당금을 지급하는 경우

[ ] 이자배당소득 원천징수영수증	[ ] 소득자 보관용
[√] 이자배당소득 지 급 명 세 서	[ ] 발행자 보관용
	[√] 발행자 보고용

※ 제2쪽, 제3쪽의 작성방법을 읽고 작성하여 주시기 바라며, [ ]에는 해당되는 곳에 √표를 합니다. (1쪽)

접수번호	접수일	관리번호	처리기간	즉시

징수 의무자	① 법 인 명 (상 호) △△산업	①-1 영문법인명(상호)	② 대표자(성명) □□□	③ 사업자등록번호 ×××-××-×××××
	④ 주민(법인)등록번호 ######-#######	⑤ 소재지 또는 주소 서울 종로 수송 ###		

소득자	⑥ 성명(상호) ○○○	⑦ 주민(사업자)등록번호 ######-#######		⑦-1 비거주자 생년월일	⑧ 소득구분코드 111
	⑨ 주 소 서울 종로 인사 ###	⑩ 거주구분 [√] [2] 거주자 비거주자	⑪ 거주지국	⑪-1 거주지국코드	⑫ 계좌번호 (발행번호)	⑬ 신탁 이익 여부 [ ] [√] 여 부

지 급 명 세

⑭ 지급일			⑮ 귀속연월		⑯ 과세구분	⑰ 소득의 종류	⑱ 조세특례등	⑲ 금융상품코드	⑳ 유가증권표준코드 (유가증권발행사업자등록번호)	㉑ 채권이자구분	㉒ 지급대상기간	㉓ 이자율등	㉔ 지급액 (소득금액)	㉕ 세율(%)	원 천 징 수 세 액				
연	월	일	연	월											㉖ 소득세	㉗ 법인세	㉘ 지방소득세	㉙ 농어촌특별세	㉚ 계
20×1	03	31	20×1	03	G	51	NN	B52	×××-××-×××××				10,000,000	14	1,400,000		140,000		1,540,000

위의 원천징수세액(수입금액)을 정히 영수(지급)합니다.

20×2 년 02 월 28 일

징수(보고)의무자   (서명 또는 인)

종로 **세무서장** 귀하

☞ 일반회사가 주주에게 배당소득 지급 시 유가증권표준코드란에 일반회사의 사업자등록번호 기재

③ 내국법인이 개인에게 비영업대금의 이익 지급

■ 소득세법 시행규칙 [별지 제23호 서식(1)] (2020. 3. 13. 개정)

	[ ] 이자배당소득 원천징수영수증	[ ] 소득자 보관용
	[√] 이자배당소득 지 급 명 세 서	[ ] 발행자 보관용
		[√] 발행자 보고용

※ 제2쪽, 제3쪽의 작성방법을 읽고 작성하여 주시기 바라며, [ ]에는 해당되는 곳에 √표를 합니다. (1쪽)

접수번호	접수일	관리번호	처리기간	즉시

징 수 의무자	① 법 인 명 (상 호) △△산업	①-1 영문법인명(상호)		② 대표자(성명) □□□	③ 사업자등록번호 ○○○-○○-○○○○○
	④ 주민(법인)등록번호 ######-#######	⑤ 소재지 또는 주소		서울 종로 수송 ###	

소득자	⑥ 성명(상호) ○○○	⑦ 주민(사업자)등록번호 ######-#######	⑦-1 비거주자 생년월일	⑧ 소득자구분코드 111
	⑨ 주 소	⑩ 거주구분	⑪ 거주지국	⑪-1 거주지국코드	⑫ 계좌번호(발행번호)	⑬ 신탁이익 여부
	서울 종로 인사 ###	[√] 거주자 [2] 비거주자				여 [√] 부

지 급 명 세

⑭ 지급일			⑮ 귀속연월		⑯ 과세구분	⑰ 소득의 종류	⑱ 조세특례등	⑲ 금융상품코드	⑳ 유가증권표준코드(유가증권발행자등록번호)	㉑ 채권이자구분	㉒ 지급대상기간	㉓ 이자율등	㉔ 지급액(소득금액)	㉕ 세율(%)	원 천 징 수 세 액				
연	월	일	연	월											㉖ 소득세	㉗ 법인세	㉘ 지방소득세	㉙ 농어촌특별세	㉚ 계
20×2	01	01	20×2	01	T	22	NN			20×10101 20×11231	0.10	10,000,000	25	2,500,000		250,000		2,750,000

위의 원천징수세액(수입금액)을 정히 영수(지급)합니다.

20×3 년 02 월 28 일

(서명 또는 인)

징수(보고)의무자

종로 세무서장 귀하

☞ 소득의 종류가 비영업대금의 이익인 경우 금융상품코드란 공란, 금융상품코드를 적용하지 않는 소득은 금융상품코드란을 반드시 공란으로 기재

④ 개인이 법인에게 비영업대금의 이익 지급

■ 소득세법 시행규칙 [별지 제23호 서식(1)] (2020. 3. 13. 개정)

	[ ] 이자배당소득 원천징수영수증	[ ] 소득자 보관용
	[√] 이자배당소득 지 급 명 세 서	[ ] 발행자 보관용
		[√] 발행자 보고용

※ 제2쪽, 제3쪽의 작성방법을 읽고 작성하여 주시기 바라며, [ ]에는 해당되는 곳에 √표를 합니다. (1쪽)

접수번호	접수일	관리번호	처리기간	즉시

징 수 의무자	① 법 인 명 (상 호)	①-1 영문법인명(상호)		② 대표자(성명) □□□	③ 사업자등록번호
	④ 주민(법인)등록번호 ######-#######	⑤ 소재지 또는 주소		서울 종로 수송 ###	

소득자	⑥ 성명(상호) ○○건설	⑦ 주민(사업자)등록번호 ○○○-○○-○○○○○	⑦-1 비거주자 생년월일	⑧ 소득자구분코드 211
	⑨ 주 소	⑩ 거주구분	⑪ 거주지국	⑪-1 거주지국코드	⑫ 계좌번호(발행번호)	⑬ 신탁이익 여부
	서울 종로 인사 ###	[√] 거주자 [2] 비거주자				[ ] 여 [√] 부

지 급 명 세

⑭ 지급일			⑮ 귀속연월		⑯ 과세구분	⑰ 소득의 종류	⑱ 조세특례등	⑲ 금융상품코드	⑳ 유가증권표준코드(유가증권발행자등록번호)	㉑ 채권이자구분	㉒ 지급대상기간	㉓ 이자율등	㉔ 지급액(소득금액)	㉕ 세율(%)	원 천 징 수 세 액				
연	월	일	연	월											㉖ 소득세	㉗ 법인세	㉘ 지방소득세	㉙ 농어촌특별세	㉚ 계
20×2	01	01	20×2	01	C	22	NN			20×10101 20×21231	0.10	10,000,000	25		2,500,000			2,500,000

위의 원천징수세액(수입금액)을 정히 영수(지급)합니다.

20×3 년 02 월 28 일

(서명 또는 인)

징수(보고)의무자

종로 세무서장 귀하

☞ 원천징수대상 법인의 과세구분은 "C" 기재

⑤ 영농조합법인(비상장 내국법인)이 조합원(소액주주)에게 배당금
　　(식량작물재배업소득 발생분) 지급

■ 소득세법 시행규칙 [별지 제23호 서식(1)] (2020. 3. 13. 개정)

[ ] 이자배당소득 원천징수영수증	[ ] 소득자 보관용
[√] 이자배당소득 지 급 명 세 서	[ ] 발행자 보관용
	[√] 발행자 보고용

※ 제2쪽, 제3쪽의 작성방법을 읽고 작성하여 주시기 바라며, [ ]에는 해당되는 곳에 √표를 합니다. (1쪽)

| 접수번호 | | 접수일 | | 관리번호 | | 처리기간 | 즉시 |

| 징수
의무자 | ① 법인명(상호)
　　영농 | | ①-1 영문법인명(상호) | | ② 대표자(성명)
□□□ | ③ 사업자등록번호
###-##-##### |
| | ④ 주민(법인)등록번호
######-####### | | ⑤ 소재지 또는 주소
　　　　서울 종로 수송 ### | | | |

| 소득자 | ⑥ 성명(상호)
　조합원 | | ⑦ 주민(사업자)등록번호
######-####### | | ⑦-1 비거주자 생년월일 | ⑧ 소득자구분코드
111 |
| | ⑨ 주　소
　　　　서울 종로 인사 ### | | ⑩ 거주구분
[√] [2]
거주자 비거주자 | ⑪
거주지국 | ⑪-1
거주지국코드 | ⑫ 계좌번호
(발행번호) | ⑬ 신탁
이익 여부
[1] [√]
여 부 |

지 급 명 세

⑭ 지급일			⑮ 귀속연월		⑯ 과세구분	⑰ 소득의 종류	⑱ 조세특례등	⑲ 금융상품코드	⑳ 유가증권표준코드(유가증권발행(교부)등록번호)	㉑ 채권이자구분	㉒ 지급대상기간	㉓ 이자율등	㉔ 지급액(소득금액)	㉕ 세율(%)	원 천 징 수 세 액				
연	월	일	연	월											㉖ 소득세	㉗ 법인세	㉘ 지방소득세	㉙ 농어촌특별세	㉚ 계
20×1	01	01	20×1	01	E	51	PI	B52	###-##-#####				10,000,000	0	0		0		0

위의 원천징수세액(수입금액)을 정히 영수(지급)합니다.

20×2 년 02 월 28 일

징수(보고)의무자 　　　　　(서명 또는 인)

종로 세무서장 귀하

☞ 영농조합법인 비과세 소득 지급 시 작성

⑥ 영농조합법인(비상장 내국법인)이 조합원(소액주주)에게 배당금
　　(과세소득 발생분) 지급

■ 소득세법 시행규칙 [별지 제23호 서식(1)] (2020. 3. 13. 개정)

[ ] 이자배당소득 원천징수영수증	[ ] 소득자 보관용
[√] 이자배당소득 지 급 명 세 서	[ ] 발행자 보관용
	[√] 발행자 보고용

※ 제2쪽, 제3쪽의 작성방법을 읽고 작성하여 주시기 바라며, [ ]에는 해당되는 곳에 √표를 합니다. (1쪽)

| 접수번호 | | 접수일 | | 관리번호 | | 처리기간 | 즉시 |

| 징수
의무자 | ① 법인명(상호)
　　영농 | | ①-1 영문법인명(상호) | | ② 대표자(성명)
□□□ | ③ 사업자등록번호
###-##-##### |
| | ④ 주민(법인)등록번호
######-####### | | ⑤ 소재지 또는 주소
　　　　서울 종로 수송 ### | | | |

| 소득자 | ⑥ 성명(상호)
　대주주 | | ⑦ 주민(사업자)등록번호
######-####### | | ⑦-1 비거주자 생년월일 | ⑧ 소득자구분코드 |
| | ⑨ 주　소
　　　　서울 종로 인사 ### | | ⑩ 거주구분
[√] [2]
거주자 비거주자 | ⑪
거주지국 | ⑪-1
거주지국코드 | ⑫ 계좌번호
(발행번호) | ⑬ 신탁
이익 여부
[1] [√]
여 부 |

지 급 명 세

⑭ 지급일			⑮ 귀속연월		⑯ 과세구분	⑰ 소득의 종류	⑱ 조세특례등	⑲ 금융상품코드	⑳ 유가증권표준코드(유가증권발행(교부)등록번호)	㉑ 채권이자구분	㉒ 지급대상기간	㉓ 이자율등	㉔ 지급액(소득금액)	㉕ 세율(%)	원 천 징 수 세 액				
연	월	일	연	월											㉖ 소득세	㉗ 법인세	㉘ 지방소득세	㉙ 농어촌특별세	㉚ 계
20×1	01	01	20×1	01	L	51	PI	B52	###-##-#####				10,000,000	5	50,000		5,000		55,000

위의 원천징수세액(수입금액)을 정히 영수(지급)합니다.

20×2 년 02 월 28 일

징수(보고)의무자 　　　　　(서명 또는 인)

종로 세무서장 귀하

☞ 영농조합법인 과세 소득 지급 시 작성

⑦ 농업회사법인(비상장 내국법인)이 출자자(소액주주)에게 배당금
   (식량작물재배업소득 발생분) 지급

■ 소득세법 시행규칙 [별지 제23호 서식(1)] (2020. 3. 13. 개정)

	[ ] 이자배당소득 원천징수영수증	[ ] 소득자 보관용
	[√] 이자배당소득 지 급 명 세 서	[ ] 발행자 보관용
		[√] 발행자 보고용

※ 제2쪽, 제3쪽의 작성방법을 읽고 작성하여 주시기 바라며, [ ]에는 해당되는 곳에 √표를 합니다. (1쪽)

접수번호	접수일	관리번호	처리기간	즉시

징 수 의무자	① 법인명(상호) ㈜ 농업	①-1 영문법인명(상호)	② 대표자(성명) □□□	③ 사업자등록번호 ###-##-#####
	④ 주민(법인)등록번호 111111-3222222	⑤ 소재지 또는 주소 서울 종로 수송 ###		

소득자	⑥ 성명(상호) 출자자	⑦ 주민(사업자)등록번호 ######-#######	⑦-1 비거주자 생년월일	⑧ 소득자구분코드 111
	⑨ 주 소 서울 종로 인사 ###		⑩ 거주구분 [√] [2] 거주자 비거주자	⑪ 거주지국 ⑪-1 거주지국코드	⑫ 계좌번호 (발행번호)	⑬ 신탁 이익 여부 [1] [√] 여 부

지 급 명 세

⑭ 지급일			⑮ 귀속연월		⑯ 과세 구분	⑰ 소득의 종류	⑱ 조세 특례 등	⑲ 금융 상품 코드	⑳ 유가증권 표준코드 (유가증권 발행자 등록번호)	㉑ 채권 이자 구분	㉒ 지급 대상 기간	㉓ 이자율 등	㉔ 지급액 (소득금액)	㉕ 세율 (%)	원 천 징 수 세 액				
연	월	일	연	월											㉖ 소득세	㉗ 법인세	㉘ 지방 소득세	㉙ 농어촌 특별세	㉚ 계
20×1	01	01	20×1	01	E	51	PK	B52	###-##-#####				10,000,000	0	0	0			0

위의 원천징수세액(수입금액)을 정히 영수(지급)합니다.

20×2 년 02 월 28 일

종로 세무서장 귀하   징수(보고)의무자   (서명 또는 인)

☞ 농업회사법인 비과세 소득 지급 시 작성

⑧ 농업회사법인(비상장 내국법인)이 출자자(소액주주)에게 배당금
   (과세소득 발생분) 지급

■ 소득세법 시행규칙 [별지 제23호 서식(1)] (2020. 3. 13. 개정)

	[ ] 이자배당소득 원천징수영수증	[ ] 소득자 보관용
	[√] 이자배당소득 지 급 명 세 서	[ ] 발행자 보관용
		[√] 발행자 보고용

※ 제2쪽, 제3쪽의 작성방법을 읽고 작성하여 주시기 바라며, [ ]에는 해당되는 곳에 √표를 합니다. (1쪽)

접수번호	접수일	관리번호	처리기간	즉시

징 수 의무자	① 법인명(상호) ㈜ 농업	①-1 영문법인명(상호)	② 대표자(성명) □□□	③ 사업자등록번호 ###-##-#####
	④ 주민(법인)등록번호 111111-3222222	⑤ 소재지 또는 주소 서울 종로 수송 ###		

소득자	⑥ 성명(상호) 출자자	⑦ 주민(사업자)등록번호 ######-#######	⑦-1 비거주자 생년월일	⑧ 소득자구분코드 111
	⑨ 주 소 서울 종로 인사 ###		⑩ 거주구분 [√] [2] 거주자 비거주자	⑪ 거주지국 ⑪-1 거주지국코드	⑫ 계좌번호 (발행번호)	⑬ 신탁 이익 여부 [1] [√] 여 부

지 급 명 세

⑭ 지급일			⑮ 귀속연월		⑯ 과세 구분	⑰ 소득의 종류	⑱ 조세 특례 등	⑲ 금융 상품 코드	⑳ 유가증권 표준코드 (유가증권 발행자 등록번호)	㉑ 채권 이자 구분	㉒ 지급 대상 기간	㉓ 이자율 등	㉔ 지급액 (소득금액)	㉕ 세율 (%)	원 천 징 수 세 액				
연	월	일	연	월											㉖ 소득세	㉗ 법인세	㉘ 지방 소득세	㉙ 농어촌 특별세	㉚ 계
20×1	01	01	20×1	01	O	51	PK	B52	###-##-#####				10,000,000	14	1,400,000		140,000		1,540,000

위의 원천징수세액(수입금액)을 정히 영수(지급)합니다.

20×2 년 02 월 28 일

종로 세무서장 귀하   징수(보고)의무자   (서명 또는 인)

☞ 농업회사법인 과세 소득 지급 시 작성

⑨ 내국법인(비상장)이 우리사주조합원(소액주주 등 비과세요건 충족)에게 배당금 지급

■ 소득세법 시행규칙 [별지 제23호 서식(1)] (2020. 3. 13. 개정)

[ ] 이자배당소득 원천징수영수증	[ ] 소득자 보관용
[√] 이자배당소득 지 급 명 세 서	[ ] 발행자 보관용
	[√] 발행자 보고용

※ 제2쪽, 제3쪽의 작성방법을 읽고 작성하여 주시기 바라며, [ ]에는 해당되는 곳에 √표를 합니다. (1쪽)

접수번호		접수일		관리번호		처리기간	즉시

징 수 의무자	① 법인명(상호) ㈜ 우리		①-1 영문법인명(상호)		② 대표자(성명) □□□	③ 사업자등록번호 ###-##-#####
	④ 주민(법인)등록번호 111111-5222222		⑤ 소재지 또는 주소 서울 종로 수송 ###			

소득자	⑥ 성명(상호) 조합원	⑦ 주민(사업자)등록번호 ######-#######		⑦-1 비거주자 생년월일	⑧ 소득자구분코드 111
	⑨ 주 소 서울 종로 인사 ###		⑩ 거주구분 [√] 거주자 [2] 비거주자	⑪ 거주지국 ⑪-1 거주지국코드	⑫ 계좌번호(발행번호) ⑬ 신탁이익 여부 [1] 여 [√] 부

지 급 명 세

⑭ 지급일			⑮ 귀속연월		⑯ 과세구분	⑰ 소득의 종류	⑱ 조세특례등	⑲ 금융상품코드	⑳ 유가증권표준코드(유가증권발행자등록번호)	㉑ 채권이자구분	㉒ 지급대상기간	㉓ 이자율등	㉔ 지급액(소득금액)	㉕ 세율(%)	원 천 징 수 세 액			
연	월	일	연	월											㉖ 소득세	㉗ 법인세	㉘ 지방소득세	㉙ 농어촌특별세	㉚ 계
20×1	01	01	20×1	01	E	51	S1	B52	###-##-#####				10,000,000	0	0		0		0

위의 원천징수세액(수입금액)을 정히 영수(지급)합니다.

20×2 년 02 월 28 일

징수(보고)의무자 (서명 또는 인)

종로 **세무서장** 귀하

☞ 비과세소득 세율란은 0% 기재

---

⑩ 내국법인(비상장)이 우리사주조합원(비과세요건 미충족한 소액주주)에게 배당금 지급

■ 소득세법 시행규칙 [별지 제23호 서식(1)] (2020. 3. 13. 개정)

[ ] 이자배당소득 원천징수영수증	[ ] 소득자 보관용
[√] 이자배당소득 지 급 명 세 서	[ ] 발행자 보관용
	[√] 발행자 보고용

※ 제2쪽, 제3쪽의 작성방법을 읽고 작성하여 주시기 바라며, [ ]에는 해당되는 곳에 √표를 합니다. (1쪽)

접수번호		접수일		관리번호		처리기간	즉시

징 수 의무자	① 법인명(상호) ㈜ 우리		①-1 영문법인명(상호)		② 대표자(성명) □□□	③ 사업자등록번호 ###-##-#####
	④ 주민(법인)등록번호 111111-5222222		⑤ 소재지 또는 주소 서울 종로 수송 ###			

소득자	⑥ 성명(상호) 조합원	⑦ 주민(사업자)등록번호 ######-#######		⑦-1 비거주자 생년월일	⑧ 소득자구분코드 111
	⑨ 주 소 서울 종로 인사 ###		⑩ 거주구분 [√] 거주자 [2] 비거주자	⑪ 거주지국 ⑪-1 거주지국코드	⑫ 계좌번호(발행번호) ⑬ 신탁이익 여부 [1] 여 [√] 부

지 급 명 세

⑭ 지급일			⑮ 귀속연월		⑯ 과세구분	⑰ 소득의 종류	⑱ 조세특례등	⑲ 금융상품코드	⑳ 유가증권표준코드(유가증권발행자등록번호)	㉑ 채권이자구분	㉒ 지급대상기간	㉓ 이자율등	㉔ 지급액(소득금액)	㉕ 세율(%)	원 천 징 수 세 액			
연	월	일	연	월											㉖ 소득세	㉗ 법인세	㉘ 지방소득세	㉙ 농어촌특별세	㉚ 계
20×1	01	01	20×1	01	G	51	NN	B52	###-##-#####				10,000,000	14	1,400,000		140,000		1,540,000

위의 원천징수세액(수입금액)을 정히 영수(지급)합니다.

20×2 년 02 월 28 일

징수(보고)의무자 (서명 또는 인)

종로 **세무서장** 귀하

☞ Gross-up 대상은 과세구분을 "G"로 기재

⑪ 내국법인(비상장) 감자차익에 의한 의제배당(대주주, Gross-up 대상)

■ 소득세법 시행규칙 [별지 제23호 서식(1)] (2020. 3. 13. 개정)

[ ] 이자배당소득 원천징수영수증   [ ] 소득자 보관용
[√] 이자배당소득 지 급 명 세 서   [ ] 발행자 보관용
                                     [√] 발행자 보고용

※ 제2쪽, 제3쪽의 작성방법을 읽고 작성하여 주시기 바라며, [ ]에는 해당되는 곳에 √표를 합니다. (1쪽)

| 접수번호 | | 접수일 | | 관리번호 | | | | 처리기간 | 즉시 |

| 징수의무자 | ① 법인명(상호) ㈜ 의제 | | ①-1 영문법인명(상호) | | ② 대표자(성명) □□□ | | ③ 사업자등록번호 ###-##-##### | |
| | ④ 주민(법인)등록번호 111111-5222222 | | ⑤ 소재지 또는 주소   서울 종로 수송 ### | | | | | |

| 소득자 | ⑥ 성명(상호) 대주주 | | ⑦ 주민(사업자)등록번호 ######-######## | | ⑦-1 비거주자 생년월일 | | ⑧ 소득구분코드 111 | |
| | ⑨ 주 소   서울 종로 인사 ### | | ⑩ 거주구분 [√] 거주자 [2] 비거주자 | ⑪ 거주지국 | ⑪-1 거주지국코드 | ⑫ 계좌번호 (발행번호) | ⑬ 신탁이익 여부 [1] 여 [√] 부 | |

지 급 명 세

⑭ 지급일			⑮ 귀속연월		⑯ 과세구분	⑰ 소득의 종류	⑱ 조세특례등	⑲ 금융상품코드	⑳ 유기증권표준코드(유가증권 발행사업자등록번호)	㉑ 채권이자구분	㉒ 지급대상기간	㉓ 이자율등	㉔ 지급액(소득금액)	㉕ 세율(%)	원 천 징 수 세 액				
연	월	일	연	월											㉖ 소득세	㉗ 법인세	㉘ 지방소득세	㉙ 농어촌특별세	㉚ 계
20×1	05	01	20×1	05	G	53	NN	A61	###-##-#####				10,000,000	14	1,400,000		140,000		1,540,000

위의 원천징수세액(수입금액)을 정히 영수(지급)합니다.

                                20×2 년 02 월 28 일

징수(보고)의무자   (서명 또는 인)

종로 세무서장 귀하

☞ Gross-up 대상은 과세구분을 "G"로 기재

---

⑫ 내국법인(비상장) 자본전입(토지재평가차익)에 의한 의제배당(대주주, Gross-up 제외 대상)

■ 소득세법 시행규칙 [별지 제23호 서식(1)] (2020. 3. 13. 개정)

[ ] 이자배당소득 원천징수영수증   [ ] 소득자 보관용
[√] 이자배당소득 지 급 명 세 서   [ ] 발행자 보관용
                                     [√] 발행자 보고용

※ 제2쪽, 제3쪽의 작성방법을 읽고 작성하여 주시기 바라며, [ ]에는 해당되는 곳에 √표를 합니다. (1쪽)

| 접수번호 | | 접수일 | | 관리번호 | | | | 처리기간 | 즉시 |

| 징수의무자 | ① 법인명(상호) ㈜ 의제 | | ①-1 영문법인명(상호) | | ② 대표자(성명) □□□ | | ③ 사업자등록번호 ###-##-##### | |
| | ④ 주민(법인)등록번호 111111-5222222 | | ⑤ 소재지 또는 주소   서울 종로 수송 ### | | | | | |

| 소득자 | ⑥ 성명(상호) 대주주 | | ⑦ 주민(사업자)등록번호 ######-######## | | ⑦-1 비거주자 생년월일 | | ⑧ 소득구분코드 111 | |
| | ⑨ 주 소   서울 종로 인사 ### | | ⑩ 거주구분 [√] 거주자 [2] 비거주자 | ⑪ 거주지국 | ⑪-1 거주지국코드 | ⑫ 계좌번호 (발행번호) | ⑬ 신탁이익 여부 [1] 여 [√] 부 | |

지 급 명 세

⑭ 지급일			⑮ 귀속연월		⑯ 과세구분	⑰ 소득의 종류	⑱ 조세특례등	⑲ 금융상품코드	⑳ 유기증권표준코드(유가증권 발행사업자등록번호)	㉑ 채권이자구분	㉒ 지급대상기간	㉓ 이자율등	㉔ 지급액(소득금액)	㉕ 세율(%)	원 천 징 수 세 액				
연	월	일	연	월											㉖ 소득세	㉗ 법인세	㉘ 지방소득세	㉙ 농어촌특별세	㉚ 계
20×1	05	01	20×1	05	T	53	NN	A62	###-##-#####				1,000,000	14	140,000		14,000		154,000

위의 원천징수세액(수입금액)을 정히 영수(지급)합니다.

                                20×2 년 02 월 28 일

징수(보고)의무자   (서명 또는 인)

종로 세무서장 귀하

☞ Gross-up 제외 대상은 과세구분을 "T"로 기재

⑬ 외국소득세액을 뺀 금액을 원천징수한 경우(상장외국법인의 배당, 소액주주, 외국 원천징수세율 10%)

■ 소득세법 시행규칙 [별지 제23호 서식(1)] (2020. 3. 13. 개정)

[ ] 이자배당소득 원천징수영수증	[ ] 소득자 보관용
[√] 이자배당소득 지 급 명 세 서	[ ] 발행자 보관용
	[√] 발행자 보고용

※ 제2쪽, 제3쪽의 작성방법을 읽고 작성하여 주시기 바라며, [ ]에는 해당하는 곳에 √표를 합니다.   (1쪽)

접수번호		접수일		관리번호			처리기간	즉시

징 수 의무자	① 법인명(상호) ○○증권	①-1 영문법인명(상호)	② 대표자(성명) □□□	③ 사업자등록번호 ###-##-#####
	④ 주민(법인)등록번호	⑤ 소재지 또는 주소 서울 종로 수송 ###		

소득자	⑥ 성명(상호) 소액주주	⑦ 주민(사업자)등록번호 ######-#######	⑦-1 비거주자 생년월일	⑧ 소득자구분코드 111
	⑨ 주 소 서울 종로 인사 ###	⑩ 거주구분 [√] [2] 거주자 비거주자	⑪ 거주지국 / ⑪-1 거주지국코드	⑫ 계좌번호 (발행번호) / ⑬ 신탁 이익 여부 [1] [√] 여 부

지 급 명 세

⑭ 지급일 연 월 일	⑮ 귀속연월 연 월	⑯ 과세 구분	⑰ 소득의 종류	⑱ 조세 특례 등	⑲ 금융 상품 코드	유가증권 표준코드 (유가증권 발행법인 등록번호)	㉑ 채권 이자 구분	㉒ 지급 대상 기간	㉓ 이자율 등	㉔ 지급액 (소득금액)	㉕ 세율 (%)	원 천 징 수 세 액			
												㉖ 소득세	㉗ 법인세	㉘ 지방 소득세	㉙ 농어촌 특별세	㉚ 계
20×1 02 01	20×1 02	T	56	PS	B53	○○○-○○-○○○○○				1,000,000	14	40,000		4,000		44,000

위의 원천징수세액(수입금액)을 정히 영수(지급)합니다.

종로 세무서장 귀하   징수(보고)의무자

20×2 년 02 월 28 일
(서명 또는 인)

☞ 세율은 14%, 원천징수세액은 국내 원천징수세액에서 외국 원천징수세액을 뺀 금액으로 기재

⑭ 외국에서 원천징수한 경우(상장외국법인의 배당, 소액주주, 외국 원천징수세율 15%)

■ 소득세법 시행규칙 [별지 제23호 서식(1)] (2020. 3. 13. 개정)

[ ] 이자배당소득 원천징수영수증	[ ] 소득자 보관용
[√] 이자배당소득 지 급 명 세 서	[ ] 발행자 보관용
	[√] 발행자 보고용

※ 제2쪽, 제3쪽의 작성방법을 읽고 작성하여 주시기 바라며, [ ]에는 해당하는 곳에 √표를 합니다.   (1쪽)

접수번호		접수일		관리번호			처리기간	즉시

징 수 의무자	① 법인명(상호) ○○증권	①-1 영문법인명(상호)	② 대표자(성명) ○○○	③ 사업자등록번호 ○○○-○○-○○○○○
	④ 주민(법인)등록번호	⑤ 소재지 또는 주소 서울 종로 수송 ###		

소득자	⑥ 성명(상호) 소액주주	⑦ 주민(사업자)등록번호 ######-#######	⑦-1 비거주자 생년월일	⑧ 소득자구분코드 111
	⑨ 주 소 서울 종로 인사 ###	⑩ 거주구분 [√] [2] 거주자 비거주자	⑪ 거주지국 / ⑪-1 거주지국코드	⑫ 계좌번호 (발행번호) / ⑬ 신탁 이익 여부 [1] [√] 여 부

지 급 명 세

⑭ 지급일 연 월 일	⑮ 귀속연월 연 월	⑯ 과세 구분	⑰ 소득의 종류	⑱ 조세 특례 등	⑲ 금융 상품 코드	유가증권 표준코드 (유가증권 발행법인 등록번호)	㉑ 채권 이자 구분	㉒ 지급 대상 기간	㉓ 이자율 등	㉔ 지급액 (소득금액)	㉕ 세율 (%)	원 천 징 수 세 액			
												㉖ 소득세	㉗ 법인세	㉘ 지방 소득세	㉙ 농어촌 특별세	㉚ 계
20×1 02 01	20×1 02	T	56	PS	B53	○○○-○○-○○○○○				1,000,000	14	0		0		0

위의 원천징수세액(수입금액)을 정히 영수(지급)합니다.

종로 세무서장 귀하   징수(보고)의무자

20×2 년 02 월 28 일
(서명 또는 인)

☞ 세율은 14%, 원천징수세액은 국내 원천징수세율보다 높은 경우 원천징수세액은 "0"으로 기재

⑮ 기타임의단체(개인으로 보는 단체)에 이자소득 지급[△△동창회(△△△)에게 정기예금 이자소득 지급]

■ 소득세법 시행규칙 [별지 제23호 서식(1)] (2020. 3. 13. 개정)

	[　] 이자배당소득 원천징수영수증	[　] 소득자 보관용
	[✓] 이자배당소득 지급명세서	[　] 발행자 보관용
		[✓] 발행자 보고용

※ 제2쪽, 제3쪽의 작성방법을 읽고 작성하여 주시기 바라며, [　]에는 해당되는 곳에 √표를 합니다.　(1쪽)

접수번호		접수일		관리번호			처리기간	즉시

징수 의무자	① 법인명(상호) ○○은행		①-1 영문법인명(상호)		② 대표자(성명) △△△	③ 사업자등록번호 XXX-XX-XXXXX
	④ 주민(법인)등록번호		⑤ 소재지 또는 주소 서울 종로 수송 ###			

소득자	⑥ 성명(상호) △△동창회 (△△△)		⑦ 주민(사업자)등록번호 ######-#######		⑦-1 비거주자 생년월일	⑧ 소득자구분코드 331	
	⑨ 주　소 서울 종로 인사 ###			⑩ 거주구분 [✓]　[2] 거주자　비거주자	⑪ 거주지국　⑪-1 거주지국코드	⑫ 계좌번호 (발행번호)	⑬ 신탁 이익 여부 [1]　[✓] 여　부

지급명세

⑭ 지급일			⑮ 귀속연월		⑯ 과세 구분	⑰ 소득의 종류	⑱ 조세 특례 등	⑲ 금융 상품 코드	⑳ 유가증권 표준코드 (유가증권 발행사업자 등록번호)	㉑ 채권 이자 구분	㉒ 지급 대상 기간	㉓ 이자율 등	㉔ 지급액 (소득금액)	㉕ 세율 (%)	원천징수세액				
연	월	일	연	월											㉖ 소득세	㉗ 법인세	㉘ 지방 소득세	㉙ 농어촌 특별세	㉚ 계
20×1	01	01	20×1	02	O	13	NN	A01			20190101 20191231	003	1,000,000	14	140,000		14,000		154,000

위의 원천징수세액(수입금액)을 정히 영수(지급)합니다.

20×2 년　02 월　28 일

징수(보고)의무자　(서명 또는 인)

총로 세무서장 귀하

☞ 기타임의단체(동창회, 종중, 마을회 등)가 지급받는 금액은 분리과세, 소득자구분코드 "331"
　기타임의단체(비거주자, 2000년 이전소득)의 조세특례등이 "NN"인 경우 과세구분이 "T, G"가 아니어도 오류 제외

⑯ 보험료 지급[10년 미만 저축성보험(생명보험)의 보험료 지급]

■ 소득세법 시행규칙 [별지 제23호 서식(1)] (2020. 3. 13. 개정)

	[　] 이자배당소득 원천징수영수증	[　] 소득자 보관용
	[✓] 이자배당소득 지급명세서	[　] 발행자 보관용
		[✓] 발행자 보고용

※ 제2쪽, 제3쪽의 작성방법을 읽고 작성하여 주시기 바라며, [　]에는 해당되는 곳에 √표를 합니다.　(1쪽)

접수번호		접수일		관리번호			처리기간	즉시

징수 의무자	① 법인명(상호) ○○보험		①-1 영문법인명(상호)		② 대표자(성명) △△△	③ 사업자등록번호 XXX-XX-XXXXX
	④ 주민(법인)등록번호		⑤ 소재지 또는 주소 서울 종로 수송 ###			

소득자	⑥ 성명(상호) ▽▽▽		⑦ 주민(사업자)등록번호 ######-#######		⑦-1 비거주자 생년월일	⑧ 소득자구분코드 111	
	⑨ 주　소 서울 종로 인사 ###			⑩ 거주구분 [✓]　[2] 거주자　비거주자	⑪ 거주지국　⑪-1 거주지국코드	⑫ 계좌번호 (발행번호)	⑬ 신탁 이익 여부 [1]　[✓] 여　부

지급명세

⑭ 지급일			⑮ 귀속연월		⑯ 과세 구분	⑰ 소득의 종류	⑱ 조세 특례 등	⑲ 금융 상품 코드	⑳ 유가증권 표준코드 (유가증권 발행사업자 등록번호)	㉑ 채권 이자 구분	㉒ 지급 대상 기간	㉓ 이자율 등	㉔ 지급액 (소득금액)	㉕ 세율 (%)	원천징수세액				
연	월	일	연	월											㉖ 소득세	㉗ 법인세	㉘ 지방 소득세	㉙ 농어촌 특별세	㉚ 계
20×1	02	01	20×1	02	T	19	NN	A44			20110101 20201231	003	1,000,000	14	140,000		14,000		154,000

위의 원천징수세액(수입금액)을 정히 영수(지급)합니다.

20×2 년　02 월　28 일

징수(보고)의무자　(서명 또는 인)

총로 세무서장 귀하

☞ 과세구분을 분리과세(O)로 기재하지 않도록 주의

⑰ 보험료 지급[10년 이상 저축성보험(생명보험)의 보험료 지급]

■ 소득세법 시행규칙 [별지 제23호 서식(1)] (2020. 3. 13. 개정)

<table>
<tr><td colspan="4" align="center">[　] 이자배당소득 원천징수영수증
[√] 이자배당소득 지 급 명 세 서</td><td colspan="2">[　] 소득자 보관용
[　] 발행자 보관용
[√] 발행자 보고용</td></tr>
</table>

※ 제2쪽, 제3쪽의 작성방법을 읽고 작성하여 주시기 바라며, [ ]에는 해당되는 곳에 √표를 합니다. (1쪽)

접수번호		접수일		관리번호			처리기간	즉시

징수 의무자	① 법인명 (상호) ○○보험		①-1 영문법인명(상호)		② 대표자(성명) △△△		③ 사업자등록번호 XXX-XX-XXXXX
	④ 주민(법인)등록번호		⑤ 소재지 또는 주소			서울 종로 수송 ###	

소득자	⑥ 성명(상호) ▽▽▽	⑦ 주민(사업자)등록번호 ######-#######		⑦-1 비거주자 생년월일		⑧ 소득자구분코드 111
	⑨ 주 소 서울 종로 인사 ###		⑩ 거주구분 [√]　　　[2] 거주자　비거주자	⑪ 거주지국	⑪-1 거주지국코드	⑫ 계좌번호 (발행번호) *********	⑬ 신탁 이익 여부 [1]　[√] 여　부

지 급 명 세

⑭ 지급일			⑮ 귀속연월		⑯ 과세 구분	⑰ 소득의 종류	⑱ 조세 특례등	⑲ 금융 상품 코드	⑳ 유가증권 표준코드 (유가증권 발행사업자 등록번호)	㉑ 채권 이자 구분	㉒ 지급 대상 기간	㉓ 이자율 등	㉔ 지급액 (소득금액)	㉕ 세율 (%)	원 천 징 수 세 액				
연	월	일	연	월											㉖ 소득세	㉗ 법인세	㉘ 지방 소득세	㉙ 농어촌 특별세	㉚ 계
20×1	02	01	20×1	02	N	20		A44			20070101 20191231	0.05	1,000,000						

위의 원천징수세액(수입금액)을 정히 영수(지급)합니다.

종로 **세무서장** 귀하　　　　　　징수(보고)의무자　　　　　　　　20×2 년 02 월 28 일
(서명 또는 인)

☞ 과세구분이 'F, I, W, N'인 경우 조세특례등을 '공란'으로 기재, 과세구분이 'N'인 경우 세율을 '공란'으로 기재

⑱ 신탁재산에 소득 지급(채권발행법인이 채권을 보유하고 있는 신탁재산에 채권이자를 지급하는 경우)

■ 소득세법 시행규칙 [별지 제23호 서식(1)] (2020. 3. 13. 개정)

<table>
<tr><td colspan="4" align="center">[　] 이자배당소득 원천징수영수증
[√] 이자배당소득 지 급 명 세 서</td><td colspan="2">[　] 소득자 보관용
[　] 발행자 보관용
[√] 발행자 보고용</td></tr>
</table>

※ 제2쪽, 제3쪽의 작성방법을 읽고 작성하여 주시기 바라며, [ ]에는 해당되는 곳에 √표를 합니다. (1쪽)

접수번호		접수일		관리번호			처리기간	즉시

징수 의무자	① 법인명 (상호) ○○(주)		①-1 영문법인명(상호)		② 대표자(성명) ○○○		③ 사업자등록번호 XXX-XX-XXXXX
	④ 주민(법인)등록번호		⑤ 소재지 또는 주소			서울 종로 수송 ###	

소득자	⑥ 성명(상호) △△△신탁	⑦ 주민(사업자)등록번호 □□□-□□-□□□□□		⑦-1 비거주자 생년월일		⑧ 소득자구분코드 211
	⑨ 주 소 서울 종로 인사 ###		⑩ 거주구분 [√]　　　[2] 거주자　비거주자	⑪ 거주지국	⑪-1 거주지국코드	⑫ 계좌번호 (발행번호) *********	⑬ 신탁 이익 여부 [1]　[√] 여　부

지 급 명 세

⑭ 지급일			⑮ 귀속연월		⑯ 과세 구분	⑰ 소득의 종류	⑱ 조세 특례 등	⑲ 금융 상품 코드	⑳ 유가증권 표준코드 (유가증권 발행사업자 등록번호)	㉑ 채권 이자 구분	㉒ 지급 대상 기간	㉓ 이자율 등	㉔ 지급액 (소득금액)	㉕ 세율 (%)	원 천 징 수 세 액				
연	월	일	연	월											㉖ 소득세	㉗ 법인세	㉘ 지방 소득세	㉙ 농어촌 특별세	㉚ 계
20×1	02	01	20×1	02	I	12		A29	채권번호 또는 유가증권표준코드	00	20190101 20191231	0.1	1,000,000	0		0	0		0

위의 원천징수세액(수입금액)을 정히 영수(지급)합니다.

종로 **세무서장** 귀하　　　　　　징수(보고)의무자　　　　　　　　20×2 년 02 월 28 일
(서명 또는 인)

☞ 과세구분이 'F, I, W, N'인 경우 조세특례등을 '공란'으로 기재, 과세구분이 'E, X, F, I, W'인 경우 세율을 '0'으로 기재

⑲ 신탁재산이 수익자에게 소득 지급(신탁업자가 수익자에게 신탁의 이익을 지급하는 경우)

■ 소득세법 시행규칙 [별지 제23호 서식(1)] (2020. 3. 13. 개정)

[ ] 이자배당소득 원천징수영수증	[ ] 소득자 보관용
[√] 이자배당소득 지 급 명 세 서	[ ] 발행자 보관용
	[√] 발행자 보고용

(1쪽)

※ 제2쪽, 제3쪽의 작성방법을 읽고 작성하여 주시기 바라며, [ ]에는 해당되는 곳에 √표를 합니다.

접수번호		접수일		관리번호		처리기간	즉시

징수 의무자	① 법인명(상호) △△△신탁	①-1 영문법인명(상호)	② 대표자(성명) □□○	③ 사업자등록번호 □□□-□□-□□□□□
	④ 주민(법인)등록번호	⑤ 소재지 또는 주소 서울 종로 수송 ###		

소득자	⑥ 성명(상호) ○○(주)	⑦ 주민(사업자)등록번호 ###-##-#####	⑦-1 비거주자 생년월일	⑧ 소득자구분코드
	⑨ 주 소 서울 종로 인사 ###		⑩ 거주구분 [1]거주자 [2]비거주자	⑪ 거주지국 ⑪-1 거주지국코드 ⑫계좌번호(발행번호) 211 ⑬신탁이익여부 [1]여 [2]부

지 급 명 세

⑭ 지급일			⑮ 귀속연월		⑯과세구분	⑰소득의종류	⑱조세특례등	⑲금융상품코드	⑳유가증권표준코드(유가증권발행자등록번호)	㉑채권이자구분	㉒지급대상기간	㉓이자율등	㉔지급액(소득금액)	㉕세율(%)	원 천 징 수 세 액				
연	월	일	연	월											㉖소득세	㉗법인세	㉘지방소득세	㉙농어촌특별세	㉚계
20×1	02	01	20×1	02	C	12	NN	A29	채권번호 또는 발행법인번호	00	20190101 20191231	0.1	1,000,000	14	140,000				140,000

위의 원천징수세액(수입금액)을 정히 영수(지급)합니다.

종로 세무서장 귀하

징수(보고)의무자

20×2 년 02 월 28 일
(서명 또는 인)

☞ 신탁재산의 이익이 수익자에게 지급 시 신탁재산에서 발생하는 소득의 내용별(채권 이자 등)로 과세구분 등을 작성

⑳ 장기예금에 대한 이자 지급(이자소득 발생기간: 1996.1.1.~2018.12.31.)

■ 소득세법 시행규칙 [별지 제23호 서식(1)] (2020. 3. 13. 개정)

[ ] 이자배당소득 원천징수영수증	[ ] 소득자 보관용
[√] 이자배당소득 지 급 명 세 서	[ ] 발행자 보관용
	[√] 발행자 보고용

(1쪽)

※ 제2쪽, 제3쪽의 작성방법을 읽고 작성하여 주시기 바라며, [ ]에는 해당되는 곳에 √표를 합니다.

접수번호		접수일		관리번호		처리기간	즉시

징수 의무자	① 법인명(상호) ○○보험	①-1 영문법인명(상호)	② 대표자(성명) △△△	③ 사업자등록번호 ○○○-○○-○○○○○
	④ 주민(법인)등록번호	⑤ 소재지 또는 주소 서울 종로 수송 ###		

소득자	⑥ 성명(상호) △△△	⑦ 주민(사업자)등록번호 ###-##-#####	⑦-1 비거주자 생년월일	⑧ 소득자구분코드 111
	⑨ 주 소 서울 종로 인사 ###		⑩ 거주구분 [1]거주자 [2]비거주자	⑪ 거주지국 ⑪-1 거주지국코드 ⑫계좌번호(발행번호) ⑬신탁이익여부 [1]여 [2]부

지 급 명 세

⑭ 지급일			⑮ 귀속연월		⑯과세구분	⑰소득의종류	⑱조세특례등	⑲금융상품코드	⑳유가증권표준코드(유가증권발행자등록번호)	㉑채권이자구분	㉒지급대상기간	㉓이자율등	㉔지급액(소득금액)	㉕세율(%)	원 천 징 수 세 액				
연	월	일	연	월											㉖소득세	㉗법인세	㉘지방소득세	㉙농어촌특별세	㉚계
20×1	01	01	20×1	01	T	13	NN	A01			19960101 19971231	0.03	2,000,000	15	300,000		30,000		330,000
20×1	01	01	20×1	01	H	13	PX	A01			19980101 20001231	0.03	3,000,000	20	600,000		60,000		660,000
20×1	01	01	20×1	01	T	13	NN	A01			20010101 20041231	0.03	4,000,000	15	600,000		60,000		660,000
20×1	01	01	20×1	01	T	13	NN	A01			20050101 20181231	0.03	15,000,000	14	2,100,000		210,000		2,310,000

위의 원천징수세액(수입금액)을 정히 영수(지급)합니다.

종로 세무서장 귀하

징수(보고)의무자

20×2 년 02 월 28 일
(서명 또는 인)

☞ 소득발생구간별로 원천징수세율 적용(금융소득종합과세기간: 1996~1997년, 2001년~현재)
금융소득종합과세가 적용되는 과세기간 외의 기간의 소득은 과세구분을 분리과세, 조세특례등을 "PX"로 기재

㉑ 비거주자 소득이 조세협약에 따라 제한세율을 적용하는 경우(제한세율 10%)

■ 소득세법 시행규칙 [별지 제23호 서식(1)] (2020. 3. 13. 개정)

[ ] 이자배당소득 원천징수영수증   [ ] 소득자 보관용
[√] 이자배당소득 지 급 명 세 서   [ ] 발행자 보관용
                                          [√] 발행자 보고용

※ 제2쪽, 제3쪽의 작성방법을 읽고 작성하여 주시기 바라며, [ ]에는 해당되는 곳에 √표를 합니다. (1쪽)

접수번호		접수일		관리번호			처리기간	즉시

징수 의무자	① 법 인 명 (상 호) ○○은행		①-1 영문법인명(상호)	② 대표자(성명) △△△	③ 사업자등록번호 ×××-××-×××××

	④ 주민(법인)등록번호	⑤ 소재지 또는 주소 <div style="text-align:right">서울 종로 수송 ###</div>

소득자	⑥ 성명(상호) ▽▽▽		⑦ 주민(사업자)등록번호 ###-##-#####		⑦-1 비거주자 생년월일 ######	⑧ 소득자구분코드 131

	⑨ 주　소 <div style="text-align:right">서울 종로 인사 ###</div>		⑩ 거주구분	⑪ 거주지국	⑪-1 거주지국코드	⑫ 계좌번호 (발행번호)	⑬ 신탁 이익 여부
			[√] [2] 거주자 비거주자	미국	US	**********	[1] [√] 여 부

지 급 명 세

⑭ 지급일			귀속연월 ⑮		⑯ 과세 구분	⑰ 소득의 종류	⑱ 조세 특례 등	⑲ 금융 상품 코드	⑳ 유가증권 표준코드 (유가증권 발행(지자) 등록번호)	㉑ 채권 이자 구분	㉒ 지급 대상 기간	㉓ 이자율 등	㉔ 지급액 (소득금액)	㉕ 세율 (%)	원 천 징 수 세 액				
연	월	일	연	월											㉖ 소득세	㉗ 법인세	㉘ 지방 소득세	㉙ 농어촌 특별세	㉚ 계
20×1	01	01	20×1	01	L	13		PT	A01		20190101 20191231	0.03	1,000,000	10	100,000		10,000		110,000

위의 원천징수세액(수입금액)을 정히 영수(지급)합니다.

20×2년 02월 28일
(서명 또는 인)

종로 세무서장 귀하   징수(보고)의무자

☞ 비거주자의 경우 생년월일, 거주지국, 거주지국코드 반드시 기재하고, 과세구분코드는 비과세 또는 분리과세코드 기재

㉒ 거주자 소득이 조세협약에 따라 비과세되는 경우(브라질 채권 이자
소득)

■ 소득세법 시행규칙 [별지 제23호 서식(1)] (2020. 3. 13. 개정)

[ ] 이자배당소득 원천징수영수증   [ ] 소득자 보관용
[√] 이자배당소득 지 급 명 세 서   [ ] 발행자 보관용
                                          [√] 발행자 보고용

※ 제2쪽, 제3쪽의 작성방법을 읽고 작성하여 주시기 바라며, [ ]에는 해당되는 곳에 √표를 합니다. (1쪽)

접수번호		접수일		관리번호			처리기간	즉시

징수 의무자	① 법 인 명 (상 호) ○○증권		①-1 영문법인명(상호)	② 대표자(성명) △△△	③ 사업자등록번호 ×××-××-×××××

	④ 주민(법인)등록번호	⑤ 소재지 또는 주소 <div style="text-align:right">서울 종로 수송 ###</div>

소득자	⑥ 성명(상호) △△△		⑦ 주민(사업자)등록번호 ###-##-#####		⑦-1 비거주자 생년월일	⑧ 소득자구분코드 111

	⑨ 주　소 <div style="text-align:right">서울 종로 인사 ###</div>		⑩ 거주구분	⑪ 거주지국	⑪-1 거주지국코드	⑫ 계좌번호 (발행번호)	⑬ 신탁 이익 여부
			[√] [2] 거주자 비거주자				[1] [√] 여 부

지 급 명 세

⑭ 지급일			귀속연월 ⑮		⑯ 과세 구분	⑰ 소득의 종류	⑱ 조세 특례 등	⑲ 금융 상품 코드	⑳ 유가증권 표준코드 (유가증권 발행(지자) 등록번호)	㉑ 채권 이자 구분	㉒ 지급 대상 기간	㉓ 이자율 등	㉔ 지급액 (소득금액)	㉕ 세율 (%)	원 천 징 수 세 액				
연	월	일	연	월											㉖ 소득세	㉗ 법인세	㉘ 지방 소득세	㉙ 농어촌 특별세	㉚ 계
20×1	01	01	20×1	01	E	16		P2	C21	9/9/9/9/9/9/	00	20190101 20191231	0.07	1,000,000	0	0		0		0

위의 원천징수세액(수입금액)을 정히 영수(지급)합니다.

20×2년 02월 28일
(서명 또는 인)

종로 세무서장 귀하   징수(보고)의무자

☞ 거주자 내국법인에 대하여 조세조약에 따라 국내에서 과세되지 않는 경우 조세특례코드를 "PZ"로 기재

(4) 연금소득 지급명세서

1) 제출자

소득세 납세의무가 있는 개인에게 연금소득을 국내에서 지급하는 원천
징수의무자이다.

2) 제출시기

그 지급일이 속하는 과세기간의 다음 연도 2월 말일까지 제출한다.

3) 연금소득 지급명세서 작성(공적연금) 사례

공무원연금공단으로부터 공무원연금(공적연금)을 매달 수령하는 연금
소득자이며, 배우자(연간 소득금액 없음)와 함께 살고 있다.

① 총연금수령액: 30,000,000원

- 매월 250만 원의 연금이 발생한다.
- 연금 지급 시 공무원연금공단이 매월 원천징수(119,260원)하여 기
  납부세액은 1,431,120원이다.

② 연금제외 소득: 10,600,000원

  * 2001년 12월 31일 이전 국민연금 불입액에서 발생하는 연금수령액과 2002년 1월 1
    일 이후 불입액 중 소득공제받지 못한 금액에서 발생하는 연금수령액을 제외하는
    것이다.

③ 총연금액: 19,400,000원

  총연금수령액(30,000천 원) - 연금제외 소득(10,600천 원) - 비과세 연
  금(없음) = 19,400,000원

④ 연금소득공제: 6,840,000원

⑤ 종합소득공제: 5,000,000원

  (기본공제 2명 3,000,000원, 경로우대자 2명 2,000,000원)

⑥ 과세표준: 7,560,000원(총연금액 - 연금소득공제 - 종합소득공제)

⑦ 산출세액: 453,600원(과세표준 12백만 원 이하, 기본세율 6% 적용)

⑧ 표준세액공제: 70,000원

⑨ 결정세액: 383,600원

⑩ 차감납부할 세액: △1,047,520원

(결정세액 383,600원 - 기납부세액 1,431,120원)

■ 소득세법 시행규칙 [별지 제24호 서식(5)] <개정 2015. 5. 13.>

관리 번호	**[ ]연금소득 원천징수영수증(연말정산용)** **[√]연금소득 지 급 명 세 서(연말정산용)** ([ ]소득자 보관용 [ ]발행자 보관용 [√]발행자 보고용)		거주구분	거주자1/ 비거주자2	
			내・외국인	내국인1/ 외국인9	
			거주지국	거주지국코드	

징수 의무자	① 법 인 명	공무원연금공단		② 대 표 자	***
	③ 사업자등록번호	* * * * - * * - * * * * *		④ 법인등록번호	* * * * * * - * * * * * * *
	⑤ 소재지(주소)	*** *** **** ****			
소득자	⑥ 성 명	△△△		⑦ 주민등록번호	****** - *******
	⑧ 주 소	*** *** ****			

연 금 지 급 내 역	⑨ 귀속연도	20×1. 1. 1. 부터 20×1. 12. 31. 까지		⑩ 감면기간	부터 까지
	⑪ 총연금수령액	⑫ 연금제외소득 (2001. 12. 31.이전분)	⑬ 장애연금등 비과세연금	⑭ 총연금액(⑪-⑫-⑬)	
	30,000,000	10,000,000		19,400,000	

정 산 명 세

⑮ 총연금액(=⑭)	19,400,000	㉖ 종합소득 과세표준(⑰-㉕)		7,560,000
⑯ 연 금 소 득 공 제	6,840,000	㉗ 산 출 세 액		453,600
		세액 감면	㉘ 「소득세법」	
			㉙ 「조세특례제한법」	
⑰ 연금소득금액(⑮-⑯)	12,560,000		㉚ 감면세액 계	

종합 소득 공제	기본 공제	⑱ 본인	1,500,000	세액 공제	㉛자녀	공제대상자녀 (명)	
		⑲ 배우자	1,500,000			6세 이하 (명)	
		⑳ 부양가족(명)				출생입양자 (명)	
	추가 공제	㉑ 경로우대(2명)	2,000,000		㉜ 표준세액공제		70,000
		㉒ 장애인(명)			㉝ 외국납부		
		㉓ 부녀자			㉞ 세액공제 계		70,000
		㉔ 한부모					
	㉕ 소득공제 계		5,000,000				

세 액 명 세	구 분	소득세	지방소득세	농어촌특별세	계
	㉟ 결 정 세 액	383,600	38,360		421,950
	㊱ 기납부세액	1,431,120	143,110		1,574,200
	㊲ 차감징수세액	△1,047,520	△104,750		△1,152,270

㊳ 부양가족공제자 명세(해당 소득자의 기본공제 또는 추가공제를 받는 자를 적으며, 본인은 적지 아니합니다)

관계	성명	주민등록번호	관계	성명	주민등록번호	관계	성명	주민등록번호
3	***	450001-2220457			-			-
		-			-			-
		-			-			-

※ 관계코드: 소득자의 직계존속=1, 배우자의 직계존속=2, 배우자=3, 직계비속(자녀입양자) =4, 직계비속(직계비속과 그 배우자가 장애인인 경우 그 배우자 포함하되 코드 4 제외)=5, 형제자매=6, 수급자=7(코드1-6제외), 위탁아동=8 * 4-6은 소득자와 배우자의 각각의 관계를 포함합니다.

위의 원천징수세액(수입금액)을 정히 영수(지급)합니다.

20×2 년 2 월 일

징수(보고)의무자　　　　　공무원연금공단 (서명 또는 인)

세 무 서 장 귀하

연금계좌원천징수영수증/지급명세서

([∨]소득자 보관용 [ ]발행자 보관용 [ ]발행자 보고용)

관리번호		

거주구분	거주자1 / 비거주자2
내·외국인	내국인1 / 외국인9
거주지국	거주지국코드
배우자 승계 여부	[ ]여 [∨]부
의료비연금계좌	[ ]여 [∨]부

징수 의무자	① 사업자등록번호	000-00-00000		② 법인명(상호)		**은행	③ 대표자(성명)	***
	④ 법인(주민)등록번호	********		⑤ 소재지(주소)		서울 ****		
소득자	⑥ 성 명	김연금		⑦ 주민등록번호		********		
	⑧ 주 소	****						

계좌 명세	⑨ 계좌번호		⑩ 연금수령개시신청일		⑪ 연금계좌평가액	
	⑫ 연금수령 기산연도	⑬ 연금계좌 가입시기	⑭ 연금 수령연차		⑮ 연금수령한도 ([⑪/(11-⑭)]×120%)	
		2013.3.1. 전[ ] 이후[ ]	14		0	

소 득 명 세	⑯ 귀속연월					⑰ 퇴직분		

			과세제외 금액	이연퇴직소득		세액공제분 및 운용수익	㉒ 부득이한 사유	[ ]사망 [ ]해외이주 [ ]요양 [ ]개인회생·파산 [ ]금융회사 영업정지 등
				세액이연분	전환분			
	인 출 분	⑱일반 연금				4,918,761		
		연금 수령	⑲의료 비인출					
			⑳부득 이한 사유				㉓ 연금외수령 사유	[ ]계좌해지 [ ]일부인출 [ ]한도초과
		㉑연금외수령						

세 액 명 세	구분				지급액	세액
	소득	원천		세율		
	㉔ 과세제외금액					
	연금소득	㉕ 이연퇴직소득	세액이연분			
			전환분			
		㉖ 세액공제분 및 운용수익		3%		
				4%		
				5%	4,918,781	245,930
	퇴직소득	㉗ 이연퇴직소득	세액이연분			
			전환분			
		㉘ 퇴직분				
	기타소득	㉙ 연금외수령		15%		

납 부 명 세	구 분		지급액	소득세	지방소득세	세액계
	㉚ 연금소득	종합과세	4,918,781	245,930	24,589	270,519
		무조건분리과세				
	㉛ 퇴직소득					
	㉜ 기타소득					

위의 원천징수세액(수입금액)을 정히 영수(지급)합니다.

20**년 ** 월 ** 일

징수(보고)의무자   (서명 또는 인)

세 무 서 장 귀하

부표 작성 여부	
※ 해당란에 "○" 표시를 합니다.	
❷ 퇴직	❸ 세액이연 퇴직소득

210mm× 297mm[백상지 80g/㎡(재활용품)]

(5) 사업소득 지급명세서

1) 제출자 및 제출시기

① 원천징수대상 사업소득을 국내에서 지급하는 자는 지급명세서를 그 지급일이 속하는 연도의 다음 연도 3월 10일까지 제출한다.

② 연말정산대상 사업소득 수입금액을 지급하지 아니하여 원천징수시기 특례 규정이 적용되는 경우에는 해당 과세기간의 과세연도 종료일이 속하는 연도의 다음 연도 3월 10일까지 제출한다.

③ 원천징수의무자가 휴업 또는 폐업한 경우에는 휴업일 또는 폐업일이 속하는 달의 다음다음 달 말일까지 지급명세서를 제출한다.

④ 다음의 경우 각 소득자에게 연간 지급된 소득금액 또는 수입금액의 합계액에 대한 지급명세서를 제출한다.

  ㉠ 국민건강보험법에 의한 국민건강보험공단 또는 산업재해보상보험법에 의한 근로복지공단이 의료법에 의한 의료기관 또는 약사법에 의한 약국에게 요양급여비용 등을 지급하는 경우

  ㉡ 방문판매 등에 관한 법률에 의하여 다단계판매업자가 다단계판매원에게 후원 수당을 지급하는 경우

2) 사업소득 지급명세서

사례

20×1. 4. 10. (주)일선이 마케팅 전문 학원강사에게 강연료 2,000,000원 지급한 경우

* 일반적인 사업소득은 원천징수이행상황신고서상 사업소득 중 '매월징수(A25)' 란에 기재

| 귀속연도 | 20×1년 | 거주자의 사업소득 지급명세서(발행자 보고용)
(사업소득 원천징수영수증 발행자 보관용 소득자별 연간집계표) | | 관리번호 | |

❶ 원천징수의무자 인적사항 및 지급내용 합계사항

① 법인명 (상호, 성명)	② 사업자(주민) 등록번호	③ 소재지 (주소)	④ 연간 소득인원	⑤ 연간총 지급건수	⑥ 연간총 지급액계	⑦ 세액 집계현황		
						⑧ 소득세	⑨ 지방소득세	⑩ 계
(주)일선	###-##-######	서울 종로구	1	1	2,000,000	60,000	6,000	66,000

❷ 소득자 인적사항 및 연간 소득내용

일련번호	⑪ 업종 구분코드	⑫ 소득자 성명(상호)	⑬ 주민(사업자) 등록번호	⑭ 내외국인 (1·9)	⑮ 지급 연도	⑯ 지급 건수	⑰ (연간) 지급총액	⑱ 세율	⑲ 소득세	⑳ 지방 소득세	㉑ 계
	소득자별 연간소득 내용 합계					1	2,000,000	3%	60,000	6,000	66,000
	소액 부징수 연간 합계										
1	940903	안일선	000000- 0000000	1	20×1	1	2,000,000	3%	60,000	6,000	66,000

(6) 기타소득 지급명세서

1) 제출자

소득세 납세의무가 있는 개인에게 기타소득에 해당하는 금액을 국내에서 지급하는 자이다. 법인, 소득의 지급을 대리하거나 지급권한을 위임 또는 위탁받은 자, 원천징수세액의 납세지를 본점 등의 소재지로 하는 자와 사업자단위과세사업자를 포함한다.

2) 지급명세서 제출 제외 대상

① 보훈급여금 등 소득세법 제12조 제5호의 규정에 따라 비과세되는 기타소득
② 복권·경품권 그 밖의 추첨권에 당첨되어 받는 금품에 해당하는 기타소득으로서 1건당 당첨금품의 가액이 10만 원 이하인 경우

③ 승마투표권, 승자투표권, 소싸움경기투표권 및 체육진흥투표권의 구매자가 받는 환급금으로써 1건당 환급금이 200만 원 미만(2020년 7월 1일 이후 제출분, 그 이전은 500만 원)인 경우(체육진흥투표권의 경우 10만 원 이하)

④ 안마시술소에서 제공하는 용역에 대한 소득으로서 원천징수하는 소득

⑤ 과세최저한이 적용되는 기타소득: 소득금액 건별 50만 원 이하, 승마투표권 등의 환급금 중 일정기준 이하 환급금, 슬롯머신 등의 당첨금품이 건별로 200만 원 이하인 경우

다만, 다음의 경우 과세최저한이 적용되더라도 지급명세서를 제출하여야 한다.

㉠ 문예·학술·미술·음악 또는 사진에 속하는 창작품 등의 원작자로서 받는 원고료, 저작권 사용료인 인세 및 미술·음악 또는 사진에 속하는 창작품에 대하여 받는 대가

㉡ 고용관계 없이 다수인에게 강연을 하고 강연료 등 대가를 받는 용역

㉢ 라디오·텔레비전방송 등을 통하여 해설·계몽 또는 연기의 심사 등을 하고 보수 또는 이와 유사한 성질의 대가를 받는 용역

㉣ 변호사·공인회계사·세무사·건축사·측량사·변리사 그 밖에 전문적 지식 또는 특별한 기능을 가진 자가 그 지식 또는 기능을 활용하여 보수 또는 그 밖의 대가를 받고 제공하는 용역

㉤ 그 밖에 용역으로서 고용관계 없이 수당 또는 이와 유사한 성질의 대가를 받고 제공하는 용역

㉥ 종교활동비

3) 제출시기

그 지급일이 속하는 연도의 다음 연도 2월 말일(종교인소득의 경우 다

음 연도 3월 10일)까지 원천징수의무자가 휴업 또는 폐업한 경우에는 휴업일 또는 폐업일이 속하는 달의 다음다음 달 말일까지 제출한다.

4) 기타소득 지급명세서

사례 1

20×1년 1건 (주)일선이 김○○에게 사례금 1,000,000원 지급한 경우
20×1년 2건 (주)일선이 이○○에게 원고료 1,000,000원 지급한 경우
20×1년 3건 (주)일선이 박○○에게 강연료 총 5,000,000원 지급한 경우

* 일반적인 기타소득은 원천징수이행상황신고서상 기타소득 중 '그 외(A42)'란에 기재

■ 소득세법 시행규칙 [별지 제23호 서식(4)] 〈개정 2019. 3. 21.〉 (5쪽 중 제쪽)

| 귀속연도 20×1년 | | 거주자의 기타소득 지급명세서(발행자 보고용) (거주자의 기타소득 원천징수영수증 발행자 보관용 소득자별 연간집계표) | | | | | | | | | 관리번호 | |

❶ 원천징수의무자 인적사항 및 지급내용 합계 사항

① 법인명 (상호,성명)	② 사업자(주민) 등록번호	③ 소재지 (주소)	④ 연간소득인원	⑤ 연간 총지급건수	⑥ 연간 총지급액 계	⑦ 비과세소득	⑧ 연간소득금액 계	⑨ 세액 집계현황			⑬ 계
								⑩ 소득세	⑪ 지방소득세	⑫ 농어촌특별세	
(주)일선	###-##-######	서울 종로 종로5가	3	6	7,000,000	-	3,400,000	680,000	68,000		748,000

❷ 소득자 인적사항 및 연간 소득내용

일련번호	⑭ 소득구분코드	⑮ 소득자 성명(상호)	⑯ 주민(사업자) 등록번호	⑰ 내외국인	⑱ 지급연도	⑲ 지급건수	⑳ (연간) 지급총액	㉑ 비과세소득	㉒ 필요경비	㉓ 소득금액	㉔ 세율	㉕ 소득세	㉖ 지방소득세	㉗ 농어촌특별세	㉘ 계
1	60	김○○	×××××× -××××××	내국인	20×1	1	1,000,000	-	-	1,000,000	20%	200,000	20,000		220,000
2	75	이○○	×××××× -××××××	내국인	20×1	2	1,000,000	-	600,000	400,000	20%	80,000	8,000		88,000
3	76	박○○	×××××× -××××××	내국인	20×1	3	5,000,000	-	3,000,000	2,000,000	20%	400,000	40,000		440,000

사례 2

서화·골동품 양도소득의 경우 거주자에게 서화·골동품 양도소득을 지급한 원천징수의무자는 서화·골동품 양도소득명세서를 작성, 지급명세서와 함께 제출하였다.

■ 소득세법 시행규칙 [별지 제23호 서식(4)]   (5쪽 중 제1쪽)

| 귀속
연도 | 20×1년 | **거주자의 기타소득 지급명세서(발행자 보관용)**
(거주자의 기타소득 원천징수영수증 발행자 보관용 소득자별 연간집계표) | | | | | | 관리
번호 | | | |

❶ 원천징수의무자 인적사항 및 지급내용 합계 사항

① 법인명 (상호.성명)	② 사업자(주민) 등록번호	③ 소재지 (주소)	④ 연간 소득 인원	⑤ 연간 총지급 건수	⑥ 연간 총지급액 계	⑦ 비과세 소득	⑧ 연간소득 금액 계	⑨ 세액 집계현황			⑬ 계
								⑩ 소득세	⑪ 지방 소득세	⑫ 농어촌 특별세	
(주)○○	###-##-######	서울 종로 종로5가	1	1	70,000,000	–	14,000,000	2,800,000	280,000		3,080,000

❷ 소득자 인적사항 및 연간 소득내용

| 일련
번호 | ⑭
소득
구분
코드 | ⑮
소득자
성명
(상호) | ⑯
주민
(사업자)
등록번호 | ⑰
내
외국인 | ⑱
지급
연도 | ⑲
지급
건수 | ⑳
(연간)
지급총액 | ㉑
비과세
소득 | ㉒
필요경비 | ㉓
소득
금액 | ㉔
세율 | ㉕
소득세 | ㉖
지방
소득세 | ㉗
농어촌
특별세 | ㉘ 계 |
| 1 | 60 | 이○○ | ×××××-××××××× | 내국인 | 20×1 | 1 | 70,000,000 | | 56,000,000 | 14,000,000 | 20% | 2,800,000 | 280,000 | | 3,080,000 |

서화골동품 양도소득 명세서

징수 의무자		①사업자 등록번호	○○○-○○-○○○○○		②법인명(상호)		(주)이끌림	③성명	△△△				
		④주민(법인) 등록번호			⑤소재지(주소)		서울 종로 종로 5가						
⑥ 일련 번호	⑦ 작품 코드	⑧지급연월일			⑨ 총 양도가액 (매매가액)	⑩ 지급액	⑪양도자		⑫양수자		⑬ 작가	⑭ 작품 명	⑮ 재질	⑯ 크기 가로(㎜)× 세로(㎜) 또는 작품호수 등	⑰ 제작 연도
		연	월	일			성명	주민등록 번호	성명 (상호)	주민 (사업자) 등록번호					
1	1	20×1	6	1	70,000,000	66,920,000	○○○	×××××-×××××××	□□□	×××××-×××××××	AAA	BBB		00×00	1989

작 성 방 법

1. 이 서식은 거주자에게 서화골동품 양도소득(소득구분코드 64)을 지급하는 경우 작성하는 명세서입니다.

2. ⑦작품코드는 아래와 같습니다.

| 구분 | 서양화 | 동양화 | 데생 | 파스텔 | 콜라주 | 판화 | 인쇄화 | 석판화 | 골동품 | 기타 |
| 작품코드 | 1 | 2 | 3 | 4 | 5 | 6 | 7 | 8 | 9 | 10 |

3. ⑮제작연도가 불분명한 경우 작성하지 아니할 수 있습니다.

(7) 비거주자 및 외국법인의 지급명세서

1) 제출자

소득세법 제119조 및 법인세법 제93조의 규정에 따른 국내원천소득을 비거주자 또는 외국법인에게 지급하는 자 또는 주식상장 시 기발행 주식을 양도하는 경우에는 주식발행법인(2021. 1. 1. 이후 지급하는 소득분)은 지급명세서를 납세지 관할 세무서장에게 제출한다.

2) 제출기한

① 그 지급일이 속하는 연도의 다음 연도 2월 말일까지 제출한다.
② 제출자가 휴업 또는 폐업한 경우에는 휴업일 또는 폐업일이 속하는 달의 다음다음 달 말일까지 제출한다.

3) 지급명세서 제출 제외대상

① 소득세법, 법인세법 또는 조세특례제한법에 의하여 소득세가 과세되지 아니하거나 면제되는 국내원천소득
다만, 비과세·면제신청서를 제출하지 않은 경우, 비거주자 등의 국내원천 이자소득, 외국투자가의 국내원천 배당소득은 지급명세서 제출대상이다.
② 국내원천 이자, 배당, 선박·항공기 등 임대, 사용료, 유가증권양도, 기타소득으로서 국내사업장과 실질적으로 관련되거나 그 국내사업장에 귀속되는 소득
다만, 소득세법 제46조, 법인세법 제73조 또는 법인세법 제98조의3에 따라 원천징수되는 소득은 지급명세서 제출 대상이다.
③ 국내원천소득 부동산소득(소법 119조 3호, 법인법 93조 3호)
④ 국내원천 사업 및 인적용역소득

다만, 소득세법 제156조 및 법인세법 제98조의 규정에 의하여 원천징수되는 소득은 지급명세서 제출 대상이다.

⑤ 국내에서 발행된 복권, 경품권 등의 당첨금품 등에 해당하는 소득

⑥ 소득세법 제156조의2, 법인세법 제98조의4의 규정에 의하여 비과세 또는 면제 신청을 한 국내원천소득

⑦ 원천징수세액이 1천 원 미만인 소득

다만, 국내원천 양도소득과 유가증권 양도소득은 지급명세서 제출 대상이다.

Ⅰ 근로소득

일반적으로 고용관계 또는 이와 유사한 계약에 의하여 비독립적 인적 용역인 근로를 제공하고 그 대가로 지급받은 소득(봉급·급료·보수·세비·상여금·직무발명보상금 등)이 근로소득에 해당된다.

◉ 사업소득, 기타소득, 퇴직소득과의 구분

- 근로소득: 고용관계나 이와 유사한 계약에 의하여 근로를 제공하고 지급받는 대가
- 사업소득: 고용관계 없이 독립된 자격으로 계속적으로 용역을 제공하고 지급받는 대가
- 기타소득: 일시적으로 용역을 제공하고 지급받는 대가
- 퇴직소득: 사용자 부담금을 기초로 하여 현실적인 퇴직을 원인으로 지급받는 소득 등

 윤쌤의 톡톡

소득구분

소득구분	근로소득	사업소득	기타소득
세법상 분류	근로계약에 의한 고용관계에 의해 종속적으로 계속·반복적으로 근로를 제공하고 받는 대가	고용관계없이 용역을 제공하는 자가 독립된 자격으로(용역제공하는 자 기준) 계속·반복적으로 용역을 제공하고 받는 대가	고용관계없이 용역을 제공하는 자가(용역제공하는 자 기준) 일시적·우발적으로 용역을 제공하고 받는 대가 ＊ 필요경비의제, 과세최저한

소득구분	근로소득	사업소득	기타소득
원천 세율	간이세액표 (80%, 100%, 120% 선택 가능)	지급액의 3.3% (봉사료는 5.5%) (단기직업 운동선수 22%) * 지방소득세 포함	기타소득금액의 22% =(지급금액 − 필요경 비)의 22% * 참고: 필요경비의제 60%가 적용되는 경우에는 지급 금액의 8.8%
기타	근로제공자가 업무 내 지 작업에 대한 거부 를 할 수 있는지, 시 간적·장소적인 제약 을 받는지, 업무수행 과정에 있어서 구체 적인 지시를 받는지, 복무규정의 준수의무 등에 의하여 종합적 으로 판단할 사항임.		종업원에게 지급하는 공 로금·위로금 등으로, 사 실상 급여에 속하는 상금 은 근로소득에 해당하는 것이며, 종업원의 특별한 공로에 대하여 경진·경영· 경로대회·전람회 등에서 우수한 자에게 지급하는 상금은 기타소득에 해당 하는 것임.

근로소득으로 보는 주요 사례

- 일학습병행제 참여기업의 직원이 강사로서 지급받는 강의료
- 근로계약이 아닌 연수협약에 의해 연수생에게 지급하는 연수수당
- 해고되었던 자가 해고무효판결에 의해 일시에 받는 부당해고 기간의 대가는 근로소득으로, 귀속시기는 근로를 제공한 날(해고기간)임.
- 퇴직교원이 초빙계약제의 기간제 교원으로 임용되어 초등학교에서 근로를 제공하고 공무원보수규정에 의해 월정액으로 지급받는 보수
- 일정기간 동안 회사에 근무하기로 근로계약(약정 근로기간 동안 근무하지 않는 경우 반환조건)을 체결하고 당해 계약에 따라 지급받는 사이닝 보너스(Signing Bonus)
- 사립유치원, 어린이집, 장기요양기관 등의 대표자에게 지급하는 급여
- 근로자파견계약에 따라 파견근로자를 사용하는 사업주가 직접 파견근로자에게 별도로 지급하는 수당

1. 일용근로자의 판단 기준

① 3월 미만의 기간 동안 근로(건설공사에 종사하는 경우 1년 미만)를
제공하면서 근로를 제공한 날 또는 시간의 근로성과에 따라 급여를
계산하여 받는 근로자를 말한다.

일용근로자의 범위 적용 시 '3월'이라 함은 「민법」 제160조에 따라 역
(歷)에 의하여 계산한 기간을 말한다.

> **윤쌤의 톡톡**
>
> 20×1년 1월 20일 일용근로자가 입사한 후 계속 근무하게 된다면 3개월이 되
> 는 달은 4월이므로 4월 귀속 급여부터 원천징수하고, 일반근로자로 원천징수
> 하여 신고·납부해야 한다. 근로계약상 근로제공에 대한 시간 또는 일수나 그
> 성과에 의하지 아니하고 월정액에 의하여 급여를 지급받는 경우에는, 그 고용
> 기간에 불구하고 일용근로자가 아닌 자(일반급여자)의 근로소득으로 본다.

② 당초 근무 계약 시 3월 이상 근무할 조건으로 취업하였으나 3월 미만
에 퇴직한 경우에도 일반근로자이다(근로소득 간이세액표 적용).

> '3월'이라 함은 고용일수(90일)에 의하여 계산한 기간이지만, 간헐적으로
> 근무를 하였다 하더라도 3월 이상의 기간에 걸쳐 동일한 고용주에게 고용
> 된 경우에는 일반근로자로 본다(원천세과-501, 2011. 8. 18.).
>
> 근로자가 고용주와 일정근로조건(시간급파트타임 등)으로 고용계약하여

근로를 제공하는 경우는 일용근로자에 해당하나, 동일한 고용주에게 3월 이상 계속하여 고용된 자는 이에 해당하지 않는다.

일용근로자에 해당하는 거주자가 3월 이상(건설공사종사자는 1년) 계속하여 동일한 고용주에게 고용되는 경우에는 3월 이상이 되는 월부터 일반급여자로 보아 원천징수하고, 해당 연도 1월 1일부터 12월 31일까지 지급받은 급여를 합산하여 연말정산해야 한다.

이 경우 일용근로소득금액을 포함하여 연말정산 후 근로소득 지급명세서가 제출되면 이미 제출한 일용근로자 지급명세서로 인하여 이중으로 소득이 발생한 것으로 보여, 소명자료를 제출하거나 근로자의 소득증명서류 발급 시 실제보다 과다하게 조회될 수 있다. 이를 해결하기 위해 일용근로소득 원천징수세액를 수정신고하고 일용근로소득 지급명세서를 재작성하여 제출하면 된다. 그러나 현행 법규정상 수정신고 및 수정제출은 의무사항은 아니다.

2. 일반근로자의 근로소득 범위

소득세법상 과세대상 근로소득은 급여의 명칭여하에 불구하고 근로의 제공으로 인하여 받는 모든 급여에서 소득세법 및 조세특례제한법상 비과세 근로소득만을 제외하여 계산한다.

근로자파견계약에 의하여 파견근로자를 사용하는 사용사업주가 직접 파견 근로자에게 별도의 수당을 지급하는 경우에는 수당지급 내용을 파견사업주에게 통보하여야 하며, 통보받은 파견사업주는 동 파견근로자의 수당을 근로소득과 합하여 소득세법 제134조의 규정에 따라 매월 간이세액표에 의한 세액을 원천징수하여 납부하는 것이다(법인 46013-3865, 1998. 12. 10.).

주요 항목의 과세대상 구분 방법

❑ **포상금(법규소득 2010 - 375, 원천세과 - 436)**

업무성과가 우수하거나 특정업무에 뚜렷한 공로 등이 있어 칭찬 또는 장려할 목적으로 명칭여하를 불문하고 지급하는 일체의 금품: 소속직원이 업무와 관련하여 지급받은 포상금 명목의 금액은 과세대상 근로소득에 해당
(과세대상) 대회 입상자 포상금, 업무 유공 포상, 교육성적 우수자 포상, 민원응대 우수 포상, 세입징수 포상, 소송수행자(승소) 포상, 아이디어 우수제안 시상, 과태료 징수 포상금, 퇴직근속자 포상금, 예산 성과금 등

❑ **여비(소법 기본통칙 27 - 55 - 23)**

업무를 수행할 목적으로 교통수단을 이용해 장소를 이동하는 데 소요되는 비용을 충당하도록 지급하는 운임 등: 실비변상 정도의 여비는 비과세에 해당하며, 실비변상 정도 금액인지 여부는 지급 기준이 있는지, 사회 통념상 타당하다고 인정되는 범위인지에 따라 사실 판단함.
(비과세) 통상 필요한 범위 내 견학·시찰·연수 비용 및 해외 출장비 등

❑ **수당**

일정한 급료 이외에 정기 또는 수시로 지급하는 보수: 비과세수당에 열거된 수당을 제외하고, 근로를 제공하고 받는 수당과 이와 유사한 성질의 급여는 과세대상 근로소득에 해당
(과세대상) 산불진화 출동 수당, 파견자 인사 교류 수당, 발표·심사 수당 등
(비과세) 출산격려금, 6세 이하 자녀보육수당(자녀수와 상관없이 월 10만 원 이내), 실비변상 정도의 당직 수당 등

❑ **식사대(법제처 해석 10 - 453)**

업무수행 및 특별근무 등에 먹은 음식에 대하여 지급하는 식사대
• 식사 기타 음식물을 제공받지 아니하는 근로자가 받는 월 20만 원 이하 (2023년부터) 식사대는 비과세
•「예산 및 기금운용계획 집행지침」에 따라 지급하는 실비변상적인 성격의 급량비는 과세대상에 해당하지 않음.
(비과세) 기본업무수행 급량비
(과세제외) 휴일근무, 비상근무 급량비, 특근 급량비

❏ 활동지원금(법제처 해석 17 - 598 외)

특정한 활동을 하기 위해 도움이 되도록 지원하는 금품 등: 복리후생비 및 실비변상적인 성격의 활동지원금은 물건비 성격에 해당되어 과세대상에 해당하지 않고, 단순 격려금 등은 과세대상 근로소득에 해당

(과세대상) 단순 격려지원금, 휴양시설 이용료 등

(과세제외) 동아리행사 지원, 주택 임차료 지원(사용자가 직접 주택을 임차한 경우), 실비변상적인 성격의 연수비항공료 등

❏ 기타(법제처 해석 10 - 453 외)

기관 운영과 관련하여 지급하는 경비로서 개인이 자율적으로 처분할 수 없고 물건비 성격에 해당되어 필요한 금액을 보전해 주는 실비변상적 성격의 지원금은 과세대상에 해당하지 않음.

(과세대상) 단순격려금, 건강검진비

(과세제외) 내부행사 각종 경비, 경품 등

❏ 단체 포상금

근로소득에 해당하는 급여를 팀 전체로 지급 시 근로자 개개인에게 구체적으로 귀속하는지 여부에 따라 사실 판단하여 원천징수하여야 한다.

[서면인터넷방문상담 1팀 - 118(2007. 1. 19.)]

[부서단위로 지급하는 성과상여금의 소득세 원천징수대상 여부]

업무실적 등이 우수한 부서단위로 지급하는 성과상여금의 경우로서 그 성과상여금이 근로자 개개인에게 귀속되는 경우에는 근로자 각자의 근로소득에 해당하여 이를 지급하는 때 소득세를 원천징수하여야 하는 것임.

| 주요 과세대상 여부 판정 |

분류	지출 항목	과세대상 여부
포상금	• 대회입상자 포상금 • 업무유공 포상 • 교육성적 우수자 포상 • 민원응대 우수 포상 • 세입징수 포상 • 소송수행자(승소) 포상 • 아이디어우수제안 시상 • 과태료 징수 포상금 • 모범공무원 포상	소속직원이 업무와 관련하여 지급받은 포상금 명목의 금액은 과세대상 근로소득에 해당
여비지급	• 각종 견학, 시찰연수 여비	실비변상 정도의 여비는 비과세에 해당하나, 실비변상 정도 금액인지 여부는 지급기준이 있는지, 사회 통념상 타당하다고 인정되는 범위인지 사실 판단할 사항임.
	• 해외 출장비 지급	
수당	• 자녀보육수당	6세 이하(해당 과세기간 개시일 기준으로 판단) 자녀의 보육과 관련하여 자녀수에 상관없이 월 20만 원 이내 금액은 비과세
	• 산불진화 출동 수당 • 파견자 인사교류 수당	과세대상 여부 검토 필요(비과세 수당에는 미열거)
	• 기타수당 (발표, 심사, 당직수당)	실비변상 정도의 당직수당은 비과세이나, 발표·심사 수당은 과세대상 여부 검토 필요
식사대	• 기본업무수행 급량비	월 20만 원 이하의 식사대는 비과세이나 현물 식사 제공 시에는 과세
	• 휴일·비상근무 급량비 • 특근급량비	실비변상적인 성격의 급량비는 과세대상 아님.
활동지원금	• 동아리행사 지원	예산 지침상 복리후생비는 과세대상 여부 검토 필요

분류	지출 항목	과세대상 여부
	• 휴양시설이용료 · 항공료 · 연수비	업무관련 실비변상적인 성격의 연수비, 항공료는 과세대상에 해당하지 않으며, 휴양시설이용료는 과세대상 여부 검토 필요
	• 주택임차료 지원 (사택제공의 이익)	사용자가 직접 주택을 임차하여 무상으로 제공(주택임차료 지원)하는 경우 과세 제외
	• 기타 격려지원금	과세대상 여부 검토 필요
기타	• 퇴직 · 근속자 포상	소속직원이 업무와 관련하여 지급받은 포상금 명목의 금액은 과세대상 근로소득에 해당
	• 예산 성과금	
	• 출산격려금	배우자의 출산과 관련하여 사용자로부터 받는 월 20만 원 이내의 금액은 비과세(6세 이하 자녀보유수당과 합해 월 20만 원 이내)
	• 건강검진비	과세대상 여부 검토 필요
	• 내부행사경품 · 격려금 등	실비변상적인 성격의 각종 경비는 과세대상이 아니나, 단순 격려금은 과세대상
	• 행사경비 지출	실비변상적인 성격의 행사경비는 과세대상 아님.

(1) 근로소득으로 보지 아니하는 것(근로소득 과세 제외)

다음에 해당하는 것은 근로소득으로 보지 아니한다.

1) 퇴직급여 지급을 위한 사용자 적립금액

다음의 요건을 충족한 퇴직급여를 지급하기 위한 사용자 적립액은 근로소득에서 제외한다.

① 퇴직급여제도의 대상이 되는 근로자(임원 포함) 전원이 적립할 것
② 다음에 해당하는 날에 향후 적립하지 않는 것을 선택할 수 있는 것
   ❶ 사업장에 적립방식이 최초로 설정되는 날
   ❷ 해당 사업장에 최초로 근무하게 된 날에 적립방식이 이미 설정되어 있는 경우에는 최초로 퇴직급여제도의 가입 대상이 되는 날
   ❸ 적립방식이 변경되는 날
③ 적립할 때 근로자가 적립금액을 임의로 변경할 수 없는 적립방식을 설정하고 그에 따라 적립할 것
④ 적립방식이 퇴직연금규약, 확정기여형퇴직연금규약 또는 과학기술인 공제회와 사용자가 체결하는 계약에 명시되어 있을 것
⑤ 사용자가 퇴직연금계좌에 적립할 것

2) 경조사비

사업자가 그 종업원에게 지급한 경조금 중 사회통념상 타당하다고 인정되는 범위 내에서의 금액은 이를 지급받은 자의 근로소득으로 보지 아니한다.

다만, 종업원이 지급받는 경조금 중 사회통념상 타당하다고 인정되는 범위를 초과하거나 특정인 또는 특정범위 내의 직원에게 경조비 지급기준에 의하지 아니하고 과다하게 지급하는 경우에는 과세대상 근로소득에 해당한다.

● 경조사비

> 혼인, 장례, 회갑, 칠순, 돌잔치 등 종업원이 회사로부터 받는 경조사비 중 사회통념상 인정되는 금액은 회사 내 사규가 있고 다른 사업체의 지급기준과 동일한 경우에 비과세한다. 그러나 생일축하금이나 명절, 창립기념일 등에 받는 금품은 과세한다.

법인이 직원에게 복리후생 목적으로 체력단련비 명목으로 직접 지급하는 금품의 가액은 소득세법 시행령 제38조 제8호에 규정하는 근로소득에 해당하는 것이다(소득, 원천세과-555, 2011. 9. 5., 소득 22601-2121, 1986. 7. 2.).

3) 사내복지기금으로부터 지급받는 장학금 등

사내근로복지기금이 「근로자복지기본법」에 의한 사업을 사내근로복지기금의 용도사업으로 규정한 정관을 고용노동부장관으로부터 인가받아 시행하는 경우, 당해 근로자가 동 기금에서 보조받은 금액은 근로소득으로 보지 아니한다(연말정산 시 교육비, 의료비 공제불가).

사내근로복지기금은 기업 내 후생복지제도의 일종으로서 근로자의 실질소득을 증대시키고 근로의욕과 노사공동체의식을 고양시키기 위해 기업이익의 일부를 기금으로 출연하여 근로자의 복지증진사업에 사용한다.

이때 증여세는 과세되어야 하나, 상증법상 비과세증여재산(학자금, 장학금 등, 혼수품 기념품 등 통상 필요함이 인정되는 금품, 무주택근로자가 국민주택을 취득임차를 위한 금액으로 주택취득가액의 5% 이하의 것과 주택임차보조금 중 전세가액의 10% 이하의 것)은 상속세 및 증여세도 비과세된다.

그러나, 회사가 근로자에게 직접 지급할 자금을 사내근로복지기금에 지급한 후 사내근로복지기금이 종업원에게 의료비, 교육비 등을 지원하는 경우에는 과세대상 근로소득에 해당한다.

1) 벤처기업 주식매수선택권 행사이익 비과세(조세특례제한법 제16조의2)
   ① 대상자 및 기한
      벤처기업 또는 벤처기업이 인수한 기업(발행주식 총수의 100분의 30 이상을 인수한 기업)의 임원 또는 종업원(재직 중이나 퇴사 후 행사하는 경우)이 2024년 12월 31일 이전에 부여받은 주식매수선택권을 행사하는 경우
   ② 주식매수선택권의 종류
      ㉠「벤처기업육성에 관한 특별조치법」제16조의3에 따라 부여받은 주식매수선택권
      ㉡「상법」제340조의2 또는 제542조의3에 따라 부여받은 주식매수선택권(코넥스상장기업으로부터 부여받은 경우로 한정)
   ③ 비과세 대상 금액
      주식매수선택권 행사 당시의 시가와 실제 행사가액과의 차액, 주식에는 신주인수권을 포함
   ④ 비과세 금액
      연간 2억 원(2022. 1. 1. 이후 행사하는 경우는 5천만 원, 2022년 이전에는 3천만 원) 이내의 금액에 대해서 소득세 비과세한다. 다만, 소득세를 과세하지 아니하는 벤처기업 주식매수선택권 행사이익의 벤처기업별 총 누적 금액은 5억 원을 초과하지 못한다.
   ⑤ 절차
      원천징수의무자(벤처기업)는 행사일이 속하는 연도의 다음 연도 2월 말일까지 관할 세무서에 비과세 특례적용명세서를 제출해야 한다. 다만, 벤처기업 주식매수선택권 행사이익 납부특례 또는 벤처기업 주식매수선택권 행사이익 과세특례를 적용받기 위하여 특례적용대상명세서 또는 특례적용대상명세서를 원천징수 관할 세무서장에게 제출한 경우에는 그렇지 않다.

2) 벤처기업 주식매수선택권 행사이익 납부특례(조세특례제한법 제16조의3)
   벤처기업 임원 등이 2024년 12월 31일 이전에「벤처기업육성에 관한 특별조치법」제16조의3에 따라 부여받은 주식매수선택권 및「상법」제340

조의2 또는 제542조의3에 따라 부여받은 주식매수선택권을 행사함으로써 발생한 벤처기업 주식매수선택권 행사이익(제16조의2에 따라 비과세되는 금액은 제외한다)에 대한 소득세는 다음에 따라 납부할 수 있다. 다만, 주식매수선택권의 행사가격과 시가와의 차액을 현금으로 교부받는 경우에는 그러하지 아니하다.

① 원천징수: 주식매수선택권 행사에 따라 당해 주식을 교부하는 때에 주식매수선택권 행사이익에 대하여 원천징수한다.

주식매수선택권을 퇴사 전에 행사하여 얻는 이익은 근로소득세, 퇴사 후에 행사하여 얻는 이익에 대해서는 기타소득세로 원천징수한다.

② 원천징수 제외: 벤처기업 임원 등이 원천징수의무자에게 주식매수선택권 행사이익에 대한 납부특례의 적용을 신청한 경우 소득세를 원천징수하지 아니한다. 다만, 현금으로 받은 경우에는 원천징수하여야 한다. 납부특례를 신청한 경우, 임원 등은 주식매수선택권을 행사한 날이 속하는 과세기간의 종합소득세를 확정신고·납부할 때 주식매수선택권 행사이익을 포함하여 종합소득 과세표준을 신고하여야 한다.

　㉠ 주식매수선택권 행사이익 관련 소득세액의 5분의 4(2016년 이전 부여분은 3분의 2) 해당 금액(분할납부세액)을 제외하고 납부한다.

　㉡ 이후, 벤처기업 임원 등은 주식매수선택권 행사일이 속하는 과세기간의 다음 4개 연도(2016년 이전 부여분은 2개 연도) 종합소득세 확정신고를 할 때 분할납부세액의 4분의 1(2016년 이전분 2분의 1) 해당액을 각각 납부한다.

【사례】 주식매수선택권 2017. 1. 1. 부여 ⇨ 2018. 5. 1. 행사
　　　　(소득세 5,000,000원)

3) 벤처기업 주식매수선택권 양도소득세 과세 선택(조세특례제한법 제16조의4)

다음의 벤처기업 또는 벤처기업이 인수한 기업의 적격스톡옵션에 대해 행사 시 근로소득으로 과세하지 아니하고 양도 시 양도소득으로 과세 선택

할 수 있다(적용기한 2024. 12. 31). 다만, 주식매수선택권의 행사 당시 실제 매수가액이 해당 주식매수선택권 부여 당시의 시가보다 낮은 경우 그 차액(시가 이하 발행이익)에 대해서는 주식매수선택권 행사 시에 소득세를 과세한다.

① 벤처기업의 적격스톡옵션 요건
　　㉠ 주식매수선택권 전용계좌에 주식을 입고하며 거래를 진행할 것
　　㉡ 벤처기업 육성에 관한 특별조치법에 따른 주식매수선택권으로 행사일부터 역산하여 2년이 되는 날이 속하는 과세기간부터 해당 행사일이 속하는 과세기간까지의 행사가액의 합계액이 5억 원 이하일 것

② 대상자
벤처기업의 임원 또는 종업원(재직 중이나 퇴사 후에 행사하는 경우). 다만, 해당 법인의 발행주식총수의 10% 이상을 보유하는 자 등 법인세법에 따른 대주주와 친족은 제외한다.

③ 신청방법
벤처기업 임직원이 금융투자업자에게 옵션행사일 전에 주식매수선택권 전용계좌를 개설하고, '특례적용신청서' 등을 벤처기업에 제출한다.

④ 신청절차
　　㉠ 벤처기업은 주식매수선택권 행사주식지급명세서와 특례적용 대상 명세서를 원천징수 관할 세무서장에게 제출하여야 한다.
　　㉡ 금융투자업자는 매분기 다음 달 말일까지 스톡옵션 전용계좌의 거래현황을 본점 또는 주사무소 소재지 관할 세무서장에게 제출하여야 한다.

4) 창업자 등의 종업원에 대한 주식매수선택권 행사이익 비과세
(구, 조세특례제한법 제15조)
창업자, 신기술사업자, 벤처기업, 부품·소재전문기업 등의 종업원(임원 포함)이 주식매수선택권을 2006년 12월 31일까지 부여받은 경우 행사이익 중 일정 금액은 과세하지 아니한다.

[과세특례한도]

부여 기간	특례대상 기준	특례 한도
1999. 12. 31. 이전	주식의 매수가액	연간 합계액 5천만 원
2000. 1. 1.~2000. 12. 31.	주식의 매수가액	연간 합계액 3천만 원
2001. 1. 1.~2006. 12. 31.	행사이익	연간 3천만 원

(2) 비과세 근로소득

다음에 해당하는 것은 근로소득으로 과세되지 않는다.

1) 국외(해외)근무수당

: 근로소득지급명세서상 ⑱ 국외근로(M01,M02)란에 각각 기재

(가) 국외 근로소득자

국외 또는 「남북교류협력에 관한 법률」에 따른 북한지역에서 근로를 제공하고 받는 보수 중 다음 이내의 금액은 비과세한다. 근로자가 북한지역에서 근무함으로써 발생하는 근로소득은 남북 사이의 소득에 대한 이중과세방지합의서 제22조에 의하여 세금이 면제된다.

출장·연수 등을 목적으로 출국한 기간 동안의 급여 상당액은 국외근로소득으로 보지 아니한다.

구분	• 국외건설현장 근로자(설계 및 감리업무 포함) • 원양어선 근로자 • 국외항행선박 근로자	이외 일반 근로자
비과세 한도	월 500만 원	월 100만 원

* 국외 등의 건설현장에는 국외 건설공사를 위하여 필요한 장비 및 기자재의 구매, 통관, 운반, 보관 등이 이루어지는 장소 포함한다.
* 해당 월의 국외근로소득에는 당해 월에 귀속하는 국외근로로 인한 상여 등을 포함한다.
* 국외근로소득에 대한 비과세를 적용받고 있는 해외파견근로자가 월 20만 원 이하의 식사대를 그 사용자인 내국법인으로부터 지급받는 경우 당해 식사대에 대하여 소득세 비과세한다.

① 국외에서 근로를 제공하고 있는 기간에 지급받는 급여 등이 월 100만 원을 초과하는 경우에는 월 100만 원을 한도로 비과세하고, 월 100만 원 이하인 경우에는 그 급여 등을 한도로 비과세한다.

　당해 월의 국외근로소득이 비과세 한도 이하인 경우 그 급여를 한도로 비과세하며, 부족액을 다음 달 이후 급여에서 이월 공제하지 아니한다.

　예 4월의 국외 건설현장 근로소득이 270만 원인 경우, 270만 원까지 비과세 적용 ⇨ 부족분 30만 원을 5월에 이월 공제하지 못한다.

② 국외근무기간이 1월 미만인 경우에는 1월로 본다. 국외근무기간이 1월 미만인 경우에도 비과세 적용 시 월 100만 원을 근무일수에 따라 일할계산하지 않고 월 100만 원 전액을 비과세한다.

사례

해외취업 근로자(월 100만 원 비과세 한도 적용)의 비과세 국외근로소득 계산

해외주재원 월급여액이 다음과 같은 경우 국외근로소득 비과세 금액은?

　　　1~3월: 월　80만 원　　　　　4~ 6월: 월 170만 원
　　　7~9월: 월 180만 원　　　　10~12월: 월 200만 원

☞ 비과세 국외근로소득은 1,140만 원이다.

　(1~3월: 80만 원 × 3) + (4~12월: 100만 원 × 9)

* 1~3월 급여액 중 100만 원에 미달하는 금액은 이월하여 비과세를 적용하지 아니한다.

(나) 국외근무 공무원 등

공무원(「외무공무원법」 제32조에 따른 재외공관 행정직원 포함), 대한무역투자진흥공사, 한국관광공사, 한국국제협력단, 한국국제보건의료재단 종사자는 국외 등에서 근무하고 받는 수당 중 국내에서 근무할 경우에 지급받을 금액 상당액을 초과하여 받는 실비변상적 성격의 급여로서 국외 등에서 근무하고 받는 수당 전액(재외근무수당은 75%까지)을 비과세한다.

2) 생산직근로자의 시간외근로수당

① 요건

생산 및 그 관련직에 종사하는 근로자로서 직전연도 총급여가 3,000만 원 이하로서 월정액 급여가 210만 원 이하인 경우

② 비과세 소득

연장근로, 야간근로 또는 휴일근로로 인하여 통상임금에 더하여 받는 급여로, 연장시간근로 등으로 인하여 지급받는 급여총액

③ 한도

연 240만 원 이내의 금액(단, 광산근로자 및 일용근로자의 경우 전액)

📋 **윤쌤의 톡톡**

생산직 일용근로자가 근로기준법에 의한 연장·야간·휴일근로로 인해 받는 급여는 월정액급여에 관계없이 비과세됨(소득 46011-2615, 1997. 10. 10.).

| 생산 및 그 관련직 종사 근로자의 범위 |

분류	대상
공장 또는 광산에서 근로를 제공하는 자	통계청장이 고시하는 한국표준직업분류에 의한 관련 종사자 중 기획재정부령으로 정하는 자
운전·운송 관련직, 운송·청소·경비 관련 단순 노무직 종사자	* 공장시설의 신설, 증·개축공사에 종사하는 건설일용근로자는 소득세법 시행령 제17조 제1항 제1호에 따른 공장에서 근로를 제공하는 자에 해당하지 않음.
어업을 영위하는 자에게 고용되어 근로를 제공하는 자	어업의 범위를 통계청장이 고시하는 한국표준산업분류에 의하고, 선장은 제외됨.
돌봄·미용·숙박 서비스 종사원, 매장 판매 종사자, 온라인 쇼핑 판매원, 기능원 및 관련 기능 종사자, 장치·기계 조작 및 조립 종사자, 건설·광업·운송·제조·청소·음식·판매 등 관련 단순 노무직, 여가 및 관광 서비스 종사원, 상품 대여 종사자, 텔레마케터, 가사 관련 단순 노무직	

생산직 및 관련직의 범위(제9조 제1항 관련)

연번	직종 대분류	직종 중분류, 소분류 또는 세분류	한국표준 직업분류번호
1	서비스 종사자	돌봄 서비스직 미용 관련 서비스직 여가 및 관광 서비스직 숙박시설 서비스직 조리 및 음식 서비스직	4211 422 4321 4322 44
2	판매 종사자	매장 판매 및 상품 대여직 통신 관련 판매직	52 531
3	기능원 및 관련 기능 종사자	식품가공 관련 기능직 섬유·의복 및 가죽 관련 기능직 목재·가구·악기 및 간판 관련 기능직 금속 성형 관련 기능직 운송 및 기계 관련 기능직 전기 및 전자 관련 기능직 정보 통신 및 방송장비 관련 기능직 건설 및 채굴 관련 기능직 기타 기능 관련직	71 72 73 74 75 76 77 78 79
4	장치·기계 조작 및 조립 종사자	식품가공 관련 기계 조작직 섬유 및 신발 관련 기계 조작직 화학 관련 기계 조작직 금속 및 비금속 관련 기계 조작직 기계 제조 및 관련 기계 조작직 전기 및 전자 관련 기계 조작직 운전 및 운송 관련직 상하수도 및 재활용 처리 관련 기계 조작직 목재·인쇄 및 기타 기계 조작직	81 82 83 84 85 86 87 88 89
5	단순노무 종사자	건설 및 광업 관련 단순 노무직 운송 관련 단순 노무직 제조 관련 단순 노무직 청소 및 경비 관련 단순 노무직 가사·음식 및 판매 관련 단순 노무직 농림·어업 및 기타 서비스 단순 노무직	91 92 93 94 95 99

비고: 위 표의 한국표준직업분류번호는 통계청 고시 제2017-191호(2017. 7. 3.) 한국표준직업분류에 따른 분류번호로서 2단위 분류번호(44, 52, 71, 72, 73, 74, 75, 76, 77, 78, 79, 81, 82, 83, 84, 85, 86, 87, 88, 89, 91, 92, 93, 94, 95, 99)는 중분류 직종, 3단위 분류번호(422, 531)는 소분류 직종, 4단위 분류번호(4211, 4321, 4322)는 세분류 직종의 분류번호임.

월정액 급여 = 근로소득(비과세 포함) − 상여 등 부정기적 급여 − 실비변상
　　　　　　적 성질의 급여 − 복리후생적 성질의 급여 − 연장근로, 야간
　　　　　　근로 또는 휴일근로를 하여 받는 수당 − 선원법에 따라 받는
　　　　　　생산수당

※ 임금협상 결과 1월분부터 소급인상하기로 함에 따라 이미 지급된 급여와 인상금
　액과의 차액을 소급하여 지급하는 경우 월정액급여의 계산은 1월분부터 인상된
　금액으로 재계산

① 월정액 급여에 포함되는 급여
　• 매월 정기적으로 받는 식사대
　• 연간 상여금 지급총액을 급여 지급 시에 매월 분할하여 지급받는 상여금

② 월정액 급여에 포함되지 않는 급여
　• 부정기적으로 지급받는 연월차수당
　　(통상적으로 매월 지급되는 급여에 해당되는 때에는 월정액 급여에 포함)
　• 매월 업무성과를 평가하고 실적 우수자를 선정, 지급약정에 의해 지급하
　　는 상여금
　• 국민연금법에 의한 사용자 부담금

● 월정액 급여 및 비과세 소득 계산

① 기본급 180만 원 ② 가족수당 5만 원 ③ 상여 100만 원 ④ 연장시간근
로수당 20만 원 ⑤ 야간근로수당 20만 원 ⑥ 휴일근로수당 10만 원 ⑦ 자
가운전보조금 20만 원 ⑧ 식대 20만 원인 경우 월정액 급여는?

☞ 365만 원 − 100만 원(상여) − 20만 원(자가운전보조금: 실비변상적 급여)
　− 50만 원(야간근로수당 등) = 195만 원이 월정액 급여이다.
　따라서 20×1년 12월의 월정액 급여가 210만 원 이하이므로 야간근로수
　당 등은 비과세할 수 있다.

※ 식대(20만 원)는 매월 지급받는 급여항목으로 월 20만 원까지는 비과세이나, 실비
　변상적인 급여가 아니므로 월정액 급여에 포함한다.

3) 식사 및 식사대

(가) 식사와 식권

근로자가 사내급식 또는 이와 유사한 방법으로 제공받는 식사 기타 음식물은 비과세 근로소득에 해당한다. 이 경우 식사 기타 음식물은 근로자에게 무상으로 제공하는 음식물로서 다음의 요건에 해당하여야 한다(소통 12-13 ①).

> ① 통상적으로 급여에 포함되지 아니하는 것
> ② 음식물의 제공 여부로 급여에 차등이 없는 것
> ③ 사용자가 추가부담으로 제공하는 것

사용자가 기업외부의 음식업자와 식사·기타 음식물 공급계약을 체결하고 그 사용자가 교부하는 식권에 의하여 제공받는 식사·기타 음식물로서 당해 식권이 현금으로 환금할 수 없고 위의 비과세대상 식사·기타 음식물의 요건에 해당되는 때는 비과세되는 식사·기타 음식물로 본다.

(나) 식대

식사·기타 음식물을 제공받지 아니하는 근로자가 받는 월 20만 원(2023년부터) 이하의 식사대는 비과세 근로소득에 해당한다. 이 때 식사대를 월 20만 원 이상 지급받는 경우에는 월 20만 원까지 비과세되는 식사대로 본다. 또한 식사·기타 음식물을 제공받고 있는 근로자가 별도로 식사를 지급받는 경우에는 식사·기타 음식물에 한하여 비과세되는 급여로 본다. 다만, 다른 근로자와 함께 일률적으로 급식수당을 지급받고 있는 근로자가 야간근무 등 시간외근무를 하는 경우에 별도로 제공받는 식사·기타 음식물은 비과세되는 급여에 포함한다. 그리고 선원법에 의한 식료는 실비변상적인 급여로서 비과세 근로소득에 해당한다(소령 12조 2호).

식사 또는 식대의 제공 형태			비과세 대상 금액
식사 · 기타 음식물		음식물 제공	비과세
	식권	환금성 ○	월 20만 원 이내의 금액만 비과세
		환금성 ×	비과세
식사대 현금지급			월 20만 원 이내의 금액 비과세
음식물 제공과 식사대 현금지급			음식물 제공은 비과세, 식사대는 과세
식사대 현금지급하고 야간근무현물 식사 제공			식사대는 월 20만 원 내 비과세, 야간 근무현물식사는 전액 비과세
2 이상의 회사에서 식사대 현금지급			각각 식사대를 합한 금액 중 월 20만 원 이내 금액 비과세

4) 자녀양육비(보육비)

근로자 또는 그 배우자의 출산이나 자녀의 보육과 관련하여 사용자로부터 지급받는 다음의 급여는 비과세 근로소득에 해당한다.

① 근로자(사용자와 대통령령으로 정하는 특수관계에 있는 자는 제외한다) 또는 그 배우자의 출산과 관련하여 자녀의 출생일 이후 2년 이내에 사용자로부터 대통령령으로 정하는 바에 따라 최대 두 차례에 걸쳐 지급받는 급여(2021년 1월 1일 이후 출생한 자녀에 대하여 2024년 1월 1일부터 2024년 12월 31일 사이에 지급받은 급여를 포함한다) 전액

❑ 기업출산지원금 비과세 적용 제외 대상
- (개인사업자) 해당 개인 사업자 및 그 친족관계에 있는 자
- (법인) 해당 법인의 지배주주등*(친족관계(국기법 2조) 또는 경영지배관계에 있는 자를 포함)
  * 법인령 43조 7항에 따른 지배주주등

❑ 기업출산지원금 지급횟수 적용기준
- 출산지원금을 3차례 이상 지급받은 경우: 최초 지급분과 그 다음 지급분까지만 비과세 금액으로 인정
- 이직하여 출산지원금을 지급받은 경우: 사용자별로 최대 2회 지급횟수 적용(이직 시 이직 전에 지급받은 횟수 미합산)

② 근로자 또는 그 배우자의 해당 과세기간 개시일을 기준으로 6세 이하 (6세가 되는 날과 그 이전 기간을 말한다.)인 자녀의 보육과 관련하여 사용자로부터 지급받는 급여로서 월 20만 원(2024년 전 10만 원) 이내의 금액

근로자 또는 그 배우자의 출산이나 6세 이하(해당 과세기간 개시일을 기준으로 판단) 자녀의 보육과 관련하여 사용자로부터 지급받는 급여로서 근로자 1인당 월 20만 원 이내의 금액은

- 6세 이하의 자녀 2인 이상을 둔 경우에도 자녀수에 상관없이 월 20만 원 이내의 금액을 비과세한다.
- 맞벌이 부부가 6세 이하의 자녀 1인에 대하여 각 근무처로부터 보육수당을 수령하는 경우 각각 월 20만 원 이내의 금액을 비과세한다.
- 분기별 또는 일괄 지급 시에는 지급월을 기준으로 20만 원 이내의 금액을 비과세한다.
- 2 이상의 회사에서 수령하는 경우는 각 회사의 보육수당을 합산하여 월 20만 원 이내의 금액만을 비과세한다.
- 사내근로복지기금에서 지원받는 근로자가 6세 이하 자녀의 보육과 관련하여 사용자로부터 받는 급여로서 월 20만 원 이내의 금액도 비과세한다.

6세 이하의 보육수당 비과세규정은 교육비공제와 같이 공제대상 기관이 별도로 규정되어 있는 것이 아니므로 교육기관의 종류와는 상관없이 놀이방, 백화점 문화센터 수강료, 사용자로부터 보육과 관련하여 교육비 형태로 지급받는 금액이라도 월 20만 원 이내의 금액을 비과세하는 것이다.

영유아보육법 시행령 제14조 제1항 단서에 따라 위탁보육을 하는 사업주가 같은 법 시행령 제25조에 따라 위탁계약을 맺은 어린이집에 지급하는 위탁보육비는 위탁보육을 지원받는 근로자의 근로소득에 해당하는 것이다(서면 – 2015 – 법령해석소득 – 1851, 2016. 9. 6., 서면 – 2016 – 소득 – 5672, 2016. 11. 8.).

5) 실비변상적 성질의 급여

① 일직료·숙직료

일직료, 숙직료가 실비변상적 급여로 비과세되려면, 다음 요건을 모두 만족하여야 한다.

ㄱ 당해 사업체의 규칙 등에 의하여 정하여진 기준에 따라 지급

ㄴ 사회통념상 타당하다고 인정되는 금액의 범위 내에서 지급

❑ **소득세법 기본통칙 12 – 12…3 【해외근무에 따른 귀국휴가여비】**

국외에 근무하는 내국인근로자 또는 국내에 근무하는 외국인근로자의 본국휴가에 따른 여비는 다음의 조건과 범위 내에서 소득세법 시행령 제12조 제3호에서 규정하는 실비변상적 급여로 본다.

1. 조건

　가. 회사의 사규 또는 고용계약서 등에 본국 이외의 지역에서 1년 이상 (1년 이상 근무하기로 규정된 경우를 포함한다) 근무한 근로자에게 귀국여비를 회사가 부담하도록 되어 있을 것

　나. 해외근무라고 하는 근무환경의 특수성에 따라 직무수행상 필수적이

라고 인정되는 휴가일 것

2. 실비변상적 급여로 보는 범위

왕복교통비(항공기의 운행관계상 부득이한 사정으로 경유지에서 숙박한 경우 그 숙박료를 포함)로서 가장 합리적 또는 경제적이라고 인정되는 범위 내의 금액에 한하며, 관광여행이라고 인정되는 부분의 금액은 제외된다.

❑ 법인의 종업원이 업무 수행을 위한 해외출장으로 인하여 실제 소요된 항공료, 숙박비를 선지출하고 해당 법인으로부터 그 지출한 금액을 정산하여 지급받는 경우로서 해당 해외출장 비용이 법인세법 제116조의 규정에 의한 지출증명서류에 의하여 확인되는 때에는 동 금액은 해당 종업원의 근로소득에 해당되지 아니한다.

❑ 일직료·숙직료에 대한 실비변상 정도의 금액에 대한 판단은 회사의 사규 등에 의하여 그 지급기준이 정하여져 있고 사회통념상 타당하다고 인정되는 범위 내에서는 비과세되는 급여로 보는 것이며, 이때 숙직료 등을 월단위로 모아서 지급한다 할지라도 1일 숙직료 등을 기준으로 판단한다.

② 자가운전보조금

종업원(임원 포함)이 사용자로부터 지원받는 자가운전보조금 중 다음 요건을 모두 만족하는 월 20만 원 이내의 금액은 실비변상적 성질의 급여로 비과세한다.

㉠ 종업원 소유(임차)차량일 것

종업원 소유 차량이어야 하며, 2022년 1월 1일 이후에는 종업원이 본인 명의로 임차한 차량을 포함한다(부부공동명의 인정, 「자동차관리법」 제3조 제1항에 따른 이륜자동차도 포함, 가족 공동명의 및 타인명의로 등록된 차량 및 리스차량은 적용 제외).

㉡ 종업원이 시내출장 등 사용자의 업무에 해당 차량을 사용할 것

ⓒ 사규 등 지급기준에 따라 지급받은 것일 것

ⓔ 실제 발생한 경비 등을 이중으로 정산받지 않을 것

- 기업이 제공하는 출퇴근차량을 직원이 무료로 이용하는 데 따르는 운임상당액은 근로소득으로 보지 않는다.
- 근로자가 2 이상의 회사에 근무하면서 각각의 회사로부터 자기차량운전보조금을 지급받는 경우에는, 이를 지급하는 회사를 기준으로 월 20만 원 이내의 금액을 비과세한다.
- 부부공동명의 차량을 각자 근무하는 회사의 규정에 따라 각자 별도 직접운영하여 실제 사용자의 다른 업무수행에 이용하고 받는 금액은 각자 20만 원 한도 내에서 비과세된다(원천세과-688, 2011. 10. 28.).
- 시외출장 소요경비는 자가운전보조금과 별도로 정산해도 근로소득으로 비과세한다.
- 출퇴근편의만을 위한 자신명의의 차량 이용에 대한 자가운전보조금은 근로소득으로 과세된다.
- 차량과 관계없이 출퇴근편의를 위해 지급하는 출퇴근보조비는 과세대상근로소득이다.
- 야간근무 직원에 대해 지급하는 차비보조금도 과세대상근로소득으로 과세된다.

| 자가운전보조금의 소득세 과세 여부 |

구분	소득세 과세 여부
실제증빙(영수증 등)에 의한 지출증빙을 제시하고 정산을 받는 경우	해당 정산금액은 과세제외됨.
지출증빙을 제시받지 않고 회사규정 등에 따라 km당 ○○원 등의 형식으로 지급받는 경우	해당 지급액이 월 20만 원을 초과하는 경우 그 초과금액은 과세대상 근로소득에 포함됨.

구분	소득세 과세 여부
실제증빙을 정산받고 회사규정 등에 따라 일정액의 자가운전보조금을 받는 경우	자가운전보조금은 과세대상 근로소득에 해당함.

③ 연구보조비 또는 연구활동비

 : **"근로소득지급명세서상 [⑱-4] 연구보조비(H06, H07, H08, H09, H10)"란에 기재.**

다음에 해당하는 자가 지급받는 연구보조비 또는 연구활동비 중 월 20만 원 이내의 금액은 비과세한다.

　㉠ 유아교육법, 초·중등교육법 및 고등교육법에 따른 학교 및 이에 준하는 학교(특별법에 따른 교육기관 포함)의 교원

　㉡ 다음에 해당하는 연구기관의 종사자

　　❶ 대상 연구기관

　　　1) 특정연구기관 육성법의 적용을 받는 연구기관

　　　2) 특별법에 따라 설립된 정부출연연구기관

　　　3) 지방자치단체 출연 연구원의 설립 및 운영에 관한 법률에 따라 설립된 지방자치단체 출연 연구원

　　❷ 대상 근로자

　　　• 연구활동에 직접 종사하는 자: 직접 연구활동을 지원하는 자

　　　• 대학교원에 준하는 자격을 가진 자

　　　　다음에 해당하는 자 제외한다.

　　　• 건물의 방호·보수·청소 등 일상적 관리에 종사하는 자

　　　• 식사제공 및 차량 운전에 종사하는 자

　㉢ 기초연구진흥 및 기술개발지원에 관한 법률 시행령 제16조에 따른 중소기업 또는 벤처기업의 기업부설연구소와 연구개발 전담부서(중

소기업 또는 벤처기업에 한함)에서 연구활동에 직접 종사하는 자

④ 취재수당

기자 등이 받는 취재수당 중 월 20만 원 이내의 금액은 실비변상적 성질의 급여로 소득세가 비과세된다. 이 경우 취재수당을 급여에 포함하여 받는 경우에는 월 20만 원에 상당하는 금액을 취재수당으로 본다.

⑤ 특수수당 · 위험수당(생명수당)

: "근로소득지급 명세서"상 [⑱-18] 경호수당, 승선수당 등(H05)"란에 기재

㉠ 군인, 경찰, 경호, 소방공무원이 지급받는 위험수당은 전액 비과세된다.

㉡ 선원법의 규정에 따른 선원으로서 월 20만 원 이내의 승선수당은 실비변상적 성질의 급여로 보아 비과세된다.

⑥ 벽지수당

벽지 근무로 인해 받는 월 20만 원 이내 벽지수당은 실비변상적 성질의 급여로서 소득세가 비과세된다. 다만, 종업원이 벽지수당 대신 지급받는 출퇴근보조비는 과세대상 근로소득이다.

㉠ 「공무원 특수지근무수당 지급대상지역 및 기관과 그 등급별 구분에 관한 규칙」 별표 1의 지역

㉡ 「지방공무원 특수지근무수당 지급대상지역 및 기관과 그 등급별 구분에 관한 규칙」 별표 1의 지역(같은 표 제1호의 벽지지역과 제2호의 도서지역 중 군지역의 경우 지역 및 등급란에 규정된 면지역 전체를 말한다)

㉢ 「도서 · 벽지 교육진흥법 시행규칙」 별표의 지역

㉣ 「광업법」에 의하여 광업권을 지정받아 광구로 등록된 지역

㉤ 별표 1의 의료취약지역(「의료법」 제2조의 규정에 의한 의료인의 경

우로 한정한다)

벽지수당이 벽지에 근무하는 모든 근로자에게 일률적으로 지급되며 단체
협약, 근로계약 상 지급의무가 있는 것이라면 임금에 해당하며 통상임금
산정에 포함되어야 한다(노동부 예규 제602호, 2009. 9. 25. 개정).

⑦ 입갱수당과 발파수당

광산근로자가 받는 입갱수당과 발파수당은 실비변상적 성질의 급여로
한도 없이 소득세가 비과세된다.

⑧ 제복·제모와 작업복 등

종업원에게 그 **직장에서만 착용하는 피복** 등을 지급한 경우, 그 피복
등은 실비변상적 성질의 급여에 해당한다.

⑨ 근로자가 천재·지변 기타 재해로 인하여 받는 급여

근로자가 천재·지변 기타 재해로 인하여 받는 실비변상적인 성질에
해당하는 급여는 비과세되는 근로소득에 해당한다.

⑩ 국가·지방자치단체가 지급하는 다음의 금액

ㄱ 영유아보육법 시행령 제24조 제1항 제7호에 따른 비용 중 보육교사
의 처우개선을 위하여 지급하는 근무환경개선비
ㄴ 유아교육법 시행령 제32조 제1항 제2호에 따른 사립유치원 수석교
사, 교사의 인건비
ㄷ 전공의에게 지급하는 수련보조수당

⑪ 지방이전기관 종사자의 이주수당

수도권정비계획법 제2조 제1호에 따른 수도권 외의 지역으로 이전하는
공공기관(국가균형발전특별법 2조 10호)의 소속 공무원이나 직원에게 한시적

으로 지급하는 이전지원금으로 월 20만 원 이내의 이주수당은 실비변상적 성질의 급여로 보아 비과세된다.

6) 종업원 할인금액에 대한 근로소득

다음의 요건을 모두 충족하는 종업원 할인금액은 비과세한다. 다만, 비과세 기준은 시가의 20%와 연 240만 원 중 큰 금액을 한도로 한다.

❶ 임원 또는 종업원(임원 등) 본인이 소비하는 것을 목적으로 제공받거나 지원을 받아 구입한 재화 또는 용역으로서 일정 기간 동안 재판매가 허용되지 아니할 것

❷ 해당 재화 또는 용역의 제공과 관련하여 모든 임원등에게 공통 지급기준에 따라 할인금액을 적용

❑ 종업원등에 대한 할인금액을 근로소득으로 규정
  • (종업원등) 자사 및 계열사의 종업원
  • (대상금액) 종업원등이 자사·계열사의 재화 또는 용역을 시가*보다 할인하여 공급받은 경우 할인받은 금액
    * 할인적용 전 판매가격 또는 쇼핑몰 등 고시가격을 기준으로 하되, 동일기간 일반소비자에게 판매한 가격이 있는 경우 시가로 인정
  • (적용요건) 일반소비자와 차별하여 종업원등에게만 적용되는 할인금액일 것

❑ 종업원 할인혜택 비과세
  • (비과세 금액*) Max[시가의 20%, 연 240만 원]
    * 연간 구입한 모든 재화·용역의 시가를 합산한 금액기준
  • (비과세 요건)
    ① 종업원등이 직접 소비목적으로 구매
    ② 일정기간 동안 재판매 금지
      ❶ 자동차·대형가전·고가재화(개소법 1조 2항 2호)의 귀금속제품·고급시계·고급융단·고급가방, 소비자분쟁해결기준에 따

른 품목별 내용연수가 5년을 초과하는 품목 등: 2년

❷ 그 외 재화 : 1년

③ 공통 지급기준에 따라 할인금액 적용

❑ 근로소득에 해당하는 종업원 할인혜택의 유형 및 시가의 판단기준

• 종업원 할인혜택의 유형

① 자사가 생산・공급하는 재화・용역을 임원등에게 시가보다 낮은 가격으로 판매하는 경우

② 자사가 생산・공급하는 재화・용역의 구입을 지원하기 위해 임원등에게 지원금을 지급하는 경우

③ 계열사가 생산・공급하는 재화・용역의 구입을 지원하기 위해 자사가 자사의 임원등에게 지원금을 지급하는 경우

④ 계열사가 생산・공급하는 재화・용역을 자사 임원등에게 시가보다 낮은 가격으로 판매하고, 자사가 임원등이 할인받은 금액을 계열사에 지급하여 주는 경우

• 시가의 판단기준

– 원칙 : 법인세법 시행령 제89조(시가의 범위)에 따름

– 예외 : 일반소비자에게 판매가 불가능*하거나 해당 종업원이 아니면 판매하기 어려운 경우 할인금액을 시가로 판단 가능

* (예) 파손・변질상품, 사용 유효기한이 임박하여 소비자에게 판매할 수 없는 숙박권・탑승권 등

7) 4대보험 회사부담분

국민건강보험법, 고용보험법, 노인장기요양보험법에 따라 사용자가 부담하는 부담금은 비과세 근로소득에 해당한다.

8) 각종 법률에 의한 사망・상해 보상금

근로자가 다음에 열거하는 각종 법률에 의해 지급받는 재해・상해보상비는 소득세법상 비과세 근로소득에 해당한다.

① 「산업재해보상보험법」에 의하여 수급권자가 지급받는 요양급여·휴업급여·장해급여·간병급여·유족급여·유족특별급여·장해특별급여 및 장의비 또는 근로의 제공으로 인한 부상·질병 또는 사망과 관련하여 근로자나 그 유족이 지급받는 배상·보상 또는 위자(慰藉)의 성질이 있는 급여

② 「고용보험법」에 의하여 받는 실업급여·육아휴직급여·출산전후휴가급여 및 「국민연금법」에 의하여 받는 반환일시금(사망으로 인하여 받는 것에 한한다)·사망일시금, 고용보험법에 의한 육아휴직급여 및 출산전후휴가급여

③ 「공무원연금법」, 「군인연금법」, 「사립학교교직원연금법」 또는 「별정우체국법」에 의하여 지급받는 요양비·요양일시금·장해보상금·사망조위금·재해부조금 및 재해보상금 또는 신체·정신상의 장해·질병으로 인한 휴직기간 중에 받는 급여

④ 사립학교 직원이 사립학교 정관 등에 의해 지급받는 월 150만 원 이하의 육아휴직수당(2024년 1월 1일 이후)

9) 근로자 본인의 학자금

소득세가 비과세되는 수업료 등은 교육비 세액공제 대상에서 제외한다.

(가) 다음의 해당 기관의 교육비여야 한다

「초·중등교육법」 및 「고등교육법」에 따른 학교(외국에 있는 이와 유사한 교육기관 포함), 「근로자직업능력개발법」에 따른 직업능력개발훈련시설

(나) 다음 요건을 모두 갖춘 입학금 · 수업료 · 수강료 그 밖의 공과금
으로서 사용자로부터 지급받는 교육비여야 한다

① 당해 근로자가 종사하는 사업체의 업무와 관련 있는 교육 · 훈련을 위
해 받는 것일 것
② 당해 근로자가 종사하는 사업체의 규칙 등에 의하여 정하여진 지급기
준에 따라 지급받는 것일 것
③ 교육 · 훈련기간이 6개월 이상인 경우 교육 · 훈련 후 당해 교육기간을
초과하여 근무하지 아니한 때에는 지급받은 금액을 반환할 것을 조건
으로 하여 받는 것일 것

| 교육비 지원형태별 과세 여부 |

구분			과세 여부
학자금 지원	자녀에 대한 학자금		과세
	근로자 본인에 대한 학자금	비과세요건 충족	과세 제외
		미충족	과세
학자금 무상 또는 저리대출			과세 제외
사내근로복지기금에서 지원되는 학자금			과세 제외

윤쌤의 톡톡: 퇴직 후 일정기간 지급하는 학자금 등

퇴직 이후 일정기간 동안 지급되는 자녀학자금은 근로소득에 해당하며, 그
수입시기(귀속시기)는 지급하거나 지급하기로 한 날이다.
노사합의에 따라 희망퇴직자에게 퇴직 후 일정기간 지급하는 학자금, 의료
비 등의 소득구분

[회신]
귀 서면질의의 경우, 희망퇴직한 근로자가 노사합의에 의해 퇴직 이후 일정기
간 동안 지급받는 자녀학자금, 의료비 등은 「소득세법」 제20조 제1항 제4호에
따른 근로소득에 해당하는 것이며, 그 수입시기는 해당 소득을 지급받거나 지

급받기로 한 날인 것이다. 근로소득에 대한 원천징수방법은 매월분의 근로소득을 지급하는 때에는 간이세액표에 의하여 소득세를 원천징수하여야 하며, 연말정산은 원천징수의무자가 당해 연도의 다음 연도 2월분 근로소득을 지급하는 때(2월분 근로소득을 2월 말까지 지급하지 아니하거나 2월분의 근로소득이 없는 때는 2월 말일로 함)에 소득세법 제137조의 규정에 따라 원천징수하는 것이다(소득, 서면−2015−법령해석소득−2236[법령해석과−2429], 2016. 7. 25.).

10) 근로장학금

「교육기본법」에 따라 받는 장학금 중 대학생이 근로를 대가로 지급받는 장학금은 비과세한다(「고등교육법」 제2조 제1호부터 제4호까지의 규정에 따른 대학에 재학하는 대학생에 한함).

11) 직무발명보상금

종업원 또는 대학의 교직원이 받는 보상금(고용관계 종료 전 지급되는 보상금에 한정)으로서 연 700만 원(2024년 이후) 이하는 비과세한다.

포상금, 공로금, 격려금은 근로소득으로 과세되는 것이 원칙이며, 부서 단위로 지급받는 포상금은 개별근로자에게 귀속되는 경우는 과세하며, 부서회식비 등 법인의 비용으로 처리하면 과세에서 제외된다.

다만, 다음에 해당하는 종업원은 제외한다(2024년 이후).

❶ 사용자가 개인사업자인 경우: 해당 개인사업자 및 그와 친족 관계에 있는 자

❷ 사용자가 법인인 경우: 해당 법인의 지배주주 등 및 그와 특수관계(법인세법 시행령 제43조 제7항에 따른 지배주주 등, 친족관계 또는 경영지배관계)에 있는 자

12) 복리후생적 성질의 급여

(가) 사택제공이익

다음의 자들이 받는 사택제공에 따른 이익에 대해서는 비과세한다.

① 주주 또는 출자자가 아닌 임원

② 소액주주인 임원

소액주주는 해당 법인의 「법인세법」상 지배주주 등과 특수관계가 없는 주주로서 주식 총액의 1% 미만을 보유해야 한다.

③ 임원이 아닌 종업원(비영리법인 또는 개인의 종업원을 포함한다)

④ 국가 또는 지방자치단체로부터 근로소득을 지급받는 사람

❑ **사택으로 보는 경우**

① 사용자가 **소유**하고 있는 주택으로 **무상 또는 저가**로 제공하는 주택

② 사용자가 **직접 임차**하고 있는 주택으로 **무상**으로 제공하는 주택

③ 사용자가 임차주택을 사택으로 제공하는 경우 임대차기간 중에 종업원 등이 전근·퇴직 또는 이사하는 때에는 다른 종업원 등이 당해 주택에 입주하는 경우에 한하여 이를 사택으로 본다.

　다만, 다음에 해당하는 경우에는 예외로 한다.

　㉠ 입주한 종업원 등이 전근·퇴직 또는 이사한 후 당해 사업장의 종업원 등 중에서 입주희망자가 없는 경우

　㉡ 당해 임차주택의 계약잔여기간이 1년 이하인 경우로서 주택임대인이 주택임대차계약의 갱신을 거부하는 경우

❑ **사택으로 보지 않는 경우**

① 사용자가 직접 임차하여 종업원 등에게 무상으로 제공하는 것으로서 해외에 소재하는 주택도 포함하는 것이지만, 해외근무자가 주택수당을 지급받으면서 임대차계약의 명의만을 회사로 하는 경우에는 사택에 해당되지 않는다.

② 사택은 주택법 제2조 제1호에서 규정하는 주택을 말하는 것으로서 호텔은 주택에 해당하지 아니하므로, 레지던스 호텔은 사택의 범위에 포

함되지 않는다.

③ 종업원이 전세금(월세)의 일부를 부담하는 경우에는 사택의 범위에 해당하지 않는다.

④ 외국인근로자에게 제공된 사택 임차료는 본국에서 해외근무에 따른 연봉책정 시 본국의 주거비용을 감안하여 계산되는 추정주거비용을 차감하더라도 근로소득의 범위에서는 제외된다.

윤쌤의 톡톡

사택제공 이익이 3억 원 이상이거나, 적정임대료의 5% 이상인 경우에 근로소득으로 본다.

근로소득으로 보는 사택제공의 이익은 다음을 순차로 계산한다.

① 제3자 간의 거래가격[10] − 사택제공으로 회사가 받은 금액

② [(사택의 시가 × 50% − 전세금 등) × 정기예금이자율] − 사택제공관련 회사가 받은 금액

- 임대차계약상의 임차인은 회사명의가 되어야 하며, 근로자 개인명의인 경우는 과세된다. 사택관리비는 내부규칙인 '임원의 보수·복지·여비규정'에 따라 지급되었으므로, 전기료·수도료 등과 같은 사택관리비는 임차사택에 거주하는 자가 부담하여야 할 성격의 경비로써 그 임차사택을 제공하는 법인의 손금으로 인정되지 아니하며, 근로소득으로 과세한다.

- 사택의 유지관리비 중에서 근로자가 사택을 사용함에 따라 해당 근로자의 생활과 관련하여 추가로 발생되는 사적 비용인 냉난방비, 전기료, 수도료, 가스사용료, 전화요금, 급탕비, 생활폐기물수수료 등을 법인이 대신 부담한 경우는 근로소득에 해당하는 것이므로 그 매입세액을 공제하게 되면 재화의 공급(개인적 공급)에 해당하여 부가가치세가 과세되어

---

10) 해당 거래와 유사한 상황에서 해당 법인이 특수관계인 외의 불특정다수인과 계속적으로 거래한 가격 또는 특수관계인이 아닌 제3자 간에 일반적으로 거래된 가격이 있는 경우에는 그 가격

공제받은 매입세액만큼 매출세액을 납부해야 하는 문제가 있는바, 이 경우 매입세액이 공제되지 아니한 경우에는 재화의 공급으로 보지 아니하므로 그 매입세액은 불공제하는 것이다.

(나) 중소기업 종업원의 주택 구입(임차) 자금대여

중소기업의 종업원이 주택(주택에 부수된 토지 포함)의 구입·임차에 소요되는 자금을 저리 또는 무상으로 대여받음으로써 얻는 이익은 비과세한다. 하지만 임원이나 비중소기업 종업원이 주택구입(임차자금)의 저리 또는 무상으로 대여받음으로써 얻는 이익은 근로소득에 해당한다.

다만, 다음에 해당하는 종업원은 적용하지 않는다(2024년 2월 29일 이후).

❶ 중소기업이 개인사업자인 경우: 해당 개인사업자와 친족관계에 있는 종업원

❷ 중소기업이 법인인 경우: 해당 법인의 지배주주 등(1% 이상 주식을 소유한 주주로서 특수관계에 있는 자가 소유한 지분의 합계가 가장 많은 주주 등)에 해당하는 종업원

(다) 단체순수보장성보험 및 단체환급부보장성보험 등

종업원이 계약자이거나 종업원 또는 그 배우자 및 그 밖의 가족을 수익자로 하는 보험·신탁 또는 공제와 관련하여 사용자가 부담하는 보험료·신탁부금 또는 공제부금 중 다음의 보험료 등은 비과세한다.

㉠ 종업원의 사망·상해 또는 질병을 보험금의 지급사유로 하고 종업원을 피보험자와 수익자로 하는 보험으로서, 만기에 납입보험료를 환급하지 않는 보험(단체순수보장성보험)과 만기에 납입보험료를 초과하지 않는 범위에서 환급하는 보험(단체환급부보장성보험)의 보험료 중 연 70만 원 이하의 금액

ⓛ 임직원의 고의(중과실 포함) 외의 업무상 행위로 인한 손해의 배상청구를 보험금의 지급사유로 하고, 임직원을 피보험자로 하는 보험의 보험료

구분		피보험자	수익자	보험료 납입금	보험료 환급금
단체순수 보장성보험	연 70만 원 이하분	종업원	종업원	과세 제외	–
	연 70만 원 초과분	종업원	종업원	과세	–
단체환급부 보장성보험	연 70만 원 이하분	종업원	종업원	과세 제외	과세
	연 70만 원 초과분	종업원	종업원	과세	과세 제외
보장성보험		종업원 및 그 부양가족	종업원 및 그 부양가족	과세	–
		종업원	회사	과세 제외	–

윤셈의 톡톡: 사용자가 부담하는 보험료(원칙)

종업원이 계약자이거나 종업원 또는 그 배우자, 기타의 가족을 수익자로 하는 보험·신탁 또는 공제와 관련하여 사용자가 부담하는 보험료·신탁부금 또는 공제부금은 근로소득에 해당한다.

(라) 「영유아보육법 시행령」에 따라 사업주가 부담하는 보육비용

직장어린이집을 설치하고 지원하는 운영비와 지역어린이집과 위탁계약을 맺고 지원하는 위탁보육비는 비과세한다(2024년 2월 29일 이후).

(마) 공무원 포상금

국가・지자체 공무원이 공무 수행에 따라 받는 포상금 중 연간 240만 원 이하의 금액은 비과세한다.

○ 외화나 물품으로 받은 근로소득

(1) 근로자에게 급여를 금전으로 지급하는 경우에는 당해 금전가액이 근로 소득이 되며, 근로소득을 외화로 지급하는 경우에는 지급 시기에 따라 다음과 같이 계산한다.

① 정기급여일 전에 지급하는 경우 지급하는 날의 외국환거래법에 의한 기준환율 또는 재정환율

② 정기급여일 이후에 지급하는 경우 정기급여일의 외국환거래법에 의한 기준환율 또는 재정환율

※ (기준환율 또는 재정환율 조회방법) 서울외국환중개(주) 홈페이지(www.smbs.biz) 의 메뉴 중 [환율조회]에서 확인

(2) 급여를 금전 외의 것으로 지급하는 경우

① 물품으로 지급

㉠ 제조업자・생산업자 또는 판매업자: 당해 사업자의 판매가액

㉡ 그 외: 시가

② 법인으로부터 이익배당으로 받은 주식: 액면가액

③ 주식 발행법인으로부터 신주인수권을 받은 때(주주로서 받은 경우는 제외): 납입일의 신주가액에서 발행가액을 공제한 금액[신주가액이 납입한 날의 다음 날 이후 1월 내에 하락한 때에는 최저가액을 신주 가액으로 함(소령 51조 6항)]

④ 그 외 기타 방법으로 지급: 법인세법 시행령 제89조(시가의 범위 등) 준용[해당 거래와 유사한 상황에서 해당 법인이 특수관계인 외의 불 특정다수인과 계속적으로 거래한 가격 또는 특수관계인이 아닌 제3 자 간에 일반적으로 거래된 가격(주권상장법인 발행주식을 한국거래 소에서 거래한 경우 거래일 최종시세 가액)]

3. 근로소득 수입시기

근로소득 수입에 대하여 다음의 시기에 발생된 것으로 본다.

구분	근로소득 수입시기	귀속연도
급여	근로를 제공한 날	근로제공일이 속한 연도
잉여금 처분에 의한 상여	해당 법인의 잉여금 처분결의일	처분결의일이 속한 연도
해당 사업연도의 소득금액을 법인이 신고하거나 세무서장이 결정·경정함에 따라 발생한 그 법인의 임원 또는 주주·사원, 그 밖의 출자자에 대한 상여(인정상여)	해당 사업연도 중 근로를 제공한 날(월평균금액을 계산한 것이 2년도에 걸친 때에는 각각 해당 사업연도 중 근로를 제공한 날)	법인의 결산 사업연도(2개 연도에 걸친 때는 각각 해당 사업연도)
근로소득으로 보는 임원퇴직소득금액 한도초과액	**지급받거나 지급받기로 한 날**	**지급받거나 지급받기로 한 연도**
도급 또는 그 밖에 이와 유사한 계약에 따라 급여를 받는 경우에 해당 과세기간의 과세표준확정신고기간 개시일 전에 해당 급여가 확정되지 않은 때	그 확정된 날. 다만, 그 확정된 날 전에 실제로 받은 금액은 그 받은 날로 한다.	해당 급여가 확정된 날이 속하는 연도. 다만, 그 확정된 날 전에 실제로 지급한 금액은 실제 지급받는 날이 속하는 연도
도급 기타 이와 유사한 계약에 의해 급여를 받는 경우	해당 과세기간의 과세표준 확정신고기간 개시일 전에 당해 급여가 확정된 경우에는 근로를 제공한 날	근로제공일이 속하는 연도
주식매수선택권	주식매수선택권을 행사한 날	주식매수선택권을 행사한 날이 속하는 연도

구분	근로소득 수입시기	귀속연도
초과근무수당 미지급분을 추가지급하거나 급여를 소급인상하여 지급한 경우	근로를 제공한 날	근로제공일이 속하는 연도
부당해고기간의 급여	근로자가 법원의 판결·화해 등에 의하여 부당해고기간의 급여를 일시에 지급받는 경우에는 해고기간에 근로를 제공하고 지급받는 근로소득으로 본다.	해고기간이 속하는 과세연도
사이닝보너스(우수한 인재를 채용하기 위해 연봉 외에 지급)	근로계약 체결 시 일시에 선지급(계약기간 내 퇴사 시 일정금액 반환 조건)하는 경우 해당 선지급 사이닝보너스를 계약조건에 따른 근로기간 동안 안분	계약조건에 따른 근로제공일이 속하는 연도
성과급(법인이 종업원에게 성과급을 자기주식으로 지급한 경우 포함)	매출액·영업이익률 등 계량적 요소에 따라 성과급상여를 지급하기로 한 경우 계량적 요소가 확정되는 날이 속하는 연도	
	영업실적과 인사고과에 따른 계량적·비계량적 요소를 평가하여 그 결과에 따라 차등 지급하는 경우 직원들의 개인별 지급액이 확정되는 연도(재직 중 성과에 따라 퇴직 후 지급받는 경우도 포함)	
「근로기준법」에 따른 연차유급휴가일에 근로를 제공하고 지급받는 연차수당	소정의 근로일수를 개근한 연도의 다음 연도(그 지급대상기간이 2개 연도에 걸쳐 있는 경우에는 그 지급대상 연도별로 안분하여 해당 연차수당의 근로소득 수입시기를 판단함)	

윤셈의 톡톡

근로기준법에 따른 연차유급휴가일에 근로를 제공하고 지급받는 연차수당
의 수입시기는 소정의 근로일수를 개근한 연도의 다음 연도가 되므로, 20×1
년에 대한 연차유급휴가일의 근로소득 귀속시기는 20×2년이 된다.

이 경우 원천징수이행상황신고서에서 귀속월은 미사용연차에 대한 지급기
준(20×2년 12월)이고, 지급월은 실제 지급한 월(20×3년 1월에 지급한 경
우에는 20×3년 1월)로 하여 신고하면 된다.

* 20×1년 연차유급휴가일은 20×2. 12. 31.(회계기간 기준)에 확정되므로 회사의 연
  차수당에 대한 손금(비용)은 20×2년으로 귀속된다.

Ⅱ 근로소득의 원천징수

1. 원천징수 방법

(1) 일용근로자 원천징수

일용근로자에게 지급하는 급여는 지급 시 다음의 산식에 따라 계산된
세액을 원천징수하는 것으로 납세의무가 종결되므로, 연말정산 및 종합
소득세 신고대상에 해당하지 아니한다. 6.6%(지방소득세 포함) 단일세
율이며, 근로소득세액공제 외의 소득·세액공제는 없다.

1) 일당 25만 원 5일 근무하는 경우

계산 구조	사례
총지급액(비과세 제외)	250,000원
− 근로소득공제(일 15만 원)	150,000원
= (일용)근로소득금액	100,000원
× 세율(6%)	

계산 구조	사례
= 산출세액	6,000원
− 근로소득세액공제(산출세액의 55%)	3,300원
= 결정세액	2,700원

원천징수세액: 2,700원 × 5일 = 13,500원(지방소득세 1,350원)

2) 소액부징수 적용 방법

근로소득에 대한 원천징수세액이 1,000원 미만인 경우 소득세를 징수하지 아니하며, 지급금액을 기준으로 소액부징수를 판단한다.

5일간 일당을 한 번에 지급 시 5일 일당에 대한 원천징수세액 합계가 1,000원 이상인 경우 소액부징수를 적용하지 아니한다.

> 1일 2 이상 사업장에서 일용근로 제공 시 세액계산은 사업장별로 계산하여 소액부징수 여부를 판단하는 것이다(원천세과−216, 2011. 4. 8.).

(2) 일반근로자의 원천징수

국내에서 거주자 또는 비거주자에게 근로소득을 지급하는 자는 소득세 원천징수의무를 진다.

1) 근로소득 원천징수 방법(간이세액표)

원천징수의무자는 근로자에게 매월 급여(상여금 포함)를 지급할 때 근로소득 간이세액표[11]에 따라 소득세를 원천징수하여 납부하여야 한다.

다만, 잉여금처분에 의한 상여는 그 상여 등의 금액에 소득세법 제55조

---

11) 원천징수의무자가 근로자에게 매월 급여를 지급하는 때에 원천징수해야 하는 세액을 급여 수준 및 공제대상 가족 수별로 정한 표(소득세법 시행령 별표 2)

에 의한 기본세율을 적용하여 계산한다.

윤쌤의 톡톡: 근로소득 간이세액표 조회 서비스

국세청 홈택스(www.hometax.go.kr) ⇒ 조회·발급 ⇒ 기타조회 ⇒ 근로
소득 간이세액표(조견표) (한글, excel 및 pdf 다운로드)
– "나의 월급에서 한 달에 납부하는 세금은?" 직접 조회도 가능
※ 간이세액표는 소득세법 시행규칙으로 규정(매년 변경되는 것은 아님)

2) 상여 등을 지급한 경우

① 지급대상기간이 있는 상여 지급 시 원천징수세액

$$\left\{ \left[\frac{\text{상여 등의 금액} + \text{지급대상기간의 상여 등 외 급여의 합계액}}{\text{지급대상기간의 월수}} \right] \text{에 해당하는 간이세액표상의 세액} \right.$$

$$\left. \times \text{지급대상기간의 월수} \right\} - \text{지급대상기간의 상여 등 외 급여의 기원천징수세액}$$

② 지급대상기간이 없는 상여 지급 시 원천징수세액

그 상여 등을 받는 연도의 1월 1일부터 그 상여 등의 지급일이 속하는
달까지를 지급대상기간[12]으로 하여 세액계산한다.

---

12) 연도 중 2회 이상의 상여 등을 받는 경우는 직전에 상여 등을 지급받는 날이 속하는 달의

③ 상여 등의 금액과 그 지급대상기간이 사전에 정해진 경우(특례)

　매월분의 급여에 상여 등의 금액(금액과 지급대상기간이 사전에 정하여진 상여 등을 지급대상기간의 중간에 지급하는 경우 포함)을 그 지급대상기간으로 나눈 금액을 합한 금액에 대하여 간이세액표에 의한 매월분의 세액을 징수할 수 있다.

④ 지급대상기간 계산 시 유의사항

　　㉠ 지급대상기간의 마지막 달이 아닌 달에 지급되는 상여 등은 지급대상기간이 없는 상여로 계산한다.

　　㉡ 지급대상기간이 서로 다른 상여 등을 같은 달에 지급하는 경우

$$\text{지급대상기간} = \frac{\text{같은 달에 지급받은 상여 등의 지급대상기간의 합계}}{\text{같은 달에 지급받은 상여 등의 개수}}$$

　* 지급대상기간이 1년을 초과하는 때에는 1년으로 하고, 1월 미만의 단수가 있는 때에는 1월로 함.

2. 근로소득에 대한 원천징수시기 및 방법

(1) 근로소득에 대한 원천징수시기

구분	원천징수시기(특례)
매월분의 근로소득	근로소득을 지급할 때 • 근로소득 간이세액표에 따라 원천징수
연말정산(2인 이상으로부터 받는 경우, 재취직 포함)	해당 과세기간의 다음 연도 2월분 근로소득을 지급할 때(2월분의 근로소득을 2월 말일까지 지급하지 아니하거나 2월분의 근로소득이 없는 경우 2월 말일)

　다음 달부터 그 후에 상여 등을 지급받는 날이 속하는 달까지를 말한다.

구분	원천징수시기(특례)
일용근로소득	일용근로자의 근로소득을 지급할 때
근로소득을 지급하여야 할 원천징수의무자가 1월부터 11월까지의 급여액을 해당 과세기간 12월 31일까지 지급하지 아니한 경우	그 급여액을 12월 31일에 지급한 것으로 봄.
원천징수의무자가 12월분 급여액을 다음 연도 2월 말일까지 지급하지 아니한 경우	그 급여액을 다음 연도 2월 말일에 지급한 것으로 봄.
법인이 이익 또는 잉여금의 처분에 따라 지급하여야 할 상여를 그 처분을 결정한 날로부터 3개월이 되는 날까지 지급하지 아니한 경우	그 3개월이 되는 날에 지급한 것으로 봄. 다만, 그 처분이 11월 1일부터 12월 31일까지의 사이에 결정된 경우에 다음 연도 2월 말일까지, 그 상여를 지급하지 아니한 때에는 2월 말일에 지급한 것으로 봄.
「법인세법」에 따라 처분되는 상여의 경우(인정상여)	① 소득금액변동통지서를 받은 경우 그 받은 날에 지급한 것으로 봄. ② 해당 법인이 법인세과세표준 및 세액을 신고한 경우 그 신고일에 지급한 것으로 봄. ③ 수정신고한 경우 수정신고일에 지급한 것으로 봄.

(2) 근로소득에 대한 원천징수 방법

1) 해당 과세기간의 매월분 근로소득

원천징수의무자가 매월분의 근로소득을 지급할 때에는 근로소득 간이세액표에 따라 소득세를 원천징수한다.

2) 근로소득세액의 연말정산

다음 중 어느 하나에 해당할 때에 원천징수의무자는 근로소득세액의 연말정산 규정에 따라 소득세를 원천징수한다.

① 해당 과세기간의 다음 연도 2월분 근로소득을 지급할 때(2월분의 근로소득을 2월 말일까지 미지급 또는 2월분의 근로소득이 없는 경우에는 2월 말일로 함)
② 퇴직자가 퇴직하는 달의 근로소득을 지급할 때

사용자는 퇴직하는 근로자에게 급여를 지급하기 위하여 퇴직급여제도 중 하나 이상의 제도를 설정하여야 한다. 다만, 계속근로기간이 1년 미만인 근로자, 4주간을 평균하여 1주간의 소정근로시간이 15시간 미만인 근로자에 대하여는 그러하지 아니하다.

1. 퇴직급여제도

근로자퇴직급여보장법에서 근로자가 1년 이상 근속을 하고 퇴직할 경우, 1년당 30일분 이상의 평균임금을 퇴직 시 일시금으로 지급하여야 한다. 이는 5인 미만 사업장에도 동일하게 적용되고 있다. 퇴직급여제도 방법에는 ① 퇴직 시 퇴직금을 일시금으로 지급하는 방법(퇴직금제도)과 ② 매년 퇴직연금을 불입하는 방법(퇴직연금제도)이 있다.

● 퇴직급여제도

(1) 퇴직금제도
    회사 내부에 적립되며, 일시금으로 지급한다.
(2) 퇴직연금제도
    회사 외부에 적립되며, 연금 또는 일시금으로 지급한다.
    2022년부터 10인 미만까지 모든 기업으로 확대된다(강제사항 아님).
    1) 확정급여형 퇴직연금(DB)
    2) 확정기여형 퇴직연금(DC)
    3) 확정급여형 퇴직연금 + 확정기여형 퇴직연금
    4) IRP ① 개인형 IRP 퇴직연금
            ② 기업형 IRP 퇴직연금(DC형과 유사)
    5) 중소기업 퇴직연금기금(2022. 4. 14. 이후)

(1) 퇴직금제도

- 근로자 퇴직 시 회사가 퇴직금을 일시금으로 지급한다.
- 계속근로기간 1년에 대하여 30일분 이상의 평균임금을 퇴직금으로 설정하고 사내보유현금으로 지급한다.

(2) 퇴직연금제도

퇴직연금제도는 2005년부터 단계적으로 도입이 되었으며, 2022년부터는 의무화될 예정이었으나 아직 강제규정은 아니다. 퇴직연금의 종류는 다음과 같다.

| 확정급여형(DB형) 퇴직연금, 확정기여형(DC형) 퇴직연금 |

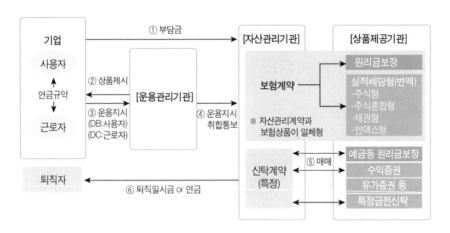

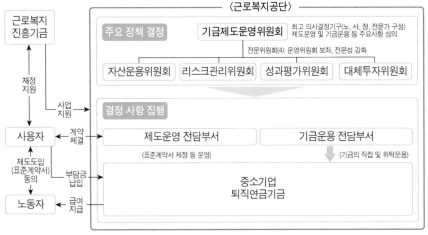

기금운용체계 안내

(가) 확정급여형(DB) 퇴직연금

- 근로자가 퇴직할 때 받을 퇴직급여가 사전에 확정된 퇴직연금제도이다.
- 사용자는 매년 기준책임준비금 대비 최소적립금을 금융회사에 예치한다(최소적립금: 2018년 80%, 2019~2020년 90%, 2021년 이후 100%).
- 회사가 매년 부담금을 금융회사에 적립하여 책임지고 운용하며, 운용 결과와 관계없이 근로자는 사전에 정해진 수준의 퇴직급여를 수령한다.
- 급여의 지급은 근로자가 지정한 IRP계정으로 이전된다(예외: 55세 이후 퇴직, 퇴직금이 300만 원 미만 등).
- 확정급여형의 퇴직급여 계산
  확정급여형 퇴직연금＝퇴직 시 평균임금 × 근속연수

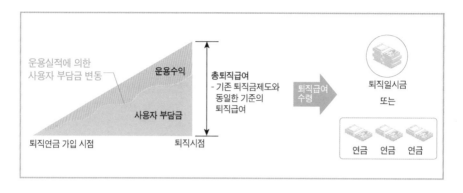

(나) 확정기여형(DC) 퇴직연금

- 회사가 납입할 부담금(매년 연간 임금총액의 1/12 이상)이 사전에 확정된 퇴직연금제도이다.
- 회사가 근로자 개별계좌에 부담금을 정기적으로 납입하면, 근로자가 직접 적립금을 운용하며, 근로자 본인의 추가 부담금 납입도 가능하다.
- 근로자는 사용자가 납입한 부담금과 운용손익을 퇴직 시 최종 퇴직급여로 지급받는다.
- 근로자의 퇴직급여 운용성과 및 근로자의 추가납입에 따라 최종 퇴직급여는 변동될 수 있다. 다만, 기업의 부담금 입금총액은 확정된다.
- 급여의 지급은 근로자가 지정한 IRP계정으로 이전된다(예외: 55세 이후 퇴직, 퇴직금이 300만 원 미만 등).
- 확정기여형의 퇴직급여 계산

$$확정기여형\ 퇴직연금 = \left[매년\ 임금총액 \times \frac{1}{12} \right] \pm 투자\ 손익$$

- 미납부담금

  사용자가 정하여진 기일에 부담금을 납입하지 않는 경우 미납부담금이 발생하게 된다. 회사가 정해진 기일에 부담금 납입을 하지 않는다면 해당 기간 동안 운용수익이 발생하지 않기 때문에 손해가 발생된다. 근로자퇴직급여보장법에서는 이런 피해를 방지하기 위해 미납부담금에 대한 지연이자를 지급하도록 하고 있다.

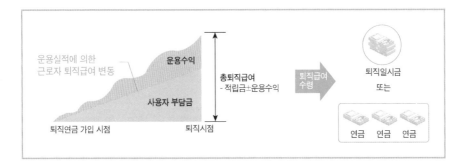

 윤셈의 톡톡: 확정기여형 퇴직연금의 부담금과 지연이자

1. 확정기여형 퇴직연금의 부담금

(1) 제도 설정 이후 정기 부담금

사용자는 매년 연간 임금총액의 12분의 1 이상에 해당하는 부담금을 현금으로 근로자의 DC제도 계정에 납입하여야 한다.

연간 임금총액이란 해당 사업연도 중에 근로자에게 지급된 임금의 총액을 의미하므로, 근로의 대가로서 지급되는 금품은 임금총액에 포함된다.

> 퇴직연금규약에서 정하고 있는 부담금의 최소수준(가입자의 연간 임금총액의 1/12) 이상을 납부하면 근로자의 급여지급 의무는 이행한 것으로 간주하므로 법정 퇴직금과의 차액을 지급하지 않아도 됨(근로복지과-2040, 2013. 6. 17.).

(2) 연차유급휴가수당의 경우

재직기간 중 지급받는 연차유급휴가수당도 임금에 해당하므로 부담금 산정 시 임금총액에 포함하여야 한다.

근로자의 퇴직으로 인하여 비로소 지급사유가 발생한 연차유급휴가수당도 근로의 대가로 발생한 임금에 해당하므로 부담금 산정 시 임금총액에 포함된다.

* 퇴직금, DB제도의 평균임금 산정 시에는 포함되지 않는다.

연차유급휴가미사용수당의 경우 퇴직금 및 DB제도는 이미 발생했는지와 퇴직함에 따라 발생하였는지에 따라 반영 여부가 달라지나 DC제도는 이를 고려하지 않고 포함시키는 것이다.

(3) 과거근로기간에 대한 부담금

DC제도의 가입기간에 과거근로기간을 소급하는 경우, 과거근로기간에 대한 부담금은 과거근로기간을 가입기간에 포함시키기로 결정한 시점 1년간의 임금총액을 기준으로 산정하되, 과거근로기간 1년에 대하여 평균임금 30일분 이상이 되어야 한다.

* DC제도 설정 이전의 퇴직급여제도가 퇴직금·DB제도인 경우에 적용

■ 과거근로기간에 대한 DC제도 부담금 산정

2018. 1. 1. DC제도 설정 시 2010. 1. 1.부터 가입기간을 소급할 경우 아래 ①, ② 중 큰 금액을 과거근로기간에 대한 부담금으로 산정

① (2017년 임금총액의 1/12) × 8년(2010~2017년)

② 2018. 1. 1. 이전 3개월간 평균임금 × 30일 × 8년간 재직일수/365

---

2. 미납시 제재사항

(1) 지연이자 납입

사용자가 부담금 납입을 지연함으로써 근로자에게 발생하는 운용수익의 손실을 보전하고 적기 납입을 유도하기 위하여 지연이자 납입제도를 도입하였다.

퇴직연금규약에 정하여진 기일까지 부담금을 납입하지 아니한 경우 그 다음 날부터 부담금을 납입하는 날까지 지연일수에 대하여 지연이자가 발생한다.

다만, 퇴직연금규약에서 납입기일을 연장할 수 있도록 한 경우에는 그 연장된 기일의 다음 날부터 지연이자가 발생한다.

> **납입기일이 휴일인 경우**
> 납입기일이 휴일인 경우에도 예외 규정하고 있지 아니한 바, 금융기관의 영업일(또는 휴업일)과 무관하게 역일로 산정하여 지연이자를 적용한다.
> 정하여진 기일이 휴일 등으로 부담금 납입이 불가능한 경우에는 이를 고려하여 지연이자가 발생하지 않도록 미리 부담금을 납입하여야 할 것이다.

(2) 지연이자 이율

[지연이자 계산]

1) 납입일 다음 일부터 퇴직일 14일(당사자 간 합의로 연장된 날)까지 미적립 시(노동부 진정 가능): 지연이자 10%를 적용
2) 퇴직일 14일(합의로 연장한 날)이 초과되는 날부터 실제 퇴직연금을 수령한 날까지(민사소송 가능): 지연이자 20%를 적용

  * 지연이자 적용 제외 사유(근로자퇴직급여보장법 시행령 12조)

  지연이자율

  ① 납입기일 다음 날부터 (퇴직일 + 14일)까지 : 10%
  ② (퇴직일 + 14일) 이후부터 부담금 납입일까지 : 20%

  * 당사자 간 합의하여 납입기일을 연장하는 경우 납입기일(또는 퇴직연금규약으로 납입기일 연장한 경우 그 연장된 기일)이 휴일인 경우에도 예외로 규정하지 아니하고 있는바, 기산일자 및 지연일수 등 모두 해당일자가 휴일인지 또는 금융기관의 영업일(또는 휴업일)인지 등에 무관하게 역일로 산정하여 지연이자를 적용한다.

• 퇴직연금규약에서 납입 기일을 연장할 수 있도록 한 경우에는 그 연장된 기일 미납부담금이 없는 상태에서 근로자가 납일 예정일 도래 전 퇴사 시 지연이자는 발생하지 않는다.

> **(예시)**
> 납입 주기 연 1회, 정기 납입일 12. 31. 근로기간 2015. 1. 1.~2019. 6. 30.인 경우, 2019. 1. 1.부터 2019. 6. 30.까지의 기간에 대한 부담금을 2019. 7. 14.까지 납입할 경우 지연이자는 발생하지 않는다.

(3) 지연이자의 적용제외

「근로기준법 시행령」제18조 (지연이자의 적용제외사유)의 각 호 어느 하나에 해당하는 사유에 따라 부담금 납입을 지연하는 경우 그 사유가 존속하는 기간에 대하여는 지연이자 적용이 제외된다.

① 「임금채권보장법」제7조 제1항 각 호의 어느 하나에 해당하는 경우 (파산선고, 회생절차개시 결정, 도산 등 사실인정)

② 「채무자 회생 및 파산에 관한 법률」, 「국가재정법」, 「지방자치법」등 법령 상의 제약에 따라 퇴직급여를 지급할 자금을 확보하기 어려운 경우

③ 지급이 지연되고 있는 부담금의 전부 또는 일부의 존부를 법원이나 노동위원회에서 다투는 것이 적절하다고 인정되는 경우

④ 그 밖에 이에 준하는 사유가 있는 경우

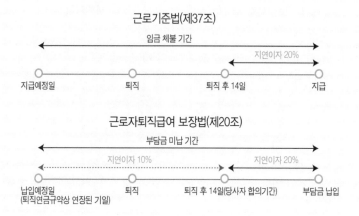

(다) 개인형 퇴직연금제도(IPR)

• 근로자가 재직 중에 자율로 가입하거나 퇴직 시 받은 퇴직급여 일시금을 계속해서 적립·운용할 수 있는 퇴직연금제도이다.

• 연간 1,800만 원(연금계좌 합계)과 개인종합자산관리계좌의 계약기간 만료 후 연금계좌로 전환금액까지 납입할 수 있으며, 연금계좌세액공제 받을 수 있다.

- 운용기간에는 운용수익에 대한 과세이연(운용수익에 대한 세금이 퇴직급여를 지급받을 때 부과됨) 혜택이 부과되며, 퇴직급여 수급 시 연금 또는 일시금으로 수령할 수 있다.
- IRP 퇴직급여 계산

  A기업에서 퇴직금을 적립 후 퇴직 → B기업에서 퇴직금을 적립 후 퇴직 → C기업에서 퇴직금을 적립 후 퇴직하는 경우 [IRP 통산 퇴직 급여 + 운용수익]이 퇴직급여가 된다.
- 개인형 퇴직연금제도(IRP) 가입 대상

  소득이 있는 모든 취업자 가입 가능(2017. 7. 26.부터)

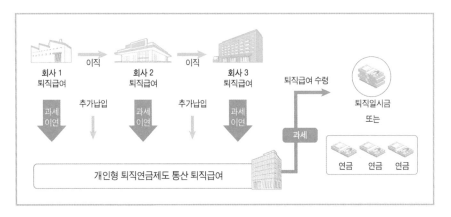

⦿ 기업형 IRP퇴직연금 특례

- 상시근로자의 수가 10인 미만인 기업에서 근로자 개별 동의를 얻어 개인 형 퇴직연금제도를 설정한 경우, 퇴직연금제도를 설정한 것으로 간주하 고 확정기여형(DC)과 동일하게 운영되는 제도이다.
- 법정 규약 신고의무, 가입자교육의무가 면제된다.

기업형 IRP	개인형 IRP
상시근로자 10인 미만 기업에서 근로 자가 개인퇴직연금에 가입 ※ 단, 10인 이상부터 DC제도 전환해야 함.	근로자가 이직, 전직할 때 받은 퇴직일 시금과 개인 불입금을 개인적으로 적 립, 운용, 관리하기 위한 개인퇴직연금

퇴직근로자	• 퇴직연금제도(DB, DC)에서 퇴직급여를 수령한 근로자(의무) • 퇴직급여 일시금 또는 중간정산금 수령자(자율)
추가부담금 납부희망자	• 퇴직연금제도를 운영 중인 기업의 근로자 • 퇴직급여제도에서 일시금을 수령하여 IRP에 납입한 가입자
부담금납부 희망자 (2017. 7. 26. 이후)	• 자영업자 • 퇴직급여제도 미설정 근로자(1년 미만 근속 및 단시간 근로자) • 퇴직연금제도 적용 재직근로자 • 직역연금 가입자 　「공무원연금법」 적용받는 공무원 　「군인연금법」 적용받는 군인 　「사립학교교직원연금법」 적용받는 교직원 　「별정우체국법」 적용받는 별정우체국 직원

(라) 중소기업퇴직연금기금

① 중소기업퇴직연금기금의 의의

　"중소기업퇴직연금기금제도"란 중소기업(상시 30명 이하의 근로자를 사용하는 사업에 한정 함) 근로자의 안정적인 노후생활 보장을 지원하기 위해 둘 이상의 중소기업 사용자 및 근로자가 납입한 부담금 등으로 공동의 기금을 조성·운영하여 근로자에게 급여를 지급하는 제도를 말한다. 즉, 상시 30명 이하 기업이 설정할 수 있는 확정기여형퇴직연금제도(DC)로서 준정부기관인 근로복지공단이 전담하여 운용한다.

② 중소기업퇴직연금기금 급여의 종류 및 수급요건 등

　㉠ 중소기업퇴직연금기금제도의 급여 종류는 연금 또는 일시금으로 하며, 수급요건은 다음과 같다.

　　❶ 연금은 55세 이상으로서 가입기간이 10년 이상인 가입자에게 지급(이 경우 연금의 지급기간은 5년 이상이어야 함)할 것

❷ 일시금은 연금수급 요건을 갖추지 못하거나 일시금 수급을 원하는 가입자에게 지급할 것

ⓛ 기금제도사용자부담금계정에서 가입자에 대한 급여의 지급은 가입자가 지정한 개인형 퇴직연금제도의 계정 등으로 이전하는 방법으로 한다.

※ 다만, 가입자가 개인형 퇴직연금제도의 계정 등을 지정하지 않은 경우에는 가입자 명의의 개인형 퇴직연금제도의 계정으로 이전한다.

③ 중소기업퇴직연금기금의 설정방법

중소기업의 고용주는 중소기업퇴직연금기금표준계약서에서 정하고있는 다음의 사항에 대해 근로자대표의 동의를 얻거나 의견을 들어 공단과 계약을 체결함으로써 중소기업퇴직연금기금제도를 설정할 수 있다.

④ 중소기업퇴직연금기금에 대한 국가의 지원

국가는 중소기업퇴직연금기금제도에 가입하는 사업의 재정적 부담을 경감하고, 근로자의 중소기업퇴직연금 가입을 촉진하기 위해 고용노동부장관이 정하는 요건에 해당하는 경우 사용자부담금, 가입자부담금 또는 중소기업퇴직연금기금제도 운용에 따른 비용의 일부 등을 예산의 범위에서 지원할 수 있다.

고용노동부장관은 위에 따라 국가의 지원을 받은 자가 다음의 어느 하나에 해당하는 경우에는 지원금의 전부 또는 일부를 다음의 구분에 따라 환수할 수 있다.

다만, 환수할 지원금액이 3천 원 미만인 경우에는 환수하지 않을 수 있다.

구분	환수할 지원금액
거짓이나 그 밖의 부정한 방법으로 지원금을 받은 경우	지원받은 금액 전부
지원금이 잘못 지급된 경우	잘못 지급된 금액 전부

구분	환수할 지원금액
사용자가 다음의 사유 없이 중소기업퇴직연금기금제도를 폐지한 경우 • 도산(사업주가 규제 「임금채권보장법 시행령」 제5조 제1항에 따라 도산 등 사실인정을 받은 경우) • 파산 또는 회생절차개시(사업주가 「채무자 회생 및 파산에 관한 법률」에 따른 파산선고 또는 회생절차개시 결정을 받은 경우) • 다른 퇴직급여제도로의 변경 • 그 밖에 폐업 등 중소기업퇴직연금기금제도를 폐지할 수 있는 정당한 사유로서 고용노동부령으로 정하는 사유	지원받은 금액 전부

⑤ 중소기업 퇴직연금기금의 부담금 납입 등

중소기업퇴직연금기금제도를 설정한 고용주는 매년 1회 이상 정기적으로 가입자의 연간 임금총액의 12분의 1 이상에 해당하는 부담금(사용자부담금)을 현금으로 가입자의 중소기업퇴직연금기금제도 계정(기금제도사용자부담금계정)에 납입해야 한다.

고용주가 정해진 기일(중소기업퇴직연금기금표준계약서에서 납입기일을 연장할 수 있도록 한 경우에는 그 연장된 기일을 말함)까지 부담금을 납입하지 않은 경우에는 그 다음 날부터 부담금을 납입한 날까지 지연일수에 대해 다음의 이율에 따른 지연이자를 납입해야 한다.

❶ 부담금을 납입하기로 정해진 날짜의 다음 날을 기산일로 하여 가입자의 퇴직 등 급여를 지급할 사유가 발생한 날부터 14일(당사자 간의 합의에 따라 납입 날짜를 연장한 경우 그 연장된 날짜)까지의 기간: 연 100분의 10

❷ 위에 따른 기간의 다음 날부터 부담금을 납입하는 날까지의 기간: 연 100분의 20

⑥ 중소기업퇴직연금기금 운용현황의 제공

공단은 중소기업퇴직연금기금 운용에 따라 발생하는 이익 및 손실 가능성 등의 정보를 우편 발송, 서면 교부, 정보통신망에 따른 전송에 해당하는 방법에 따라 중소기업퇴직연금기금제도 가입자에게 제공해야 한다.

⑦ 중소기업퇴직연금기금 운용현황의 통지

공단은 매년 1회 이상 적립금액 및 운용수익률 등을 우편 발송 등[13]에 해당하는 방법으로 가입자에게 알려야 한다.

⑧ 중소기업퇴직연금기금 가입자 계정 설정

중소기업퇴직연금기금제도의 가입자 중 다음의 어느 하나에 해당하는 사람은 가입자 명의의 부담금 계정(기금제도가입자부담금계정)을 설정할 수 있다.

  ㉠ 중소기업퇴직연금기금제도의 급여를 일시금으로 수령하려는 사람
  ㉡ 사용자부담금 외에 자기의 부담으로 추가 부담금(가입자부담금)을
     납입하려는 사람

⑨ 중소기업퇴직연금기금 가입자의 가입기간

중소기업퇴직연금기금제도를 설정하는 경우 가입기간은 설정 이후 해당 사업에서 근로를 제공하는 기간으로 한다.

중소기업퇴직연금기금제도를 설정 전에 해당 사업에서 제공한 근로기간에 대해서도 가입기간(퇴직금을 미리 정산한 기간은 제외)으로 할 수 있다.

※ 다만, 기금제도가입자부담금계정은 해당 계정이 설정된 날부터 급여가 전액 지급된 날까지로 한다.

---

13) 서면 교부 정보통신망에 따른 전송, 그 밖에 이에 준하는 방식으로서 운용관리업무의 위탁 계약을 체결할 때 당사자가 합의한 방법

⑩ 중소기업퇴직연금기금 적립금 중도인출

중소기업퇴직연금기금제도의 적립금 중도인출은 다음과 같다.

① 무주택자인 가입자가 본인 명의로 주택을 구입하는 경우

② 무주택자인 가입자가 주거를 목적으로 「민법」 제303조에 따른 전세금 또는 「주택임대차보호법」 제3조의2에 따른 보증금을 부담하는 경우(사업 또는 사업장에 근로하는 동안 1회로 한정)

③ 「재난 및 안전관리 기본법」 제66조 제1항 각 호의 재난으로 다음의 피해를 입은 경우

- 재난이 발생한 지역의 주거시설이 유실·전파 또는 반파된 피해 [이 경우, 주거시설은 가입자, 배우자, 「소득세법」 제50조 제1항 제3호에 따른 근로자(배우자 포함)와 생계를 같이하는 부양가족이 거주하는 시설로 한정]

- 재난으로 가입자의 배우자, 「소득세법」 제50조 제1항 제3호에 따른 가입자(배우자를 포함한다)와 생계를 같이하는 부양가족이 실종된 경우

- 재난으로 가입자가 15일 이상의 입원 치료가 필요한 피해를 입은 경우

④ 가입자가 6개월 이상 요양을 필요로 하는 다음의 어느 하나에 해당하는 사람의 질병이나 부상에 대한 의료비를 해당 가입자가 본인 연간 임금총액의 1천분의 125를 초과하여 부담하는 경우

- 가입자 본인

- 가입자의 배우자

- 가입자 또는 그 배우자의 부양가족

⑤ 중도인출을 신청한 날부터 거꾸로 계산하여 5년 이내에 가입자가 「채무자 회생 및 파산에 관한 법률」에 따라 파산선고를 받은 경우

⑥ 중도인출을 신청한 날부터 거꾸로 계산하여 5년 이내에 가입자가

「채무자 회생 및 파산에 관한 법률」에 따라 개인회생절차개시 결정을 받은 경우

⑦ 퇴직연금제도의 급여를 받을 권리를 담보로 제공하고 대출을 받은 가입자가 그 대출 원리금을 상환하기 위한 경우로서 사업주의 휴업 실시로 근로자의 임금이 감소하거나 재난(「재난 및 안전관리 기본법」 제3조 제1호에 따른 재난을 말함)으로 피해를 입은 경우로서 퇴직연금제도의 수급권을 담보로 대출을 받은 가입자가 대출 원리금을 상환하지 않아 3개월 이상 연체가 발생한 경우 : 적립금을 중도인출하는 경우 그 중도인출 금액은 대출 원리금의 상환에 필요한 금액 이하로 함.

	중소기업 퇴직연금기금제도	퇴직연금제도
적립·운용 및 지급형태	상시 30명 이하 사업장 근로자의 퇴직금을 공동기금(근로복지공단 적립)으로 조성 후 연금 또는 일시금 수령	퇴직금을 사외(퇴직연금사업자)에 적립·운용하므로 기업이 도산하더라도 근로자는 적립된 퇴직금을 안정적으로(연금 혹은 일시금 형태) 수령
제도운영 주체	근로복지공단	기업(DB) 혹은 근로자(DC, IRP)
부담금 납입 주체	사업장(근로자 추가 적립 가능)	기업(DC/IRP의 경우 근로자 추가 적립 가능)
운용위험부담	공단, 근로자	• DB: 사용자 • DC/IRP: 근로자
퇴직급여수준	부담금 ± 수익률	• DB: 계속근로기간 1년당 30일 평균임금 × 근속연수 • DC/IRP: 부담금 수익률
중간정산/ 중도인출	중도인출 : 법정사유 충족시 가능	중도인출: 법정사유 충족시 가능(DB: 불가)
근로자 세제혜택	연금 수령시까지 과세이연	• 연금수령시까지 과세이연 • 일시금

	중소기업 퇴직연금기금제도	퇴직연금제도
위험성	금융시장 상황에 따라 손실 발생	금융시장 상황 및 개인의 자산운용 전문성 부족으로 손실 발생
기타	• 재정지원 • 사업주 부담금 재정지원	해당없음.

● 사전지정운용제도[디폴트옵션]

수익률 제고를 도모하여 근로자 수급권 보장을 강화하기 위한 퇴직연금제도(DC.IRP)에 사전지정운용제도(디폴트옵션 제도: 「근로자퇴직급여보장법」)를 2022년 7월 12일부터 시행한다.

디폴트옵션은 확정기여형(DC형)·IRP 퇴직연금 가입자가 별도 운용지시를 하지 않을 경우 사전에 지정한 방법에 따라 퇴직연금을 자동 운용하는 제도를 말한다.

OECD 국가 가운데 한국을 포함한 4개국을 제외하고 모두 디폴트옵션을 운영하고 있는 상황이다. 미국은 1981년 401k 제도를 도입하고 QDIA라는 디폴트옵션을 만든 이후 현재 7%대의 수익률을 유지하고 있다. 호주의 경우 지난 1992년 슈퍼애뉴에이션 제도를 도입해 마이 슈퍼(My Super)라는 디폴트옵션을 제도화해 2000년대 이후 연평균 7%의 수익률을 기록하고 있는 것으로 나타났다.

사전지정운용방법(디폴트옵션)의 선택권 보장과 퇴직연금사업자 간 경쟁 제고를 위하여 고용노동부가 운용 현황 및 수익률 등을 공시하여 퇴직연금 사업자 간의 경쟁을 통한 퇴직연금 수급자의 수익률 제고에 노력하도록 하고 있다.

• 퇴직연금사업자는 고용노동부장관 소속 심의위원회의 사전심의와 고용노동부 승인을 거쳐 사전지정운용방법(디폴트옵션)을 마련하며, 원리금보장상품 혹은 집합투자증권(펀드), 원리금보장상품과 펀드를 혼합한 상품도 가능하다.

펀드는 TDF(Target Date Fund), BF(Balanced Fund) 등 법령상 규정되어 있는 운용 내용이 명시되어야 한다.

- 기업은 퇴직연금사업자가 제시한 사전지정 운용방법(디폴트옵션)을 근로자대표 동의를 거쳐(퇴직연금규약 반영) 도입하고, 근로자는 퇴직연금사업자로부터 사전지정운용방법(디폴트옵션) 관련 정보를 제공받아 그 중 하나의 상품을 본인의 사전지정운용방법(디폴트옵션)으로 지정하면 된다.

  이때, 퇴직연금사업자는 근로자 의사 반복 확인 및 손실가능성 등에 대해 명확히 설명하는 등 근로자 보호 절차를 지켜야 한다.
- 사전지정운용방법(디폴트옵션)은 근로자가 운용지시를 하지 않거나 사전지정운용방법(디폴트옵션)으로의 운용을 원하면 수시로 변경할 수 있다.
- 근로자가 직접 운용지시를 통해 퇴직연금을 운용하다가 사전지정운용방법(디폴트옵션)으로 전환하려는 의사가 있을 경우 사전지정운용방법(디폴트옵션)으로 운용할 수 있다(opt-in).

  또한, 사전지정운용방법(디폴트옵션)으로 운용 중에도 근로자의 의사에 따라 언제든지 원하는 다른 방법으로 운용지시를 할 수 있다(opt-out).
  (1) ① 운용관리업무를 수행하는 퇴직연금사업자는 가입자가 확정기여형 퇴직연금제도에 가입하였을 때 ② 가입자가 제21조 제1항에 따라 스스로 선정한 적립금 운용방법의 기간 만료일부터 4주가 지났을 때 가입자가 운용방법을 스스로 선정하지 아니하는 경우 가입자에게 사전지정운용방법에 따라 적립금이 운용됨을 통지하여야 한다.
  (2) 가입자가 통지를 받은 후 2주 이내에 운용방법을 스스로 선정하지 아니할 경우 운용관리업무를 수행하는 퇴직연금사업자는 해당 가입자의 적립금을 사전지정운용방법으로 운용한다. 이 경우 가입자가 스스로 운용방법을 사전지정운용방법으로 선정한 것으로 본다.

2. 퇴직소득의 범위

① 공적연금 관련법에 따라 받는 일시금(지연지급이자 포함)
② 사용자 부담금을 기초로 하여 현실적인 퇴직을 원인으로 지급받는 소득
③ 소기업·소상공인 공제금(2016. 1. 1. 이후 가입분부터 적용)
④ 건설근로자의 고용개선 등에 관한 법률에 따라 지급받는 퇴직공제금
⑤ 과학기술인공제회법에 따라 지급받는 과학기술발전장려금
⑥ 종교관련 종사자가 현실적인 퇴직을 원인으로 종교단체로부터 지급받는 소득

(1) 공적연금 관련법에 따라 받는 일시금

① 국민연금법, 공무원연금법, 군인연금법, 사립학교교직원연금법, 별정
우체국법 또는 국민연금과 직역연금의 연계에 관한 법률
② 일시금은 과세기준일[14](2002년 1월 1일) 이후에 납입된 연금기여금
및 사용자 부담금을 기초로 하거나 2002년 1월 1일 이후 근로의 제공
을 기초로 하여 받은 일시금으로 한다.

$$과세기간\ 일시금 = 수령액 \times \left(\frac{2002.\ 1.\ 1.\ 이후\ 기여금\ 납입월수}{총\ 기여금\ 납입월수} \right)$$

---

14) 재직기간, 복무기간 또는 가입기간을 합산한 경우에는 재임용일 또는 재가입일을 과세기준일로 한다.

❑ 2000. 1. 1. 국민연금에 가입하여 2021. 12. 31.까지 15백만 원(2002. 1. 1. 이후 12백만 원)을 납입하였으며, 2022. 1. 1. 반환일시금으로 2천 만 원을 수령하였다. 반환일시금 이자 5백만 원 중 2002. 1. 1. 이후 납 입분에 대한 이자는 3백만 원이다. 과세기준금액은 얼마인가?

Min(과세기준일 이후 납입금 및 이자, 실제 수령한 일시금 − 과세기준일 이전 납입금)

= Min[(12백만 원+3백만 원)+(2천만 원−3백만 원)

=15백만 원

❑ 1998. 1. 1. 군인연금에 가입하여 2018. 12. 31.까지 4천만 원을 납입하 였으며, 2022. 1. 1. 일시금으로 7천만 원을 수령하였다. 과세기준금액 은 얼마인가?

과세기준금액 = 해당 과세기간 일시금 수령액 × 과세기준일(2002. 1. 1.) 이후 기여금납입월수 / 총 기여금납입월수

= 70,000,000원 × 240 / 285 = 672,000,000원

(2) 사용자 부담금을 기초로 하여 현실적인 퇴직을 원인으로 지급받는 소득

① 현실적 퇴직을 원인으로 지급받는 소득은 퇴직소득에 해당하나, 임원의 경우 퇴직소득 한도를 초과하는 경우에는 근로소득으로 본다.

② 현실적인 퇴직 사유가 발생하였으나 퇴직급여를 실제로 지급받지 않은 경우는 퇴직으로 보지 않고, 현실적인 퇴직 사유에는 해당하지 않지만 퇴직금 중간지급 사유에 해당하여 지급받는 퇴직금은 퇴직소득으로 본다.

(3) 소기업 · 소상공인 공제금

① 폐업 등 사유[15]가 발생하여 소기업 · 소상공인 공제에서 공제금을 지급받는 경우에는 다음에 따라 계산한 금액을 퇴직소득으로 한다. 이 경우 근속연수는 공제부금 납입월수를 12로 나누어 계산한 연수(1년 미만의 기간은 1년으로 봄)로 한다.

퇴직소득
= 공제금 − 실제 소득공제받은 금액을 초과하여 납입한 금액의 누계액

> 2016. 1. 1. 전 가입분은 종전 규정(운용수익에 대해 이자소득 과세)에 따르나 2016. 1. 1. 전에 중소기업 중앙회에 개정규정 적용을 신청한 경우 소득공제받은 원금과 운용수익을 합산, 퇴직소득으로 과세한다.

② 폐업 등 사유가 발생하기 전에 소기업 · 소상공인 공제계약이 해지된 경우

기타소득
= 해지환급금 − 실제 소득공제받은 금액을 초과하여 납입한 금액의 누계액

(4) 그 밖에 퇴직소득으로 보는 소득

① 공적연금 관련법에 따라 받는 일시금을 지급하는 자가 퇴직소득의 일부 또는 전부를 지연하여 지급하면서 지연지급에 대한 이자를 함께 지급하는 경우 해당 이자
② 과학기술인공제회법에 따라 지급받는 과학기술발전장려금

---

15) 소기업 · 소상공인 폐업 또는 해산, 공제 가입자 사망, 법인 대표자 지위로 공제에 가입한 자가 그 법인의 대표자 지위 상실, 만 60세 이상으로 공제부금 납입월수가 120개월 이상인 자가 공제금의 지급을 청구한 때

③ 건설근로자의 고용개선 등에 관한 법률에 따라 지급받는 퇴직공제금 (2013. 2. 15. 이후 발생하는 소득분부터 적용)
④ 종교관련 종사자가 현실적인 퇴직을 원인으로 종교단체로부터 지급받는 소득

(5) 퇴직소득 비과세

① 복무 중인 병[병역의무의 수행을 위하여 징집·소집되거나 지원하여 복무 중인 사람으로서 병장 이하의 현역병(지원하지 아니하고 임용된 하사를 포함), 의무경찰, 그 밖에 이에 준하는 사람]이 받는 퇴직급여, 동원 직장에서 받는 퇴직급여
② 근로의 제공으로 인한 부상, 질병, 사망과 관련하여 근로자나 그 유족이 받는 배상, 보상, 위자료의 성질이 있는 것
③ 공적연금 관련법 등에 의하여 퇴직자 또는 사망자의 유족이 받는 급여 등

3. 세법상 현실적인 퇴직 사유

사용자 부담금을 기초로 하여 현실적인 퇴직을 원인으로 지급받는 소득은 퇴직소득에 해당한다. 다만, 현실적인 퇴직 사유가 발생하였으나 퇴직급여를 실제로 지급받지 않는 경우 퇴직으로 보지 않고, 현실적인 퇴직 사유에는 해당하지 않지만 퇴직금 중간지급 사유에 해당하여 지급받는 퇴직금은 퇴직소득으로 본다.

즉, 현실적인 퇴직으로 보는 각각의 경우 이를 무조건 퇴직으로 처리하는 것이 아니라 퇴직급여지급규정 등에 의하여 실제로 퇴직금을 지급한 경우에는 당해 시점을 현실적인 퇴직으로 본다는 의미이다.

예를 들어, 종업원이 임원으로 취임하면 현실적인 퇴직으로 보아 퇴직

금을 지급할 수 있으나, 퇴직금을 지급하지 않은 경우에는 현실적인 퇴직으로 보지 않고 임원으로 퇴직 시에 종업원으로서 근무한 기간까지 통산하여 퇴직금을 계산하여 지급할 수 있는 것이다.

(1) 소득세법에 따른 현실적인 퇴직 사유

현실적인 퇴직 사유를 열거하고 있지 않으며, 퇴직 판정의 특례를 두고 있다.

(가) 현실적인 퇴직 사유가 발생하였으나 퇴직금 미수령 시 퇴직으로 보지 않는 경우

① 종업원이 임원이 된 경우
② 합병·분할 등 조직변경, 사업양도 또는 직·간접으로 출자관계에 있는 법인으로의 전출
③ 동일한 사업자가 경영하는 다른 사업장으로의 전출(2015. 2. 3. 이후 전출하는 경우부터 적용)
④ 법인의 상근임원이 비상근임원이 된 경우
⑤ 비정규직 근로자(기간제 근로자와 단시간 근로자)의 정규직 전환된 경우(2020. 2. 11. 이후 퇴직하여 지급받는 소득분부터 적용)

(나) 계속 근로기간 중 미리 퇴직금을 수령하여 퇴직으로 보는 경우

① 「근로자퇴직급여보장법」에 따른 다음의 퇴직금 중간정산 사유에 해당하는 경우(관련증빙자료는 10년간 보관한다)
   ㉠ 무주택자인 근로자가 본인 명의로 주택을 구입하는 경우

구분	구비서류	비고
신청서	• 퇴직금 중간정산신청서 (일자, 산정기간, 사유 명시)	서식 별첨
무주택자 여부 확인	• 현거주지 주민등록등본 • 현거주지 건물등기부등본 또는 건축물관리대 장등본 • 재산세(미)과세증명서	
주택구입 여부 확인	• 주택구입의 경우에는 부동산 매매계약서(분양 계약서) 사본, 주택 신축의 경우에는 건축 설계 서 및 공사계약서 등 • 구입한 주택에 대한 건물등기부등본 또는 건축 물관리대장등본(등기 후 1개월 이내)	등기 후 신청 시

ⓛ 무주택자인 근로자가 주거를 목적으로 전세금 또는 보증금을 부담
하는 경우(당해 사업장에 근무하는 동안 1회만 인정)

구분	구비서류	비고
신청서	• 퇴직금 중간정산신청서 (일자, 산정기간, 사유 명시)	
무주택자 여부 확인	• 현거주지 주민등록등본 • 현거주지 건물등기부등본 또는 건축물관리대 장등본 • 재산세(미)과세증명서	
전세금 또는 임차보증금 필요 여부 확인	• 전세 및 임대차계약서 사본 • 전세금 또는 임차보증금을 지급한 경우에는 지 급영수증(잔금지급일로부터 1월 이내)	잔금 지급 후 신청 시

ⓒ 근로자, 근로자의 배우자, 근로자 또는 근로자의 배우자와 생계를
같이 하는 부양가족이 질병 또는 부상으로 6개월 이상 요양을 필요로
하는 의료비로서 해당 근로자의 본인 연간 임금총액의 12.5%를 초
과하여 부담하는 경우

구분	구비서류	비고
신청서	• 퇴직금 중간정산신청서 (일자, 산정기간, 사유 명시)	
요양 필요 여부 확인	• 의사의 진단서 또는 소견서 또는 건강보험공 단의 장기요양확인서 등 6개월 이상 요양의 필요 여부를 확인할 수 있는 서류 • 요양종료일과 치료비 부담했음을 확인할 수 있는 서류	• 병명, 요양 기간(6개월 이상) 확인 • 요양이 종 료된 경우
부양가족 확인	• 가족관계증명서 등 배우자, 생계를 같이 하는 부양가족 여부를 확인할 수 있는 서류	

ⓔ 근로자가 중간정산 신청일부터 역산하여 5년 이내에 파산선고를 받
   거나, 개인회생절차개시 결정을 받은 경우

구분	구비서류	비고
신청서	• 퇴직금 중간정산신청서 (일자, 산정기간, 사유 명시)	
파산 여부 확인	• 최근 5년 이내의 법원의 파산 선고문 등 파산 여부를 확인할 수 있는 서류	
회생절차 개시 여부 확인	• 최근 5년 이내의 회생절차개시 결정문, 개인회 생절차변제인가 확정증명원 등 회생절차 개시 여부를 확인할 수 있는 서류	

ⓜ 임금피크제[16]를 실시하여 임금이 줄어드는 경우

구분	구비서류	비고
신청서	• 퇴직금 중간정산신청서 (일자, 산정기간, 사유 명시)	

---

16) 사용자가 기존의 정년을 연장하거나 보장하는 조건으로 단체협약 및 취업규칙 등을 통하
   여 일정, 나이 등을 기준으로 임금을 줄이는 제도

구분	구비서류	비고
임금피크제 적용 대상 확인	• 취업규칙, 단체협약 등 임금피크제 실시 여부를 확인할 수 있는 서류 • 근로계약서(연봉계약서), 급여명세서 등 임금피크제를 적용받는 근로자임을 확인할 수 있는 서류	사업장 내 비치된 서류를 통해 확인

(ㅂ) 천재지변 등 고용노동부장관이 정하는 사유[17])에 해당하는 경우

구분	구비서류	비고
신청서	• 퇴직금 중간정산신청서 (일자, 산정기간, 사유 명시)	
천재지변으로 인한 물적 피해 여부 확인	• 피해사실확인서* 또는 자연재난 피해신고서** 에 따른 관련 행정기관의 피해조사(확인) 자료 *「자연재해대책법 시행규칙」 제29조 별지 제16호 서식 **「재난구호 및 재난복구비용 부담기준 등에 관한 규정」 제9조 별지 제1호 서식	• 발급처: 시·군·구청 또는 읍·면장 • 피해 정도가 50% 이상이어야 함.
천재지변으로 인한 인적 피해 여부 확인	• 자연재난 피해신고서에 따른 관련 행정기관의 피해조사(확인) 자료 • 15일 이상 입원사실 확인서 • 사망·실종 증명서 또는 실종·사망이 정리된 「가족관계등록에 관한 법률」에 따른 증명서	
배우자, 부양가족 확인	• 가족관계증명서 등 배우자, 부양가족 여부를 확인할 수 있는 서류	

② 법인의 임원이 향후 퇴직급여를 지급받지 않는 조건으로 연봉제로 전환하는 경우(2015년까지만 적용)

③ 「근로자퇴직급여보장법」에 따라 퇴직연금제도가 폐지되는 경우

---

17) 고용노동부고시 제2015-30호(2015. 7. 6.): 태풍, 홍수, 호우, 강풍, 지진(지진해일 포함), 그 밖에 이에 준하는 자연현상으로 인하여 발생하는 재해

(2) 법인세법에 따른 현실적인 퇴직 사유

현실적인 퇴직 사유를 열거하고 있으며, 현실적인 퇴직으로 지급한 금액은 손금산입하고 퇴직소득으로 본다.

① 사용인이 임원으로 취임

② 임원 또는 사용인이 법인의 조직변경, 합병, 분할 또는 사업 양도에 의하여 퇴직

③ 「근로자퇴직급여보장법」에 따라 퇴직급여를 중간정산하여 지급한 때 (직원·임원에 대한 퇴직급여 중간정산 시 근무연수는 직전 중간정산 대상기간 종료일의 다음 날부터 기산하여 퇴직급여 계산)

④ 임원이 연봉제로 전환함에 따라 향후 퇴직급여를 지급하지 않는 조건으로 퇴직금 정산(2015년까지만 적용)

⑤ 정관 또는 정관에서 위임된 퇴직급여지급규정에 따라 장기요양 등 다음의 사유로 그때까지의 퇴직급여를 중간정산하여 임원에게 지급한 때(중간정산 시점부터 새로 근무연수를 기산하여 퇴직급여를 계산하는 경우에 한정)

　　㉠ 중간정산일 현재 1년 이상 주택을 소유하지 아니한 세대의 세대주인 임원이 주택을 구입하려는 경우(중간정산일부터 3개월 내에 해당 주택을 취득하는 경우만 해당한다)

　　㉡ 임원(임원의 배우자, 생계를 같이 하는 부양가족을 포함)이 3개월 이상의 질병 치료 또는 요양을 필요로 하는 경우

　　㉢ 천재지변, 그 밖에 이에 준하는 재해를 입은 경우

4. 퇴직소득 수입시기

(1) 원칙

퇴직한 날로 한다.

(2) 예외

다음에 해당하는 경우에는 지급받는 날을 수입시기로 한다.

① 「국민연금법」에 따른 일시금, 「건설근로자의 고용개선 등에 관한 법률」에 따라 지급받는 퇴직공제금. 다만, 위 금액을 분할하여 지급받는 경우에는 최초로 지급받는 날

② 소기업·소상공인 공제에서 발생하는 소득

③ 퇴직판정의 특례에 의하여 퇴직금을 중간지급하는 경우

④ (구)소득세법 시행령 제50조 제2항에 따라 과세이연된 퇴직소득을 연금외수령하는 경우

| 퇴직소득의 귀속시기 |

구분		귀속시기
원칙적인 경우		퇴직한 날
중도인출금	① 확정기여형퇴직연금 및 개인퇴직계좌에서 중도인출금을 지급받는 경우 ② 연금을 수급하던 자가 연금계좌의 중도해지 등으로 일시금을 지급받는 경우 ③ 과세이연계좌로 이체 또는 입금된 퇴직급여액을 다시 지급받는 경우	소득을 지급받는 날

구분		귀속시기
중간정산 퇴직금	지급일에 관한 약정이 있는 경우	약정에 의하여 중간정산퇴직금을 최초로 지급받기로 한 날
	지급일에 관한 약정이 없는 경우	실제로 중간정산퇴직금을 최초로 지급받은 날
퇴직금지급제도 변경에 따른 손실보상금		당해 보상금을 실제 지급한 날
중간정산퇴직금 지급지연 보상액		실제로 지급하는 때

> **사례**
>
> - 퇴직일 20×1. 12. 31., 퇴직소득 지급일 20×2. 1. 10.인 경우 퇴직소득 수입시기: 20×1년 귀속에 해당한다.
> - 중간정산 시점 20×1. 12. 31., 중간정산 퇴직금 지급일 20×2. 1. 10.인 경우 퇴직소득 수입시기: 20×2년 귀속에 해당한다.

5. 퇴직소득세액 정산

(1) 정산대상

원천징수의무자는 퇴직자에게 이미 지급된 다음의 퇴직소득에 대한 원천징수영수증을 받은 경우, 이미 지급된 퇴직소득과 자기가 지급할 퇴직소득을 합한 금액에 대하여 정산한 소득세를 원천징수한다.

① 해당 과세기간에 이미 지급받은 퇴직소득

② 근로계약에서 이미 지급받은 퇴직소득

근로계약은 근로 제공을 위해 사용자와 체결하는 계약으로 사용자가 같은 하나의 계약을 말하고, 이 경우 퇴직판정의 특례에 해당하는 사유로 체결하는 계약을 포함한다.

(2) 정산방법

정산하는 퇴직소득세는 이미 지급된 퇴직소득과 자기가 지급할 퇴직소득을 합계한 금액에 대하여 퇴직소득세액을 계산한 후, 이미 지급된 퇴직소득에 대한 세액을 뺀 금액으로 정산한다.

다만, 이연퇴직소득세가 있는 경우 아래 절차에 따른다(2025. 7. 1. 이후 퇴직하여 지급받는 소득 분부터 적용).

① 퇴직자가 기 지급받은 원천징수영수증 및 연금계좌 현황자료를 원천징수의무자에게 제출

　　* 연금계좌취급자 직접 제출도 가능

② 원천징수의무자가 정산된 퇴직소득세를 원천징수

③ 이연퇴직소득세액 변경시 원천징수의무자가 연금계좌취급자에게 통보

　　* 다수 계좌 보유시 각 계좌별 이연퇴직소득 비율로 안분

④ 연금계좌취급자가 변경된 이연퇴직소득세액 반영

윤셈의 톡톡

- 동일연도에 2개 이상의 회사에서 퇴직한 경우
  종(전)근무지의 퇴직소득 원천징수영수증을 주된(현)근무처에 제출하여 주(현)근무처의 원천징수의무자가 종(전)근무처의 퇴직소득을 합하여 퇴직소득을 정산하여 원천징수하는 경우 퇴직소득과세표준 확정신고의무가 종결된다.

- 동일회사에서 중간정산 후 동일연도에 퇴직하는 경우
  퇴직금 중간정산 후 동일연도에 퇴직하여 동일연도에 2회의 퇴직소득이 발생한 경우에는 퇴직금 중간정산분과 중간정산분 이후의 실제 퇴직금을 합하여 원천징수의무자가 정산하여 원천징수하는 경우 퇴직소득과세표준 확정신고의무가 종결된다. 다만, 동일회사에서 다른 연도에 중간정산한 후 실제 퇴직하는 경우에는 세액정산 여부는 선택할 수 있다.

(3) 근속연수

퇴직소득세를 정산하는 경우의 근속연수는 이미 지급된 퇴직소득에 대한 근속연수와 지급할 퇴직소득의 근속연수를 합산한 월수에서 중복되는 기간의 월수를 뺀 월수에 따라 계산한다.

> **사례**
>
> 입사일 20×1. 1. 1., 중간정산지급일 20×4. 12. 31., 퇴사일 20×5. 5. 31.
> - 중간정산 지급 시 근속연수: 48개월(20×1. 1. 1.~20×4. 12. 31., 4년)
> - 최종 퇴직 시 근속연수: 53개월(20×1. 1. 1.~20×5. 5. 31., 5년)
> - 정산 근속연수: 48개월 + 53개월 - 중복월수 48개월 = 53개월(5년)

윤셈의 톡톡

근로자가 출자관계에 있는 법인으로 전출하면서 퇴직금을 지급받고 이후 그 전입된 회사에서 퇴직하는 경우에는 소득세법 제148조 및 같은 법 시행령 제203조 제1항 및 제2항에 따라 퇴직소득세액을 정산받을 수 있는 것임(기획재정부 소득세제과-208, 2016. 5. 17.).

6. 퇴직소득세 이연

(1) 이연퇴직소득

거주자의 퇴직소득이 다음의 하나에 해당하는 경우에는 퇴직소득을 지급하더라도 해당 퇴직소득에 대한 소득세를 연금외수령하기 전까지는 원천징수하지 아니한다.

① 퇴직일 현재 연금계좌에 있거나 연금계좌로 지급되는 경우
② 퇴직하여 지급받은 날부터 60일 이내에 연금계좌에 입금되는 경우
　이연퇴직소득에 대한 소득세가 이미 원천징수된 경우, 해당 거주자가

원천징수세액에 대한 환급신청할 수 있다.

(2) 이연퇴직소득세 계산

① 이연퇴직소득세액의 계산

이연퇴직소득세는 다음의 계산식에 따라 계산한 금액으로 하며, 이연퇴직소득세를 환급하는 경우 퇴직소득금액은 이미 원천징수한 세액을 뺀 금액으로 한다.

$$\text{이연퇴직소득세} = \text{퇴직소득 산출세액} \times \left(\frac{\text{연금계좌로 지급·이체된 금액}}{\text{퇴직소득금액}} \right)$$

② 이연퇴직소득세 원천징수(연금계좌취급자)

이연퇴직소득을 연금외수령하는 경우, 원천징수의무자는 다음의 계산식에 따라 계산한 이연퇴직소득세를 원천징수한다.

$$\text{원천징수할 이연퇴직소득세}$$
$$= \text{연금외수령 당시 이연퇴직소득세} \times \left(\frac{\text{연금외수령한 이연퇴직소득}}{\text{연금외수령 당시 이연퇴직소득}} \right)$$

(3) 퇴직소득 지급명세서 통보

원천징수의무자가 퇴직소득세를 원천징수하지 않거나 환급한 경우 퇴직소득 지급명세서를 연금계좌취급자에게 즉시 통보하여야 한다. 원천징수의무자가 연금계좌취급자에게 통보하는 퇴직소득 지급명세서에 소득자의 이연퇴직소득세를 적지 아니하였거나 잘못 기재한 경우 해당 금액의 1%를 가산세로 징수(제출기한 경과 3개월 이내 제출 시 0.5%)한다.

(4) 퇴직소득세 환급

| 이연퇴직소득세 환급신청 절차 |

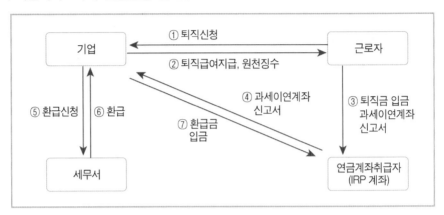

① 환급신청

이연퇴직소득에 대한 원천징수세액의 환급을 신청하는 자는 퇴직소득이 연금계좌에 지급 또는 입금될 때 「과세이연계좌신고서」를 연금계좌취급자에게 제출하여야 한다.

② 과세이연계좌신고서 제출

연금계좌취급자는 환급신청자로부터 제출받은 「과세이연계좌신고서」를 원천징수의무자에게 제출하여야 한다.

③ 환급방법

원천징수의무자는 이연퇴직소득세를 환급할 세액으로 하되, 환급할 소득세가 환급하는 달에 원천징수하여 납부할 소득세를 초과하는 경우에는 다음 달 이후에 원천징수하여 납부할 소득세에서 조정하여 환급한다.

이연퇴직소득세는 과세이연계좌신고서에 있는 연금계좌에 이체 또는 입금하는 방법으로 환급하며, 해당 환급세액은 이연퇴직소득에 포함한다.

④ 폐업 시 특례

원천징수의무자의 폐업 등으로 연금계좌취급자가 과세이연계좌신고서를 원천징수의무자의 원천징수 관할 세무서장에게 제출한 경우에는 원천징수 관할 세무서장이 해당 환급세액을 환급신청자에게 직접 환급할 수 있다.

| 이연퇴직소득세 환급신청 절차(원천징수의무자 폐업) |

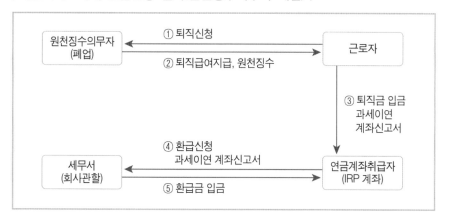

윤셈의 톡톡: 이연퇴직소득 세액정산 시 기납부세액 범위

「소득세법」 제146조 제2항에 따른 이연퇴직소득이 있으며, 해당 이연퇴직소득이 「소득세법」 제148조 제1항 본문의 각 호의 퇴직소득에 해당하는 경우에도 「소득세법」 제148조 및 같은 법 시행령 제203조 제1항 및 제2항에 따라 퇴직소득세액을 정산할 수 있는 것이다. 다만, 경정청구 환급세액 계산 시 산출세액에서 차감하는 기납부세액에는 이연퇴직소득세는 제외하는 것이다. 또한, 이연퇴직소득세액을 포함한 퇴직소득세액 정산 경정청구에 대하여 이연퇴직소득세액이 경정되는 경우 관할 세무서장은 경정된 이연퇴직소득세액을 정산 대상이 되는 이연퇴직소득이 있는 연금계좌취급자에게 통보하여야 하는 것이다(기획재정부 소득세제과-169, 2020. 4. 30.).

7. 퇴직소득 원천징수 방법

(1) 원천징수의무자

국내에서 퇴직소득을 지급하는 원천징수의무자는 퇴직소득세를 원천 징수하여 그 징수일이 속하는 달의 다음 달 10일까지 납부하여야 한다.

근로자퇴직급여보장법에 따라 확정급여형(DB형) 퇴직연금제도에서 퇴직연금일시금을 지급받는 경우에는 퇴직연금제도를 설정한 "사용자가 소득세를 원천징수하는 것이며, 확정기여형(DC형 퇴직연금제도에서 퇴직연금일시금을 지급받는 경우에는 자산관리 업무를 수행하는 "퇴직연금사업자가 소득세를 원천징수하는 것이다. 퇴직연금을 설정한 사용자가 근로자가 퇴직시 퇴직금, 명예퇴직수당 등을 지급하는 경우에는 다음과 같은 방법으로 원천징수하여야 한다.

| 퇴직연금일시금에 대한 원천징수의무자 |

구분	원천징수방법
확정급여형퇴직연금 (DB 형)	퇴직연금을 설정한 사용자가 원천징수의무자이므로 사용자가 퇴직금, 명예퇴직수당 등과 합산하여 퇴직소득세를 원천징수하여야 한다.
확정기여형퇴직연금 (DC형)	퇴직금, 명예퇴직수당 등은 퇴직연금을 설정한 사용자가 지급하는 때에 원천징수하고, 원천징수내역을 퇴직연금사업자에게 통보하면, 퇴직연금사업자는 퇴직연금일시금 지급시 사용자가 지급한 퇴직금 등과 합산하여 퇴직소득세를 원천징수하여야 한다.

① 확정급여형 퇴직연금제도(DB)

적립금과 운용수익 귀속자가 사용자(회사)이고 퇴직연금사업자는 회사를 대신하여 퇴직급여를 지급할 뿐이므로, 확정급여형 퇴직연금제도에서 퇴직금을 지급할 경우 회사가 원천징수의무자이다.

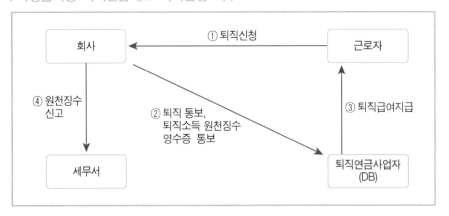

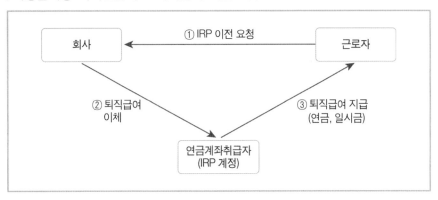

② 확정기여형 퇴직연금제도(DC)

회사의 퇴직금 적립과 동시에 퇴직금 지급의무가 퇴직연금사업자에게 위임되고, 퇴직연금사업자는 근로자의 지시에 따라 적립금을 운용하다가 근로자 퇴직 시 퇴직금을 지급하면서 원천징수한다.

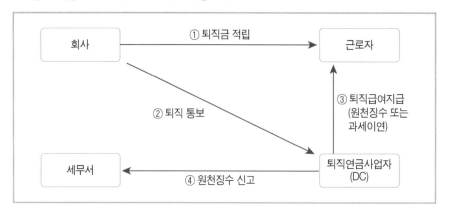

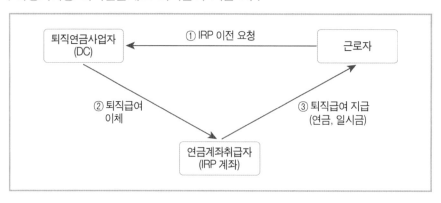

(2) 원천징수영수증 발급

퇴직소득을 지급하는 자는 그 지급일이 속하는 달의 다음 달 말일까지 그 퇴직소득의 금액과 그 밖에 필요한 사항을 적은 원천징수영수증을 퇴직소득을 지급받는 사람에게 발급한다. 다만, 원천징수시기 이연에 따라 퇴직소득에 대한 소득세를 원천징수하지 아니한 때에는 사유를 함께 적어 발급한다.

(1) 퇴직연금(DC, DB형) 원천징수의무자

1) 확정급여형 퇴직연금(DB형) : 회사가 원천징수의무자이다.

2) 확정기여형 퇴직연금(DC형) : 퇴직연금사업자(금융회사)가 원천징수의무자이다.

   * 과세이연한 후 근로자가 IRP 계좌를 해지하여 퇴직금을 지급받는 때에 원천징수의무자는 IRP 계좌를 운용하는 연금사업자이다.

(2) 회사에서 별도로 지급하는 금액이 있는 경우 원천징수의무자

1) 확정급여형(DB형) : DB형 퇴직연금 지급분과 회사지급분을 합산하여 회사가 원천징수한다.

2) 확정기여형(DC형) : DC형 퇴직연금은 퇴직연금사업자가 원천징수하고, 회사지급분은 회사가 원천징수한다. 다만, 다음과 같이 정산하여야 한다.

   ① DC형 퇴직연금사업자와 회사 중 퇴직금을 먼저 지급한 자가 퇴직소득 원천징수영수증을 작성하여 나중에 지급하는 자에게 이를 통보하여야 한다.

   ② 나중에 퇴직금을 지급하는 자는 퇴직소득 원천징수영수증 작성 시 "중간지급 등"란에 먼저 지급된 퇴직금을 기재하고 "최종"란에 본인이 지급하는 퇴직금을 기재하여 합산된 퇴직금으로 퇴직소득세를 계산한 후 먼저 지급된 퇴직금에 대한 퇴직소득세액을 기납부세액으로 차감하여 신고한다.

퇴직연금은 가입자가 지정한 개인형 퇴직연금 계정(IRP)으로 이전하는 방법으로 지급한다. 다만, 다음의 어느 하나에 해당하는 경우에는 개인형 퇴직연금 계정(IRP)으로 이전하지 않아도 된다.

① 가입자가 55세 이후에 퇴직하여 급여를 받는 경우

② 가입자가 급여를 담보로 대출받은 금액 등을 상환하기 위한 경우

③ 퇴직급여액이 300만 원 이하인 경우

(1) 확정급여형 퇴직연금을 IRP 계좌로 이체한 이후에 해지하는 경우에는 IRP 퇴직연금사업자가 퇴직연금 일시금을 지급하는 것이므로, IRP 퇴직연금사업자가 원천징수의무자에 해당되는 것으로 판단된다.

(2) 사용자가 근로자에게 퇴직금을 지급 시 퇴직소득세를 원천징수한 이후에 퇴직자가 퇴직일로부터 60일 이내에 퇴직급여의 80% 이상을 과세이연계좌로 입금하고 "과세이연계좌 신고서"를 사용자에게 제출한 경우, 사용자는 ① 당초 퇴직소득에 대한 원천징수이행상황 신고분을 수정하여 제출하여야 하며, ② 과세이연계좌를 관리하는 퇴직연금사업자에게 퇴직소득 원천징수영수증을 즉시 통보해야 하며, ③ 다음 연도 3월 10일까지 관할 세무서에 퇴직소득 원천징수영수증을 제출하여야 한다.

(3) 원천징수시기에 대한 특례(지급시기의제)

① 원천징수의무자가 1월부터 11월까지 퇴직한 사람의 퇴직소득을 해당 과세기간의 12월 31일까지 지급하지 아니한 경우에는, 그 퇴직소득을 12월 31일에 지급한 것으로 보아 소득세를 원천징수한다.

② 원천징수의무자가 12월에 퇴직한 사람의 퇴직소득을 다음 연도 2월 말일까지 지급하지 아니한 경우에는, 그 퇴직소득을 다음 연도 2월 말일에 지급한 것으로 보아 소득세를 원천징수한다.

③ 공적연금 관련법에 따라 받는 일시금에 대해서는 원천징수시기에 대한 특례를 적용하지 아니한다.

8. 임원 퇴직소득금액

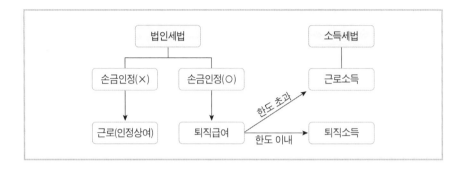

(1) 법인세법의 임원 퇴직급여 손금산입 여부

　법인이 임원에게 지급한 퇴직급여 중 다음의 어느 하나에 해당하는 금액을 초과하는 금액은 손금에 산입하지 아니하며, 임원의 근로소득(인정상여)으로 본다.

① 정관에 퇴직급여(퇴직위로금 등을 포함)로 지급할 금액이 정하여진 경우에는 정관에 정하여진 금액을 손금산입한다.

　이 경우 정관에 임원의 퇴직급여를 계산할 수 있는 기준이 기재된 경우를 포함하며, 정관에서 위임된 퇴직급여지급규정이 따로 있는 경우에는 해당 규정에 의한 금액으로 한다.

② 정관에 퇴직급여(퇴직위로금 등을 포함)지급규정(정관에서 위임된 퇴직급여지급규정 포함)을 정하지 않은 경우에는, 다음의 산식에 의한 금액을 손금산입한다.

$$임원의\ 퇴직급여액\ 한도 = 1년간\ 총급여액 \times \frac{1}{10} \times 근속연수$$

* 총급여액: 소득세법 제20조에 따른 금액(비과세소득 제외)으로 하되, 법인세법 시행령 제43조에 따라 손금에 산입하지 아니하는 금액은 제외한다.

* 근속연수: 역년에 의해 계산하며 1년 미만은 월수로 계산하되, 1개월 미만은 산입하지 아니한다. 이 경우 사용인에서 임원으로 된 때에 퇴직금을 지급하지 아니한 경우에는 사용인으로 근무한 기간을 근속연수에 합산할 수 있다.

구분	임원퇴직급여 한도액
정관(정관에서 주주총회로 위임된 퇴직지급규정 포함)에 퇴직급여(퇴직 위로금 포함)로 지급할 금액이 정하여진 경우	정관이나 정관에서 위임된 퇴직지급규정에 정하여진 금액
그 외의 경우	퇴직 직전 1년간 총급여액(비과세 및 손금불산입 상여 등 제외)$\times \frac{1}{10} \times$근속연수

(2) 소득세법상 임원의 퇴직소득금액

임원에게 지급하는 퇴직소득금액이 퇴직소득 한도액을 초과하는 경우, 그 초과하는 금액은 근로소득으로 본다.

① 임원 퇴직소득 한도초과액

임원 퇴직소득 한도초과액
= 임원 퇴직급여 − ① 2011. 12. 31. 퇴직 시 지급할 퇴직소득 − ② 임원 퇴직소득 한도액

① 2011. 12. 31. 퇴직 시 지급할 퇴직소득
2011. 12. 31. 퇴직 시 지급할 퇴직소득은 다음의 ㉠ 또는 ㉡ 중에 선택할 수 있다(㉠은 2015년 이후부터 적용)

$$㉠\ 임원\ 퇴직소득금액 \times \frac{2011.\ 12.\ 31.\ 이전\ 근무기간\ (1개월\ 미만은\ 1개월로\ 봄)}{전체\ 근무기간}$$

ⓒ 2011년 12월 31일 당시 정관에 임원퇴직금 지급규정

2011년 12월 31일에 정관 또는 정관의 위임에 따른 임원 퇴직급여지급규정이 있는 법인의 임원이 2011년 12월 31일에 퇴직한다고 가정할 때 해당 규정에 따라 지급받을 퇴직소득금액

② 임원 퇴직소득 한도액 = ㉠ + ⓒ

㉠ 2019.12.31.~소급하여 3년(2012. 1.1.~2019.12.31. 근무기간이 3년 미만인 경우 해당 근무기간) 동안 지급받은 총급여의 연평균환산액 $\times \dfrac{1}{10} \times \dfrac{2012.1.1.~2019.12.31. 근무기간}{12} \times 3$

ⓒ 퇴직한 날부터 소급하여 3년(2020. 1.1.~퇴직한 날의 근무기간이 3년 미만인 경우 해당 근무기간) 동안 지급받은 총급여의 연평균 환산액 $\times \dfrac{1}{10} \times \dfrac{2020.1.1. 이후의 근무기간(月)}{12} \times 2$

* 근무기간: 월수로 계산(1개월 미만의 기간이 있는 경우 1개월로 봄)
* 총급여: 소득세법 제20조에 따른 근로소득(비과세, 소득인정상여, 퇴직소득 한도초과액, 직무발명보상금은 제외)과 총급여에는 근무기간 중 해외현지법인에 파견되어 국외에서 지급받는 급여를 포함한다. 다만, 정관 또는 정관의 위임에 따른 임원급여지급규정이 있는 법인의 주거보조비, 교육비수당, 특수지수당, 의료보험료, 해외체재비, 자동차임차료 및 실의료비 및 이와 유사한 급여로서 임원이 국내에서 근무할 경우 국내에서 지급받는 금액을 초과하여 받는 금액은 제외한다.

🏛 윤셈의 톡톡

임원퇴직소득 한도초과액 계산식에서 「2011년 12월 31일 당시 정관에 임원 퇴직금 지급규정」의 적용 사례

(1) 2011년 퇴직급여지급규정이 없거나 2012년 1월 1일 이후에 신설하여 소급적용하는 경우

퇴직급여지급규정이 없는 것을 보아, 다음과 같이 계산한다.

퇴직 직전 1년간 총급여액 (비과세 및 손금불산입 상여 등 제외)	$\times \dfrac{1}{10} \times$ 근속연수

(2) 2011년 퇴직급여지급규정은 5배, 2012년 1월 1일 이후에 3배로 개정하는 경우

2011년 당시 퇴직급여지급규정 5배를 적용한다.

(3) 2011년 퇴직급여지급규정은 5배, 2012년 1월 1일 이후에 3배로 개정하면서 소급적용하는 경우

2011년 퇴직급여지급규정 5배를 적용한다.

사례

임원 퇴직소득금액 계산

대표이사 甲이 2022. 12. 31.에 퇴직하면서 10억 원의 퇴직금을 지급받았다. 관련 자료가 다음과 같을 경우 甲의 퇴직소득금액은 얼마인가?

1. 입사일은 2010. 1. 1.이고 퇴직한 날부터 소급하여 3년 동안 받은 총급여액은 다음과 같다.

과세기간	총급여액
2017년	200,000,000원
2018년	220,000,000원
2019년	240,000,000원
2020년	300,000,000원
2021년	320,000,000원
2022년	340,000,000원

2. 2011. 12. 31.에 퇴직한다고 가정할 때 정관의 위임에 따른 퇴직급여지급규정에 따라 지급받을 퇴직소득금액은 1억 원, 이 금액(1억 원)과 다음의 계산식에 따른 금액 중 큰 금액을 2011. 12. 31. 이전 근무기간의 퇴직소득금액으로 한다.

$$\text{퇴직소득금액} \times \frac{\text{2011. 12. 31. 이전 근무기간}}{\text{전체 근무기간}}$$

해답

1. 2011. 12. 31. 퇴직 시 지급할 퇴직소득: 153,846,154원

①과 ②의 금액 중 큰 금액을 선택함.

① 퇴직소득금액 × $\dfrac{2011.\,12.\,31.\ 이전\ 근무기간}{전체\ 근무기간}$

$$1,000,000,000 \times \dfrac{2년 \times 12개월}{13년 \times 12개월} = 153,846,154$$

② 甲 대표이사가 2011. 12. 31.에 퇴직한다고 가정할 때 지급받을 퇴직소득금액 = 100,000,000

2. 소득세법에 따른 임원 퇴직소득 한도액: ㉠ + ㉡ = 720,000,000

㉠ 2019.12.31. ~ 소급하여 3년 (2012.1.1. ~ 2019.12.31. 근무기간이 3년 미만인 경우 해당근무기간) 동안 지급받은 총급여의 연평균환산액 $\times \dfrac{1}{10} \times \dfrac{\substack{2012.1.1. \sim 2019.12.31.\\ 근무기간}}{12} \times 3$

= $220,000,000^* \times 10\% \times \dfrac{96개월}{12개월} \times 3배$

= 528,000,000

* 2019년부터 소급하여 3년 동안 지급받은 총급여의 연평균 환산액

$(200,000,000 + 220,000,000 + 240,000,000) \times \dfrac{12개월}{36개월} = 220,000,000$

㉡ 퇴직한 날부터 소급하여 3년 (2020.1.1. ~ 퇴직한 날의 근무기간이 3년 미만인 경우 해당 근무기간) 동안 지급받은 총급여의 연평균 환산액 $\times \dfrac{1}{10} \times \dfrac{\substack{2020.1.1.\ 이후의\\ 근무기간(月)}}{12} \times 2$

= $320,000,000^* \times 10\% \times \dfrac{36개월}{12개월} \times 2배$

= 192,000,000

* $(300,000,000 + 320,000,000 + 340,000,000) \times \dfrac{12개월}{36개월} = 320,000,000$

3. 임원 퇴직소득 한도초과액
= 임원 퇴직급여 − ① 2011. 12. 31. 퇴직 시 지급할 퇴직소득
  − ② 임원 퇴직소득 한도액

= 1,000,000,000 - 153,846,154 - 720,000,000 = 126,153,846

4. 퇴직소득금액: 1,000,000,000 - 126,153,846 = 873,846,154

9. 퇴직소득 원천징수영수증 작성 사례

- 산출세액: 8,132,500
- 기납부세액: 4,020,000
- 신고대상세액: 4,112,500(=8,132,500 - 4,020,000)
- 차감원천징수세액: 4,523,750(①+②)
  ① 소득세: 4,112,500
  ② 지방소득세: 411,250

【사례 1】 퇴직소득세이연을 하지 않는 경우(IRP계좌이체 없음)

	계 산 내 용	금 액
과세 표준 계산	㉗ 퇴직소득(⑰)	183,000,000
	㉘ 근속연수공제	12,000,000
	㉙ 환산급여[(㉗-㉘)×12배/정산근속연수]	102,600,000
	㉚ 환산급여별공제	62,870,000
	㉛ 퇴직소득과세표준(㉙-㉚)	39,730,000
퇴직소득 세액계산	계 산 내 용	금 액
	㉜ 환산산출세액(㉛×세율)	4,879,500
	㉝ 퇴직소득산출세액(㉜×정산근속연수/12배)	8,132,500
	㉞ 기납부(또는 기과세이연) 세액	4,020,000
	㉟ 신고대상세액(㉝-㉞)	4,112,500

(3쪽 중 제2쪽)

	㊽ 신고대상세액(㊼)	연금계좌 입금명세					㊿ 퇴직급여(⑰)	(51) 이연 퇴직소득세 (㊽×㊾/㊿)
이연 퇴직 소득 세액 계산		연금계좌취급자	사업자등록번호	계좌번호	입금일	㊾ 계좌입금금액		
	4,112,500	*****	555-55-5555	**********	20×1.03.31		45,000,000	4,112,500
		(52) 합 계						

	구 분	소득세	지방소득세	농어촌특별세	계
납부 명세	㊶ 신고대상세액(㉟)	4,112,500	411,250		4,523,750
	㊷ 이연퇴직소득세(㊴)				
	㊸ 차감원천징수세액 (㊶ - ㊷)	4,112,500	411,250		4,523,750

【사례 2】

퇴직소득세이연을 하는 경우(100% 20×2. 3. 31. IRP계좌로 이체)

① 퇴직소득 원천징수영수증(일부)

(3쪽 중 제2쪽)

이연 퇴직 소득 세액 계산	㊽ 신고대상세액(㊼)	연금계좌 입금명세					㊿ 퇴직급여(⑰)	(51) 이연 퇴직소득세 (㊽×㊾/㊿)
		연금계좌취급자	사업자등록번호	계좌번호	입금일	㊾계좌입금금액		
	4,112,500	*****	555-55-5555	************	20×103/31	45,000,000	45,000,000	4,112,500
		(52) 합 계						

납부명세	구 분	소득세	지방소득세	농어촌특별세	계
	㊶ 신고대상세액(㉟)	4,112,500	411,250		4,523,750
	㊷ 이연퇴직소득세(㊴)	4,112,500	411,250		4,523,750
	㊸ 차감원천징수세액 (㊶ - ㊷)				

【사례 3】

퇴직소득세이연을 하는 경우 (50%만 20×2. 3. 31. IRP계좌로 이체)

① 퇴직소득 원천징수영수증(일부)

(3쪽 중 제2쪽)

이연 퇴직 소득 세액 계산	㊽ 신고대상세액(㊼)	연금계좌 입금명세					㊿ 퇴직급여(⑰)	(51) 이연 퇴직소득세 (㊽×㊾/㊿)
		연금계좌취급자	사업자등록번호	계좌번호	입금일	㊾계좌입금금액		
	4,112,500	*****	555-55-5555	************	20×103/31	22,500,000	45,000,000	4,112,500
		(52) 합 계						

납부명세	구 분	소득세	지방소득세	농어촌특별세	계
	㊶ 신고대상세액(㉟)	4,112,500	411,250		4,523,750
	㊷ 이연퇴직소득세(㊴)	2,056,250	205,625		2,261,875
	㊸ 차감원천징수세액 (㊶ - ㊷)	2,056,250	205,625		2,261,875

❑ 근로자가 퇴직연금에 가입하지 않고 퇴사 시 회사에서 지급받는 퇴직금·퇴직위로금은 원천세 신고서상 어디에 기재하는가?

원천세 신고서상 '퇴직소득 그 외(A22)'에 기재한다. 또한 퇴직연금 중 확정급여형(DB)에 가입한 근로자가 퇴직연금사업자로부터 지급받는 퇴직금은 회사가 원천징수의무자이므로 '퇴직소득 그 외(A22)'에 기재한다. 퇴직소득의 '연금계좌(A21)'와 '그 외(A22)'는 원천징수의무자가 퇴직연금사업자(A21)인지 회사(A22)인지에 따라 구분한다.

❑ 확정급여형(DB) 퇴직연금으로 가입이 되어 있는 경우, 근로자가 퇴직하고 퇴직연금 일시금 1억 원(퇴직소득세 5백만 원)을 전액 개인형 퇴직연금(IRP) 계좌로 이체할 때 원천징수의무와 원천세 신고서 작성방법은?

확정급여형 퇴직연금 일시금의 원천징수의무자는 회사이므로 퇴직연금 일시금에 대해서는 퇴직소득으로 원천세 신고를 하되, 퇴직금 전액을 IRP계좌로 이체하였으므로 퇴직소득 원천징수세액은 없다.

확정기여형 퇴직연금제도 또는 개인형 퇴직연금제도의 계정(과세이연계좌)으로 이체 또는 입금하는 경우, 입금된 퇴직급여분에 해당하는 소득세에 대하여는 연금외수령하기 전까지 퇴직소득세를 원천징수하지 아니한다.

소득자 소득구분		코드	원천징수명세					⑨ 당월 조정 환급세액	납부세액	
			소득지급		징수세액					
			④ 인원	⑤ 총지급액	⑥ 소득세 등	⑦ 농어촌 특별세	⑧ 가산세		⑩ 소득세 등 (가산세 포함)	⑪ 농어촌 특별세
개인	퇴직소득	연금계좌	A21							
		그 외	A22	1	100,000,000	0				
		가 감 계	A20	1	100,000,000	0				0

| 사업소득 원천징수 개요 |

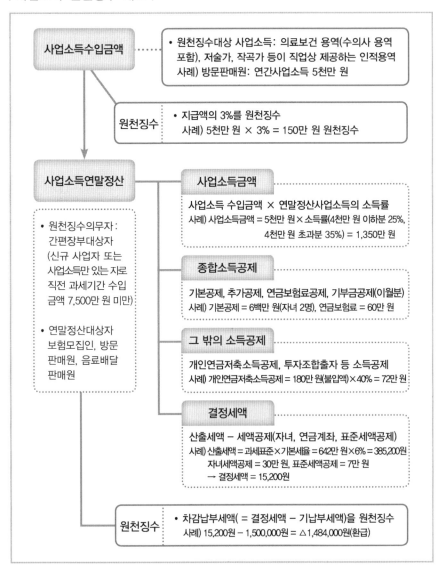

1. 원천징수대상 사업소득

(1) 개요

사업소득은 원칙적으로 다음 해 5월(6월) 중에 종합소득세 과세표준 확정신고를 하여야 한다. 다만, 간편장부대상자가 받는 일부 원천징수대상 사업소득에 대하여 이를 지급하는 원천징수의무자가 해당 소득에 대한 연말정산을 함으로써 납세의무가 종결된다.

(2) 원천징수대상 사업소득

다음의 원천징수대상 사업소득을 지급하는 경우, 이를 지급하는 자는 소득세를 원천징수한다.

㉠ 의료보건용역(수의사 용역 포함)
㉡ 저술가 · 작곡가 등이 직업상 제공하는 인적용역

> 약사가 의약품의 조제용역을 제공하고 지급받는 다음의 어느 하나에 해당하는 비용에 해당 의약품의 구입가격이 약제비 총액에서 차지하는 비율을 곱한 금액에 상당하는 소득에 대해서는 원천징수하지 않는다.
> 원천징수 제외되는 금액
> = 요양급여비용 × (의약품의 구입비용/약제비 총액)
> • 국민건강보험법 제43조에 따라 지급받는 요양급여비용
> • 의료급여법 제11조에 따라 지급받는 의료급여비용
> • 한국보훈복지의료공단법 시행령 제15조의2에 따라 지급받는 약제비용
> • 산업재해보상보험법 시행령 제28조의2에 따라 지급받는 요양급여비용

❏ **금연치료의약품 등 지원액이 원천징수 과세표준에 해당하는지 여부**
 (법령해석과 - 427, 2016. 2. 12.)

의료보건용역 중 약사법에 의해 약사가 제공하는 의약품의 조제용역의 공급에서 발생하는 소득은 원천징수대상 사업소득이며, 이 중 원천징수대상에서 제외되는 사업소득은 약사가 의약품의 조제용역을 제공하고 지급받는 요양급여비용 등에 해당 의약품의 구입가격이 약제비 총액에서 차지하는 비율을 곱한 금액이다.

(가) 원천징수대상 의료보건 용역 범위(수의사 용역 포함)

① 의료법에 따른 의사, 치과의사, 한의사, 조산사 또는 간호사가 제공하는 용역
② 의료법에 따른 접골사, 침사, 구사 또는 안마사가 제공하는 용역
③ 의료기사 등에 관한 법률에 따른 임상병리사, 방사선사, 물리치료사, 작업치료사, 치과기공사 또는 치과위생사가 제공하는 용역
④ 약사법에 따른 약사가 제공하는 의약품의 조제용역
⑤ 수의사법에 따른 수의사가 제공하는 용역
⑥ 장의업자가 제공하는 장의용역
⑦ 장사 등에 관한 법률 제14조 및 제15조에 따라 사설묘지, 사설화장시설 또는 사설봉안시설을 설치한 자가 제공하는 화장, 묘지분양 및 관리업 관련 용역자가 제공하는 화장, 묘지분양 및 관리업 관련 용역
⑧ 응급의료에 관한 법률 제2조 제8호에 따른 응급환자이송업자가 제공하는 응급환자 이송용역
⑨ 분뇨수집·운반업의 허가를 받은 사업자와 가축분뇨의 관리 및 이용에 관한 법률 제28조에 따른 가축 분뇨수집·운반업 또는 가축분뇨 처리업의 허가를 받은 사업자가 공급하는 용역
⑩ 감염병의 예방 및 관리에 관한 법률 제52조에 따라 소독업의 신고를 한 사업자가 공급하는 소독용역
⑪ 폐기물처리업 허가를 받은 사업자가 공급하는 생활폐기물 또는 의료폐기물의 수집·운반 및 처리용역과 폐기물처리시설의 설치승인을 받거

나 그 설치의 신고를 한 사업자가 공급하는 생활폐기물의 재활용용역

⑫ 산업안전보건법 제16조에 따라 보건관리전문기관으로 지정된 자가 공급하는 보건 관리용역 및 같은 법 제42조에 따른 지정측정 기관이 공급하는 작업환경측정용역

⑬ 노인장기요양보험법 제2조 제4호에 따른 장기요양기관이 같은 법에 따라 장기요양 인정을 받은 자에게 제공하는 신체활동·가사활동의 지원 또는 간병 등의 용역

⑭ 사회복지사업법 제33조의7에 따라 보호대상자에게 지급되는 사회복지서비스 이용권을 대가로 국가 및 지방자치단체 외의 자가 공급하는 용역

⑮ 모자보건법 제2조 제11호에 따른 산후조리원에서 분만 직후의 임산부나 영유아에게 제공하는 급식·요양 등의 용역

⑯ 사회적기업 육성법 제7조에 따라 인증받은 사회적기업이 직접 제공하는 간병·산후 조리·보육 용역

⑰ 지방자치단체로부터 공설묘지, 공설화장시설 또는 공설봉안시설의 관리를 위탁받은 자가 제공하는 화장, 묘지분양 및 관리업 관련 용역

(나) 원천징수대상 인적용역

인적용역은 독립된 사업(여러 개의 사업을 겸영하는 사업자가 과세사업에 필수적으로 부수되지 아니하는 용역을 독립하여 공급하는 경우 포함)으로 공급하는 다음의 용역을 말한다.

① 개인이 물적시설[18] 없이 근로자를 고용(고용 외의 형태로 해당 용역의 주된 업무에 대해 타인으로부터 노무 등을 제공받는 경우를 포함한다) 하지 아니하고 독립된 자격으로 용역을 공급하고 대가를 받는 다음의 인적 용역

① 저술·서화·도안·조각·작곡·음악·무용·만화·삽화·만담·배우·성우·가수 또는 이와 유사한 용역

---

18) 계속적·반복적으로 사업에만 이용되는 건축물 등 사업설비(임차한 것 포함)

② 연예에 관한 감독·각색·연출·촬영·녹음·장치·조명 또는 이와 유사한 용역
③ 건축감독·학술 용역 또는 이와 유사한 용역
④ 음악·재단·무용(사교무용 포함)·요리·바둑의 교수 또는 이와 유사한 용역
⑤ 직업운동가·역사·기수·운동지도가(심판 포함) 또는 이와 유사한 용역
⑥ 접대부·댄서 또는 이와 유사한 용역
⑦ 보험가입자의 모집, 저축의 장려 또는 집금(集金) 등을 하고 실적에 따라 보험회사 또는 금융기관으로부터 모집수당·장려수당·집금수당 또는 이와 유사한 성질의 대가를 받는 용역
⑧ 서적·음반 등의 외판원이 판매실적에 따라 대가를 받는 용역
⑨ 저작자가 저작권에 의하여 사용료를 받는 용역
⑩ 교정·번역·고증·속기·필경(筆耕)·타자·음반취입 또는 이와 유사한 용역
⑪ 고용관계 없는 사람이 다수인에게 강연을 하고 강연료·강사료 등의 대가를 받는 용역
⑫ 라디오·텔레비전 방송 등을 통하여 해설·계몽 또는 연기를 하거나 심사를 하고 사례금 또는 이와 유사한 성질의 대가를 받는 용역
⑬ 작명·관상·점술 또는 이와 유사한 용역·개인이 일의 성과에 따라 수당이나 이와 유사한 성질의 대가를 받는 용역

② 개인, 법인 또는 법인격 없는 사단·재단, 그 밖의 단체가 독립된 자격으로 용역을 공급하고 대가를 받는 다음의 인적용역

① 형사소송법 및 군사법원법 등에 따른 국선변호인의 국선변호와 기획재정부령으로 정하는 법률구조(法律救助)
② 새로운 학술 또는 기술개발을 위하여 수행하는 연구용역
③ 직업소개소가 제공하는 용역 및 상담소 등을 경영하는 자가 공급하는 용역으로서 기획재정부령으로 정하는 용역

④ 장애인복지법 제40조에 따른 장애인보조견 훈련 용역
⑤ 외국 공공기관 또는 국제금융기구로부터 받은 차관자금으로 국가 또는 지방자치단체가 시행하는 국내사업을 위하여 공급하는 용역
⑥ 「직업안정법」에 따른 근로자공급 용역
⑦ 다른 사업자의 사업장(다른 사업자가 제공하거나 지정한 경우로서 그 사업자가 지배·관리하는 장소를 포함한다)에서 그 사업자의 시설 또는 설비를 이용하여 물건의 제조·수리, 건설, 그 밖에 이와 유사한 것으로서 법정한 작업을 수행하기 위한 단순 인력 공급용역(「파견근로자 보호 등에 관한 법률」에 따른 근로자파견 용역은 제외한다)

❑ 고용관계 없이 독립된 자격으로 인적용역을 제공하는 경우에는 사업소득(인적용역 소득)이나 고용관계에 따라 근로를 제공하고 받는 대가는 근로소득에 해당한다(서면1팀-527, 2006. 4. 26.).

❑ 전문적 지식을 가진 자가 고용관계 없이 독립적 지위에서 계속적·반복적으로 당해 지식을 활용하여 용역을 제공하고 그 대가를 지급받는 경우에는 사업소득, 일시적으로 용역을 제공하고 지급받는 대가는 기타소득으로 구분한다(소득-256, 2008. 7. 28.).

❑ 연예인 및 직업운동선수 등이 사업활동과 관련하여 받는 전속계약금은 사업소득으로 하는 것이다(조심 2009부218, 2009. 3. 5.).

❑ 부동산을 담보로 설정하고 금전을 대여한 금전대부업자가 해당 부동산을 경매신청하고 사업자등록을 폐업한 후 해당 부동산이 경락되어 원리금을 지급받는 경우 해당 이자는 사업소득에 해당한다(법규소득 2014-185, 2014. 6. 30.).

🔲 윤셈의 톡톡

의료기관에 대한 원천징수

• **의료기관이 법인인 경우**

법인은 사업소득세 납부의무가 없어 원천징수없이 해당 의료법인으로부터 계산서를 교부받아야 한다.

• **의료기관이 개인인 경우**

의료보건용역에 해당하여 사업소득으로 원천징수하고 해당 의료기관으로부터 계산서를 교부받아야 하는 것이나 소득세법 시행령 제211조 제5항에 따라 원천징수영수증을 교부받은 경우에는 계산서를 교부한 것으로 보는 것이다.

2. 원천징수의무자

다음에 해당하는 자가 원천징수대상 사업소득 수입금액을 지급하는 경우에는 소득세를 원천징수하여야 한다.

① 사업자(사업소득이 있는 거주자, 사업자등록 유무에 관계없음)

② 법인세의 납세의무자

③ 국가·지방자치단체 또는 지방자치단체조합

④ 「민법」 기타 법률에 의하여 설립된 법인

⑤ 「국세기본법」 제13조 제4항의 규정에 의하여 법인으로 보는 단체

◉ 특수직 종사자의 용역제공

• 특수직 종사자: 사업소득이 원천징수되지 않는 인적용역자로, 캐디, 간병인 등이 해당한다.

• 특수직 종사자의 용역제공과 관련된 사업장 제공자 및 용역알선·중개자는 매년 2월 말까지 사업장 제공자 등의 과세자료 제출명세서를 제출하도록 하고 있다.

3. 사업소득 원천징수세율

① 원천징수의무자가 원천징수대상 사업소득을 지급하는 때에는 그 지급금액에 3.3%(지방소득세 포함)를 곱한 금액을 원천징수한다.
② 접대부, 댄서 등 일정한 봉사료의 원천징수세율은 5.5%(지방소득세 포함)이다.
③ 계약기간 3년 이하인 외국인 직업운동선수에 대한 사업소득 원천징수세율은 22%(지방소득세 포함)이다.

4. 원천징수영수증 발급

① 원천징수의무자는 사업소득에 대한 수입금액을 지급하는 때에 원천징수영수증을 사업소득자에게 발급하여야 한다.
② 사업소득에 대해 연말정산하는 경우 연말정산일이 속하는 달의 다음 달 말일까지 사업소득 연말정산분에 대한 원천징수영수증을 발급하여야 한다.

1. 기타소득의 종류

기타소득은 이자소득·배당소득·사업소득·근로소득·연금소득·퇴직소득 및 양도소득 외의 소득 중 과세대상으로 열거한 소득을 말한다.

1) 상금

상금·현상금·포상금·보로금 또는 이에 준하는 금품

> ❑ **법규소득 2010-375(2011. 2. 18.)**
> 직원이 업무와 관련하여 지급받은 포상금 명목의 금액은 근로소득에 해당하고, 타 기관의 공무원이 소속 기관에서 수행하는 본인의 업무와 관련하여 업무실적의 유공으로 지급받은 포상금 명목의 금액은 근로소득에 해당하며, 불법입찰 신고포상금은 비과세 기타소득에 해당하지 아니함.
> (창립기념 우수직원 포상, 예산성과금 포상금, 베스트 상담원 포상금, 아이디어경진대회 우수제안자 포상금, 정보화능력 경진대회 포상금, 정부물품관리 유공공무원 포상금, 친절 우수직원 포상금, 업무성과 우수직원 포상금, 불법입찰 신고포상금, 전자계약 우수기관 유공자 포상금)

2) 복권 당첨금 등

① 복권·경품권 기타 추첨권에 의하여 받는 당첨금품
② 사행행위에 참가하여 얻은 재산상의 이익
③ 승마투표권, 승자투표권, 소싸움경기투표권 및 체육진흥투표권의 구매자가 받는 환급금

3) 자산 등의 양도·대여·사용의 대가

① 저작자 또는 실연자·음반제작자·방송사업자 외의 자가 저작권 또는 저작인접권의 양도·사용의 대가로 받는 금품
② 영화필름, 라디오·텔레비전방송용 테이프 또는 필름 등의 자산이나 권리의 양도·대여·사용의 대가로 받는 금품
③ 광업권·어업권·양식업권·산업재산권·산업정보, 산업상 비밀, 상표권·영업권·점포임차권[19] 이와 유사한 자산이나 권리를 양도하거나 대여하고 그 대가로 받는 금품

> ❑ 사업으로 사용하는 토지, 건물, 부동산에 관한 권리와 함께 양도하는 영업권은 양도소득에 해당한다.
> ❑ 토지, 건물과 함께 양도하는 이축권은 양도소득이나 이축권을 감정평가업자가 감정한 가액이 있는 경우 그 가액을 구분하여 신고하는 경우에는 기타소득에 해당한다.

④ 물품·장소를 일시적으로 대여하고 사용료로 받는 금품
⑤ 통신판매중개를 하는 자를 통하여 물품 또는 장소를 대여하고 일정한 규모(연 수입금액 500만 원) 이하의 사용료로 받는 금품
⑥ 공익사업 관련 지역권·지상권의 설정·대여로 받는 금품

4) 보상금 등 우발적인 소득

① 계약의 위약이나 해약으로 인하여 받는 위약금과 배상금 등
② 유실물의 습득 또는 매장물의 발견으로 인하여 보상금을 받거나 새로 소유권을 취득하는 경우의 보상금 또는 자산

---

19) 거주자가 사업소득(소득세법 시행규칙 제17조에서 규정하는 사업소득 제외)이 발생하는 점포를 임차하여 점포임차인으로서의 지위를 양도함으로써 얻는 경제적 이익(점포임차권과 함께 양도하는 다른 영업권을 포함)

③ 소유자가 없는 물건의 점유로 소유권을 취득하는 자산
④ 거주자·비거주자·법인의 특수관계인이 특수관계로 인하여 당해 거주자·비거주자·법인으로부터 받는 경제적 이익으로 급여·배당 또는 증여로 보지 아니하는 금품
⑤ 슬롯머신, 투전기, 기타 이와 유사한 기구를 이용하는 행위에 참가하여 받는 당첨금·배당금 등의 금품

5) 인적용역 소득

① 문예·학술·미술·음악 또는 사진에 속하는 창작품에 대한 원작자로서 받는 소득
  ㉠ 정기간행물에 게재하는 삽화 및 만화와 우리나라의 고전 등을 외국어로 번역하거나 국역하는 것도 포함한다.
  ㉡ 원고료, 저작권사용료인 인세, 미술·음악 또는 사진에 속하는 창작품에 대하여 받는 대가
② 재산권에 관한 알선수수료
③ 인적용역을 일시적으로 제공하고 받는 대가
  ㉠ 고용관계 없이 다수인에게 강연을 하고 강연료 등 대가를 받는 용역
  ㉡ 라디오·텔레비전방송 등을 통하여 해설·계몽·연기의 심사 등을 하고 보수 등의 대가를 받는 용역
  ㉢ 변호사·공인회계사·세무사·건축사·측량사·변리사 그 밖의 전문적 지식이나 특별한 기능을 가진 자가 그 지식 등을 활용하여 보수 등 대가를 받고 제공하는 용역
  ㉣ 그 밖에 고용관계 없이 수당 또는 이와 유사한 성질의 대가를 받고 제공하는 용역

6) 서화·골동품

서화·골동품의 양도로 발생하는 소득(2013. 1. 1. 이후 거래분)으로 개당·점당 또는 조당 양도가액이 6천만 원 이상인 서화·골동품(양도일 현재 생존한 국내 원작자의 작품 제외)

> 계속적·반복적 거래의 경우에도 기타소득으로 보나, 서화·골동품을 거래하기 위한 목적으로 사업자등록을 하고, 서화·골동품 거래를 위해 사업장 등 물적시설(인터넷 등 정보통신망을 이용한 가상의 시설 포함)을 갖추어 서화·골동품 양도하는 경우 그 발생하는 소득은 사업소득으로 본다(2021년 2월 17일이 속하는 과세기간에 양도하는 분부터 적용).

7) 종교인소득

종교관련 종사자가 종교의식을 집행하는 등 종교관련 종사자로서의 활동과 관련하여 종교단체로부터 받은 소득(2018. 1. 1.부터 시행)

다만, 종교인소득을 근로소득으로 원천징수 또는 신고·납부할 수 있다.

8) 기타

① 사례금
② 소기업·소상공인 공제부금의 해지일시금
③ 법인세법 제67조에 따라 기타소득으로 처분된 소득(인정기타소득)
④ 세액 공제받은 연금계좌 납입액 등을 연금외수령한 소득
⑤ 퇴직 전에 부여받은 주식매수선택권을 퇴직 후에 행사하거나 고용관계 없이 주식매수선택권을 부여받아 이를 행사함으로써 얻는 이익
⑥ 뇌물
⑦ 알선수재 및 배임수재에 의하여 받는 금품

- 거주자가 부동산 매매계약 후 계약불이행으로 인하여 지급받는 위약금과 배상금의 총수입금액의 계산은 당사자 간에 약정한 계약의 실질내용에 따라 수입하였거나 수입할 금액의 합계액이다.
- 주택건설사업자가 건설임대주택의 임대차 계약기간 만료 후 임대주택을 명도하지 아니한 임차인에게 전환보증금을 반환하면서 가산하여 지급하는 이자는 기타소득인 위약금과 배상금에 해당한다.

2. 비과세 기타소득

1) 보훈급여금 정착금

① 국가유공자등 예우 및 지원에 관한 법률 또는 보훈보상대상자 지원에 관한 법률에 의한 보훈급여금
② 북한이탈주민의 보호 및 정착지원에 관한 법률에 따라 받는 정착금 및 기타 금품

2) 상금 등

① 국가보안법에 의하여 받는 상금과 보로금
② 상훈법에 따른 훈장과 관련하여 받는 부상이나 그 밖에 국가나 지방자치단체로부터 받는 상금과 부상(공무원이 공무수행에 따라 받는 포상금 제외: 2021년 2월 17일이 속하는 과세기간의 소득분부터 적용)

3) 직무발명보상금

종업원 등 또는 대학의 교직원이 퇴직한 후에 지급받거나 대학의 학생이 소속 대학에 설치된 산학협력단으로부터 받는 직무발명보상금으로서 500만 원(해당 과세기간에 근로소득으로 직무발명보상금 중 비과세되는 금액

이 있는 경우에는 500만 원에서 해당 금액을 차감한 금액) 이하의 금액

4) 위로지원금

국군포로의 송환 및 대우 등에 관한 법률에 따라 국군포로가 받는 위로
지원금과 그 밖의 금품

5) 서화 · 골동품 양도소득

① 문화재보호법에 따라 국가지정문화재로 지정된 서화 · 골동품의 양도
  로 발생한 소득
② 서화 · 골동품을 박물관 또는 미술관에 양도함으로써 발생하는 소득

6) 종교인소득

① 대통령령으로 정하는 학자금(업무관련 교육을 위하여 받는 입학금
  등)
② 종교단체가 제공하는 식사 등 음식물 또는 월 20만 원 이하의 식사대
③ 여비 등 실비변상적 성질의 지급액
④ 출산, 6세 이하 자녀의 보육을 위해 받는 월 10만 원 이내의 금액
⑤ 사택을 제공받아 얻는 이익

7) 법령 · 조례에 의한 위원회 등의 보수를 받지 아니하는 위원이 받는 수당

3. 기타소득의 수입시기

(1) 원칙

대가를 지급받은 날

(2) 유형별 수입시기

① 광업권·어업권·양식업권·산업재산권·산업정보, 산업상 비밀, 상표권·영업권(점포임차권 포함), 토사석의 채취허가에 따른 권리, 지하수의 개발·이용권, 그 밖에 이와 유사한 자산이나 권리를 양도하고 그 대가로 받는 금품: 그 대금을 청산한 날, 자산을 인도한 날 또는 사용·수익일 중 빠른 날. 다만, 대금을 청산하기 전에 자산을 인도 또는 사용·수익하였으나 대금이 확정되지 아니한 경우 그 대금 지급일

> ❑ **점포임차권**
> 거주자가 사업소득(일부 사업소득 제외)이 발생하는 점포를 임차, 점포임차인으로서의 지위를 양도함으로써 얻는 경제적 이익(점포임차권과 함께 양도하는 다른 영업권을 포함)

② 계약금이 위약금·배상금으로 대체되는 경우의 기타소득: 계약의 위반 또는 해약이 확정된 날
③ 법인세법 제67조에 따라 기타소득으로 처분된 소득: 그 법인의 해당 사업연도의 결산 확정일
④ 연금보험료 소득공제를 받은 금액 및 연금계좌의 운용실적에 따라 증가된 금액을 그 소득의 성격에도 불구하고 연금외수령한 소득: 연금외수령한 날
⑤ 그 밖의 기타소득: 그 지급을 받은 날

4. 기타소득의 원천징수 방법

(1) 원천징수 제외 대상

원천징수의무자가 기타소득을 지급할 때에는 그 기타소득금액에 원천
징수세율을 적용하여 계산한 소득세를 원천징수한다. 다만, 다음 금액은
원천징수대상에 해당하지 아니한다. 원천징수 제외 대상 기타소득은 종
합소득과세표준 신고를 하여야 한다.

① 계약의 위약·해약으로 인하여 받는 위약금·배상금 중 계약금이 위
  약금·배상금으로 대체되는 경우 그 금액
② 뇌물, 알선수재 및 배임수재에 의하여 받는 금품

(2) 동업기업으로부터 배분받은 소득

원천징수의무자가 기타소득을 원천징수할 때 조세특례제한법 제100조
의18(동업기업 소득금액 등의 계산 및 배분) 제1항에 따라 배분받은 소
득은 지급받은 날에 원천징수한다. 다만, 해당 동업기업의 과세기간 종료
후 3개월이 되는 날까지 지급하지 아니한 때에는 그 3개월이 되는 날에
원천징수하여야 한다.

(3) 종교인소득을 원천징수하는 경우(2018. 1. 1.부터 시행)

① 매월 원천징수

매월 종교인소득을 지급할 때 「종교인소득 간이세액표」에 따라 소득세
를 원천징수한다.

② 연말정산

과세기간의 다음 연도 2월분 종교인소득을 지급할 때 사업소득 연말정
산 규정을 준용하여 소득세를 징수·환급한다.

다만, 종교인소득을 지급할 때 원천징수하지 않고 종교인이 종합소득세 과세표준 확정신고를 할 수 있다.

5. 기타소득의 과세최저한

다음의 어느 하나에 해당하는 경우에는 당해 소득에 대한 소득세를 과세하지 아니한다.

① 승마투표권, 승자투표권, 소싸움경기투표권, 체육진흥투표권의 구매자가 받는 환급금으로서, 건별로 투표권의 권면에 표시된 금액의 합계액이 10만 원 이하인 다음의 경우

   ㉠ 적중한 개별투표당 환급금이 10만 원 이하인 경우

   ㉡ 단위투표금액당 환급금이 단위투표금액의 100배 이하이면서 적중한 개별투표당 환급금이 200만 원 이하인 경우

② 슬롯머신(비디오게임 포함) 및 투전기, 기타 이와 유사한 기구를 이용하는 행위에 참가하여 받는 당첨금품·배당금품 또는 이에 준하는 금품이 건별로 200만 원 이하인 경우

③ 그 밖의 기타소득금액(연금계좌 세액공제를 받은 금액 등을 연금외 수령한 소득 제외)이 매 건마다 5만 원 이하인 경우

사례

20×1년 4월 강연료 등 일시적인 인적용역의 제공 대가로 125,000원을 지급하였다. 기타소득금액과 원천징수세액은 얼마인가?

☞ 기타소득금액: 50,000원

   50,000원＝125,000원(기타소득 지급액) － 75,000원(필요경비 60%)

☞ 원천징수세액: 0원

   (건별 기타소득금액이 5만 원 이하로 과세최저한에 해당한다)

❑ **집행기준 84-0-1 [기타소득 과세최저한의 건별 적용범위]**

① 기타소득금액(세액공제받은 연금계좌 납입액과 연금계좌 운용실적에 따라 증가된 금액을 연금외수령한 소득 제외)이 건별로 5만 원 이하인 경우 소득세를 과세하지 않는다.

② 과세최저한 기준의 건별은 기타소득의 발생근거, 지급사유 등을 고려하여 거래건별로 판단한다.

【사례】

• 형식적으로 2개 이상의 계약이 존재하는 경우라 하더라도 실질적으로 1개의 계약에 해당하는 경우 전체를 1건으로 보아 과세최저한 적용 여부를 판단함.

• 종업원 제안제도에 의한 상금의 경우 제안 1건을 매건으로 보아 과세최저한을 판단함.

❑ **집행기준 84-0-2 [기타소득 과세최저한의 경우 원천징수이행상황 신고 및 지급명세서 제출 여부]**

① 과세최저한으로 소득세가 과세되지 않은 소득을 지급할 때는 원천징수를 하지 않는 것이나, 원천징수이행상황신고서에는 원천징수하여 납부할 세액이 없는 자에 대한 것도 포함하여 신고해야 한다.

② 과세최저한으로 소득세가 과세되지 않은 기타소득은 지급명세서 제출의무가 면제되나, 「소득세법」 제21조 제1항 제15호(일시적 문예창작소득) 및 제19호(일시적 인적용역소득)의 기타소득은 지급명세서 제출의무가 면제되지 않는다.

6. 기타소득의 필요경비

기타소득금액은 해당 과세기간의 총수입금액에서 이에 소요된 필요경비를 공제한 금액이다.

$$기타소득금액 = 총수입금액-필요경비^{20)}$$

해당 과세기간의 필요경비에 산입할 금액은 다음과 같다.
① 승마투표권·승자투표권 등의 구매자에게 지급하는 환급금
   그 구매자가 구입한 적중된 투표권의 단위투표금액
② 슬롯머신 등을 이용하는 행위에 참가하고 받는 당첨금품 등
   그 당첨금품 등의 당첨 당시에 슬롯머신 등에 투입한 금액
③ 다음의 어느 하나에 해당하는 경우 거주자가 받은 금액의 80%에 상
   당하는 금액과 실제 소요된 경비 중 큰 금액
   ㉠ 공익법인의 설립·운영에 관한 법률의 적용을 받는 공익법인이 주
      무관청의 승인을 받아 시상하는 상금 및 부상과 다수가 순위 경쟁
      하는 대회에서 입상자가 받는 상금 및 부상
   ㉡ 계약의 위약 또는 해약으로 인하여 받는 위약금과 배상금 중 주택
      입주지체상금
④ 다음의 어느 하나에 해당하는 경우 거주자가 받은 금액의 60%[21]
   (2019. 1. 1. 이후)에 상당하는 금액과 실제 소요된 경비 중 큰 금액
   ㉠ 광업권·어업권·양식업권·산업재산권·산업정보, 산업상 비밀,
      상표권·영업권(소득세법 시행령 제41조 제4항의 점포임차권 포

---

20) 필요경비에 산입할 금액은 해당 과세기간의 총수입금액에 대응하는 비용으로서, 일반적으로 용인되는 통상적인 것의 합계금액을 말한다.
21) 다만, 2019년 이전과 2019년 1~3월에 속하는 과세기간에 발생한 소득분은 80%, 2019년 4~12월은 70%를 적용한다.

함), 이와 유사한 자산이나 권리를 양도하거나 대여하고 그 대가
로 받는 금품

ⓛ 통신판매중개를 하는 자를 통하여 물품 또는 장소를 대여하고 일정
한 규모(연 수입금액 500만 원) 이하의 사용료로 받는 금품(2019.
1. 1. 이후 발생분부터): 500만 원 초과 시 전액 사업소득으로 과세

ⓒ 공익사업과 관련된 지역권·지상권(지하 또는 공중에 설정된 권리
포함)을 설정하거나 대여하고 받는 금품

ⓡ 문예·학술·미술·음악 또는 사진에 속하는 창작품 등에 대한 원
작자로서 받는 원고료, 인세 등의 소득

ⓜ 인적용역을 일시적으로 제공하고 지급받는 대가

⑤ 기타소득으로 보는 서화·골동품의 양도로 발생하는 소득의 경우
양도가액 1억 원까지 90%, 1억 원 초과는 80%에 상당하는 금액(보유
기간 10년 이상인 경우는 90%)과 실제소요된 경비 중 큰 금액

⑥ 종교관련 종사자의 경우(실제 경비가 초과하는 경우 초과금액 포함,
2018. 1. 1. 이후)

종교관련 종사자가 받은 금액	필요경비
2천만 원 이하	받은 금액의 80%
2천만 원 초과 4천만 원 이하	1,600만 원＋(2천만 원 초과금액의 50%)
4천만 원 초과 6천만 원 이하	2,600만 원＋(4천만 원 초과금액의 30%)
6천만 원 초과	3,200만 원＋(6천만 원 초과금액의 20%)

 윤쌤의 톡톡

부동산임대업자가 중개업 등을 영위하는 사업자가 아닌 일시적 중개 행위
를 한 거주자에게 중개수수료를 지급하는 경우
다른 소득에 속하지 아니하는 것으로서 재산의 매매·양도 등의 계약을 알
선하고 받는 수수료(재산권에 관한 수수료)로 기타소득에 해당되며, 80%

의 필요경비 규정이 적용되지 아니한다.

❑ **법규소득 2009-0317, 2009. 9. 14.**

불특정 다수를 대상으로 하는 "시민노래자랑"의 수상자가 받는 상금은 필요경비의 의제를 적용할 수 있으나, 내국법인의 직원 및 직원가족을 참가대상으로 하는 "직원가족의 밤" 수상자가 받는 상금은 필요경비의 의제를 적용할 수 없음.

7. 원천징수세율

원천징수의무자는 기타소득금액(=총지급액 - 필요경비)에 원천징수세율을 적용하여 계산한 소득세를 원천징수한다.

① 일반적인 기타소득: 22%(지방소득세 포함)

복권 당첨금과 승마투표권 등의 구매자가 받는 환급금, 슬롯머신 당첨금품 등의 소득금액이 3억 원을 초과하는 경우: 33%(지방소득세 포함)

② 연금계좌에서 다음에 해당하는 금액을 연금외수령하여 기타소득으로 과세하는 경우: 16.5%(지방소득세 포함)

　㉠ 세액공제를 받은 연금납입액

　㉡ 연금계좌의 운용실적에 따라 증가된 금액

③ 종교인소득: 종교인소득 간이세액표

※ 사해행위 등 규제 및 처벌특례법에서 규정하는 행위에 참가하여 얻은 재산상의 이익은 3억 원을 초과하는 경우에도 20%를 적용한다.

연금식 복권 당첨자에게 당첨금을 20년간 매월 분할지급하는 경우, 지급하는 때에 그 지급하는 기타소득금액에 원천징수세율을 적용하여 소득세액을 계산한다.

구분	과세대상	필요경비의제	원천징수세율
상금, 포상금 등	공익법인이 주무관청의 승인을 받아 시상하는 상금, 불특정 다수가 순위 경쟁하는 대회 상금 및 위약금	80%	20%(복권·당첨금 등의 3억 원 초과분은 30%)
	위 외의 상금, 현상금, 포상금, 보상금 등	0%	
보상금·위약금	주택입주 지체상금	80%	
	위 외의 계약의 위약이나 해약으로 인하여 받는 위약금과 배상금	0%	
자산 양도 등의 대가	상표권, 영업권 등의 권리를 양도하거나 대여하고 그 대가로 받는 금품 등	60%	
소득	인적용역을 일시적으로 제공하고 받는 대가	60%	
서화·골동품	서화·골동품 등 양도가액 1억 원 이하(2020년 이후 양도분) 또는 10년 이상 보유 후 양도분	90%	
	위 외의 개당, 점당 양도가액 6천만 원 이상 서화·골동품(국내 생존작가의 작품 또는 제작 후 100년 미만 골동품은 과세 제외)	80%	
복권 당첨금	복권·경품권 기타 추첨권에 의하여 받는 당첨금품	해당 구입금액	
종교인 소득	종교 관련 종사자가 종교 활동과 관련하여 종교단체로부터 받은 소득	「종교인소득간이세액표」 적용	

구분	의제필요경비율		
	~2018년 3월	2018년 4월~	2019년 1월~
• 공익법인이 주무관청의 승인을 얻어 시상하는 상금·부상 • 다수가 순위 경쟁하는 대회에서 입상자가 받는 상금·부상 • 주택입주 지체상금	80%		
• 무체재산권의 양도·대여로 받는 금품 • 공익사업과 관련한 지상권, 지역권 설정 및 대여소득 • 일시적인 문예창작소득, 일시적 인적용역 대가	80%	70%	60%

8. 종합과세와 분리과세

기타소득의 과세방법에는 무조건 분리과세, 선택적 분리과세, 무조건 종합과세가 있다.

(1) 무조건 분리과세(완납적 원천징수)

다음의 기타소득은 원천징수에 의해 납세의무가 종결된다.

① 서화·골동품의 양도로 발생하는 기타소득
② 복권 및 복권기금법 제2조에 규정된 복권의 당첨금
③ 승마투표권, 승자투표권, 체육진흥투표권 등의 구매자가 받는 환급금
④ 슬롯머신 등을 이용하는 행위에 참가하여 받는 당첨금품 등
⑤ 연금외수령한 기타소득

(2) 선택적 분리과세

종합소득 과세표준에 합산(종합과세)할 것인지, 원천징수로 납세의무를 종결(분리과세)할 것인지 선택할 수 있다. 다만, 종합소득 확정신고기한 내에 과세표준에 합산(종합과세)하지 아니하면 그 후에 수정신고나 기한후신고를 할 수 없다.

① 무조건 분리과세와 무조건 종합과세 대상을 제외한 그 외의 기타소득금액의 합계액이 300만 원 이하(필요경비 제외한 금액)

이 경우 300만 원을 초과하는 경우에는 그 총액을 종합소득 과세표준을 계산할 때 합산한다.

② 계약의 위약 등으로 인한 위약금 배상금 중 계약금의 위약금 등 대체액

이 경우 분리과세를 선택하더라도 확정신고하여야 하며, 그 기타소득에 대한 결정세액은 기타소득금액에 20% 세율을 적용하여 계산한 금액으로 한다.

③ 소기업·소상공인 공제부금 해지일시금

④ 종업원 등 또는 대학 교직원이 근로와 관계없거나 퇴직 후 지급받는 직무발명보상금

(3) 무조건 종합과세

뇌물, 알선수선 및 배임수재에 의하여 받는 금품은 원천징수대상이 아니므로, 종합소득 과세표준을 계산할 때 합산한다.

9. 원천징수영수증 교부

원천징수의무자는 기타소득을 지급할 때에 그 소득금액과 기타 필요한 사항을 적은 원천징수영수증을 소득을 받는 사람에게 발급한다. 이 경우

해당 소득을 지급받는 자의 실지명의를 확인하여야 한다.

다음에 해당하는 경우 100만 원(필요경비를 공제하기 전의 금액) 이하를 지급하는 경우에는 지급받는 자가 원천징수영수증의 교부를 요구하는 경우를 제외하고는 교부하지 아니한다.

① 원고료

② 고용관계 없이 다수인에게 강연을 하고 강연료 등의 대가를 받는 용역

③ 라디오·텔레비전방송 등을 통하여 해설·계몽 또는 연기의 심사 등을 하고 보수 또는 이와 유사한 성질의 대가를 받는 용역

❏ **기타소득에 해당하는 원고료**

① 사원이 업무와 관계없이 독립된 자격에 의하여 사내에서 발행하는 사보 등에 원고를 게재하고 받는 원고료는 기타소득에 해당한다.

② 지급받는 금액의 60%(2019년 1월 1일 이후)를 필요경비에 산입. 원고료 125,000원을 지급받는 경우, 건별 기타소득금액이 5만 원 이하로 과세최저한에 해당하여 소득세를 과세하지 않는다.

③ 100만 원 이하를 지급하는 경우에는 원천징수영수증의 교부를 생략할 수 있다(지급받는 자가 요구하지 않는 경우).

| 연금소득 원천징수 개요 |

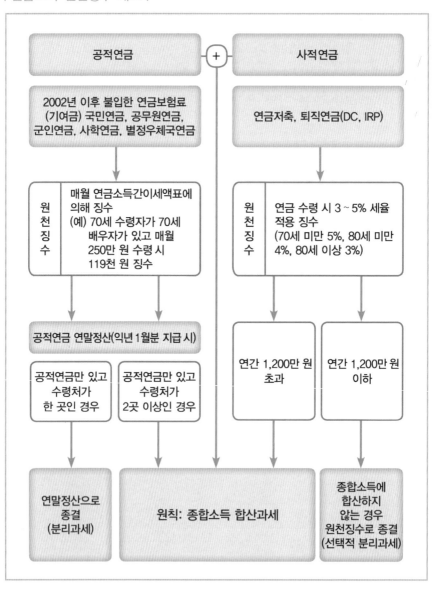

1. 연금소득의 범위

(1) 공적연금 관련법에 따른 연금(공적연금소득)

과세기준일(2002. 1. 1.: 재직기간 합산제도에 의해 재직기간, 복무기간 또는 가입기간을 합산한 경우에는 재임용일 또는 재가입일) 이후에 납입된 기여금 등을 기초로 하여 받는 연금소득을 말한다.

공적연금소득을 지급하는 자가 연금소득의 일부 또는 전부를 지연하여 지급하면서 지연지급에 따른 이자를 함께 지급하는 경우 해당 이자도 연금소득에 포함한다.

(2) 연금계좌에서 연금수령하는 소득(사적연금소득)

1) 연금계좌 종류

① 연금저축계좌

연금저축[22]이라는 명칭으로 설정하는 계좌를 말한다.

② 퇴직연금계좌

확정기여형 퇴직연금계좌(DC), 개인형 퇴직연금계좌(IRP), 「과학기술인공제회법」, 중소기업퇴직연금[23]에 따른 퇴직연금급여를 지급받기 위하여 설정하는 계좌를 말한다.

---

22) 연금저축보험(생명보험, 손해보험), 연금저축펀드(자산운용사), 연금저축신탁(은행), 연금저축공제(기타 공제사)
23) 「근로자퇴직급여보장법」 개정으로 중소기업퇴직연금제도 신설(2022년 4월 시행)

[연금의 종류]

연금	공적연금	국민연금
		공무원연금
		군인연금
		사학연금
		별정우체국연금
	사적연금	퇴직연금
		연금저축(신탁, 보험, 펀드)/개인퇴직연금 IRP
		연금보험(요건충족 시 비과세)

① 공적연금: 종합과세(원천징수세율: 기본세율)
② 사적연금: 종합과세 원칙
  ㉠ 무조건 분리과세
    ⓐ 이연퇴직소득을 연금소득으로 수령하는 경우
    ⓑ 의료목적, 천재지변이나 그 밖의 부득이한 사유로 인출하는 경우
  ㉡ 선택적 분리과세
    ⓐ 무조건 분리과세 외의 사적연금소득의 총연금액이 1,500만 원 이하인 경우: 분리(저율)과세[24]와 종합과세를 선택할 수 있다.
    ⓑ 무조건 분리과세 외의 사적연금소득의 총연금액이 1,500만 원 초과인 경우: 15% 분리과세와 종합과세를 선택할 수 있다.

2) 연금계좌 납입요건

다음의 요건을 모두 충족하여야 한다.
① 다음의 금액을 합한 금액 이내 금액 납입(계좌가 2개 이상인 경우 합계액)할 것. 이 경우 해당 과세기간 이전 연금보험료는 납입 불가하지만, 보험계약의 경우 최종납입일이 속하는 달 말일부터 3년 2개월 경과 전에는 그동안의 보험료를 납입할 수 있다.

---

24) (55세~69세)5%, (70세~79세)4%, (80세~)3%, (종신수령)4%

ⓒ 연간 1,800만 원

ⓛ 2020년 이후 개인종합자산관리(ISA)계좌의 계약기간 만료일 기준 잔액을 한도로 ISA계좌에서 연금계좌로 납입한 금액(ISA계좌 만기일로부터 60일 이내 연금계좌로 납입). 다만, 직전 과세기간과 해당 과세기간에 걸쳐 납입한 경우에는 ISA계좌의 계약기간 만료일 기준 잔액에서 직전 과세기간에 납입한 금액을 차감한 금액을 한도로 ISA계좌에서 연금계좌로 납입한 금액을 말함.

② 연금수령 개시를 신청한 날(연금수령 개시일을 사전에 약정한 경우 약정에 따른 개시일) 이후에는 연금보험료를 납입하지 않아야 한다.

3) 일반적인 연금수령 요건

① 가입자가 55세 이후 연금수령 개시를 신청한 후 인출하여야 한다.
② 연금계좌의 가입일부터 5년이 경과된 후에 인출하여야 한다. 다만, 이연퇴직소득을 연금계좌에서 인출하는 경우(퇴직소득이 연금계좌에서 직접 인출되는 경우를 포함)에는 제외한다.
③ 과세기간 개시일(또는 연금수령 개시를 신청한 날) 현재 연금수령한도 이내에서 인출하여야 한다. 이 경우 의료목적 또는 부득이한 인출의 요건 등에 따라 인출한 금액은 인출한 금액에 포함하지 아니한다.

$$연금수령한도^* = \frac{연금계좌의\ 평가액}{(11-연금수령연차)} \times \frac{120}{100}$$

* 연금수령 한도초과 인출분은 연금외수령으로 봄.

4) 예외적으로 연금수령으로 인정하는 경우

① 의료목적으로 인출한 경우

의료비 지급일부터 6개월 이내에 연금계좌 취급자에게 증빙서류를 제출하여야 한다. 이때 1명당 하나의 연금계좌만 의료비연금계좌로 지정하여야 한다.

요양관련 인출한도 = ❶+❷+❸

❶ 의료비세액공제와 관련한 의료비와 간병인 비용

❷ 가입자 본인의 휴직(휴업)월수(1개월 미만은 1개월로 간주)× 150만 원

❸ 200만 원

② 부득이한 사유로 인출한 경우

사유가 확인된 날부터 6개월 이내에 연금계좌 취급자에게 증빙서류를 제출하여야 한다. 이때 부득이한 사유는 천재지변, 계좌 가입자의 사망 또는 해외이주, 계좌 가입자 또는 부양가족(기본공제대상, 소득 제한 없음)이 질병 등으로 3개월 이상 요양이 필요 시, 가입자의 파산 등의 경우, 연금계좌 취급자의 영업정지, 사회재난지역(「재난안전법」 제66조 제1항 제2호에 따른 사회재난 중 특별재난 선포지역)에서 재난으로 15일 이상 입원 또는 치료의 경우이다.

5) 연금수령연차

최초로 연금수령할 수 있는 날이 속하는 과세기간을 기산연차로 하여 그 다음 과세기간을 누적 합산한 연차(예외적인 사유로 기산연차를 별도로 정한 경우 그 기산연차를 적용)를 말한다.

11년 이상인 경우에는 연금수령한도를 적용하지 않으므로, 연금계좌에서 인출하는 경우 연금수령으로 보아 연금소득으로 과세한다.

예외적인 사유	기산연차
• 2013년 3월 1일 전에 가입한 연금계좌의 경우 (2013년 3월 1일 전에 「근로자퇴직급여보장법」 제2조 제8호에 따른 확정급여형 퇴직연금제도에 가입한 사람이 퇴직하여 퇴 직소득 전액이 새로 설정된 연금계좌로 이체되는 경우 포함)	6년차
• 연금계좌를 승계한 경우(소법 44조 2항)	사망일 당시 피상속인의 연금수령연차

6) 다음에 해당하는 금액의 연금수령 시 연금소득으로 과세

① 원천징수되지 아니한 이연퇴직소득(연금외수령은 퇴직소득 과세)
② 소득·세액공제를 받은 연금계좌 납입액(연금외수령은 기타소득 과세)
③ 연금계좌의 운용실적에 따라 증가된 금액(연금외수령은 기타소득 과세)

7) 연금계좌 인출순서

(가) 연금계좌 이체

연금계좌의 이체에 따라 연금계좌 취급자가 변경되는 경우에는 이체하는 연금계좌 취급자가 이체와 함께 「연금계좌이체명세서」를 이체받는 연금계좌 취급자에게 통보하여야 한다.

일부 금액이 이체(퇴직연금계좌에 있는 일부 금액이 이체되는 경우 제외)되는 경우에는 연금계좌의 인출순서에 따라 이체되는 것으로 한다. 연금계좌의 가입일 등은 이체계좌를 기준으로 적용한다. 다만, 연금계좌가 새로 설정되어 전액이 이체되는 경우에는 이체되기 전의 연금계좌를 기준으로 할 수 있다.

① 인출로 보지 않는 경우

　　㉠ 연금계좌에 있는 금액이 연금수령이 개시되기 전의 다른 연금계좌

로 이체되는 경우

ⓛ 연금수령 요건(가입자가 55세 이상일 것, 연금계좌의 가입일로부터 5년이 경과할 것)을 충족한 경우 개인형 퇴직연금(IRP)(연금수령 개시된 경우 포함)과 연금저축계좌(연금수령 개시된 경우 포함) 간 전액을 이체하는 경우

② 인출로 보는 경우

㉠ 연금저축계좌와 퇴직연금계좌 상호 간에 이체되는 경우

ⓛ 2013년 3월 1일 이후에 가입한 연금계좌(신 연금계좌)에 있는 금액이 2013년 3월 1일 전에 가입한 연금계좌(구 연금계좌)로 이체되는 경우

㉢ 퇴직연금계좌에 있는 일부 금액이 이체되는 경우

(나) 연금계좌에서 인출되는 순서

일부 금액이 이체(퇴직연금계좌에 있는 일부 금액이 이체되는 경우 제외)되는 경우에는 다음의 순서에 따라 연금계좌에서 인출되는 것으로 본다(②, ③은 2022. 1. 1. 이후에 인출하는 분부터 적용한다).

[당해 과세기간 납입분]

① 인출한 날이 속하는 과세기간 납입금액

② 개인자산종합관리계좌(ISA) 전환금액

(ISA만기금액을 60일 이내에 연금계좌로 납입한 금액)

[이전 과세기간 납입분]

③ 세액공제 한도 초과 납입금액

④ 위 외에 세액공제를 받지 않은 금액

⑤ 이연퇴직소득

⑥ 운용수익 등

1) 과세제외 금액
  ① 인출일이 속하는 과세기간에 납입한 금액
    2022년 3월까지 300만 원 납입하고 2022년 4월에 중도해지 인출한 금액
  ② 공제한도 초과 납입액
    2021년 연금저축에 700만 원 납입한 경우 한도 초과 납입금 300만 원(한도 400만 원)
  ③ 공제한도 이내 납입액 중 세액공제받지 아니한 금액
    2021년 연금저축에 납입한 400만 원 중에서 250만 원 공제, 150만 원 미공제한 경우 공제받지 아니한 150만 원

2) 이연퇴직소득
  2022년 3월 퇴직하면서 퇴직급여 전액을 과세이연 시킴(IRP계좌 입금).

3) 과세금액
  ① 공제로 확인된 금액
    2021년 연금저축에 납입한 400만 원 전액을 연말정산 시 전액 공제받음.
  ② 연금계좌 운용수익
    2022년 5월 연금저축 해약하였으며 운용수익이 100만 원으로 확인됨.

연금저축계좌에 다음과 같이 1,200만 원을 적립하였다(400만 원은 세액공제 혜택받음, 연금저축계좌의 운용수익은 5%라고 가정).
① 세액공제를 받은 금액 400만 원
② 세액공제를 받지 못한 금액 800만 원
③ 위 ①을 운용해 얻은 수익 40만 원
④ 위 ②를 운용해 얻은 수익 60만 원

구분	세액공제 대상	세액공제 대상 외
납입금	① 400만 원	② 800만 원
운용수익	③ 20만 원	④ 40만 원

1) 과세제외대상 소득은?

납입 시 세액공제를 받지 못한 800만 원(②)

2) 과세대상 소득은?

　㉠ 세액공제를 받은 400만 원(①)

　㉡ 세액공제 여부와 상관없이 투자원금을 운용해 얻은 수익(③과 ④)

사례

연금계좌 확인대상 납입액이 아래와 같을 때 B은행 연금계좌를 먼저 해지할 경우 과세제외되는 금액은 얼마인가?

구분	소득·세액공제	A은행	B은행	과세제외
사례1	3,000,000	4,000,000	5,000,000	5,000,000
사례2	4,000,000	7,000,000	4,000,000	4,000,000
사례3	4,000,000	3,000,000	3,000,000	1,000,000

【사례1】 과세제외금액: Min(900만 원 − 300만 원, 500만 원)

= 500만 원

【사례2】 과세제외금액: Min(1,100만 원 − 400만 원, 400만 원)

= 400만 원

【사례3】 과세제외금액: Min(600만 원 − 400만 원, 100만 원)

= 100만 원

(다) 연금의 수령 판정방법

① 원칙

연금수령한도 내에서 연금수령 요건을 충족한 연금수령외의 인출은 연금외수령한 것으로 본다.

② 이연퇴직소득에 대한 연금의 수령 판정특례

연금수령 요건을 충족한 경우에도 연금수령한 금액(2 이상인 경우 합계액)에서 과세제외 금액을 뺀 과세대상이 연 1,200만 원을 초과하는 경우 다음의 금액은 연금외수령으로 본다.

$$연금외수령액=Min(㉠, ㉡)$$

㉠ 이연퇴직소득
㉡ (수령액－과세제외금액)－12,000,000

(라) 연금계좌 승계

연금계좌는 배우자에 한해서 승계할 수 있다.

피상속인의 소득금액에 대한 소득세로서 상속인에게 과세할 것과 상속인의 소득금액에 대한 소득세는 구분하여 계산한다.

가입자가 사망하였으나 배우자가 연금외수령 없이 해당 연금계좌를 상속으로 승계하는 경우 해당 연금계좌에 있는 소득금액은 상속인의 소득금액으로 보아 소득세를 계산한다.

① 연금계좌 승계를 신청한 경우

연금계좌를 승계하는 날에 연금계좌에 가입한 것으로 한다. 다만, 연금수령 요건(가입일로부터 5년 경과 후에 인출)의 판단 시 피상속인의 가입일을 적용한다.

　㉠ 승계신청 기한: 피상속인 사망일이 속한 달의 말일부터 6개월 이내
　㉡ 세액정산: 사망일부터 승계신청일까지 인출된 금액을 피상속인이
　　　인출한 것으로 보아, 이미 원천징수한 세액과 인출세액을 정산한다.

② 연금계좌 승계를 신청하지 않은 경우

사망일 현재 다음의 합계액을 인출하였다고 보아 계산한 세액에서 사망일부터 사망확인일까지 원천징수된 세액을 뺀 금액을 피상속인의 소득

세로 한다.

> 사망일부터 사망확인일까지 인출한 소득＋사망확인일 현재 연금계좌에 있는
> 소득
>
> * 사망확인일: 연금계좌 취급자가 확인한 날(사망확인일이 승계신청기한 이전인 경
>   우 신청기한의 말일, 상속인이 신청기한 전에 인출하는 경우 인출하는 날)

사례

① 연금계좌 평가금액: 3,000만 원(과세제외 200만 원, 이연퇴직소득 1,500
   만 원, 소득공제 1,300만 원), 이연퇴직소득에 대한 이연퇴직소득세는
   50만 원으로 가정

② 연금계좌 수령금액: 2,000만 원(연금수령 1,500만 원, 연금외수령 500
   만 원으로 가정)
   ㉠ 인출순서: 과세제외 200만 원, 이연퇴직소득 1,500만 원, 소득공제
      300만 원
   ㉡ 원천징수: 과세제외 200만 원, 연금소득 1,300만 원, 퇴직소득 200만
      원, 기타소득 300만 원

연금계좌 인출금액 2,000만 원				
일반	연금수령 1,500만 원		연금외수령 500만 원	
	200만 원	1,300만 원	200만 원	300만 원
인출순서	과세제외	이연퇴직소득		소득공제
특례	200만 원	1,200만 원	300만 원	300만 원
	연금수령 1,400만 원		연금외수령 600만 원	

⇒ 이연퇴직소득 연금외수령 판정 특례에 따라 연금수령에서 연금외수령
   으로 전환하는 금액
   Min(1500만 원, 1,300만 원−1,200만 원)＝100만 원(연금외수령으로 전환)
⇒ 연금외수령으로 전환하는 금액 100만 원은 퇴직소득과세표준 확정신고
   하여 분류과세로 종결하고, 연금외수령 100만 원을 제외한 연금수령
   1,200만 원은 분리과세로 종결한다.

2. 비과세 연금소득

① 공적연금 관련법[25]에 따라 받는 유족연금, 장해연금, 상이연금, 연계
   노령유족연금 및 연계퇴직유족연금
② 산업재해보상보험법에 따라 받는 각종 연금
③ 국군포로의 송환 및 대우 등에 관한 법률에 따른 국군포로가 받는
   연금

3. 연금소득의 수입시기

연금소득의 수입시기는 다음의 구분에 따른 날로 한다.

① 공적연금소득: 공적연금 관련법에 따라 연금을 지급받기로 한 날
② 연금계좌에서 인출하는 연금소득: 연금수령한 날
③ 그 밖의 연금소득: 해당 연금을 지급받은 날

4. 연금소득 원천징수 방법

(1) 공적연금소득

원천징수의무자가 공적연금소득을 지급할 때에는 연금소득간이세액표
(소령 별표 3)의 해당란의 세액을 기준으로 한다. 해당 과세기간의 다음 연
도 1월분 공적연금소득을 지급할 때에 공적연금소득세액의 연말정산에
따라 소득세를 원천징수한다. 다음 연도 1월분 공적연금소득에 대해서는
연금소득간이세액표에 따라 원천징수한다.

---

25) 국민연금법, 공무원연금법, 군인연금법, 사립학교교직원연금법, 별정우체국법 또는 국민연
   금과 직역연금의 연계에 관한 법률

(2) 공적연금 이외의 연금소득(사적연금소득)

다음의 원천징수세율을 적용하되 '①'과 '②'의 요건을 동시에 충족하는 때에는 낮은 세율을 적용한다.

구분		세율(지방소득세 별도)
① 연금소득자의 나이	70세 미만	5%
	70세 이상 80세 미만	4%
	80세 이상	3%
② 사망할 때까지 연금수령하는 종신계약*에 따라 받는 연금 * 사망일까지 연금수령하면서 중도 해지할 수 없는 계약		4%
③ 이연퇴직소득의 연금수령	연금 실제 수령연차* 10년 이하	$\dfrac{\text{이연퇴직소득세}}{\text{이연퇴직소득}} \times 70\%$
	연금 실제 수령연차 10년 초과	$\dfrac{\text{이연퇴직소득세}}{\text{이연퇴직소득}} \times 60\%$

* 연금 실제 수령연차
- 최초로 연금을 수령한 날이 속하는 과세기간을 기산연차로 하여 그 다음 연금을 수령한 날이 속하는 과세기간을 누적 합산한 연차를 말한다.
- [세부사항] 단, 다음 중 어느 하나에 해당하는 경우의 연금 실제 수령연차는 다음 각 내용을 따른다.
  ① 둘 이상의 연금계좌가 있는 경우: 각각의 연금계좌별로 계산
  ② 연금계좌의 이체되는 경우(즉, 둘 이상의 연금계좌를 하나로 합치는 경우): 각각의 연금계좌별 연금 실제 수령연차를 합산한 연수에서 중복하여 수령한 과세기간의 연수를 뺀 연수에 따라 계산

1) 연금수령의 경우

과세대상소득	소득구분	과세방법	원천징수세율 (지방소득세 별도)
퇴직연금계좌의 이연퇴직소득	연금소득	무조건 분리과세	① 연금수령시점 10년 이하

과세대상소득	소득구분	과세방법	원천징수세율 (지방소득세 별도)
			$$\left(\dfrac{\text{이연퇴직소득세}}{\text{이연퇴직소득}} \times 70\%\right)$$ ② 연금수령시점 10년 초과 $$\left(\dfrac{\text{이연퇴직소득세}}{\text{이연퇴직소득}} \times 60\%\right)$$
퇴직연금계좌 및 연금저축계좌의 ① 소득(세액)공제받은 납입금액 ② 운용수익		종합과세 (① 사적연금 연 1,500만 원 이하: 분리과세 선택 가능 ② 사적연금 연 1,500만 원 초과: 15% 분리과세와 종합과세 중 선택)	중복 시 유리한 세율 적용 ① 55세 이상~70세 미만: 5% ② 70세 이상~80세 미만: 4% ③ 80세 이상~: 3% 사망 때까지 연금수령하는 종신 계약에 따라 받는 연금소득: 4%

2) 연금외수령의 경우

과세대상소득		소득구분	과세방법	원천징수세율 (지방소득세 별도)
퇴직연금계좌 및 연금저축계좌의 ① 소득(세액) 공제받은 납입금액 ② 운용수익	의료목적, 천재지변 등의 부득이한 사유로 연금외수령	연금소득	무조건 분리과세	중복 시 유리한 세율 적용 ① 55세 이상~70세 미만: 5% ② 70세 이상~80세 미만: 4% ③ 80세 이상~: 3%
	그 외 연금외수령	기타소득	무조건 분리과세	15%
퇴직연금계좌의 이연퇴직소득		퇴직소득	분류과세	$$\dfrac{\text{이연퇴직소득세}}{\text{이연퇴직소득}}$$

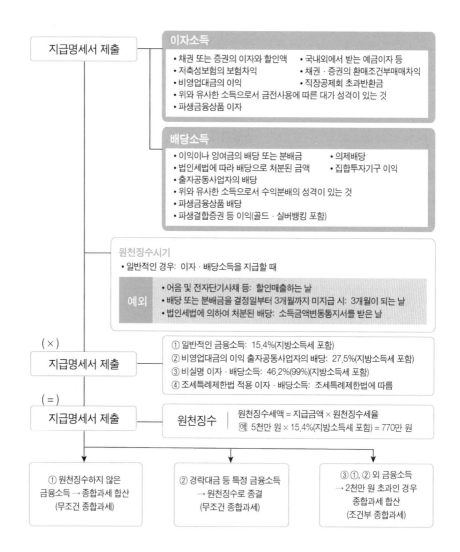

제8장 이자소득 및 배당소득(금융소득) 원천징수

지급명세서 제출

이자소득
- 채권 또는 증권의 이자와 할인액
- 저축성보험의 보험차익
- 비영업대금의 이익
- 위와 유사한 소득으로서 금전사용에 따른 대가 성격이 있는 것
- 파생금융상품 이자
- 국내외에서 받는 예금이자 등
- 채권·증권의 환매조건부매매차익
- 직장공제회 초과반환금

배당소득
- 이익이나 잉여금의 배당 또는 분배금
- 법인세법에 따라 배당으로 처분된 금액
- 출자공동사업자의 배당
- 위와 유사한 소득으로서 수익분배의 성격이 있는 것
- 파생금융상품 배당
- 파생결합증권 등 이익(골드·실버뱅킹 포함)
- 의제배당
- 집합투자기구 이익

원천징수시기
- 일반적인 경우: 이자·배당소득을 지급할 때

예외
- 어음 및 전자단기사채 등: 할인매출하는 날
- 배당 또는 분배금을 결정일부터 3개월까지 미지급 시: 3개월이 되는 날
- 법인세법에 의하여 처분된 배당: 소득금액변동통지서를 받은 날

(×)
지급명세서 제출

① 일반적인 금융소득: 15.4%(지방소득세 포함)
② 비영업대금의 이익 출자공동사업자의 배당: 27.5%(지방소득세 포함)
③ 비실명 이자·배당소득: 46.2%(99%)(지방소득세 포함)
④ 조세특례제한법 적용 이자·배당소득: 조세특례제한법에 따름

(=)
지급명세서 제출

원천징수 │ 원천징수세액 = 지급금액 × 원천징수세율
예) 5천만 원 × 15.4%(지방소득세 포함) = 770만 원

① 원천징수하지 않은 금융소득 → 종합과세 합산 (무조건 종합과세)

② 경락대금 등 특정 금융소득 → 원천징수로 종결 (무조건 종합과세)

③ ①, ② 외 금융소득 → 2천만 원 초과인 경우 종합과세 합산 (조건부 종합과세)

1. 이자소득의 범위

이자소득은 해당 과세기간에 발생한 다음의 소득으로 한다.

- 국가나 지방자치단체가 발행한 채권 또는 증권의 이자와 할인액
- 내국법인이 발행한 채권 또는 증권의 이자와 할인액
- 외국법인의 국내지점 또는 국내영업소에서 발행한 채권 또는 증권의 이자와 할인액
- 외국법인이 발행한 채권 또는 증권의 이자와 할인액
- 국내에서 받는 예금(적금·부금·예탁금과 우편대체 포함)의 이자
- 상호저축은행법에 의한 신용계 또는 신용부금으로 인한 이익
- 국외에서 받는 예금의 이자
- 채권 또는 증권의 환매조건부매매차익
- 저축성보험의 보험차익
- 직장공제회 초과반환금
- 비영업대금의 이익
  금전의 대여를 사업목적으로 하지 아니하는 자가 일시적·우발적으로 금전을 대여함에 따라 지급받는 이자 등
- 금전 사용에 따른 대가와 이자소득 발생상품과 이를 기초로 한 파생상품이 실질상 하나의 상품과 같이 운용되는 파생상품이익(이자소득이나 이자소득 등의 가격·이자율·지표·단위 또는 이를 기초로 하는 지수 등에 의하여 산출된 금전 등을 거래하는 계약)

2. 배당소득의 범위

배당소득은 해당 과세기간에 발생한 다음의 소득으로 한다.

- 내국법인으로부터 받는 이익이나 잉여금의 배당 또는 분배금
  * 상법 개정에 따라 건설이자 배당은 배당소득에서 삭제(2012. 4. 15. 이후 발생분부터)

- 외국법인으로부터 받는 이익이나 잉여금의 배당 또는 분배금
- 법인으로 보는 단체로부터 받는 배당금 또는 분배금
- 의제배당
- 법인세법에 따라 배당으로 처분된 금액
- 국제조세조정에 관한 법률 제17조에 따라 배당받은 것으로 간주된 금액 국내 또는 국외에서 받는 소득세법 시행령 제26조 제1항에서 규정하는 집합투자기구로부터의 이익
- 금 또는 은의 가격에 따라 수익이 결정되는 골드·실버뱅킹 포함한 파생결합증권의 이익 및 파생결합사채의 이익
- 소득세법 제43조에 따른 공동사업에서 발생한 소득금액 중 같은 조 제1항에 따른 출자공동사업자의 손익분배비율에 해당하는 금액
- 수익분배의 성격이 있는 것과 배당소득 발생상품과 이를 기초로 한 파생상품이 실질상 하나의 상품과 같이 운용되는 파생상품이익(배당소득이나 배당소득 등의 가격·이자율·지표·단위 또는 이를 기초로 하는 지수 등에 의하여 산출된 금전 등을 거래하는 계약)

3. 이자소득 유의사항

1) 이자소득금액

이자소득의 경우 필요경비를 적용하지 아니하므로, 이자소득금액은 해당 과세기간의 총수입금액으로 한다.

2) 이자소득으로 보지 아니하는 경우

① 물품을 매입할 때 대금의 결제방법에 따라 에누리되는 금액
② 외상매입금이나 미지급금을 약정기일 전에 지급함으로써 받는 할인액
③ 물품을 판매하고 대금의 결제방법에 따라 추가로 지급받는 금액
④ 외상매출금이나 미수금의 지급기일을 연장하여 주고 추가로 지급받는 금액. 다만, 그 외상매출금이나 미수금이 소비대차로 전환된 경우에는

이자소득에 해당한다.

⑤ 장기할부조건으로 판매함으로써 현금거래 또는 통상적인 대금의 결제 방법에 의한 거래의 경우보다 추가로 지급받는 금액

다만, 당초 계약내용에 의하여 매입가액이 확정된 후 그 대금의 지급 지연으로 실질적인 소비대차로 전환 시에는 이자소득에 해당한다.

3) 비영업대금의 이익과 금융업의 구분

대금업을 하는 거주자임을 대외적으로 표방하고 불특정다수인을 상대로 금전을 대여하는 사업을 하는 경우에는 금융업에 해당한다.

> 일시적으로 사용하는 전화번호만을 신문지상에 공개하는 것은 대금업의 대외적인 표방으로 보지 아니한다. 대외적으로 대금업을 표방하지 아니한 거주자의 금전대여는 비영업대금의 이익으로 보며 지급 시 원천징수한다.

4) 비영업대금 이익의 총수입금액 계산

① 비영업대금의 이익에 대한 총수입금액의 계산은 대금으로 인하여 지급받았거나 지급받기로 한 이자와 할인액 상당액이다.

② 도산으로 재산이 없거나 무재산 사망하여 원금과 이자의 전부(일부)를 받지 못한 경우에는 회수한 금액에서 원금을 먼저 차감한다.

5) 저축성보험의 보험차익

만기에 받는 보험금·공제금, 중도 보험계약 해지에 따라 받는 환급금(보험금)에서 납입보험료 또는 납입공제료(보험료)를 뺀 금액이다.

보험차익 = 보험금 − 납입보험료

4. 배당소득 유의사항

① 배당소득은 필요경비가 적용되지 아니하므로, 배당소득금액은 해당 연도의 총수입금액이다.
② 상환주식에 대한 배당지급조건이 차입금에 대한 이자지급조건과 동일한 경우에도 그 지급금은 배당소득에 해당한다.
③ 단주가 발생하여 이를 처분하고 현금으로 주주에게 지급하는 경우에 잉여금의 자본전입액을 기준으로 의제배당금액을 계산한다.

5. 집합투자기구로부터의 이익

● 집합투자기구의 요건

① 「자본시장과 금융투자업에 관한 법률」에 의한 집합투자기구일 것
② 매년 1회 이상 결산·분배할 것
③ 금전으로 위탁받아 금전으로 환급할 것
  * 국외 설정된 신탁은 집합투자기구의 요건을 갖추지 아니하는 경우에도 집합투자기구로 간주된다.

● 분배 유보 사유

① 자본시장과 금융투자업에 관한 법률 제234조에 따른 상장지수집합투자기구가 지수구성종목을 교체하거나 파생상품에 투자한 이익
② 자본시장과 금융투자업에 관한 법률 제238조에 따라 평가한 집합투자재산의 평가이익
③ 자본시장과 금융투자업에 관한 법률 제240조 제1항의 회계처리기준에 따른 집합투자재산의 매매이익[2016. 4. 1. 이후 결산·분배하는 분부터 적용(펀드 과세체계 합리화)]

집합투자기구가 다음의 어느 하나에 해당하는 증권 또는 장내파생상품을 거래 및 평가하여 발생한 손익은 이익에 포함하지 아니한다.

ㄱ 증권시장에 상장된 증권

ㄴ 위의 증권을 대상으로 하는 장내파생상품

ㄷ 벤처기업육성에 관한 특별조치법에 따른 벤처기업의 주식 또는 출자지분

6. 금융소득의 수입시기

(1) 이자소득 수입시기

이자소득의 수입시기는 다음에 따른 날로 한다.

구분	이자소득의 수입시기
유사 이자소득 및 이자부상품 결합 파생상품에 따른 이자와 할인액	약정에 따른 상환일. 다만, 기일 전에 상환하는 때에는 그 상환일
양도가능한 무기명 채권 등의 이자와 할인액	그 지급을 받은 날
양도가능한 기명 채권 등의 이자와 할인액	약정에 의한 지급일
보통예금·정기예금·적금 또는 부금의 이자	원칙: 실제로 이자를 지급받는 날 • 원본에 전입하는 뜻의 특약이 있는 이자는 그 특약에 의하여 원본에 전입된 날 • 해약으로 인하여 지급되는 이자는 그 해약일 • 계약기간을 연장하는 경우에는 그 연장하는 날 • 정기예금연결정기적금의 경우 정기예금의 이자는 정기예금 또는 정기적금이 해약되거나 정기적금의 저축기간이 만료되는 날

구분	이자소득의 수입시기
통지예금의 이자	인출일
채권 또는 증권의 환매조건부 매매차익	약정에 의한 당해 채권 또는 증권의 환매수일 또는 환매도일. 다만, 기일 전에 환매수 또는 환매도하는 경우에는 그 환매수일 또는 환매도일
저축성보험의 보험차익	보험금 또는 환급금의 지급일. 다만, 기일 전에 해지하는 경우에는 그 해지일
직장공제회 초과반환금	약정에 따른 납입금 초과이익 및 반환금 추가이익의 지급일. 다만, 반환금을 분할하여 지급하는 경우 원본에 전입하는 뜻의 특약이 있는 납입금 초과이익은 특약에 따라 원본에 전입된 날
비영업대금의 이익	**약정에 의한 이자지급일.** 다만, 이자지급일의 약정이 없거나 약정에 의한 이자지급일 전에 이자를 지급받는 경우 또는 총수입금액 계산에서 제외하였던 이자를 지급받는 경우에는 그 이자지급일
양도가능한 채권 등의 보유기간 이자 등 상당액	해당 채권 등의 매도일 또는 이자 등의 지급일
이자소득이 발생하는 상속재산이 상속되거나 증여되는 경우	상속개시일 또는 증여일

(2) 배당소득의 수입시기

배당소득의 수입시기는 다음에 따른 날로 한다.

구분		수입시기
실지배당	무기명주식의 이익이나 배당	그 지급을 받는 날
	잉여금의 처분에 의한 배당	당해 법인의 잉여금처분 결의일
	집합투자기구로부터의 이익	이익을 지급받는 날 원본전입특약의 경우에는 원본 전입되는 날
	출자공동사업자의 배당	과세기간 종료일
	• 그 밖에 수익분배의 성격이 있는 배당 또는 분배금 • 배당소득을 발생시키는 거래행위와 파생상품이 결합된 경우 해당 파생상품의 거래행위로부터의 이익	그 지급을 받은 날
	동업기업으로부터 배분받은 배당	과세연도 종료일
의제배당	감자·퇴사·탈퇴로 인한 의제배당	감자결의일, 퇴사·탈퇴일
	법인의 해산으로 인한 의제배당	잔여재산가액확정일
	법인의 합병 분할로 인한 의제배당	분할합병등기일, 분할등기일
	잉여금 자본전입으로 인한 의제배당	자본전입결의일
「법인세법」에 의하여 처분된 배당(인정배당)		당해 사업연도 결산확정일
집합투자기구로부터의 이익		집합투자기구로부터의 이익을 지급받은 날. 다만, 원본에 전입하는 뜻의 특약이 있는 분배금은 그 특약에 따라 원본에 전입되는 날

7. 금융소득 원천징수시기

(1) 원칙

원천징수의무자는 이자소득 또는 배당소득을 지급할 때에 그 지급금액에 원천징수세율을 적용하여 계산한 소득세를 원천징수한다.

이자소득 및 배당소득의 지급 시기는 일반적으로 이자소득 및 배당소득의 수입시기와 동일하나 일부의 경우에는 달리 정하고 있다.

> ● 비실명자산 금융소득에 대한 차등과세
>
> 원천징수의무자(금융회사)는 비실명자산에서 발생하는 이자 및 배당소득에 대해 원천징수세율을 99%(지방소득세 포함)로 하여 원천징수하며, 소득자는 종합소득 과세표준의 계산 시에는 이를 합산하지 아니한다(무조건 분리과세).
> 다만, 원천징수의무자가 고의 또는 중과실 없이 15.4%(지방소득세 포함)로 원천징수한 경우 해당 계좌의 실질 소유자가 소득세 원천징수 부족액(가산세 포함)을 납부하여야 하고, 소득세 원천징수 부족액에 대해서는 실질 소유자가 원천징수의무자로 간주된다(2019. 1. 1. 이후 지급하는 소득분부터 적용).

(2) 외국소득세액을 납부한 경우의 원천징수

① 국내의 원천징수세율을 적용하여 계산한 원천징수세액에서 외국소득세액을 뺀 금액을 원천징수세액으로 한다.
② 외국소득세액이 국내의 원천징수세율을 적용하여 계산한 원천징수세액을 초과할 때에는 그 초과하는 금액은 이를 없는 것으로 한다.

한·일 조세조약에 따라 배당 총액의 15%(주민세 포함)가 과세된 경우 원천징수세액에서 일본에서 과세된 배당총액의 15%를 적용한 세액을 뺀 금액을 원천징수

• 조세조약을 적용하지 않고 일본 세법에 따라 과세된 경우, 제한세율에 상당하는 세액을 한도로 외국소득세액 적용(원천세과-485, 2012. 9. 18.)

8. 원천징수영수증 교부

(1) 국내에서 이자소득 또는 배당소득을 지급하는 원천징수의무자는 이를 지급할 때에 소득을 받는 자에게 원천징수영수증을 발급한다.

(2) 원천징수영수증 교부 특례

원천징수의무자가 지급일의 다음 연도 3월 말까지 지급내용 등을 기재하거나 통보하는 때에도 원천징수영수증을 교부한 것으로 한다.

① 금융회사 등이 통장 또는 금융거래명세서에 그 지급내용과 원천징수의무자의 사업자등록번호 등을 기재하여 통보하는 경우
② 금융회사 등이 신청을 받아 지급내용과 원천징수의무자의 사업자등록번호 등을 우편, 전자계산조직을 이용한 정보통신 또는 모사전송으로 통보하는 경우

(3) 원천징수영수증 교부 면제

이자소득 또는 배당소득의 지급금액이 계좌별로 1년간 1백만 원 이하인 경우에는 원천징수영수증을 교부하지 아니할 수 있다. 다만, 지급받은 자가 원천징수영수증을 발급 요구하거나, 거주자 또는 비거주자가 채권

등의 발행법인으로부터 이자 등을 지급받거나 해당 채권 등을 발행법인 등에게 매도하는 경우에 발생하는 이자소득에 대한 원천징수의 경우 원천징수영수증을 발급하거나 통지해야 한다.

| 비거주자 · 외국법인 원천징수 개요 |

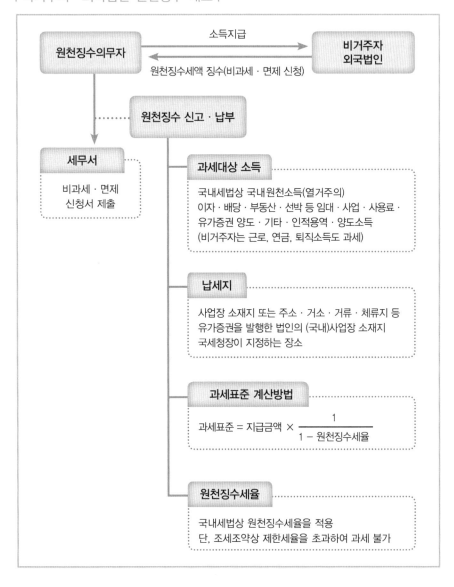

1. 과세대상소득

(1) 국내세법상 국내원천소득

국내세법은 비거주자 등의 과세대상소득인 국내원천소득에 대하여 소득의 종류를 열거하고, 열거하지 아니한 소득은 국내에서 발생하더라도 우리나라에서 과세되지 아니한다(조세조약상 국내원천소득으로 규정되어 있더라도 당해 소득에 대해 과세 불가능).

다만, 소득세법 제119조 제5호 및 법인세법 제93조 제5호에서 규정하는 사업소득의 범위에는 조세조약에 따라 국내원천사업소득으로 과세할 수 있는 소득을 포함하고 있다.

(2) 비거주자의 국내원천소득 과세방법(조세조약이 없는 경우)

국내원천소득		국내사업장이 있는 비거주자	국내사업장이 없는 비거주자	분리과세 원천징수세율(%) (지방소득세 별도)
소득세법 제119조				
1호	이자소득	종합과세: 종합소득세 신고·납부 (특정소득은 국내사업장 미등록 시 원천징수)	분리과세: 완납적 원천징수	20% (채권이자: 14%)
2호	배당소득			20%
4호	선박등임대소득			2%
5호	사업소득			2%
10호	사용료소득			20%
11호	유가증권 양도소득			Min(양도가액 × 10%, 양도가액 × 20%)
12호	기타소득			20%(15%)
7호	근로소득			거주자와 동일
8호의2	연금소득			

국내원천소득		국내사업장이 있는 비거주자	국내사업장이 없는 비거주자	분리과세 원천징수세율(%) (지방소득세 별도)
소득세법 제119조				
6호	인적용역소득		분리과세 (종합과세 선택 가능)	20%(3%)
3호	부동산소득		종합소득세 신고·납부	–
8호	퇴직소득	거주자와 동일(분류과세)		거주자와 동일
9호	양도소득	거주자와 동일 (분류과세)	거주자와 동일 (다만, 양수자가 법인인 경우 예납적 원천징수)	Min(양도가액 × 10%, 양도가액 × 20%)

① 국내사업장이 있는 비거주자에는 부동산소득이 있는 비거주자 포함

② 국내사업장 또는 부동산소득이 있는 비거주자의 경우에도 일용근로자 급여, 분리과세이자소득, 분리과세배당소득, 분리과세기타소득 등에 대하여는 거주자의 경우와 동일하게 분리과세·원천징수함.

③ 소득세법의 원천징수세율이 조세조약의 제한세율보다 높은 경우 조세조약의 제한세율 적용. 다만, 소득세법 제156조의4, 5(원천징수절차특례)에 따라 원천징수하는 경우 예외로 함.

④ 건축·건설, 기계장치 등의 설치 등의 작업이나 그 작업의 감독 등에 관한 용역의 제공 혹은 소득세법 제119조 제6호에 따른 인적용역의 제공 대가(조세조약상 사업소득으로 구분하는 경우 포함): 국내사업장에 귀속되더라도 사업자등록을 하지 않았다면 원천징수함.

⑤ 유가증권 양도소득: 지급액의 10%를 원천징수. 다만, 양도한 자산의 취득가액 및 양도비용이 확인되는 경우에는 지급액의 10%와 양도차익의 20% 중 적은 금액을 원천징수함.

⑥ 양도소득: 양수자가 법인인 경우 양도가액의 10% 또는 양도차익의 20% 중 적은 금액을 예납적으로 원천징수·납부한 후에, 양도자는 별도의 절차에 의하여 양도소득 신고·납부. 다만, 개인 양수자는 원천징수의무 면제함.

⑦ 인적용역소득이 있는 비거주자는 본인 선택에 따라 종합소득 신고 가능(소법 121조 5항)

(3) 외국법인의 국내원천소득 과세방법(조세조약이 없는 경우)

국내원천소득 법인세법 제93조		국내사업장에 귀속되는 소득	국내사업장에 귀속되지 않은 소득	분리과세 원천징수 세율 (지방소득세 별도)
1호	이자소득	종합과세: 법인세 신고·납부 (특정소득은 예납적 원천징수)	분리과세: 완납적 원천징수	20% (채권이자: 14%)
2호	배당소득			20%
4호	선박등 임대소득			2%
5호	사업소득			2%
8호	사용료소득			20%
9호	유가증권 양도소득			Min(양도가액 × 10%, 양도가액 × 20%)
10호	기타소득			20%(15%)
6호	인적용역 소득		분리과세 (신고·납부 가능)	20%(3%)
7호	양도소득		법인세 신고·납부 (다만, 양수자가 법인인 경우 예납적 원천징수)	Min(양도가액 × 10%, 양도가액 × 20%)
3호	부동산소득		법인세 신고·납부	-

① 국내사업장이 있는 외국법인에는 부동산소득이 있는 외국법인 포함
② 국내사업장 귀속 소득도 다음의 경우는 원천징수 함(예납적 원천징수).
    ㉠ 이자소득, 집합투자기구로부터의 이익 중 투자신탁의 이익
    ㉡ 기계장치 등의 설치 등의 작업이나 그 작업의 감독 등에 관한 용역의 제공으로 인하여 발생하는 국내원천소득 또는 법인세법 제93조 제6호에 따른 인적용역소득(조세조약상 사업소득으로 구분하는 경우 포함, 외국법인의 국내사업장이 사업자등록되어 있는 경우는 원천징수 제외)
③ 법인세법상의 원천징수세율이 조세조약상의 제한세율보다 높은 경우 조세조약상의 제한세율 적용. 다만, 법인세법 제98조의5(원천징수 절차 특례)에 따라 원천징수하는 경우에는 예외로 함.

④ 양도소득은 양수자가 양도가액의 10% 또는 양도차익의 20% 중 적은 금액을 예납적으로 원천징수·납부한 후, 양도자는 별도의 절차에 따라 양도소득 신고·납부
　　㉠ 원천징수대상이 되는 양도소득은 토지 등을 양도하는 외국법인의 국내사업장에 귀속되지 않는 소득에 한함.
　　㉡ 개인 양수자는 원천징수의무 면제(2007. 1. 1. 이후 최초 양도분부터)
⑤ 인적용역소득이 있는 외국법인은 신고·납부 가능

2. 원천징수의무자

(1) 원칙

　비거주자 등에게 원천징수대상 국내원천소득을 지급하는 자, 세법에서 원천징수의무자로 지정된 자 또는 주식상장 시 기발행 주식을 양도하는 경우에는 주식발행법인(2021. 1. 1. 이후 지급하는 소득분)이 원천징수의무자이다.

　이 경우 원천징수의무자가 국내에 주소, 거소, 본점, 주사무소, 사업의 실질적 관리 장소 또는 국내사업장이 없는 경우에는 납세관리인을 정하여 관할 세무서장에게 신고하여야 한다.

(2) 비거주자·외국법인의 부동산 등의 양도소득

① 비거주자(외국법인)가 국내 부동산 등을 양도하는 경우 양수자가 양도소득세를 원천징수하여 납부한다.
　• 비거주자는 거주자와 동일하게 양도소득세(법인세)를 신고하고 원천징수세액은 기납부세액으로 공제한다.
　• 부동산 양도소득에 대한 원천징수의무는 2004. 1. 1. 이후 양도분부터 적용한다.
　• 2007. 1. 1. 이후 양도소득금액을 지급하는 자가 개인(거주자 및 비거주자)인 경우 원천징수의무를 폐지하였다.

② 법인(내국법인 및 외국법인)이 비거주자 또는 외국법인으로부터 국내 부동산 등을 양수하고 그 대가를 지급하는 경우 원천징수하여야 하며, 양도자는 양도소득세(법인세)를 신고해야 한다.

(3) 유가증권 양도소득에 대한 원천징수의무자

① 자본시장과 금융투자업에 관한 법률에 따른 투자매매업자 또는 투자중개업자를 통하지 아니하고 양수자에게 직접 양도하는 경우
주식양도 소득금액을 지급하는 자(주식을 양수한 거주자, 비거주자, 내국법인 또는 외국법인)

② 자본시장과 금융투자업에 관한 법률에 따른 투자매매업자 또는 투자중개업자를 통하여 양도하는 경우
해당 투자매매업자 또는 투자중개업자. 다만, 자본시장과 금융투자업에 관한 법률에 따라 주식을 상장하는 경우로서 이미 발행된 주식을 양도하는 경우에는 그 주식을 발행한 법인

3. 원천징수세액의 납세지

(1) 원천징수의무자가 거주자인 경우

거주자의 주된 사업장의 소재지가 납세지이다.

다만, 주된 사업장 외의 사업장에서 원천징수하는 경우에는 그 사업장의 소재지, 사업장이 없는 경우에는 그 거주자의 주소지 또는 거소지가 납세지가 된다.

(2) 원천징수의무자가 비거주자인 경우

비거주자의 국내사업장의 소재지가 납세지이다.

다만, 주된 국내사업장 외의 국내사업장에서 원천징수를 하는 경우에는 그 국내사업장의 소재지, 국내사업장이 없는 경우에는 비거주자의 거류지 또는 체류지가 납세지가 된다.

(3) 원천징수의무자가 법인인 경우

그 법인의 본점 또는 주사무소의 소재지가 납세지이나, 법인의 지점·영업소 기타 사업장이 독립채산제에 의하여 독자적으로 회계 사무를 처리하는 경우에는 그 사업장의 소재지(그 사업장의 소재지가 국외에 있는 경우 제외)가 납세지가 된다.

다만, 법인이 지점·영업소 기타 사업장에서 지급하는 소득에 대한 원천징수 세액을 본점 등에서 전자계산조직 등에 의하여 일괄 계산하는 경우로서 본점 등 관할 세무서장에게 신고하거나 부가가치세법에 따라 사업자단위로 관할 세무서장에게 등록한 경우에는 당해 법인의 본점 또는 주사무소의 소재지로 할 수 있다.

(4) 위 '(1)'~'(3)'에서 규정한 납세지를 가지지 아니한 경우

① 소득세법 제119조 제9호 나목 및 소득세법 시행령 제179조 제11항 각 호의 어느 하나에 해당하는 소득이 있는 경우(법인세법 시행령 제132조 제8항에 따른 유가증권의 양도에 의한 소득이 있는 경우) 해당 규정에 따른 유가증권을 발행한 내국법인 또는 외국법인의 국내사업장 소재지가 납세지가 된다.
② 위 '①' 외의 경우는 국세청장이 지정하는 장소가 납세지가 된다.

4. 원천징수시기

비거주자 등에게 국내원천소득을 현실적으로 지급을 하는 때이다.

원천징수대상 채권 등의 이자 등을 지급받기 전에 비거주자 등으로부터 원천징수대상 채권 등을 매수하는 자는 그 비거주자 등의 보유기간을 고려하여 지급금액에 대해 원천징수한다.

5. 과세표준 계산방법

(1) 과세표준

비거주자 등에게 지급하는 국내원천소득의 총액을 말한다.

① 지급자 세금부담의 경우

지급자가 비거주자 등의 세금을 부담하기로 약정한 경우, 과세표준은 다음과 같이 역산하여 산출한다(계약서상 조세부담에 관한 언급이 없이 순액으로 지급하기로 약정한 경우에도 지급자 세금부담조건과 동일).

$$\text{과세표준} = \frac{\text{지급금액}}{(1 - \text{원천징수세율})}$$

* 원천징수세율에는 소득(법인)세와 지방소득세 원천징수세율을 모두 포함

② 조세조약 대상조세에 지방소득세가 포함되어 있는 경우

제한세율을 소득세 또는 법인세 등 국세의 세율과 그에 대한 지방소득세의 세율로 배분하여 소득세 등의 세율을 산출한다.

$$\text{소득세(법인세) 세율} = \frac{\text{제한세율}}{(1 + 0.1)}$$

※ 지방소득세율이 소득세(법인세)의 10%인 경우이다.

대부분의 조세조약의 경우 지방세인 지방소득세가 조세조약 적용대상 조세에 포함되나, 일부 국가[26]와 체결한 조세조약의 경우 적용대상이 아니므로 지방소득세를 별도로 계산하여 원천징수한다.

> **사례**
>
> 내국법인이 미국법인에게 저작권 사용료 200,000원을 지급하는 경우 원천징수할 세액은 얼마인가?
> (제한세율 10%로 조세조약 체결, 지급자 세부담 조건, 적용대상조세에 지방소득세가 포함되지 않은 경우)
>
> - 과세표준
>
> $$\frac{200,000}{(1-원천징수세율)} = \frac{200,000}{(1-0.11)} = 224,719$$
>
> * 원천징수세율 = 제한세율(0.1) + 지방소득세율(0.1 × 10%) = 0.11
>
> - 원천징수세액
>
> | 법 인 세 | 224,719 × 0.1 = 22,471 |
> |---|---|
> | 지방소득세 | 22,419 × 0.1 = 2,242 |
> | 합   계 | 24,713 |

③ 유가증권 양도소득의 경우

유가증권의 취득가액 및 양도비용이 확인되는 경우에는 그 지급금액(양도가액)의 10%와 양도차익의 20% 중 적은 금액을 원천징수한다. 다만, 국내사업장이 없는 비거주자(외국법인)로서 유가증권 양도소득이 다음 두 가지 요건을 모두 갖춘 경우에는 국제조세조정에 관한 법률 제5조에 의한 정상가격을 수입금액으로 한다.

⊙ 국내사업장이 없는 비거주자(외국법인)와 특수관계가 있는 비거주자(외국법인을 포함한다) 간의 거래

---

26) 미국, 필리핀, 남아프리카공화국, 베네수엘라, 카타르, 에스토니아, 이란, 콜롬비아, 인도

ⓛ 위 'ⓖ'의 거래에 의한 거래가격이 정상가격에 미달하는 경우로서 정상가격과 거래가액의 차액이 3억 원 이상이거나 정상가격의 5%에 상당하는 금액 이상인 경우

* 정상가격을 산출할 수 없는 경우에 한하여 소득세법, 상속세 및 증여세법에 따라 평가한 가액을 정상가격으로 한다.

6. 원천징수세율

국내세법상 원천징수세율을 적용하며, 조세조약상 제한세율을 초과하여 과세할 수는 없다.

(1) 원천징수세율

일반적으로 국내세법에 규정된 원천징수세율을 적용한다.

국내세법상의 세율이 조세조약상 규정된 제한세율보다 높은 경우, 조세조약상의 제한세율을 적용한다.

(2) 제한세율의 개념

조세조약은 비거주자의 이자·배당·사용료에 대하여 그 소득의 원천지국에서 일정한도의 세율을 초과하여 과세할 수 없도록 규정하고 있는바, 그 일정한도의 세율을 제한세율 또는 경감세율이라 한다.

(3) 제한세율 특징

① 총액(Gross Amount)에 대하여 적용한다. 따라서, 제한세율이 적용되는 과세표준은 순소득(Net Income)이 아닌 수입금액(지급총액)이다.
② 당해 조세조약 체결국의 거주자에 대하여만 적용한다.
③ 원천지국에서 과세할 수 있는 최고한도의 세율이다.

> 조세조약상 제한세율의 의미는 원천지국에게 제한세율로 과세할 수 있는 권한을 부여한 것이 아니라, 원천지국이 자국의 세법상 세율로 과세하되 당해 조약에서 규정된 세율을 초과할 수 없도록 하는 것이다.

(4) 직접투자의 경우 제한세율 적용절차

① 투자자는 제한세율 적용신청서를 제출하여야 하고, 원천징수의무자는 제한세율 적용신청서에 기재된 실질귀속자의 거주지국 정보와 제한세율의 적정 여부를 확인한 후 제한세율을 적용한다.

② 소득의 실질귀속자는 소득을 지급받기 전까지 제한세율 적용신청서를 원천징수의무자에게 제출한다(제출된 제한세율 적용신청서는 3년간 유효).

③ 연금, 기금 등 다음의 단체는 하나의 실질귀속자(1거주자)로 보아 제한세율을 적용한다.

  ㉠ 체약상대국의 법률에 의하여 설립된 연금

  ㉡ 체약상대국의 법률에 의하여 설립된 비영리단체로서 수익을 구성원에게 분배하지 아니하는 기금

  ㉢ 조세조약에서 실질귀속자로 인정되는 국외투자기구

(5) 간접투자의 경우 제한세율 적용절차

국외투자기구는 국외투자기구신고서를 제출하고, 원천징수의무자는 제한세율 적용신청서 및 국외투자기구신고서 등의 적정 여부를 확인하고 제한세율을 적용한다.

① 국외공모집합투자기구의 제한세율 적용절차 간소화

국외투자기구신고서에 공모집합투자기구임을 확인할 수 있는 서류와

국가별 실질귀속자의 수 및 총투자금액 명세를 첨부하여 원천징수의무자 또는 다른 국외투자기구에게 제출한다.

※ 투자자들로부터 제한세율 적용신청서를 제출받지 않고, 국외투자기구신고서에 실질귀속자 명세를 첨부하지 않을 수 있다.

② 국외사모투자기구

국외투자기구신고서에 실질귀속자 명세를 첨부하여 원천징수의무자에게 제출한다.

※ 국외투자기구에 투자하고 있는 투자자들로부터 제한세율 적용신청서를 제출받아 실질귀속자 명세서를 작성한다.

● 국외투자기구를 실질귀속자로 보는 경우

1) 다음의 어느 하나에 해당하는 경우에는 그 국외투자기구를 실질귀속자로 본다.
  ① 그 국외투자기구가 거주지국에서 납세의무를 부담하고, 국내원천소득에 대한 소득세 또는 법인세를 부당하게 감소시킬 목적으로 설립한 것이 아닌 경우(법인 아닌 단체인 국외투자기구는 제외)
  ② 그 국외투자기구가 조세조약에서 실질귀속자로 인정되는 것으로 규정된 경우
  ③ 위 ①, ②에 해당하지 아니하는 국외투자기구가 그 국외투자기구에 투자한 투자자를 입증하지 못하는 경우(일부만 입증하는 경우 입증하지 못한 부분으로 한정)

2) 국외투자기구의 제한세율 적용
  국외투자기구는 『실질귀속자 특례 국외투자기구신고서』를 제출하고, 원천징수의무자는 『제한세율 적용신청서』 및 『실질귀속자 특례 국외투자기구신고서』 등의 적정 여부를 확인하고 제한세율을 적용한다.

(6) 제한세율을 적용하지 않는 경우

다음의 사유에 해당하는 경우 제한세율을 적용하지 아니하고 국내세법 상 원천징수세율을 적용한다.

① 제한세율 적용신청서 또는 국외투자기구신고서를 제출받지 못한 경우
② 제출된 제한세율 적용신청서 또는 국외투자기구신고서에 기재된 내용의 보완요구에 응하지 아니하는 경우
③ 제출된 제한세율 적용신청서 또는 국외투자기구신고서를 통해서는 실질귀속자를 파악할 수 없는 경우(국외공모집합투자기구는 실질귀속자 명세 제출을 생략하고 있으므로 적용 제외)
④ 국외투자기구가 투자자를 입증하지 못하여 그 국외투자기구를 실질귀속자로 보는 경우에 해당하는 경우

(7) 경정청구 관련 사항

① 제한세율을 적용받지 못한 실질귀속자는 5년 이내에 경정청구할 수 있다. 세무서장은 6개월 이내에 경정을 하거나 경정할 이유가 없음을 청구인에게 통지하여야 한다.
② 경정청구 첨부서류: 제한세율 적용신청서, 거주자증명서

(8) 제한세율 적용배제

① 수취인이 수익적 소유자가 아닌 경우
② 국내사업장과 실질적으로 관련되거나 국내사업장에 귀속되는 경우
③ 조세조약상 특별규정이 있는 경우

7. 조세조약상 비과세 · 면제 적용신청

조세조약상 비과세 · 면제를 적용받기 위해서는 소득지급자에게 비과세 · 면제 신청서를 제출하여야 한다.

① 실질귀속자인 외국법인 또는 비거주자가 조세조약상 비과세 · 면제를 적용받으려는 경우(사업소득 및 인적용역소득 제외)

국내원천소득(국내원천 사업소득 및 국내원천 인적용역소득 제외)의 실질귀속자인 외국법인 또는 비거주자가 조세조약상 비과세 · 면제를 적용받으려는 경우 비과세 · 면제신청서를 소득지급자에게 제출한다. 해당 소득지급자는 그 신청서를 소득을 지급하는 날이 속하는 달의 다음 달 9일까지 납세지 관할 세무서장에게 제출한다(실질귀속자 거주지국의 권한있는 당국이 발급하는 거주자증명서 첨부).

② 국내원천소득이 국외투자기구를 통하여 지급되는 경우

　㉠ 국외투자기구는 실질귀속자로부터 비과세 · 면제신청서를 제출받아 실질귀속자 명세가 포함된 국외투자기구신고서와 제출받은 비과세 · 면제신청서를 소득지급자에게 제출한다.

　㉡ 해당 소득지급자는 그 신고서와 신청서를 소득을 지급하는 날이 속하는 달의 다음 달 9일까지 납세지 관할 세무서장에게 제출한다. 다만, 국외투자기구가 국외공모집합투자기구인 경우에는 국외투자기구신고서에 공모집합투자기구임을 확인할 수 있는 서류와 국가별 실질귀속자의 수 및 총투자금액 명세를 첨부하여 원천징수의무자 또는 다른 국외투자기구에게 제출한다. 투자자들로부터 비과세 · 면제신청서를 제출받지 않고, 국외투자기구신고서에 실질귀속자 명세를 첨부하지 않을 수 있다.

　　다만, 국외투자기구가 다음 어느 하나에 해당하는 경우에는 그 국외투자기구를 실질귀속자로 본다.

❶ 그 국외투자기구가 거주지국에서 납세의무를 부담하고, 국내원천소득에 대한 소득세 또는 법인세를 부당하게 감소시킬 목적으로 설립한 것이 아닌 경우(법인 아닌 단체인 국외투자기구는 제외)

❷ 그 국외투자기구가 조세조약에서 실질귀속자로 인정되는 것으로 규정된 경우

❸ 위 **❶**, **❷**에 해당하지 아니하는 국외투자기구가 그 국외투자기구에 투자한 투자자를 입증하지 못하는 경우(일부만 입증하는 경우 입증하지 못한 부분으로 한정)

③ 소득지급자가 실질귀속자를 파악할 수 없는 경우 및 '국외투자기구가 투자자를 입증하지 못하여 그 국외투자기구를 실질귀속자로 보는 경우'에 해당하는 경우

　㉠ 비과세 또는 면제를 적용하지 아니하고 국내세법상 원천징수 규정을 적용한다.

　㉡ 실질귀속자 또는 소득지급자는 5년 이내에 경정청구할 수 있다.

8. 원천징수영수증의 교부

　원천징수의무자는 원천징수를 하는 때에 원천징수영수증을 교부하여야 한다. 원천징수의무자가 원천징수영수증을 교부하는 때에는 당해 소득을 지급받는 자의 실지명의를 확인해야 한다.

제**2**편

알기 쉬운 4대보험 실무

제1장

4대보험 일반규정

Ⅰ 4대보험 개요

1. 4대보험 종류 및 주요특징

원칙적으로 1인 이상의 근로자를 사용하는 사업 또는 사업장은 4대보험 가입대상이다. 대표이사 1명만 있는 법인사업장은 국민연금과 건강보험 가입대상이며, 고용보험과 산재보험은 의무가입대상은 아니나 요건을 충족한 경우 임의가입할 수 있다.

사업장 가입과 근로자 가입으로 가입형태가 구분되며, 처음으로 가입하는 경우에는 먼저 사업장 가입을 한 후에 가입자의 4대보험 취득신고를 할 수 있다.

(1) 국민연금: 18~59세 모든 국민(국민연금공단에서 관리)

대상	자격	부담수준	
근로소득자	사업장 가입자	근로자와 사용자가 각각 1/2씩 부담	국민연금액 = 기준소득월액×9% 매월 부과(정산없음)
근로소득자 외의 자	지역가입자	개인이 전액 부담	

(2) 건강보험: 모든 국민(국민건강보험공단에서 관리)

대상	자격	부담수준		건강보험료(2025년)
		보수월액	소득월액	= 보수월액×7.09%
근로소득자	직장가입자	근로자와 사용자가 각각 50% 씩 부담	보수월액 외 소득이 2,000만 원(2022. 9. 1. 이후)[27] 초과하는 경우에만 근로자가 100% 부담	(장기요양보험료 = 건강보험료× 12.95%) 매월 부과(보수총액
근로소득자 외의 자	지역가입자	개인이 전액 부담		신고로 사후정산)

(3) 고용보험: 근로자, 예술인 및 노무제공자(2021. 7. 1. 이후) (근로복지공단, 고용노동부 고용센터에서 관리)

* 2023년 이후 E-9 및 H-2 외국인근로자는 고용안정·직업능력개발 의무가입대상이며, 임의 가입을 신청한 경우 실업급여대상이 될 수 있다.

대상	종류	부담수준	보험요율	
① 근로소득자 ② 예술인 및 노무제공자 (2021. 7. 1. 이후)	• 실업급여	근로자와 사용자가 각각 50%씩 부담	실업급: 월평균 보수×1.8% (2022. 7. 1. 이전 1.6%)	2020. 1. 16. 이후 퇴직정산. 단, 건설업 및 벌목업은 연 1회 개산(확정) 보험료 납부 (자진신고·납부)
	• 고용안정 ·직업 능력개발 사업	사용자가 전액 부담	고용안정·직업 능력개발: 0.25~0.85%	

---

27) 2018. 7. 1.~2021. 6. 30.: 3,400만 원

사업종류	요율	사업종류	요율
1. 광업		4. 건설업	35
－석탄광업 및 채석업	185	5. 운수·창고·통신업	
－석회석·금속·비금속· 기타광업	57	－철도·항공·창고·운수 관련서비스업	8
2. 제조업		－육상 및 수상운수업	18
－식료품 제조업	16	－통신업	9
－섬유 및 섬유제품 제조업	11	6. 임업	58
－목재 및 종이제품 제조업	20	7. 어업	27
－출판·인쇄제본업	9	8. 농업	20
－화학 및 고무제품 제조업	13	9. 기타의 사업	
－의약품·화장품·연탄· 석유제품 제조업	7	－시설관리 및 사업지원 서 비스업	8
－기계기구·금속·비금속 광물제품 제조업	13	－기타의 각종사업	8
－금속제련업	10	－전문·보건·교육·여가 관련 서비스업	6
－전기기계기구·정밀기구· 전자제품 제조업	6	－도소매·음식·숙박업	8
－선박건조 및 수리업	24	－부동산 및 임대업	7
－수제품 및 기타제품 제조 업	12	－국가 및 지방자치단체의 사업	9
3. 전기·가스·증기·수도사업	7	10. 금융 및 보험업	5
		* 해외파견자: 14/1,000	

(4) 산재보험: 근로자(근로복지공단, 고용노동부 고용센터에서 관리)

대상	자격	부담수준	보험료율은 사업종류별로 고용노동부장관이 매년 결정·고시하여 매월 부과한 후 보수총액 신고로 사후정산 [건설업 및 벌목업은 연 1회 개산(확정) 보험료 납부(자진신고·납부)]
근로소득자	사업자	사용자가 전액 부담	

● 개인사업주, 법인 대표이사의 국민연금, 건강보험

❑ **개인사업주**

1월 미만 일용직근로자 등 가입대상이 아닌 자를 고용하거나 상시근로
자를 고용하지 않은 개인사업주는 국민연금 및 건강보험의 직장가입자
가 아니라 지역보험에 가입된다. 사업소득이 없는 경우에는 건강보험 피
부양자가 되거나 국민연금은 납부 예외처리할 수 있다. 그러나 상시 1인
이상의 근로자 등을 고용하게 되면 근로자뿐만 아니라 개인사업주도 같
이 국민연금 및 건강보험 직장가입자 의무가입대상이 된다.

❑ **법인 대표이사**

법인사업장은 근로자 없이 대표이사만 있더라도 국민연금 및 건강보험
직장가입자대상이다. 단, 대표이사가 무보수신고 시 직장가입자격은 상
실(지역보험 가입 또는 피부양자 또는 다른 사업장이 있는 경우 가입유
지)되고 국민연금은 납부 예외처리할 수 있다.

(5) 4대보험 주요업무

1) 입·퇴사 시

구분	국민연금	건강보험	고용·산재보험
입사	• 4대보험 자격취득신고(건강보험의 피부양자 취득신고 포함) 　입사월의 다음 달 15일까지(단, 건강보험은 입사일로부터 14일까지) • 신규 사업장인 경우 사업장성립신고를 먼저 하여야 한다.		
퇴사	• 4대보험 자격상실신고(건강보험의 피부양자 상실신고 포함) 　퇴사월의 다음 달 15일까지(단, 건강보험은 퇴사일로부터 14일까지) • 건강보험료 정산 • 고용보험료 정산(매월 기준금액의 0.8% 공제한 경우에는 정산불필 　요: 2020. 1. 16. 고용종료일 이후 퇴직정산 가능) • 이직확인서 제출(실업급여 요건 충족 시)		

2) 보수총액 신고 및 수정신고

구분		국민연금	건강보험	고용·산재보험
보수총액 신고	신고서	소득총액신고서	직장가입자 보수총액 신고서	고용·산재 보수총액 신고서
	신고기한	• 근로소득지급명세서 제출한 경우 공단에 신고한 것으로 간주 • 개인사업주의 경우 매년 5월(성실신고대상자는 6월)까지 신고	• 전년도 직장가입자에게 지급한 보수의 총액을 간이지급명세서로 제출한 경우에는 신고한 것으로 간주 • 개인사업주의 경우 매년 5월(성실신고대상자는 6월)까지 신고	• 매년 다음 연도 3월 15일까지 신고(건설업은 3월 말까지 보험료 신고)
수정신고		–	직장가입자 보험료정산착오내역을 변경신청하고자 하는 경우	고용산재보수총액수정신고서를 공단의 조사계획 통지 전까지 신고

❏ **2025년부터 확대되는 건강보험료 정산 제도의 변경 사항**

(1) 조정·정산 대상 소득의 확대

기존에는 사업소득과 근로소득 2종만 조정·정산 신청이 가능했으나, 2025년부터는 사업소득, 근로소득, 이자소득, 배당소득, 연금소득, 기타소득으로 다양한 소득원을 가진 가입자들도 실제 소득에 맞는 보험료를 납부하게 된다.

(2) 신청 사유의 확대

기존에는 소득이 감소한 경우에만 정산 신청이 가능했지만, 2025년부터는 소득이 증가한 경우에도 신청할 수 있게 된다. 현재소득을 반영하여 보험료를 부과하는 제도의 취지에 맞춰 소득의 변동(감소, 증가)을 모두 보험료에 적용하는 것으로서, 신청 선택권을 넓혀 실제 소득에 가까운 보험료를 납부할 수 있다.

구분	2024년	2025년
조정·정산 대상 소득	사업소득, 근로소득(2종)	사업소득, 근로소득, 이자소득, 배당소득, 연금소득, 기타소득(6종)
소득 변동 적용 범위	소득 감소 시에만 가능	소득 증가 및 감소 모두 가능
정산 시기	다음 해 11월	다음 해 11월(변동 없음)
신청 방법	우편, 팩스, 공단 지사 방문	우편, 팩스, 공단 지사 방문 일부 온라인 신청 가능(휴폐업, 퇴직이나 해촉, 종합소득 감소의 경우)

❏ 건강보험료 정산제도 활용 시 주의사항

(1) 정산 시기와 방법

2025년 1월부터 조정한 건강보험료는 국세청으로부터 2025년 귀속 소득 자료가 연계되는 2026년 11월에 재산정되어 추가 부과 또는 환급 처리가 이루어진다.

(2) 전체 소득 정산

소득 중 어느 한 가지만 조정하더라도 정산 시에는 사업·근로·이자·배당·연금·기타 소득으로 정산된다.

2025년 건강보험료는 임시 산정 후, 2026년 11월 국세청 자료와 연계해 최종 정산된다. 소득이 증가한 경우 추가 납부가 발생할 수 있으며, 반대로 소득이 감소한 경우 환급이 가능하다.

❏ 건강보험료 정산제도 소득 조정·정산 신청 방법

(1) 신청 방법

소득 조정·정산 신청은 다음과 같은 방법으로 가능하다. 특히 휴·폐업 신고자, 퇴직·해촉, 종합소득 감소의 경우에는 지사 방문 없이 온라인으로 편리하게 신청할 수 있다.

(2) 필요 서류

건강보험료 정산제도 소득 조정·정산 신청 시 필요한 서류는 다음과 같다.

① 소득 정산부과 동의서
② 폐(휴)업 사실증명서(해당 시)

③ 퇴직(해촉) 증명서(해당 시)
④ 소득금액증명서
⑤ 기타 소득 증빙 서류

3) 사업장 내용변경 신고

구분	국민연금	건강보험	고용 · 산재보험
신고 기관	국민연금공단	국민건강보험공단	근로복지공단
사업장 신고 대상	명칭 전화번호 소재지 사업자(법인)등록번호 사업의 종류(업종)	명칭 전화번호 소재지 사업자(법인)등록번호 사업의 종류(업종)	• 명칭, 전화번호, 소재지, 사업자(법인)등록번호, 사업의 종류(업종) • 사업의 기간 • 상시근로자수(고용보험법 시행령 제12조에 따른 우선지원 대상 기업의 해당 여부에 변경이 있는 경우에 한함) • 기타(공사금액 및 발주처 등)
신고 기한	사유발생일의 다음 달 15일까지	사유발생일로부터 14일 이내	변경된 날로부터 14일 이내
신고 서류	• 사업장내용변경신고서(사업자등록증, 법인 등기사항증명서 사본 등)	• 사업장(기관)변경신고서 • 단위사업장현황·영업소현황 (해당 시)	• 보험관계변경신고서 • 우선지원대상기업해당(비해당) 신고서 (근로복지공단에서만 접수, 해당 시)
유의 사항	(내용변경 신고 불가) • 개인사업장의 사용	사업장 통합 및 분리 적용은 국민건강보험	건설업의 공사기간, 공사금액, 발주처 등의

구분	국민연금	건강보험	고용 · 산재보험
	자 변경은 변경 전 사업자는 사업장 탈퇴신고하고, 변경 후 사업자는 사업장성립신고를 하여야 함. • 개인사업장이 법인사업장으로 전환된 경우 종전 개인사업장은 탈퇴신고하고, 법인사업장으로 신규 가입신고를 하여야 함.	공단에 직접 신고하여야 함.	변동신고는 근로복지공단에 직접 신고하여야 함.

4) 사업장탈퇴신고

구분	국민연금	건강보험	고용 · 산재보험
신고 기한	폐업 또는 휴업 사유가 발생한 날이 속하는 달의 다음 달 15일까지	폐업 또는 휴업사유가 발생한 날로부터 14일까지	사업이 폐지 또는 종료된 날의 다음 날부터 14일 이내
신고 서류	• 사업장 탈퇴신고서	• 사업장 탈퇴신고서	• 보험관계소멸신고서 • 보험관계해지신청서[28]

---

28) 고용보험의 경우 근로자(적용제외근로자 제외) 과반수의 동의를 받은 사실을 증명하는 서류(고용보험 해지신청 동의서)를 첨부하여야 함.

5) 가입자 취득(상실)신고

구분	국민연금	건강보험	고용 · 산재보험
자격취득일	입사(고용)일		
자격취득 신고기간	자격취득일이 속하는 달의 다음 달 15일까지	자격취득일부터 14일 이내	자격취득일이 속하는 달의 다음 달 15일까지
자격상실일	• 퇴직일의 다음 날 • 만 60세 도달일 • 기초생활수급권 취득일	• 퇴직일의 다음 날 • 의료급여수급권 취득일	[고용보험] • 퇴직일의 다음 날 • 만 65세 도달일 [산재보험] • 퇴직일의 다음 날
신고서류	자격취득(상실)신고서(4대보험 공통서식)		

6) 가입자 변경신고

구분	국민연금	건강보험	고용 · 산재보험
근로자의 성명 · 주민번호 등의 변경	사업장가입자내용변경신고(발생 월의 다음 달 15일까지)	직장가입자내용변경신고(발생일로부터 14일 이내)	• 고용보험: 피보험자내역변경신고 • 산재보험: 근로자정보변경신고(변동일로부터 14일 이내)
보수월액 변경(임금변동)	사업장가입자 기준소득월액 변경신청서 [단, 기준소득월액 대비 실제 소득이 20% 이상 변동(상승 · 하락)된 사업장가입자만 가능(근로자의 동의 필요)]	국민건강보험 직장가입자 보수월액 변경신청서	고용 · 산재보험 월평균보수 변경신고서

7) 일용근로자 등의 4대보험 신고업무

구분	국민연금	건강보험	고용·산재보험
일용 근로자	월 8일 이상 또는 월 60시간 이상 또는 월 220만 원 이상인 일용근로자를 고용한 경우 자격취득신고	월 8일 이상 일용근로자를 고용한 날부터 14일 이내 자격취득신고	근로내용확인신고서 제출: 사유까지 발생일의 다음 달 15일
해외 파견자	사회보장협정에 의한 국민연금 가입증명 발급신청, 연금보험료 납부예외(재개) 신고	직장가입자 근무내역 변동신고	산재보험: 해외파견자 산재보험가입신청, 해외파견자 산재보험 관계 변동신고
외국인 근로자	해당사유 발생 시 사회보장협정에 의한 국민연금 가입면제신청	해당사유 발생 시 재외국민 및 외국인근로자 건강보험가입제외신청	고용보험: 외국인 고용보험 가입(탈퇴) 신청
휴직자	연금보험료 납부예외(재개)신고(발생 월의 다음 달 15일까지)	• 직장가입자 근무내역변경신고 • 휴직자 등 직장가입자 보험료 납입고지 유예신청(발생일로부터 14일 이내) • 건강보험료 감면	근로자 휴직 등 신고(발생일로부터 14일 이내)
전출자	사업장가입자 자격상실신고(발생 월의 다음 달 15일까지)	• 직장가입자 자격상실신고 • 직장가입자(근무처 근무내역) 변경신고(발생일로부터 14일 이내)	• 고용보험 피보험자 전근신고 • 산재보험 근로자 전보신고(발생일로부터 14일 이내)

2. 각종 서류신고방법 및 공통·고유서식

(1) 입사(취득) 또는 퇴사(상실)신고는 국민연금, 건강보험, 고용보험, 산재보험 중 하나에만 신고해도 모두 신고처리 가능하다.

(2) 입·퇴사 등의 신고를 잘못한 경우에는 4대보험 중 해당 기관에 사업장내용정정신고서를 각각 제출해야 한다.

4대보험 신고사항 중 해당 기관에서 시행하는 고유업무는 해당 기관에 직접 신고해야 한다. 고유업무로는 건강보험보수총액 신고, 국민연금납부예외(재개)신고, 고용보험 이직확인서 등이 있다.

(3) 공통서식·고유서식에 의한 신고방법 및 신고서류 제출은 다음의 방법으로 한다.

구분	내용
신고방법	방문, 우편, Fax, 4대사회보험 포털 서비스, EDI 등을 활용
신고서류 제출	• 사업장 및 자격관련 신고의 경우 전국 모든 공단지사에 접수 • 4대사회보험 정보연계시스템을 통한 신고의 경우는 국민연금공단·근로복지공단 각 지사 및 고용노동부 고용안정센터에 접수

1) 공통서식

하나의 서식으로 2종류 이상의 사회보험을 신고하는 등 4대사회보험에서 공통으로 이용하는 서식은 다음과 같다.

- 사업장적용신고서
- 사업장변경신고서
- 사업장탈퇴신고서
- 직장가입자자격취득신고서
- 직장가입자내용변경신고서
- 직장가입자자격상실신고서
- 지역가입자자격취득·변동신고서
- 지역가입자자격상실신고서

2) 고유서식

하나의 서식으로 해당 기관의 사회보험만 신고할 수 있는 각 기관의 고유서식이다.

국민연금	건강보험	고용보험
• 연금보험료 납부재개 신고서	• 피부양자자격취득·상실신고서 • 직장가입자(근무처·근무내역)변동신고서	• 피보험자전근신고서 • 피보험자이직확인신고서 • 외국인가입신청·피보험자자격취득신고서

 # 4대보험 사업장 적용 신고

1. 4대보험 사업장 적용 대상

근로자가 1인 이상이 있는 모든 사업장이 해당된다.

구분		국민연금	건강보험	고용보험	산재보험
적용기준		근로자 1인 이상 (법인은 대표이사 포함)		근로자 1인 이상	
적용 단위	원칙	사업			사업장
	예외	분리적용 가능			일괄적용 가능

(1) 국민연금 사업장

1) 당연적용 사업장

상시 1인 이상의 근로자(만 18세 이상 만 60세 미만)를 사용하는 모든 사업장과 대사관 등 주한외국기관으로서 1인 이상의 대한민국 국민인 근로자(만 18세 이상 만 60세 미만)를 사용하는 사업장은 국민연금 의무가입대상이다. 단, 18세 미만 근로자는 2015년 7월 29일부터 사업장가입자로 당연적용하나, 본인의 신청에 의해 적용제외될 수 있다.

1. 국민연금 사업장 분리적용

동일 법인 내에서 통합관리되고 있는 본점과 지점, 대리점 또는 출장소 등의 관계에 있는 사업장들을 각각의 사업장별로 분리하여 관리할 필요(보험료 사후정산을 위한 건설현장사업장으로 가입하는 경우 포함)가 있는 사업장은 신청에 의하여 분리할 수 있다.

다만, 분리적용신청대상 제외사업장은 다음과 같다.

- 특정기업과 일반적인 거래 이상의 긴밀한 유대관계가 있고 그 지배 하에 있는 계열사업장 또는 협력업체
- 하나의 사업장이 2 이상의 사업장으로 분리되었으나 법인격이 서로 다른 사업장

① 신청기간과 신청방법

분리적용을 희망하는 본점 사업장의 사업자가 희망하는 때에 각 사업장의 주소지 관할하는 국민연금공단 지사에 신청한다.

분리적용 신고는 가입유형에 따라 해당 신고서를 작성하여 제출한다.

㉠ 본점 및 지점이 모두 새로 국민연금에 가입하는 경우: 본점과 지점이 각각 신규가입 신고, 당연적용사업장 해당신고서에 분리적용해당에 체크하고 본점(모사업장)내역을 기재
- 사업장 적용신고서 1부
- 사업장가입자 자격취득신고서 1부
- 본·지점 등의 관계를 입증할 수 있는 서류
  (예 법인등기부 등본 등)

㉡ 본점은 이미 가입되어 있고, 지점을 신규 가입하려는 경우
- 사업장 적용신고서 1부: 분리적용 내역 등 기재
- 사업장가입자 자격취득신고서 또는 분리적용 사업장가입자 전입신고서: 본·지점 간 전·출입하는 가입자는 분리적용사업장 가입자 전입신고서에, 신규로 자격을 취득하는 자는 취득신고에 기재
- 본·지점 등의 관계를 입증할 수 있는 서류

(예 법인등기부 등본 등)

ⓒ 본점 및 지점이 하나의 사업장으로 이미 가입되어 있는 경우: 분리적용할 해당 지점만 추가로 사업장분리적용 신청
- 분리적용사업장 신청서 1부
- 분리적용사업장가입자 전입신고서 1부
  (본·지점 간 전출입이 있는 경우)
- 본·지점, 대리점 또는 출장소 등의 관계를 입증할 수 있는 관련 서류(예 법인등기부 등본 등)

2. 국민연금 사업장의 통·폐합

사업장의 통·폐합이란 기업합병 등에 의하여 2개 이상의 사업장이 하나의 사업장으로 관리되는 것을 말한다.

이러한 통·폐합은 2개 이상의 사업장을 합병하여 1개의 새로운 사업장을 설립하는 "신설합병"과 하나의 사업장이 다른 1개 이상의 사업장을 흡수하는 "흡수합병"이 있다.

사업장 통·폐합의 경우 합병에 의해 신설되거나 잔존하는 사업장은 흡수되어 해산(폐업)되는 사업장의 체납보험료 등의 납부의무를 부담하게 된다.

① 신고대상

신설합병 또는 흡수합병에 의하여 국민연금 가입자의 변동이 있는 경우 국민연금 업무를 실제로 하게 될 사업장

② 탈퇴대상 사업장의 신고자

통·폐합의 대상이 되는 사업장의 사용자

③ 신고장소

각 사업장의 주소지 관할하는 국민연금공단 지사

④ 신고방법

통·폐합 대상이 되는 사업장이 주소지 관할 국민연금공단 지사에 신고한다.

ⓐ 신설합병의 경우
  ⓐ 신설되는 사업장: 사업장 신규가입 절차에 따라 가입 신고
  ⓑ 해산(폐업)되는 사업장: 사업장 탈퇴처리 절차에 따라 신고
ⓒ 흡수합병의 경우

ⓐ 흡수하는 사업장: 사업장가입자자격취득신고서 제출, 취득
　　　　유형부호은 "9.전입"으로 신고
　　　ⓑ 흡수되는 사업장: 사업장 탈퇴처리 절차에 따라 신고

(2) 건강보험 사업장

1) 당연적용 사업장

① 개인사업장: 상시 1인 이상의 근로자를 고용하는 경우 근로자뿐만 아니라 개인사업주도 같이 건강보험 직장가입자 의무가입대상이 된다.
② 법인사업장: 다른 근로자 없이 대표이사 1인만 있어도 직장가입자 의무가입대상이다. 단, 무보수 대표자만 있는 사업장은 제외한다.
③ 직장가입자에서 제외되는 자만 있는 사업장 또는 소재지가 일정하지 않은 사업장은 적용하지 않는다.

> ❏ **법인의 비상근 임원**
> 법인의 비상근 임원(대표이사 제외)이 직장가입자가 되기 위해서는 근로관계의 유사성과 업무의 종속성이 있어야 한다.
> 즉, 매월 정기적으로 보수를 받거나, 이사회 참석, 의결 이외의 다른 업무를 수행하는 경우에는 직장가입자가 적용될 수 있다.

● 건강보험 단위사업장 지정신고

여러 개의 사업장을 둔 법인의 경우 사업규모 인사관리 등을 감안하여 모사업장 지정을 통한 사업장 관리 또는 단위사업장별 사업장을 구분 관리할 수 있다.

1. **모사업장 지정신고**
　각각의 사업장관리번호를 가진 계열사(법인등록번호 동일) 간에 직원의 인사이동이 필요할 때 신청한다. 직원의 상실 및 취득신고 및 퇴직정산

없이 근무처 변경신고만으로 가입자의 근무사업장이 변경된다.
「모사업장·단위사업장·영업소 지정·폐쇄신청서」를 제출하며, 모사
업장 지정신청의 경우 주사업장은 법인대표자가 있는 주된 사업장이다.

2. 단위사업장 지정신고

사업장 내 지역(지점, 공장 등) 및 직종(일반직, 계약직 등)에 따라 보
험료를 구분하여 납부하고자 할 때 신청한다. 직원의 상실 및 취득신고
없이 「직장가입자(근무처·근무내역)변동신고서」를 제출하여 근무처
변경신고만으로 가입자의 근무사업장이 변경되며, 보험료도 단위사업장
별로 별도 고지납부할 수 있다.
「모사업장·단위사업장·영업소 지정·폐쇄신청서」를 제출하며, 단위
사업장 소속 가입자 명단 1부(성명, 주민번호 기재)를 함께 제출한다.

3. 영업소 지정신고

건강검진 시 사업장 근로자의 관리편의를 원할 때 신청한다.

● 무보수 대표이사

① 국민연금

국민연금 사업장가입자인 근로자란 "직업의 종류에 불구하고 사업장에
서 노무를 제공하고 그 대가로 임금을 받아 생활하는 자(법인의 이사,
기타 임원을 포함)"를 말한다. 따라서 「소득세법」에 따른 근로소득이
없는 사람은 근로자에서 제외하기 때문에 무보수 대표이사는 사업장가
입자적용대상에서 제외된다. 무보수대표이사 1인만 있는 법인은 국민연
금 당연적용사업장에 해당하지도 않는다.

② 건강보험

법인의 대표이사가 노무를 제공하되, 보수를 지급받지 않는 경우에는 건
강보험 직장가입자 적용제외대상이며, 이미 직장가입자로 등록이 되어
있다면 실제로 보수가 지급되지 아니한 날로 상실신고를 해야 한다.

③ 고용·산재보험

법인의 대표이사는 「근로기준법상」 근로자로 보지 않기 때문에 「소득세
법」상 근로소득 지급 여하에 불문하고 고용보험, 산재보험 의무가입 근

로자가 아니다.

④ 무보수 대표자 증명서류 제출

    ㉠ 무보수 대표자임을 증명할 수 있도록 정관, 이사회 회의록을 제출하여야 한다.

    ㉡ 정관에 대표자의 보수규정 사항이 없는 경우 해당 정관과 법인대표자 무보수 확인서를 함께 제출하면 된다.

       (확인서에는 보수를 지급하지 않음과 추후 소득이 확인될 경우 직장가입자 취득을 할 것이라는 문구가 반드시 기재되어 있어야 함)

법인대표자 무보수 확인서

사업장	사업장명		사업자등록번호 (고유번호)	
	전화번호		사업장관리번호	
대표자	성 명		생년월일	
	전화번호		휴대전화번호	

※ 대표자 보수 미지급기간: 20 . . . ~ 20 . . . (□ 기한없음)

1. 본 법인(업체, 단체)의 대표자는 보수를 지급받지 않는 무보수대표임에도, 이사회회의록이나 정관에 무보수와 관련한 기재사항이 없어 이를 대신하여 확인서를 제출합니다.

2. 추후 국세청 등에 보수지급 사실이 확인될 경우, 상기 사업장의 직장가입자 자격취득 사유발생일로 소급 취득하며 그로 인해 발생된 (건강)보험료를 납부할 것을 확인합니다.

3. 첨부 서류: 법인 정관 1부.

20 . . .

법 인:　　　　　(인)

국민건강보험공단 이사장 귀하

○○○○년 제○○차 이사회 회의록

일시: ○○○○년 ○○월 ○일 ○요일 오전~오전

장소: 주식회사 ○○○○○

안건: 대표이사 보수에 관한 건

회원호명: 이사회 회원 ○○명 중 ○○명이 출석하여 성원이 됨.

안건번호: 1

대표이사 보수에 관한 건

대표이사 보수를 당 법인이 실적(정상화)이 발생하기 전까지 지급하지 않기로 처리하는 안

■ 무보수 대표자 시작일: ○○○○년 ○○월 ○○일

－처리 결과: 참석 회원 전원의 찬성으로 원안대로 가결됨.

이상의 가결된 내용은 참석자 서명과 동시에 발효됨.

참석자

의장 대표이사   (인)

    사내이사   (인)

    사내이사   (인)

(3) 고용보험 사업장

고용보험 중 실업급여는 사업자와 근로자 모두가 보험가입자가 되어 고용보험료를 근로자와 사용자가 분담하여 부담하게 된다.

1) 고용보험 당연적용사업장

근로자를 1인 이상 사용하는 모든 사업 또는 사업장은 당연적용사업장에 해당하며 당연적용사업장에 종사하는 모든 근로자는 당연적용대상자이다. 단, 65세 이후에 고용되거나 자영업을 개시한 사람은 고용보험 중 실업급여와 육아휴직급여 등을 적용하지 않으나, 65세 전부터 피보험 자격을 유지하던 사람이 65세 이후에 계속하여 고용된 경우에는 적용한다. 여기서 계속고용의 의미는 만 65세 이후에는 자격이 상실되더라도 그날 입사하여(상실일＝입사일) 고용이 연속되어야 한다는 것이다.

2) 고용보험 적용제외 사업장

다음의 적용제외 사업장은 제외한다.

㉠ 농업·임업 및 어업 중 법인이 아닌 자가 상시 4명 이하의 근로자를 사용하는 사업

㉡ 다음의 어느 하나에 해당하는 공사. 다만, 법 제15조 제2항 각 호[29)]에 해당하는 자가 시공하는 공사는 제외한다.

❶ 총공사금액[30)]이 2천만 원 미만인 공사

---

29) 고용보험법 제15조 제2항 각 호에 해당하는 자는 다음과 같다.
   1. 「건설산업기본법」 제2조 제7호에 따른 건설사업자
   2. 「주택법」 제4조에 따른 주택건설사업자
   3. 「전기공사업법」 제2조 제3호에 따른 공사업자
   4. 「정보통신공사업법」 제2조 제4호에 따른 정보통신사업자
   5. 「소방시설공사업법」 제2조 제1항 제2호에 따른 소방시설업자
30) "총공사금액"이란 총공사를 할 때 계약상의 도급금액(발주자가 재료를 제공하는 경우에는 그 재료의 시가환산액을 포함한다)을 말한다. 다만, 「건설산업기본법」 제41조에 따라

❷ 연면적이 100제곱미터 이하인 건축물의 건축 또는 연면적이 200제곱미터 이하인 건축물의 대수선에 관한 공사

ⓒ 가구 내 고용활동 및 달리 분류되지 아니한 자가소비 생산활동

3) 임의가입 사업

「고용보험법」 제8조 단서에 따라 같은 법을 적용하지 아니하는 사업의 사업주가 당연가입대상 사업이 아닌 사업으로서 보험가입 여부가 사업자의 자유의사에 일임된 사업으로, 고용보험 적용제외사업의 사업자는 근로자의 과반수의 동의를 받아 공단의 승인을 받으면 고용보험에 가입할 수 있다. 다만, 근로자(적용제외근로자 불포함) 과반수의 동의를 얻어 실업급여, 고용안정·직업능력개발사업 등 사업 전부에 가입할 수 있으며, 실업급여에만 따로 가입할 수는 없다.

임의가입한 사업주가 보험계약을 해지할 때에는 미리 공단의 승인을 받아야 한다. 이 경우 보험계약의 해지는 그 보험계약이 성립한 보험연도가 끝난 후에 하여야 한다.

4) 의제가입 사업

고용보험의 당연가입자가 되는 사업이 사업규모의 변동 등의 사유로 적용 제외 사업에 해당하게 되었을 때에는 그 사업주 및 근로자는 그 날부터 임의가입으로 고용보험에 가입한 것으로 본다.

또한 보험가입 사업자가 그 사업을 운영하다가 근로자(적용제외근로자 제외)를 고용하지 아니하게 되었을 때에는 그날부터 1년의 범위에서 근로자를 사용하지 아니한 기간에도 보험에 가입한 것으로 간주한다.

의제가입기간 경과로 보험관계가 소멸된 경우 추가적 신고사항은 없으

건축물 시공자의 제한을 받지 않는 건설공사 중 같은 법 제2조 제7호에 따른 건설사업자가 아닌 자가 시공하는 건설공사는 고용노동부장관이 정하여 고시하는 방법에 따라 산정한 금액을 총공사금액으로 한다.

나, 미납 보험료 등 보험료 정산을 위하여 보수총액 신고 또는 보험료 신고를 하여야 하는 경우가 있다.

> ❏ **이미 보험관계 성립 신고 이후 보험료를 납부하거나 사업을 영위하던 중 추가로 근로자를 채용하였으나 고용정보를 신고하지 않은 경우**
> 보험관계가 성립한 날부터 14일 이내에 보험관계 성립신고서를 제출하여 이미 당연적용된 상태라면 미가입 사업장에서 발생한 재해로 볼 수 없다고 판단되나, 근로자 고용정보 미신고로 인한 과태료 부과 대상이 될 수는 있다.

> ● 사업 시작일로 소급적용 여부
> 당연적용대상 사업은 사업 시작일로 소급적용이 가능하나, 임의가입은 신청일 기준일로 하며 소급적용할 수 없다.

(4) 산재보험 사업장

산재보험은 사업자만 보험가입자가 되어 산재보험료는 사업자가 모두 부담한다.

산재보험은 근로자 개인별로 가입하는 것이 아니라 사업장 단위별로 가입을 하는 것이므로 재해를 당한 사업장이 산재보험에 가입 사업장이고, 소속사업장의 근로자로 업무수행 중 재해가 발생한 경우에는 「산업재해보상보험법」에 따른 보호의 대상이 된다. 즉, 산재보험 요양급여신청서를 제출하여 업무상 재해 여부를 판단받아서 업무상 재해로 결정되는 경우 요양으로 인하여 취업하지 못한 기간에 대하여 휴업급여를 지급받는다. 이 경우 사업장이 산재보험가입을 하지 않은 경우에도 근로자는 산재처리를 할 수 있다.

1) 당연가입 사업

적용제외대상 사업을 제외한 근로자를 1인(농업, 임업 및 수렵업 중 법인이 아닌 사업의 경우 5인) 이상 사용하는 사업[31] 또는 사업장은 당연가입대상에 해당한다. 당연가입 사업은 사업주의 보험관계 성립신고 여부(사업주의 의사)와 관계없이 자동적으로 보험관계가 성립되는 사업을 말한다.

2) 적용제외 사업장

위험률·규모 및 장소 등을 고려하여 다음의 사업에 대하여는 적용하지 아니한다.

① 「공무원 재해보상법」 또는 「군인 재해보상법」에 따라 재해보상이 되는 사업. 다만, 「공무원 재해보상법」 제60조에 따라 순직유족급여 또는 위험직무순직유족급여에 관한 규정을 적용받는 경우는 제외한다.

② 「선원법」, 「어선원 및 어선 재해보상보험법」 또는 「사립학교교직원 연금법」에 따라 재해보상이 되는 사업

③ 가구내 고용활동

④ 농업, 임업(벌목업은 제외한다), 어업 및 수렵업 중 법인이 아닌 자의 사업으로서 상시근로자 수가 5명 미만인 사업

3) 임의가입 사업

당연가입대상 사업이 아닌 사업으로서 보험가입 여부가 사업자의 자유의사에 일임된 사업으로, 산재보험 적용제외사업의 사업자는 근로복지공

---

31) "사업"이란 어떤 목적을 위하여 업(業)으로 행하여지는 계속적·사회적·경제적 활동단위로서 그 목적은 영리성 여부와는 관계가 없으며, 경영조직으로서의 독립성을 가진 최소단위의 경영체로서 일정한 장소에서 일정한 조직하에 유기적으로 서로 연관되어 행해지는 작업의 일체를 말하며, "사업장"이란 사업이 행하여지고 있는 사람과 물건이 존재하는 장소적 범위를 말한다.

단의 승인을 얻어 보험에 가입할 수 있다. 임의가입한 사업주가 보험계약을 해지할 때에는 미리 공단의 승인을 받아야 한다. 이 경우 보험계약의 해지는 그 보험계약이 성립한 보험연도가 끝난 후에 하여야 한다.

4) 의제가입 사업

산재보험의 당연가입자가 되는 사업이 사업규모의 변동 등의 사유로 적용 제외 사업에 해당하게 되었을 때에는 그 사업주는 그 날부터 임의가입한 것으로 본다.

또한 보험가입 사업자가 그 사업을 운영하다가 근로자를 고용하지 아니하게 되었을 때에는 그 날부터 1년의 범위에서 근로자를 사용하지 아니한 기간에도 보험에 가입한 것으로 간주한다.

의제가입기간 경과로 보험관계가 소멸된 경우 추가적 신고사항은 없으나, 미납 보험료 등 보험료 정산을 위하여 보수총액 신고 또는 보험료 신고를 하여야 하는 경우가 있다.

 윤셈의 톡톡

- 2018년 7월 1일로부터는 상시근로자수 1명 미만인 사업(농업, 임업, 어업 및 수렵업 중 법인이 아닌 경우 제외)과 소규모공사로 2018년 7월 1일 이후 착공하는 공사부터는 산재보험 적용대상이다(2018년 7월 1일부터 시행).
- 산재보험 가입을 게을리한 기간에 발생하는 근로자의 재해에 대하여 징벌적 성격으로 부과하던 보험급여액의 징수금 부과 기준이 납부하여야 하였던 보험료액의 5배로 변경되었다(2018년 1월 1일부터 시행).

2. 「사업장 성립신고서」 작성방법

사용자가 근로자를 처음 고용하는 경우 우선 사업장 성립에 대한 신고를 하고 그에 속한 가입자들에 대한 사업장가입자 취득신고를 하여야 한다. 근로자가 모두 퇴사한 경우에는 퇴사한 사람들에 대한 사업장가입자 상실 신고와 더불어 사업장 탈퇴신고를 하여야 한다.

(1) 적용(성립)신고 할 해당 4대보험 선택

> 국민연금 [　]당연적용사업장 해당신고서
> 건강보험 [　]사업장(기관) 적용신고서
> 고용보험 ([　]보험관계성립신고서 [　]보험가입신청서)
> 산재보험 ([　]보험관계성립신고서 [　]보험가입신청서)

• 국민연금, 건강보험, 고용보험, 산재보험 중 근로자의 가입자 요건 등을 고려하여 적용(성립)신고할 해당 4대보험에 체크한다.

　예 법인사업장의 대표자만 있는 경우: 국민연금 및 건강보험에만 체크한다.

• 4대보험 공단 중 한 곳에만 공통서식으로 신고해도 신고하고자 하는 보험(체크된 것)에 가입된다.

(2) 사업장 관련정보 작성하기

접수번호			접수일			처리기간 국민연금건강보험 3일 고용산재보험 5일		
공통	사업장	사업장관리번호			명칭 (주)익선		사업장 형태	[√]법인 [ ]개인
		소재지	우편번호( ) 서울특별시 송파구 송파동 123					
		우편물 수령지	우편번호( ) 서울특별시 송파구 송파동 123				전자우편주소	
		전화번호(유선) 02-1231-2346		(휴대전화)			팩스번호	
		업태 제조업		종목	기타	(주생산품)		업종코드
		사업자등록번호 123-45-67890			법인등록번호 123456-7890000			
		주거래 은행 (은행명)			(예금주명)		(계좌번호)	
	사용자 (대표자)	성명 양익선		주민(외국인)등록번호 123456-7890000			전화번호	
		주소						
	보험료 자동이체신청	은행명			계좌번호			
		예금주			예금주 주민등록번호(사업자 등록번호)			
	전자고지 신청	고지 방법 [ ]전자우편 [ ]전자문서교환시스템	[ ]휴대전화 [ ]인터넷홈페이지(사회보험통합징수포털)				4대 사회보험 합산고지 [ ] 신청 [ ] 미신청	
		수신처(전자우편주소, 휴대전화번호 또는 아이디)						
		수신자 성명			수신자 주민등록번호			

① 사업장 관리번호: 최초신고 시 사업장 관리번호는 기재하지 않는다.
  • 사업자등록번호 10자리 + 공단구분코드 "0"
  • 4대보험 동일부여를 원칙으로 하여 사업자등록번호(10자리) + 공단
    구분코드(1자리)
  • 공단구분코드: 4대보험 공통(0), 건강보험(2), 국민연금(4), 고용
    산재(6)으로 부여한다.

② 명칭: 상호명을 기재한다.

③ 소재지 및 전화번호: 회사주소지와 신고 후 공단에서 연락이 올 수 있
   으므로 즉시 연락가능한 전화번호, 팩스번호를 기재한다.

④ 업태/종목/사업자등록번호/법인등록번호: 사업자등록증에 있는 내용
   을 기재한다.

⑤ 사용자(대표자): 개인사업의 경우 개인사업자, 법인의 경우 대표이사
   의 인적사항을 기재한다.

⑥ 보험료 자동이체 신청

예금주 주민등록번호(사업자등록번호)	
계좌개설 시 주민등록번호로 등록	주민등록번호 기재
계좌개설 시 사업자등록번호로 등록	사업자등록번호 기재

⑦ 합산고지: 4대보험을 한 장의 고지서에 합산된 금액으로 고지받고자
할 때 체크한다.

⑧ 전자고지 신청: 전자고지를 받으려는 방법을 선택한다.

휴대전화 선택 시: "수신처" 전자우편주소 또는 휴대전화번호

전자문서교환시스템: "건강보험 Web EDI, 사회보험 EDI" 중 하나를
선택하여 기재한다.

(3) 건설현장 사업장 여부 및 연금(고용)보험료 지원 신청
(두루누리 사회보험료 지원)

국민연금/건강보험	건설현장사업장 　[ ]해당 [√]비해당　 건설현장 사업기간　　　　　　~
연금(고용)보험료 지원 신청	「국민연금법」 제100조의3 또는 「고용보험 및 산업재해보상보험의 보험료징수 등에 관한 법률」 제21조에 따라 아래와 같이 연금(고용)보험료 지원을 신청합니다(근로자 수가 10명 미만인 사업(장)만 해당합니다). 국민연금 [ ]　 고용보험 [ ]

① 국민연금/건강보험

건설현장사업장: 건설일용근로자만 가입된 사업장으로 건설현장사업
장으로 적용받고자 하는 사업장이 일괄경정 고지신청서(해당 기관 서
식)를 제출하고 사업장 자격관리 등을 위하여 해당 기관이 운영하는
정보통신망(EDI)에 가입하면 일괄경정고지를 받을 수 있다.

② 연금(고용)보험료 지원 신청(두루누리 사회보험료 지원)

지원요건이 충족될 때 체크한다.

(4) 4대보험 기재사항

국민연금	근로자수		가입대상자수		적용 연월일(YYYY.MM.DD)			
	분리적용사업장 [ ]해당 [√]비해당		본점사업장관리번호					
건강보험	적용대상자수		본점사업장관리번호		적용 연월일			
	사업장 특성부호		회계종목(공무원 및 교직원기관만 작성)		1	2		3
고용보험	상시근로자수		피보험자수				성립일	
	보험사무대행기관 (명칭)			(번호)				
	주된 사업장	명 칭		사업자등록번호				
		우선지원대상기업 [ ]해당 [√]비해당		관리번호				
산재보험	상시근로자 수		성립일			사업종류코드		
	사업의 형태 [√] 계속 [ ] 기간이 정해져 있는 사업(사업기간: -)							
	성립신고일(가입신청일) 현재 산업재해 발생 여부 [ ]있음 [ ]없음							
	주된 사업장 여부 [ ]해당 [ ]비해당		주된 사업장 관리번호					
	원사업주 사업장관리번호 또는 사업개시번호 (사내하도급 수급사업주인 경우만 기재)							

① 작성방법

구분		기재방법
국민연금	적용 연월일	사업장이 1명 이상의 근로자를 사용하게 된 날
	근로자 수	법인대표이사 포함, 개인사업장의 사업자 제외
	가입대상자 수	사업장의 만 18세 이상 만 60세 미만의 근로자와 사업자를 합하여 기재(만 18세 미만 근로자의 경우에도 가입을 희망하는 경우에는 합산)
	분리적용사업장	이미 국민연금에 가입된 본점(모사업장)으로부터 분리하여 별개의 사업장으로 가입한 경우를 말하며, 이러한 분리적용사업장으로 가입하려는 경우에만 본점 명세를 기재함(회사설립 후 최초신고 시 기재하지 않음).

구분		기재방법
건강보험	적용 연월일	사업장이 1명 이상의 근로자를 사용하게 된 날
	단위사업장 수	본점과 지점을 포함한 사업장 수를 기재
	적용대상자 수	건강보험 적용대상 직장가입자의 수를 합산
	회계종목	공무원 및 교직원 사업장만 회계종목 사항기재 • 사업장 특성부호 1. 공무원 사업장 3. 사립학교교직원 사업장 5. 군 기관 7. 일반근로자 사업장
	관할 단위사업장 및 부서가 있을 때에는 제2쪽의 "단위사업장 현황" 및 "영업소 현황"을 기재, 고용보험의 경우 보험관계 성립 사업장이 둘 이상일 때에는 제3쪽의 "신고대상사업장 현황"을 기재	
고용보험 산재보험	상시근로자 수	사업장 내의 상시근로자 수를 기재 (대표이사 제외)
	피보험자 수	만 65세 이상 월 60시간 미만의 근로자를 제외한 근로자 수를 기재
	총상시근로자 수 총피보험자 수	하나의 사업주가 운영하는 전체 사업장에 근로하는 상시근로자 수 및 피보험자 수의 총계 기재
	우선지원대상기업	「고용보험법 시행령」 제12조에 따른 "우선지원 대상기업에 해당하는 기업" 여부
	주된 사업장 관리번호	주된 사업장의 보험관계가 이미 성립한 경우에만 기재
	대규모기업 해당 여부	중소기업기본법에 해당하는 중소기업이 아닌 경우 해당

* 고용·산재보험 신고(신청) 시 "건설공사 및 임업 중 벌목업"의 경우에는 별도 서식을 이용하여 근로복지공단에 제출하여야 한다.

4대보험 가입자 자격취득 신고

1. 4대보험 가입자 대상 요건

(1) 4대보험 적용대상자 및 적용제외자(근로자인 경우)

1) 4대보험 적용대상자

(가) 국민연금

① 국민연금 사업장가입대상자

국민연금의 가입자는 사업장가입자, 지역가입자, 임의가입자 및 임의계속가입자로 구분된다. 당연적용사업장의 18세 이상 60세 미만인 근로자와 사용자는 당연히 사업장가입자가 된다. 또한 국민연금에 가입된 사업장에 종사하는 18세 미만 근로자는 자기가 원하면 사용자의 동의를 받아 사업장가입자가 될 수 있으며 60세 이상 근로자 중 일정한 요건을 만족하는 근로자는 65세가 될 때까지 국민연금공단에 가입을 신청하면 임의계속가입자가 될 수 있다.[32]

---

32) 임의계속가입자의 관리
　　1. 임의계속가입대상자
　　　　다음의 어느 하나에 해당하는 자 중 65세가 될 때까지 임의계속가입을 신청한 자
　　　　① 국민연금 가입기간이 20년 미만인 가입자로서 60세가 된 자
　　　　② 특수직종근로자로서 특례노령연금 수급권을 취득한 자
　　2. 임의계속가입 · 탈퇴 신청요령
　　　　임의가입자로 가입하거나 임의가입자에서 탈퇴하려는 자는 별지 제5호 서식의 신청서([임의 · 임의계속] 가입자 가입 · 탈퇴 신청서)를 국민연금공단에 제출하여야 한다.
　　3. 임의계속가입자의 자격취득일 가입 신청이 수리된 날
　　4. 임의계속가입자의 자격상실
　　　　임의계속가입자는 다음의 어느 하나에 해당하게 된 날의 다음 날에 그 자격을 상실한다. 다만, 아래 ③ 임의계속가입자가 납부한 마지막 연금보험료에 해당하는 달의 말일이 탈퇴 신청이 수리된 날보다 같거나 빠르고 임의계속가입자가 희망하는 경우에는 임의계속가입자가 납부한 마지막 연금보험료에 해당하는 달의 말일에 그 자격을 상실한다.
　　　　① 사망한 때
　　　　② 국적을 상실하거나 국외로 이주한 때

구분	가입대상자
사업장 당연가입자	① 당연적용사업장의 18세 이상 60세 미만인 근로자와 사용자 ② 18세 이상 60세 미만으로서 국민연금 적용사업장에 종사하는 외국인 또는 외국에 거주하는 국민(재외동포 등)으로 국내에 체류하면서 국민연금적용 사업장에 종사하는 자
사업장 임의(계속) 가입자	① 국민연금에 가입된 사업장에 종사하는 18세 미만 근로자로서 사용자의 동의 얻어 가입한 자 ② 사업장에 종사하는 60세 이상 65세 미만의 자로 연장 가입 신청한 자 ③ 특례노령연금 수급권을 취득한 자로서 65세가 될 때까지 가입신청한 자

② 국민연금 사업장 적용제외자

- 만 18세 미만으로 본인이 원하지 않는 경우
- 만 60세 이상인 자(임의계속가입 가능)
- 법인의 이사 중 근로소득이 없는 자
- 월소정근로시간이 60시간 미만인 자(단, 3개월 이상 근로를 제공한 시간강사 및 사용자의 동의를 받아 근로자 적용을 희망하는 자는 가입할 수 있다)
- 일용근로자 또는 1개월 이내의 신고기한부로 사용되는 근로자

> ❑ **국민연금 가입대상 일용근로자, 시간제 근로자**
> 근로계약 여부 또는 근로계약 내용과 관계없이 고용기간 1개월 동안의 근로일수가 8일 이상 또는 1개월 동안의 근로시간이 60시간 이상이거나 1개월 동안의 소득이 220만 원 이상인 일용직 근로자는 가입대상이다.

---

③ 탈퇴 신청이 수리된 때
④ 대통령령으로 정하는 기간(3개월) 이상 계속하여 연금보험료를 체납한 때

- 퇴직연금 등 수급권자
- 국민기초생활보장법에 의한 수급자
- 타공적연금 가입자
- 노령연금수급권을 취득한 자 중 만 60세 미만의 특수직종근로자
- 조기노령연금 수급권을 취득하고 그 지급이 정지되지 아니한 자

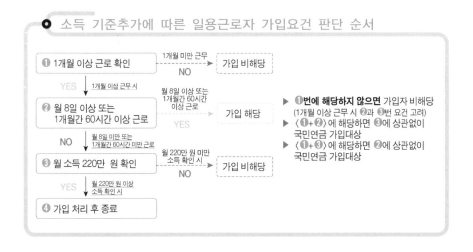

● 소득 기준추가에 따른 일용근로자 가입요건 판단 순서

(나) 건강보험

① 건강보험 직장가입자

건강보험의 가입자는 직장가입자와 지역가입자로 구분된다. 상시 1인 이상의 근로자를 사용하는 사업장에 고용된 근로자(연령제한 없음, 법인 대표자 포함, 근로자를 고용하지 않은 개인사업장의 사용자는 제외)와 공무원 및 교직원은 직장가입자가 되며, 직장가입자는 당연적용대상자와 임의계속가입자로 구분된다.

구분		가입대상자
당연적용 대상자	내국인	모든 사업장의 근로자 및 사용자와 공무원 및 교직원
	외국인· 재외국민	국내에 체류하고 있는 재외국민 또는 외국인 중 직장 가입자 적용사업장에 근무하는 자와 공무원·교직원 으로 임용 또는 채용된 자로서, ① 입국관리법에 의하여 외국인등록을 한 자 ② 재외동포의 출입국과 법적지위에 관한 법률에 의 하여 국내 거소신고를 한 자
임의계속 가입자	실업자특례	사용관계가 끝난 사람 중 직장가입자로서의 자격을 유지한 기간이 사용관계가 끝난 날 이전 18개월 동안 통산 1년 이상인 사람은 지역가입자가 된 이후 최초 로 지역가입자 보험료를 고지받은 날부터 그 납부기 한에서 2개월이 지나기 이전까지 공단에 직장가입자 로서의 자격을 유지할 것을 신청할 수 있다.

② 건강보험 적용 제외자 및 면제(경감)대상자

　㉠ 건강보험 직장가입적용 제외자

　　• 1월 미만의 기간 동안 고용되는 일용근로자. 다만, 고용기간이 1 개월 이상, 월 8일 이상 근로를 제공하는 일용근로자는 적용대상임.

　　• 비상근 근로자 또는 1월간의 소정근로시간이 60시간 미만인 단시 간근로자(시간제교직원·공무원 포함)

　　• 소재지가 일정하지 아니한 사업장의 근로자 및 사용자

　　• 근로자가 없거나 비상근 근로자 또는 1월간의 소정근로시간이 60 시간 미만인 단시간근로자만을 고용하는 사업장의 사업주

　　• 의료급여법에 따라 의료급여를 받는 자

　　• 독립유공자 예우에 관한 법률 및 국가유공자등 예우 및 지원에 관 한 법률에 의하여 의료보호를 받는 자

　　• 하사(단기복무자에 한함)·병 및 무관후보생

- 선거에 의하여 취임하는 공무원으로서 매월 보수 또는 이에 준하는 급료를 받지 아니하는 자

ⓒ 외국인 특례

구분	범위
적용제외 외국인	① 체류기간연장허가를 받지 아니하고 체류하는 자 외국인 ② 강제퇴거명령서가 발부된 자
가입제외신청 가능한 외국인	다음의 경우로서 가입제외를 신청한 경우 ① 국내체류 외국인등이 외국의 법령, 외국의 보험에 따라 의료보장을 받을 수 있는 경우 ② 사용자와의 계약 등에 따라 요양급여에 상당하는 의료보장을 받을 수 있는 경우
정부합의에 의한 적용 제외	정부는 외국 정부가 사용자인 사업장의 근로자의 건강보험에 관하여는 외국 정부와 한 합의에 따라 이를 따로 정할 수 있다.

ⓒ 건강보험료 면제대상자

공단은 직장가입자가 다음의 하나에 해당하는 경우 그 가입자의 보험료를 면제한다.

❶ 3개월(업무에 종사하기 위해 국외에 체류하는 경우라고 공단이 인정하는 경우에는 1개월) 이상 국외에 체류하는 경우로서 국내에 거주하는 피부양자가 없을 때

❷ 「병역법」에 따른 현역병(지원에 의하지 아니하고 임용된 하사를 포함), 전환복무된 사람 및 군간부후보에 해당하게 된 경우

❸ 교도소, 그 밖에 이에 준하는 시설에 수용되어 있는 경우

다만, 위의 급여정지 사유가 생긴 날이 속하는 달의 다음 달부터 사유가 없어진 날이 속하는 달까지 적용한다. 다만, 다음의 어느 하나에 해당하는 경우에는 그 달의 보험료를 면제하지 아니한다.

❶ 급여정지 사유가 매월 1일에 없어진 경우
❷ 국외에 체류하는 경우에 해당하는 가입자 또는 그 피부양자가 국내
   에 입국하여 입국일이 속하는 달에 보험급여를 받고 그 달에 출국하
   는 경우

ⓔ 건강보험료 경감대상자

다음의 어느 하나에 해당하는 가입자 중 보건복지부령으로 정하는 가
입자에 대하여는 그 가입자 또는 그 가입자가 속한 세대의 보험료의 일부
를 경감할 수 있다.

❶ 섬·벽지(僻地)·농어촌 등 대통령령으로 정하는 지역에 거주하는 사람
❷ 65세 이상인 사람(지역가입자에 한함)
❸ 「장애인복지법」에 따라 등록한 장애인(지역가입자에 한함)
❹ 국가유공자(지역가입자에 한함)
❺ 휴직기간이 1개월 이상인 자(출산전후휴가 제외)
❻ 그 밖에 생활이 어렵거나 천재지변 등의 사유로 보험료를 경감할 필
   요가 있다고 보건복지부장관이 정하여 고시하는 사람
❼ 임의계속가입자(보수월액보험료의 50%을 경감)

(다) 고용보험

① 사업장가입대상자

구분		적용대상자
당연적용 대상자		당연적용사업장에 종사하는 모든 근로자
임의적용 대상자	적용제외 사업장	적용제외사업장에 종사하는 근로자(사업주가 근로자의 과반수의 동의를 얻어 공단의 승인을 얻은 때에 한함
	자영업자	다음 중 어느 하나에 해당하는 자로서 사업자등록을 한 자 ① 근로자를 사용하지 않는 자영업자 ② 5인 미만의 근로자를 사용하는 사업주

② 고용보험 적용 제외자

　㉠ 적용제외사업장

적용제외사업장에 종사하는 근로자(임의적용가능)

　㉡ 적용제외근로자

- 1월간 소정근로시간이 60시간 미만인 근로자(1주가 15시간 미만인 자 포함)

  다만, 3개월 이상 계속하여 근로를 제공하는 자와 1개월 미만 동안 고용되는 일용근로자는 적용대상임.

- 공무원

  다만, 별정직공무원, 임기제공무원의 경우는 본인의 의사에 따라 고용보험(실업급여에 한정)에 가입 가능. 소속기관의 장은 임용된 날부터 3개월 이내에 신청해야 함. 해당 가입대상 공무원이 3개월 이내에 직접 가입을 신청할 수 있음.

- 사립학교 교직원연금법 적용자

- 별정우체국 직원

- 65세 이후에 고용되거나 자영업을 개시한 사람은 실업급여와 육아휴직급여 등을 적용하지 않음.

  다만, 65세 전부터 피보험 자격을 유지하던 사람이 65세 이후에 계속하여 고용된 경우는 적용함.

　㉢ 외국인근로자에 대한 고용보험 적용

「외국인근로자의 고용 등에 관한 법률」의 적용을 받는 외국인근로자에게는 고용보험을 적용한다. 다만, 실업급여와 육아휴직급여 등은 고용노동부령으로 정하는 바에 따른 신청이 있는 경우에만 적용한다.

그 외의 외국인근로자에게는 다음과 같이 적용한다.

❶ 다음의 어느 하나에 해당하는 외국인근로자: 전부를 적용

❶ 주재(D-7), 기업투자(D-8) 및 무역경영(D-9)의 체류자격(법에 따른 고용보험에 상응하는 보험료와 급여에 관하여 그 외국인의 본국법이 대한민국 국민에게 적용되지 않는 경우 제외)

❷ 영주(F-5)의 체류자격

❸ 별표 1의2 중 24. 거주(F-2)의 가목부터 다목까지 및 자목부터 카목까지의 어느 하나에 해당하는 체류자격을 가지고 있는 사람

가. 국민 또는 영주(F-5) 자격을 가지고 있는 자의 배우자 및 그의 미성년 자녀
나. 국민과 혼인관계(사실상의 혼인관계를 포함한다)에서 출생한 자와 그를 양육하고 있는 부 또는 모로서 법무부장관이 인정하는 자
다. 난민인정을 받은 자

❹ 별표 1의2 중 24. 거주(F-2)의 라목·바목의 체류자격을 가지고 있는 사람으로서 그의 종전 체류자격에 해당하는 분야에서 활동을 계속하고 있는 사람

라. 「외국인투자촉진법」에 따른 외국인투자가 등으로 다음의 어느 하나에 해당하는 사람
   1) 미화 50만 달러 이상을 투자한 외국인으로서 기업투자(D-8) 체류자격으로 3년 이상 계속 체류하고 있는 사람
   2) 미화 50만 달러 이상을 투자한 외국법인이 「외국인투자촉진법」에 따른 국내 외국인투자기업에 파견한 임직원으로서 3년 이상 체류하고 있는 사람
   3) 미화 30만 달러 이상을 투자한 외국인으로서 2명 이상의 국민을 고용하고 있는 사람
바. 외교(A-1)부터 협정(A-3)까지의 자격 외의 체류자격으로 대한민국에 5년 이상 계속 체류하여 생활근거지가 국내에 있는 자로서 법무부장관이 인정하는 자

❺ 별표 1의2 중 27. 결혼이민(F-6)의 체류자격을 가지고 있는 사람

❷ 다음의 어느 하나에 해당하는 외국인근로자: 고용노동부령으로 정하는 바에 따라 보험 가입을 신청한 경우에 법의 전부를 적용
　❶ 재외동포(F-4)의 체류자격을 가진 사람
　❷ 단기취업(C-4), 교수(E-1) 내지 특정활동(E-7), 비전문취업(E-9), 선원취업 (E-10) 및 방문취업(H-2)의 취업활동을 할 수 있는 체류자격을 가진 사람(「외국인근로자의 고용 등에 관한 법률」의 적용을 받는 외국인근로자 제외)

❏ **E-9, H-2 외국인근로자 고용보험 적용범위 확대**

2021년 1월 1일부터는 E-9과 H-2 비자를 가진 근로자들도 고용보험에 가입하여 실업급여를 수급이 가능하게 되었다.

다만, 고용보험법 시행령은 부칙 조항을 통해 소규모 사업장에 대해서는 적용 시기는 다음과 같다.

① 상시근로자수 30인 이상 사업장 : 2021년 1월 1일부터 적용
② 상시근로자수 10인~29인 사업장 : 2022년 1월 1일부터 적용
③ 상시근로자수 10인 미만 사업장 : 2023년 1월 1일부터 적용

따라서 2023년 들어 E-9, H-2 비자를 가진 외국인근로자에 대한 고용보험법 적용이 사업장 규모에 상관없이 모든 사업장으로 확대되었다.

❏ **고용보험의 종류에 따른 적용 방법**

① 사업주와 근로자가 각각 0.9%씩 부담하는 실업급여 보험료
② 사업주가 모두 부담하는 고용안정·직업능력개발 보험료

E-9, H-2 외국인근로자는 다음과 같이 적용한다.

① 실업급여 보험료
　근로자가 희망하는 경우 별도의 신청서를 제출하여 임의가입한 후 납부할 수 있다. E-9 혹은 H-2 비자를 가진 외국인근로자가 실업급여

보험료까지 납부하기를 원하는 경우, 고용보험법 시행규칙 별지 제1호 서식의 '외국인 고용보험 가입 신청서'를 작성하고 해당 근로자 본인의 서명을 받아 근로복지공단에 제출하면 된다. 다만 해당 외국인근로자들은 소급해서 가입 신청은 불가능하며, 가입 신청을 한 다음 날이 취득일이 된다.

② 고용안정·직업능력개발 보험료
당연적용대상이므로 신청 여부와 상관 없이 의무적으로 가입 이후 납부하여야 한다.

❑ **보수총액 신고시 유의사항**

2023년 E-9 및 H-2 외국인근로자의 보수도 고용안정·직업능력개발 관련 보수총액에 필수적으로 포함시켜야 하며, 임의가입을 신청한 외국인근로자가 있을 시 실업급여 관련 보수총액에도 포함시켜야 한다.

(라) 산재보험

① 적용대상자

가입대상 사업장에 종사하는 모든 근로자

② 산재보험 적용 제외자

가입대상 사업장의 가입대상자 중 임의적용사업장의 경우 적용제외하되 근로복지공단에 승인을 얻어 적용할 수 있다.

즉, 「공무원연금법」, 「군인연금법」, 「선원법」, 「어선원 및 어선재해보상보험법」 또는 「사립학교교직원연금법」에 의하여 재해보상이 행하여지는 자는 적용 제외된다.

● 개인사업주, 법인 대표이사의 고용 · 산재보험 임의가입

① 개인사업주(자영업자)

사업자등록을 하고 실제 사업을 영위하고 있고, 근로자를 사용하지 않거나 50명 미만의 근로자를 사용하는 사업주는 본인의 희망에 따라 가입하는 방식으로, 고용안정 · 직업능력개발사업 및 실업급여에 모두 가입해야 한다. 다만, 2012. 1. 22. 전에 이미 가입한 자영업자는 고용안정 · 직업능력개발사업에 한해 가입을 유지하는 것이 가능하다(실업급여 미가입 가능). 2020년 1월 7일부터 모든 업종의 근로자 미사용 사업주 및 근로자 300명 미만 사용 사업주는 산재보험에 가입신청하고 승인을 받아 임의가입할 수 있다.

구분	가입대상	혜택
중소기업 사업주 산재보험	300인 미만 근로자를 사용하는 자영업자	업무상 사유로 부상, 질병, 사망 등의 재해를 입은 경우 산재보험 급여지급
	근로자를 사용하지 않는 1인 자영업자 (산재보험법 시행령 제125조에 해당하는 사람은 특수형태근로종사자 입직대상)	
자영업자 고용보험	근로자를 사용하지 않거나 50인 미만 근로자를 사용하는 자영업자	실업급여(비자발적 원인으로 폐업하는 경우) 및 직업능력개발 비용지원

	• 유의 사항
	  사업자등록증이 없거나 고유번호증만 가진 경우, 부동산임대업 등 일부 업종의 경우에는 보험가입 제한
	• 실업급여 수급자
	  구직급여 수급 2년 이후 보험가입 신청 가능	

② 법인의 대표이사

대표이사가 고용 · 산재보험에 가입하려고 하는 경우 근로자와 동일하게 자격취득신고서를 작성하지 아니하며 고용보험의 경우 자영업자 고용보험가입신청서를, 산재보험의 경우 중소기업 사업주 산재보험 보험가입신청서를 작성하여 제출하여야 한다(중소기업 사업주 산재보험 보험가

입신청서의 경우 근로자를 사용하는 사업주와 근로자를 사용하지 않는 사업주의 양식이 다름).

대표이사가 산재보험에 가입할 때 중소기업 사업주 사업장관리번호는 근로복지공단에서 부여하는 번호이므로 따로 기재하지 아니하며 산재보험 사업장관리번호는 현재 사용하고 있는 일반 사업장 등록번호를 기재하면 된다. 또한 보험료산정 기준보수액의 등급은 등급표를 보고 대표이사가 선택하여 기재하며, 등급이 높을수록 산재보험료가 많아지며 추후 산재수당도 많다.

● 개업일보다 근로일이 빠른 경우

사업장을 소급적용할 경우 적용일을 확인할 수 있는 객관적인 자료(사업자등록증, 근로소득원천징수영수증 등)에 의해 근로자의 근무한 사실을 확인할 수 있고, 근로소득을 제대로 신고하였다면 근로일로 소급할 수 있다.

2) 취득신고

구분	국민연금	건강보험	고용·산재보험
자격취득일	입사(고용)일		
자격취득 신고기간	자격취득일이 속하는 달의 다음 달 15일까지	자격취득일부터 14일 이내	자격취득일이 속하는 달의 다음 달 15일까지
신고서류	자격취득신고서 등 작성 및 제출(4대보험 공통서식)		

3) 보험료산정 및 부과

구분	국민연금	건강보험	고용·산재보험
소득(보수)월액 또는 월평균보수 산정	$\dfrac{\text{계약기간의 총소득액}}{\text{그 기간의 총일수}} \times 30$일	$\dfrac{\text{계약기간의 총소득액}}{\text{그 기간의 총일수}} \times 30$일	$\dfrac{\text{계약기간의 총보수액}}{\text{예상근무월수}}$ • 근무 개시 월의 근무일수가 20일 미만인 경우 해당 월은 제외하고 산정
보험료산정	소득(보수)월액 또는 월평균 보수 × 보험료율		
보험료 부과	① 취득신고 • 취득일이 해당월 1일인 경우 취득 월부터 부과·징수 • 취득일이 해당월의 2일 이후인 경우 　㉠ 국민연금 　　납부희망 및 미희망을 반드시 기재. 납부희망 시 해당월부터 연금보험료 부과 　㉡ 건강보험 　　2일 이후 취득의 경우 건강보험료는 부과되지 않음. ② 상실신고 • 퇴직일의 다음 날을 상실일로 기재 • 건강보험료는 공단과 정산하여야 하며, 국민연금은 퇴사월까지 납부함.		• 입사 시 근무개시일 속하는 달부터 부과·징수: 단, 월의 중간에 입사(고용) 시 해당월의 근무일수에 따라 일할 계산하여 부과·징수 • 퇴사 시 고용산재보험료의 공단과 정산: 2020. 1. 16. 고용종료된 근로자부터 퇴직 정산 가능

● 월중 입사자의 4대보험

1일 입사를 제외하고 월중 입사자인 경우 입사월의 보험료 납부는 국민연금 (납부 미희망 선택 시)과 건강보험료는 납부하지 아니하고, 고용·산재는 일할 계산한다.

만약, 현 직장에 1월 2일자로 입사하였으면 입사 전 1월 1일의 자격기준으로 1월분은 지역보험료를 납부하고, 직장보험료는 2월 보험료부터 고지된다.

● 고용산재 월별보험료 일할계산 원칙

고용보험과 산재보험은 국민연금이나 건강보험과 달리 보험료 계산에서 월 단위가 아니라 일할계산을 원칙으로 한다(월의 중간에 입사하거나 고용관계가 종료되는 경우, 동일한 사업주의 하나의 사업장에서 다른 사업장으로 전근(전보)되는 경우, 휴직 등 근무변동이 월의 중간에 걸쳐 있는 경우).

$$\text{월평균보수} \times \frac{\text{근무일수}}{\text{월의 총일수}} = \text{보험료}$$

월별보험료는 고용일(자격취득일)부터 고용종료일(자격상실일) 전일까지 부과하며, 전보의 경우 전보일을 기준으로 전보 이전 사업장과 전보 이후 사업장으로 나누어 부과한다.

휴직기간은 부과하지 않으나, 휴직기간 동안 발생한 보수는 고용보험만 정산보험료를 산정한다. 일할계산은 사유발생일(고용일, 고용종료일, 전보일, 휴직시작일, 휴직종료일 등)부터 그 달의 말일 또는 그 달의 초일부터 사유발생일까지의 월력상의 일수를 말한다(실제근무일로 산정하지 않음).

(2) 4대보험 적용 제외자 요약표

구분	국민연금	건강보험	고용보험	산재보험
연령제한	만 18세 미만 만 60세 이상 단, 만 18세 미만 근로자는 본인의 신청에 의해 적용 제외 가능	제한 없음.	만 65세 이후에 신규로 취업한 자*	제한 없음
단시간근로자[33]: 월 소정근로시간이 60시간(1주 15시간 미만인 자 포함)	적용 제외 단, 3개월 이상 근로를 제공하고 사용자의 동의를 받아 근로자 적용을 희망하는 사람은 적용 가능	적용 제외	적용 제외 단, 3개월 이상 근로를 제공한 경우 적용함.	적용
일용근로자: 1월 미만 근로자	적용 제외 단, 고용기간 1개월 동안의 근로일수가 8일 이상 또는 1개월 동안의 근로시간이 60시간 이상이거나 1개월 동안의 소득이 220만 원 이상인 경우에는 가입대상임.	적용 제외 단, 고용기간이 1개월 이상, 월 8일 이상인 경우에는 가입 대상	적용	적용
무보수 대표이사	적용 제외	적용 제외	적용대상 아님.	적용대상 아님.

* 65세 이후에 고용(65세 전부터 피보험 자격을 유지하던 사람이 65세 이후에 계속하여 고용된 경우 제외)된 사람은 실업급여와 육아휴직급여 등을 적용하지 않는다.

---

33) 건강보험에서는 시간제근로자

구분	국민연금	건강보험	고용보험	산재보험
외국인근로자	• **상호주의 원칙 적용** • **다음의 경우는 적용 제외됨.** ❶ 법령조약에서 적용 배제자 ❷ 불법체류자 ❸ 외국인 무등록자 ❹ 강제퇴거 명령서 발부자 ❺ 문화예술(D-1), 유학(D-2), 산업연수(D-3), 일반연수(D-4), 종교(D-6), 방문동거(F-1), 동반(F-3), 기타(G-1)	• **적용** 비전문취업(E-9), 방문취업(H-2) • **조건충족 시 제외** ❶ 외국의 법령 및 보험에 따라 의료보장을 받는 경우 ❷ 사용자와의 계약에 따라 의료보장을 받는 경우	• **적용** 영주(F-5), 거주(F-2) • **상호주의** 주재(D-7), 기업투자(D-8), 무역경영(D-9) 그 외는 임의가입 또는 적용 불가 • **비전문취업(E-9), 방문취업(H-2)** • 임의가입: 실업급여 • 당연가입: 고용안정·직업능력개발	적용
공무원·교직원	적용 제외	적용	적용 제외 (원칙)	적용 제외 (원칙)
기초생활수급자	적용 단, 본인이 희망하는 경우 사업장적용 제외 가능	적용 제외	적용 단, 기초생활보장수급자는 실업급여적용 제외	적용
등기임원	적용	적용	제외 (근로성 인정되면 적용)	
비등기임원	적용	적용	적용	적용
사외이사 등 비상근임원	적용	제외 (근로성 인정되면 적용)	제외	제외

만 65세 이후에 새로 고용된 자는 실업급여와 육아휴직급여 등은 적용하지 않으나, 만 65세 이전에 고용된 자는 모두 적용한다.

만 65세가 되는 날 전에 일용근로자였더라도 그 이후 동일적용사업(같은 현장 등)에서 최종 근로기간까지 10일 이상의 근로를 제공하지 않은 경우에는 해당 최종 근로기간에 대하여 만 65세 이후에 고용된 것으로 보고 실업급여에 해당하는 고용보험에서 적용 제외한다.

● 외국인 중 고용보험 가입대상

외국인은 고용보험 적용제외가 원칙이지만, 다음의 근로자는 가입대상이다.
① 주재(D-7), 기업투자(D-8) 및 무역경영(D-9)의 체류자격을 가진 자(국가 간 상호주의원칙에 따라 법에 따른 고용보험에 상응하는 보험료와 급여에 관하여 그 외국인의 본국법이 대한민국 국민에게 적용되지 아니하는 경우는 제외)
② 거주(F-2), 결혼·이민(F-6)의 체류자격을 가진 자
③ 영주(F-5)의 체류자격을 가진 자
④ 재외동포(F-4)의 체류자격을 가진 자 중 보험가입을 신청한 자
⑤ 취업활동을 할 수 있는 체류자격을 가진 자 중 보험가입을 신청한 자

(3) 건강보험의 피부양자 요건

건강보험의 피부양자가 되기 위해서는 ① 부양요건, ② 소득요건, ③ 재산요건을 동시에 충족하여야 한다.

지역가입자가 직장가입자의 피부양자로 자격전환하는 경우에 피부양자 취득일이 1일인 경우 피부양자 신고일이 속한 달부터 지역보험료가 부과되지 않으나, 2일 이후 취득되는 경우에는 신고일이 속한 달까지는 지역보험료를 납부하여야 한다.

직장가입자 및 피부양자 자격을 취득하는 경우 공단에서 지역가입자 자격을 자동으로 상실 처리한다. 또한 자녀 출생 시 취득신고는 부모 중 한쪽이 직장가입자이면서, 출생신고 시 같은 세대로 신고한 경우라면 행정기관에 출생신고를 한 날짜로 자동 취득처리되므로 별도로 신청할 필요가 없다. 다만, 부모에게 다른 형제가 같이 동거 중이거나 자녀의 출생신고를 다른 주소로 하였다면 가입자의 자녀임을 증명할 수 있는 가족관계증명서를 제출하여야 한다.

| 직장가입자 & 피부양자 & 지역가입자 관계도 |

	직장가입자		지역가입자	
	직장가입자	피부양자	세대주 (지역가입자)	세대원 (지역가입자)
보험료	소득	**없음**	재산+소득+ 자동차	**세대주와 동일**
주소지		**다른 주소지 가능**		**같은 주소지만 가능**
특징	• 피부양자 조건 충족시 지역가입자 등 보험료 미발생		• 모든 세대원의 재산과 소득이 합산되어 세대주에게 보험료 부과(피부양자 미적용)	

● **피부양자 대상 및 인정요건**

① **부양요건**
- 형제자매 불인정(다만, 65세 이상, 30세 미만, 장애인 국가유공보훈보상 상이자는 재산세 과세표준 1억 2천만 원 이하인 경우 인정됨)
- 이혼·사별한 형제·자매 및 자녀·손자녀, 배우자의 직계비속: 미혼 인정
- 배우자의 계부모: 피부양자 인정

② **소득요건**
연금, 이자, 배당, 사업, 근로, 기타소득 합계액이 연간 2,000만 원(2022. 9. 1. 이후) 이하[34]

구분	소득기준	비 고
금융소득 (이자+배당)	1년(1/1~12/31) 동안 1,000만 원 초과 시 전액	
사업소득	(사업)수입액에서 필요경비 공제한 금액으로 ① 사업자등록 시 1원이라도 있으면 피부양자 상실 ② 사업자미등록 시 500만 원 초과하면 피부양자 상실	주택임대소득의 경우 : 임대사업자등록 여부와 상관없이 국세청 소득 금액증명원상 임대소득 금액이 없어야 함.
근로소득	총급여액	
기타소득	(기타)수입액에서 필요경비 공제한 금액	
연금소득	5대 공적연금만 해당 (사적연금은 해당 안됨)	공무원연금공단 등에서 건강보험공단으로 바로 통보되어 공적연금은 노출되나, 사적연금은 국세청에서 자료 미통보되고 있음.

③ 재산요건
- 재산세 과세표준 합계액이 5억 4천만 원 이하(소득 상관없음)
- 재산세 과세표준 합계액이 5억 4천만 원을 초과하고 9억 원 이하이고, 연금, 이자, 배당, 사업, 근로, 기타소득 합계액이 연간 1,000만 원 이하
- 형제자매는 30세 미만, 65세 이상, 국가유공 상이자, 보훈대상 상이자 이면서 부양요건과 소득요건을 충족하고, 재산세 과세표준 합계액이 1억 2,000만 원 이하

---

34) 2022. 7. 1. 이전 3,400만 원

1) 부양요건

직장가입자와의 관계	부양요건	
배우자	동거 시	부양 인정
	비동거 시	부양 인정
부모인 직계존속 ① 부모(재혼 배우자 포함) ② 법률상 부모 아닌 친생부모	동거 시	부양 인정
	비동거 시	부모와 동거하고 있는 형제자매가 없거나, 있어도 보수 또는 소득이 없는 경우 부양 인정
		친생부모의 배우자 또는 동거하고 있는 직계비속이 없거나, 있어도 보수 또는 소득이 없는 경우 부양 인정
자녀인 직계비속(법률상 자녀 아닌 친생자녀 포함)	동거 시	부양 인정
	비동거 시	미혼(이혼·사별 포함)인 경우 부양 인정 다만, 이혼·사별한 경우 자녀의 직계비속이 없거나, 있어도 보수 또는 소득이 없는 경우 부양 인정
조부모, 외조부모 이상인 직계존속	동거 시	부양 인정
	비동거 시	조부모, 외조부모 이상인 직계존속과 동거하고 있는 직계비속이 없거나, 있어도 보수 또는 소득이 없는 경우 부양 인정
손·외손 이하인 직계비속	동거 시	부모가 없거나, 아버지 또는 어머니가 있어도 보수 또는 소득이 없는 경우 부양 인정
	비동거 시	미혼(이혼·사별 포함)으로서 부모가 없는 경우 부양 인정 다만, 이혼·사별한 경우 자녀인 직계비속이 없거나, 있어도 보수 또는 소득이 없는 경우 부양 인정

직장가입자와의 관계	부양요건	
직계비속의 배우자	동거 시	부양 인정
	비동거 시	부양 불인정
배우자의 부모인 직계존속(배우자 부모의 재혼 배우자 포함)	동거 시	부양 인정
	비동거 시	배우자의 부모와 동거하고 있는 배우자의 형제자매가 없거나, 있어도 보수 또는 소득이 없는 경우 부양 인정
배우자의 조부모, 외조부모 이상인 직계비속	동거시	부양 인정
	비동거 시	배우자의 조부모, 외조부모 이상인 직계존속과 동거하고 있는 직계비속이 없거나, 있어도 보수 또는 소득이 없는 경우 인정
배우자의 직계비속	동거 시	미혼(이혼·사별 포함)인 경우 부양 인정 다만, 이혼·사별한 경우 자녀인 직계비속이 없거나, 있어도 보수 또는 소득이 없는 경우 부양 인정
	비동거 시	부양 불인정
어느 하나에 해당하는 형제자매 가. 30세 미만 나. 65세 이상 다. 장애인 라. 국가유공자 중 상이자 마. 보훈대상자 중 상이자	동거 시	미혼(이혼·사별 포함)으로 부모가 없거나, 있어도 보수 또는 소득이 없는 경우 부양 인정 다만, 이혼·사별한 경우 자녀인 직계비속이 없거나, 있어도 보수 또는 소득이 없는 경우 부양 인정
	비동거 시	미혼(이혼·사별 포함)으로 부모 및 직장가입자 외의 다른 형제자매가 없거나, 있어도 부모 및 동거하고 있는 형제자매가 보수 또는 소득이 없는 경우 부양 인정 다만, 이혼·사별한 경우 자녀인 직계비속이 없거나, 있어도 보수 또는 소득이 없는 경우 부양 인정

2) 소득요건(2022년 9월 1일 이후 시행)

① 공적연금, 이자, 배당, 사업, 근로, 기타소득 합계액이 연간 2,000만 원[35] 이하이어야 한다.

② 사업소득이 없어야 한다.

사업자등록을 한 사업자로서 사업소득이 없거나, 사업자 미등록, 장애인, 국가유공자 등, 보훈보상대상의 경우 일정 상이등급 판정받은 자는 연간 500만 원 이하일 때는 사업소득이 없는 것으로 본다.

③ 주택임대소득의 경우 임대사업자등록 여부와 상관없이 국세청 소득금액증명원상 임대소득 금액이 없어야 한다.

❑ 사업자등록이 있거나, 사업자등록을 하지 않는 사업자의 사업소득금액이 감소하거나 수입이 없거나 사업을 중단하는 등 사유가 발생하면 다음의 서류를 준비하여 국민건강보험공단에 제출하면 피부양자 자격으로 전환(유지)된다.

① 사업자등록이 없는 사업소득 발생자
연간소득금액 500만 원 이하로 변경: 소득금액증명과 종합소득세 과세표준확정신고 및 자진납부계산서(소득세신고서)

② 소득활동을 중단한 경우: 퇴직, 해촉 증명서

③ 사업자등록이 있는 사업자의 사업소득
• 소득활동이 중단된 경우: 폐업(휴업) 증명서
• 소득금액이 "0"원인 경우: 소득금액 증명

④ 재건축 사업소득 발생자로 조합원인 경우
재개발(재건축)조합 사업자등록증
• 기준(단순) 경비율 코드가 '451102', '451103'이고, 소득지급처가 재개발(재건축)조합인 경우만 조정

⑤ 연금, 이자, 배당, 사업, 근로, 기타소득의 연간 소득 합계액이 2,000만 원(2022. 9. 1. 이전 3,400만 원)을 초과하지 않는 자

---

35) 2022. 7. 1. 이전 3,400만 원

사실증명(세무서) 및 지사에 비치된 사실확인서, 소득금액증명, 종합소득과세표준 확정 신고 및 자진납부계산서, 국민연금 등 공적연금기관들의 지급내역 등

④ 피부양자가 되려는 자가 기혼인 경우에는 부부 모두 부양요건과 소득요건을 충족해야 한다.

3) 재산요건

피부양자 본인 재산으로만 판단한다.

① 재산은 토지, 건축물, 주택, 선박 및 항공기에 대한 재산세 과세표준 합계액이 5억 4천만 원 이하이어야 한다.

다만, 재산세 과세표준 합계액이 5억 4천만 원을 초과하고 9억 원 이하인 경우에는 연금, 이자, 배당, 사업, 근로, 기타소득 합계액이 연간 1,000만 원(월평균 83만3,333원) 이하일 때만 직장가입자의 피부양자가 될 수 있다.

그러므로 재산세 과세표준 합계액이 9억 원을 초과하면 소득과 상관없이 지역가입자로 전환된다. 특히, 2018년 6월 30일까지는 장애인이나 국가유공자, 보훈보상대상자 중 상이등급 판정을 받은 경우에도 재산세 과세표준 합계액이 9억 원을 초과해도 피부양자 인정을 받을 수 있었으나, 9월 1일부터는 재산세 과세표준 합계액이 9억 원을 초과하면 소득과 상관없이 지역가입자로 전환된다.

② 피부양자가 부양요건과 소득요건은 충족하나 재산요건을 충족하지 못해 2021년 12월 1일 피부양자의 자격을 상실하고 지역가입자가 된 경우 2021년 12월분부터 2022년 11월분에 대해서만 증가된 보험료의 50%를 경감한다.

③ 형제자매는 부양대상에서 원칙적으로 제외되나, 형제자매가 30세 미

만, 65세 이상, 국가유공 상이자, 보훈대상 상이자이면서 부양요건과 소득요건을 충족하고, 재산세 과세표준 합계액이 1억 8천만 원 이하인 경우에는 피부양자가 될 수 있다.

❏ **소득 및 재산자료 부과 반영기준**

(1) 소득 자료의 반영시기는 다음의 구분에 따른다. 다만, 천재지변 등 부득이한 사유가 발생한 경우에는 공단의 정관으로 정하는 바에 따라 반영시기를 조정할 수 있다.

　① 매년 1월부터 10월까지의 소득월액 산정 시: 소득월액보험료가 부과되는 연도의 전전년도 자료. 다만, 연금소득 자료는 소득월액보험료가 부과되는 연도의 전년도 자료로 한다.

　② 매년 11월 및 12월의 소득월액 산정시 소득월액보험료가 부과되는 연도의 전년도 자료

(2) 해당 연도 6월 1일을 기준으로 하는 재산세 과세자료 : 해당 연도 11월부터 다음 연도 10월까지

❏ **외국인 등 피부양자 체류기간 만료자·1개월 초과 출국자 상실**

▪ **외국인 피부양자 체류기간 만료자**
　• 체류기간이 만료된 피부양자는 취득할 수 없음.
　• 체류기간이 만료되면 체류기간이 종료된 날의 다음 날로 자격상실
　• 체류기간을 연장한 경우 체류시작일로부터 90일 이내에 피부양자 취득신고를 해야 건강보험 적용을 받을 수 있고, 90일을 초과하여 신고하면 신고일이 취득일이 됨.

▪ **1개월 초과 출국자**
　• 체류기간이 만료되지 아니한 1개월 초과 출국자는 출국한 날의 다음 날로 자격 상실. 다만 1개월 이하의 일시출국은 제외한다.

부양 요건	1. 형제자매는 부양 대상에서 원칙적으로 제외 다만, 30세 미만, 65세 이상, 국가유공 상이자·보훈대상 상이자 중 부양과 소득 요건을 충족하면서 재산세 과세표준 합계액이 1억 8,000만 원 이하인 경우에는 형제자매라도 피부양자로 인정
	2. 배우자의 아버지 또는 어머니와 재혼한 배우자도 부양·소득·재산 요건을 충족하면 피부양자로 인정
	3. 이혼과 사별도 미혼으로 인정
소득 요건	1. 이자·배당·사업·근로·연금·기타소득의 합계액이 연간 2,000 만 원(2022년 9월 1일 이전 3,400만 원) 이하
	2. 사업소득이 없어야 함. 다음의 경우에는 사업소득금액이 없는 것으로 봄. ① 사업자등록은 있지만 사업소득금액이 없는 경우 • 장애인 등록자, 국가유공 상이자, 보훈보상 상이자는 사업소득 금액의 연간 합계액이 500만 원 이하 • 주택임대소득의 경우 임대사업자등록 여부와 상관없이 국세청 소득금액증명원상 임대소득 금액이 없어야 함. ② 사업자등록이 없고 사업소득금액이 연간 500만 원 이하인 경우 ③ 장애인, 국가유공자·보훈대상자 중 상이자의 경우에는 사업자등록 유무와 관계없이 사업소득 합계액이 연간 500만 원 이하인 경우
	3. 기혼자는 부부 모두 부양요건과 소득요건을 충족해야 함.
재산 요건	토지, 건축물, 주택, 선박 및 항공기 (단, 종중재산, 마을 공동재산, 그 밖에 준하는 공동 목적으로 사용하는 건축물과 토지는 제외)	재산세 과세표준 합계액 5억 4천만 원 이하
		재산세 과세표준 합계액 5억 4천만 원 초과~9 억 원 이하이고, 연간소득 합계액 1,000만 원 이하
		재산세 과세표준 합계액 1억 8,000만 원 이하 (직장가입자가 형제자매인 경우에 한함)

4) 피부양자 자격취득시기

피부양자 자격취득신고일	자격취득시기
① 직장가입자의 자격취득일(자격변동일)로부터 90일 이내 피부양자 자격취득신고하는 경우	직장가입자의 자격취득일 또는 가입자의 자격변동일(소급 적용)
② 90일 초과하여 신고하는 경우	「피부양자자격취득신고서」를 제출한 날. 다만, 공단이 정하는 본인의 책임이 없는 부득이한 사유로 90일을 초과하여 피부양자 자격취득신고를 한 경우에는 직장가입자의 자격취득일 또는 가입자의 가격변동일

* 지역가입자가 피부양자로 자격전환 시 피부양자 취득일이 1일인 경우 피부양자 신고일이 속한 달부터 지역보험료가 부과되지 않으나 2일 이후 취득되는 경우 신고일이 속한 달까지는 지역보험료를 납부해야 한다.

(4) 일용근로자 고용정보 신고: 「근로내용 확인신고서」

1) 일용근로자 정의

일용근로자란 1개월 미만 동안 고용되는 자를 말한다. 이때 '1개월 미만 동안 고용된다'는 의미는 실제 1개월 미만으로 고용되는 것이 아니라, 근로계약기간이 1일 단위 또는 1개월 미만인 경우를 말한다. 따라서 임금의 산정이나 지급형태가 일 단위 혹은 시간단위로 이루어진다 하여 일용근로자로 분류되는 것이 아니며, 일일단위 근로계약형태로 채용되었다면, 실제 근로일수가 1월 이상되는 경우도 일용근로자로 본다. 또한, 일용근로자는 근로시간이 짧더라도 단시간근로자로 볼 수 없으므로, 소정근로시간이 1개월간 60시간 미만인 경우에도 일용직근로내용확인신고 대상자이다.

2) 신고사유 및 시기

2011. 1. 1.부터 일용근로자는 「근로내용 확인신고서」를 제출한 경우 근로자 고용개시 신고 및 근로자 고용종료 신고, 이직확인서 제출을 한 것으로 본다. 따라서, 사업주는 일용근로자에 대하여 「근로내용 확인신고서」를 고용한 달의 다음 달 15일까지 공단에 신고하여야 하며, 고용정보 미신고 시 사업주에게 300만 원 이하의 과태료가 부과된다.

○ 외국인 일용근로자

① 당연적용 대상인 외국인근로자 중 일용근로자는 국내근로자와 같이 「근로내용 확인서」에 따라 신고한다.
② 고용보험 임의가입 대상인 외국인 일용근로자는 「근로내용 확인신고서」 제출 기한까지 「외국인 고용보험 가입 신청서」를 「근로내용 확인신고서」와 함께 제출한다. 이 경우 그 가입의 사유가 발생한 날에 피보험자격을 취득한 것으로 본다.

보론

● 일용·단시간근로자 국민연금 가입대상 판정기준

❑ 근로·고용계약서 확인: 고용기간, 근로일수, 소득 판단기준

근로계약서의 근로일수가 월 8일 이상이면 실제 근로기간, 일수 불문하고 사업장가입으로 적용한다.

❑ 1개월 이상 근로하면서 월 8일 이상 또는 월 60시간 이상 근로하거나, 1개월 동안 220만 원 이상의 소득이 발생하는 경우

㉠ 1개월 이상 근로(그날 이후까지 근로한 경우)이면서 월 8일 이상 근로 (월 60시간 이상 근로)하는 경우

❶ 1개월 이상 근로(그날 이후까지 근로한 경우)

최초 근로(고용)일로부터 1개월 되는 날까지 근로하거나, 그날 이후 까지 근로한 경우(최초 근로일부터 1개월 미만 근로하였더라도 그 기간에 8일 이상 근로하였고 연속하는 월에 하루라도 근무하면 가입 대상임)

▶ 「연속하는 월」의 정의

① 동월 초일부터 말일 이전까지로 1개월 미만 근무하였으나 그 기간 동안 8일 이상 근무하였고, 다음 달에 근로를 1일이라도 하는 경우 다음 달을 연속하는 월로 간주한다.

    예 근로자가 2021. 7. 1.부터 7. 23.까지 사업장에서 8일 이상 근 로하였고, 8. 10.부터 8. 13.까지 2일을 근로한 경우, 8월을 연 속하는 월로 본다.

② 2개월에 걸쳐 1개월 미만 근무하였지만, 근로일수는 8일 이상이 고, 그 기간의 최종 근로일이 속한 월의 다음 달에 근로를 1일이라 도 하는 경우, 그 다음 달을 연속하는 월로 간주한다.

    예 근로자가 2021. 7. 10.부터 8. 5.까지 사업장에서 8일 이상 근 로하였고, 9. 15.부터 9. 20.까지 4일을 근로한 경우 9월을 연

속하는 월로 본다.

【사례 1】 연속하는 월에 근로가 없는 경우

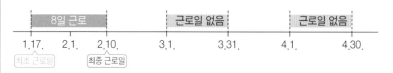

▶ **가입 대상 아님.** 근무기간이 최초 근로일(1. 17.)로부터 1개월 미만(1. 17.~2. 10.)으로 최종 근로일이 2. 10.으로 확인되고 다음 달에 근로일이 없는 경우, 근무일수는 8일 이상이나 가입 대상 아님.
※ 1개월 미만으로 가입 대상 제외 시 소득금액 확인 불필요

【사례 2】 연속하는 월에 근로가 있는 경우

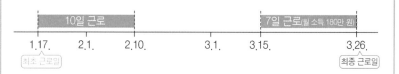

취득일: 1. 17., 상실: 3. 1. 또는 3. 27.
① 1개월 미만 동안 10일을 근무하였지만 **연속되는 월(3월)에 근무일수가 발생**하여 1개월 이상 근로한 것으로 보아 가입 대상으로 업무처리
② 이 경우, 최초 근로일(1. 17.)로부터 1개월 동안 10일 근무하였다는 것으로 간주하고 취득일은 최초 근로일로 적용
③ 연속하는 월(3월)에 8일 미만 근로로 상실일은 최종 근로일이 속한 달의 초일로 적용(단, 사용자와 가입자가 희망하는 경우 최종 근로일의 다음 날로 상실 가능)
※ "8일 미만" 근로인 경우, 소득금액 기준 확인 필요

❷ 월 8일 이상 근로

최초 근로(고용)일로부터 1개월 되는 날까지 8일 이상 근로하거나,
다음 달 초일부터 말일까지 근로일수가 8일 이상인 경우

【사례 3】1개월 되는 날까지 8일 이상 근로

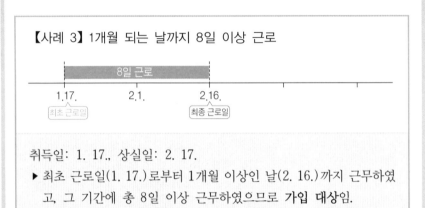

취득일: 1. 17., 상실일: 2. 17.
▶ 최초 근로일(1. 17.)로부터 1개월 이상인 날(2. 16.)까지 근무하였
고, 그 기간에 총 8일 이상 근무하였으므로 **가입 대상**임.

【사례 4】최초 근로일 다음 달 초일부터 말일까지 근로일수가 8일 이상

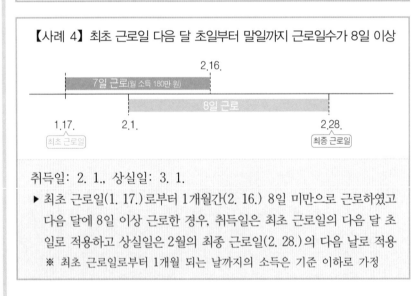

취득일: 2. 1., 상실일: 3. 1.
▶ 최초 근로일(1. 17.)로부터 1개월간(2. 16.) 8일 미만으로 근로하였고
다음 달에 8일 이상 근로한 경우, 취득일은 최초 근로일의 다음 달 초
일로 적용하고 상실일은 2월의 최종 근로일(2. 28.)의 다음 날로 적용
※ 최초 근로일로부터 1개월 되는 날까지의 소득은 기준 이하로 가정

---

❸ 「월 8일 이상 근로」및 「월 60시간 이상 근로」할 경우
[월 8일 미만 근로일 때만 「월 60시간 이상 근로」여부 확인 필요]
ⓐ 월 60시간 이상 판단은 「고용・산재보험 근로내용 확인 신고서」
의 "일평균근로시간"을 기초로 산정한다.

ⓑ 실제사업장에서 확인된 근로 시간과 산정된 근로 시간의 차이가 발생할 경우, 사업장에 근로 내용 확인신고 내역 수정 요청

【사례 5】 월 60시간 이상 근로 시 취득일·상실일 적용 사례

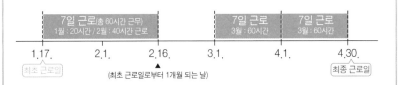

취득일: 1. 17., 상실일: 5. 1.

① 최초 근로일(1. 17.)로부터 1개월 되는 날(2. 16.)까지 총 60시간 근로하여 「월 60시간 이상 근로」에 해당되어 가입 대상이고, 이 경우 최초 근로일을 자격취득일로 적용함.

② 연속해서 월 60시간 이상 근무하였으므로, 최종 근로일(4. 30.)의 다음 날인 5. 1.에 상실 적용함.

ⓛ 「1개월 이상 근로」 및 「1개월 동안 220만 원」 이상 소득이 발생할 경우 최초 근로(고용)일로부터 1개월 되는 날까지 근로하면서 8일 미만이면서 60시간 미만 근로하였지만 월 소득이 220만 원 이상인 경우

【사례 6】 소득금액 산정방식

 : 최초 근로일로부터 1개월 되는 날까지의 소득

 : 일 평균소득 × 1개월 되는 날까지의 근로일수

$$일\ 평균소득\ =\ \frac{연속\ 근로\ 월\ 소득의\ 전체\ 합산한\ 금액}{근로일수}$$

▶ 근로자가 사업장에 1. 24.에 최초 근로하고 2. 27.에 최종 근로한 경우, 1. 24.~2. 23.까지 7일간 근로, 2. 1.~2. 27.까지 5일간 근로

 → 1월 소득: 1,264,000원(4일 근로)

 → 2월 소득: 1,580,000원(5일 근로)

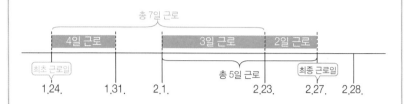

▶ 월 소득금액은 2,212,000원으로 220만 원 이상의 월 소득자로서 가
  입 대상이며, 취득일은 1. 24.이고 상실일은 2. 28.임.

〈월 소득금액 계산식〉
월 소득 2,212,000원 ={(1,264,000원[1]+1,580,000원[2])÷9일[3]}×7일[4]
 1) 최초 근로일이 속한 달의 소득: 1월 소득
 2) 최초 근로일이 속한 달의 소득: 2월 소득
 3) 근로기간 동안 총 근무 일수: 총 9일{4일(1월 근무 일수)+5일(2월 근무
    일수)}
 4) 최초 근로일로부터 1개월 간 근무 일수의 경우 1. 24.부터 2. 23.까지 7일
    간 근로

㉠ **자격취득일**

❶ 최초 근로일부터 1개월간 8일 이상 또는 60시간 이상 근로하거나 월 220만 원 이상 소득이 발생한 경우: 최초 근로일

❷ 최초 근로일부터 1개월간 8일 미만 및 60시간 미만 근무하였고 그 기간 동안 소득이 220만 원 미만이고, 최초 근로일이 속한 달의 다음 달 초일부터 말일까지 8일 이상 또는 60시간 이상 근로하거나 소득이 220만 원 이상인 경우: 최초 근로일이 속한 달의 다음 달 초일(1일) 취득

❸ 최초 근로일부터 1개월간의 소득이 220만 원 이상인 경우: 최초 근로일

㉡ **자격상실일**

❶ 자격취득일이 속한 달의 다음 달 이후 최종 근로일이 속한 달에 월 8일 이상 또는 60시간 이상 근로하거나 해당 월 소득이 220만 원 이상인 경우: 최종 근로일의 다음 날

❷ 최초 근로일부터 1개월간 8일 이상 또는 60시간 이상 근로하거나 그 기간 동안 소득이 220만 원 이상이고, 다음 달에 8일 미만 및 60시간 미만 근로하면서 소득이 220만 원 미만인 경우: 최종 근로일의 다음 날(최초 근로일이 초일인 경우는 최초 근로일부터 1개월이 된 날의 다음 날로 상실 가능)

❸ 자격취득 후 연속해서 가입 후 최종 근로 월 초일부터 말일까지 월 8일 미만이면서 60시간 미만으로 근로하거나 월 소득이 220만 원 미만인 경우: 최종 근로일이 속한 달의 초일(1일) 또는 최종 근로일의 다음 날(사용자와 근로자가 희망하면 최종 근로일의 다음 날로 상실 가능하며, 희망 여부 판단은 신고서 제출로 확인)

【사례 ①-1】 최초 근로일부터 1개월간 월 8일 이상 근로하고 그 이후도 월 8일 이상 근로한 경우: 최초 근로일

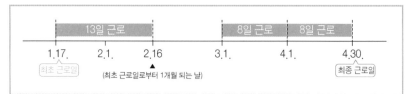

취득일: 1. 17., 상실일: 5. 1.

❶ 최초 근로일(1. 17.)로부터 1개월 되는 날(2. 16.)까지 총 13일 근로하였으므로 「8일 이상 근로」에 해당하여 가입 대상이고, 이 경우 최초 근로일을 자격취득일로 적용함.

❷ 3개월 이상 월 8일 이상 근무하였으므로, 최종 근로일(4. 30.)의 다음 날인 5. 1.에 상실 적용함.

【사례 ①-2】 최초 근로일부터 1개월만 월 8일 이상 근로한 경우: 최초 근로일

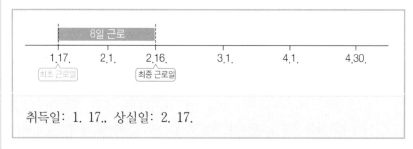

취득일: 1. 17., 상실일: 2. 17.

【사례 ②】 최초 1개월간(전월) 근로일수가 8일 미만이고 그 기간 동안 월 소득도 220만 원 미만이며, 최초 근로일이 속한 달의 다음 달 이후 초일부터 말일까지 월 8일 이상 근로한 경우: 최초 근로일이 속한 달의 다음 달 초일(1일)

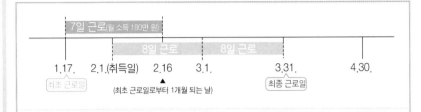

취득일: 2. 1., 상실일: 4. 1.

❶ 최초 근로일(1. 17.)로부터 1개월 되는 날(2. 16.)까지 총 7일 근로하여 「8일 이상 근로」에 해당하지 않고, 다음 달(2월) 초일부터 말일까지의 근로일수를 확인하여 8일 이상 근로하였을 때 취득일은 8일 이상 근로한 달의 초일로 적용

❷ 지속해서 월 8일 이상 근무하였으므로, 최종 근로일(3. 31.)의 다음 날인 4. 1.에 상실 적용함.

[응용 사례(소득금액은 월 220만 원 미만으로 가정)]

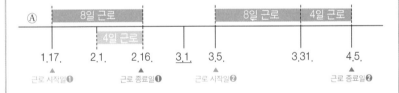

취득일: 1. 17., 상실일: 2. 17., 재취득일: 3. 1.

재상실일: 4. 1. 또는 4. 6.*

▶ Ⓐ의 경우 상실 후 다시 취득하는 경우 상실 여부와 상관없이 전월(2월)에 근로일수(8일 미만)가 있고 당월에 근로일수가 8일 이상 있는 경우, 당월 초일(3. 1.)로 취득해야 함.

* 최종 근로일의 다음 날(4. 6.)로 상실은 사용자와 근로자가 희망 시 적용 가능

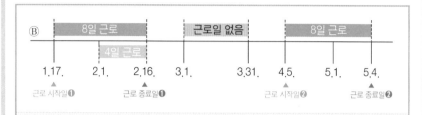

【사례 ③】 전월 근로일이 8일 미만이나 최초 근로일로부터 1개월간의 소
득이 220만 원 이상인 경우: 최초 근로일

※ 경과규정

2022. 1. 1. 이전부터 고용된 근로자의 근로계약 내용이 근로일수 월 8
일 미만이지만 월 소득이 고시 금액 이상인 경우 취득일은 2022. 1. 1.로
적용한다.

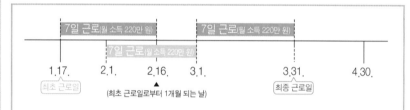

취득일: 1. 17., 상실일: 4. 1.

❶ 최초 근로일(1. 17.)로부터 1개월 되는 날(2. 16.)까지 총 7일 근
로하여 「8일 이상 근로」에 해당하지 않으나, 1개월간 소득이 보건
복지부 고시(220만 원) 이상이므로 가입대상이며 취득일은 최초
근로일(1. 17.), 상실은 최종 근로일의 다음 날(4. 1.)로 적용함.

[응용 사례]

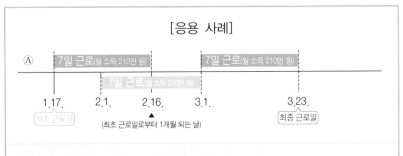

취득일: 2. 1., 상실일: 3. 1. 또는 3. 24.*

* 최종 근로일의 다음 날(3. 24.)로, 상실은 사용자와 근로자가 희망 시 적용
가능

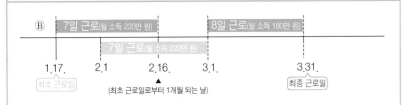

취득일: 1. 17., 상실일: 4. 1.

▶Ⓐ의 경우 최초 근로일로부터 1개월간 월 소득이 고시금액 미만이
므로 다음 달 초일(2. 1.)로 취득하고, 월 8일 미만 근무하면서 월
소득도 220만 원 이하인 최종 근로일이 속한 달(3월)의 초일 또는
최종 근로일의 다음 날(3. 24.)로 상실함.

▶Ⓑ의 경우 최초 근로일로부터 8일 미만 근로하였지만, 월 소득이
220만 원 이상으로 최초 근로일(1. 17.)에 취득하고 최초 근로일
다음 달(2월)도 월 소득이 220만 원 이상으로 가입 유지, 3월에는
8일 이상 근로하였기 때문에 최종 근로일의 다음 날(4. 1.)로 상실
함.

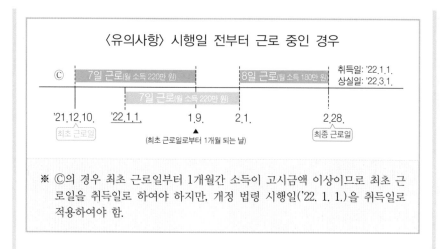

〈유의사항〉 시행일 전부터 근로 중인 경우

※ ⓒ의 경우 최초 근로일부터 1개월간 소득이 고시금액 이상이므로 최초 근로일을 취득일로 하여야 하지만, 개정 법령 시행일('22. 1. 1.)을 취득일로 적용하여야 함.

【사례 ④】 최초 근로일부터 1개월간 월 8일 미만 근로하였고 소득이 220만 원 미만이지만, 60시간 이상 근로한 경우: 최초 근로일

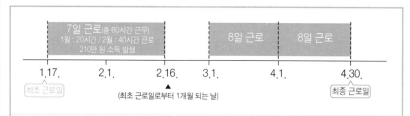

취득일: 1. 17., 상실일: 5. 1.

❶ 최초 근로일(1. 17.)로부터 1개월 되는 날(2. 16.)까지 총 60시간 이상 근로하여 「60시간 이상 근로」에 해당하여 가입 대상이고, 이 경우 최초 근로일을 자격취득일로 적용함.

❷ 이후 연속해서 월 8일 이상 근무하였으므로, 최종 근로일(4. 30.)의 다음 날인 5. 1.에 상실 적용함.

❸ 만약, 4월에 대상자가 8일 미만 및 60시간 미만 근로하거나 월 소득이 220만 원 미만인 경우는 상실일을 초일(4. 1.) 또는 최종 근로일의 다음 날(5. 1.)로 적용할 수 있음.

※ 단, 사용자와 근로자가 희망할 때만 최종 근로일의 다음 날로 상실할 수 있음.

【사례 ⑤】 최초 근로일부터 1개월만 월 60시간 이상 근로한 경우:
　　　　　최초 근로일

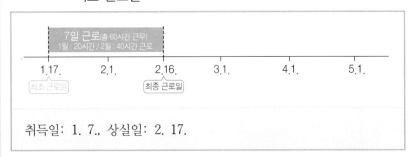

취득일: 1. 7., 상실일: 2. 17.

【사례 ⑥】 전월 근로일이 8일 미만 및 근로시간이 60시간 미만이나 최초
　　　　　근로일로부터 1개월간의 소득이 220만 원 이상인 경우:
　　　　　최초 근로일

취득일: 1. 17., 상실일: 4. 1.

❶ 최초 근로일(1. 17.)로부터 1개월 되는 날(2. 16.)까지 총 7일 동
안 총 50시간 근로하였으나 「8일 이상 또는 월 60시간 이상 근로」
에 해당하지 않으나, **1개월간 소득이 보건복지부 고시(220만 원)
이상이므로 가입 대상**이며 취득일은 최초 근로일(1. 17.), 상실은
최종 근로일의 다음 날(4. 1.)로 적용함.

【사례 ①】 자격취득일이 속한 달의 다음 달 이후 최종 근로일이 속한 달의 근로일수가 8일 이상인 경우: 최종 근로일의 다음 날

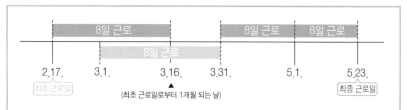

취득일: 2. 17., 상실일: 5. 24.

❶ 최초 근로일(2. 17.)로부터 1개월 되는 날(3. 16.)까지 총 8일 근로하여 「8일 이상 근로」에 해당하여 가입 대상이고, 이 경우 최초 근로일을 자격취득일로 적용함.

❷ 연속해서 월 8일 이상 근무하였으므로, 최종 근로일(5. 23.)의 다음 날인 5. 24.에 상실 적용함.

【사례 ②-1】 최초 근로일부터 1개월간 8일 이상 근로한 후, 다음 달에 8일 미만 근로하면서 월 소득이 220만 원 미만인 경우: 최종 근로일의 다음 날

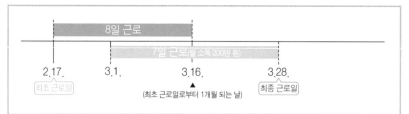

취득일: 2. 17., 상실일: 3. 29.

❶ 최초 근로일(2. 17.)로부터 1개월 되는 날(3. 16.)까지 총 8일 근로하여 「8일 이상 근로」에 해당하여 가입 대상이고, 이 경우 최초 근로일을 자격취득일로 적용함.

❷ 최초 근로일 다음 달 초일부터 말일까지 근로일수가 8일 미만이고

월 소득이 고시 금액(220만 원) 미만인 경우, 상실일은 최종 근로일(3. 28.)의 다음 날로 적용

【사례 ②-2】 초일인 최초 근로일부터 1개월간(전월) 근로일수가 월 8일 이상이며, 다음 달 초일부터 말일까지 8일 미만 근로하면서 월 소득 220만 원 미만인 경우: 최초 근로일부터 1개월 된 날의 다음 날 또는 최종 근로일의 다음 날

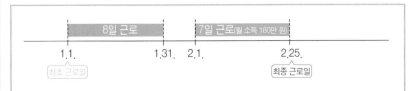

취득일: 1. 1., 상실일: 2. 1. 또는 2. 26.

❶ 최초 근로일(1. 1.)로부터 1개월간 총 8일 근로하여 가입 대상이고, 이 경우 최초 근로일을 자격취득일로 적용함.

❷ 최초 근로일 다음 달(2월)에 7일 미만이므로 다음 달 초일(2. 1.)로 상실할 수 있고 **사용자와 근로자가 희망***하면 최종 근로일(2. 25.)의 다음 날로도 상실 가능

* 신고서 제출로 희망 여부 판단

【사례 ③】 자격 취득 후 연속해서 가입 후 최종 근로 월 초일부터 말일까지 월 8일 미만으로 근로하면서 월 소득이 220만 원 미만인 경우: 최종 근로일이 속한 달의 초일 또는 최종 근로일의 다음 날

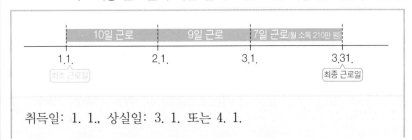

취득일: 1. 1., 상실일: 3. 1. 또는 4. 1.

❶ 1월 초일부터 말일까지 10일 근로하여 가입 대상이고, 이 경우 취득일은 1. 1.로 적용

❷ 1월 이후 2월과 3월에 연속해서 근무하였고 최종 근로 월(3월)에 8일 미만 및 고시 금액 이하의 월 소득이므로 상실일은 최종 근로 월 초일(3. 1.) 또는 최종 근로일(3. 31.)의 다음 날*인 4. 1.을 상실일로 적용함.

  * 사용자와 근로자가 희망하면 최종 근로일의 다음 날로 상실 가능하며, 희망 여부 판단은 신고서 제출로 확인

○ 자격 취득 · 상실 적정 처리로 가입 기간 불인정(보험료 미부과) 사례 방지

▶ 〈착오처리〉 Ⓐ 취득/상실(1. 8./1. 31.)
  Ⓑ 취득/상실(2. 14./2. 28.)
  Ⓒ 취득/상실(3. 15./3. 29.)

▶ 〈적정처리〉 취득(1. 8.)/상실(3. 29.)

● 단시간근로자의 사업장가입자 적용

❑ **단시간근로자의 근로시간에 따른 사업장가입자 적용**

　㉠ 소정근로시간을 알 수 있는 경우

　　소정근로시간이 60시간 이상인 경우 또는 주단위로 정해진 경우에는 1주 평균 15시간 이상인 경우 사업장가입자 가입대상으로 본다. 다만, 월소정근로시간이 60시간 미만도 월 실제 근로시간이 60시간 이상이면 근로자에 포함된다.

　㉡ 소정근로시간을 알 수 없는 경우

　　실제 고용기간이 1개월 이상, 실제 근로시간이 월 60시간 이상인 자는 사업장가입자 가입 대상으로 본다.

　　실제 근로시간의 계산은 근로 개시일부터 다음 달 전일까지의 근로시간을 월단위로 계산 후 사업장가입자 적용 여부를 판단한다.

| 고용기간에 따른 취득 및 상실일 적용 |

구분 (근로계약 또는 실제 고용기간)	소정근로시간 (월 60시간)		취득일	상실일
	이상	미만		
근로계약이 1개월 이상으로 기간을 정하지 않은 경우 포함하나, 실제 고용기간(시간)은 불문인 경우	적용	제외	최초 고용일	퇴사일의 다음 날
근로계약이 1개월 미만 또는 근로계약이 없으나, 실제 고용기간이 1개월 이상인 경우	적용	제외	최초 고용일 또는 근로자로 된 날	퇴사일의 다음 날 또는 근로자에서 제외된 날*

* 근로자 제외 사유(상실 부호 22번)로 신고하는 경우만, 근로자에서 제외된 날(월 60시간 미만인 해당 월의 기산일)로 상실 처리

【사례 1】근로계약이 1개월 이상인 경우(기간을 정하지 않은 경우 포함)
단시간근로자가 입사하여 (2016. 1. 12.~2. 11. 월 55시간 근로, 2016. 2. 12.~3. 11. 월 59시간 근로, 2016. 3. 12.~2016. 4. 11. 월 65시간 근로)하다가 2016. 4. 14. 퇴사하고 사용관계종료 사유로 상실신고하는 경우, 사업장가입 자자격취득일·상실일은?

- 근로계약 내용

2016년 1월 12일부터 월 55시간씩 근무(상실시기는 정하지 않음)
- 자격취득일: 2016. 3. 12.(근로시간이 월 60시간 이상으로 근로자에 해당)
- 자격상실일: 2016. 4. 15.(사용관계 종료일의 다음 날)

【사례 2-1】 근로계약이 없으나, 실제 고용기간이 1개월 이상인 경우

① 단시간근로자가 입사하여 (2016. 1. 12.~2. 11. 월 55시간 근로, 2016. 2. 12.~3. 11. 월 59시간 근로, 2016. 3. 12.~2016. 4. 11. 월 65시간 근로)하다가 2016. 4. 14. 퇴사하고 사용관계종료 사유로 상실신고하는 경우, 사업장가입자 자격취득일·상실일은?
- 자격취득일: 2016. 3. 12.(근로시간이 월 60시간 이상으로 근로자에 해당된 날)
- 자격상실일: 자격상실일은 2016. 4. 15.(사용관계 종료일의 다음 날)
② 단시간근로자가 입사하여 (2016. 1. 12.~2. 11. 월 55시간 근로, 2016. 2. 12.~3. 11. 월 59시간 근로, 2016. 3. 12.~2016. 4. 11. 월 65시간 근로)하다가 2016. 4. 14. 퇴사하고 근로자 제외 사유로 상실신고하는 경우 사업장가입자 자격취득일·상실일은?
- 자격취득일: 2016. 3. 12.(근로시간이 월 60시간 이상으로 근로자에 해당된 날)
- 자격상실일: 2016. 4. 12.[근로시간이 월 60시간 미만인 해당 월의 기산일(근로자에서 제외된 날)]

【사례 2-2】 근로계약이 없으나, 실제 고용기간이 1개월 이상인 경우

단시간 근로자가 입사하여 (2016. 11. 2.~2. 11. 월 55시간 근로, 2016. 2. 12.~3. 11. 월 59시간 근로, 2016. 3. 12.~2016. 4. 11. 월 65시간 근로, 2016. 4. 12.~5. 11. 월 55시간 근로)하다가 2016. 5. 14. 퇴사하고 근로자 제외사유로 상실신고하는 경우 사업장가입자 자격취득일·상실일은?
- 자격취득일: 2016. 3. 12.(근로시간이 월 60시간 이상으로 근로자에 해당된 날)
- 자격상실일: 2016. 4. 12.[근로시간이 월 60시간 미만인 해당 월의 기산일(근로자에서 제외된 날)]

❑ **단시간근로자의 소득금액에 따른 사업장가입자 적용**

㉠ 1개월 이상 소득 금액을 확인할 수 있는 경우

❶ 적용대상

1개월 이상 계속하여 근로를 제공하는 사람으로서 월 소득이 고시금액(220만 원) 이상인 사람

* 최초 근로(고용)일로부터 1개월 되는 날까지의 소득으로 가입 여부 판단

❷ 적용기준

• 기본조건: 1개월 이상 근로

(1개월 미만 근로 시 소득금액 판단할 필요 없이 사업장가입자 적용 불가)

• 초일 입사 시: 1개월(초일부터 말일까지) 소득이 220만 원 이상인 경우 사업장가입자 취득

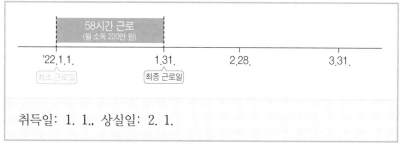

취득일: 1. 1., 상실일: 2. 1.

※ 월 소정 근로시간이 60시간 이상이면 가입대상이므로 소득금액 판단 불요

• 월 중 입사 시: 중도입사(예 1. 15.) 경우, 입사일(또는 최초 근로일)로부터 1개월간 소득을 확인하여 220만 원 이상인 경우 사업장가입자로 적용

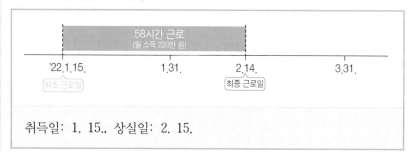

취득일: 1. 15., 상실일: 2. 15.

❸ 소득 확인방법

「단시간근로자 근로계약서」 등으로 월 소득 220만 원 이상 여부를 확인하여 국민연금 자격처리한다.

ⓛ 소득금액 산정방식

❶ 원칙

최초 근로(고용)일로부터 1개월 되는 날까지 근로하면서 월소정근로시간이 60시간 미만이지만 월 소득이 220만 원 이상인 경우

❷ 초일 취득 시

초일부터 말일까지의 소득을 합산(별도의 산정 방식 불요)

❸ 월 중 취득 시

연속 근로 월의 소득을 합산한 금액을 근로시간으로 나눈 시간당 소득을 1개월 되는 날까지의 근로시간에 곱하여 계산한다.

【사례】 **최초 근로일(2022. 1. 15.), 최종 근로일(2022. 2. 23.),**

1. 15.~2. 14.까지 58시간 근로, 1월 소득 993,200원(26시간 근로), 2월 소득 1,298,800원(34시간 근로),

2022. 2. 1.~2. 23.까지 34시간 근로

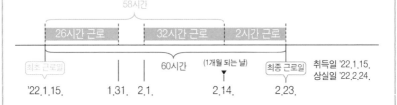

▶ 산정방식

① $(993,200^{1)} + 1,298,800^{2)}) \div 60^{3)} = 38,200$원

② $38,200 \times 58^{4)} = 2,215,600$원 → 220만 원 이상으로 가입 대상

1) 1월 소득(26시간)
2) 2월 소득(34시간)
3) 26시간(1월 총 근로시간) + 34시간(2월 총 근로시간)
4) 최초 근로일로부터 1개월까지의 근로시간

ㄷ 소득금액에 따른 자격취득 및 상실일 사례

【사례】입사하여 월 60시간 미만 근로 및 월 소득 220만 원 이하였다가,
월 60시간 이상 또는 월 소득 220만 원 이상에 해당하는 경우

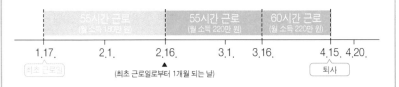

▶ 취득일: 2022. 2. 16.(근로자에 해당된 날)
▶ 상실일: 2022. 4. 16.(사용관계종료 사유로 상실신고하는 경우, 사
  용관계 종료일의 다음 날)
  ※ 만약, 3. 16.~4. 15.에 대상자가 60시간 미만 근로하면서 소득이 220만
    원 미만인 경우는 월 60시간 미만 근로 및 월 소득 220만 원 미만인 월
    의 기산일(3. 17.)로 상실할 수 있음.

[유의사항] 시행일(2022. 1. 1.) 전부터 고용된 근로자의 근로계약 내
용이 근로시간이 월 60시간 미만이지만 월 소득이 고시
금액 이상인 경우

▶ 취득일: 2022. 1. 1.(개정법령 시행일)
▶ 상실일: 2022. 3. 1.(사용관계종료 사유로 상실신고하는 경우, 사용
  관계 종료일의 다음 날)
  ※ 최초 근로일로부터 1개월간(2021. 12. 10.~2022. 1. 9.) 소득이 고시금액
    이상이므로 최초 근로일을 취득일로 하여야 하나, 2022. 1. 1.을 취득일
    로 적용하여야 함.

2. 보험료산정 기준금액

(1) 4대보험별 보험료산정 기준금액

구분	국민연금	건강보험	고용·산재보험
기준금액	기준소득월액	보수월액	월평균보수
기준금액의 범위	「소득세법」상의 총급여액 + 국외원양어업 등 근로에 대한 비과세(한도 300만 원)	「소득세법」상의 총급여액 + 국외근로소득 비과세금액	「소득세법」상의 총급여액

※ 「소득세법」에 따른 총급여액은 「근로소득 원천징수영수증」상의 (21)총급여액(=〈16〉) 과 일치하는 금액으로 「소득세법」상의 근로소득에서 「소득세법」상 비과세근로소득을 차감한 금액을 말하며, 조세특례제한법상 비과세근로소득은 차감하지 아니한다.

> **● "건강보험 보수"의 범위**
>
> • 보수는 근로자 등이 근로를 제공하고 사용자·국가 또는 지방자치단체로 부터 지급받는 금품(실비변상적인 성격을 갖는 금품은 제외)으로서 근로 의 대가로 받은 봉급, 급료, 보수, 세비, 임금, 상여, 수당이나 그 밖에 이 와 유사한 성질의 금품으로써, 다음의 것을 제외한 것을 말한다.
> ① 퇴직금
> ② 현상금, 번역료 및 원고료
> ③ 「소득세법」에 따른 비과세근로소득(다만, 「소득세법」 제12조 제3호 차목(외국정부, 국제기관)·파목(외국주둔군인, 군무원) 및 거목(국 외, 북한지역)에 따라 비과세되는 소득은 제외)
> • 보수 관련 자료가 없거나 불명확한 경우 또는 최저임금액 등을 고려할 때 보수 관련 자료의 신뢰성이 없다고 국민건강보험공단이 인정하는 경우에 는 「보수관련자료가 없는 근로자에 대한 보험료부과기준」(보건복지부 고시 제2002-7호, 2002. 1. 23. 발령, 2002. 2. 1. 시행)에 따른 금액을 보수로 본다.

● 4대보험 기준금액

4대보험의 기준금액은 소득세법의 과세대상소득을 말한다. 다만 국민연금은 소득세법 비과세소득 중 국외원양어업 등 근로소득(300만 원 이내)은 포함하고, 건강보험은 소득세법 비과세소득 중 국외근로소득을 포함한다. 여기서 인정상여 중 불분명으로 인한 대표자 인정상여와 임원퇴직소득 한도초과액은 포함하지 않는다.

① 국민연금: 기준소득금액(직전연도 기준: 정산 불필요)
   = 근로소득원천징수영수증 총급여액 + 조특법상 비과세 + 국외원양어업 등 근로소득 비과세(300만 원 이내)
② 건강보험: 보수월액(당해연도 기준: 정산 필요)
   = 근로소득원천징수영수증 총급여액 + 조특법상 비과세 + 국외근로소득 비과세
③ 고용산재보험: 월평균보수월액(당해연도 기준: 정산 필요)
   = 근로소득원천징수영수증 총급여액 + 조특법상 비과세

• 법인대표자 인정상여(불분명한 분)
  법인세법 제67조 및 같은 법 시행령 제106조 제1항에 의한 법인대표자 인정상여로 소득처분된 금액은 '국민건강보험법 시행령' 제33조의 근로의 대가에 포함되지 않는다는 대법원 판결에 따라 보수에서 제외한다(2015두 37525).

• 퇴직수당 또는 퇴직위로금
  2013년도부터는 사용자 부담금을 기초로 하여 현실적인 퇴직을 원인으로 지급받는 소득은 퇴직소득에 해당되므로 보수에서 제외

• 임원 퇴직소득 한도 초과액
  근로소득원천징수영수증상의 임원 퇴직소득 한도 초과 관련 소득세법 제22조 제3항(임원 퇴직소득 한도 초과액)은 '국민건강보험법 시행령' 제33조의 퇴직금에 포함된다는 이의 신청 인용결정에 따라 보수에서 제외한다(2016-이의-02327호).

- 해고예고수당은 사용자가 해고 30일 전에 예고하지 아니하고 근로자를 해고하는 경우로 근로기준법 제26조(해고의 예고)에 의하여 근로자에게 지급하는 해고예고수당으로 퇴직금과 합산하여 퇴직소득으로 보며 보수에서 제외

(2) 국민연금 기준소득월액

기준소득월액이란 연금 보험료와 급여를 산정하기 위하여 가입자의 소득월액을 기준으로 하여 대통령령으로 정하는 금액이다.

근로자의 기준소득월액은 사용자가 근로자에게 근로의 대가로 지급하는 임금 중 「소득세법」 근로소득에서 비과세 근로소득을 뺀 소득 중 원양어업 선박이나 국외 등을 항행하는 선박에서 근로를 제공하고 받는 월 300만 원 이내의 비과세금액은 포함하고, 「조세특례제한법」 제18조의2(외국인근로자에 대한 과세특례)에 따라 과세하지 않는 금액은 차감하고 결정한다. 사용자의 기준소득월액은 사업 및 자산을 운영하여 얻는 수입에서 필요경비를 제외한 금액을 말한다. 이를 기초로 「국민연금법 시행령」 제5조에서 정한 최저 기준소득월액부터 최고 기준소득월액까지의 범위 내에서 정해지는 금액이다.

기준소득월액은 가입자의 소득(근로소득, 사업소득)을 기초로 매년 결정되는데, 사업장에 입사(복직)한 근로자의 소득월액은 사용주가 근로자에게 지급하기로 약정하였던 금액으로 입사(복직) 당시 지급이 예측 가능한 비과세를 제외한 모든 근로소득을 포함한다.

사업장에서 신고기한까지 소득총액을 신고하지 않는 경우에 가입자의 전년도 기준소득월액을 평균소득월액의 변동률을 기준으로 조정한 금액으로 공단에서 결정한다.

※「소득세법」 제12조 제3호에 따른 비과세소득의 범위에 대한 유권해석기관은 국세청이다.

구분	포함해야 하는 소득	포함하지 않는 소득
판단 기준	입사(복직) 당시 근로계약서, 보수규정 등에서 지급하기로 확정된 모든 과세소득	「소득세법」상 비과세소득(단, 원양어업 선박이나 국외 등을 항행하는 선박에서 근로를 제공하고 받는 월 300만 원 이내의 비과세금액 제외), 입사(복직) 당시 지급 여부 및 지급금액이 확정되지 않은 소득
급여 항목	기본급, 직책수당, 직급보조비, 정기(명절)상여금, 기본성과급, 휴가비, 교통비, 고정시간외근무수당, 복지연금, 기타 각종 수당 등	비과세소득(월 20만 원 이하 식사대, 출산이나 6세 이하 보육수당 월 10만 원 이내 등), 실적에 따라 지급여부 및 지급금액이 결정되는 실적급 등

(3) 국민연금 기준소득월액 산정방법

1) 최초가입 시 기준소득월액

사업장에서 신고한 소득으로 기준소득월액이 결정되는데, 이는 「근로기준법」상의 임금과는 다른 '보수' 개념으로 사업장에서는 근로계약 시 각종 수당(시간외수당 포함), 휴가비, 연간 상여금 등을 포함하여 지급하기로 한 모든 소득을 포함한 월 평균급여(천 원 미만 절사[36])를 신고하여야 한다.

입사(복직) 시점에 따른 신고 소득월액 차등이 발생하지 않도록 입사(복직) 당시 약정되어 있는 급여 항목에 대한 1년간 소득총액에 대하여 30일로 환산하여 결정한다. 12월 1일 이전 자격취득자는 다음 연도 6월까지 적용하고, 12월 2일 이후 자격취득자는 다음다음 연도 6월까지 적용한다.

---

36) 고용보험은 원단위 절사

$$\text{소득월액} = \frac{\begin{array}{c}\text{입사(복직) 당시 지급이 약정된}\\\text{각 급여 항목에 대한 1년간 소득총액}\end{array}}{365} \times 30$$

□ 사업장에 입사(복직)한 근로자의 소득월액은 사용자가 근로자에게 지급하기로 약정하였던 금액으로, 입사(복직) 당시 지급이 예측 가능한 모든 근로소득(소득세법상 비과세근로소득 제외)을 포함한다.

□ 정규직 전환이 예정된 시보, 수습, 인턴사원 등의 취득신고 시 소득월액은 시보, 수습, 인턴 등의 소득과 그 이후 정규직 소득을 합산한 평균소득(보수액)으로 신고한다.

$$\text{소득월액} = \frac{\text{입사 이후 연도 중에 지급이 예상되는 보수총액}}{\text{예상근무월수}}$$

□ 업무특성상 야간수당 등 특정수당이 당연히 매월 발생할 수밖에 없는 경우(예 종합병원 간호사, 생산현장 근로자 등) 전년도 해당 사업장에서 같은 업무에 종사한 근로자가 받은 수당의 최소 지급금액 이상을 반드시 포함해야 한다.

□ 월중에 입사하여 정액으로 월급여액을 받거나, 연말에 입사하여 정액으로 연말상여금을 받아 실제 월평균소득에 비해 과도하게 기준소득월액이 결정되는 경우, 실제 월평균소득에 부합하도록 조정 가능하다.

$$\text{소득월액} = \frac{\begin{array}{c}\text{입사(복직) 당시 지급이 약정된}\\\text{각 급여 항목에 대한 1년간 소득총액}\end{array}}{365} \times 30$$

□ 입사(복직) 이후 근로계약이 변경된 경우 소득월액 정정 여부
  • 비정규직(인턴)에서 정규직으로 전환되었다면, 계약관계 변경으로 보아 근로계약 변경시점으로 자격상실한 후 재취득 신고되어야 하며, 재취득 시 소득은 정규직 기준으로 신고한다.

- 주기적으로 근로계약이 갱신되고 해당 근로계약 시 통상적인 수준의 소득변경이 있는 경우는 새로운 근로관계로 보기 어려우므로 자격상실 및 재취득신고 대상이 아니며, 소득월액 정정도 필요없다.
- 현격한 근로시간변경은 새로운 근로관계로 판단되므로 상실한 후에 재취득 신고한다.

❑ **입사 시 국민연금 소득월액 신고 사례**

(주)일선에 20×1. 1. 1. 입사하였고 월 급여는 200만 원이며, 입사 후 3개월은 수습기간으로 월 급여의 90%인 180만 원을 지급받는 경우, 입사 시 취득신고서에 기재할 국민연금 소득월액은?

☞ 195만 원 $\left[\dfrac{(180 \times 3) + (200 \times 9)}{12}\right]$ 이다.

❑ **국민연금 기준소득월액 산정방식**

- 산정방식: $\left[\dfrac{\text{전년도 소득총액}}{\text{총근무일수(근무기간 – 휴직일수)}}\right] \times 30$ (천 원 미만 절사)
- 20×1년 3월 5일 입사하였고, 급여내역은 다음과 같다.

  기본급: 1,000,000원

  교통비: 월 100,000원

  고정시간외수당: 월 200,000원

  분기별상여금: 기본급의 100%(1, 4, 7, 10월 지급)

  하계휴가비(매년 7월 지급): 500,000원

신고내용	맞는 신고
신고급여항목	기본급, 교통비, 고정시간외수당, 상여금, 휴가비 (지급이 약정된 급여항목 전체 신고)
산정식	$\dfrac{[(1,000,000+100,000+200,000) \times 12+(1,000,000 \times 4) + 500,000]}{365} \times 30$
신고소득월액	1,652,000원(국민연금에 신고해야 할 소득월액)

2) 계속가입 시 기준소득월액

전년도 12월 1일 이전 입사자를 대상으로 $\left[\dfrac{\text{전년도 소득총액}}{\text{전년도 근무일수}} \times 30\right]$을 기준소득월액으로 하여, 이를 해당 연도 7월부터 다음 연도 6월까지 적용한다.

(4) 건강보험의 보수월액

1) 개인사업장 사업자의 보수월액 산정

구분	내용
보수가 지급되지 않는 사용자의 보수월액 산정 (개인사업장의 사업자)	① 당해 연도 중 당해 사업장에서 발생한 사업소득과 부동산 임대소득 ② 소득을 확인할 수 있는 객관적인 자료가 없는 경우에는 사용자가 신고한 금액(당년도에 사업 개시자) ③ 위의 '①' 및 '②'에 불구하고 개인사업자의 사업자가 ㉠과 ㉡의 어느 하나에 해당하는 경우 다음과 같이 적용한다. 　㉠ 보수월액이 해당 사업장에서 가장 높은 보수월액을 적용받는 근로자의 보수월액보다 낮은 경우(확인금액이 0원 이하인 경우는 제외): 해당 사업장에서 가장 높은 보수월액을 적용받는 근로자의 보수월액 　㉡ 다음의 어느 하나에 해당하는 경우: 해당 사입장 근로자의 보수월액을 평균한 금액 　　ⓐ 사용자가 자료 제출과 수입금액 통보를 하지 않고, 수입을 확인할 수 있는 객관적인 자료도 없는 경우 　　ⓑ 확인금액이 0원 이하인 경우
2 이상의 사업장을 가진 사용자의 보수월액 산정	각각의 사업장별로 위와 같이 동일하게 적용한다. 다만, (-) 사업소득이 발생한 사업장이 있는 경우 해당 연도의 (-) 사업장의 보험료는 환급한다.

2) 근로자의 보수월액 산정

보수월액 보험료: 보수월액 × 보험료율

㉠ 보수월액

직장가입자가 지급받는 보수를 기준으로 하여 산정한다.

휴직이나 그 밖의 사유로 보수의 전부 또는 일부가 지급되지 않는 직장가입자의 보수월액보험료는 해당 사유가 생기기 전 달의 보수월액을 기준으로 산정한다.

㉡ 보험료율: 7.09%(2023년 기준)

직장가입자가 출국하는 경우 3개월 이상(업무종사 시는 1개월) 국외체류자로서 국내에 피부양자가 없는 경우는 보험료 전액 면제되고, 3개월 이상(업무종사 시는 1개월) 국외체류자로서 국내에 피부양자가 있는 경우는 보험료를 50% 감면한다.

3) 건강보험의 소득월액 보험료(2022. 9. 1. 이후)

① 건강보험의 소득월액 보험료: 소득월액 × 보험료율

㉠ 소득월액

보수월액의 산정에 포함된 보수를 제외한 직장가입자의 소득(보수 외 소득)이 연간 2,000만 원[37]을 초과하는 금액을 기준으로 다음과 같이 계산된다.

---

37) 2018. 7. 1.~2022. 6. 30.: 3,400만 원

$$소득월액 = (연간 보수 외 소득 - 2,000만 원) \times \frac{1}{12} \times 소득평가율$$

구분	2012. 9. 1.~ 2018. 6. 30.	[1단계 개편] 2018. 7. 1.~ 2022. 8. 31.	[2단계 개편] 2022. 9. 1.~현재
연간 보수 외 소득 기준	7,200만 원 초과	3,400만 원 초과	2,000만 원 초과

* 소득평가율

① 이자소득, 배당소득, 사업소득, 기타소득: 100%

② 근로소득, 연금소득(공적연금): 50%(2022. 9. 1. 이전 30%)
「소득세법」에 따른 비과세소득은 제외한다. 2020년 11월 1일부터는 이자소득과 배당소득 합계 (금융소득)이 1천만 원 초과일 경우에만 소득월액보험료 소득으로 포함된다(2020년 11월 1일 이전에는 2천만 원 초과인 경우만 해당되었다).

ⓒ 보험료율: 7.09%(2023년 기준)

ⓒ 소득월액보험료 상한액(매월)

보수월액보험료 상한액(근로자부담분)과 동일하다.

② 장기요양보험료 = 건강보험료 × 장기요양보험료율(12.81%)

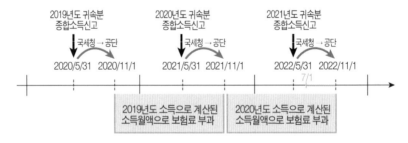

(5) 고용 · 산재보험 월평균보수

근로자 또는 예술인의 개인별 월평균보수는 다음의 구분에 따라 금액을 산정하여 사업주가 공단에 신고한 금액으로 한다.

① 보험연도의 전년도에 근로 또는 노무제공이 개시된 경우

전년도 보수총액을 전년도에 근로 또는 노무제공을 한 개월 수로 나눈 금액. 신고한 월평균보수의 적용기간은 보험연도 4월부터 다음 연도 3월까지 적용한다.

② 해당 보험연도에 근로 또는 노무제공이 개시된 경우

근로 또는 노무제공이 개시된 날부터 1년 동안에 지급하기로 한 보수총액을 근로 또는 노무제공을 한 개월 수로 나눈 금액. 다만, 근로계약기간 또는 문화예술용역 관련 계약기간이 1년 이내인 경우에는 그 계약 기간에 지급하기로 한 보수총액을 근로 또는 노무제공을 한 개월 수로 나눈 금액으로 한다.

이는 근로자 또는 예술인이 근로 또는 노무제공을 개시한 날이 속하는 달부터 다음 연도 3월까지 적용한다.

월평균보수는 사업주가 월별보험료를 산정하는 월의 전월에 지급된 보수 또는 보수액으로 한다.

사업주는 월평균보수가 산정된 후 보수 또는 보수액이 인상 또는 인하되었을 때에는 변경된 월평균보수를 공단에 신고할 수 있다. 이 경우 공단은 월평균보수를 다시 결정하여 보수 또는 보수액이 인상 또는 인하된 날이 속하는 달부터 이를 적용한다.

(6) 4대보험별 요약

구분	명칭	산정방법		적용기간	월 상한	월 하한
		취득 시	계속가입 시			
국민연금	기준소득월액	신고한 소득월액	$\dfrac{\text{전년도 총소득}}{\text{가입기간 총일수}} \times 30$일	당년 7월~익년 6월	2022. 7. 1.~2023. 6. 30.	
					기준소득월액 553만 원	기준소득월액 35만 원
건강보험	보수월액	신고한 보수월액	$\dfrac{\text{전년도 보수총액}}{\text{근무개월수}}$	당년 4월~익년 3월	2022. 7. 1.~2023. 6. 30.	
					월급기준 110,332,439원	월급기준 278,984원
고용·산재보험	월평균보수	신고한 월평균보수	$\dfrac{\text{전년도 보수총액}}{\text{근무개월수}}$	당년 4월~익년 3월	없음.	

(7) 기준금액의 적용기간

① 국민연금

구분		기준금액의 적용 기간
국민연금 (기준소득월액)	전년 12월 1일 이전 입사자	매년 7월~다음 연도 6월
	전년 12월 2일 이후 입사자	입사일의 다음 달~다음다음 연도 6월

※ 입사일이 매월 초일인 경우에는 입사월부터 적용한다. 취득일이 해당월의 2일 이후인 경우 국민연금은 납부희망 및 미희망을 반드시 기재하여야 하며, 납부희망 시 해당월부터 연금보험료를 부과한다.

② 건강보험

구분		기준금액의 적용기간
건강보험 (보수월액)	전년 12월 1일 이전 입사자	매년 4월~다음 연도 3월
	전년 12월 2일 이후 입사자	입사일의 다음 달~다음다음 연도 3월

※ 입사일이 매월 초일인 경우에는 입사월부터 적용하며, 취득일이 해당월의 2일 이후 취득의 경우 건강보험료는 부과되지 않는다.

③ 고용·산재보험

구분		기준금액의 적용기간
고용·산재 보험 (보수월액)	전년도에 근로 또는 노무제공이 개시된 경우	매년 4월~다음 연도 3월
	해당 연도에 근로 또는 노무제공이 개시된 경우	근로 또는 노무제공을 개시한 날이 속하는 달~다음 연도 3월

보론 1 · 고용보험 구직급여

1. 개요

고용보험 가입 근로자가 실직하여 재취업 활동을 하는 기간에 소정의 급여를 지급함으로써 실업으로 인한 생계불안을 극복하고 생활의 안정을 도와주며 재취업의 기회를 지원해주는 제도로서, 실업급여는 크게 구직급여와 취업촉진수당으로 나누어져 있다.

실업급여는 실업에 대한 위로금이나 고용보험료 납부의 대가로 지급되는 것이 아니며, 실업이라는 보험사고가 발생했을 때 취업하지 못한 기간에 대하여 적극적인 재취업활동을 한 사실을 확인하고 지급한다.

실업급여 중 구직급여는 퇴직 다음 날부터 12개월이 경과하면 소정급여일수가 남아 있다고 하더라도 더 이상 지급받을 수 없다.

2. 2021. 7. 1. 이후 구직급여의 수급요건

구직급여는 이직한 근로자인 피보험자가 다음의 요건을 모두 갖춘 경우에 지급한다. 다만, ⑤와 ⑥은 최종 이직 당시 일용근로자였던 사람만 해당한다.

① 기준기간 동안의 피보험 단위기간(피보험 단위기간)이 합산하여 180일 이상일 것

② 근로의 의사와 능력이 있음에도 불구하고 취업(영리를 목적으로 사업을 영위하는 경우를 포함)하지 못한 상태에 있을 것

③ 이직사유가 수급자격의 제한 사유에 해당하지 아니할 것

④ 재취업을 위한 노력을 적극적으로 할 것

⑤ 다음의 어느 하나에 해당할 것

  ㉠ 수급자격 인정신청일 이전 1개월 동안의 근로일수가 10일 미만일 것

  ㉡ 건설일용근로자(일용근로자로서 이직 당시에 「통계법」 제22조 제1항에 따라 통계청장이 고시하는 한국표준산업분류의 대분류상 건설업에 종사한 사람을 말함)로서 수급자격 인정신청일 이전 14일간 연속하여 근로내역이 없을 것

⑥ 최종 이직 당시의 기준기간 동안의 피보험 단위기간 중 다른 사업에서 수급자격의 제한 사유에 해당하는 사유로 이직한 사실이 있는 경우에는 그 피보험 단위기간 중 90일 이상을 일용근로자로 근로하였을 것

3. 기준기간

이직일 이전 18개월로 하되, 근로자인 피보험자가 다음의 어느 하나에 해당하는 경우에는 다음의 구분에 따른 기간을 기준기간으로 한다.

① 이직일 이전 18개월 동안에 질병·부상, 사업장의 휴업, 임신·출산·육아에 따른 휴직, 휴직이나 그 밖에 이와 유사한 상태로서 고용노동부장관이 정하여 고시하는 사유로 계속하여 30일 이상 보수의 지급을 받을 수 없었던 경우: 18개월에 그 사유로 보수를 지급받을 수 없었던 일수를 가산한 기간(3년을 초과할 때에는 3년). 다만, 고용노동부장관이 정하는 금품을 지급받는 경우는 제외한다.

② 다음의 요건에 모두 해당하는 경우: 이직일 이전 24개월

  ㉠ 이직 당시 1주 소정근로시간이 15시간 미만이고, 1주 소정근로일수가 2일 이하인 근로자로 근로하였을 것

  ㉡ 이직일 이전 24개월 동안의 피보험 단위기간 중 90일 이상을 위 ㉠의 요건에 해당하는 근로자로 근로하였을 것

❏ **2021. 7. 1. 이전 구직급여의 수급요건**

① 이직일 이전 18개월간(기준기간) 피보험 단위기간이 통산하여 180일 이상일 것
② 근로의 의사와 능력이 있음에도 불구하고 취업(영리를 목적으로 사업을 영위하는 경우 포함)하지 못한 상태에 있을 것
③ 재취업을 위한 노력을 적극적으로 할 것
④ 이직사유가 비자발적인 사유일 것(이직사유가 수급자격의 제한사유에 해당하지 아니할 것)

❏ **구직급여를 받을 수 없는 경우**

퇴직 다음 날로부터 12개월이 지나면 지급받을 날짜가 남아 있더라도 더 이상은 받을 수 없으며, 실업급여 없이 재취업할 경우에도 지급받을 수 없다.

❏ **수급기간 연장 신청**

부득이하게 취업을 할 수 없을 경우에는 수급기간 연장을 신청할 수 있다.
• 본인의 질병 또는 부상
• 배우자 또는 직계존비속의 질병 또는 부상
• 배우자의 국외발령 등에 따른 동거목적의 거소 이전

4. 구직급여 수령금액

① 구직급여 지급액

구직급여 지급액=퇴직 전 평균임금의 60% × 소정급여일수

$$*평균임금= \frac{퇴직일\ 이전\ 3월간의\ 임금총액}{퇴직일\ 이전\ 3월간의\ 총\ 일수}$$

② 구직급여의 소정급여일수

실업급여를 지급받을 수 있는 기간을 말한다.

소정급여일수는 실직 당시의 나이(이직일 기준으로 주민등록번호로 계산함)와 고용보험 가입기간(피보험기간)에 따라 각각 다르며, 2019년 10월 1일 이후부터 최소일수는 120일, 최대일수는 270일이다.

| 구직급여의 소정급여일수 |

2019년 10월 1일 이후(연령은 퇴사 당시의 만 나이이다)

연령 및 가입기간	1년 미만	1년 이상 3년 미만	3년 이상 5년 미만	5년 이상 10년 미만	10년 이상
50세 미만	120일	150일	180일	210일	240일
50세 이상 및 장애인	120일	180일	210일	240일	270일

③ 구직급여의 상한액과 최저액
- 상한액: 2019년 이후 66,000원
- 최저액: 최저임금법상의 시간급 최저임금액 × 80% × 1일 소정근로시간(2023년 이후 61,563원)

④ 구직급여 지급적용기준: 퇴사시점

20*1년 12월 31일에 실업한 경우 20*1년 기준의 실업급여를 지급하며, 20*2년 1월 1일에 실업한 경우 20*2년 기준의 실업급여를 지급받는다.

5. 노무제공자의 구직급여

(1) 수급요건

기준기간 24개월 중 피보험단위기간 12개월 이상 충족

노무제공자로 실업급여를 수급하기 위해서는 최소 종사기간(이직 전 24개월 중 3개월)이 필요하다.

* 다수 고용형태에 종사한 사람의 피보험단위기간 산정 시 각 고용형태별로 종사한

기간의 비율에 따라 각 고용형태별 기여요건 산정방식으로 산정한 결과를 합하여 산정한다.

□ 이직일 이전 24개월 동안 둘 이상에 고용형태에 종사한 경우 피보험기간은 다음 산식을 충족하면 요건을 갖춘 것으로 판단한다.
[노무제공자로서의 피보험 단위기간(월 단위로 한다) ÷ 12개월] ≦ [근로자로서의 피보험 단위기간(일 단위로 한다) ÷ 180일] + [예술인으로서의 피보험 단위기간(월 단위로 한다) ÷ 9개월]

[예시]
• 이직 전 24개월간 노무제공자로 9개월, 근로자로 90일(유급일) 종사하였을 경우 → $0.25(1-9÷12) ≦ 0.5(90÷180)$이므로 기여요건 충족
• 이직 전 24개월간 노무제공자로 4개월, 근로자로 120일(유급일), 예술인으로 4개월 종사하였을 경우 → $0.67(1-4÷12) ≦ 0.67(120÷180) +0.44(4÷9)$이므로 기여요건 충족

(2) 이직사유
 1) 요건
  중대한 귀책사유, 자발적 이직 등 수급제한 사유에 해당하지 않을 것
  노무제공자의 경우 대통령령으로 정하는 소득감소로 인한 이직 시에도 수급자격 인정

□ **소득감소로 인한 수급자격 인정기준**
다음 기준 ① 또는 ② 중 하나에 해당하는 경우 인정
① 이직일이 속한 달의 직전 3개월 동안에 노무제공계약 소득이 전년도 같은 기간의 소득보다 30% 이상 감소
② ❶ 이직일이 속한 달의 직전 3개월 동안에 노무제공계약 월평균소득이 이직일이 속한 전년도 노무제공계약 월평균소득보다 적고, ❷ 이직일이 속한 달의 직전 12개월 동안에 전년도 월평균소득보다 30% 이상 감소한 달이 5개월 이상인 경우

(3) 피보험단위기간
  1) 산정
     수급자격과 관련된 이직 당시 사업에서의 피보험자격 취득일로부터 이직일까지의 기간으로 산정한다.
  2) 다수 고용형태 종사자: 어느 한 쪽의 피보험단위기간에만 포함

❏ **근로자, 예술인, 노무제공자로 동시에 피보험자 가입된 경우**
• 근로자로 구직급여 신청 시: 근로자 피보험단위기간에만 포함
• 예술인으로 구직급여 신청 시: 예술인 피보험단위기간에만 포함
• 노무제공자로 구직급여 신청 시: 노무제공자 피보험단위기간에만 포함

❏ **노무제공자로 구직급여 신청 시**
근로자 및 예술인으로 동시에 피보험자 가입된 기간이 있는 경우, 근로자 또는 예술인의 피보험단위기간 중 노무제공자인 피보험자에게 유리한 피보험 단위기간에만 포함하여 산정한다.
• 이직 전 24개월간 노무제공자로 6개월, 근로자, 노무제공자, 예술인으로 동시에 6개월 피보험자 가입된 경우: 노무제공자 피보험단위기간 12개월 산정
• 이직 전 24개월간 노무제공자로 6개월, 근로자, 노무제공자, 예술인으로 동시에 3개월, 예술인, 노무제공자로 동시에 5개월 피보험자 가입된 경우: 노무제공자 피보험단위기간 14개월 산정

(4) 대기기간
   노무제공자는 실업신고일로부터 기산하여 7일간 대기기간으로 보아 해당기간 이후에 구직급여를 지급한다. 다만, 노무제공자가 「소득감소」로 인하여 이직한 경우에는 소득감소비율이 30% 이상인 경우에는 4주간,

소득감소비율이 50% 이상인 경우에는 2주간 대기기간으로 보아 해당기
간 이후에 구직급여를 지급한다.

(5) 지급수준
1) 지급액
① 기초일액
노무제공자의 기초일액은 마지막 이직일 전 1년간 신고된 보수총
액을 그 산정의 기준이 되는 기간의 총 일수로 나눈 금액
다만, 위와 같이 산정한 금액이 노무제공자 기준보수의 일액 중 가
장 적은 금액 미만일 경우 가장 적은 기준보수일액을 기초일액으
로 한다.
② 구직급여일액
노무제공자의 구직급여일액은 기초일액에 60%를 곱한 금액
해당 노무제공자의 구직급여일액의 상한액은 임금근로자와 동일
하게 1일 66,000원으로 설정한다.
③ 구직급여 감액기준
노무제공자인 피보험자가 실업인정대상기간 중 취업 등으로 소득
이 발생하였을 경우, 노무제공자에 대해 구직급여를 지급중지하거
나 감액

❏ **구직급여 감액기준: 지급중지[전액감액]**
① 당연가입 대상인 경우: 소정근로시간이 월 60시간 이상, 주 15시간 이
상 또는 적용제외소득 이상의 노무제공자・예술인 종사
② 자영업활동을 한 경우 해당기간 동안은 구직급여 지급중지
감액기준: 지급중지 외의 경우로서, 실업인정대상기간 중 발생한 1일
평균소득에서 고용노동부장관 고시에 따라 산정된 금액을
뺀 금액을 모두 더한 금액 감액

2) 소정급여일수
노무제공자에 대한 구직급여 소정급여일수는 고용보험법 제50조를
준용하여 피보험기간 및 연령에 따라 120~270일을 적용한다.

구분		피보험기간				
		1년 미만	1년 이상 3년 미만	3년 이상 5년 미만	5년 이상 10년 미만	10년 이상
이직일 현재 연령	50세 미만	120일	150일	180일	210일	240일
	50세 이상	120일	180일	210일	240일	270일

❑ **이직사유에 따른 수급자격의 제한 사유(고용보험법 및 동법 시행규칙)**

▶ **고용보험법 제58조**

(제1호) 중대한 귀책사유로 해고된 피보험자로서 다음 각 목의 어느 하나에 해당하는 경우

가. 「형법」 또는 직무와 관련된 법률을 위반하여 금고 이상의 형을 선고받은 경우

나. 사업에 막대한 지장을 초래하거나 재산상 손해를 끼친 경우로서 고용노동부령으로 정하는 기준에 해당하는 경우

다. 정당한 사유 없이 근로계약 또는 취업규칙 등을 위반하여 장기간 무단결근한 경우

(제2호) 자기 사정으로 이직한 피보험자로서 다음 각 목의 어느 하나에 해당하는 경우

가. 전직 또는 자영업을 하기 위하여 이직한 경우

나. 제1호의 중대한 귀책사유가 있는 자가 해고되지 아니하고 사업주의 권고로 이직한 경우

다. 그 밖에 고용노동부령으로 정하는 정당한 사유에 해당하지 아니하는 사유로 이직한 경우

▶ **고용보험법 시행규칙 제101조 제2항**

위 "고용보험법 제58조 제2호 다목"의 "고용노동부령으로 정하는 정당한 사유"의 주요 내용은 아래와 같음.

1. 다음 각 목의 어느 하나에 해당하는 사유가 이직일 전 1년 이내에 2개월 이상 발생한 경우

① 실제 근로조건이 채용 시 제시된 근로조건이나 채용 후 일반적으로 적용받던 근로조건보다 낮아지게 된 경우

② 임금체불이 있는 경우

③ 소정근로에 대하여 지급받은 임금이 「최저임금법」에 따른 최저임금에 미달하게 된 경우

④ 「근로기준법」 제53조에 따른 연장 근로의 제한을 위반한 경우

⑤ 사업장의 휴업으로 휴업 전 평균임금의 70퍼센트 미만을 지급받은 경우

2. 사업장에서 종교, 성별, 신체장애, 노조활동 등을 이유로 불합리한 차별대우를 받은 경우

3. 사업장에서 본인의 의사에 반하여 성희롱, 성폭력, 그 밖의 성적인 괴롭힘을 당한 경우

4. 사업장의 도산·폐업이 확실하거나 대량의 감원이 예정되어 있는 경우

5. 다음 각 목의 어느 하나에 해당하는 사정으로 사업주로부터 퇴직을 권고받거나, 인원 감축이 불가피하여 고용조정계획에 따라 실시하는 퇴직희망자의 모집으로 이직하는 경우

① 사업의 양도·인수·합병

② 일부 사업의 폐지나 업종전환

③ 직제개편에 따른 조직의 폐지·축소

④ 신기술의 도입, 기술혁신 등에 따른 작업형태의 변경

⑤ 경영의 악화, 인사 적체, 그 밖에 이에 준하는 사유가 발생한 경우

6. 다음 각 목의 어느 하나에 해당하는 사유로 통근이 곤란(통근 시 이용할 수 있는 통상의 교통수단으로는 사업장으로의 왕복에 드는 시간이 3시간 이상인 경우를 말한다)하게 된 경우

① 사업장의 이전

② 지역을 달리하는 사업장으로의 전근

③ 배우자나 부양하여야 할 친족과의 동거를 위한 거소 이전

④ 그 밖에 피할 수 없는 사유로 통근이 곤란한 경우

7. 부모나 동거 친족의 질병·부상 등으로 30일 이상 본인이 간호해야 하는 기간에 기업의 사정상 휴가나 휴직이 허용되지 않아 이직한 경우

8. 「산업안전보건법」 제2조 제7호에 따른 "중대재해"가 발생한 사업장으

로서 그 재해와 관련된 고용노동부장관의 안전보건상의 시정명령을 받
고도 시정기간까지 시정하지 아니하여 같은 재해 위험에 노출된 경우
9. 체력의 부족, 심신장애, 질병, 부상, 시력·청력·촉각의 감퇴 등으로
피보험자가 주어진 업무를 수행하는 것이 곤란하고, 기업의 사정상 업
무종류의 전환이나 휴직이 허용되지 않아 이직한 것이 의사의 소견서,
사업주 의견 등에 근거하여 객관적으로 인정되는 경우
10. 임신, 출산, 만 8세 이하 또는 초등학교 2학년 이하의 자녀(입양한 자
녀를 포함한다)의 육아, 「병역법」에 따른 의무복무 등으로 업무를 계
속적으로 수행하기 어려운 경우로서 사업주가 휴가나 휴직을 허용하
지 않아 이직한 경우
11. 사업주의 사업 내용이 법령의 제정·개정으로 위법하게 되거나 취업
당시와는 달리 법령에서 금지하는 재화 또는 용역을 제조하거나 판매
하게 된 경우
12. 정년의 도래나 계약기간의 만료로 회사를 계속 다닐 수 없게 된 경우
13. 그 밖에 피보험자와 사업장 등의 사정에 비추어 그러한 여건에서는 통
상의 다른 근로자도 이직했을 것이라는 사실이 객관적으로 인정되는
경우

보론 2 실업크레딧 제도

1. 개요

구직급여 수급자가 연금보험료 납부를 희망하는 경우 보험료의 75%를 지원하고 그 기간을 가입기간으로 추가 산입하는 제도이다.

* 구직급여 수급자: 고용보험에 가입되었던 사람이 이직 후 일정수급요건을 갖춘 경우 재취업활동을 하는 기간에 지급하는 급여

실업기간에 대하여 일정요건을 갖춘 사람이 신청하는 경우에 가입기간으로 추가 산입하는 제도이므로, 국민연금제도의 가입은 별도로 확인 처리해야 한다.

2. 제도 안내

(1) 지원대상

국민연금 가입자 또는 가입자였던 사람 중 18세 이상 60세 미만의 구직급여 수급자. 다만, 재산세 과세금액이 6억 원을 초과하거나 종합소득(사업·근로소득 제외)이 1,680만 원을 초과하는 자는 지원되지 않는다.

(2) 지원방법

인정소득 기준으로 산정한 연금보험료의 25%를 본인이 납부하는 경우에 나머지 보험료인 75%를 지원한다.

인정소득은 실직 전 3개월 평균소득의 50%로 하되 최대 70만 원을 넘지 않는다.

예를 들어 인정소득 70만 원인 경우 연금보험료는 63,000원이고, 본인이 15,750원을 납부하면 나머지 47,250원을 지원하는 것이다.

연금보험료 = 본인부담(25%) + 지원(75%)

(3) 지원기간

구직급여 수급기간으로 하되, 최대 1년(12개월)까지 지원한다.

* 구직급여를 지급받을 수 있는 기간은 120~270일(월로 환산 시 4~9개월)

(4) 신청장소 및 신청기한

전국 국민연금공단 지사 또는 고용센터에 신청한다.

고용센터에 실업신고하는 경우 또는 실업인정신청 시 실업크레딧도 함께 신청가능하며, 구직급여 수급인정을 받은 사람은 국민연금공단 지사에 구직급여를 지급받을 수 있는 날이 속한 달의 다음 달 15일까지 신청할 수 있다.

3. 「4대보험 자격취득신고서」 작성방법

● 개인사업장 사업자의 의무가입 여부

① 근로자가 없는 개인사업장은 직장가입자 의무가입대상이 아니다.
② 상시 1인 이상의 근로자를 고용하게 되면 근로자와 그 사업주가 같이 건강보험 직장가입대상이 된다. 개인사업장의 사업주는 급여라는 개념이 없으므로 신규 사업자는 국민연금, 건강보험에 최초 가입 시에는 근로자와 동일하거나 그 이상으로 급여 신고한다.
③ 계속 사업자인 경우에는 전년도 종합소득세 신고한 금액을 기준으로 신고하나, 보수월액이 해당 사업장에서 가장 높은 보수월액을 적용받는 근로자의 보수월액보다 낮은 경우(확인금액이 0원 이하인 경우는 제외)에는 해당 사업장에서 가장 높은 보수월액을 적용받는 근로자의 보수월액을 적용하고, ⓐ 사용자가 자료 제출과 수입금액 통보를 하지 않고, 수입을 확인할 수 있는 객관적인 자료도 없는 경우나 ⓑ 확인금액이 0원 이하인 경우에는 해당 사업장 근로자의 보수월액을 평균한 금액으로 한다.

(1) 가입자가 신고하여야 할 해당 4대보험 선택

국민연금 [ ] 사업장가입자 자격취득 신고서	건강보험 [ ] 직장가입자 자격취득 신고서
고용보험 [ ] 피보험 자격취득 신고서	산재보험 [ ] 근로자 고용 신고서

국민연금, 건강보험, 고용보험, 산재보험 중 가입자가 신고하여야 할 해당 4대보험에 체크한다.

예 고용보험 임의가입자인 외국인근로자의 경우에는 고용보험은 가입하지 않아도 되므로 국민연금, 건강보험, 산재보험을 선택할 수 있다.

(2) 사업장 관련정보 작성하기

접수번호		접수일		처리기간: 3일(고용보험은 5일)	
사업장	사업장관리번호		명칭	단위사업장 명칭	영업소 명칭
	소재지				우편번호(–)
	전화번호	(유선)	(이동전화)	FAX번호	
보험사무 대행기관	번호		명칭	하수급인 관리번호(건설공사 등의 미승인 하수급인만 해당함)	

1) 사업장 관리번호: 사업자등록번호 10자리＋공단구분 "0"

    4대보험 사업장관리번호 동일부여를 원칙으로 하여 사업자등록번호 (10자리)＋공단구분코드(1자리)

    공단구분코드: 4대보험 공통(0), 건강보험(2), 국민연금(4), 고용산 재(6)으로 부여

2) 명칭: 상호명

3) 소재지: 회사 주소

4) 전화번호: 즉시 연락가능한 전화번호(신고 후 공단에서 연락할 수 있 는 전화번호)

(3) 4대보험 가입대상자

    가입대상자의 주민등록등본, 근로계약서, 가족관계증명서(등본에 없는 건강보험 피부양자인 경우)에 근거하여 작성한다.

    동일인의 4대 보험의 자격취득일 또는 소득(보수)월액, 월평균보수액 이 서로 다른 경우에는 구분하여 각각 기재한다.

구분	성명 주민등록번호(외국인등록번호·국내거소신고번호)	국적 체류자격	대표자 여부	월 소득액(소득월액·보수월액·월평균보수)(원)	자격취득일	국민연금			건강보험				고용보험산재보험					일자리 안정자금 지원 신청
						자격취득 부호	특수직종 부호	지역연금 부호	자격취득 부호	보험료 감면 부호	공무원 교직원 회계명/부호	직종명/부호	직종 부호	주 소정 근로시간	계약종료 연월(계약직만 작성)	보험료 부과구분(해당자만) 부호 / 사유	
1			[ ]예 [ ]아니오			[ ]국민연금([ ]취득 월 납부 희망)			[ ]건강보험	([ ]피부양자 신청)([ ]건강보험증 사업장으로 발송 희망)				[ ]고용보험(계약직 여부:[ ]예, [ ]아니오)[ ]산재보험				[ ]예 [ ]아니오
2			[ ]예 [ ]아니오			[ ]국민연금([ ]취득 월 납부 희망)			[ ]건강보험	([ ]피부양자 신청)([ ]건강보험증 사업장으로 발송 희망)				[ ]고용보험(계약직 여부:[ ]예, [ ]아니오)[ ]산재보험				[ ]예 [ ]아니오
3			[ ]예 [ ]아니오			[ ]국민연금([ ]취득 월 납부 희망)			[ ]건강보험	([ ]피부양자 신청)([ ]건강보험증 사업장으로 발송 희망)				[ ]고용보험(계약직 여부:[ ]예, [ ]아니오)[ ]산재보험				[ ]예 [ ]아니오
4			[ ]예 [ ]아니오			[ ]국민연금([ ]취득 월 납부 희망)			[ ]건강보험	([ ]피부양자 신청)([ ]건강보험증 사업장으로 발송 희망)				[ ]고용보험(계약직 여부:[ ]예, [ ]아니오)[ ]산재보험				[ ]예 [ ]아니오

1) 성명: 주민등록표(외국인등록증·국내거소신고증)상의 성명을 기재하되, 외국인인 경우도 영문 등이 아닌 한글 성명으로 기재한다.

2) 주민등록번호 작성: 주민(외국인)등록번호·국내거소신고번호를 기재한다.

3) 국적 및 체류자격: 외국인의 경우에는 외국인등록증 기재내역을 기재한다.

4) 대표자 여부 체크: 법인의 대표자, 개인기업의 사용자인 경우 기재한다(고용보험, 산재보험 가입대상이 아니다).

5) 소득월액(국민연금), 보수월액(건강보험), 월평균보수(고용산재보험): 급여로 지급하기로 한 금액 중 「소득세법」상 비과세소득을 제외한 과세대상소득을 기재한다. 자격취득 신고 시에는 월 소득액에 표기되는 금액을 근거로 보험료 등이 고지된다. 통상 국민연금의 소득월액, 건강보험의 보수월액, 고용·산재보험의 월평균보수액은 동일한 금액으로 기재한다.

6) 자격취득일

당 사업장의 채용일. 다만, 국민연금의 경우 자격취득 사유가 사업장 전입인 때에는 상대 사업장에서의 전출일과 같은 일자를 기재한다.

7) 국민연금

취득일이 초일인 경우에는 반드시 국민연금을 납부하여야 하며, 취득일이 해당 월의 2일 이후인 경우로서 취득월의 보험료 납부를 희망하거나 임의계속가입자의 자격을 취득한 경우에는 희망 여부를 체크하여야 한다.

8) 건강보험

원칙적으로 건강보험료 부과시점은 매월 1일이 기준일이므로 1일에 입사한 경우에는 건강보험료를 납부하여야 하며, 2일에 입사한 경우에는 직장가입자로서 보험료는 납부하지 아니한다.

① 건강보험증 사업장으로 발송희망 여부를 선택한다.

② 건강보험 첨부서류

직장가입자의 자격을 얻으려는 사람이 재외국민 또는 외국인인 경우에는 다음의 구분에 따른 서류를 제출한다.

㉠ 재외국민:「주민등록법」에 따른 주민등록표 등본 1부

㉡ 외국인: 외국인등록증 사본, 외국인등록 사실증명, 국내거소신고증 사본(외국국적동포만 제출) 또는 국내거소신고 사실증명(외국국적동포만 제출)

● 건강보험의 피부양자 신청

피부양자가 없으면 「직장가입자 자격취득신고서」만 제출하고, 피부양자가 있는 경우 「직장가입자 자격취득신고서」와 「피부양자 자격신고서」를 반드시 함께 제출하여야 한다.

■ 국민건강보험법 시행규칙 [별지 제1호 서식] <개정 2019. 6. 29.>

피부양자 자격(취득·상실) 신고서

※ 작성방법은 뒤쪽을 참고하시기 바라며, 바탕색이 어두운 난은 신고인이 적지 않습니다. (앞쪽)

접수번호			접수일			처리기간	즉시				
사업장(기관)	① 사업장 관리번호		② 사업장 명칭			③ 전화번호					
가입자	④ 성명		⑤ 주민등록번호(외국인등록번호·국내거소신고번호)			⑥ 전화번호					

	⑦ 관계	⑧ 성명	⑨ 주민등록번호 (외국인등록번호·국내거소신고번호)	⑩ 취득(상실) 년월일	⑪ 취득(상실) 부호	⑫ 장애인·국가유공자		⑬ 외국인			추가 발급 코드
						종류부호 / 등급	등록일	국적	체류자격	체류기간	
피부양자											

「국민건강보험법 시행규칙」 제2조 및 제61조의3에 따라 위와 같이 피부양자 자격 취득(상실) 사항을 신고합니다.

년 월 일

신고인 (서명 또는 인)

국민건강보험공단 이사장 귀하

297mm× 210mm[백상지 80g/㎡]

가입자 성명, 가입자의 주민등록번호, 피부양자 관계, 주민등록번호를 작성하고 신고인(사용자)이 날인해서 제출한다.

① 관계: 가입자와의 관계를 기재한다.

배우자, 부모, 조부모, 자녀, 손자·손녀 이하, 형제자매, 처부모, 시부모, 사위, 며느리, 증조부모 등(피부양자 요건충족 시)

② 성명 및 주민등록번호

피부양자의 성명, 주민등록번호를 기재한다(외국인은 외국인등록번호, 재외국민 및 재외동포는 국내거소신고 번호기재).

③ 피부양자가 외국인인 경우

국적, 체류자격(외국인등록증 기재내용), 체류기간(외국인등록증 발급 일부터 출국예정일까지)을 기재한다.

※ 재외국민의 경우 체류자격은 C0(유학생의 경우에는 C9), 국적은 이주국가명 을 적고, 체류기간은 적지 않는다.

④ 첨부서류가 있는 경우 첨부서류 유무란에 'O' 표시한다.

주민등록등본, 가족관계증명서(부모 등 피부양자가 등본에 없는 경우), 배우자의 외국인등록증 사본, 혼인관계증명서 등 서류

❶ 사실혼의 경우(피부양자) 제출서류(관할지사 문의)

ⓐ 사실혼 관계 인우보증서 1부

ⓑ 사실혼 양 당사자의 가족관계증명서 각 1부

ⓒ 보증인(내국인)의 신분증 사본 각 1부

❷ 외국인 및 재외국민(피부양자) 제출서류

ⓐ 외국인등록증 또는 국내거소신고증

ⓑ 외국의 정부나 그 밖의 권한 있는 기관이 발행한 서류(또는 공증 문서)에 해당국의 외교부(또는 아포스티유) 확인을 받은 가족관 계나 혼인·이혼사실을 확인할 수 있는 서류 또는 공단이 인정한 기관에서 발급하거나 확인한 서류

ⓒ 한국어로 작성되어 있지 않은 경우에는 해당 서류의 내용이 포함 된 공증기관의 공증을 받은 한글 번역본

– 문서발행국에서 번역공증한 서류의 경우 원본과 별도로 외교부 (또는 아포스티유) 확인 필요

* 외국인은 가족관계 변동 내역을 확인할 수 있는 수단이 없어 자격변동 시마 다 증빙서류 제출하는 것이 원칙이나, 예외적으로 피부양자 상실일로부터 3 개월 이내 동일 직장가입자에게 피부양자 등재 시 별도 증빙서류 제출 생략

❸ 피부양자 기준 가족관계등록부의 증명서 1부(주민등록표만으로 가입 자와 피부양자의 관계 및 피부양자의 배우자를 알 수 없는 경우), 기 타 피부양자의 자격을 확인할 수 있는 서류

❹ 장애인등록증 또는 국가유공상이자임을 증빙하는 자료 등(부부 모두 해당 시는 각각 제출)

9) 고용보험·산재보험

입사 시 근무개시일이 속하는 달부터 부과·징수하며, 월의 중간에 입사(고용) 시 해당 월의 근무일수에 따라 일할 계산하여 부과·징수한다. 산재보험 관리번호와 고용보험 관리번호가 다른 경우에는 별도 서식에 작성하여야 하며, 고용보험 임의가입대상 외국인근로자는 「고용보험 외국인 가입·가입탈퇴·피보험자격 취득신청서」로 신청하여야 한다.

① 주 소정근로시간

주간의 소정근로시간을 달리하는 경우에는 평균 주 소정근로시간을 기재한다.

② 피보험자의 계약직근로자 여부를 체크 표시한다.

❶ 계약직근로자인 경우: 예정된 계약 종료 연도와 월

❷ 근로계약 기간이 정해진 경우: 근로(고용)계약 만료일이 속한 월

❸ 건설공사 기간으로 계약한 경우: 예상 공사종료일이 속한 월

❹ 사업이나 특정 업무를 완성하는 것으로 계약한 경우: 예상 완성일이 속한 월

③ 보험료 부과부호

해당자만 기재(사유란에는 대상 근로자 부호 기재)한다.

4. 일용근로자 「근로내용 확인신고서」 작성방법

(1) 「근로내용 확인신고서」 작성 시 유의사항

① 「근로자 내용확인서」 신고는 1일 단위로 근로계약을 체결하거나 1개월 미만으로 고용되는 일용근로자를 위한 서식이며, 월별로 각각 작성하여야 한다(여러 달을 한 장에 신고할 수 없다).

② 부과고지대상 사업자(일반업종)는 고용보험과 산재보험을 동시에 적용한다.[38]

③ 일용근로자 고용정보 신고대상이 10인 이상인 경우 전자로 신고하도록 하고 있다.

전자제출사이트는 고용보험(www.ei.go.kr), 4대사회보험 정보연계센터(www.4insure.or.kr), 근로복지공단 고용산재보험 토탈서비스(total.kcomwel.or.kr)이다.

④ 근로내용 확인신고를 잘못한 경우 해당 근로자만 해당 월 「근로내용 확인신고서」를 정정하여 다시 신고한다.

⑤ 60시간 미만 근로자는 「근로내용 확인신고서」의 대상이 아니다(고용정보신고제외자임).

⑥ 「근로내용 확인신고서」에 따라 신고사항을 신고하지 않거나 거짓으로 신고한 경우에는 「고용보험법」 제118조 제1항 제1호에 따라 300만 원 이하의 과태료가 부과되며, 거짓 신고 등으로 실업급여를 부정하게 받은 경우 사업주도 연대하여 책임질 수 있다.

⑦ 사업주는 「건설근로자의 고용개선 등에 관한 법률」 제5조 제1항 및 제3항에 따라 사업장별(건설공사별)로 고용관리 책임자를 지정·신고하여야 하며, 이를 위반할 경우에는 같은 법 제26조 제3항 제1호에 따라 100만 원 이하의 과태료가 부과된다.

(2) 일용근로자가 적용되는 해당 4대보험 및 귀속연월 선택

[ ]고용보험 [ ]산재보험 근로내용 확인신고서 (년   월분)

---

38) 건설업(건설장비운영업은 제외)과 임업 중 벌목업 사업장은 고용보험 근로자 「근로내용 확인신고서」만 작성하고, 산재보험 근로자는 「근로내용 확인신고서」를 작성하지 않는다. 건설업(건설장비운영업은 제외)과 임업 중 벌목업 사업장 소속 일용근로자의 경우 '임금총액'만 적고, 그 밖에 업종의 사업장 소속 일용근로자는 '보수총액(과세소득)'과 '임금총액(과세소득 및 비과세소득)'을 모두 기재한다.

1) 월별로 각각 작성하여야 한다(여러 달을 한 장에 신고할 수 없다).

2) 부과고지 대상사업자(일반업종)는 고용보험과 산재보험을 동시에 적용한다.

(3) 사업장 정보

※ 제2쪽의 유의사항과 작성방법을 읽고 작성하여 주시기 바라며, [ ]에는 해당되는 곳에 "√" 표시를 합니다.   (제1쪽)

접수번호	접수일			처리기간 7일	
공통 사업장	사업장관리번호		명칭		
	사업자등록번호(국세청 일용근로소득지급명세서를 갈음하여 제출하는 경우에만 적으며, 단기예술인의 경우는 적지 않습니다)		하수급인관리번호(건설공사등 미승인 하수급인에 한함)		
	소재지		보험사무대행기관 번호		보험사무대행기관 명칭
	전화번호 (유선) (휴대전화)		FAX번호		
	공사명	고용관리 책임자 (※건설업만 해당)	(성명)	(주민등록번호)	(직위)
			(직무내용)	(근무지)[ ]본사 [ ]해당 사업장(현장) [ ]다른 사업장(현장)	

성명				
주민등록번호 (외국인등록번호)	-	-	-	-
국적	체류자격			
전화번호(휴대전화)				
직종 부호				

1) 사업자등록번호

   원천징수의무자의 사업자등록번호를 기재한다.

2) 고용관리책임자

   건설업에 한하여 고용관리책임자를 기재해야 하며, 고용관리책임자는 사업장별(건설공사별)로 지정·신고하여야 하며, 이를 위반할 경우에는 100만 원 이하의 과태료가 부과된다.

3) 직위

   고용관리책임자가 해당 사업장에서 부여받은 직위(예 부장, 팀장, 과장, 사원 등)를 기재한다.

4) 근무지

고용관리책임자가 근무하는 사업장 중 해당하는 칸에 체크한다.

5) 직무내용

고용관리책임자의 임무 이외에 겸직하고 있는 직무내용에 해당하는
해당 코드번호를 기재한다(복수 기재 가능).

01. 인사·노무	02. 회계·세무·경리	03. 경영·관리
04. 홍보·영업	05. 기술·기능	06. 기 타

6) 하수급인 관리번호

원수급인이 제출한 고용보험 하수급인명세서에 따라 근로복지공단으
로부터 부여받은 관리번호를 기재한다.

7) 직종부호

별지(한국고용직업분류(KECO '18) 중 소분류(136개) 직종현황)를
참고하여 기재한다.

(4) 일용근로자의 근로내용

근로일수 또는 노무제공일수 ("o" 표시)	1	2	3	4	5	1	2	3	4	5	1	2	3	4	5	1	2	3	4	5
	6	7	8	9	10	6	7	8	9	10	6	7	8	9	10	6	7	8	9	10
	11	12	13	14	15	11	12	13	14	15	11	12	13	14	15	11	12	13	14	15
	16	17	18	19	20	16	17	18	19	20	16	17	18	19	20	16	17	18	19	20
	21	22	23	24	25	21	22	23	24	25	21	22	23	24	25	21	22	23	24	25
	26	27	28	29	30	26	27	28	29	30	26	27	28	29	30	26	27	28	29	30
	31					31					31					31				

1) 근로일수

일용근로를 제공한 해당 날짜에 'O' 표시한다. 이는 피보험단위기간
으로 산정되는 임금지급의 기초가 된 날을 의미하여, 1시간을 일해도
1일로 기재한다.

 윤쌤의 톡톡: 근로일수 기재 주의사항

근로를 제공하지 않은 날짜를 선택하거나 잘못하여 다른 사업장에서 일용
근로를 한 날짜를 선택하여 신고한 경우에는 사유서를 제출하여야 하므로
주의하여 선택한다.
특히, 실업급여 수령자, 병역복무자, 출국한 자, 장기입원환자(7일 이상)가
일용직근로자로 신고되지 않도록 주의하여야 한다.

근로일수 또는 노무제공일수	일평균 근로 시간	일	시간	일	시간	일	시간	일	시간
보수지급기초일수			일		일		일		일
보수총액			원		원		원		원
임금총액			원		원		원		원
이직사유 코드									

보험료부과구분(해당자만)

부호	사유								
국세청 일용 근로 소득 신고	지급월		월		월		월		월
	총지급액 (과세소득)		원		원		원		원
	비과세소득		원		원		원		원
	원천 징수액 소득세		원		원		원		원
	원천 징수액 지방 소득세		원		원		원		원
일자리안정자금 지원 신청		[ ]예　[ ]아니오		[ ]예　[ ]아니오		[ ]예　[ ]아니오		[ ]예　[ ]아니오	

❑ 사업주가 "사업자등록번호란"을 작성・제출한 경우 「소득세법 시행령」 제213조 제4항에 따라 「소득세법 시행규칙」 별지 제24호 서식(4)에 따른 일용근로소득 지급명세서를 별도로 국세청에 제출할 필요는 없다. 국세청으로 직접 신고를 원하는 경우 "사업자등록번호"는 적지 않으며, "사업자등록번호란" 및 "국세청 일용근로 소득신고란"을 적지 않거나 잘못 적은 경우 국세청에 일용근로소득 지급명세서를 미제출・부실 제출한 것으로 보아 가산세가 부과될 수 있다.

❑ 일용근로소득 신고 대상자에 대하여 "사업자등록번호" 및 "국세청 일용근로 소득신고란"을 작성하지 않은 경우에는 해당 일용근로자에 대한 일용근로소득 지급명세서를 별도로 국세청에 제출하여야 한다.

2) 보수지급 기초일수

피보험기간 중 "보수지급의 기초가 된 일수"를 말하며, 근로자의 경우 "보수지급의 기초가 된 일수"에는 현실적으로 근로하지 아니한 날이 포함될 수 있다. 무급휴일, 무급휴무일 또는 결근일 등 보수지급일수에서 제외하는 경우에는 그 일수를 제외한 일수가 된다.

토요일이 무급휴무일이면서 보통의 1주에 5일 근무하는 사업장에서는 월요일부터 금요일까지 포함하고, 일요일(주휴일)은 포함하되 토요일(무급휴무)은 제외한다.

3) 보수총액

근로소득에서 「소득세법」상 비과세 근로소득을 뺀 금액으로서, 해당 월에 발생된 금액을 기재한다.

4) 임금총액

「근로기준법」 제2조에 따른 임금[39]으로서, 「소득세법」상 급여와는

---

39) 근로기준법 제2조

무관하다. 해당 월에 발생된 금액으로 기재한다.

5) 이직 사유 코드

코드	이직사유	구체적 예시
1	회사의 사정에 의한 이직	폐업, 공사종료, 계약기간 만료, 공사중단
2	부득이한 개인사정에 의한 이직	질병, 부상, 출산
3	기타 개인사정에 의한 이직	전직, 자영업을 위한 이직

6) 보험료부과 구분

해당하는 근로자만 기재한다.

부호	부과범위				대상 종사자
	산재보험		고용보험		
	산재보험	임금채권 부담금	실업급여	고용안정 직업능력개발	
51	○	○	×	×	09. 고용보험 미가입 외국인근로자, 11. 항운노조원(임금채권 부담금 부과대상)
52	○	×	×	×	03. 현장실습생(「산업재해 보상보험법」 제123조 제1항에 따른 현장실습생), 13. 항운노조원(임금채권부담금 소송승소)
54	○	×	○	○	22. 자활근로종사자(「국민기초생활보장법」 제14조의2에 따른 급여의 특례에 해당하는 자, 차상위계층, 주거·의료·교육급여 수급자)
55	×	×	○	○	05. 국가기관에서 근무하는 청원경찰, 06. 「선원법」 및 「어선원 및 어선 재해보상보험법」 적용자, 07. 해외파견자(「산업재해 보상보험법」의 적용을 받지 않는 자)
56	×	×	○	×	01. 별정직·임기제(일반, 전문, 시간선택제, 한시)공무원, 16. 노조전임자(노동조합등금품지급), 25. 예술인
58	○	×	×	○	21. 자활근로종사자(생계급여 수급자)

7) 국세청 일용근로 소득신고 "총지급액(과세소득)" 및 "비과세소득", "소득세" 및 "지방소득세"

해당 월별로 각각의 합계금액을 기재한다.

8) 지급월

일용근로자에게 급여를 지급한 월을 기재한다. 12월 말일까지 미지급

---

5. "임금"이란 사용자가 근로의 대가로 근로자에게 임금, 봉급 그 밖에 어떠한 명칭으로든 지급하는 일체의 금품을 말한다.

한 금액은 12월을 기재한다.

9) 총지급액(과세소득)

일용근로자에게 지급한 급여액(비과세소득 제외)의 월별 합계금액을 기재한다.

10) 비과세소득

생산직 일용근로자에게 지급한 야간근로수당 등을 기재한다.

11) 소득세

소득세=〔(1일 임금 − 비과세소득) − 근로소득공제(1일 150,000원)〕
× 원천징수세율(6%) − 근로소득세액공제(산출세액의 55%)

* 소득세액이 소액부징수(1천 원 미만인 경우)에 해당하는 경우에는 "0"으로 기재

12) 지방소득세

소득세의 10%를 기재한다.

● 건설업: 소규모 사업장

건설업에는 원도급공사만 진행하는 사업장과 하도급공사만 하는 사업장, 원도급공사 및 하도급공사를 모두하는 사업장이 있다.
원도급은 고객과 직접 계약을 맺고 공사를 진행하는 것을 말하며, 하도급은 고객과 계약을 맺은 업체로부터 공사를 수주받아서 진행하는 것을 말한다. 원도급공사를 최초로 시공한 사업장은 보험관계성립신고와 근로자고용신고를 하여야 하나, 하도급공사만 진행하는 사업장의 경우 고용·산재보험 사업장성립신고 대상이 아니다. 즉, 하도급공사만 진행하는 사업장은 원도급공사가 발생하기 전까지는 사업장성립신고 및 근로자에 대한 고용·산재보험 가입할 필요도 없고, 일용직 근로내용확인서를 공단에 제출할 필요도 없다(국세청에 제출하는 일용근로소득 간이지급명세서는 제출해야 한다). 원도급이 발생하면 일괄적용성립신고서를 제출해야 하고 보험관계성립을 해야 하는 것이다.

- 하도급공사만 진행하는 사업장이 착오로 근로내용확인서를 제출하였다면 반려신청서와 증빙서류를 공단에 제출하면 되는데, 반려신청서에는 하도급공사만 진행하는 사업장이어서 사업장성립신고가 되어있지 않으나 착오로 근로내용확인신고서를 제출하였다는 내용을 담아서 기재하면 된다.
- 산재보험만 가입하면 되는 건설업 사업장
  원도급공사가 있으나 공급가액(부가가치세 제외된 금액)이 1건당 2천만원이 넘는 공사가 없다면, 원도급공사를 하는 사업장이더라도 일용직근로자들에 대해 산재보험만 가입하면 된다.
- 원도급공사 혹은 하도급공사를 입증할 수 있는 서류
  ① 계약서
  ② 견적서
  ③ 수기로 공사기간을 기재한 세금계산서(계약서나 견적서가 없는 경우에 한함)

 Ⅳ 4대보험 사업장 내용변경 신고

1. 4대보험 사업장 내용변경

① 개인사업장의 사용자가 변경된 경우에는 사업장 내용변경 대상이 아니라 기존 사업장을 탈퇴한 후에 변경된 사업장을 신규로 적용해야 한다.
② 사업자등록번호 변경 시 사업장관리번호가 변경될 수 있다.
③ 변경된 사용자(대표자/공동대표자)가 가입대상일 경우에는 「사업장(직장)가입자 자격취득신고서」를 제출하여야 한다.

구분	국민연금	건강보험	고용 · 산재보험
신고 기관	국민연금공단	국민건강보험공단	근로복지공단
사업장 신고 대상	명칭 전화번호 소재지 사업자(법인)등록번호 사업의 종류(업종)	명칭 전화번호 소재지 사업자(법인)등록번호 사업의 종류(업종)	• 명칭, 전화번호, 소재지, 사업자(법인)등록번호, 사업의 종류(업종) • 사업의 기간 • 상시근로자수(고용보험법 시행령 제12조에 따른 우선지원대상 기업의 해당 여부에 변경이 있는 경우에 한함) • 기타(공사금액 및 발주처 등)
신고 기한	사유발생일의 다음 달 15일까지	사유발생일로부터 14일 이내	변경된 날로부터 14일 이내
신고 서류	• 사업장내용변경신고서(사업자등록증, 법인 등기사항증명서 사본 등)	• 사업장(기관)변경신고서 • 단위사업장현황 · 영업소현황 (해당 시)	• 보험관계변경신고서 • 우선지원대상기업해당(비해당)신고서 (근로복지공단에서만 접수, 해당 시)
유의 사항	(내용변경 신고 불가) • 개인사업장의 사용자 변경은 변경 전 사업자는 사업장탈퇴신고하고, 변경 후 사업자는 사업장성립신고를 하여야 함. • 개인사업장이 법인사업장으로 전환된	사업장 통합 및 분리 적용은 국민건강보험공단에 직접 신고하여야 함.	건설업의 공사기간, 공사금액, 발주처 등의 변동신고는 근로복지공단에 직접 신고하여야 함.

구분	국민연금	건강보험	고용·산재보험
	경우 종전 개인사업장은 탈퇴신고하고, 법인사업장으로 신규 가입신고를 하여야 함.		

2. 4대보험 사업장 내용변경 신고 시 유의사항

(1) 국민연금

내용변경은 이미 신고된 사실을 신고일 이후에 변경하는 것을 말하며, 법인격 등 사업장의 동일성이 유지되는 경우에 한하여 가능하다.

> ● 내용정정(국민연금 고유 업무)
>
> 내용정정은 고의 또는 착오 등으로 사실과 다르게 신고 또는 처리된 사항을 정정하는 것으로, 사실관계 발생일로 소급한다. 내용정정 신고는 명백한 착오인 경우에만 가능하며, 단순한 사정상의 변경은 정정대상이 아니다.
> (1) 내용 정정대상: 취득일, 상실일, 기준소득월액 등
> (2) 신고기한: 착오를 알게 된 때 즉시
> (3) 제출서류: 국민연금 사업장가입자 내용변경(정정)신고서

(2) 건강보험

① 사업장통합 및 분리적용

사업장통합 및 분리적용은 국민건강보험공단에 직접 신고하여야 한다.
관할단위사업장 및 부서가 있을 때에는 단위사업장 현황, 영업소 현황을 관할지사로 별도 제출한다. 사업장관리번호 변경신고와 별개로 각각 신고한다.

② 법인의 대표자 변경 시

법인등기부 등본을 확인하여 법인등기부 등본상 등기일을 기준으로 대표자 변경 처리한다. 파산관재인도 법인사업장의 대표자로 변경할 수 있다. 다만, 사업자(장) 주소(도로명주소)변경은 신고 없이 공단에서 직권처리할 수 있으며, 국세청·법원 등 유관기관으로부터 제공받은 정보로 사업장 기본정보를 직권처리할 수 있다. 직권처리내역은 사업장에 안내하여야 한다.

③ 형태변경(개인사업장 ↔ 법인사업장)

개인사업에서 법인으로 변경된 사업장 또는 이와 반대의 경우에는 변경 전의 사업장은 탈퇴하고, 변경 후의 사업장은 신규로 적용한다. 직원변동 없이 형태만 변경하는 경우, 변경 후의 사업장은 탈퇴일자로 소급적용처리한다.

④ 사용자 변경(개인사업장) 또는 법인등록번호 변경(법인사업장)

개인사업장의 사용자가 변경하거나 법인의 법인등록번호가 변경된 경우에는 변경 전의 사업장은 탈퇴하고, 변경 후의 사업장은 신규 적용처리한다. 직원변동이 없을 경우에 양도일(양수일)로 탈퇴 및 신규 적용처리한다. 다만, 상속·증여에 의한 개인사업장의 사업자가 변경하는 경우(사업자등록번호 동일)에는 사용자의 상속에 의한 포괄승계로서 예외적으로 기재사항 변경으로 처리한다.

> **● 대표자가 사망한 사업장이 건강보험 탈퇴신고를 하지 않은 경우**
>
> 대표자 사망에 의한 사업장 직권탈퇴처리 안내문 발송 후 14일 이내 이의가 없을 경우, 대표자 사망일 다음 날로 탈퇴처리할 수 있다. 다만, 상속 등의 절차(세무사 대표자 변경 등)를 접수하여 진행 중일 경우 처리완료 시까지 제외할 수 있다.

(3) 고용·산재보험

사업의 종류 또는 상시근로자 수의 변경으로 인하여 고용보험법상 우선지원대상 기업의 해당 여부에 변경이 있는 경우에는 다음 연도의 초일부터 14일 이내에 보험관계변경 신고를 하여야 하며, 우선지원대상 기업 신고서를 공단에 제출하여야 한다.

3. 사업장 전출입 시 신고방법

구분	사업장	신고 방법
국민연금	분리적용사업장인 경우	전출사업장: 별도의 신고절차 없음. 전입사업장: 「분리적용 사업장가입자 전입신고서」 제출
	분리적용사업장이 아닌 경우(본점에서만 일괄적용을 받는 경우)	별도의 신고절차 없음. (사업장 내의 인사이동으로 봄)
	본점과 지점에서 각각 국민연금 적용받는 경우	전출사업장: 자격상실신고 전입사업장: 자격취득신고
건강보험	모사업장 또는 단위사업장 지정신고를 한 경우	전출사업장: 별도의 신고절차 없음. 전입사업장: 「직장가입자 근무처 변동신고서」 제출
	모사업장 또는 단위사업장 지정신고를 하지 않은 경우	전출사업장: 자격상실신고 전입사업장: 자격취득신고
	단위사업장 내 인사이동	자격취득, 상실 절차 없이 자격이 연계됨.
	단위사업장 간 인사이동	전출사업장: 자격상실신고 전입사업장: 자격취득신고
고용·산재보험	동일한 사업주가 운영하는 사업장에서 근무지 변동	전보 전 사업장: 별도의 신고절차 없음. 전보 후 사업장: 전보신고

4. 국민연금 · 건강보험 「사업장(기관) 변경신고서」, 고용보험 · 산재보험 「보험관계 변경신고서」 작성방법

■ 고용보험 및 산업재해보상보험의 보험료징수 등에 관한 법률 시행규칙[별지 제13호 서식] <개정 2019. 5. 8.>

국민연금 [ ]사업장 내용변경신고서
건강보험 [ ]사업장(기관) 변경신고서
고용보험 [ ]보험관계 변경신고서
산재보험 [ ]보험관계 변경신고서

※ 유의사항 및 작성방법은 뒷면을 참고하여 주시기 바라며, 색상이 어두운 난은 신청인이 적지 않습니다. (앞면)

접수번호		접수일자		처리기간	3일
사업개시번호	고용보험		산재보험		
사업장	사업장관리번호			전화번호(유선/이동전화)	
	명칭				
	소재지				
보험사무 대행기관 (고용·산재)	명칭			번호	
사용자(대표자)	성명			주민(외국인)등록번호	

사용자 (대표자/ 공동대표자)	변경항목	변 경 일	변 경 전	변 경 후
	성명			
	주민(외국인)등록번호			
	주소			
	전화번호			

사업장	변경항목	변 경 일	변 경 내 용	
	명칭			
	전화번호			
	FAX번호			
	전자우편주소			
	소재지			
	우편물 수령지			
	사업자등록번호			
	법인등록번호			
	종류(업종)			
	사업의 기간			
	그 밖의 사항			

건강보험증 수령지	[ ]사업장 주소지 [ ]해당 직장가입자 주민등록표 등본의 주소지

위와 같이 신고합니다.

년   월   일

신청인(가입자) (서명 또는 인)

[   ]보험사무대행기관(고용·산재보험만 해당) (서명 또는 인)

국민연금공단 이사장/국민건강보험공단 이사장/근로복지공단 지역본부(지사장) 귀하

210mm×297mm[백상지(80g/㎡) 또는 중질지(80g/㎡)]

1) 사업개시번호

   고용보험·산재보험의 사업 일괄적용의 경우만 기재한다.

2) 사용자(대표자/공동대표자)의 성명 및 주민(외국인)등록번호

   개인사업의 경우 개인사업자, 법인의 경우 대표자 인적사항에 대해 주민등록표 등본(외국인등록증 또는 국내거소신고증)상의 성명 및 주민등록번호(외국인등록번호 또는 국내거소신고번호)를 기재한다.

3) 사용자(대표자/공동대표자) 및 사업장의 변경내용에 해당되는 부분 변경일자를 기재한다.

4) 변경 전 내용과 변경 후

   예 명칭변경: ○○○주식회사(변경 전) → □□□□주식회사(변경 후)

5) 종류(업종)

   해당 사업장의 사업내용을 구체적으로 기재한다.

6) 사업의 기간

   고용·산재보험의 경우에만 기재하고, 신고서는 근로복지공단에 제출한다.

7) 그 밖의 사항

   각 보험의 고유 신고사항의 변경이 있는 경우에만 기재하고, 신고서는 해당 기관에 제출한다.

가입자에 대한 정보변경

1. 4대보험 가입자 변경신고

근로자의 성명 및 주민등록번호 등이 변경되는 경우에는 변경일로부터 14일(국민연금의 경우 15일) 이내에 신고하여야 한다.

구분	국민연금	건강보험	고용·산재보험
신고 내용	성명 및 주민등록번호가 변경된 경우		
	• 자격취득일자가 변경된 경우 • 특수 직종 근로자에 해당되거나 해당하지 아니하게 된 경우	자격취득일자가 변경된 경우	휴직종료일이 변경된 경우
신고 기한	변경일이 속하는 달의 다음 달 15일까지	변경일로부터 14일 이내	
제출 서류 (공통 서식)	사업장가입자내용 변경신고서	직장가입자내역 변경신고서	[고용보험] • 피보험자내역변경신고서 [산재보험] • 근로자정보변경신고서
유의 사항	명백한 착오로 인한 내용정정사유(취득일, 상실일, 기준소득월액 등)에 해당되는 경우에는 「사업장가입자내용변경(정정)신고서」를 국민연금에 접수하여야 함.	근무내역 변경이 있을 경우 「직장가입자(근무처·근무내역)변동신고서」를 별도 제출하여야 함.	• 성명, 주민등록번호가 변경된 경우: 가족관계증명부, 법원판결문, 변경통지서 등을 제출함. • 근무내역 변경이 있을 경우: 「근로자전보신고서」를 제출함. • 근로자의 월평균보수 변경된 경우: 「월평균보수변경신고서」를 별도 제출함.

● 고용산재보험내역 정정신고서

1) 실업급여수급과 관련하여 퇴사 후에 고용보험가입일을 정정신고하려는 경우, 2) 주 소정근로시간이 변경될 경우, 3) 이직사유나 이직 시의 평균임금변동된 경우에 고용정보내역 정정신고서를 작성한다. 이 경우 퇴사일은 마지막 근무일이며, 상실일은 마지막 근무일의 다음 날이며, 보수는 비과세 항목을 제외한 금액이다.

2. 4대보험 전출입에 따른 근무처 등 변경신고

구분	국민연금	건강보험	고용 · 산재보험
신고 내용	사업장 분리적용을 신청한 사업장에서 사업장 간에 인사이동이 발생한 경우	• 모사업장 내에서 인사이동이 발생한 경우 • 단위사업장 내에서 인사이동이 발생한 경우 • 해외근무 등으로 근무내역이 변동된 경우	인사이동으로 근로자의 근무장소가 변동된 경우
신고 기한	변경일이 속하는 달의 다음 달 15일까지	변경일로부터 14일 이내	변경일로부터 14일 이내
제출 서류	분리적용 사업장가입자 전입신고서	직장가입자(근무처 · 근무내역)변동신고서	[고용보험] 피보험자 전근신고서 [산재보험] 전보신고 시
유의 사항		단위사업장 간의 인사이동은 자격연계가 되지 않아 자격취득 · 상실절차가 이루어짐.	동일 법인이더라도 재단지회의 경우 독립된 사업장이므로, 서로 간 인사이동의 경우에는 전보에 해당하지 않음.

3. 근로자 가입정보 정정신청

(1) 근로자 가입정보 정정신고

근로자 가입정보의 정정은 사회보험법 보장자격 등의 결정(취소)에 관한 사항으로 4대보험 공통으로 처리할 수 없다. 따라서 국민연금, 건강보험 가입자 내역 정정은 각각 해당기관으로 신청하여야 한다.

신청항목은 취득일(고용일), 상실일(고용종료일), 전근(전보)일, 휴직시작일, 휴직사유, 보험료부과구분이다. 다만, 주 소정근로시간, 직종 등 기타 취득신고내용, 상실사유, 이직사유(이직확인서), 평균임금 등 기타 이직확인내용은 고용보험만 해당한다(자할근로종사자의 보장자격 변경은 고용보험 「피보험자내역변경신고서」로 신고함).

(2) 근로자 가입정보 정정 신청방법

서면신고는 「피보험자고용정보 내역 정정 신청서」를 작성하여 방문, 우편, 팩스로 제출한다.

피보험자고용정보 내역 정정 신청대상 근로자가 10인 이상인 경우에는 전자신고하여야 한다(근로복지공단 토탈서비스).

주 소정근로시간, 직종 등 기타 취득신고 내용, 상실사유, 이직사유(이직확인서), 평균임금 등 기타 이직 확인 내용 정정은 반드시 그 사실관계를 확인할 수 있는 근로계약서, 급여대장, 급여계좌이체내역, 출근부 등 증빙자료를 제출하여야 한다.

(3) 노동조합 등으로부터 금품을 지급받는 노조전임자

노동조합 등으로부터 금품을 지급받은 노조전임자는 고용보험 실업급여 보험료가 여전히 부과되므로 신분변동(일반근로자 ↔ 노동조합 등으로부터 금품을 지급받은 노조전임자)이 되면 공단에 피보험자, 근로자 가입정보 내역 정정 신청을 하여야 한다.

타임오프제 시행에 따른 근로시간 면제자는 보험료부과구분 정정신청에 해당되지 않는다.

변경일에는 일반근로자 ↔ 노동조합 등으로부터 금품을 지급받는 신분변동일을 기재한다.

노동조합 등으로부터 금품을 지급받는 노조전임자의 신분변동 시에만 변경일을 기재, 그 외 내역 정정신청은 고용일부터 정정처리되므로 별도로 변경일을 기재하지 않는다.

노조전임자 구분	보험료 부과 범위			
	산재보험		고용보험	
	산재	임금채권	실업급여	고용 안정 등
노동조합 등으로부터 금품을 지급받는 노조전임자	×	×	○	×
타임오프제 시행에 따른 근로시간 면제자	○	○	○	○

4. 근로자 가입정보 취소신청

(1) 근로자 가입정보 취소신청 항목

근로자 고용(취득)신고 취소신청, 근로자 고용종료(상실)신고 취소신청, 근로자 전보(전근)신고 취소신청, 근로자 휴직 등 신고 취소신청이 있다. 근로자 가입정보의 취소는 사회보험별 보장가격 등의 결정(취소)에 관한 사항으로 4대보험 공통으로 처리할 수 없다.

(2) 근로자 가입정보 취소신청 방법

근로자 가입 정보내역 취소신청서 서식에 취소하여야 하는 항목을 체크한다. 취소신청서와 관련 증빙자료를 첨부하여 제출한다(산재보험 적용제외근로자인 선원의 경우 선원수첩 등 선원임을 증명할 수 있는 서류 등).

5. 보수월액 변동신청

(1) 국민연금 보수월액 변동 시

2014년 1월 1일부터 실제 소득이 기준소득월액 대비 소득변동률이 20% 이상 변경된 사업장가입자는 근로자의 동의를 얻어(근로자 서면동의서 필요) 신청일의 다음 달부터 다음 연도 정기결정 전월까지의 기간에 변경된 기준소득월액을 신청에 의해 적용할 수 있다.

근로자는 임금대장, 근로계약서 등 소득이 변동되었음을 확인할 수 있는 자료에 의하여 실제 소득이 기준소득월액 대비 20% 변동 시 적용되나, 개인사업장의 사용자는 변경 신청 당시 소득을 확인할 수 없으므로 증빙자료 없이 변경 신청을 인정한다. 이때 변경된 기준소득월액 적용기간에 대해서는 과세자료와 임금대장(사업소득 관련 자료) 등으로 대조하여 다음 연도에 사후확인을 통하여 정산을 실시한다.

사용관계종료 등의 사유로 다음 연도 정기정산 완료 이전에 사업장가입자 자격이 상실(납부예외)된 경우에도 정산된다.

(2) 건강보험 수시정산

사용자는 당해 사업장 소속 직장가입자의 자격 또는 보수 등이 변동되었을 경우 이를 공단에 신청하여야 하는데, 신청이 지연되었을 경우 가입자의 보험료를 다시 산정하여 기부과 보험료와의 차액을 추가징수 또는 반환하게 된다. 직장가입자의 보수가 변경되었을 경우 100인 이상 사업장에서는 의무적으로 변경신고를 해야 한다.

(3) 고용보험 퇴직정산

① 보험료 퇴직정산제도

근로자가 퇴직할 경우 해당 근로자에 대하여 해당 연도에 실제로 납부하여야 할 보험료를 산정하여 기부과된 보험료와 정산한다.

② 퇴직정산 대상자

부과고지사업장에서 2020. 1. 16. 이후 고용관계가 종료된 상용근로자(상실일은 2020. 1. 17. 이후인 근로자)가 대상이 된다.

③ 퇴직정산 신고방법

4대사회보험 공통서식인 '고용보험 피보험 자격상실 신고서 및 산재보험 근로자 고용종료 신고서'에 근로자의 상실일, 상실사유 및 지급한 보수총액을 작성하여 근로복지공단(국민연금공단·국민건강보험공단)으로 신고한다.

④ 유의사항

퇴직정산 대상 근로자의 경우에도 2019년(귀속) 보수총액에 한해서는 2020. 3. 16.까지 보수총액 신고로 보험료를 정산한다.

퇴직근로자가 보험료 퇴직정산 대상일 경우 '자격상실신고서'에 기재한 보수총액으로 보험료를 정산하므로 "해당 연도 보수총액"을 반드시 기재하여 신고한다.

(4) 산재보험

그 밖의 근로자가 모두 퇴사하여 없는 경우에도 해당 연도에는 이미 산정된 금액으로 부과되고, 다음 연도 보수총액 신고서에 따른 보수총액 신고할 때 정산된다. 그러나 그 밖의 근로자를 고용하지 않을 것으로 예상되어 월별보험료 부과를 원하지 않는 경우에는 월평균보수변경신고서를 제출 다음 달부터 그 밖의 근로자 부과조정을 할 수 있다. 그 밖의 근로자 주민등록번호는 999999-9999999로 입력한다.

6. 근로자 휴직 등 신고

(1) 개념

휴직기간 동안의 보수에 대해서는 산재보험 월별보험료 및 정산보험료, 고용보험 월별보험료를 부과하지 않으므로 휴직자에 대해 근로자 휴직 등 신고를 반드시 신고하여야 한다. 다만, 휴직 사유가 '육아기 근로시간단축'인 경우는 고용·산재보험료가 부과된다.

또한, 휴직 사유가 노조전임자일 경우 휴직기간에 고용보험 월별보험료를 부과하나, 노조전임기간 동안은 산재보험료를 부과하지 않으므로 근로자 휴직 등의 신고를 하여야 한다. 노조전임자의 경우 고용보험실업급여는 부과되지만, 고용보험 중 고용안정, 직업능력개발사업보험료는 부과되지 않으므로 별도로 근로자 고용정보정정신고서를 제출하여야 한다. 다만, 타임오프제 시행에 따른 근로시간 면제자는 휴직 등의 신고대상이 아니며, 해당기간 동안의 보수 또한 보험료 산정에서 제외되지 않는다.

(2) 신고 사유 및 시기

신고 사유는 ① 사업장 사정에 의한 휴업·휴직, ② 근로자 사정에 의한 휴직, ③ 근로기준법 제74조 제1항에 따른 보호 휴가, ④ 노조전임자, ⑤ 육아휴직, ⑥ 유산·사산 휴가, ⑦ 출산전후휴가, ⑧ 육아기 근로시간단축, ⑨ 기타이다.

사업주는 근로자가 휴업 또는 휴직하는 경우 그 사유 발생일로부터 14일 이내에 공단에 신고하여야 한다. 일부 근로를 제공하지 않는 육아기 근로시간단축 경우도 포함한다.

근로자의 휴직 등으로 인해 공단에 근로자 휴직 등 신고를 하였고, 이후 휴직에 관한 정보가 변경된 경우(휴직일, 휴직종료일, 휴직사유 등)에는 근로자 정보변경 신고를 통해 휴직일 또는 휴직종료일 등을 변경 신고할 필요가 있다.

다만, 최초 신고한 기간으로 휴직기간이 종료되었다면 추가로 공단에 신고할 서류는 없으며, 최초 신고한 휴직기간이 종료되면 자동으로 휴직기간 이후부터는 월별보험료가 산정된다.

(3) 신고 시 유의사항

① 산재보험의 경우 휴직기간에 발생한 보수에 대해 보험료가 부과되지 않는다(월별보험료 및 정산보험료 모두 부과되지 않음).

고용보험의 경우 휴업·휴직기간에 발생한 보수에 대해 월별보험료는 부과되지 않으나, 보험료 정산 시 정산보험료는 부과된다(정산보험료만 부과된다).

다만, 휴직 등의 사유가 노조전임자일 경우에는 고용보험 월별보험료도 부과되며, 사유가 '육아기 근로시간단축'인 경우는 고용보험료 및 산재보험료가 부과된다(월별보험료 및 정산보험료 모두 부과된다).

② 고용보험료 지원대상인 사업장에서 해당 사업장의 고용보험 가입 근로자가 출산전후휴가 등을 실시한 경우 그 기간 동안에는 해당 사업장의 총 고용보험 가입 근로자 수에서 출산전후휴가 등을 실시한 고용보험 가입 근로자 수를 뺀 수를 해당 사업장의 고용보험 가입 근로자 수로 보도록 하여 고용보험료 지원대상인 사업장에서 출산전후휴가 등

을 한 근로자에 대한 대체인력을 채용한 경우에도 고용보험료를 계속 지원받을 수 있도록 한다.

③ 고용보험 피보험자 자격취득이 누락된 근로자의 고용보험 근로자 휴직 등의 신고를 하는 경우에는 고용보험 피보험자격신고 이후에만 신고할 수 있다.

Ⅵ 사업장 탈퇴 및 소멸

1. 국민연금

(1) 보험관계 소멸 사유

① 사업장이 휴업(단, 휴업기간 중 휴업수당이 지급되거나 임금의 일부 또는 전부가 지급되지 않는 경우에 한함)이나 폐업으로 영업을 하지 않는 사업장
② 합병이나 분할로 소멸되는 사업장
③ 근로자가 없는 개인사업장

(2) 보험관계의 소멸일

① 휴·폐업 사업장: 휴업일 당일, 폐업일 다음 날(폐업일이 초일인 경우 폐업일로 적용 가능)
② 근로자가 없는 개인사업장: 근로자의 최종 상실일
③ 사업장을 통·폐업한 경우: 사업장의 통·폐합일

(3) 신고 시 유의사항

① 근로자의 일부라도 근로기준법 제46조에 따른 휴업수당이 지급될 경우에는 탈퇴신고를 할 수 없으며, 노동쟁의로 인한 파업 또는 직장폐쇄는 탈퇴신고대상에서 제외한다.

② 휴업기간 중 조업이 재개되었거나, 휴업기간이 종료된 경우에는 재가입 신고하여야 한다.

③ 통·폐합 사업장 자격취득일 및 자격상실일은 합병 후 사업장을 흡수(신설)한 사업장은 흡수(소멸)된 사업장의 가입자에 대해 자격상실일과 같은 날로 자격취득신고를 하여야 한다(자격취득부호 "9").

2. 건강보험

(1) 보험관계 소멸 사유

① 휴·폐업 사업장 또는 부도·도산으로 폐쇄된 사업장

② 사업장의 합병·통합 등으로 소멸하는 사업장

③ 직장가입자대상 근로자가 없거나 비상근 근로자 또는 1월간의 소정 근로시간이 60시간 미만인 시간제 근로자 등 사업장에서 상시 근로에 종사할 목적으로 고용되지 아니한 근로자만을 고용하게 되는 사업장(건설일용직 현장사업장의 경우 실제 공사기간 종료확인 후 탈퇴)

④ 대표자가 사망한 개인사업장

(2) 보험관계의 소멸일

① 휴·폐업 사업장: 휴·폐업사실증명원의 휴·폐업일의 다음 날(휴·폐업일이 1일인 경우에는 해당일)

② 사업장 합병·통합 시: 합병(통합)계약서 또는 법인등기부상의 합병
(통합)일자

③ 부도·도산으로 폐쇄된 사업장: 사업장 탈퇴통보서의 탈퇴일자 또는
공단에서 확인한 조업종료일의 다음 날

④ 직장가입자 적용대상 근로자가 없게 된 사업장: 최종 직장가입근로자
의 자격상실일

⑤ 건설현장 사업장: 공사기간 종료일의 다음 날

⑥ 대표자 사망 사업장: 대표자 사망일의 다음 날

⑦ 실제 근로관계가 종료된 날의 다음 날

3. 고용·산재보험

(1) 보험관계 소멸 사유

① 사업이 폐지 또는 종료된 경우

사업이 사실상 폐지 또는 종료되는 것을 말한다. 법인이 해산등기를 완
료하거나 폐업신고 또는 보험관계 소멸신고 등과는 관계가 없으며, 법인
해산 이후라도 근로자를 고용하여 청산법인 형태로 청산 절차를 진행하
는 경우에는 사업의 소멸로 보지 않는다.

② 직권소멸

공단은 사업의 실체가 없는 등의 사유로 계속하여 보험관계를 유지할
수 없다고 인정되는 때에는 직권으로 보험관계를 소멸시킬 수 있다.

③ 임의가입 보험계약의 해지

사업주의 의사에 따라 보험계약 해지신청을 할 수 있으나, 보험가입 승
인을 얻은 보험연도 종료 이후에 할 수 있다.

④ 일괄적용의 해지

일괄적용의 해지는 다음 보험연도 개시 7일 전까지 「일괄적용해지 신청서」를 제출하여야 한다.

⑤ 사업주가 근로자를 사용하지 아니하게 되는 경우

(2) 보험관계의 소멸일

① 사업의 폐지 또는 종료의 경우: 사업이 사실상 폐지 또는 종료된 날의 다음 날
② 보험계약의 해지신청: 공단이 소멸을 결정·통지한 날의 다음 날
③ 직권소멸 조치한 경우: 보험계약 해지신청 후 공단의 승인을 얻은 날의 다음 날
④ 근로자를 사용하지 아니한 경우: 근로자를 사용하지 아니한 최초의 날부터 1년이 되는 날의 다음 날

(3) 고용·산재보험 보험관계 소멸의 효과

보험관계가 소멸되면 보험당사자 간의 권리·의무는 소멸되지만, 보험관계의 성립기간 중에 발생한 보험급여청구권과 이미 발생한 보험료징수권은 소멸시효가 완성되지 않는 한 계속 유지한다.
① 소멸시점 이후의 보험료 납부의무 및 근로자에 대한 보험급여 지급의무는 소멸한다.
② 소멸시점 이전의 미납보험료에 대한 납부의무는 소멸되지 않는다.
③ 소멸 이전의 재해에 대하여는 보험급여를 청구할 수 있다.
④ 고용보험의 피보험자였던 근로자의 실업급여청구권은 계속하여 존속한다.

❏ **고용종료신고시 유의사항**

① 신고기한

보험관계가 소멸한 경우 보험관계소멸신고서의 신고기한은 소멸일로부터 14일이고, 「근로자고용종료신고서」의 신고기한은 다음 달 15일까지로 서로 상이하나, 「보험관계소멸신고서」와 「근로자고용종료신고서」를 동시에 신고한다(보수총액신고서도 함께 신고).

② 사례별 신고요령

㉠ 산재보험과 고용보험이 동시에 적용되는 근로자였다가 어느 하나의 보험에서 적용제외되는 근로자의 경우

구분	고용보험	산재보험
만65세 이상 근로자	별도의 고용보험 피보험자격상실신고서 제출없이 고용노동부에서 직권으로 자격상실 처리	별도신고 필요 없음(산재보험 계속 적용)
노조전임자	별도신고 필요 없음	「근로자휴직등신고서 제출 노조전임기간 동안 휴직처리) * 산재보험 근로자 고용종료 처리하지 않음.
해외파견자 (해외취업 선원 등): 산재보험 특례에 가입하지 않았을 경우	별도신고 필요 없음(고용보험 계속 적용)	「근로자고용종료신고서 제출(고용종료일: 국내성립사업장 마지막 근무일의 다음 날) 후 국내성립사업장으로 복귀하면 근로자고용신고서 제출(고용일: 국내사업장 복귀일) * 해외파견기간은 산재보험 적용제외
해외파견자: 산재보험 특례에 가입한 경우	별도신고 필요 없음(고용보험 계속 적용)	• 국내성립사업장: 「근로자고용종료신고서 제출(고용종료일: 국내성립사업장 마지막 근무일의 다음 날)

구분	고용보험	산재보험
		• 해외사업장: 해외파견자산재보험가입신청서 제출(고용일: 파견예정일 또는 「해외파견자산재보험가입신청서 접수일 다음 날, 고용종료일: 파견종료일의 다음 날) • 국내성립사업장: 「근로자고용신고서 제출(고용일: 국내사업장 복귀일)

ⓛ 사업장이 합병되는 경우
- 흡수 또는 분리되는 사업장: 보험관계소멸신고(보험관계가 소멸하지 않는 경우는 제외), 근로자 고용종료 신고
- 합병하는 사업장: 보험관계성립신고(기성립된 사업장인 경우는 제외), 근로자 고용신고
  * 단, 민원편의를 위해 전보처리가 적합하다고 판단되는 경우(ex 동일한 사업주 내에서 사업장이 합병되는 경우 등) 전보로 처리 가능

(4) 신고기한 및 신고서류

구분	국민연금	건강보험	고용 · 산재보험
신고기한	폐업 또는 휴업 사유가 발생한 날이 속하는 달의 다음 달 15일까지	폐업 또는 휴업사유가 발생한 날로부터 14일까지	사업이 폐지 또는 종료된 날의 다음 날부터 14일 이내
신고서류	• 사업장탈퇴신고서 • 사업장가입자자격상실신고서	• 사업장신고탈퇴서 • 직장가입자자격상실신고서	• 보험관계소멸신고서 • 보험관계해지신청서[40]

---

40) 고용보험의 경우 근로자(적용제외근로자 제외) 과반수의 동의를 받은 사실을 증명하는 서류(고용보험 해지신청 동의서)를 첨부하여야 함.

❏ **1년 소급하여 상실신고하는 경우**

1년 이상 소급하여 상실신고하는 경우에는 근무일을 확인할 수 있는 자료(출근부, 근로계약서, 임금대장, 근로소득원천징수영수증 등)를 첨부하여야 한다. 또한 사용자가 직원 퇴사에 대한 상실신고를 하지 않는 경우 퇴사자 본인이 자격확인청구서를 작성한 후 관할지사에 제출하여 자격을 정리할 수 있다.

❏ **입사 후 며칠 내 퇴사한 경우**

① 상시근로자가 월 중에 입사한 후 부득이한 사유로 퇴사한 경우 직장가입자 취득신고를 하지 않은 상태로 보수가 발생되지 않고 퇴사한 경우라면 취득신고를 하지 않을 수 있다.
② 직장가입자 취득신고를 한 상태로 보수가 발생되었다면 자격상실신고서 작성 후 사업장 관할지사에 신고하여야 한다.

Ⅶ 4대보험 가입자 자격상실 신고

근로자의 퇴직 등 자격상실 또는 고용종료 사유가 발생하는 경우 사업장가입자 자격상실신고서를 제출하여야 하며, 상실일은 퇴직일 다음 날이다.

만약, 상실일이 2일 이후인 경우 사업장은 상실월의 보험료도 납부하여야 한다. 건강보험 상실신고 시 해당 연도 보수총액과 산정월수, 평균급여를 반드시 기재하여야 하며, 고용보험은 상실사유를 정확히 기재하여야 한다.

구분	국민연금	건강보험	고용·산재보험
상실 사유	① 사용관계 종료 　(퇴직) ② 국외이주 또는 국적 상실 ③ 만 60세 도달 ④ 사망 ⑤ 만 60세 미만 특수직종 근로자가 노령연금수급권을 취득한 자 ⑥ 만 60세 미만자로서 조기노령연금 수급권을 취득한 때 ⑦ 다른 공적연금 가입	① 퇴직 또는 퇴사 ② 사망 ③ 국적 상실 ④ 의료급여수급권자 ⑤ 유공자 등 의료보호대상자의 건강보험 적용배제신청 등	① 퇴직 또는 퇴사 ② 사망 ③ 적용대상 근로자에서 적용제외 근로자가 되는 경우 ④ 보험관계가 소멸하는 등
상실 연월일	해당 사유발생일의 다음 날[41]	해당 사유발생일의 다음 날[42]	해당 사유발생일의 다음 날[43]
보험료 부과	자격을 상실한 날의 전날이 속하는 달까지 매월 보험료 납부(자격상실월 부과)	자격을 상실한 날의 전날이 속하는 달까지 매월 보험료 납부(자격상실월 부과)	고용관계종료월의 근무일을 기준으로 월 평균보수를 일할계산하여 보험료 부과
보험료 정산 (퇴직정산)	별도의 퇴직정산 없음.	자격상실한 때에 근로자와 정산한 후 공단과 정산	2020. 1. 16. 고용종료된 근로자는 정산한 후 공단과 정산

---

41) 다른 공적연금에 가입했거나 퇴직연금 등 수급권을 취득한 경우에는 그 사유가 발생한 날이 자격상실일임. 단시간근로자 사용관계가 종료되어 사업장에서 상실신고하는 경우, 원칙적으로 사용관계종료일의 다음 날로 상실하되, 근로자 제외 사유(상실 부호 22번)로 신고하는 경우에만 근로자에서 제외된 날(근로시간이 월 60시간 미만인 해당 월의 기산일)로 상실처리함. 또한, 분리적용 사업장 간에 전출된 자는 전출당일이 자격상실일임.
42) 의료수급권자의 경우에는 의료수급권자가 된 날, 유공자 등 의료보험보호대상자의 건강보험 적용배제신청의 경우에는 적용배제신청을 한 날이 자격상실 연월일임.
43) 적용근로자가 적용제외근로자가 되는 경우에는 적용제외된 날, 보험관계가 소멸된 경우에

구분	국민연금	건강보험	고용·산재보험
제출서류 (공통서식)	「사업장가입자 자격상실신고서」	「직장가입자 자격상실신고서」	고용보험 「피보험 자격상실신고서」 산재보험 「근로자고용종료신고서」
신고기한	자격상실일이 속하는 달의 다음 달 15일까지	자격상실일부터 14일 이내	고용관계종료일이 속 하는 달의 다음 달 15 일까지

| 퇴직일·자격상실일·이직일의 구분(마지막 근로일이 11월 23일인 경우) |

구분	퇴직일	자격상실일	이직일
용례	퇴직금 계산 시 기산 일[44]	「4대보험 상실신고서」 (공통) 「보수총액 신고서」	「피보험자 이직확인서」
정의	근로제공 마지막 날의 다음 날	퇴직일의 다음 날[45]	근로제공 마지막 날
사례의 경우	11월 24일	11월 24일	11월 23일

1. 4대보험 가입자 자격상실 신고

(1) 국민연금 자격상실 신고

근로자가 퇴직 등으로 자격상실 사유가 발생한 경우, 사용자는 자격상실일이 속하는 달의 다음 달 15일까지 「사업장가입자 자격상실신고서」를

는 소멸한 날이 자격상실 연월일임.

44) 기산일은 퇴직한 날로서 사직서를 제출한 경우에는 사용자가 이를 수리한 날을 의미하며, 재해보상의 경우에는 사고가 발생한 날 또는 진단에 의하여 질병이 발생되었다고 확정된 날을 말한다.

45) 서식 작성요령 등에는 퇴직일의 다음 날이라고 명시되어 있으나, 내용상 근로제공 마지막 날의 다음 날로 기재하여야 할 것으로 보임.

작성하여 신고하여야 한다.

1) 국민연금 자격상실 사유 및 시기

자격상실 사유	자격상실 시기
사용관계 종료(퇴직)한 경우	각 사유가 발생한 날의 다음 날
사망한 경우	
국외로 이주 또는 국적을 상실한 경우	
만 60세에 도달한 경우	
체류기간이 만료(외국인)된 경우	
적용제외 체류자격(외국인)을 가진 경우	
다른 공적연금에 가입한 경우	해당 사유가 발생한 날
「국민기초생활보장법」에 따른 기초생활수급자로 책정된 경우	
노령연금수급권 취득자 중 만 60세 미만의 특수직종근로자인 경우	
만 60세 미만자로서 조기노령연금의 수급권을 취득한 자	
근로계약이 없는 일용직(단시간)근로자가 계속근로 중 월 60시간 미만을 사유로 자격상실신고를 하는 경우	해당 월의 기산일

2) 보험료 부과 및 정산

상실일이 2일 이후인 경우 퇴사월까지의 월보험료 전액을 사업장가입자로서 납부하여야 한다.

국민연금은 전년도의 보수를 기준으로 당해 연도의 연금보험료를 산정하여 부과하므로 퇴사일까지 지급한 당해 연도의 소득을 기준으로 연금보험료를 재정산할 필요가 없다. 다만, 초일에 취득하고 당월에 상실하는 경우에는 납부희망 여부를 반드시 기재한다.

❏ 단시간근로자가 입사하여 20×1. 1. 12.~2. 11. 월 55시간 근로, 20×1.
  2. 12.~3. 11. 월 59시간 근로, 20×1. 3. 12.~20×1. 4. 11. 월 65시간
  근로하다가 20×1. 4. 14. 퇴사하고, 사용관계종료 사유로 상실신고하는
  경우 사업장가입자 자격취득일·상실일은?
  • 자격취득일: 20×1. 3. 12.(근로시간이 월 60시간 이상으로 근로자에
    해당된 날)
  • 자격상실일: 20×1. 4. 15.(자격상실일은 사용관계 종료일의 다음 날)

❏ 단시간근로자가 입사하여 20×1. 1. 12.~2. 11. 월 55시간 근로, 20×1.
  2. 12.~3. 11. 월 59시간 근로, 20×1. 3. 12.~20×1. 4. 11. 월 65시간
  근로하다가 20×1. 4. 14. 퇴사하고, 근로자제외 사유로 상실신고하는
  경우 사업장가입자 자격취득일·상실일은?
  • 자격취득일: 20×1. 3. 12.(근로시간이 월 60시간 이상으로 근로자에
    해당된 날)
  • 자격상실일: 20×1. 4. 12.[근로시간이 월 60시간 미만인 해당 월의
    기산일(근로자에서 제외된 날)]

❏ 20×1. 9. 4.로 국민연금 가입자격을 취득한 단시간근로자가 9. 4.~10.
  3. 그리고 10. 4.~11. 3.까지 월 60시간 이상 근로하다가 11. 15. 마지
  막 근로한 경우 자격상실일은?
  • 자격상실일: 20×1. 11. 16.(마지막 근로한 날의 다음 날)

❏ 20×1. 9. 4.로 국민연금 가입자격을 취득한 단시간근로자가 9. 4.~10. 3. 그
  리고 10. 4.~11. 3.까지 월 60시간 이상 근로하다가 11. 4.~12. 3.까지
  월 60시간 미만 근로한 경우 자격상실일은?
  • 자격상실일: 20×1. 11. 4.(근로시간이 월 60시간 미만인 해당 월의
    기산일)

(2) 건강보험 자격상실 신고

근로자가 퇴직 등으로 자격상실 사유가 발생한 경우, 사용자는 자격상
실일로부터 14일 이내에 「직장가입자 자격상실신고서」를 작성하여 신고

하여야 한다. 건강보험 상실신고 시 해당 연도 보수총액과 산정 월수, 평균급여를 기재하여야 한다. 다만, 전년도 보수총액은 전년도 건강보험료 연말정산을 하지 않은 경우에만 작성한다.

1) 자격상실 사유 및 시기

자격상실 사유	자격상실 시기
퇴사(퇴직)한 경우	각 사유가 발생한 날의 다음 날
사망한 경우	
국적을 상실한 경우	
의료급여수급권자가 된 경우	해당 사유가 발생한 날
유공자 등 의료보호대상자가 건강보험 적용배제신청을 한 경우	
적용제외 체류자격(외국인)을 가진 경우	

※ 3개월 이상 지연 상실신고 시 직장가입자의 퇴사시점을 객관적으로 확인할 수 있는 증빙서류를 제출하여야 한다.

2) 보험료 부과 및 정산

근로자가 중도에 퇴사하는 때에는 퇴사일이 속하는 달까지 직장가입자로서 건강보험료를 납부하고 근로자가 퇴사한 날로부터 14일 내에 당해 연도에 지급한 총보수를 기준으로 건강보험료를 재정산하여야 한다.

◉ 퇴사 시 건강보험 정산차액 계산

[상황]
- 입사일: 20×1. 5. 11.
- 퇴사일: 20×1. 10. 6.
- 입사 시 보수월액 신고액: 300만 원
- 실제 급여지급내역

5월	6월	7월	8월	9월	10월	계
100만 원	300만 원	300만 원	450만 원	450만 원	50만 원	1,650만 원

- 보험료율: 계산의 편의상 5%(회사부담분과 근로자부담분 합산)로 계산
- 20×1년 10월 건강보험료는 이미 납부하였다고 가정한다.

  20×1. 10. 6. 퇴사 시 정산할 건강보험료는?

☞ ① 기납부 건강보험료: 750,000원(=300만 원 × 5% × 5개월)

② 보수월액: $\dfrac{보수총액}{근무월수} = \dfrac{1,650만\ 원}{6개월} = 275만\ 원$

③ 정확한 보험료: 687,500원(=275만 원 × 5% × 5개월)

④ 정산차액=① − ③ =62,500원(환급)

| 건강보험 월수 산정 |

구분	산정 사례	산정기준
근무 월수	보수월액 산정 시 분모	1일 이상이면 한 달로 간주
정산 월수	정확한 보험료 구할 때 사용	보험료가 고지되는 월수 (입사월 제외, 퇴사월 포함)

(3) 고용보험 자격상실 신고

근로자가 퇴직 등으로 자격상실 사유가 발생한 경우, 사용자는 사유발생일 다음 달 15일까지 「피보험 자격상실신고서」를 작성하여 신고하여야 한다.

「피보험 자격상실신고서」 작성 시 상실 사유를 정확히 기재하여야 하며, 상실 사유를 정정하는 때에는 과태료가 부과된다. 상실 사유 및 구분 코드는 근로자의 실업급여 수급자격제한 여부를 판단하는 기초자료이고, 회사의 고용보험 지원금 지급 등에 영향을 미친다.

1) 자격상실 사유 및 시기

자격상실 사유	자격상실 시기
퇴사(퇴직)한 경우	각 사유가 발생한 날의 다음 날
사망한 경우	
고용보험 적용제외근로자에 해당하게 된 경우	해당 사유가 발생한 날
고용보험이 적용되는 사업의 보험관계가 소멸하는 경우	

2) 보험료 부과 및 정산

근로자가 퇴직 등으로 월 중간에 고용관계가 종료되는 때에는 퇴직한 달의 근무일수에 따라 일할계산한 월별보험료를 산정·부과한다.

① 보험료 퇴직정산제도

근로자가 퇴직할 경우 해당 근로자에 대하여 해당 연도에 실제로 납부하여야 할 보험료를 산정하여 기부과된 보험료와 정산한다.

② 퇴직정산 대상자

부과고지사업장에서 2020. 1. 16. 이후 고용관계가 종료된 상용근로자(상실일은 2020. 1. 17. 이후인 근로자)가 대상이 된다.

③ 퇴직정산 신고방법

4대사회보험 공통서식인 '고용보험 피보험 자격상실 신고서 및 산재보험 근로자 고용종료 신고서'에 근로자의 상실일, 상실 사유 및 지급한 보수총액을 작성하여 근로복지공단(국민연금공단·국민건강보험공단)으로 신고한다.

④ 유의사항

퇴직정산 대상 근로자의 경우에도 2019년(귀속) 보수총액에 한해서는 2020. 3. 16.까지 보수총액 신고로 보험료를 정산한다.

퇴직근로자가 보험료 퇴직정산 대상일 경우 '자격상실신고서'에 기재한 보수총액으로 보험료를 정산하므로 "해당 연도 보수총액"을 반드시 기재하여 신고한다.

(4) 산재보험 자격상실 신고

사업주가 근로자와의 고용관계를 종료하는 때에 그 근로자에게 지급한 보수총액, 고용관계 종료일 등의 내용을 기재한 「근로자 고용종료 신고서」를 그 근로자의 고용관계가 종료한 날이 속하는 달의 다음 달 15일까지 공단에 신고하여야 한다.

근로자와의 고용관계 종료 외에 자격상실 사유가 발생하면 공단에 그 고용종료일에 해당하는 날을 기준으로 「근로자 고용종료 신고서」를 제출하여야 한다.

1) 자격상실 사유 및 시기

자격상실 사유	상실시기(고용종료일)
퇴사(퇴직)한 경우	각 사유가 발생한 날의 다음 날
사망한 경우	
국내사업장 소속 근로자가 해외로 파견되는 경우	
산재보험 적용제외근로자에 해당하게 된 경우	해당 사유가 발생한 날
사업종류 변경으로 부과고지 사업에서 자진신고 사업으로 변경된 경우	
산재보험 관계가 소멸하는 경우	

2) 보험료 부과 및 정산

근로자가 퇴직 등으로 월 중간에 고용관계가 종료되는 때에는 퇴직한 달의 근무일수에 따라 일할계산한 월별보험료를 산정·부과하여야 한다.

고용보험료 정산은 근로자가 퇴직할 경우 해당 근로자에 대하여 해당 연도에 실제로 납부하여야 할 보험료를 산정하여 기부과된 보험료와 정산한다. 부과고지사업장에서 2020. 1. 16. 이후 고용관계가 종료된 상용근로자(상실일은 2020. 1. 17. 이후인 근로자)가 퇴직정산대상이 된다. 4대사회보험 공통서식인 '고용보험 피보험 자격상실 신고서 및 산재보험 근로자 고용종료 신고서'에 근로자의 상실일, 상실 사유 및 지급한 보수총액을 작성하여 근로복지공단(국민연금공단·국민건강보험공단)으로 신고한다. 퇴직정산 대상 근로자의 경우에도 2019년(귀속) 보수총액에 한해서는 2020. 3. 16.까지 보수총액 신고로 보험료를 정산한다. 퇴직근로자가 보험료 퇴직정산 대상일 경우 '자격상실신고서'에 기재한 보수총액으로 보험료를 정산하므로 "해당 연도 보수총액"을 반드시 기재하여 신고한다.

산재보험은 사용자가 전액 부담하므로, 근로자와 별도로 정산할 필요가 없다.

3) 신고 시 유의사항

보험관계가 소멸하는 때에는 「보험관계소멸신고서」의 신고기한은 소멸일로부터 14일이며, 「근로자고용종료신고서」의 신고기한은 다음 달 15일까지로 서로 다르지만, 실무에서는 「보험관계소멸신고서」와 「근로자고용종료신고서」, 「보수총액 신고서」를 함께 제출하는 경우가 많다.

만약 「보수총액 신고서」를 제출하지 않고 「보험관계소멸신고서」와 「근로자고용종료신고서」를 제출하면 보험관계 소멸일이 속하는 월별보험료가 일할계산되지 않고 전액 부과되고, 이후에 보험료를 재산정(감액)하게 된다.

□ 전근자 전보신고

전보란 동일한 사업주가 운영하는 하나의 사업장에서 다른 사업장으로 근로자의 근무장소가 변동된 것을 말한다. 산재보험 근로자 가입정보는 사업장관리번호로 처리관리하므로 일괄적용사업장 근로자의 사업개시번호가 변동된 것은 전보에 해당되지 않는다. 다만, 고용보험 피보험자 전근은 사업개시번호가 변동되는 것도 전보에 해당한다.

동일법인이더라도 재단의 지회의 경우 본·지사 관계가 아닌 독립된 사업장이므로 상호 인사이동이더라도 전보라 볼 수 없으므로 「근로자고용종료신고서」 및 「근로자고용신고서」를 제출하여야 한다. 전보이전 사업장(전보 전 사업장)과 전보 사업장(전보 후 사업장)이 동일한 지사 관할인 경우에도 전보신고를 하여야 한다.

전보신고서는 전근사업장(전보 후 사업장)에서 신고하고, 전근사업장(전근 후 사업장)소재지 관할지사에서 처리한다.

2. 「피보험자 이직확인서」

(1) 개요

구직급여를 지급받기 위하여 실업을 신고하려는 사람은 이직하기 전 사업의 사업주에게 피보험 단위기간, 이직 전 1일 소정근로시간 등을 확인할 수 있는 자료(이직확인서)의 발급을 요청할 수 있으며, 사업주는 이직확인서를 발급하여 주어야 한다.

사업장에 퇴사자가 발생하였을 경우 퇴사가 발생한 사유, 피보험단위기간 산정대상기간부터 임금지급의 기초일수, 해당 기간 동안의 각종 임금내역과 평균임금 등을 기재하여 대상 근로자가 상기와 같은 이력으로 근무함을 증빙하고 동시에 이직(퇴사)사실에 대해 사업장 차원에서 확인해주는 일종의 확인서이다.

근로자 또는 직업안정기관의 장이 사업주에게 이직확인서 발급을 요청한 경우 사업주 등이 이직확인서를 발급해주지 않거나 거짓으로 발급해 준 때에는 300만 원 이하의 과태료가 부과될 수 있으며(고용보험법 118조 1항 2호 및 3호), 본 이직확인서를 거짓으로 작성하여 줌으로써 이직자가 실업급여를 부정하게 받은 경우에는 해당 사업주도 연대하여 책임을 질 수 있다.

❏ **제출시기**

신청인에 대한 수급자격의 인정 여부를 결정하는 데 필요한 경우에만 이직확인서를 제출한다.

❏ **제출기관**

이직확인서 제출기관이 근로복지공단에서 2020년 8월 28일부터는 고용노동부 고용센터로 제출하여야 한다.

고용노동부 콜센터(국번없이 1350), 근로복지공단 콜센터(1588 – 0075)

※ 고용센터 홈페이지(http://workplus.go.kr/workplusNewIndex.do)

---

① 실업을 신고하기 위하여 이직하기 전 사업의 사업주에게 이직확인서의 발급을 요청하려는 사람은 이직확인서 발급요청서를 작성하여 해당 사업주에게 제출해야 한다.

② 근로자 또는 직업안정기관의 장으로부터 이직확인서 발급요청서를 제출받은 사업주는 제출받은 날부터 10일 이내에 별지 제75호의4 서식에 따른 피보험자 이직확인서(일용근로자인 경우에는 별지 제75호의5 서식에 따른다)를 발급해야 한다. 다만, 이직확인서 발급요청서를 제출받은 사업주가 해당 피보험자 이직확인서를 직업안정기관의 장에게 제출하거나 해당 사업주 또는 하수급인이 별지 제7호 서식의 일용근로자의 근로내용 확인신고서를 고용노동부장관에게 제출한 경우에는 해당 피보험자 이직확인서를 발급한 것으로 본다.

③ 실업을 신고하려는 사람이 사업주로부터 10일 이내에 피보험자 이직확인서를 발급하지 못한 경우에는 수급자격의 인정 신청을 관할하는 직업안정기관의 장에게 제출하지 않을 수 있다.

④ 직업안정기관의 장은 피보험자 이직확인서가 제출되지 않은 경우 수급자격의 인정 여부를 결정하기 위하여 필요하면 신청인이 이직하기 전 사업의 사업주에게 피보험자 이직확인서의 제출을 요청할 수 있다.

■ 고용보험법 시행규칙[별지 제75호의3 서식] 〈신설 2020. 8. 28.〉

이직확인서 발급요청서

※ 아래쪽의 작성 및 처리요령을 읽고 적으시기 바랍니다. (휴대)전화번호를 제외한 모든 항목은 필수 기재란입니다.

이직자 (요청인)	성명		생년월일	
	(휴대)전화번호			
			※ 본인이 원하는 경우에만 적습니다	
이직사업장 (피요청인)	명칭			
	소재지			
이직일 (근로제공 마지막 날)				

「고용보험법」 제42조 제3항 및 같은 법 시행규칙 제82조의2 제1항에 따라 위와 같이 요청합니다.

년　　　월　　　일

요청인　　　　　　　　　　　　　　　　(서명 또는 인)

○○○사업주　귀하

작성 및 처리방법

1. 구직급여를 신청하려는 자는 본 이직확인서 발급요청서의 절취선 윗부분을 작성하여 이직 전 사업장에 제출하며, 제출은 **사업주에게 직접 또는 전자우편을 통하여** 하시기 바랍니다.

2. 본 이직확인서 발급요청서를 받은 사업주는 절취선 아래의 사업장 확인란에 요청서를 제출받은 날과 요청서를 제출받은 사람의 성명을 작성하여 서명 또는 날인하고, 사업장 확인란을 절취하여 요청인에게 돌려줍니다(전자우편으로 제출받은 경우에는 절취하지 않고 **사업장 확인란에 관련 내용을 작성하여 직접 또는 전자우편으로 돌려주는** 것도 가능합니다).

3. 본 이직확인서 발급요청서를 받은 사업주는 사업장 확인란에 적힌 이직확인서 발급요청서 접수일부터 10일 이내에 「고용보험법 시행규칙」 별지 제75호의4 서식 또는 별지 제75호의5 서식에 따른 피보험자 이직확인서를 본 요청서를 제출한 사람에게 발급해 주어야 합니다.

유의사항

이직자가 이직확인서 발급을 요청하였음에도, **이를 발급해주지 않거나 거짓으로 발급해 준 사업주에게는 과태료가 부과될 수 있습니다.** (「고용보험법」 제118조 제1항 제2호 및 제3호)

------------------------------------〈절 취 선〉------------------------------------

사업장 확인란

이직자 (요청인)	성 명		생년월일	
	(휴대)전화번호			
			※ 발급요청서에 적힌 경우만 적습니다.	
이직사업장 (피요청인)	명 칭			
	소 재 지			
이직사업장 접수 확인	이직확인서 발급요청서 접수일		년　　　월　　　일	
	이직확인서 발급요청서 접수자		성명　　　　　　(서명 또는 날인)	

210mm×297mm[백상지(80g/㎡) 또는 중질지(80g/㎡)]

3. 4대보험 「자격상실 신고서」 작성방법

■ 고용보험법 시행규칙[별지 제6호 서식] 〈개정 2019. 7. 11.〉

국민연금 [ ]사업장가입자 자격상실 신고서   건강보험 [ ]직장가입자 자격상실 신고서
고용보험 [ ]피보험 자격상실 신고서   산재보험 [ ]근로자 고용종료 신고서

※ 유의사항 및 작성방법은 뒤쪽을 참고하시기 바라며, 바탕색이 어두운 난은 신고인이 적지 않습니다.
※ 같은 사람의 4대사회보험의 상실 연월일이 다른 경우 유의사항을 참고하여 작성하여 주시기 바랍니다.
(앞쪽)

접수번호		접수일자		처리기간 3일(고용보험은 7일)

사업장	사업장관리번호		명칭		전화번호		FAX번호	
	소재지						우편번호( )	

보험사무대행 기관	명칭	번호	하수급인관리번호(건설공사등의 미승인 하수급인에 한함)

일련 번호	성명	주민(외국인) 등록번호· 국내거소신고 번호	전화번 호 (휴대전 화번호)	상실 연월일 (YYYY.M M. DD)	국민연금			건강보험						[ ]고용보험 [ ]산재보험			
					상실 부호	초일취득· 당월상실자 납부여부	상실 부호	연간 보수 총액						상 실 사 유		해당 연도 보수총액	전년도 보수총액
								해당 연도		전년도					고용보험	고용보험
								보수 총액	근무 개월 수	보수 총액	근무 개월수	구체 적 사유	구분 코드		산재보험	산재보험
				희망 [ ]												
				희망 [ ]												.
				희망 [ ]												
				희망 [ ]												

위와 같이 자격 상실 신고를 합니다.

년   월   일

신고안확인인(사용자대표자)   (서명 또는 인) / [ ]보험사무대행기관   (서명 또는 인)

국민연금공단 이사장/국민건강보험공단 이사장/근로복지공단 ○○지역본부(지사)장 귀하

297mm×210mm[백상지(80g/㎡) 또는 중질지(80g/㎡)]

❑ 자격상실(고용종료신고서 작성요령)

구분		내역
국민 연금	상실연월일	퇴직의 경우 퇴직일의 다음 날
	상실부호	퇴직의 상실부호는 3번
건강 보험	상실연월일	퇴직의 경우 퇴직일의 다음 날
	상실부호	퇴직의 상실부호는 01번
	해당연도 보수총액	• 해당 사업장에서 발생된 보수총액과 당해 보수총액의 귀속 개월수를 산정월수란에 기재 • 보수총액 = 과세대상근로소득 + 국외근로비과세 + 조특법상 비과세 • 산정월수 : 1일이라도 산정월수에 포함
	전년도 보수총액	전년도의 보험료 연말정산을 하지 않은 경우에만 기재하며, 전년도의 보수총액과 해당 개월수를 기재
	퇴직 전 3개월간 평균보수	휴직 등의 사유로 보수의 전부 또는 일부가 지급되지 않은 경우에는 해당 월을 제외한 3개월간 평균보수를 기재(퇴직근로자가 해당 사업장에서 1년 미만의 기간 동안 근무한 경우 및 상실사유가 외국인 당연적용 제외인 경우에는 작성하지 않음)
고용 산재 보험	상실연월일	사유발생일의 다음 날을 기재
	상실부호	• 경영상 필요에 의한 해고인 경우 23번 • 상실사유코드는 퇴사자의 실업급여 수급에 영향을 미치므로 신중하게 기재하여야 함.
	해당연도 보수총액	• 보수총액 = 과세대상근로소득(총급여)+ 조특법상 비과세 • 해당 사업장에서 발생된 보수총액을 말함.

(1) 국민연금

1) 상실연월일

① 마지막 근로를 제공한 날(이직일)의 다음 날을 기재한다.

② 사업장 간의 전출인 경우에는 상대 사업장에서의 자격취득일인 전입 일을 기재한다.

③ 상실 부호가 6 · 10 · 15 · 16 · 20인 경우에는 해당 일을 기재한다.

> ❑ **상실 부호**
>
> 1. 사망, 3. 사용관계 종료, 4. 국적 상실(국외 이주), 5. 60세 도달, 6. 다른 공적연금 가입, 9. 전출(통 · 폐합), 15. (조기)노령연금 수급권 취득(조기 노령연금의 지급이 정지 중인 경우는 제외), 16. 협정국 연금가입, 19. 체류기간 만료(외국인), 20. 적용제외 체류자격(외국인), 21. 무보수 대표이사, 22. 근로자 제외

2) 초일취득 · 당월상실자 납부 여부

초일(1일)에 가입자 자격을 취득하고 같은 달에 자격을 상실하는 경우 희망체크란에 표시를 하지 않으면 입사한 달의 국민연금 보험료는 납부하지 않아도 된다(2011. 12. 8. 이후). 다만, 초일 취득하여 당월 상실하더라도 가입자가 희망하는 경우에는 해당 월의 국민연금 보험료가 일할계산되지 않고 전액이 고지된다.

(2) 건강보험

1) 상실연월일

① 가입자의 자격상실사유가 발생한 날의 다음 날을 기재한다.

② 의료급여수급권자가 되거나 유공자 등으로서 건강보험적용배제 신청

을 한 경우는 당일을 기재한다.

예 • 이직일/상실일: 1월 31일/2월 1일
   • 사망일/상실일: 2월 1일/2월 2일
   • 적용배제신청일/상실일: 1월 5일/1월 5일

외국인 당연적용제외신청을 하는 경우에는 「재외국민 및 외국인 건강보험가입제외신청서」를 별도로 제출하여야 한다.

2) 보수총액

① 근로자

「근로소득원천징수영수증」의 (21)총급여[= (16)과 (18)국외근로의 합계액]을 기재한다.

다만, 비과세소득 ⑱ 야간근로수당과 ⑲ 지정비과세 항목 등에 직급보조비 등 「국민건강보험법 시행령」 제33조의 보수가 포함되어 있는 경우에는 합산하여 기재한다.

② 개인사업장 사업주

해당 사업장 사업소득과 부동산임대소득의 합계(총수입금액에서 필요경비 제외한 금액)를 기재한다.

3) 근무개월 수

퇴직 해당 연도의 연간 보수총액이 해당하는 개월 수를 기재한다. 연말정산을 실시하지 않은 경우에는 "전년도"란도 작성한다. 1일 이상이면 한 달로 본다.

예 근로자가 20×1. 4. 9. 입사하여 20×1. 11. 3. 퇴사한 경우 산정월수는 8개월이다.

4) 전년도 보수총액과 산정 월수

보험료 연말정산을 실시하지 않은 경우에만 기재한다.

5) 퇴직 전 3개월간 평균보수

임의계속가입자의 보험료 산정기준이 되는 금액이다. 산정 시 휴직 등의 사유로 보수의 전부 또는 일부가 지급되지 아니한 경우에는 해당 월을 제외한 3개월간 평균보수를 적는다. 퇴직근로자가 해당 사업장에서 1년 미만의 기간 동안 근무한 경우 및 상실사유가 외국인 당연적용제외인 경우에는 작성하지 아니한다.

(3) 고용보험 · 산재보험

고용보험 사업장관리번호와 산재보험 사업장관리번호가 같은 경우는 한 장에 작성하고, 다른 경우 다른 장에 기재하여야 한다.
- 상실사유 기재 시 유의하여야 한다. 만약, 실업급여를 부정하게 받은 경우 사업주도 연대하여 책임을 진다.

1) 상실연월일

사유 발생일의 다음 날을 기재한다.
[예] 이직 시: 이직일 다음 날(이직일 20×1. 12. 31. → 상실일 20×2. 1. 1.)

2) 상실(이직) 사유 코드

상실(이직) 사유는 반드시 구체적 사유와 구분코드를 기재한다.

3) 당해 연도 보수총액

해당 사업장에서 발생된 연간 보수(「소득세법」 비과세 근로소득 제외)

의 총액을 적되, "전년도 보수총액"란은 보수총액 신고를 하지 않은 경우에만 기재한다. 전보 또는 휴직 등의 사유로 해당 근로자의 고용보험과 산재보험 보수총액에 차이가 있는 경우에는 각각의 보수총액을 달리하여 작성한다.

부과고지사업장에서 2020. 1. 16. 이후 고용관계가 종료된 상용근로자(상실일은 2020. 1. 17. 이후인 근로자)가 퇴직정산대상이 된다.

퇴직정산대상 근로자의 경우에도 2019년(귀속) 보수총액에 한해서는 2020. 3. 16.까지 보수총액 신고로 보험료를 정산한다.

❑ 근로자 고용종료 시 월별보험료는 고용종료일 전일까지 일할계산되며, 보험료 정산은 근로자가 퇴직할 경우 해당 근로자에 대하여 해당 연도에 실제로 납부하여야 할 보험료를 산정하여 기부과된 보험료와 정산한다. 부과고지사업장에서 2020. 1. 16. 이후 고용관계가 종료된 상용근로자(상실일은 2020. 1. 17. 이후인 근로자)가 퇴직정산대상이 된다.

❑ 고용종료신고서상의 보수총액은 보험료 정산에 사용되지 않음으로 이를 잘못 기재한 경우 별도 정정신고는 필요 없으나, 월보험료는 고용종료일 전일까지 일할계산하여 다음 연도 3월 15일 보수총액 신고 시 정산된다.

---

4. 「피보험자 이직확인서」 작성방법

(1) 신고 시 유의사항

① 이직확인서는 상실신고가 되어야만 처리할 수 있다. 「이직확인서」는 실업급여의 수급자격 판단에 필요한 기초사항이므로 이직 사유, 피보험 단위기간, 임금지급현황 등을 정확히 기재해야 한다.

② 이직확인서의 이직 사유와 상실신고서상의 상실사유가 불일치

이직확인서의 이직 사유를 잘못 작성한 것으로 확인되는 경우에는 수정된 이직확인서를 제출하고, 당초 신고한 상실신고서상의 상실사유가 잘못 작성된 경우에는 정정요청서(상실사유가 확인가능한 자료 일체 포함)를 제출해야 하며 과태료가 부과될 수 있다.

근로자 또는 직업안정기관의 장이 사업주에게 이직확인서 발급을 요청한 경우 사업주 등이 이직확인서를 발급해 주지 않거나 거짓으로 발급해 준 때에는 300만 원 이하의 과태료가 부과될 수 있으며, 본 이직확인서를 거짓으로 작성하여 줌으로써 이직자가 실업급여를 부정하게 받은 경우에는 해당 사업주도 연대하여 책임을 질 수 있다.

구분	내역
피보험자격취득일	입사일
이직일	근로제공 마지막 날
이직사유	이직사유 코드를 기재하고 해당 사유를 구체적으로 기재: 경영상 필요에 따른 해고라면 23번을 기재
피보험단위기간 산정대상기간	이직일을 포함하여 180일이 되는 기간까지 월별로 역으로 작성
평균임금 산정명세서	• 평균임금은 산정직전 최종 3개월간의 임금총액을 3개월의 일수로 나눈 금액을 말함. • 3개월간의 임금총액 : 기본급, 식대, 시간외수당은 3개월치를 합산하고, 정기상여, 연차수당은 직전 1년치 중 3/12을 합산 평균임금 산정 • 3개월의 일수 : 이직일부터 역산하여 3개월간의 일수 • 평균임금이 통상임금보다 적으면 통상임금을 평균임금으로 하므로 1일 통상임금을 산정하여 비교하여야 함.
퇴직금 등 수령액	이직 시 받은 월급여 외의 퇴직금과 해고예고수당·명예퇴직수당·퇴직위로금 등 추가로 지급된 금액을 적고 그 이의 금품은 "그 밖의 금품"란에 구분하여 기재

피보험자 이직확인서

※ 뒤쪽의 작성요령을 읽고 적으시기 바랍니다. 별표 표시가 되어 있는 항목은 필수 기재항목입니다.

(앞쪽)

접수번호			접수일자		처리기간:10일	
*사업장	사업장관리번호					
	명 칭			전화번호		
	소재지					
	하수급인관리번호(건설공사 등의 미승인 하수급인인 경우에만 작성)					
*피보험자 (이직자)	성 명			(휴대)전화번호		
	주민등록번호		–			
	주 소					
	입사일(피보험자격 취득일)			이직일(근로제공 마지막 날)		
①*이직코드 및 이직사유 (이직사유 구분코드 뒤쪽 참조)	구분코드	(구체적 사유, 10자 이상 기재)				

① 이직코드 및 이직사유

　해당 이직자의 별지 제6호 서식의 고용보험 피보험 자격 상실신고서에 적힌 상실 사유의 구분코드를 적고, 보다 구체적인 이직사유는 반드시 10자 이상 작성한다.

> 근로자가 퇴사할 때 작성하는 4대보험 자격상실신고서의 상실일은 근로제공 마지막 날의 다음 날을 의미하므로, 이직일과 상실일은 같지 않다는 점을 유의해야 한다.
> 8월 17일까지 근무하였다면 이직일은 8월 17일, 상실일은 8월 18일이 된다.

〈상실(이직) 사유 구분코드〉
- 자진퇴사: 11. 개인사정으로 인한 자진퇴사, 12. 사업장 이전, 근로조건 변동, 임금체불 등으로 자진퇴사
- 회사사정과 근로자 귀책사유에 의한 이직: 22. 폐업·도산, 23. 경영상 필요 및 회사불황으로 인한 인원감축 등에 따른 퇴사(해고·권고사직·명예퇴직 포함), 26. 근로자의 귀책사유에 의한 징계해고·권고사직
- 정년 등 기간 만료에 의한 이직: 31. 정년, 32. 계약기간 만료, 공사 종료
- 기타: 41. 고용보험 비적용, 42. 이중고용

● 수급자격이 제한되지 아니하는 정당한 이직 사유(실업급여 가능)

1. 다음의 어느 하나에 해당하는 사유가 이직일 전 1년 이내에 2개월 이상 발생한 경우
   가. 실제 근로조건이 채용 시 제시된 근로조건이나 채용 후 일반적으로 적용받던 근로조건보다 낮아지게 된 경우
   나. 임금체불이 있는 경우
   다. 소정근로에 대하여 지급받은 임금이 「최저임금법」에 따른 최저임금에 미달하게 된 경우
   라. 「근로기준법」 제53조에 따른 연장 근로의 제한을 위반한 경우
   마. 사업장의 휴업으로 휴업 전 평균임금의 70퍼센트 미만을 지급받은 경우
2. 사업장에서 종교, 성별, 신체장애, 노조활동 등을 이유로 불합리한 차별 대우를 받은 경우
3. 사업장에서 본인의 의사에 반하여 성희롱, 성폭력, 그 밖의 성적인 괴롭힘을 당한 경우
4. 사업장의 도산·폐업이 확실하거나 대량의 감원이 예정되어 있는 경우
5. 다음의 어느 하나에 해당하는 사정으로 사업주로부터 퇴직을 권고받거나, 인원 감축이 불가피하여 고용조정계획에 따라 실시하는 퇴직 희망자의 모집으로 이직하는 경우
   가. 사업의 양도·인수·합병

나. 일부 사업의 폐지나 업종전환

다. 직제개편에 따른 조직의 폐지·축소

라. 신기술의 도입, 기술혁신 등에 따른 작업형태의 변경

마. 경영의 악화, 인사 적체, 그 밖에 이에 준하는 사유가 발생한 경우

6. 다음의 어느 하나에 해당하는 사유로 통근이 곤란(통근 시 이용할 수 있는 통상의 교통수단으로는 사업장으로의 왕복에 드는 시간이 3시간 이상인 경우를 말한다)하게 된 경우

가. 사업장의 이전

나. 지역을 달리하는 사업장으로의 전근

다. 배우자나 부양하여야 할 친족과의 동거를 위한 거소 이전

라. 그 밖에 피할 수 없는 사유로 통근이 곤란한 경우

7. 부모나 동거 친족의 질병·부상 등으로 30일 이상 본인이 간호해야 하는 기간에 기업의 사정상 휴가나 휴직이 허용되지 않아 이직한 경우

8. 「산업안전보건법」 제2조 제7호에 따른 "중대재해"가 발생한 사업장으로서 그 재해와 관련된 고용노동부장관의 안전보건상의 시정명령을 받고도 시정기간까지 시정하지 아니하여 같은 재해 위험에 노출된 경우

9. 체력의 부족, 심신장애, 질병, 부상, 시력·청력·촉각의 감퇴 등으로 피보험자가 주어진 업무를 수행하는 것이 곤란하고, 기업의 사정상 업무종류의 전환이나 휴직이 허용되지 않아 이직한 것이 의사의 소견서, 사업주 의견 등에 근거하여 객관적으로 인정되는 경우

10. 임신, 출산, 만 8세 이하 또는 초등학교 2학년 이하의 자녀(입양한 자녀를 포함한다)의 육아, 「병역법」에 따른 의무복무 등으로 업무를 계속적으로 수행하기 어려운 경우로서 사업주가 휴가나 휴직을 허용하지 않아 이직한 경우

11. 사업주의 사업 내용이 법령의 제정·개정으로 위법하게 되거나 취업 당시와는 달리 법령에서 금지하는 재화 또는 용역을 제조하거나 판매하게 된 경우

12. 정년의 도래나 계약기간의 만료로 회사를 계속 다닐 수 없게 된 경우

13. 그 밖에 피보험자와 사업장 등의 사정에 비추어 그러한 여건에서는 통상의 다른 근로자도 이직했을 것이라는 사실이 객관적으로 인정되는 경우

② *피보험단위기간 산정대상기간	③ *보수지급 기초일수	평균임금 산정명세					
~		⑤ *임금계산기간	부터 까지	부터 까지	부터 까지	부터 까지	총 합
~		⑥ *임금계산기간 총 일수	일	일	일	일	일
~		⑦ * 임금 내역	기본급	원	원	원	원	원
~			기타 수당	원	원	원	원	원
~			상여금(이직 전 12개월 간 지급된 상여금 총액 × 3/12)					원
~			연차수당(이직 전 12개월 간 지급된 연차수당 총액× 3/12)					원
~		⑧ 1일 통상임금(필요한 경우에만 작성)					원
~		⑨ 1일 기준보수(해당되는 사람만 작성)					원
④ *통산피보험단위기간	일						

⑩ *1일 소정 근로시간	☐ 4시간 이하, ☐ 5시간, ☐ 6시간, ☐ 7시간, ☐ 8시간 이상
⑪ 초단시간 근로일수(해당자만 작성)	이직 전 24개월 동안 1주 소정근로시간이 15시간 미만이고, 1주 소정근로일수는 2일 이하인 날의 총 일수 (　　　 일)

⑫ 기준기간 연장(해당자만 작성) 사유코드: 1. 질병부상, 2. 사업장 휴업, 3. 임산출산육아, 4. 기타 사유	사유코드			
	연장기간			

② 피보험단위기간 산정대상기간

가장 윗 칸에는 이직자의 이직일이 포함된 월의 1일부터 이직일까지를 적는다. 그 아래 칸에는 1개월씩 지난 기간을 각각 적는다.

> 예 12. 24. 이직자의 경우 가장 윗 칸에는 12. 1.~12. 24.를 적고 그 아래 칸에는 11. 1.~11. 30., 10. 1.~10. 31.을 적되, 통산피보험단위기간 (④)이 180일이 되는 날까지만 적는다(통상 7~8개월 작성하면 된다).

③ 보수지급 기초일수

위의 ②란에 작성된 기간 중 실제로 보수지급의 기초가 된 날을 모두 합산하여 작성한다. 따라서 무급휴일, 보수가 지급되지 않은 결근일 등은 제외되고 유급휴가, 유급휴일 등은 포함된다.

보수를 목적으로 근로한 날－무급 휴일수－결근＋유급휴일수＋사업장의 사정으로 휴업한 기간에 휴업수당을 받은 기간＋출산전후휴가 기간 중 사업주로부터 금품을 지급받은 기간 등으로 산정한다.

> 토요일이 무급휴무일이면서 보통의 1주 5일 근무하는 사업장에서는 월요
> 일부터 금요일까지 포함하고, 일요일(주휴일)은 포함하되 토요일(무급휴
> 무)은 제외한다.

④ 통산피보험단위기간

위의 ③란에 작성된 보수지급 기초 일수를 모두 합산하여 적는다.

⑤ ~ ⑨란 평균임금 산정명세

⑤ 임금계산기간

이직자의 이직일을 포함하여 3개월 이전까지의 기간을 적는다. 첫 번
째 칸에는 이직일이 포함된 월의 1일부터 이직일까지를 적고, 차례로 1개
월씩 지난 기간을 적되, 마지막 칸에는 이직자의 이직월에서는 3개월을
빼고, 이직일에는 1일을 더한 날부터 해당월의 말일까지 적는다.

예 12. 24. 이직자

⑤ 임금 계산 기간	12. 1. ~ 12. 24.	11. 1. ~ 11. 30.	10. 1. ~ 10. 31.	9. 25. ~ 9. 30.
⑥ 임금 계산 기간 총 일수	24일	30일	31일	6일

예 1. 31. 이직자

⑤ 임금 계산 기간	1. 1. ~ 1. 31.	12. 1. ~ 12. 31.	11. 1. ~ 11. 30.	×
⑥ 임금 계산 기간 총 일수	31일	31일	30일	×

사례

- 이직일(퇴사일)이 20×1년 12월 17일인 경우

⑰ 임금계산기간	9월 18일~ 9월 30일	10월 1일~ 10월 31일	11월 1일~ 11월 30일	12월 1일~ 12월 17일	계
⑱ 총 일수	13일	31일	30일	17일	91

평균임금 산정내역

◄────────────── 3개월 거꾸로

- 급여일이 매월 25일이고, 20×1년 12월 19일에 퇴직한 경우

임금계산기간	9월 20일~ 9월 25일	9월 26일~ 10월 25일	10월 26일~ 11월 25일	11월 26일~ 12월 19일	계
⑲ 총 일수	6일	30일	31일	24일	91일
기본급	1,000,000×6/30 =200,000	1,000,000	1,000,000	1,000,000×24/30 =800,000	3,000,000
그 밖의 수당					

⑦ 임금내역

위 ⑤란에 적힌 기간에 지급된 기본급과 기본급 외의 기타수당을 적는다.

㉠ 기본급

비과세급여를 제외한 기본급으로 퇴사 전 3개월이며, 구분되는 구간은 일할계산한다.

㉡ 그 밖의 수당

매월 정기적으로 지급되는 기본급 외의 수당

㉢ 상여금, 연차수당

상여금과 연차수당은 12개월 동안 지급된 총액의 3개월분만 작성한다.

$$\left[\frac{\text{이직 전 12개월간 지급된 금액}}{12} \times 3 \right]$$

다만, 12개월 미만으로 근로했던 이직자에 대해서는 그 근로한 개월에 지급된 상여금 및 연차수당에 3을 곱하고 근로한 개월을 나눈 금액을 적는다.

※ 예 근로한 개월이 6개월인 경우

$$\left[\frac{\text{이직 전 6개월간 지급된 금액}}{6} \times 3 \right]$$

⑧ 1일 통상임금(필요한 경우에만 작성)

필요한 경우에만 적되, 「근로기준법 시행령」 제6조에 따른 통상임금을 적는다.

다만, 이직일을 기준으로 근무한 기간이 3개월 미만인 경우에는 통상임금을 반드시 적는다.

⑨ 1일 기준보수(해당되는 사람만 작성)

위 ⑤번란에 작성한 임금계산기간 동안 고용보험료를 모두 기준보수로 낸 경우에만 작성하되, 이직 연도의 시간단위 기준보수에 ⑩란의 1일 소정근로시간수를 곱한 임금을 적는다.

⑩ 1일 소정근로시간

1일 평균 근로시간을 기재한다.

㉠ 소정근로시간이 일(日) 단위로 정한 경우: 그 소정근로시간

$$\frac{(1주\ 총\ 근로시간\ +\ 1주\ 총\ 유급휴일에\ 해당되는\ 시간)}{\text{해당 주 총 일수(7일)}}$$

㉡ 소정근로시간이 일(日) 외의 단위 기간으로 정한 경우는 다음과 같이 계산한다.

소정근로시간이 정하여진 이직 직전의 단위기간 동안 총 소정근로시간
해당 기간의 총 일수로 나눈 시간

* 소수점 이하 올림하여(4시간 이하는 4시간, 8시간 초과는 8시간) 기재한다.
　　예 5일간 27시간일 때 27/5＝5.4→6시간

사례

- 소정시간이 월단위로 정해지면서 주마다 시간이 다른 경우

(이직 전 4주 총 근로시간 ＋ 이직 전 4주 총 유급휴일에 해당되는 시간)
28일(4주×7일)

⑪ 초단시간 근로일수(해당자만 작성)

이직자가 이직 당시에 1주 소정근로시간이 15시간 미만이고, 1주 소정
근로일수가 2일 이하인 근로자였던 경우에만 적는다. 실제 근로시간 및
근로일수가 아닌 근로계약서 등으로 정한 소정근로시간 및 근로일수를
기준으로 작성한다.

⑫ 기준기간 연장(해당자만 작성)

기준기간 연장사유가 있는 경우에만 기재한다. "사유코드"란에는 이직
일 이전 18개월(단, ⑪ 초단시간 근로일수에 해당하는 이직자는 24개월)
간 30일 이상 보수 지급을 받을 수 없었던 사유의 번호(사유코드: 1. 질
병·부상, 2. 사업장 휴업, 3. 임신·출산·육아, 4. 기타 사유)를 적고, "연
장기간"란에 보수의 지급을 받을 수 없었던 기간을 적는다. 이 경우 휴업
또는 휴직기간에 보수를 지급받을 수 없었다는 것을 증명할 수 있는 서류
를 첨부해야 한다.

● 피보험자 이직확인서(일용근로자)

■ 고용보험법 시행규칙[별지 제75호의5 서식] 〈개정 2020. 8. 28.〉

피보험자 이직확인서(일용근로자용)

※ 뒤쪽의 작성요령을 읽고 적으시기 바랍니다. (제1쪽)

접수번호		접수일자		처리기간: 10일

확인자	① 사업장관리번호 또는 하수급인관리번호				
	（건설공사 등의 미승인 하수급인에만 해당함）				
	② 사업장명칭			③ 대표자	
	④ 소재지				
	（전화번호 : 　　　　　　　　　　）				

⑤ 이직자	성명		주민등록번호		
⑥ 이직(퇴직)일	년　　월　　일	⑦ 구체적 이직사유 코드			⑧직종코드

⑨ 근로일수

구분	1	2	3	4	5	6	7	8	9	10	11	12	13	14	15	근로일수	⑩일평균근로시간	⑪임금총액
	16	17	18	19	20	21	22	23	24	25	26	27	28	29	30	31		
월																	일	
월																	일	
월																	일	
월																	일	
월																	일	
월																	일	

「고용보험법」 제42조 제3항(제43조 제4항) 및 같은 법 시행규칙 제82조의2 제1항·제2항(제82조의2 제4항·제5항)에 따라 위와 같이 발급(제출)합니다.

확인일　　　　　　　　　　　　　　　　　　　　　　　년　　　　월　　　　일
확인자 사업장명
소재지
대표자　　　　　　　　　　　　　　　　　　　　　　　　　　　（서명 또는 인）

210mm×297mm[백상지(80g/㎡) 또는 중질지(80g/㎡)]

이 서식은 일용근로자를 위한 서식이며, 근로자의 피보험자격의 취득 및 상실 등에 관한 사항을 근로자가 신고하는 경우에 고용관계를 증명할 수 있는 서류로 활용할 수 있다.
근로자 또는 직업안정기관의 장이 사업주에게 이직확인서 발급을 요청한

경우, 사업주 등이 이직확인서를 발급해 주지 않거나 거짓으로 발급해 준 때에는 300만 원 이하의 과태료가 부과될 수 있으며, 이직확인서를 거짓으로 작성하여 줌으로써 이직자가 실업급여를 부정하게 받은 경우에는 해당 사업주도 연대하여 책임을 질 수 있다.

⑥ 하수급인 관리번호

「고용보험법 시행규칙」 제4조에 따라 원수급인이 제출한 고용보험 하수급인 명세서에 따라 근로복지공단으로부터 부여받은 관리번호를 말한다.

⑦ 구체적 이직사유 코드

- 1. 회사의 사정에 따른 이직(폐업, 공사 중단, 공사 종료, 계약기간 만료 등)
- 2. 부득이한 개인 사정에 따른 이직(질병·부상, 출산 등)
- 3. 그 밖에 개인 사정에 따른 이직(전직, 자영업을 위한 이직 등)

⑧ 직종코드(건설 관련 직종은 아래 세부 직종코드 중 해당 직종코드를 적으며, 그 밖의 직종일 경우 별지를 참조하시기 바랍니다)

※ 건설 관련 직종 세부 직종코드

140 건축·토목공학 기술자 및 시험원

701 건설구조 기능원

702 건축마감 기능원

703 배관공

704 건설·채굴 기계 운전원

705 기타 건설 기능원(채굴 포함)

706 건설·채굴 단순 종사자

4대보험 보험료 정산(보수총액 신고)

구분	국민연금	건강보험	고용·산재보험
신고서	소득총액신고	직장가입자 보수총액 통보서	보수총액 신고서
신고기한	매년 5월 말 ※ 근로소득을 국세청에 신고한 경우 신고서 제출 생략 ※ 개인 사업장의 사용자는 매년 5월(6월) 말까지 신고	매년 3. 10. ※ 전년도 직장가입자에게 지급한 보수의 총액을 간이지급명세서로 제출한 경우에는 신고한 것으로 간주 • 개인사업주의 경우 ※ 개인사업장 사용자는 매년 5월(6월) 말까지 신고	매년 3. 15. ※ 건설업은 3월 말 보험료 신고
신고대상	전년도 12. 1. 이전 입사자	전년도 12월 말일 현재 직장가입자 자격유지자	전년도 근로자 중 적용대상자 (퇴사자 포함하되, 2020. 1. 16. 이후 고용관계가 종료되어 퇴직정산 실시한 근로자는 제외)
신고의의	사업장가입자에게 적용할 기준소득월액 결정	전년도 보험료 정산 + 당해 연도 가입자 보수월액 결정	전년도 보험료 정산 + 당해 연도 개인별 월평균 보수 산정
월평균보수 결정방법	$\dfrac{\text{전년도 소득총액}}{\text{전년도 근무일수}} \times 30$ (천 원 미만 절사)	$\dfrac{\text{전년도 보수총액}}{\text{전년도 근무월수}}$ (10원 미만 절사)	$\dfrac{\text{전년도 보수총액}}{\text{전년도 근무월수}}$ (10원 미만 절사)
월평균보수 적용기간	당해 연도 7월~ 다음 연도 6월	당해 연도 4월~ 다음 연도 3월	당해 연도 4월~ 다음 연도 3월
정산보험료 고지	• 7월분 보험료에 포함	• 4월분 보험료에 포함 • 당월 보험료를 초	• 4월분 보험료에 포함 • 정산보험료가

구분	국민연금	건강보험	고용·산재보험
		과하는 정산보험료에 따라 3~10회 이내로 분할 납부 가능[46]	당월 보험료를 초과하는 경우 2등분하여 4, 5월에 부과함.

● 4대보험료의 연말정산대상자

구 분	연말 현재 재직중인 자				연중 퇴직자
	전년이전 입사자	당해년도 신규입사자			
		11. 1. ~ 9. 30.	10. 1. ~ 11. 30.	12. 1. 이후	
국민연금	○	○	○	×	×
건강보험	○	○	○	×	× (퇴사시 정산함)
고용보험	○	○	×	×	
산재보험	○	○	×	×	○

- 국민연금은 연말정산 소득신고를 하지 않고 공단이 국세청의 소득자료를 활용한다.
- 건강보험료(노인장기요양보험료 포함) 및 고용보험의 경우 연중 퇴직자에 대하여는 연말정산을 하지 않고 퇴직시점에 보수총액신고를 통하여 정산을 마무리한다.
- 산재보험료는 연중 퇴직자에 대하여 퇴직시점에 정산을 하는 것이 아니라 연말정산 시 재직자와 함께 전체 연간 발생한 전체 보수총액에 대하여 정산을 한다.

---

46) 2018년 이후에는 추가 정산보험료가 당월보험료 이상인 경우에는 정산보험료에 한하여 신청없이 5회 자동 분할고지된다.

1. 국민연금 보험료 정산

(1) 개요

국민연금은 전년도 소득월액을 당해 연도 보험료 산정기준하므로 정산 절차가 없다. 전년도에 그 사업장에서 얻은 소득월액으로 기준소득월액을 결정하고 이후 매년 1회씩 다시 기준소득월액을 결정한다. 결정된 소득월액은 당해 연도 7월부터 그 다음 연도 6월까지 1년간 당해 연도에 적용할 보험료의 산정기준이 된다. 따라서 정기결정한 기준소득월액은 전년도 소득기준이므로 당해 연도의 소득과 일치하지 않을 수 있다.

● 국민연금 보험료 추징

건강보험, 고용보험, 산재보험의 경우 최초 입사 시 기준금액(보수월액, 월평균보수)을 적게 신고하더라도 다음 해 보험료가 정산되므로, 자격취득 시 기준금액을 적게 신고하는 것이 의미가 없다. 그러나, 국민연금은 취득 시 신고한 소득월액을 기준으로 다음 연도 6월까지 보험료가 고지되고, 실제 소득과 신고한 소득과의 차액에 대해 정산절차를 거치지 않기 때문에 취득 시 의도적으로 적게 소득월액을 신고하게 되면, 국민연금 보험료를 탈루하는 경우가 발생하게 된다.

이에 국민연금공단에 신고한 기준소득월액과 국세청에 신고한 과세소득이 월 100만 원 이상 차이가 발생하는 대상자에 대해서는 사후관리를 통해 소급해서 보험료를 부과하고 있다.

① 근로소득지급명세서 제출(소득총액 신고한 것으로 간주)

사업장이 근로소득 지급명세서를 국세청에 제출한 경우에는 공단에 신고한 것으로 간주하여, 별도의 소득총액 신고 없이 공단은 국세청 과세자료를 활용하여 기준소득월액 정기결정을 한 후, 사업장에 그 내용을 통지한다. 사업장에서는 기준소득월액 정기결정 통지서를 확인한 후에 이상이 있는 경우에 공단에 정정신고만 하면 된다. 국민연금공단은 국세청 근로소득 과세자료를 연계하여 해당 연도 7월부터 다음 연도 6월까지 적용할 사업장가입자의 기준소득월액을 결정하게 된다.

> 소득세 연말정산을 잘못 수행하는 경우에는 국민연금 기준소득월액도 잘못 결정된다.
> 중도입사자에 대하여 「근로소득 원천징수영수증」 ⑪ 근무기간을 1. 1.부터 12. 31.까지로 기재하게 되면 소득세법상 결정세액에는 아무런 차이가 없으나, 국민연금 기준소득월액 계산 시 분모 일수가 차이가 나기 때문에 오류가 발생하게 된다.

② 소득총액 신고

다음의 자는 사업장의 소득총액신고를 하여야 하며, 그에 따라 기준소득월액을 결정한다.

ㄱ 개인사업장의 사업자(1인 이상의 근로자를 사용하는 당연적용사업장에 한함)

ㄴ 전년도 12월 1일 이전에 입사한 근로자 및 사용자로서, 국세청에 근로소득 지급명세서 미제출자 및 상이자(법인/사업자등록번호가 일치하지 않는 가입자)

ㄷ 종전소득 대비 30% 이상 상·하향자

ㄹ 휴직일수 상이자(납부예외신청기간이 출산전후·육아휴직 및 산재요양휴직기간보다 1개월 이상 짧은 자)

* 면세나 비과세 등으로 국세청에 소득신고를 하지 않는 사용자(어린이집 원장 등)도 소득총액신고 대상이다.
* 외국에서 급여가 지급되어 소득 파악이 곤란한 해외 파견근로자는 해당 사업장에서 같은 업무에 종사하는 근로자의 평균액을 참고하여 신고하여야 한다.

전년도 12월 2일 이후 입사자의 경우에는 기준소득월액 정기결정을 하지 않고, 취득 당시 결정된 기준소득월액을 다음다음 연도 6월까지 적용하므로 소득총액신고대상이 아니다.

(2) 기준소득월액

1) 기준소득월액의 결정

① 소득금액을 신고하는 경우

$$기준소득월액 = \frac{전년도\ 중\ 해당\ 사업장에서\ 종사한\ 기간에\ 받은\ 소득액}{그\ 기간의\ 총근무일수} \times 30배$$

* 천 원 미만 절사

② 소득금액을 신고하지 않는 경우

사업장에서 신고기한까지 소득금액을 신고하지 않는 경우에는 가입자의 전년도 기준소득월액을 평균소득월액의 변동률기준으로 조정한 금액으로 공단에서 결정한다.

2) 기준소득월액 적용기간

① 입사일이 12. 1. 이전인 경우

입사연도 소득총액 기준으로 산정된 기준소득월액을 다음 연도 7월에서 그 다음다음 연도 6월까지 적용한다.

② 입사일이 12. 2. 이후인 경우

취득(납부재개) 시의 기준소득월액을 입사연도의 다음다음 연도 6월까지 적용한다.

→ 신고소득이 입사일의 다음 연도 7월 적용하는 최고기준소득월액을

초과하거나 최저기준소득월액에 미달하는 경우에는 다음 연도 7월에 변경된다.

3) 소득 적정신고 여부 확인

① 6월 기준소득월액 정기결정 통지 시 결정된 기준소득월액을 정확하게 확인하고, 필요한 경우 정정신고한다.

② 10월 과세자료 대비 개인사업장 사용자의 기준소득월액이 낮은 경우에는 정기결정 시점으로 소급하여 과세소득으로 조정한다.

(3) 소득총액신고

소득총액신고란 사업장 가입자에게 적용할 기준소득월액을 결정하기 위해 전년도의 소득총액을 신고하는 절차를 말한다.

1) 신고대상 소득

① 근로자

당해 사업장에서 전년도 근무기간 중 받은 과세대상 근로소득으로, 「근로소득 원천징수영수증」상의 주(현) 근무지 (16)번 금액(종(전)근무지와 합산한 금액 아님)과 소득세법상 비과세소득 이외의 비과세소득(주식매수선택권 비과세, 우리사주조합인출금 비과세, 장기 미취업자 중소기업취업 비과세 등)을 합산한 금액이다.

② 개인사업장의 사용자

해당 사업장의 사업소득금액(이월결손금공제 전 금액)을 신고한다. 종합소득세·농어촌특별세·지방소득세 과세표준확정신고 및 납부계산서에 첨부된 사업소득명세서상 '⑪번 소득금액'(총수입금액－필요경비)을 말한다.

③ 2 이상 적용 사업장의 가입자

다음의 경우에는 각각의 사업장에서 받고 있는 소득월액으로 기준소득월액을 조정하여 결정한다. 다만, 합산한 소득이 최고기준 소득월액을 넘는 경우 소득비율로 조정 후 부과한다.

　　㉠ 사업장 가입자가 2 이상의 국민연금에 가입된 사업장에 종사하는 경우
　　㉡ 하나의 사업장에서 근로자이면서 다른 사업장의 사용자인 경우

> **⊙ 기준소득월액 조정결정**
>
> • 소득월액이 A, B사업장에서 각각 200만 원, 300만 원인 경우(상한액 503만 원으로 가정)
>
> A사업장 $\Rightarrow \left[\dfrac{2,000,000}{(2,000,000+3,000,000)} \right] \times 5,030,000$
>
> $\qquad = 2,012,000$원
>
> B사업장 $\Rightarrow \left[\dfrac{3,000,000}{(2,000,000+3,000,000)} \right] \times 5,030,000$
>
> $\qquad = 3,018,000$원
>
> • 소득월액이 A, B사업장에서 각각 500만 원, 700만 원인 경우
> 소득월액은 다르지만, 둘 다 기준소득월액 상한액(503만 원으로 가정)에 해당되어 조정한 기준소득월액은 각각 2,430,000원이다.
>
> A사업장 $\Rightarrow \left[\dfrac{5,030,000}{(5,030,000+5,030,000)} \right] \times 5,030,000 = 2,515,000$원
>
> B사업장 $\Rightarrow \left[\dfrac{5,030,000}{(5,030,000+5,030,000)} \right] \times 5,030,000 = 2,515,000$원

2) 신고기한

매년 5월 중 공단에서 발송하는「소득총액 신고서」에 가입자별 전년도의 소득(총)액과 근무기간을 기재하여 5월 31일까지 공단에 제출하면 된다. 단, 개인사업장의 사용자 중 성실신고확인대상은 6월 30일까지 제출한다.

3) 소득총액신고 주요 업무흐름

① 4월 과세자료에 의한 결정 대상자와 소득총액 신고대상자 구축
② 5월 신고대상자 소득총액 신고안내 및 소득총액신고서 발송
③ 5월 소득총액 신고(사업장)
④ 6월 기준소득월액 결정 통지(공단)
⑤ 7월 변경 기준소득월액에 따른 보험료 고지(~다음 연도 6월)
⑥ 10월 공적자료 대비 소득적정신고 여부 확인(개인사업장의 사용자)

(4) 국민연금 소득월액 적정신고 사후관리

1) 사후관리 대상

다음 대상자에 대해 국민연금공단에서 소득관련 공적자료와 대사하여 기준소득월액의 적정성 여부를 확인한다.
① 개인사업장의 사용자
② 과세소득이 수정된 근로자
③ 취득(납부재개) 시 신고소득이 과세소득 대비 낮은 근로자

2) 사후관리 내용

① 소득관련 공적자료(근로소득 원천징수영수증)와 비교하여 기준소득 월액이 적게 신고된 자에 대하여 해당 사업장에 기준소득월액 정정신고 안내문을 발송한다.

② 소득총액을 소득관련 공적자료에 비해 기준소득월액이 적게 신고된 것으로 확인된 경우에는 정기결정 시점인 7월로 소급하여 기준소득월액을 조정한다. 다만, 취득(납부재개) 시 신고소득이 실제 지급이 약정된 소득보다 적게 신고된 것으로 확인된 대상은 취득(납부재개) 시점으로 소급하여 기준소득월액을 조정한다.

2. 건강보험 보험료 정산

보험료 부과의 기초가 되는 당해 연도의 보수월액은 전년도 보험료 정산결과에 따라 산출되므로, 건강보험가입자의 기납부보험료와 정확한 보험료와의 차액을 정산하여야 한다. 이러한 정산에는 수시정산, 퇴직정산, 연말정산이 있다.

(1) 건강보험료 정산의 종류

① 수시정산

사용자는 당해 사업장 소속 직장가입자의 자격 또는 보수 등이 변동되면 이를 공단에 신청하여야 하는데, 이에 대한 신청이 지연되었을 경우 가입자의 보험료를 다시 산정하여 기부과 보험료와의 차액을 정산하여 추가징수 또는 반환한다.

② 퇴직정산

퇴직할 경우 당해 연도 보수총액을 근무월수로 나눈 보수월액으로 당해 연도 퇴직 시까지 납부하여야 할 보험료와 기납부한 보험료 간의 정산을 하여야 한다. 사유발생일로부터 14일 이내에「직장가입자 자격상실신고서」를 제출하며 보수총액 및 근무월수는「직장가입자 보수총액통보서」에 기입한다. 퇴직자는 공단에 직장가입자 상실신고 시 연간 보수총액 등을 기재하여 신고하고 건강보험 퇴직정산이 이루어지므로 연말정산 신고대상이 아니다.

실무에서는 공단에서 정산결과를 확인하고 그에 따라 근로자와 정산하는데, 퇴직일에는 정확한 정산금액이 고지되지 않으므로 추후 근로자로 다시 정산해야 하는 경우가 많다.

③ 연말정산

직장가입자의 건강보험료는 당해 연도 소득에 의해 부과되어야 하나, 연도 중에는 소득이 확정되지 않으므로 전년도 소득을 기준으로 우선 부과한 후, 다음 연도 3월 10일(개인사업장의 사용자는 5월, 성실신고대상자는 6월)까지 사업장에서 확정된 소득으로 보험료를 다시 산정하여 기납부한 보험료와 정산한 차액을 4월분 보험료에 추가징수 또는 반환한다.

다만, 2025년부터 전년도 직장가입자에게 지급한 보수의 총액을 간이지급명세서로 제출한 경우에는 신고한 것으로 간주한다.

직장가입자의 보수가 변경되었을 경우 100인 이상 사업장에서는 의무적으로 변경신고를 해야 한다. 일반적으로 급여가 인상되는 경우 연말정산으로 매년 4월 말 건강보험료 추가 부담분이 증가되므로 이에 대한 부담을 줄이기 위해서는 급여가 인상될 때 보수변경신고를 하면 된다. 이때, 보수변경신고하지 않고 근로자의 급여에서 인상된 지급액을 기준으로 건강보험료를 원천공제해서는 안된다.

구분	변경 전(2024년)	변경 후(2025년 이후)
신고대상	건강보험공단에 보수총액 직접 신고	국세청에 간이지급명세서 제출로 일원화
신고기한	매년 3월 10일까지	국세청 간이지급명세서 기한에 따름
중복 신고 부담	있음	없음
자료 연계	불가능	국세청 ↔ 건강보험공단 연계

❑ 다음의 경우에는 건강보험료 보수총액 신고를 하여야 한다.

(1) 간이지급명세서를 제출하지 않은 경우

국세청에 제출하지 않으면 건강보험공단에 직접 신고해야 한다.

(2) 간이지급명세서에 오류나 누락이 있는 경우

다음과 같이 급여 정보가 틀리거나 누락되면, 건강보험공단에서 신고를 요구하거나 직접신고하여야 한다.

- 공무원 및 교직원이 가입되어 있는 사업장
- 간이지급명세서 기재사항 누락 또는 오류가 있는 경우
- 간이지급명세서의 근무기간과 건강보험 자격기간 차이로 근무월수가 불일치한 경우
- 귀속년도에 납입고지유예 또는 휴직기간이 있는 경우
- 공단의 보수총액과 국세청 과세범위가 달라 불일치하는 소득

| 2025년 연말정산 일정 |

일정	내용
'25년 3월 10일까지	• 간이지급명세서 연계 또는 보수총액 신고
'25년 3월 30일~4월 15일	• 연말정산 산출내역 확인 • 간이지급명세서 연계 불가인 경우 보수총액 신고 재안내
'25년 4월 15일	• 연말정산 보험료 부과
'25년 4월 16일~5월 12일	• 연말정산 보험료 분할납부 신청기간 　＊ 단, 자동이체 사업장의 경우 납부마감일로부터 2일 (은행영업일 기준) 이전까지 신청 • 정산내역 착오자 변경 신고
'25년 5월 12일	• 보험료 납부기한(5월 납부마감일 5월 12일)
'25년 9월	• 국세청 근로소득 확정자료 정산

● 20×3년 건강보험료 정산

기징수된 건강보험료*			−	실제 내야 할 건강보험료			=	정산금액 20×4년 4월에 반영함.
20×3년	적용소득	적용 건강 보험료율		20×3년	적용소득	적용 건강 보험료율		
1월	20×1년 소득			1월				
2월				2월				
3월				3월				
4월	20×2년 소득	20×3년 보험료율		4월	20×3년 소득	20×3년 보험료율		
5월				5월				
6월				6월				
7월				7월				
8월				8월				
9월				9월				
10월				10월				
11월				11월				
12월				12월				

↑
20×4년 3월 10일까지 국세청에 제출된 연말정산자료를 건강보험공단이 받아 정산하는 개념임.

* 20×3년 4월에 20×2년에 대해 정산하여 추가납부하거나 환급한 금액 감안함.

④ 정산보험료의 고지 및 납부

보수총액에 의해 재산정한 보험료와 기납부한 보험료의 차액인 정산보험료를 4월분 보험료에 합산하여 고지한다.

건강보험료 연말정산 결과에 따라 추가로 납부할 보험료가 가입자의 당월 보험료 100% 이상인 경우에는 일시납부 또는 분할납부를 신청할 수 있다.

다만, 2018년 이후에는 추가정산보험료가 당월보험료 이상인 경우에는 정산보험료에 한하여 신청없이 5회 자동 분할고지된다.

구분	분할횟수
정산보험료가 당월보험료의 100% 이상 200% 미만인 경우	3회 이내
정산보험료가 당월보험료의 200% 이상 300% 미만인 경우	5회 이내
정산보험료가 당월보험료의 300% 이상인 경우	10회 이내

(3) 직장가입자 보수총액통보서

1) 보수총액통보서 작성기준

(가) 당해 소속사업장에서 발생된 소득기준으로 작성

2 이상 사업장에서 보수가 발생하는 가입자의 경우, 각각의 사업장에서 발생한 보수총액을 신고하여야 하며, 주된 사업장에서 종된 사업장의 보수를 합산하지 않는다.

| 근로소득 연말정산과 건강보험 연말정산의 차이 |

구분	근로소득 연말정산	건강보험 연말정산
이중근로자 (2 사업장에 동시 근무)	2 이상 사업장 중 주된 사업장에서 합산하여 연말정산	2 이상 사업장에서 당해 소속 사업장에서 발생한 소득에 대해서만 각각 연말정산
재취업자 (전 사업장 퇴사 후 현 사업장 입사)	현 사업장에서 전 사업장 소득을 합산하여 연말정산	

※ 근로소득에 대해서는 누진세율이 적용되기 때문에 합산하여 정산하는 것이 필요하다.

(나) 고시적용기간 동안의 보험료 정산

보수 관련자료가 없거나 불명확한 경우 보건복지부장관이 고시하는 금액이 적용되므로, 고시적용을 받지 않은 기간 동안 받은 총보수와 근무월수로 정산한다.

(다) 산업재해 등 보수가 발생되지 않는 경우

근로관계는 유지되나 근로의 제공이 정지되어 보수가 지급되지 않는 경우에는 근로제공이 정지된 날에 「휴직자 등 직장가입자 보험료 납입고지유예신청서(해지신청서)」를 공단에 제출한다. 보험료 정산 시 해당 연도 보수총액은 근로제공이 정지된 날까지 사업장에서 근로의 대가로 지급한 보수총액과 그 보수총액의 해당월수를 근무월수로 하여 정산한다. 근로정지기간의 보험료는 근로 정지 시작일이 속한 달의 전월 보수를 기준으로 확정부과한다.

● 사례별 연말정산 신고방법

【사례 1】 이중가입자로서 주된 사업장에서 근로소득을 합산하여 신고한 경우
- 일선대학교   20×1. 1. 1.~20×1. 12. 31. 보수총액: 35,000,000원
- 일선병원   20×1. 8. 15.~20×1. 12. 31. 보수총액: 12,000,000원
  일선대학교와 일선병원 각각의 보수총액과 근무월수를 기재한다.

【사례 2】 연도 중에 사업장을 변경한 경우(퇴직정산 후 재가입)
- (주)일선   20×1. 1. 1.~20×1. 6. 30. 보수총액: 15,000,000원(퇴직)
- (주)위드플러스 20×1. 7. 1.~20×1. 12. 31. 보수총액: 20,000,000원
  현 근무처인 (주)위드플러스의 보수총액과 근무월수를 기재한다.

【사례 3】 연도 중 계열사업장 간 근무처가 변동된 경우
- 대한중학교   20×1. 1. 1.~20×1. 2. 28. 보수총액: 5,000,000원
- 민국고등학교 20×1. 3. 1.~20×1. 12. 31. 보수총액: 25,000,000원
  현 근무지에서 보수총액 3,000만 원과 근무월수 12월로 작성한다.
※ 계열사 간 이동이라고는 하나, 보수가 별도로 지급되고 정산을 최종 근무지에서 하는 경우에는 종전 근무지는 퇴직정산으로 처리하고, 현 소속 사업장의 보수총액과 근무월수만을 기재한다.

【사례 4】 20×1년도 중 보험료 납입고지 유예기간이 있는 가입자의 보험
료 연말정산

기간	보수액
20×1. 1. 1.~20×1. 4. 15.	350만 원
20×1. 4. 16.~20×1. 8. 20.(휴직)	250만 원(휴직전월 보수 100만 원)
20×1. 8. 21.~20×1. 12. 31.	470만 원

연간보수총액 820만 원(350만 원+470만 원)에 근무월수 9월(1~4월, 8~12월)
로 작성하며, 정산대상 월수는 8개월(1~4월, 9~12월)로 산정된다.

2) 「직장가입자 보수총액통보서」가 사실과 다른 경우

(가) 연말정산 대상자로 통보되었으나 이미 퇴사한 경우

「직장가입자 보수총액통보서」에 붉은색으로 두 줄 그은 후 "퇴직"이라
고 기재한다. 파일로 제출하는 경우에는 대상자를 삭제한 후 「직장가입자
자격상실신고서」와 함께 제출한다(이미 「직장가입자 자격상실신고서」를
제출한 경우는 제외).

(나) 전년도 12. 1. 이전에 입사하였으나 자격취득 누락(지연)으로 「직장가입자 보수총액통보서」 명단에 없는 경우

「직장가입자 보수총액통보서」에 수기로 작성(연간 총보수를 근무월수
로 나누어 얻은 보수월액을 기재)하여 공단에 신고하면, 공단에서 대상
자 등록 후에 정산한다.

3. 고용 · 산재보험 보험료의 정산

전년도 보수총액은 전년도 보험료를 정산하는 자료이고, 월평균보수는
당해 연도 보험료를 부과하기 위한 자료이다. 보수총액 신고는 월평균보
수로 우선 부과된 보험료를 사업장에 확정된 소득에 의해 보험료를 정산

하게 하고, 전년도 고용된 근로자의 해당 연도 월평균보수를 산정하는 두 가지 기능을 한다.

(1) 사업종류 및 제도별 보험료 정산방식

고용·산재보험의 경우 전년도의 보수를 기준으로 보험료를 납부하고 당해 연도의 보수가 확정된 시점에서 재산정한 보험료와 기부과된 월별 보험료의 차이를 조정하여 정산결과에 따라 보험료를 추가징수하거나 반환한다. 추가납부액이 있는 경우에는 4월분 보험료에 부과·고지하는 정산절차를 거치게 된다(정산보험료 분할납부 가능).

다만, 2011년부터 고용·산재보험의 경우에도 사회보험 통합징수에 따라 월별 부과고지·납부제도를 도입하였으나, 건설업과 벌목업 등은 고용상황 및 보수총액 등의 파악이 어려워 월별 부과고지·납부제도를 적용하기 어려우므로 계속하여 기존의 자진신고·납부제도를 유지하고 있어 사업종류에 따라 정산방식이 다르게 된다.

| 사업종류 및 제도별 보험료 부과 및 정산절차 비교 |

구분		부과고지 납부제도	자진신고 납부제도
대상		• 전사업(건설업 등의 사업 제외) • 건설업 중 건설장비운영업 • 중소기업사업주·특수형태 근로종사자 • 해외파견(건설업 외)	• 건설업(건설본사 포함) • 임업 중 벌목업 • 해외파견사업(건설업) • 고용보험 자영업자
보험료 신고방법		부과고지	자진신고
납부 방법	보험료 원천징수	매월 보험료 산정·부과	연간보험료 선납 및 정산(개산(확정)보험료)
	보험료 정산	퇴직정산, 연말정산	

(2) 부과고지 사업장의 보험료 정산

1) 퇴직정산

① 보험료 퇴직정산제도

근로자가 퇴직할 경우 해당 근로자에 대하여 해당 연도에 실제로 납부하여야 할 보험료를 산정하여 기부과된 보험료와 정산한다.

② 퇴직정산 대상자

부과고지사업장에서 2020. 1. 16. 이후 고용관계가 종료된 상용근로자 (상실일은 2020. 1. 17. 이후인 근로자)가 대상이 된다.

③ 퇴직정산 신고방법

4대사회보험 공통서식인 '고용보험 피보험 자격상실신고서 및 산재보험 근로자 고용종료 신고서'에 근로자의 상실일, 상실 사유 및 지급한 보수총액을 작성하여 근로복지공단(국민연금공단·국민건강보험공단)으로 신고한다.

④ 유의사항

퇴직정산 대상 근로자의 경우에도 2019년(귀속) 보수총액에 한해서는 2020. 3. 16.까지 보수총액 신고로 보험료를 정산한다.

퇴직근로자가 보험료 퇴직정산 대상일 경우 '자격상실신고서'에 기재한 보수총액으로 보험료를 정산하므로 "해당 연도 보수총액"을 반드시 기재하여 신고한다.

2) 연말정산(보수총액 신고)

(가) 정산시기(신고기한)

① 정상사업장: 매년 3월 15일까지 보수총액을 신고한다.

② 소멸사업장: 소멸일로부터 14일 이내 보수총액을 신고한다.

정산보험료 추가고지는 4월 월별보험료 부과 시 합산되어 부과되며 정산보험료 금액이 4월 월별보험료 금액보다 큰 경우는 1/2씩 4월과 5월 월별보험료에 각각 분할고지되며, 분할고지를 원하지 않을 경우 신고서에 분할고지 미희망에 표시하면 된다.

보험료 정산결과 보험료가 과납된 경우 납부해야 하는 보험료에 충당(선납 충당)하거나, 반환계좌(법인은 법인명의 계좌, 개인은 개인사업자 명의 계좌만 가능)로 반환처리된다.

(나) 정산대상

전년도 또는 소멸일 전날까지 고용된 모든 근로자에게 지급한 보수총액에 대하여 정산을 실시한다.

① 고용정보가 있는 상용근로자는 개인별 보험료를 정산한다.

② 일용근로자 및 고용정보가 없는 상용근로자(단시간상용근로자(3개월 미만, 월 60시간 미만) 또는 산재보험 고용정보 미신고 외국인근로자)는 사업장 보수총액으로 정산한다.

> ● 보수총액이 전년도와 동일하나 정산차액 발생하는 경우
>
> 연도 중 보수의 인상 및 인하 없이 보수총액이 그 전년도와 동일하고, 보험료율도 변동되지 않았는데 보험료 정산 결과 차액분이 추가 부과되는 이유는 월보험료는 근로자 월별보험료에서 10원 미만 원단위 보험료를 버리고 부과하나, 정산보험료는 근로자의 연간 보수총액을 기준으로 산출된 보험료에서 10원 미만 원단위 보험료를 버리고 산출하므로 보험료의 차이가 있을 수 있다.

(다) 정산절차

구분			업무절차
근로복지공단	→	사업장	전년도 「보수총액 신고서」 제출 안내: 매년 2월
사업장	→	근로복지공단	「보수총액 신고서」 제출: 매년 3월 15일까지
근로복지공단	→	건강보험공단	정산보험료 산정(추가납부, 충당, 반환)
건강보험공단	→	사업장	정산보험료 고지
사업장	→	건강보험공단	보험료 납부

3) 신고방법

① 근로자 수가 10인 이상 사업장

정보통신망 또는 전자적 기록매체 등을 이용한 신고만 할 수 있다.

② 근로자 수가 10인 미만 사업장

정보통신망 또는 전자적 기록매체 등을 이용하여 신고하거나 서면으로 신고할 수 있다.

(3) 「보수총액 신고서」의 수정신고

1) 신고사유

① 보수총액 신고 대상 근로자를 누락하고 신고한 경우
② 보수총액 신고는 하였으나 실제 신고하여야 하는 보수총액보다 부족하거나 초과하는 경우
③ 일용근로자 또는 그 밖의 근로자 보수총액을 누락하거나 착오로 신고한 경우
④ 매월 말일 일용근로자 및 그 밖의 근로자 수를 누락하거나 착오로 신고한 경우

2) 수정신고방법

보수총액수정신고 시 전체 근로자의 보수총액을 신고하지 않고, 수정되는 사항이 발생한 근로자의 고용정보에 대하여만 수정신고한다.

3) 신고기한

사업주가 보수총액을 사실과 다르게 신고하여 공단이 이를 조사하겠다는 사실을 사업주에게 알리기 전까지 수정신고할 수 있다.

(4) 국세청 연계정산

제조업 등 부과고지 사업장에 대하여 국세청 근로소득자료를 연계하여 근로복지공단 보수총액과 정산함을 말한다.

부과고지 사업장으로 정산대상 연도의 고용 또는 피보험자격 처리된 근로자 전체의 연간 보수총액이 과소인 사업장 중 과소차액이 높은 사업장을 후보사업장으로 선정한 후 공단본부에 설치된 「정산선정위원회」에서 연계정산대상 사업장으로 선정하게 된다.

보험료는 사업장단위의 정산을 규정하고 있으므로 연계정산대상 사업장선정기준에 따라 선정된 과소사업장에 대하여는 소속근로자 전체에 대해 정산을 실시하게 된다.

이의신청이 없거나 처리완료된 사업장에 대하여는 공단본부에서 10월분 보험료에 정산보험료 및 월별보험료를 합산하여 부과하고 그 결과를 일괄통지한다. 이때 월별보험료는 정산을 실시한 10월부터 근로소득자료에 근거하여 직권변경한 월평균보수를 적용하여 부과한다.

● 자진신고 사업장(건설업 · 벌목업)의 보험료 신고 · 납부 및 정산

1. 개산보험료

(1) 개산보험료의 산정

  1) 산정원칙

    보험가입자가 1년간 사용할 근로자에게 지급할 보수총액을 추정하여 그 보수총액에 해당 보험료율을 곱하여 산정한다.

    개산보험료 = 해당 연도 추정보수총액 × 보험료율

    다만, 추정액이 전년도 보수총액의 70/100 이상 130/100 이내인 경우에는 전년도 확정 보수총액을 해당 보험연도의 보수총액 추정액으로 한다.

  2) 노무비율에 의한 산정(건설공사에서 보수총액의 추정이 곤란한 경우)

    보수총액 추정액을 결정하기 곤란한 경우에는 고용노동부장관이 고시하는 노무비율에 의하여 보수총액을 결정한다.

    보수총액 추정액 = 총공사금액 × 노무비율

    개산보험료 = 총공사금액 × 노무비율 × 보험료율

(2) 개산보험료의 신고와 납부

  사업주는 해당 보험연도의 3월 31일까지(보험연도 중에 보험관계가 성립한 경우 그 성립일부터 70일 이내에) 보험료신고서를 작성하여 공단에 제출하고 동 보험료에 대하여는 국고수납대리점(시중은행) 또는 우체국에 자진납부하여야 한다.

  ※ 다만, 건설공사 등 기간의 정함이 있는 사업으로서 보험관계 성립일부터 70일 이내에 종료되는 사업의 경우 그 사업의 종료일 전일까지 신고 · 납부하여야 한다.

  보험료는 매년 사업주가 해당 보험연도의 3월 31일까지(보험연도 중에 성립한 사업장은 성립일부터 70일 이내에) 납부하여야 하며, 계속사업장 또는 6월 말 이전에 성립된 사업장은 사업주의 신청(반드시 개산보험료 신고 시 신청)에 의해 분할납부가 가능하다.

  분할납부할 수 있는 보험료를 법정납부기한 내(해당 보험연도 3월 31일까지, 연도 중 성립한 경우 성립일부터 70일 이내)에 일시납부한 경우에는 3%를 경감받을 수 있다.

  ※ 개산보험료는 선납주의로 자진신고 · 자진납부를 원칙으로 함.

기별	산정대상기간	납부기한
제1기	1. 1. ~ 3. 31.	3. 31.
제2기	4. 1. ~ 6. 30.	5. 15.
제3기	7. 1. ~ 9. 30.	8. 15.
제4기	10. 1. ~ 12. 31.	11. 15.

※ 보험연도 중 보험관계 성립 시 분할납부
   분할납부는 원칙적으로 연 4회로 되어 있으나, 연도 중 보험관계가 성립된 경우는 그 산정기간이 1년 미만이므로 동 횟수를 2~3회로 조정한다.
   다만, 해당 보험연도의 7월 이후에 성립한 사업 또는 건설공사 등 기간의 정함이 있는 사업으로서 그 기간이 6월 미만인 사업은 분할납부가 인정되지 아니하므로 보험관계 성립일부터 70일 이내에 전액을 납부하여야 한다.

2. 확정보험료

(1) 의의

매 보험연도의 초일(보험연도 중에 보험관계가 성립한 경우에는 성립일)부터 연도 말일 또는 보험관계가 소멸한 날의 전날까지 지급한 보수총액에 보험료율을 곱하여 산정한 금액으로 한다.

(2) 확정보험료의 산정

1) 산정원칙

해당 보험연도 중 실제 지급한 보수총액(지급하기로 결정되었으나 미지급된 보수 포함)에 보험료율을 곱하여 산정한다.

2) 노무비율에 의한 산정

건설공사도 실제 지급된 보수총액에 보험료율을 곱하여 산정함이 원칙이나 보수총액을 결정하기 곤란한 경우에는 고용노동부장관이 정하여 고시한 노무비율로 보수총액을 결정하여 확정보험료를 산정할 수 있다.

$$확정보험료 = [직영인건비 + (외주공사비 \times 하도급노무비율)] \times 보험료율$$

※ 외주공사비는 원수급인이 「하도급 준 공사」의 총공사금액(외주공사비)에서 「하수급인에 대한 사업주 인정 승인을 받아 하도급 준 공사」의 공사금액(외주공사비)을 제외하고 산정한다.

3) 하수급인 사업주인정 승인을 받은 공사: 하수급인이 보험료 신고·납부 주체이다.

원수급인의 신청에 의해 하수급인 사업주인정 승인을 받은 공사에 대해서는 하수급 업체가 반드시 그 공사에 대한 보수총액을 포함하여 신고하고 보험료를 납부한다.

※ 확정보험료를 신고하지 않거나 사실과 다르게 신고한 경우 가산금과 연체금을 부과한다.

(3) 확정보험료의 신고와 납부

다음 보험연도의 3월 31일(보험관계가 보험연도 중에 소멸한 경우는 소멸한 날부터 30일 이내)까지 확정보험료를 신고·납부하여야 한다. 개산보험료를 확정보험료보다 초과 납부한 경우에는 초과금액을 반환받거나 충당신청할 수 있다.

※ 사업주가 국가 또는 지방자치단체인 경우에는 그 보험연도의 말일(보험연도 중에 보험관계가 소멸한 사업에 있어서는 그 소멸한 날부터 30일)까지 신고·납부할 수 있다.

(4) 직권조사징수

사업주가 법정기한 내에 개산·확정보험료를 신고하지 아니하거나 그 신고가 사실과 다른 때에는 공단은 직권으로 조사하여 납부하여야 할 보험료를 징수하게 되며, 이에 따른 연체금 및 가산금 등을 추가로 부과하게 된다.

Ⅸ 소득총액신고서 작성방법

1. 국민연금 「소득총액신고서」 작성방법

(1) 작성 시 유의사항

① 사용자와 작성자의 서명날인이 누락되거나, 증빙자료 요청 시 해당 자료를(사업소득명세서 등) 제출하지 않으면 소득총액을 신고하지 않

은 것으로 본다.

② 신고대상자에 포함되었으나 이미 퇴사한 경우에는 두 줄을 그은 후 "상실"이라 기재하고, 「사업장가입자 자격상실신고서」를 함께 제출하여야 한다.

③ 근무 중인 자가 누락된 경우에는 「소득총액신고서」에 기재하고, 「사업장가입자 자격취득신고서」를 함께 제출하여야 한다.

④ 사업장 분리적용 또는 통·폐합으로 인하여 종전 사업장에서 자격을 상실한 후에 현재의 사업장에서 자격을 취득한 자에 대해서는 종전 사업장에서 받은 소득총액과 해당 근무일수를 합산하여야 한다.

(2) 작성방법

접수번호		※ 소득총액 신고는 국민연금 고유 신고사항이므로 반드시 국민연금 관할지사에 신고하셔야 합니다.

20×1년 귀속 소득총액 신고서

지사(지사코드) :	사업장관리번호 :
지사 전화번호 :	사업장 명칭 :
	사업장 전화번호 :
지사 팩스번호 :	사업장 팩스번호 :

▼ ①, ③번은 반드시 작성해 주시고, ②실제 휴직일수는 해당자만 작성하시면 됩니다.
※ 작성하신 근무기간에 의거 소득월액이 산정되므로 ①근무시작일 및 ②실제 휴직일수를 정확히 작성해 주시기 바랍니다.
▼ 신고유형은 신고대상으로 발췌된 사유를 표시한 것으로, 신고 안내문 및 동봉된 리플렛 3번을 참조하시기 바랍니다.

순번	성 명	신고유형	주민등록번호	해당사업장취득일자	20×1 근무기간			③ 20×1년 소득총액
					① 실제근무시작일	공적휴직일수	② 실제휴직일수	

국민연금법 시행규칙 제13조 규정에 의하여 우리 사업장 소속 가입자의 20×1년 소득총액을 위와 같이 신고합니다.

20×2   .   .   신고인(사용자)   (인)

작성자(담당자)   (인)

NPS 국민연금공단 이사장 귀하

※ 위 신고서에 기재된 소득총액 신고 대상자 이외의 가입자는 과세자료를 활용하여 공단에서 기준소득월액을 결정할 예정이므로 소득총액 신고를 하실 필요가 없습니다.

1) ① 실제 근무 시작일

해당 사업장의 실제 근무 시작일(휴직기간 포함)을 기재한다.

- 개인사업장사용자 중 신규 사업개시자: 사업 시작일

> **● 소득산정의 기초일수**
>
> ① 소득을 월단위로 계산하는 경우(월급제)
>   - 그달의 역에 의한 일수(예 7월은 31일)
> ② 소득을 근무일수에 따라 계산하는 경우(일급제 등)
>   - 근무일수(유급휴가일수 포함)
> ③ 교대근무의 경우(격일제 근무 등)
>   - 1일 근무 후 1일 휴무 시: 2일 근무로 계산
>   - 2일 근무 후 1일 휴무 시: 3일 근무로 계산

2) ② 실제 휴직일수

해당 사업장의 실제 총휴직일수를 기재한다. 휴직기간이 없는 대상자는 작성하지 않는다.

- 공적 휴직일수는 공단에 납부예외신청한 일수이다

  단, "5유형" 대상은 "산전후·육아휴직 및 산재요양"에 따른 휴직일수이다.

- 휴직기간에 대해 납부예외신청을 하지 않았더라도, 휴직기간 동안 급여가 적게 발생한다면 실제 휴직일수로 산정한다.

> **● 근무기간, 휴직일수 소득총액 작성**
>
> ① 동일 사업장에 20×1. 1. 1.~20×1. 3. 25.까지 근무하고 퇴사 후, 재입사하여 20×1. 8. 1.~20×1. 12. 31.까지 근무한 경우
>   - 근무기간: 20×1. 8. 1.~12. 31.

- 소득총액: 8월부터 12월까지의 급여총액
② 20×1. 7. 1. 취득신고하였으나, 실제로는 20×1. 1. 1.~20×1. 12. 31.까지 근무한 경우
  - 근무기간: 20×1. 1. 1.~20×1. 12. 31.
  - 소득총액: 1월부터 12월까지의 급여총액
③ 분리적용 관계에 있는 A사업장에 20×1. 1. 1.~20×1. 4. 30.까지 근무한 후 B사업장에 전입하여 20×1. 5. 1.~20×1. 12. 31.까지 근무한 경우
  - 근무기간: 20×1. 1. 1.~20×1. 12. 31.
  - 소득총액: 1월부터 12월까지의 급여총액(합산하여 기재)
④ 20×1. 1. 4. 입사 후 20×1. 8. 1.~20×1. 10. 31.까지 출산휴가 후 20×1. 11. 1. 복직하여 근무한 경우
  - 근무기간: 20×1. 1. 4.~20×1. 12. 31.
  - 휴직일수: 30일(고용보험법상 급여지급기간)
  - 소득총액: 1월부터 12월까지의 급여총액(휴직기간에 일부 발생한 급여는 제외)

3) ③ 소득총액

(가) ①의 근무기간(근무시작일~12. 31.) 동안의 총급여 또는 사업소득 금액을 기재한다.

　㉠ 개인사업장사용자: 「사업소득명세서」의 ⑪번 소득금액

　㉡ 근로자: 「근로소득원천징수영수증」의 (주)현 근무처 ⑯번(계) 금액을 작성하되 소득세법에 의한 비과세소득 외의 비과세소득(조세특례제한법에 의한 비과세소득)은 합산하여 신고한다. 다만, 원양어업선박이나 국외 등을 항행하는 선박에서 근로를 제공하고 받는 금액(월 300만 원 이내)의 경우에는 포함한다.

(나) ②의 휴직일수가 있는 경우에 휴직기간에 발생한 급여는 소득총액에서 제외한다.

> 예 1번 김○○: 20×1. 8. 1. 신규 입사자, 휴직기간 없음.
> ⇨ ① 근무기간: 8. 1.~12. 31. ② 휴직일수: 0 ③ 소득총액: 6,000,000원

> 예 2번 이○○: 계속근무자, 20×1. 5. 1.부터 7. 31.까지 일반휴직(92일), 20×1. 8. 1. 복직(당시 30일만 공단에 납부예외신청)
> ⇨ ① 근무기간: 1. 1.~12. 31. ② 실제 휴직일수: 92
> ③ 소득총액: 9,000,000원(휴직기간에 발생한 급여 제외)

> 예 3번 정○○: 20×1. 3. 1. 신규 입사자, 20×1. 6. 1.부터 8. 29.까지 산전후휴가(90일), 20×1. 8. 30. 복직(당시 납부예외신청하지 않음)
> ⇨ ① 근무기간: 3. 1.~12. 31. ② 실제 휴직일수: 90
> ③ 소득총액: 8,000,000원(휴직기간에 발생한 급여 제외)

$$기준소득월액 = \frac{20×1년\ 귀속\ 소득총액}{20×1년\ 총\ 근무일수(근무기간 - 실제\ 휴직일수)} × 30(천\ 원\ 미만\ 절사)$$

순번	성 명	신고 유형	주민등록 번 호	해당사업장 취득일자	20×1근무기간			③ 20×1년 소득총액							
					① 실제 근무시작일	공적 휴직일수	② 실제 휴직일수								
1	김○○	2유형	123456-**	20×1. 8. 1.	8.1.	0	0		6	0	0	0	0	0	0
2	이○○	4유형	22222-**	19×1. 4. 1.	1.1.	30	92		9	0	0	0	0	0	0
3	정○○	5유형	33333-**	20×1. 3. 1.	3.1.	90	90		8	0	0	0	0	0	0

2. 건강보험「직장가입자 보수총액통보서」작성방법

정산보험료 일시납 신청 □
성실신고 사업장 여부 □

20×1년도 직장가입자 보수총액 통보서

회신용

소속지사: ○○지사　　　사업장관리번호:　　　　사업장명:
(팩　스): 02-0000-0000　단위사업장: 000　　회　계: 00　　　　　　차수: 0

| 순번 | 증번호 | 성 명 | 주민등록번호 | 자격취득(변동)일 | 2019년도 보험료 부과총액 | | | 사업장 기재란 | |
					계	건강보험료	요양보험료	2017년도 보수총액	근무월수
1									
2									
3									
4									
5									
6									
7									
8									
9									
10									
11									
12									
13									
14									
15									
16									
17									
18									
19									
20									
21									
22									
23									
24									
25									
26									
27									
28									
29									
30									
작성자		사업장 전화번호				사업장 팩스번호			

국민건강보험법 시행규칙 제40조의 규정에 의하여 직장가입자의 보수총액 등을 위와 같이 통보합니다.
• 정산보험료 일시납 신청: 국민건강보험법 시행령 제39조 제4항에 의거한 연말정산 5회 분할납부를 원치 않는 사업장의 경우 ☑체크하여 주시기 바랍니다.
　　(신고하지 않을 경우, 6월달 경산보험료는 6월부터 10월까지 5회 분할 고지됨)
• 성실신고 사업장 여부: 「소득세법」제70조 2에 따른 성실신고확인대상사업자일 경우 ☑ 체크하여 주시기 바랍니다.(신고하지 않을
　　경우, 성실신고 사업장 여부 확인불가)
• 위의 '2019년도 보험료 부과총액'은 가입자 부담분(50%)만 표기됨　• 근무월수: 20×1년도 보수총액이 해당하는 개월수 임

　　　　　　　　　　　　　　　　　　　　　　　　　　　　　　　　20×2
　　　　　　　국민건강보험공단 이사장 귀하　　　　　　사용자　　　　(인)

■ 국민건강보험법 시행규칙 [별지 제26호 서식] <개정 2013. 9. 30.>

직장가입자 보수 총액 통보서

※ 작성방법은 뒤쪽을 참고하시기 바라며, 바탕색이 어두운 난은 통보인이 적지 않습니다.　　　　　(앞쪽)

접수번호		접수일			처리기간	즉시

사업장	단위사업장명			회계		
	사업장 관리번호			명칭		
	전화번호		팩스번호		작성자 성명	

① 일련번호	② 건강보 험증 번호	③ 성명	④ 주민등록번호 (외국인등록번호)	⑤ 자격 취득일 (변동일)	⑥ 전년도 보험료 부과 총액	⑦ 전년도 보수 총액	⑧ 근무 개월 수

「국민건강보험법 시행규칙」 제40조에 따라 위와 같이 직장가입자의 보수 총액 등을 통보합니다.

년　　　　월　　　　일

통보인(사용자)　　　　　　　　　　　(서명 또는 인)

국민건강보험공단 이사장 귀하

297㎜×210㎜[백상지 80g/㎡]

1) ①~⑤: 일련번호, 건강보험증 번호, 성명, 주민등록번호(외국인등록번호), 자격취득일(변동일)을 기재한다.

⑥ 전년도 보험료부과 총액항목은 사용자 부담금을 제외한 가입자 부담분만 기재되어 공단에서 통보한다.

※ 가입자가 외국인 또는 재외국민인 경우 ④은 외국인등록번호, 국내거소신고번호를 기재한다.

※ 공무원 및 교직원 가입자는 사용자 부담금을 제외한 가입자 부담분만 기재되어 통보된다.

❑ **신고대상자의 수정방법**

① 연말정산대상자로 통보되었으나 이미 퇴사한 경우

  ㉠ 서면신고 : 직장가입자보수총액통보서에 적색으로 두 줄 그은 후
    퇴직이라고 기재

  ㉡ 전산신고 : 대상자를 삭제한 후 직장가입자 자격상실신고서(기제
    출한 경우는 제외)와 함께 제출

② 전년도 12. 1. 이전에 입사하였으나 자격취득 누락(지연)으로 직장가
  입자보수총액통보서 명단에 없는 경우

  「직장가입자보수총액통보서에 수지 작성 연간 총 보수를 근무월수로
  나누어 얻은 보수월액을 기재하여 공단에 신고 대상자를 등록 후 재정
  산한다.

2) ⑦ 전년도 보수총액

해당 사업장에서 전년도 보수총액(해당 귀속연도)에 발생한 보수(소
득)를 다음과 같이 기재한다.

※ 2 이상 사업장에서 보수가 발생하는 가입자의 경우 보수를 합산하여 신고하지 않
고 각각의 사업장에서 발생한 소속사업장 보수총액으로 각각 신고한다.

㉠ 근로자

  근로소득원천징수영수증의 '⑯ 계'와 '⑱ 국외근로소득의 합계액'
  을 기재한다.

  다만, 비과세소득 '⑱-1 야간근로수당'과 '⑳ 비과세소득 계' 등에
  「국민건강보험법 시행령」 제33조에 따른 보수가 포함되어 있을 경
  우 합산하여 기재한다.

㉡ 개인사업장의 사업자

  해당 사업장 사업소득과 부동산임대소득의 합계(=총수입금액-
  필요경비)로 결정된다. 소득세법 결손금처리 규정에 따라 부동산

임대소득의 결손금은 통산하지 않는다. 또한 2개 이상 사업장에서 보수가 발생하는 가입자인 경우 보수를 합산하여 신고하지 않고 각각의 사업장에서 발생한 소속 사업장 보수총액으로 각각 신고한다. 아래에서 "❼ 사업소득명세서"의 '⑪ 소득금액'(총수입금액 – 필요경비)을 기재한다.

(33쪽 중 제9쪽)

❼ 사업소득명세서

① 소 득 구 분 코 드					
② 일 련 번 호					
③ 사 업 장	소 재 지				
	국내1/국외9	소재지국코드			
④ 상 호					
⑤ 사 업 자 등 록 번 호					
⑥ 기 장 의 무					
⑦ 신 고 유 형 코 드					
⑧ 주 업 종 코 드					
⑨ 총 수 입 금 액					
⑩ 필 요 경 비					
⑪ 소 득 금 액(⑨ – ⑩)					

□ **보수총액**

① 2개 이상의 사업장에서 보수가 발생하는 가입자의 경우 보수를 합산하여 신고하지 않고 각각의 사업장에서 발생한 보수총액을 소속 사업장 보수총액으로 각각 신고한다.

② 산업재해 등으로 인하여 보수가 발생하지 않은 경우
산업재해 등의 기간 동안에는 근로의 제공이 정지된 상태로서 대가성 보수가 지급되지 않으므로 근로제공이 정지된 날로 공단에 직장가입자(근무처, 근무내역 변동신고서를 제출하고 보험료 정산시 해당 연도 보수총액은 근로제공이 정지된 날까지 사업장에서 근로의 대가로 지급한 보수총액과 그 보수총액이 해당하는 개월수를 근무월수로 하여 정산한다. 휴직기간 동안에는 휴직전월의 보수월액으로 보험료를 부과하되 일부 보험료가 경감된다.

개인사업자의 사업자가 ⑦과 ⓒ의 어느 하나에 해당하는 경우 다음과 같이 적용한다.

⑦ 보수월액이 해당 사업장에서 가장 높은 보수월액을 적용받는 근로자의 보수월액보다 낮은 경우(확인금액이 0원 이하인 경우는 제외): 해당 사업장에서 가장 높은 보수월액을 적용받는 근로자의 보수월액

ⓒ 다음의 어느 하나에 해당하는 경우: 해당 사업장 근로자의 보수월액을 평균한 금액

ⓐ 사용자가 자료제출과 수입금액 통보를 하지 않고, 수입을 확인할 수 있는 객관적인 자료도 없는 경우

ⓑ 확인금액이 0원 이하인 경우

● 전년도 이월결손금공제 여부

소득세법에서 이월결손금을 공제하는 것은 "종합소득과세표준액"을 산정하기 위한 절차이며, 건강보험에서는 당해 연도 중 당해 사업장에서 발생한 소득을 기준으로 소득금액이 결정되므로 공제적용대상이 아니다.

아파트관리사무소 소장, 구·시립에서 운영하는 어린이집(유치원) 원장, 문중에서 운영하는 사업체(본인의 소득이 아닌 경우)의 사용자 등은 사업자등록에 의하여 개인사업으로 분리는 되나, 실제 사업소득이 발생되지 않는 경우와 발생되더라도 본인의 소득이 아닌 문중소득일 경우에는 일반법인의 대표와 같은 방법으로 보험료 연말정산을 한다.

※ 정산시기: 개인사업장의 사업자와 동일하다.

3) ⑧ 근무개월수

직장가입자로서 전년도 보수총액의 해당월수를 기재한다.

1일이라도 근무하여 근로의 대가로 보수를 받은 경우에는 근무월수 산정에 포함한다.

❏ **전년도 보수총액에 대응하는 근무월수**

- 1일이라도 근무하여 근로의 대가로 보수를 받은 경우 근무월수 산정에 포함)
- 휴직(산업재해 등으로 휴직할 경우 포함) 기타의 사유로 보수의 전부가 지급되지 않을 경우 해당 기간 동안은 근무월수 산정에서 제외
- 휴직발생 해당연도의 휴직일이 속한 월과 종료월은 근무월수에 포함(단, 당해 연도 휴직일이 매월 1일인 경우에는 근무월수 산정에서 제외)
- 육아휴직 기간 동안 고용보험에서 지급받은 보전적 급여는 보수에서 제외

3. 고용보험 · 산재보험 「보수총액통보서」 작성방법

(1) 보수총액 신고 시 유의사항

① 근로자가 없어도, 전년도와 보수가 같아도 보수총액 신고서는 반드시 제출하여야 한다. 2020. 1. 16.부터 시행된 퇴직정산제도에 의하여 1. 16. 이후 고용관계가 종료된 근로자는 보수총액 신고대상이 아니다. 다만, 2020. 1. 16. 이전에 고용관계가 종료된 근로자는 포함하여 신고한다. 전년도 근로자(상용, 일용, 그 밖의 근로자 등 모두 포함) 사용이 없어 지급된 보수총액이 없는 경우에는 「□ ○○○○년도 근로자 사용 및 보수지급액 없음」에 표시한다.

② 일용근로자와 월 60시간 미만 단시간 상용근로자는 구분하여 각각 신고한다.

③ 산재 · 고용보험 성립사업장 정보는 공단에서 인쇄되어 발송된다. 보수총액 신고를 위해 제공하는 사업장정보가 틀린 경우 별도 변경신고한다.

   ⓐ 사업장정보가 틀린 경우: 「보험관계변경신고서」를 제출한다.

   ⓑ 근로자 고용(취득)신고가 누락되어 추가신고하는 경우: 「근로자고

용신고서」(산재보험) 또는 「피보험자격취득신고서」(고용보험)를 제출한다.

   ⓒ 산재보험 근로자고용정보가 틀린 경우:「근로자고용정보정정신청서」를 제출한다.

④ 전보 근로자의 경우 전보일 기준으로 전보 이전 사업장과 전보 이후 사업장에서 발생한 보수를 구분하여 각각 작성한다.

   ※ 전보 이전 사업장에서는 고용종료(상실)일이 전보일, 전보 이후 사업장에서는 고용(취득)일이 전보일에 해당한다.

⑤ 휴직기간 중 지급된 보수가 있는 경우 산재보험은 제외하고, 고용보험은 포함하여 보수총액을 신고한다.

⑥ 해당 연도 중 산재보험 업종변경이 있는 사업장은 「⑨ 연도 중 산재보험 업종변경 사업장 기간별 보수총액」을 별도 작성한다.

⑦ "자활근로종사자" 또는 "노동조합 등으로부터 금품을 지급받은 노조전임자"의 보수총액은 신고서 뒷면에 별도 작성한다.

⑧ 특수형태 근로종사자는 보수총액 신고서를 작성하지 않는다.

⑨ 정산보험료 추가 고지는 4월 월별보험료 부과 시 합산되어 부과한다. 정산보험료가 4월 월별보험료 금액보다 큰 경우는 2분할되어 1/2씩 4월과 5월 월별보험료에 각각 분할고지되며, 분할고지를 원하지 않을 경우 「□ 분할고지 미희망」에 표시한다.

   ※ 4월 월별보험료가 없는 경우 정산보험료가 분할고지되지 않는다.

⑩ 보험료 정산결과 보험료가 과납된 경우 납부하여야 하는 보험료에 충당(선납 충당)하거나, 반환계좌(법인은 법인명의, 개인사업장의 사업자는 사업자명의만 가능)로 반환처리한다.

전년도 고용된 근로자	고용보험	산재보험
만 65세 이상 근로자	○ (신규입사 시 실업급여 제외)	○
전년도 휴직기간 중 지급된 보수가 있던 근로자	○	×
일용 근로자	○	○
월 60시간 미만 단시간 상용근로자 (3개월 미만 고용)	×	○
산재보험 근로자 가입정보 미신고 외국인근로자	×	○

❏ **보수**

소득세법에 따른 근로소득(봉급, 급료, 보수, 세비, 임금, 상여, 수당과 이와 유사한 성질의 급여)에서 비과세 근로소득을 뺀 금액을 말하며, 연간 보수총액은 지난 1년간 지급한 보수의 총액을 말한다.

❏ **20×2년 보수총액 신고**

보험가입자는 20×1년도 납부한 월별보험료를 정산하고, 20×2년도 납부할 월별보험료(월평균보수) 산정을 위해 근로자가 없어도, 이미 퇴사했어도, 전년도와 보수가 같아도 보수총액 신고서는 반드시 제출한다(단, 2020. 1. 16. 이후 고용관계가 종료되어 퇴직정산 실시 근로자는 제외).

❏ **퇴직자 신고 여부**

2020. 1. 16.부터 시행된 퇴직정산제도에 의하여 1. 16. 이후 고용관계가 종료된 근로자는 보수총액 신고대상이 아니다. 다만, 2020. 1. 16. 이전에 고용관계가 종료된 근로자는 포함하여 신고한다.

❏ **휴직근로자 신고 여부**

휴직근로자도 반드시 포함하여 신고한다. 다만, 휴업·휴직 및 보호휴가(출산전후휴가 또는 유산·사산휴가) 중의 보수는 고용보험 보수총액은 포함, 산재보험 보수총액은 제외한다(다만, 휴직 이전 지급사유가 발생한 보수를 휴직기간 중에 지급한 경우라면 고용·산재보험 보수총액에 모두 포함한다).

❑ 고용 · 산재보험 보수총액 미신고 시 불이익

보수총액 신고는 월평균보수를 산정하는 기초자료로서, 보수총액 미신고 시 월평균보수를 확정할 수 없어 두루누리 사회보험료 및 일자리안정자금 지원이 제한된다. 특히, 두루누리 사회보험료는 보수총액 신고기한이 지나서 제출하는 경우 신고한 날이 속한 달부터 지원되니 신고기한까지 반드시 신고해야 한다. 보수총액 미신고 사업장은 과태료(최대 300만 원)가 부과된다.

1) 사업장 현황

사업장 현황은 공단에서 산재 · 고용보험 성립사업장 정보를 인쇄하여 발송한다.

■ 고용보험 및 산업재해보상보험의 보험료징수 등에 관한 법률 시행규칙(별지 제22호의4 서식)

[　]산재보험　　[　]고용보험 (20×1)년도 보수총액 신고서				신고기한은 3.15까지입니다. 팩스접수: 0502-123-4567 토탈 임시아이디: **********			
※ 신고방법은 고용·산재 토탈서비스(total.kcomwel.or.kr) 또는 전자매체(CD)를 이용ᄋ하여 신고합니다. 　(단, 10인 미만 사업장은 서면신고 가능) ※ 작성방법은 뒤쪽을 참고하시기 바라며, 바탕색이 어두운 칸은 신고인이 적지 않습니다.　　(앞쪽)							
접수번호		접수일자		작성자명:	전화:		처리기간 5일
관리번호		사업장명		대표자		산재 업종	최종생산품(　　　):　　　(요율:　　　)
사업장소재지				전화번호			팩스번호

● 보수총액 신고서에 인쇄된 근로자가입정보가 맞지 않을 경우 처리방법

사업장 정보가 틀린 경우「보험관계 변경신고서」, 산재보험 근로자 고용정보가 틀린 경우「근로자고용정보정정요청서」, 신고가 누락된 근로자를 추가 신고하는 경우「근로자 고용신고서」또는「피보험 자격취득 신고서」를 공단에 제출해 변경한 후에 새로운 보수총액 신고 자료를 이용하여 작성한다.
• 고용종료신고 누락근로자(12. 31. 이전 퇴사): 고용종료(상실)신고서 제출 → (처리완료) → 보수총액 신고
• 고용(취득)신고 누락근로자: 고용(취득)신고서 제출 → (처리완료) → 보수총액 신고

2) ① 보험료부과구분, ①-1 (산재)건설 · 벌목업 근무이력자

연번	성 명	주 민(외국인)등록번호	① 보험료부과부분	①-1 (산재)건설, 벌목업 근무이력자	산재보험		② 연간보수총액(원)
					취득일	상실일	
1				Y( )			

⊙ 보험료부과 구분부호 : 산재보험료 또는 고용보험료 중 일부 보험료 부과가 제외되는 근로자 구분

부호	부과범위				대상근로자
	산재보험		고용보험		
	산재	임채	실업급여	고안직능	
51	○	○	×	×	고용보험가입 외국인근로자, 월 60시간 미만 근로자, 항운노조원(임채부과대상)
52	○	×	×	×	항운노조원(임채소송승소), 현장실습생/시간선택제채용공무원(2018.9.21.이후 산재 제외)
54	○	×	○	○	자활근로종사자(급여특례 · 차상위계층, 주거급여 · 의료급여 또는 교육급여 수급자)
55	×	×	○	○	국가기관에서 근무하는 청원경찰, 선원법 및 어선재해보상법적용자, 해외파견자
56	×	×	○	×	별정직 · 임기제 공무원, 노동조합 등으로부터 금품을 지급받는 노조전임자
57	○	×	○	×	시간선택제임기제공무원, 한시임기제공무원(2018.9.21.이후 산재 제외)
58	○	×	×	○	자활근로종사자(생계급여 수급자)
59	○	○	○	○	65세 이후 입사자 중 고용승계된 자

① 보험료 부과구분

산재보험료 또는 고용보험료 중 일부보험료 부과가 제외되는 근로자에 해당하는 경우 체크 표시한다.

- 공무원연금법 개정(2018. 9. 21.)으로 인하여 시간선택제채용공무원, 시간선택제임기제공무원, 한시임기제공무원은 2018. 9. 21. 이후 산재보험은 적용제외대상이다.
- 20×1년도에 동일 법인(개인은 사업자등록번호) 내 자진신고사업장과 부과고지사업장에 각각 근무기간이 있어 산재보험 연간보수총액을 나누어 신고해야 하는 근로자의 경우 "①-1" 항목 Y( )에 체크한다.

①-1 (산재)건설 · 벌목업 근무이력자

20×1년도에 자진신고사업장과 부과고지사업장 근무이력이 있는 근로자

20×1년도에 동일 법인(개인은 사업자등록번호) 내 자진신고사업장과 부과고지사업장에 각각 근무기간이 있어 산재보험 연간보수총액을 나누어 신고해야 하는 근로자의 경우 "①-1" 항목 Y( )에 체크한다.

● 건설기계 근로자의 고용·산재보험 보수총액 신고

건설현장에서 임대차계약에 따라 건설기계를 포함한 근로자(운전원, 수리공, 기술자 등)를 사용한 사업장(건설기계 관리 사업(40010))의 보수총액 신고는 '① - 1 (산재)건설, 벌목업 근무이력자 항목의 Y( )'에 체크하여 하도급 건설현장에 투입한 근로자의 보수를 제외한 금액으로 산재보험 보수총액 신고를 한다(다만, 고용보험은 기존과 동일하게 건설현장에 투입한 근로자 보수를 포함하여 보수총액 신고하여야 한다).

3) ②, ③ 연간보수총액

산 재 보 험			③-1	고 용 보 험		
취 득 일	상 실 일	② 연간보수총액(원)	근무지코드	취 득 일	상 실 일	③ 연간보수총액(원)

②~③ (연간보수총액)

20×1년도에 발생한 근로자 개인별 연간보수총액을 기재한다. 보수란, 소득세법에 따른 근로소득(봉급, 급료, 보수, 세비, 임금, 상여, 수당과 이와 유사한 성질의 급여)에서 비과세 근로소득을 뺀 금액을 말한다. 즉, 근로소득원천징수영수증의 「⑯의 계」 금액을 기재한다. 다만, 조세특례제한법상의 비과세(⑱-11, ⑱-14, ⑱-15, ⑱-16, ⑱-31) 항목에 금액이 있는 경우 포함한다.

❑ 휴업·휴직 및 보호휴가(출산전후휴가 또는 유산·사산 휴가) 중의 보수는 고용보험 보수총액에는 포함시키고, 산재보험 보수총액에서는 제외한다. 단, 휴직 이전에 지급사유가 발생한 보수를 단순히 휴직기간 중에 지급한 경우라면 고용보험 및 산재보험 보수총액에 모두 포함한다.

③-1 근무지코드(우편번호)

신고연도 마지막 날(보험관계 소멸사업장은 소멸일, 고용관계가 종료된 근로자는 상실일) 기준으로 근로자가 실제 근무 중인 사업장의 "우편번호"를 기재한다.

실제 근무지와 동일한 경우에는 별도 변경할 필요가 없으며, 본사 이외 사업장에 근무하는 근로자의 경우 실제 근무지코드로 변경하면 된다.

● 근무지코드 작성요령

- 신고연도 마지막 날 기준 해당 근로자가 실제 근무 중인 지역(사업장)의 "우편번호"를 기재한다.
  본사에서 일괄 신고하는 경우 토탈서비스를 통해 근로자별로 각각 근무지코드를 입력한다.
- 신고서에는 본사 근무지코드를 기재하였으나 본사 이외 사업장 근로자의 경우 근무지코드에 진하게 덧쓰기로 변경한다.
  ※ 근무지코드 관련 문의: 고용노동부 고객상담센터(1350), 한국고용정보원 콜센터(1577-7114), 근로복지공단 콜센터(1588-0075)

4) ④ 근로자 사용 및 보수지급액 없음

20×1년도에 상용, 일용, 그 밖의 근로자 등 근로자 사용 및 보수지급액이 전혀 없는 사업장은 괄호 안에 체크한다. 다른 신고항목은 입력할 필요가 없다.

□ 보수총액 신고를 하지 않은 사업장은 보험료가 직권부과될 수 있으므로 1년 이상 근로자가 없는 경우에는 반드시 「보험관계소멸신고서」를 제출한다.

5) ⑤, ⑥ 일용근로자 보수총액 – 일반사업장

일용근로자 보수총액	⑤ 산재보험	⑥ 고용보험

20×1년도에 고용한 전체 일용근로자의 보수총액을 기재한다. ②~③ 고용신고 및 보수총액을 신고한 근로자, ⑦ 월 60시간 미만 단시간 상용 근로자, ⑧ 산재 고용정보 미신고 외국인근로자를 제외한 모든 근로자의 보수총액을 기재한다.

> ❑ 일용근로자란 "1개월 미만 동안 고용되는 자"를 말하며, 보통 일 또는 시간단위로 보수를 계산하여 지급받으며 단기간 동안 고용되는 근로자를 말한다.
>
> ❑ 「근로내용 확인신고서」를 제출하지 않은 일용근로자의 보수도 합산하여 신고하여야 하며, 관할지사에 「근로내용 확인신고서」도 제출하여야 한다. 이 경우 「근로내용 확인신고서」의 총금액과 보수총액 신고서상의 금액이 불일치하는 경우 「근로내용 확인신고서」 미제출 과태료 등을 부과할 수 있다.

● 일용근로자의 보험료 납부와 보수총액 신고

사업주는 매월 일용근로자의 「근로내용 확인신고서」를 다음 달 15일까지 공단에 제출한다. 일용근로자의 월별보험료는 그달에 「근로내용 확인신고서」에 작성된 그달의 보수총액인 일용근로자가 지급받은 보수총액을 월평균보수로 보아 월별보험료를 산정한다.
일용근로자의 보수총액 신고 시에는 연간 보수총액 합계액을 적는다.

6) ⑥-1 65세 이후 새로 고용된 일용근로자 보수총액
　　(별도 서식 발송)

일용근로자 보수총액	⑤ 산재보험	⑥ 고용보험	
		⑥ 일용근로자 전체	⑥-1 65세 이후 새로 고용된 일용근로자

　65세 이후 새로 고용된 일용근로자가 있는 사업장만 별도 서식이 발송된다. 65세 이후 새로 일용근로자가 있으나 「근로내용 확인신고서」를 제출하지 않아 별도 서식을 받지 못한 사업장은 「근로내용 확인신고서」 제출 후 공단 또는 관할지사로 보수총액 신고서를 재요청하여야 한다.

　⑤, ⑥(일용근로자 보수총액) : 2019년도에 고용한 전체 일용근로자의 보수총액을 기재한다.

　⑥-1 : 65세 이후 새로 고용된 일용근로자에게 지급한 보수 중 다음에 해당하는 보수총액을 기재한다.

　　ⓐ 65세 이후에 처음으로 고용 개시한 일용근로자 보수총액

　　ⓑ 65세 이전에 고용되었더라도 최종 근로일부터 근로 공백이 10일 이상인 경우 그 이후부터 지급한 보수총액

● 65세 이후 새로 고용된 일용근로자가 있는 사업장 고용보험료 정산방법

- 실업급여 : ⑥(고용보험 일용근로자 전체)에서 ⑥-1(65세 이후 새로 고용된 일용근로자)을 뺀 보수총액 [⑥-(⑥-1)]
- 고용안정·직업능력개발사업 : ⑥(일용근로자 전체) 보수총액 [⑥]

7) ⑦, ⑧ 그 밖의 근로자 보수총액 월 60시간 미만 단시간 상용근로자, 산재 고용정보 미신고 외국인근로자

그 밖의 근로자 보수총액 (산재만 해당)	⑦ 월 60시간 미만 단시간 상용근로자 (일용근로자 제외)	⑧ 산재 고용정보 미신고 외국인근로자

⑦ 월 60시간 미만 단시간 상용근로자

산재보험 고용정보 미신고 근로자(고용기간이 1개월 이상 3개월 미만이고, 월소정근로시간이 60시간 미만)의 연간보수총액을 합산하여 기재한다. 다만, 고용기간이 3개월 이상인 근로자는 근로자고용 (취득)신고를 하므로 ②, ③ 연간보수총액에 포함된다.

⑧ 산재 고용정보 미신고 외국인근로자

외국인근로자 중 산재보험 고용정보를 신고하지 아니한 근로자들의 연간보수총액을 합산하여 기재한다.

※ 연간보수총액(②, ③)과 일용근로자 보수총액(⑤, ⑥, ⑥-1)은 구분하여 신고하는 항목으로, 누락 또는 중복되지 않도록 주의하여야 한다.

고용기간이 1개월 이상 3개월 미만이고, 1개월간 소정근로시간이 60시간 미만인 근로자 및 고용보험 임의가입 대상근로자(고용보험에 가입하지 않은 외국인근로자 등)에 대하여는 산재보험에 별도로 근로자가입정보를 신고하지 않을 수 있다.
이러한 산재보험 고용정보를 신고하지 않은 근로자는 전년도에 지급한 해당 근로자들의 보수총액합계액을 그 밖의 근로자보수총액에 기재한다.

월 60시간 미만 단시간 상용근로자 및 일용근로자 구분

구분	설명	적용범위		예시
월 60시간 미만 단시간 상용근로자	• 월 소정근로시간이 60시간 미만(고용기간이 1개월 이상 3개월 미만)	산재	당연적용	편의점에서 1일 1시간씩 단시간으로 1개월 이상 3개월 미만 고용된 아르바이트하는 학생
		고용	적용제외 *	
일용근로자	• 1개월 미만 동안 고용되는 근로자 • 일 또는 시간단위의 고용계약 • 일급 형식으로 보수 지급	산재	당연적용	식당에서 일당을 지급받으며 10일간 주방보조 업무를 하는 근로자
		고용	당연적용	

* 초단시간 근로자 고용보험 당연적용 요건 개정
생업 목적에 해당하지 않아 그동안 적용제외했던 초단시간 근로자는 고용보험법 시행령 개정으로 2018. 7. 3. 이후부터 3개월 이상 계속 근로한 경우 무조건 고용보험 당연가입대상이다.

산재보험 근로자 가입정보 신고의무 제외자(그 밖의 근로자)

① 그 밖의 근로자는 월 소정근로시간이 60시간 미만인 자 또는 고용보험 임의가입 대상 외국인 등을 말하며 산재보험 고용정보신고를 하지 않을 수 있으므로 입사연도에는 월별 보험료를 산정하지 않고, 다음 연도 보수총액 신고서에 보수총액으로 정산한다. 다만, 월 60시간 미만 단시간 근로자라 하더라도 3개월 이상 근로를 제공하는 자는 고용정보신고대상 자이며, 고용보험에 가입한 외국인근로자는 산재보험 고용정보신고를 하여야 한다.

② 그 밖의 근로자는 산재보험에 별도의 고용정보신고를 하지 않더라도 다음 연도 3월 15일까지 입사연도에 대한 연간 보수총액 신고는 하여야 한다. 즉, 입사한 연도에는 월별보험료를 산정하지 않지만, 다음 연도 3월 15일까지 입사연도 보수총액 신고에 따른 보수총액으로 정산하고,

입사 다음 연도부터는 다음의 산식에 의해 월별보험료를 부과한다.

$$\text{그 밖의 근로자 월별보험료} = \frac{\text{전년도 그 밖의 근로자보수총액}}{\text{사업장보험가입월수}} \times \text{보험료율}$$

③ 그 밖의 근로자가 모두 퇴사하여 없는 경우 해당 연도에는 기산정된 금액으로 부과되고 다음 연도 보수총액 신고서에 따른 보수총액으로 정산하는 것이 일반적이나, 이후 그 밖의 근로자를 고용하지 않을 것으로 예상되어 월별보험료 부과를 원하지 않는 경우에는 월평균보수변경신고서를 제출한다. 다음 달부터 그 밖의 근로자 부과조정을 할 수 있다. 그 밖의 근로자 주민등록번호는 999999-9999999로 입력한다.

8) ⑨ 매월 말일 현재 일용근로자(⑤, ⑥) 및 그 밖의 근로자(⑦, ⑧)수

⑨ 매월 말일 현재 일용근로자(⑤, ⑥) 및 그 밖의 근로자(⑦, ⑧)수(상용근로자는 제외)												
1월	2월	3월	4월	5월	6월	7월	8월	9월	10월	11월	12월	합계

⑨ 매월 말일 현재 일용근로자 및 그 밖의 근로자수

20×1년도 매월 말일 현재 고용하는 일용근로자, 월 60시간 미만 단시간 상용근로자, 산재 고용정보 미신고 외국인근로자 수를 기재한다. '⑤~⑧'번 해당 근로자가 있는 경우에만 기재한다('②~③' 상용근로자는 제외).

9) ⑩ (산재보험 업종), (고용보험 직능요율) 변경 사업장 기간별 보수총액

⑩ (산재보험 업종), (고용보험 직능요율) 변경 사업장 기간별 보수총액		
구분 (아래 √표시)	변경 전 기간(~)	변경 후 기간(~)
□ 산 재 □ 고 용		

20×1년도 중 (산재보험 업종) 또는 (고용보험 직능요율) 변경 기간
이 인쇄된 사업장만 기재한다.

⑩ 산재보험 업종

20×1년도 중 산재보험 업종이 변경된 경우, 연간보수총액(②합계
액+⑤+⑦+⑧)을 변경 전·후 기간으로 구분하여 작성한다.

⑩ 고용보험 직능요율

20×1년도 중 고용보험 직능요율이 변경된 경우, 연간보수총액(③
합계액+⑥)을 변경 전·후 기간으로 구분하여 작성한다.

10) ⑪ 정산보험료 일시납 신청

⑪ (정산보험료 일시납 신청) 정산보험료를 한 번에 납부하고자 하는 사업장은 괄호 안에 체크(✓)하시기 바랍니다.

체크(✓)하지 않은 사업장 중 정산보험료가 4월 월별보험료 금액보다
큰 경우에는 2등분하여 4월과 5월 월별보험료에 각각 합산하여 고지된다.
정산보험료 예상금액은 보수총액 신고서 처리가 완료되면 「토탈서비스
−빠른서비스 및 팝업존」을 통해 바로 확인할 수 있다.

11) ⑫ 정산 후 과납보험료를 ( )선납충당 ( )반환(반환계좌: 은행,
계좌번호:)

⑫ (정산 후 과납보험료를 선납충당, 반환) 2019년도 보험료 정산결과 과납보험료가 발생할 경우 순위에 따라 보험료등에
우선 충당하고, 나머지 금액을 향후 납부할 보험료에 충당을 원하는 경우 선납충당에 체크(✓)하고, 충당없이 반환받고자
하는 경우에는 반환에 체크(✓)하고, 반환계좌도 함께 작성하시기 바랍니다.

법인 사업장의 경우는 법인 명의, 개인 사업장의 경우는 사업주 명의 계좌로만 반환할 수 있다.

12) 자활근로종사자 및 노조전임자 보수총액

| 연번 | 성명 | 주민(외국인)등록번호 | ① 보험료 부과부분 | ①-1 (산재) 건설, 벌목업 근무이력자 | 산재보험 | | | ③-① |
					취득일	상실일	② 연간보수총액(원)	근무지코드
1				Y( )				
2				Y( )				
3				Y( )				

- **자활근로종사자**

  연도 중에 보장 자격이 변동(급여특례·차상위계층 ↔ 국민기초생활보장수급권자)이 있는 경우 고용보험 중 적용되는 보수총액을 구분하여 기재한다(자활근로종사자 중 국민기초생활보장수급권자는 고용보험 중 실업급여 보험료 부과 대상이 아니다).

- **노동조합 등으로부터 금품을 지급받는 노조전임자**

  연도 중 노조에 일정 기간만을 전임한 경우 비전임기간의 보수총액도 ⑫에 같이 기재한다. 이때 산재보험과 고용보험의 고용안정·직업능력개발사업에는 비전임기간의 보수총액을 적고, 실업급여는 노조전임기간과 비전임기간의 보수총액을 합산하여 기재한다.

> 자활근로종사자 및 노동조합 등으로부터 금품을 지급받는 노조전임자가 있는 경우 별도로 서식이 발송된다.
> 보험료부과구분부호 미신고 등의 사유로 별도 서식을 받지 못한 경우에는 「근로자고용정보정정신청서」를 공단에 제출하여 근로자 정보를 변경한 후에 「보수총액 신고서」를 재요청하여 신고하여야 한다.

【사례 1】자활근로종사자 보수총액 신고서 작성

자활근로종사자의 20×1년 보수지급 및 보장자격 변동내용

- 20×1년 2월~6월, 5,000,000원, 생계급여수급자

   (산재보험 부과, 고용보험 중 실업급여 부과 제외)

- 20×1년 7월~12월, 6,800,000원, 주거급여수급자

   (산재보험 부과, 고용보험 부과)

[20×1년 보수총액 신고서 작성]

성명	①보험료 부과 구분	산재보험				고용보험			
		취득일	상실일	②연간보수총액(원)		취득일	상실일	③연간보수총액(월)	
								실업급여	고용안정·직업능력개발
김세무	54	18. 2. 1.		11,800,000		18. 2. 1.		6,800,000	11,800,000

【사례 2】노동조합 등으로부터 금품을 지급받은 노조전임자 보수총액 신고서 작성

노조전임자 20×1년 보수지급 및 보장자격 변동내용

- 20×1년 2월~6월, 8,000,000원, 비전임기간

   (산재보험 부과, 고용보험 부과)

- 20×1년 7월~12월, 6,800,000원

   (산재보험 부과 제외, 고용보험 중 고용안정·직업능력개발사업 부과 제외)

[노동조합 등으로부터 금품을 지급받은 노조전임자 보수총액 신고서 작성(근로시간면제자와는 다름)]

성명	①보험료 부과 구분	산재보험				고용보험			
		취득일	상실일	②연간보수총액(원)		취득일	상실일	③연간보수총액(월)	
								실업급여	고용안정·직업능력개발
김세무	56	15. 8. 3.		8,000,000		15. 8. 3.		14,800,000	8,000,000

- 산재 및 고용 일용근로자 보수계는 "소정근로시간 월 60시간 미만 근로자 보수 계"를 차감한 금액으로 기재한다.
- 외국인 일용근로자는 산재 "일용근로자 보수 계"에는 포함하고, 고용 "일용근로자 보수 계"에는 체류자격 약호가 "F2, F5, F6"인 근로자만 포함한다.
- 고용정보 미신고 외국인근로자 보수 계에는 고용보험 체류자격 약호가 "F2, F5, F6" 근로자(고용정보 신고대상)는 포함하지 않는다.
- 국세청 신고 근로소득 고용 일용근로자 보수 합계 중 만 65세 이후 새로 고용된 일용근로자 보수는 고용보험 실업급여 보험료 산정기초 보수에서만 제외한다.

제2장 일용근로자 등의 4대보험

ⓘ 일용근로자

세법상 일용근로자 여부와 4대보험 적용대상자 여부는 별개의 사안으로 생각하여야 한다.

1. 일용근로자의 국민연금 · 건강보험

구분	적용 제외대상	적용대상
일반업종의 근로자 (건설업 제외)	1개월 미만 고용된 경우	① 1개월 이상 계속 사용되면서 1개월 동안의 근로일수가 8일 이상이거나 1개월 동안의 근로시간이 60시간 이상인 사람 ② 1개월 동안의 소득이 220만 원 이상인 일용직 근로자(국민연금) ③ 1개월 이상 근무하기로 한 명시적 계약이 있는 경우
건설일용직 근로자	1개월간 8일 미만 근무한 경우	① 1개월간 이상 계속 사용되면서 1개월 동안의 근로일수가 8일 이상인 사람 ② 1개월 동안의 소득이 220만 원 이상인 일용직 근로자(국민연금) ③ 1개월 이상 근무하기로 한 명시적 계약이 있는 경우

2. 일용근로자의 고용 · 산재보험

일용근로자는 1일 단위로 근로계약을 체결한 근로자 또는 1개월 미만 동안 고용되는 근로자를 말한다.

사업 또는 사업장에 근로를 제공하는 일용근로자는 고용보험 및 산재보험 당연가입대상이다.

❑ **일용근로자의 고용·산재보험 피보험자격 관련 신고**

사업주나 하수급인은 근로자의 피보험자격 취득 및 상실 등의 사항을 신고하기 위해서는 별도의 피보험자격취득 상실신고 등을 수행하여야 하는 것이나, 사업주나 하수급인이 해당하는 달에 고용한 일용근로자의 근로일수, 임금 등이 적힌 "근로내용 확인신고서"를 그 사유가 발생한 날의 다음 달 15일까지 고용노동부장관에게 제출한 경우에는 피보험자격의 취득 및 상실을 신고하거나 이직확인서를 제출한 것으로 본다.

❑ **일용근로자의 고용·산재보험 월별보험료 산정**

일용근로자의 월별보험료는 일용근로자 「근로내용 확인신고서」에 따라 신고한 그 달의 지급받은 보수총액에 보험료율을 곱하여 산정한다. 사업주는 일용근로자의 고용정보를 다음 달 15일까지 신고하여야 하며, 공단은 해당 월의 월별보험료에 이를 반영하여 신고서를 제출한 날이 속하는 달의 월별보험료에 합산하여 부과한다. 보험연도를 소급하여 제출하여야 하는 경우 연도 소급분은 일용근로자 「근로내용 확인신고서」 및 「보수총액신고서」로 신고하도록 한다.

❑ **근로자 고용정보 신고 제외자의 월별보험료 산정**

월간 소정근로시간이 60시간 미만인 자 또는 고용보험 임의가입 대상 근로자에 대하여는 산재보험에 별도의 근로자 고용정보를 신고하지 않을 수 있다. 따라서 동 근로자에 대하여 사업주가 별도의 고용정보를 신고하는 경우에는 월별보험료를 산정하고 부과하나 별도의 신고가 없을 경우 전년도 근로자 고용정보 신고 제외자(기타 근로자)에게 지급한 전체 보수총액을 기준으로 보수총액의 1/12를 매월의 기타 근로자 월평균보수로 보아 월별 보험료를 산정·부과한다.

따라서 고용정보를 신고하지 않은 기타 근로자에 대하여는 입사한 연도에는 월별보험료 산정하지 않고(다음 해 보수총액신고서에 따른 보수총액으로 정산) 입사한 다음 연도부터는 기타 근로자의 전년도 보수총액 합계

× 1/12 × 보험료율을 매월 월별보험료에 합산하여 부과한다.
만약 기타 근로자의 변동에 따라 기타 근로자의 월별보험료 변경이 필요한 경우에는 공단에 기타근로자에 대한 「월평균 보수 변경신고서」를 제출하여야 한다.

(1) 「고용보험법」상 일용근로자 판단기준

구분		일용근로자 판단
고용기간을 사전에 정한 경우	1월 이상의 고용기간을 사전에 정하고 고용된 경우	실제 근로를 제공한 기간, 일수, 시간을 불문하고 상용 근로자로 판단
	1월 미만(1일 단위 포함)의 고용기간을 정하고 고용되었으나 실제 1월 이상 근로를 제공한 경우	일용근로자로 판단
고용기간을 사전에 정하지 않은 경우	근로를 제공한 기간이 결과적으로 1월 이상인 경우	일용근로자로 판단 (단, 상용직 전환 여부 판단)
	근로를 제공한 기간이 결과적으로 1월 미만인 경우	일용근로자로 판단

(2) 일용근로자 고용정보신고

1) 신고서류 및 시기

근로계약 기간이 1일 단위이거나 1월 미만인 근로자는 1월간 60시간 미만 근무 여부와 관계없이 「근로내용 확인신고서」를 제출해야 한다.
사업주는 일용근로자 「근로내용 확인신고서」를 고용한 달의 다음 달 15일까지 공단에 신고하여야 한다. 「근로내용 확인신고서」를 신고한 경우에는 근로자 고용개시 신고, 근로자 고용종료 신고, 「이직확인서」를 제출한 것으로 본다.

「근로내용 확인신고서」에 따라 신고사항을 신고하지 않거나 거짓으로 신고한 경우에는 300만 원 이하의 과태료가 부과될 수 있으며, 거짓 신고 등으로 근로자가 실업급여를 부정하게 수령한 경우에는 사업주도 연대하여 책임을 질 수 있다.

2) 일용근로자의 보험료정산 및 보수총액 신고

일용근로자의 월별보험료는 「근로내용 확인신고서」에 의하여 산정·부과되므로 보수총액 신고 시 일용근로자의 보수총액에 대한 정산을 수행하여야 한다.

일용근로자의 경우 일반근로자와 동일하게 다음 연도 3월 15일까지 보수총액을 신고하여야 한다.

(3) 「근로내용 확인신고서」와 「일용근로소득 지급명세서」의 관계

「소득세법 시행령」 제213조 (지급명세서 제출) ④ "제164조 제1항에 따라 지급명세서를 제출하여야 하는 자가 「고용보험법 시행령」 제7조 제1항 후단에 따라 「근로내용 확인신고서」를 고용노동부장관에게 제출한 경우에는 소득세법 제164조 제1항 각호 외의 부분 단서에 따라 지급명세서를 제출한 것으로 본다."는 규정에 따라 고용센터 또는 근로복지공단에 「근로내용 확인신고서」상의 "일용근로 소득신고"란을 기재하여 제출하는 경우에는 국세청에 분기별로 「일용근로소득 지급명세서」를 별도 제출하지 않아도 된다.

그러나 일용근로자에 대해 세법은 동일한 사업주에게 3개월 이내 고용된 자로 규정하고, 고용·산재보험법은 1개월 미만 고용된 자로 규정하고 있으므로 그 범위가 다르다. 세법에서는 일용근로자와 단시간근로자 모두를 일용근로자로 신고하나, 고용·산재보험에서는 일용근로자와 단시간근로자를 구분하므로 실무에서는 「일용근로소득 지급명세서」와 「근로내용 확인신고서」는 각각 제출하는 것이 더 유용할 것으로 보인다.

 (초)단시간근로자

1. 단시간근로자의 정의

(1) 단시간근로자

1) 정의

단시간근로자란 1주 동안의 소정근로시간이 그 사업장에서 같은 종류의 업무에 종사하는 통상근로자의 1주 동안의 소정근로시간에 비하여 짧은 근로를 하는 자를 말한다. 근로기준법에 있어서 단시간근로자의 판단기준은 주간단위의 소정근로시간이 통상근로자보다 짧으냐의 여부에 달려 있다. 단시간근로자에게도 근로기준법상의 근로계약, 임금 등이 적용된다.

2) 단시간근로자의 근로조건 결정기준 등에 관한 사항(근기 별표 2, 개정 2021. 10. 14.)

1. 근로계약의 체결
   가. 사용자는 단시간근로자를 고용할 경우에 임금, 근로시간, 그 밖의 근로조건을 명확히 적은 근로계약서를 작성하여 근로자에게 내주어야 한다.
   나. 단시간근로자의 근로계약서에는 「기간제 및 단시간근로자 보호 등에 관한 법률」 제17조 각 호의 근로조건이 명시되어야 한다.

2. 임금의 계산
   가. 단시간근로자의 임금산정 단위는 시간급을 원칙으로 하며, 시간급 임금을 일급 통상임금으로 산정할 경우에는 나목에 따른 1일 소정근로시간 수에 시간급 임금을 곱하여 산정한다.
   나. 단시간근로자의 1일 소정근로시간 수는 4주 동안의 소정근로시간

을 그 기간의 통상 근로자의 총 소정근로일 수로 나눈 시간 수로 한다.

3. 초과근로

가. 사용자는 단시간근로자를 소정 근로일이 아닌 날에 근로시키거나 소정근로시간을 초과하여 근로시키고자 할 경우에는 근로계약서나 취업규칙 등에 그 내용 및 정도를 명시하여야 하며, 초과근로에 대하여 가산임금을 지급하기로 한 경우에는 그 지급률을 명시하여야 한다.

나. 사용자는 근로자와 합의한 경우에만 초과근로를 시킬 수 있다.

다. 단시간근로자의 초과근로의 제한, 가산임금의 지급에 관한 사항 등에 대해서는 「기간제 및 단시간근로자 보호 등에 관한 법률」에서 정하는 바에 따른다.

4. 휴일·휴가의 적용

가. 사용자는 단시간근로자에게 법 제55조에 따른 유급휴일을 주어야 한다.

나. 사용자는 단시간근로자에게 법 제60조에 따른 연차유급휴가를 주어야 한다. 이 경우 유급휴가는 다음의 방식으로 계산한 시간단위로 하며, 1시간 미만은 1시간으로 본다.

$$\text{통상 근로자의 연차휴가일수} \times \frac{\text{단시간근로자의 소정근로시간}}{\text{통상 근로자의 소정근로시간}} \times 8\text{시간}$$

다. 사용자는 여성인 단시간근로자에 대하여 법 제73조에 따른 생리휴가 및 법 제74조에 따른 출산전후휴가와 유산·사산 휴가를 주어야 한다.

라. 가목 및 다목(생리휴가는 제외한다)의 경우에 사용자가 지급해야 하는 임금은 제2호 가목에 따른 일급 통상임금을 기준으로 한다.

마. 나목의 경우에 사용자가 지급하여야 하는 임금은 시간급을 기준으로 한다.

5. 취업규칙의 작성 및 변경

가. 사용자는 단시간근로자에게 적용되는 취업규칙을 통상근로자에게 적용되는 취업규칙과 별도로 작성할 수 있다.

나. 가목에 따라 취업규칙을 작성하거나 변경하고자 할 경우에는 적용 대상이 되는 단시간근로자 과반수의 의견을 들어야 한다. 다만, 취업규칙을 단시간근로자에게 불이익하게 변경하는 경우에는 그 동의를 받아야 한다.

다. 단시간근로자에게 적용될 별도의 취업규칙이 작성되지 아니한 경우에는 통상 근로자에게 적용되는 취업규칙이 적용된다. 다만, 취업규칙에서 단시간근로자에 대한 적용을 배제하는 규정을 두거나 다르게 적용한다는 규정을 둔 경우에는 그에 따른다.

라. 가목 및 다목에 따라 단시간근로자에게 적용되는 취업규칙을 작성 또는 변경하는 경우에는 법 제18조 제1항의 취지에 어긋하는 내용이 포함되어서는 아니 된다.

(2) 초단시간근로자

1) 정의

4주 동안(4주 미만으로 근로하는 경우에는 그 기간)을 평균하여 1주 동안의 소정근로시간이 15시간 미만인 근로자를 말한다.

2) 근로기준법의 일부 적용배제

초단시간근로자에게는 다음의 근로기준법이 적용되지 아니한다. 단, 적용제외규정이 있음에도 불구하고 사용자와 근로자간에 특약에 의하여 일부규정을 적용하기로 한 때에는 유리한 조건우선원칙에 의하여 당연히 적용될 수 있다.

① 주휴일

초단시간근로자에게는 주휴일이 적용되지 않는다. 또한 관공서공휴일을 유급휴일로 보장하지 않는다(즉, 다른 근로일과 동일).

② **연차유급휴가**

초단시간근로자에는 연차유급휴가를 부여하지 않는다.

③ **기간제법 중 적용제외조항**

초단시간근로자는 2년 이상 계약직으로 계약이 할 수 있다.

④ **퇴직금**

초단시간근로자의 경우에는 1년 이상 계속 근로 시에도 퇴직금을 지급하지 않는다. 그러나 계속근로기간 중 1주 소정근로시간이 주 15시간 이상과 미만을 반복될 경우, "1주 15시간 이상을 근무한 기간만을 합산"한 기간이 1년 이상일 경우에는 퇴직금을 지급해야 한다.

2. 초단시간근로자의 4대보험

초단시간근로자란 월 소정근로시간 60시간(1주 15시간 미만 포함) 미만인 자를 말한다.

구분	원칙	비고
국민연금	적용제외	초단시간근로자라 하더라도 3개월 이상 계속하여 근로를 제공하는 사람으로서, 다음의 경우는 국민연금을 적용한다. ① 시간강사 ② 사용자의 동의를 얻어 가입을 희망하는 경우 ③ 둘 이상 사업장에 근로를 제공하면서 각 사업장의 1개월 소정근로시간의 합이 60시간 이상인 사람으로서 1개월 소정근로시간이 60시간 미만인 사업장에서 근로자로 적용되기를 희망하는 자
건강보험	적용제외	예외 없음.
고용보험	적용제외	초단시간근로자라 하더라도 3개월 이상 계속하여 근로를 제공하는 자는 고용보험을 적용한다.
산재보험	적용	예외 없음.

① 초단시간근로자 적용기준: 월 소정근로시간이 60시간 미만인 자(주 소정근로시간 15시간 미만인 자 포함) 중 3개월 이상 계속 근무하는 자는 "생업 목적" 여부와 상관없이 고용보험 당연가입대상이다.

② 적용 사례: 생업 목적에 해당되지 않아 고용보험 적용 제외했던 주간학생, 가족인 요양보호사 등도 3개월 이상 계속 근무할 경우 가입대상이다.

    ㉠ 아르바이트 학생: 주간학생 여부와 상관없이 모든 아르바이트 학생은 3개월 이상 근로 시 고용보험 적용대상

    ㉡ 가족인 요양보호사: 가족인 요양보호사도 3개월 이상 계속 근로 시 고용보험 적용대상

③ 취득일: "생업 목적"에 해당하지 않아 그간 적용제외했던 초단시간근로자는 시행령 개정으로 2018. 7. 3.자부터 적용을 받게 되어 그 적용을 받는 날이 취득일이 됨.

    예시 1) 시행일 이전 고용되었으나 시행일 이후 계속근로기간 3개월 미만인 경우: 적용제외

    예시 2) 시행일 이전 고용되어 시행일 이후 계속근로기간 3개월 이상인 경우: 2018. 7. 3.자로 취득

    예시 3) 시행일 이후 고용되어 계속근로기간 3개월 이상일 경우: 고용일에 취득

3. 산재보험의 고용정보신고

월 60시간 미만의 초단시간근로자는 산재보험의 고용정보신고를 하지 않을 수 있다. 사업주가 동 근로자에 대해서 별도의 고용정보를 신고하는 경우에는 월별보험료를 산정하여 부과하고, 별도 신고하지 않는 경우에는 「산재보험 보수총액 신고서」상 전년도 근로자 고용정보 신고제외자로서 그 밖의 근로자란에 기재된 전체 보수총액을 기준으로 보수총액의 1/12을 매월의 월평균보수로 보아 월별보험료를 산정·부과한다.

4. 초단시간근로자와 일용근로자 구분의 실익

고용보험에서 일용근로자는 예외 없이 적용대상이나, 단시간근로자는
㉠ 시간제근로자이면서 ㉡ 월 소정근로시간이 60시간 미만이고 ㉢ 3개월
미만 근로하는 경우에는 적용제외되므로, 단시간근로자와 일용근로자를
구분하는 실익이 있다고 볼 수 있다.

 외국인근로자

1. 외국인근로자(노동법)

외국인근로자는 대한민국의 국적을 가지지 않은 자로서 대한민국에 소
재하고 있는 사업 또는 사업장에서 임금을 목적으로 근로를 제공하고 있
거나 제공하려는 자를 말한다.

「출입국관리법」에 따라 취업활동을 할 수 있는 체류자격을 받은 외국
인근로자도 4대사회보험의 적용을 받을 수 있다.

(1) 외국인근로자의 정의

1) 일반적인 경우

일반적으로 외국인이란 별도의 규정이 없는 한 출입국관리법 제2조 제
2호에 따라 "대한민국의 국적을 가지지 아니한 자"로 해석된다.

(1) 재외동포와 외국인의 구분

1) 재외동포: 재외국민과 외국국적동포

  ① 재외국민

    대한민국의 국민으로서 외국의 영주권을 취득한 자 또는 영주할 목적으로 외국에 거주하고 있는 자인 대외국민은 외국인근로자가 아니다.

  ② 외국국적동포

    대한민국의 국적을 보유하였던 자(대한민국 정부수립 이전에 국외로 이주한 동포를 포함) 또는 그 직계비속으로서 외국국적을 취득한 자를 말한다.

2) 외국인: 대한민국의 국적을 가지지 아니한 자

| 입증서류 |

구분		관련서류	발급처
재외국민		재외국민등록증 사본	재외공관
외국국적동포		외국인등록증 또는 거소신고증 사본	출입국관리사무소
외국인	90일 이하 체류	여권 사본	해당 국가
	위의 외	외국인등록증 사본	출입국관리사무소

2) 고용허가제에 의한 외국인

고용허가제도의 외국인근로자란 대한민국의 국적을 가지지 아니한 사람으로서 국내에 소재하고 있는 사업 또는 사업장에서 임금을 목적으로 근로를 제공하고 있거나 제공하려는 사람을 말한다(외국인고용법 2조). 단, 다음의 자는 외국인근로자에 해당하지 않는다(외국인고용령 2조).

(2) 고용허가제에 의한 외국인이 지켜야 할 사항

1) 외국인 취업교육이수

외국인근로자는 입국 직후 외국인취업교육기관에 입소하여 외국인취업교육을 이수하여야 한다.

2) 건강진단

외국인근로자는 산업안전보건법의 규정에 따라 취업교육기간 중 건강진단을 받아야 한다. 건강진단 불합격자는 2차 정밀검사를 실시하며, 2차 정밀검사결과가 확정될 때까지 출국해야 하고 이상이 없을 경우에만 재입국이 가능하다.

| 외국인근로자에 대한 보험가입의무 요약 |

구분	가입자	가입대상자	피보험 대상	보험가입 기한
출국 만기	사용자	• 상시 5인 이상의 근로자를 사용하는 사업 또는 사업장의 사용자 • 법정취업활동기간(3년 한도)이 1년 이상 남은 외국인근로자를 고용한 사용자	퇴직금 지급보장	근로계약의 효력발생일로부터 15일 이내
귀국 비용 보험 (신탁)	외국인 근로자	외국인근로자	귀국시 필요한 비용 충당	근로계약의 효력발생일로부터 80일 이내
보증 보험	사용자	• 임금채권보장법이 적용되지 아니하는 사업 또는 사업장 • 상시 300인 미만의 근로자를 사용하는 사업 또는 사업장	임금체불	근로계약의 효력발생일로부터 15일 이내

구분	가입자	가입대상자	피보험 대상	보험가입 기한
상해 보험	외국인 근로자	외국인근로자를 고용한 사업 또는 사업장	업무상 재해 이외의 질병 · 사망	

| 외국인근로자 건강보험 및 고용보험 요약 |

구분			내용
건강 보험	적용대상		재외국민 및 외국인근로자가 건강보험 적용 사업장에 사용(임용 · 채용)된 경우 불법체류가 아닌 이상 직장가입자 당연적용 대상
	외국인 및 재외국민 건강보험 직장가입자 가입제외 신청		① 외국의 법령 및 보험에 따라 의료보장을 받는 경우 ② 사용자와의 계약 등에 따라 의료보장을 받는 경우
고용 보험	원칙		일반적으로 고용보험이 적용되지 않음.
	고용보험 가입 유형별 체류자격	상호주의	주재(D-7), 기업투자(D-8), 무역경영((D-9)
		임의가입	단기취업((C-4), 교수(E-1), 회화(E-2), 지도연구(E-3), 기술지도(E-4), 전문직업(E-5), 예술흥행(E-6), 특정활동(E-7), 비전문취업(E-9), 선원취업(E-10), 방문취업(H-2)
		강제가입	거주(F-2), 영주(F52), 결혼이민((F-6)
		적용제외	그 외

(E-9 비전문취업, H-2 방문취업)

구분	원칙	적용	
국민연금	상호주의	적용국가	중국, 키르기스스탄, 태국, 몽골, 우즈베키스탄, 필리핀, 스리랑카, 인도네시아, 베트남(2022. 1. 1. 이후)
		비적용국가	파키스탄, 캄보디아, 방글라데시, 네팔, 미얀마, 동티모르
건강보험	당연적용	「출입국관리법」에 외국인 등록을 한 경우에 한함.	
고용보험	• 임의가입: 실업급여 • 당연가입: 고용안정 · 직업능력개발	• 가입을 희망하는 경우 고용한 날이 속하는 달의 다음 달 15일까지 취득신고 • 가입 후에는 실업급여 혜택이 내국인 근로자와 동일	
산재보험	당연적용	불법체류 외국인근로자도 당연적용함.	

❑ E-9, H-2 외국인근로자 고용보험 적용범위 확대

2021년 1월 1일부터는 E-9과 H-2 비자를 가진 근로자들도 고용보험에 가입하여 실업급여를 수급이 가능하게 되었다.

다만 고용보험법 시행령은 부칙 조항을 통해 소규모 사업장에 대해서는 적용 시기는 다음과 같다.

① 상시근로자수 30인 이상 사업장 : 2021년 1월 1일부터 적용
② 상시근로자수 10인~29인 사업장 : 2022년 1월 1일부터 적용
③ 상시근로자수 10인미만 사업장 : 2023년 1월 1일부터 적용

따라서 2023년 들어 E-9, H-2 비자를 가진 외국인근로자에 대한 고용보험법 적용이 사업장 규모에 상관없이 모든 사업장으로 확대되었다.

❏ **고용보험의 종류에 따른 적용 방법**

① 사업주와 근로자가 각각 0.9%씩 부담하는 실업급여 보험료
② 사업주가 모두 부담하는 고용안정 · 직업능력개발 보험료

E-9, H-2 외국인근로자는 다음과 같이 적용한다.

① 실업급여 보험료

근로자가 희망하는 경우 별도의 신청서를 제출하여 임의가입한 후 납부할 수 있다. E-9 혹은 H-2 비자를 가진 외국인근로자가 실업급여 보험료까지 납부하기를 원하는 경우, 고용보험법 시행규칙 별지 제1호 서식의 '외국인 고용보험 가입 신청서'를 작성하고 해당 근로자 본인의 서명을 받아 근로복지공단에 제출하면 된다. 다만 해당 외국인근로자들은 소급해서 가입 신청은 불가능하며, 가입 신청을 한 다음 날이 취득일이 된다.

② 고용안정 · 직업능력개발 보험료

당연적용대상이므로 신청 여부와 상관 없이 의무적으로 가입 이후 납부하여야 한다.

❏ **보수총액 신고시 유의사항**

2023년 E-9 및 H-2 외국인근로자의 보수도 고용안정 · 직업능력개발 관련 보수총액에 필수적으로 포함시켜야 하며, 임의가입을 신청한 외국인근로자가 있을 시 실업급여 관련 보수총액에도 포함시켜야 한다.

2. 외국인근로자의 국민연금

(1) 원칙

(가) 「국민연금법」을 적용받는 사업장에 종사하는 18세 이상 60세 미만의 외국인 사용자 또는 근로자(내국인과 동일하게 적용)

(나) 「무국적자의 지위에 관한 협약」과 「난민의 지위에 관한 협약」에 따라 내국민과 동등대우를 받도록 되어 있는 무국적자나 난민

※ 외국국적동포는 법률상 외국인이므로 외국인등록을 해야 하나, 외국국적동포
가 국내거소신고를 할 경우 외국인등록을 한 것으로 간주하므로 '외국인등록
증'이나 '외국국적동포 국내거소신고증'으로 확인 가능

(2) 예외: 외국인 사업장가입자 적용제외대상

다음의 어느 하나에 해당하는 외국인근로자의 경우에는 국민연금 가입
대상에서 제외한다.

① 다른 법령 또는 조약(협약)에서 「국민연금법」 적용을 배제한 자(외교
관, 영사기관원과 그 가족 등)

② 해당 외국인의 본국법이 「국민연금법」에 의한 "국민연금에 상응하는
연금"[47]에 관하여 대한민국 국민에게 적용되지 않는 경우

③ 「출입국관리법」에 따른 외국인등록을 하지 아니하거나 강제퇴거명령
서가 발급된 자

④ 「출입국관리법」에 따른 체류기간연장 허가를 받지 않고 체류하는 자

⑤ 다음의 당연적용에서 제외하는 체류자격을 가진 자

> 문화예술(D-1), 유학(D-2), 산업연수(D-3), 일반연수(D-4),
> 종교(D-6), 방문동거(F-1), 동반(F-3), 기타(G-1)

⑥ 사회보장협정에 따라 외국인근로자가 본국의 가입증명서를 제출한
경우

---

47) "국민연금에 상응하는 연금"이란, 사회경제적 위험분담형태의 소득보장제도를 말함.

(3) 주한 외국기관 소속 외국인근로자 적용판단기준

주한 외국기관 소속 외국인근로자		가입대상 여부	비고
영주자(체류자격 F-5)		○	
영주자가 아닌 외국인	파견국(제3국) 연금 가입	×	가입의사가 있는 경우 가입 가능
	파견국(제3국) 연금 미가입	○	

외국 연금제도 조사 내용(2022년 1월 현재 133개국)

※ 연금제도가 확인되지 않은 국가의 외국인은 국민연금 당연가입대상이다(해당국가의 연금제도에 따라 향후 변경될 수 있음).

※ 베트남은 2022. 1. 1.부터 사업장 당연적용, 지역 적용제외에 해당한다.

구분	국가
사업장 지역 당연적용국 (76개국)	가이아나, 카보베르데(까뽀베르데), 그리스, 네덜란드, 노르웨이, 뉴질랜드, 도미니카(연방), 독일, 덴마크, 라트비아, 러시아, 루마니아, 룩셈부르크, 리비아, 리투아니아, 리히텐쉬타인(리히텐슈타인), 모나코, 모로코, 모리셔스, 몬테네그로, 몰도바, 몰타, 미국, 바에이도스, 바하마, 버뮤다, 벨기에, 불가리아, 브라질, 세르비아, 수단, 세인트빈센트그레나딘, 스위스, 스웨덴, 스페인, 슬로바키아(슬로바크), 슬로베니아, 아르헨티나, 아이슬란드, 아일랜드, 알바니아, 아제르바이잔, 에스토니아, 영국, 오스트리아, 오스트레일리아(호주), 우루과이, 우즈베키스탄, 우크라이나, 이스라엘, 이집트, 이탈리아, 일본, 자메이카, 중국, 체코, 칠레, 캐나다, 콜롬비아, 크로아티아, 키프로스, 탄자니아, 터키, 토고, 튀니지, 트리니나드토바고, 파나마, 팔라우, 페루, 포르투갈, 폴란드, 프랑스, 핀란드, 필리핀, 헝가리, 홍콩
사업장 당연 적용 지역 적용제외국 (35개국)	가나, 가봉, 그레나다, 타이완(대만), 라오스, 레바논, 멕시코, 몽골, 바누아투, 베네수엘라, 벨리즈, 볼리비아, 부룬디, 부탄, 스리랑카, 시에라리온, 아이티, 알제리, 에콰도르, 엘살바도르, 예맨(공화국), 요르단, 우간다, 인도, 인도네시아, 짐바브웨, 카메룬, 케냐, 코스타리카, 코트디브아르, 콩고, 키르기스스탄, 타

구분	국가
	이(태국), 파라과이, 베트남
사업장 지역 적용제외국 (22개국)	그루지아, 나이지리아, 남아프리카공화국, 네팔, 티모르민주공화국(동티모르), 말레이시아, 몰디브, 미얀마, 방글라데시, 벨로루시, 브루나이, 사우디아라비아, 싱가포르, 스와질란드(스와질랜드), 아르메니아, 에티오피아(이디오피아), 이란(사회보장협정에 의함), 카자흐스탄, 캄보디아, 통가, 파키스탄, 피지

● 사회보장협정 관련사항

1. 체결목적
협정 당사국의 연금제도 간에 서로 다른 점을 상호 조정하여 양 당사국 국민에게 다음과 같은 혜택을 부여하기 위함이다.
(1) 단기파견근로자의 연금보험료 이중납부 문제 해소(보험료 면제, 이중가입 배제)
(2) 외국 연금제도에 보험료를 납부한 경우 양국 가입기간을 합산하여 연금을 받을 수 있도록 함(가입기간 합산).
(3) 협정상대국 국민에 대해서는 연금 수급권 취득, 급여지급 등 법령 적용에 있어 자국민과 동등한 대우를 해주도록 함(동등 대우).

2. 사회보장협정 형태 및 협정체결 국가
사회보장협정은 대부분 양 당사국의 정부 간에 체결되고 있으며, 그 형태는 협정의 적용범위에 따라 "가입기간 합산 협정(보험료면제 포함)"과 "보험료면제 협정"으로 구분한다.
※ 협정과 관련된 자세한 사항은 공단 홈페이지(www.nps.or.kr – [연금정보] – [사회보장협정]에서 확인할 수 있다.

3. 보험료 면제 요청
(1) 보험료 면제 절차

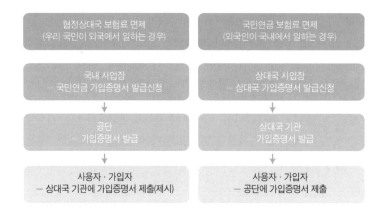

(2) 협정상대국 가입증명서 제출

    1) 신청서 제출기관: 국민연금공단 국제협력센터 또는 지사

    2) 제출서류

- 협정상대국 가입증명서(협정합의서식) 원본(사본 불가) 1부
- 해당 사업장 면제요청공문(임의양식) 및 외국인등록증 사본 각 1부

    ※ 몽골 등은 면제기간 내 취득불가(국제업무부-622호(2015. 3. 30.), 국제업무부-1275호(2016. 6. 10.), 국제협력부-1645호(2018. 4. 23.) "한국-몽골 사회보장협정관련 업무처리사항 안내" 참고): 중국 현지채용자와 협정국 파견근로자는 사업장 변동 시 면제기간이 남아있더라도 증명서를 다시 제출해야 면제할 수 있다.

    ※ 중국은 면제신청서 접수일 익월부터 면제 가능(단, 근로시작일부터 3개월 내 제출 시 소급 면제 가능)

4. 급여지급요청

(1) 가입기간 합산 절차

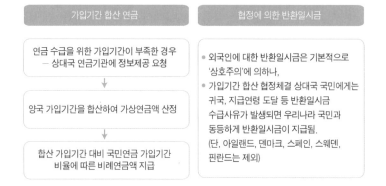

(2) 외국인에 대한 반환일시금

　1) 대상

　　① 외국인의 본국법에서 우리나라 국민에게 반환일시금에 상응하는 급여를 주는 경우

　　② 반환일시금 지급에 관한 사회보장협정이 체결된 경우

　　③ 체류자격이 E-8(연수취업), E-9(비전문취업), H-2(방문취업)인 경우

　　　* 2019. 12. 24. 신설된 E-8(계절근로) 체류자격은 반환일시금 지급대상이 아님.

　2) 제출서류

　　• 급여지급청구서, 신분증(여권, 외국인등록증), 예금계좌, 비행기티켓(1개월 이내 출국)

　　• 해외송금 신청 시 해외송금신청서 추가

| 사회보장협정 |

구분	내역
협약상대국에서 근로하는 경우	근로자의 경우는 그가 근로하고 있는 국가의 연금(사회보험제도)에 가입하도록 되어 있다. 따라서 우리나라 국민이 네덜란드 현지회사에 고용되었다면 네덜란드 연금(사회보험제도)에 가입하고 우리나라 국민연금에서는 적용제외가 가능하다. 다만, 협정상대국으로 단기간(5년 이내) 파견된 근로자는 그를 파견한 국가의 연금(사회보험제도)에 가입하고 파견근로를 하고 있는 국가의 연금(사회보험제도)에서는 면제받을 수 있다.
협정상대국에서 자영하는 경우	한국-미국 사회보장협정에서는 협정상대국 또는 양국에서 자영하는 사람도 그의 통상 거주지가 본국이라면 협정상대국의 연금보험료 납부를 면제받을 수 있도록 하였다. 따라서, 한국에서 통상 거주하면서 미국에서 자영하는 사람은 한국 국민연금 보험료를 납부하고, 미국 연금보험료는 면제받을 수 있다.

구분	내역
외국인근로자 채용시 국민연금에 의무가입 여부	외국인을 근로자로 채용한 경우에도 우리나라 근로자와 마찬가지로 국민연금에 가입하여야 한다. 다만, 아래의 경우에는 가입하지 않아도 된다. ① 외국인근로자의 본국법이 국민연금법에 의한 "국민연금에 상응하는 연금"에 관하여 대한민국 국민에게 적용되지 않는 경우 ② 체류연장허가를 받지 않고 체류하는 자 ③ 외국인등록을 하지 않거나 강제퇴거 명령서가 발부된 자 ④ 체류자격이 문화예술(D-1), 유학(D-2), 산업연수(D-3), 일반연수(D4), 종교(D-6), 방문동거 (F-1), 동반(F-3), 기타(G-1)인 경우 ⑤ 다른 법령 또는 조약에서 국민연금법 적용을 받지 않는 자

(4) 외국인 관련 신고사항

① 사업장가입자 취득신고

㉠ 신고의무자 : 가입대상 외국인이 종사하는 국민연금적용사업장의 사용자

㉡ 제출서류 : 사업장가입자 자격취득신고서 1부

㉢ 첨부서류

구 분	첨부서류
외국인	외국인등록증 사본 1부
재외국민	국내거소신고증 등 재외국민임을 입증할 수 있는 서류 1부

- 외국국적동포는 법률상으로는 외국인이므로 외국인등록을 하여야 하나, 외국국적동포가 국내거소 신고를 할 경우 외국인등록을 한 것으로 간주되므로 외국인등록증 또는 국내거소신고증 제출 가능

② 사업장가입자 자격상실신고

　외국인이 사업장가입자의 자격을 상실하는 경우 사업장가입자 자격상실신고 사업장가입자

③ 사업장가입자관련 기타신고

　내국인 사업장가입자의 업무처리기준을 준용하여 처리한다.

(5) 국민연금 이중적용면제신청

① 우리나라에서 면제받고자 하는 경우

　㉠ 신청대상자

　　ⓐ 협정상대국에서 국내로 다음의 기간 동안 파견된 근로자

기간	국가
5년 이내	캐나다, 영국, 미국, 독일, 네덜란드, 일본, 몽골, 체코, 호주
3년 이내	이태리, 헝가리, 프랑스
제한없음	중국

　　ⓑ 협정상대국에서 국내로의 파견이 일정기간 연장된 자
　　　: 헝가리, 프랑스, 독일, 일본, 이태리, 체코는 3년
　　ⓒ 기타 협정의 규정에 따라 국민연금 보험료 납부면제가 가능한 협정상대국 사업장에 고용된 우리 국민, 선원, 항공승무원 등
　㉡ 제출서류
　　ⓐ 협정상대국 가입증명서(협정합의서식) 원본(사본 불가) 1부
　　ⓑ 해당 사업장 면제요청공문(임의양식) 및 외국인등록증 사본

② 협정상대국에서 면제받고자 하는 경우

　㉠ 신청대상자

　　ⓐ 국내에서 협정상대국으로 다음의 기간 동안 파견된 근로자

기간	국가
5년 이내	캐나다, 영국, 미국, 독일, 네덜란드, 일본, 몽골, 체코, 호주
3년 이내	이태리, 헝가리, 프랑스
제한 없음.	중국

    ⓑ 국내에서 협정상대국으로의 파견이 일정기간 연장된 자(헝가리, 프랑스, 독일, 일본, 이태리, 체코는 3년). 연장에 있어서는 별도의 합의절차 필요

    ⓒ 기타 협정의 규정에 따라 상대국 보험료 납부면제가 가능한 국내 사업장에 고용된 협정상대국 국민, 선원, 항공승무원 등

  ⓛ 제출서류

    ⓐ 국민연금 가입증명 발급신청서 1부

    ⓑ 파견근무 명령서 등 파견을 입증할 수 있는 증빙서류 1부

③ 제출기관 : 국민연금공단 국제협력팀 또는 지사

❑ **외국인가입자가 본국 귀국시 반환일시금**

외국인가입자의 반환일시금은 다음 중 어느 하나에 해당하는 경우에만 지급한다. 이때 출국인 확인된 경우에 한해 지급하며 비행기 티켓 등 1개월 이내에 출국예정사실을 증명할 수 있는 서류를 제출하는 경우 출국 전이라도 청구서 접수는 할 수 있다.

① 그 외국인의 본국법에서 대한민국 국민에게 대한민국 반환일시금제도에 상응하는 급여를 지급하는 경우

② 대한민국과 외국인의 본국간에 반환일시금 지급에 관한 사회보장협정이 체결된 경우

③ 체류자격이 연수취업(E-9-8), 비전문취업(E-9), 방문취업(H-2)인 경우

3. 외국인근로자의 건강보험

(1) 외국인 직장가입자 요건

국내에 체류하는 외국인도 적용대상사업장의 근로자, 공무원 또는 교직원이면서 「주민등록법」 제6조 제1항 제3호에 따라 등록한 사람, 「재외동포의 출입국과 법적 지위에 관한 법률」 제6조에 따라 국내거소신고를 한 사람 또는 규제 「출입국관리법」 제31조에 따라 외국인등록을 한 사람의 경우에는 직장가입자가 된다(국민건강보험법 109조 2항).

즉, 외국인근로자가 건강보험 적용사업장에 고용(임용, 채용)된 경우 불법체류가 아닌 이상 직장가입자 당연적용대상자이다.

다만, 외국의 법령 및 보험에 따라 의료보장을 받는 경우와 사용자와의 계약 등에 따라 의료보장을 받는 경우에 적용이 제외된다.

다만, 건강보험 중 장기요양보험에 대해서 단기체류 외국인근로자(D3 - 기술연수, E9 - 비전문취업, H2 - 방문취업)가 가입을 원하지 않을 때는 적용제외 신청을 해 장기요양보험료는 납부를 면제받을 수 있다.

(2) 외국인 직장가입자 제외

① 고용 기간이 1개월 미만인 일용근로자
② 선거에 당선되어 취임하는 공무원으로서 매월 보수 또는 보수에 준하는 급료를 받지 않는 사람
③ 비상근근로자 또는 1개월 동안의 소정근로시간이 60시간 미만인 단시간근로자
④ 비상근교직원 또는 1개월 동안의 소정근로시간이 60시간 미만인 시간제공무원 및 교직원
⑤ 소재지가 일정하지 않은 사업자의 근로자 및 사용자

⑥ 근로자가 없거나 위 ③에 따른 사람만을 고용하고 있는 사업장의 사업주

(3) 외국인관련 신고사항

① 자격취득신고

자격취득일로부터 14일 이내에 직장가입자자격취득신고서에 다음의 서류를 첨부하여 공단에 신고한다.

　㉠ 외국인의 경우 : 외국인등록증(외국인등록사실증명 포함) 사본 1부
　㉡ 재외동포의 경우 : 외국인등록증(외국인등록사실증명 포함) 또는 국내거소신고증(국내거소신고사실증명 포함) 사본 1부
　㉢ 재외국민의 경우 : 국내거소신고증(국내거소신고사실증명 포함) 사본 1부

② 자격상실신고

재외국민 또는 외국인이 국내에 근무하는 기간 동안 외국의 법령, 외국의 보험 또는 사용자와의 계약 등에 따라 요양급여에 상당하는 의료보장을 받을 수 있는 경우에는 가입자에서 제외할 수 있다(건보령 64조 4항). 사용자는 재외국민 또는 외국인인 근로자의 가입 제외를 신청하려는 경우에는 직장가입자자격상실신고서에 다음의 서류를 첨부하여 공단에 제출하여야 한다(건보칙 45조 4항).

　㉠ 외국의 법령 및 보험에 따라 의료보장을 받는 경우
　　- 외국법령의 적용대상 여부에 대한 확인서나 보험계약서 등 국내에서 의료보장을 받을 수 있음을 증명하는 서류(한글 번역본 포함) 1부
　　- 재외국민 및 외국인근로자 건강보험 가입제외신청서 1부

ⓒ 사용자와의 계약 등에 따라 의료보장을 받는 경우

- 근로계약서 등으로 국내에서 의료보장을 받을 수 있음을 증명할 수 있는 서류(한글 번역본 포함) 1부
- 해당 사업장 소속 근로자에게 의료비를 지급한 사실을 증명하는 서류(한글 번역본 포함) 1부
- 재외국민 및 외국인근로자 건강보험가입제외신청서 1부

● 외국인 건강보험 가입제외 신청

자격상실일은 신청한 날이 원칙이나 자격취득신고일로부터 14일 이내에 신고서를 공단에 제출한 경우에는 자격취득일이 자격상실일이 된다.

가입제외 사유	외국의 법령 및 보험에 따라 의료보장을 받는 경우	사용자와의 계약 등에 따라 의료보장을 받는 경우
필요서류	• 프랑스: 계약이 체결되어 있어 국적확인만으로 제외신청 가능 • 일본: 일본건강보험증 사본 제출 • 외국법령의 적용대상 여부에 대한 확인서나 보험계약서 등 국내에서 의료보장을 받을 수 있음을 증명하는 서류(한글 번역본 포함) • 「재외국민 및 외국인근로자 건강보험 가입제외신청서」	• 근로계약서 등 국내에서 의료보장을 받을 수 있음을 증명할 수 있는 서류(한글 번역본 포함) • 해당 사업장 소속 근로자에게 의료비를 지급한 사실을 증명하는 서류(한글 번역본 포함) • 「재외국민 및 외국인근로자 건강보험 가입제외신청서」
재가입 가능 여부	재가입 불가	이직 시 재가입 가능

※ 보험계약서의 한글 번역본은 모든 내용을 번역할 필요는 없으며, 보험에 의거 의료보장을 받음을 나타내는 부분만 번역하여도 된다.

○ 외국인 지역가입자 요건

직장가입자에 해당하지 않는 국내체류 외국인은 다음의 요건을 모든 갖춘 경우에는 지역가입자가 된다.

(1) 6개월 이상의 기간 동안 국내에 거주하였거나 6개월 이상의 기간 동안 국내에 지속적으로 거주할 것으로 예상할 수 있는 사유로서 다음의 어느 하나에 해당될 것

① 「출입국관리법 시행령」 별표 1의2 제27호에 따른 결혼이민의 체류 자격을 받은 경우

② 「출입국관리법 시행령」 별표 1의2 제5호의 체류자격을 받을 수 있는 교육이나 연구를 위한 유학[재외국민 또는 체류자격이 유학(D-2)이거나 재외동포(F-4)인 외국인이 하는 유학에 한정함]의 체류자격을 받은 경우

③ 규제 「초중등교육법」 제2조의 학교에서 교육을 받기 위한 유학[재외국민 또는 체류자격이 일반연수(D-4)이거나 재외동포(F-4)인 외국인이 하는 유학에 한정함]의 체류자격을 받은 경우

(2) 다음의 어느 하나에 해당하는 사람

「주민등록법」 제6조 제1항 제3호에 따라 등록한 사람 또는 규제 「재외동포의 출입국과 법적 지위에 관한 법률」 제6조에 따라 국내거소신고를 한 사람

규제 「출입국관리법」 제31조에 따라 외국인등록을 한 사람으로서 다음의 체류자격이 있는 사람

① 문화예술(D-1), 유학(D-2), 산업연수(D-3), 일반연수(D-4), 취재(D-5), 종교(D-6), 주재(D-7), 기업투자(D-8), 무역경영(D-9)

② 교수(E-1), 회화지도(E-2), 연구(E-3), 기술지도(E-4), 전문직업(E-5), 예술흥행(E-6), 특정활동(E-7), 비전문취업(E-9), 선원취업(E-10)

③ 방문동거(F-1), 거주(F-2), 동반(F-3), 재외동포(F-4), 영주(F-5), 결혼이민(F-6)

④ 기타(G-1)(「난민법」에 따라 인도적 체류허가를 받은 사람과 공

단이 정하는 사람으로 한정)

⑤ 관광취업(H-1), 방문취업(H-2)

● 취업 가능한 외국인의 체류자격

단기취업(C-4), 교수(E-1), 회화지도(E-2), 연구(E-3), 기술지도(E-4), 전문직업(E-5), 예술흥행(E-6), 특정활동(E-7), 비전문취업(E-9), 선원취업(E-10), 거주(F-2), 결혼이민(F-6), 관광취업(H-1), 방문취업(H-2), 영주(F-5)

4. 외국인근로자의 고용보험

(1) 원칙

외국인근로자는 원칙적으로 고용보험적용에서 제외되나, 체류자격에 따라 예외적으로 적용되는 경우가 있다. 외국인근로자의 피보험자격을 신고하고자 하는 사업주와 외국인근로자의 고용보험 가입(탈퇴)을 신청하고자 하는 사업주는 외국인 고용보험(가입, 가입탈퇴) 신청서 사업장소재지 관할 근로복지공단에 제출하여야 한다.

적용대상자

㉠ 주자(D-7), 기업투자(D-8) 및 무역경영(D-9)의 체류자격을 가진 자

* 법에 따른 고용보험에 상응하는 보험료와 급여에 관하여 그 외국인의 본국법이 대한민국 국민에게 적용되지 아니하는 경우는 제외

㉡ 단기취업(C-4), 교수(E-1) 내지 특정활동(E-7), 비전문취업(E-9), 선원취업(E-10) 및 방문취업(H-2)의 체류자격을 가진 자

* 출입국관리법상 체류자격을 가진 자의 범위와 같다. 또한 고용노동부령으로 정하는 바에 따라 보험 가입을 신청한 자만 해당함.

㉢ 거주(F-2)의 가목부터 다목까지의 어느 하나에 해당하는 자

가. 국민 또는 영주(F-5) 자격을 가지고 있는 자의 배우자 및 그의 미성년
   자녀
나. 국민과 혼인관계(사실상의 혼인관계를 포함한다)에서 출생한 자와 그
   를 양육하고 있는 부 또는 모로서 법무부장관이 인정하는 자
다. 난민인정을 받은 자

㉣ 거주(F-2)의 라목·바목에 해당하는 자로서 그의 종전 체류자격에 해당하
   는 분야의 활동을 하려는 자

라. 「외국인투자촉진법」에 따른 외국인투자기업에 종사하려는 자로서 투자
   금액이 미화 50만 달러 이상인 외국법인이 「외국인투자촉진법」에 따른
   외국인투자기업에 파견하는 자 중 기업투자(D-8) 자격으로 3년 이상
   계속 체류하고 있는 자
바. 외교(A-1)부터 협정(A-3)까지의 자격 외의 체류자격으로 대한민국에
   7년 이상 계속 체류하여 생활근거지가 국내에 있는 자로서 법무부장관
   이 인정하는 자[다만, 교수(E-1)부터 전문직업(E-S)까지 또는 특정활
   동(E-7) 자격을 가진 자에 대하여는 최소 체류기간을 5년으로 한다]

㉤ 재외동포(F-4)의 체류자격을 가진 자
*고용노동부령으로 정하는 바에 따라 보험 가입을 신청한 자만 해당

㉥ 영주(F-5)의 체류자격을 가진 자

❑ **E-9, H-2 외국인근로자 고용보험 적용범위 확대**

2021년 1월 1일부터는 E-9과 H-2 비자를 가진 근로자들도 고용보험에
가입하여 실업급여를 수급이 가능하게 되었다.
다만 고용보험법 시행령은 부칙 조항을 통해 소규모 사업장에 대해서는
적용 시기는 다음과 같다.
① 상시근로자수 30인 이상 사업장 : 2021년 1월 1일부터 적용
② 상시근로자수 10인~29인 사업장 : 2022년 1월 1일부터 적용
③ 상시근로자수 10인 미만 사업장 : 2023년 1월 1일부터 적용
따라서 2023년 들어 E-9, H-2 비자를 가진 외국인근로자에 대한 고용보
험법 적용이 사업장 규모에 상관없이 모든 사업장으로 확대되었다.

❏ **고용보험의 종류에 따른 적용 방법**

① 사업주와 근로자가 각각 0.9%씩 부담하는 실업급여 보험료

② 사업주가 모두 부담하는 고용안정·직업능력개발 보험료

E-9, H-2 외국인근로자는 다음과 같이 적용한다.

① 실업급여 보험료

근로자가 희망하는 경우 별도의 신청서를 제출하여 임의가입한 후 납부할 수 있다. E-9 혹은 H-2 비자를 가진 외국인근로자가 실업급여 보험료까지 납부하기를 원하는 경우, 고용보험법 시행규칙 별지 제1호 서식의 '외국인 고용보험 가입 신청서'를 작성하고 해당 근로자 본인의 서명을 받아 근로복지공단에 제출하시면 됩니다. 다만 해당 외국인근로자들은 소급해서 가입 신청은 불가능하며, 가입 신청을 한 다음 날이 취득일이 된다.

② 고용안정·직업능력개발 보험료

당연적용대상이므로 신청 여부와 상관 없이 의무적으로 가입 이후 납부하여야 한다.

❏ **보수총액 신고시 유의사항**

2023년 E-9 및 H-2 외국인근로자의 보수도 고용안정·직업능력개발 관련 보수총액에 필수적으로 포함시켜야 하며, 임의가입을 신청한 외국인근로자가 있을 시 실업급여 관련 보수총액에도 포함시켜야 한다.

(2) 외국인근로자의 고용보험적용

1) 신청서류

「외국인고용보험 가입신청서」, 「피보험자격취득 신고서」

2) 가입일

임의가입자의 경우 가입신청을 한 날의 다음 날에 피보험자격을 취득한다.

❑ 외국인의 체류자격별 고용보험 적용

체류자격	고용보험 적용여부	체류자격	고용보험 적용여부
1. 외교(A-1)	×	19. 교수(E-1)	○(임의)
2. 공무(A-2)	×	20. 회화지도(E-2)	○(임의)
3. 협정(A-3)	×	21. 연구(E-3)	○(임의)
4. 사증면제(B-1)	×	22. 기술지도(E-4)	○(임의)
5. 관광통과(B-2)	×	23. 전문직업(E-5)	○(임의)
6. 일시취재(C-1)	×	24. 예술흥행(E-6)	○(임의)
7. 단기상용(C-2)	2011. 11. 1. 삭제	25. 특정활동(E-7)	○(임의)
8. 단기종합(C-3)	×	25의3. 비전문취업(E-9)	○(임의)
9. 단기취업(C-4)	○(임의)	25의4. 선원취업(E-10)	○(임의)
10. 문화예술(D-1)	×	26. 방문동거(F-1)	×
11. 유학(D-2)	×	27. 거주(F-2)	○(강제)
12. 산업연수(D-3)	×	28. 동반(F-3)	×
13. 일반연수(D-4)	×	28의2. 재외동포(F-4)	○(임의)
14. 취재(D-5)	×	28의3. 영주(F-5)	○(강제)
15. 종교(D-6)	×	28의4. 결혼이민(F-6)	○(강제)
16. 주재(D-7)	○(상호주의)	29. 기타(G-1)	×
17. 기업투자(D-8)	○(상호주의)	30. 관광취업(H-1)	×
18. 무역경영(D-9)	○(상호주의)	31. 방문취업(H-2)	○(임의)
18의2. 구직(D-10)	×		

※ "×"로 표시된 경우에는 임의가입도 불가함.
※ 외국인의 체류자격코드는 2015. 1. 1.부터 변경·시행됨.
※ 「국민연금법」의 반환일시금도 상호주의에 따라 적용되는 것이 원칙이나, 비전문취업(E-9) 또는 방문취업(H-2) 체류자격을 가진 외국인근로자에 대해서는 그 본국법이 대한민국 근로자에게 반환일시금에 상응하는 급여를 지급하는지 여부와 관계없이 반환일시금 규정이 적용된다.

(3) 외국인 일용근로자의 피보험자격신고

1) 당연적용 외국인 일용근로자

국내근로자와 같이 「근로내용 확인신고서」에 따라 신고하고, 「외국인 고용보험 가입신청서」를 함께 제출한다.

2) 고용보험에 가입하고자 하는 외국인 일용근로자

사업장 이동 시마다 사전에 「외국인고용보험 가입신청서」를 제출하여 승인을 얻은 후 「근로내용 확인신고서」를 제출하여야 한다.

5. 외국인근로자의 산재보험

산재보험은 내·외국인근로자를 구분하지 않고 근로자를 사용하는 모든 사업 또는 사업장에 적용된다. 따라서 외국인근로자(불법취업자를 포함)도 원칙적으로 적용대상이다.

산재보험은 속지주의 원칙에 따라 국내에 거주하는 근로자에 적용되며 내국인·외국인을 불문하고 근로기준법상 근로자에 해당하면서 산재보험 당연적용사업장에서 근무하면 산재보험에 당연 가입되어 재해발생시 산재보험 혜택을 받을 수 있다.

6. 외국인근로자의 고용정보신고

외국인근로자에 대하여는 고용정보신고를 하지 않을 수 있다. 다만, 고용보험에 가입한 외국인근로자의 경우에는 고용정보신고를 하여야 한다.

다음의 외국인근로자를 제외하고는 외국인근로자에 대하여는 산재·고용보험의 고용정보신고를 하지 않아도 된다. 다만, 보수총액신고 시 개인별로 고용정보를 신고하지 않더라도(임의 규정임), 기타 근로자에게 지급한 보수의 합계로는 신고하여야 한다.

- 「출입국관리법 시행령」 제12조 규정에 의한 외국인의 체류자격 중 주제(D-7), 기업투자(D-8) 및 무역경영(D-9)의 체류자격을 가진 자(법에 따른 고용보험에 상용하는 보험료와 급여에 관하여 당해 외국인의 본국법이 대한민국 국민에게 가입되지 아니하는 경우를 제외 : 국가간 상호주의 원칙에 따름)
- 「출입국관리법 시행령」 제23조 제1항에 따른 취업활동을 할 수 있는 체류자격을 가진 자(고용노동부령이 정하는 바에 따라 보험가입을 신청한 자에 한함)
- 「출입국관리법 시행령」 제23조 제2항 제1호 · 제2호에 해당하는 자
- 「출입국관리법 시행령」 제12조에 따른 외국인의 체류자격 중 재외동포(F-4)의 체류자격을 가진 자(고용노동부령으로 정하는 바에 따라 보험가입을 신청한 자만 해당)
- 「출입국관리법 시행령」 제12조에 따른 외국인의 체류자격 중 영주(F-5)의 체류자격을 가진 자

7. 외국인근로자의 보수총액 신고

고용보험 적용제외 근로자의 1개월간 소정근로시간이 60시간 미만인 자와 외국인근로자의 경우에는 보수총액 신고 시 개인별로 고용정보를 신고하지 아니하고, 고용보험 · 산재보험 「보수총액통보서」상 「⑧ 그 밖의 근로자 보수총액」에 지급한 보수를 기재할 수 있다. 그러나 고용정보 신고제외대상이지만 고용정보를 신고한 경우에는 「⑧ 그 밖의 근로자 보수총액」에 지급한 보수의 합계에서 제외하고, 근로자 고용정보신고한 근로자로 작성하여 신고하여야 한다.

Ⅳ 해외파견 근로자

1. 해외파견과 해외출장의 구별기준

해외파견자와 해외출장자의 구별은 해외 체재기간의 장단에는 관계없이 그 근로자의 해외에 있어서의 노사관계의 형태에 따라 결정된다.

> ❑ **해외출장**
> 자사제품의 기술지도, 기계장치의 조작지도, 기계수리, 상업상담, 시찰, 기술습득 등의 목적으로 해외에 체재하는 경우
>
> ❑ **해외파견**
> 국내외 지점, 영업소, 공장 등 해외 사업소 주재원인 경우 또는 현지기업, 합작회사의 조직일원으로 근무하는 경우

| 해외파견 근로자의 근로소득 구분 |

구분				인건비 부담주체(손비처리 회사 등)	
				국내기업	해외기업 (또는 해외영업소 등)
근로 제공 장소	해외현지법인 또는 해외본 사	전출	거주자	원천징수대상 근로소득	국외근로소득
			비거주자		납세의무 없음
		전적	거주자		국외근로소득
			비거주자		납세의무 없음
	해외지점 (영업소·출 장소 등 포함)	전출	거주자		국외근로소득
			비거주자		납세의무 없음

- 전출이란 근로자가 자기의 당초 소속기업에 재적한 채 타기업의 사업장에서 상당히 장기간 업무에 종사하게 되는 경우를 말한다(파견,

장기출장 등).

• 전적이란 원래의 기업과의 근로관계를 종료시키고 다른 기업과 근로계약관계를 새로 성립시키는 경우를 말함. 따라서 해외지점에 전적을 하는 경우는 있을 수 있다.

• 인건비 부담주체란 궁극적으로 인건비를 부담하고 법인세 신고 시 당해 인건비를 손비처리하는 경우를 말한다(서이-83. 2006. 1. 12.). 따라서 인건비를 명목상 지급하는 자와 부담주체는 달라질 수 있다(예 : 입금을 국내본사가 지급하고 해외현지법인으로부터 정산받는 경우 등).

• 당해 사용인이 사실상 내국법인의 업무에 종사하는 경우에 한하여 손금에 산입할 수 있다(서이-83. 2005. 1. 12.).

• 비거주자가 내국법인의 국외사업장 등에 근무함으로써 발생한 소득은 납세의무가 없다(서이-1604. 2006. 10. 6.).

| 해외파견자의 4대보험 적용 |

구분			적용
국민연금	원칙		급여가 국내 또는 현지법인에서 지급되든 계속 자격유지
	예외		현지에서 급여가 지급되는 경우 사회보장협정에 따라 현지에서 보험료를 납부할 수 있다.
건강보험	국내에서 급여지급		자격유지(보험료 감면)
	현지에서 급여지급		자격상실
고용보험	국내에서 급여지급		자격유지
	현지에서 급여지급		기준기간연장 사유에 해당
산재보험	국내에서 급여지급	원칙	자격상실
		예외	승인신청 시 인정
	현지에서 급여지급		자격상실

2. 근로기준법

(1) 근로기준법의 적용 여부

해외 현지법인은 근로기준법이 적용되지 아니하나 국내회사에서 현지법인처에 근로자를 파견하여 국내회사에서 근로조건을 관장한다면 근로기준법이 적용된다.

1) 해외 현지법인

해외 현지법인은 소재국에서 법인격을 부여받은 권리주체로서 국내법이 적용되지 아니하므로 국내회사가 현지에 독립한 법인을 설치하고 동사업장에서 국내 근로자를 고용하였을 경우에는 근로기준법이 적용되지 아니한다고 보아야 하며, 국내회사에서 해외 현지법인처에 근로자를 파견하여 근로자의 인사 및 노무관리 등을 국내회사에서 관장하고 근로자의 보수 및 주요 근로조건 등을 국내회사에서 결정하고 있는 동 근로자에 대해서는 국내회사와 함께 근로기준법이 적용된다고 보아야 할 것이다 (근기 68207 - 1996, 1993. 9. 14.).

2) 출장소, 지점 등

국내에 본사가 있고 출장소나 지점 등이 국외에 있는 경우에는 그 출장소, 지점 등은 본사와 함께 근로기준법이 적용된다고 보아야 할 것이므로 본사에서 파견된 근로자뿐만 아니라 현지에서 채용한 한국인 근로자에 대해서도 근로기준법이 적용될 것이다(근기 68207 - 1996, 1993. 9. 14.).

(2) 해외체재비의 임금성 판단

해외체재비가 근로자가 해외근무라는 특수한 근무환경에서 직무를 수행하게 됨에 따라 실비변상적인 금품이라면 임금으로 보기 어렵다(임금근로시간정책팀 - 1498 2006. 6. 26.).

3. 해외파견 근로자의 국민연금

(1) 해외파견자의 적용 여부

해외파견 근로자가 국내에서 급여를 지급받지 않는 경우에도 계속하여 사업장가입자로 연금보험료를 납부해야 하며, 기준소득월액은 실제 소득을 기준으로 산정해야 하나, 급여를 외국법인에서 지급하여 소득파악이 곤란한 경우에는 해당 사업장에서 같은 업무에 종사하는 자가 받는 평균액을 참고하여 소득 신고한다.

즉, 국민연금 적용사업장의 근로자로서 고용관계가 유지되면서, 해외에 파견된 근로자는 국내 사업장의 임금지급 형태에 관계없이 국민연금 사업장가입자로서 연금보험료를 계속 납부하여야 한다. 그러나 국제적인 이중적용을 면제하기 위해서 협정을 맺은 상대국에 대해서는 보험료 납부를 면제하도록 하고 있다.

> ❑ **해외에 나가 있는 경우 연금보험료 납부를 일시 정지**
> 소득이 있는 경우에는 해외 체류를 이유로 연금보험료 납부가 면제될 수는 없다. 왜냐하면, 자동 이체·인터넷 납부 등 고지서 없이도 편리하게 납부할 수 있는 방법이 마련되어 있기 때문이다. 다만, 국내에 소득원이 없는 경우에는 해외 체류기간 동안 납부예외 신청을 통해 연금보험료의 면제가 가능합니다. 납부예외 신청은 가까운 지사를 방문하시거나 전화, 팩스 등으로 가능하며, 배우자 또는 가족의 대리 신청도 할 수 있다.

1) 적용제외신청 대상자

① 국내에서 협정상대국으로 일정기간 동안 파견된 근로자
② 국내에 주로 거주하는 자로 협정상대국에서 자영활동을 하는 자(단, 한-독 협정의 경우 사업활동 수행지에서 납부)
③ 기타 협정의 규정에 따라 상대국 보험료 납부면제가 가능한 국내 사업장에 고용된 협정상대국 국민, 선원, 항공승무원 등

2) 적용제외신청을 위한 준비

협정상대국에서 적용제외신청을 하려면 국민연금 가입증명 발급신청서 1부를 국민연금관리공단 국제협력팀 또는 지사에 제출하여야 한다.
* 첨부서류 : 파견근무 명명서 등 파견을 입증할 수 있는 증빙서류 1부

3) 가입증명서의 활용

근로자·사용자용 국민연금 가입증명서를 발급받은 경우, 협정상대국의 연금실무기관에 제출하여 적용제외신청을 한다.

| 임금지급 형태에 따른 국민연금 적용 |

급여지급	국민연금 적용
국내에서 급여지급	• 국내에서 국민연금보험료를 계속 납부함. • 현지 국가에서 적용제외신청하여 보험료납부면제처리함(국민연금공단에서 「국민연금가입증명서」를 발급받아 협정국가에 제출).
현지에서 급여지급	• 국내에서 국민연금납부예외 신청함(가입자격 유지). • 현지국가에서 사회보장협정에 따라 연금보험료 납부

(2) 소득월액 결정기준

해외 현지법인이 급여를 지급한 경우에는 국세청에 신고된 소득자료가

없으므로 사업장에서 신고한 소득으로 결정하며, 외국화폐로 지급되는 경우에는 다음의 기준으로 원화로 환가하여 소득월액을 결정한다.

① 자격취득 시

자격취득일이 속하는 달의 전월 말일 현재의 대고객외국환매입률

② 가입기간 중

전년도 최종월 말일 현재의 대고객외국환매입률

$$해외에서\ 지급\ 시\ 국민연금보험료\ 소득월액 = \frac{(전년도\ 해외소득 \times 대고객외국환매입률)}{해당\ 근무일수} \times 30$$

(3) 이중납부면제

국민연금에 가입되어 있는 해외파견 근로자가 국민연금공단에서 사회보장협정에 의한 가입증명서를 발급받아 이를 해당 파견국에 제출하는 경우, 해당 파견국에서 보험료납부를 면제받을 수 있다.

(4) 해외파견 근로자의 자격관리

① 원칙: 고용주체에 따라 사용자를 판단하여 가입처리한다.
② 예외: 인사권에 따른 사용자의 실체가 없거나 판단하기 곤란한 경우에는 원천징수의무자를 사용자로 간주한다.

구분		자격관리	유의사항
국내에서 국외로 파견	국민 (재외국민)	국내사업장가 입자로 가입기 간 인정 (파견근로자는 국내 거주하는 것으로 인정)	• 외국으로 파견근로하는 경우, 사용 관계종료일까지 가입기간 인정함.
	외국인		• 외국으로 파견근로하는 경우, 사용 관계종료일까지 가입기간 인정함. • 사회보장협정 미체결국으로 파견되는 경우에는 체류기간만료일의 다음 날로 자격상실함.
국외에서 국내로 파견	외국본사의 국내지점인 경우	국내지점의 사업장가입자 자격취득	• 외국본사에 고용된 근로자가 국내 지점으로 파견되는 경우, 외국본사 및 국내지점은 사업 경영단위가 같다고 보아 근로소득의 지급주체와 무관하게 사업장가입대상임.
	국내의 현지법인인 경우	사업장가입 대상 제외 (외국법인의 근로자임)	• 국내현지법인에 파견근로하는 경우, 사업장가입대상에서 제외됨. 외국 법인과 현지법인은 별개의 사업경영단위이며, 외국법인의 경우에는 사업경영단위로서 국내에 실체가 없는 것으로 봄. • 현지법인에서 원천징수가 이루어지는 경우에는 현지법인의 근로자로 사업장가입대상임.
국내사업장 간 파견		파견한(원소속) 사업장의 사업 장가입자로 자격이 유지됨.	• 급여가 각각 지급되고 각 사업장에서 원천징수하는 경우, 둘 이상 적용사업장가입자로 처리됨. • 파견받은 사업장에서만 원천징수하고, 파견한 원소속사업장에서는 소득이 발생하지 않는 경우 파견한 (원소속) 사업장은 납부예외처리 가능함.

4. 해외파견 근로자의 건강보험

1) 해외파견자의 적용 여부

해외파견 근로자라 할지라도 국내법에 따라 계속 건강보험의 적용대상이 된다. 다만, 국내에 거주하는 피부양자가 없는 경우에는 100%를, 국내에 거주하는 피부양자가 있는 경우에는 50%를 각각 감면한다.

2) 보험료 경감신청

국외근무자의 건강보험료를 경감하기 위해서 직장가입자근무내역 변경신고서를 출국 전에 공단에 제출한다.

(1) 해외파견 근로자의 건강보험

1) 국외 현지법인이 보수를 지급하는 경우

국내법인과 국외 현지법인은 별개의 법인격을 가지므로, 국외 현지법인에 파견되어 현지법인을 위하여 근로를 제공하고 현지법인으로부터 보수를 지급받는 근로자는 국내법인과 「국민건강보험법」상 사용관계가 유지되지 않는 것으로 보아 직장가입자 자격이 상실된다.

2) 국내법인이 보수를 지급하는 경우

국내법인의 해외지점이나 영업소 등(국내법인의 국외사업장)에서 근무하는 근로자는 국내법인에 소속되어 근로를 제공하고 그 대가를 국내법인으로부터 지급받기 때문에 「국민건강보험법」상 직장가입자 자격이 유지된다.

임금지급 형태	해외파견 근로자 가입자 자격
해외법인이 지급	직장가입자 자격상실(지역가입자로 변동)
국내법인이 지급	직장가입자 자격유지

(2) 해외파견 근로자의 보험료 면제 및 감면

3개월 이상 해외에 파견되는 근로자의 경우 해외파견 기간 동안 국내 의료혜택을 받지 못하기 때문에 보험급여정지 사유에 해당된다.

직장가입자가 출국하는 경우 3개월 이상(업무종사하는 경우 1개월) 국외체류자로서 국내에 피부양자가 없는 경우는 보험료 전액 면제되고, 3개월(업무종사하는 경우 1개월) 이상 국외체류자로서 국내에 피부양자가 있는 경우는 보험료를 50% 감면한다(직장가입자는 국내에 체류하고 피부양자 국외로 출국한 경우는 보험료 변동은 없음).

적용기간은 출국일의 다음 달부터 사유가 없어진 날이 속하는 달까지 적용한다(입증서류는 출국 전이면 비행기표 사본, 출국 이후에는 출입국 사실증명이 입증되면 사후면제도 가능: 소멸시효 3년). 다만, 다음의 어느 하나에 해당하는 경우에는 그 달의 보험료를 부과한다.

㉠ 급여정지 사유가 매월 1일에 없어진 경우

㉡ 국외에 체류하는 가입자 또는 그 피부양자가 국내에 입국하여 입국일이 속하는 달에 보험급여를 받고 그 달에 출국하는 경우

즉, 2일 이후 입국, 진료받고 당월 출국하는 경우 입국월 건강보험료를 부과한다(2020. 7. 8. 시행).

(3) 건강보험 정지신고

출국한 경우 「직장가입자(근무처, 근무내역)변동 신고서」와 「휴직자 등 직장가입자 보험료 납입고지유예 신청서」를 작성 후 신고한다.

구분		건강보험료	
국외근무가입자 (3개월 국외체류)	피부양자 있는 경우	50% 경감	출국자 급여정지
	피부양자 없는 경우	면제	급여정지

5. 해외파견 근로자의 고용보험

(1) 해외파견자의 적용 여부

사업주의 명에 의해 고용관계를 유지한 채로 일정기간 해외에서 근무하는 근로자의 경우 다음과 같이 적용한다.

① 국내사업장(본사)과 고용관계가 유지되는 경우에는 출장이나 주재근무에 관계없이 별도의 신고절차 없이 보험료도 계속 부과되며, 파견기간은 동 사업장의 피보험단위기간에 계속 산입된다.

② 해외법인에서 임금이 전액 지급된다면 기준기간 연장 사유에 해당되어 그 기간만큼 기준기간이 연장된다.

③ 국내법인과 해외법인이 각각 임금을 지급하는 경우에는 국내에서 지급한 보수에 대하여 보험료를 부과한다.

④ 국내법인과 해외법인이 모두 임금을 지급하지 않는 경우에는 보험료는 부과하지 않으며, 기준기간연장 사유에 해당하게 된다.

구분	국내법인이 지급	해외법인이 지급
특징	고용보험료는 계속 부과됨.	기준기간연장 사유에 해당됨.
업무처리	매월 보험료 부과 후에 보수총액 신고 시 보험료를 정산함.	보험료부과대상은 아니며, 월평균보수를 0원으로 변경처리하거나 계속 보험료를 납부한 후에 보수총액 신고 시 정산함.

● 해외현장에 파견된 일용근로자의 고용보험 적용

해외에 파견되어 1개월 이상 근무한 경우에는 고용보험 피보험자로 가입하여야 하며, 본사 고용보험 상용근로자로 취득처리하고 보험료는 본사로 일괄하여 징수한다.

6. 해외파견 근로자의 산재보험

(1) 해외파견자의 적용 여부

산재보험은 속지주의 원칙에 의해 해외에서 근로하는 근로자에게는 원칙적으로 적용이 되지 않는다. 다만, 보험가입자가 공단에 해외파견자 보험가입신청을 하여 승인을 받는 경우에는 해외파견 근무자도 산재보험을 적용받을 수 있다.

즉, 해외파견 근로자의 경우 보험가입신청에 대한 승인을 얻은 경우에 한하여 자격이 부여되고, 국내에서 지급되는 보수에 대해서만 보험료를 징수하므로, 급여 전액이 해외법인에서 지급되는 경우에는 보험가입대상에서 제외된다.

따라서 산재보험의 적용을 받는 보험가입자가 대한민국 밖의 지역에서 행하는 사업에 근로시키기 위하여 파견하는 자에 대하여 근로복지공단의 승인을 얻는 경우에는 해외파견자를 당해 가입자의 대한민국 영역 안의 사업에 사용하는 근로자로 보아 산재보험을 적용할 수 있다

(2) 해외파견자에 대한 승인신청

해외파견자에 대한 산재보험가입을 신청하고자 하는 사업주는 해외파견자 산재보험신청서를 작성하여 근로복지공단에 제출하여야 한다.

(3) 해외파견자(건설업 제외)의 월별보험료 산정

해외파견자 승인을 받은 사업 중 건설업(건설장비운영업 제외) 및 임업 중 벌목업을 제외한 모든 사업장의 월별보험료는 다음과 같이 산정한다.

> 해외파견승인 근로자 전체 월평균보수 합계액 × 보험료율

(4) 해외파견자의 고용정보 관리

① 해외 파견자의 고용정보 관리

㉠ 사업주가 해외파견자산재보험가입신청서 또는 해외파견자산재보험관계변경신고서를 제출하는 경우 별도의 고용정보 신고 없이 해외파견자 신고내용이 공단에 고용정보로 등록한다(전산에서 자동 등록).

㉡ 해외파견자는 산재보험 특례에 가입된 경우 국내 본사와 구분되어 별도 사업장에서 고용정보를 관리하게 되나, 고용보험은 국내 본사에서 피보험자격 정보를 관리한다. 즉, 산재보험 특례 가입을 하지 않는 해외파견자는 산재보험은 적용제외, 고용보험은 국내 본사에서 피보험자격을 관리한다.

② 해외파견자의 고용일 및 고용 종료일

㉠ 고용일

해외파견자에게 있어서 고용일이란 보험관계성립일을 말한다. 파견예정자는 출국일, 파견된 자는 산재보험가입 신청서를 접수한 날의 다음날이 고용일이 된다.

㉡ 고용종료일

해외파견자의 고용종료일은 파견종료일의 다음날이 된다.

(5) 해외근로자의 산재보험 적용 형태

근로자의 해외근무의 형태는 크게 ① 해외출장근무 ② 해외파견근무 ③ 해외법인 소속근무로 구분되며, 각 근무형태에 따라 당연적용, 임의적용, 적용제외(보험 비대상)가 적용된다.

1) 해외출장 근무자

원칙적으로 국내 산재보험적용사업장 소속근로자로 적용한다.

해외근로자가 국내 사업에서 출장으로 인정되는 경우는 해외 출장 중인 근로자가 업무상 사고 또는 질병의 발병으로 현지의 의료기관에서 요양하게 되는 경우에도 국내 산재보험법에 해당된다.

이외에는 해외파견으로 보아 국내법이 적용되지 아니하므로 보험가입자가 국외에서 행하는 사업에 근로시키기 위하여 파견하는 자(해외파견자)에 대하여 별도의 보험가입신청을 하여 승인을 얻은 경우가 아닌 한 산재보험법의 급여대상이 아니다. 해외출장으로 열거한 경우에 해당되지 않으면 모두 해외파견으로 보아 산재보험이 적용되지 않음에 유의하여야 한다.

2) 해외법인의 소속근로자

해외법인에서 직접 채용된 근로자로서 해외 현지법인이 급여 전액을 지급하는 경우에는 국내 산재보험가입대상에서 제외한다.

3) 해외파견 근로자(산재보험특례적용)

일반적으로 해외파견 근로자에 대하여 산재보험은 해외파견자 특례에 따라 별도 보험가입신청을 하며, 공단으로부터 승인을 얻은 경우에 한하여 수혜자격이 부여된다.

이 경우 국내에서 지급되는 급여에 대해서만 보험료를 징수하는데, 급여전액이 현지법인에게 지급된다면, 그 근로자는 산재보험 가입대상에서 제외된다.

| 해외파견 근로자의 산재보험적용 여부 |

임금지급 형태	산재보험 특례신청 여부	산재보험적용 여부
국내에서 임금지급	특례신청한 경우	국내 산재보험 적용
	특례신청하지 않은 경우	국내 산재보험 미적용
해외에서 임금지급	특례적용대상에서 제외	국내 산재보험 미적용

(가) 해외파견 근로자 산재보험 특례 가입

산재보험은 국내의 사업 또는 사업장에만 적용되고 국외의 사업에는 적용되지 않으므로, 원칙적으로 해외 현지법인, 해외 건설현장에 파견된 근로자는 산재보험을 적용하지 아니한다.

그러나 보험가입자가 해외파견자 보험가입신청을 하여 승인을 받는 경우에는 해외파견 근로자를 그 가입자의 대한민국 영역 안의 사업(2 이상의 사업이 있는 경우에는 주된사업)에 사용하는 근로자로 보아 산재보험을 적용할 수 있다. 다만, 급여 전액이 해외법인에서 지급된다면, 그 근로자는 보험가입대상에서 제외된다.

> 2011년 1월 1일부터 건설업 및 벌목업 해외파견자 임의가입이 가능함에 따라 해외파견자 가입신청이 전 사업에 대하여 확대되었다.
> 다만, 직업안정법 제33조 제3항 제2호에 따른 국외근로자 공급사업은 제외한다.

> 건설업과 건설업 이외의 업종으로 동시에 해외파견하는 경우, 가입신청서를 본사 관할지사로 각각 제출하여야 한다. 이 경우 근로자 고용신고와 고용종료신고를 제출하지 않는다.

구분		내용
적용	적용대상	산재보험의 보험가입자가 대한민국 밖의 지역에서 하는 사업에 근로시키기 위해 파견하는 자(해외파견 근로자). 단, 국내 사업장에 근로자가 없고 해외파견만을 목적으로 근로자를 채용하여 채용과 동시에 해외 현지사업장에 파견하는 경우에는 해외파견자 특례적용 불가
	적용방법	① 보험가입자가 공단에 보험가입신청을 하여 승인을 받는 경우 해외파견 근로자를 그 가입자의 대한민국 영역 안의 사업(2 이상의 사업이 있는 경우에는 주된사업)에 사용하는 근로자로 보아 산재보험법을 적용함. ② 해외파견 근로자의 경우 보험가입신청에 대한 승인을 얻은 경우에만 수혜자격이 부여되고, 국내에서 지급되는 보수에 대해서만 보험료를 징수한다.[49] 급여 전액이 해외법인에서 지급된다면, 그 근로자는 보험가입 대상에서 제외됨. ③ 해외파견사업장의 파견국가 및 소재지가 변경되었을 경우에는 새로이 해외파견승인신청을 하여 승인을 받아야 함.
신청 및 승인	신청단위	해외파견사업장·고용주체·계약단위별로 가입신청[50]
	신청방법	보험가입자(사업주)가 해외파견자 산재보험 가입신청서[51]를 공단에 제출함.
	가입승인	「직업안정법」 제33조 제3항 제2호에 따른 국외근로자 공급사업이 아닌 경우 승인 가능함.

---

48) 2011. 1. 1.부터 건설업 및 벌목업 해외파견자 산재보험 적용특례 임의가입이 가능함에 따라 해외파견자 가입신청이 전 사업에 대하여 확대되었으며, 건설업 등의 해외파견자는 현재와 같이 자진신고·납부

49) 국내 사업장의 산재보험료 산정 시 보수총액 신고서의 비고(근로자별 구분 기호 기재)에 의거 해외파견승인을 받지 아니한 해외파견자의 산재보험료는 산정하지 않는다.

50) 건설업의 경우 국내 적용과 달리 하수급인이 소속 해외파견자에 대하여 해외파견자 보험

구분		내용
보험관계 성립· 변경· 소멸	성립일	• 파견예정자: 출국일 • 파견된 자: 산재보험가입신청 접수일의 다음 날
	변경사항이 발생한 경우	해외파견자 보험관계 성립 후 승인받은 해외파견자의 명단 등 변경사항이 발생한 경우, 사업주는 공단에 「해외파견자 산재보험관계 변경신고서」 제출
	해지방법	해외파견자 보험가입 승인 이후 사업주가 보험계약을 해지하고자 하는 경우에는 「보험관계 해지신청서」를 공단에 제출하여 승인을 받아야 함. 단, 보험가입을 신 청한 해당 연도에는 보험계약 해지 불가함.
	보험관계 소멸일	• 해외파견 사업이 끝난 날의 다음 날 • 해외파견자 보험계약의 해지신청으로 공단이 해지 를 승인한 날의 다음 날
보험료 산정	보험료 산정기준	국내 사업장에서 해외파견 근로자에게 지급하는 보수 를 기준으로 산정함.
	보험료율	사업의 종류(건설·벌목업을 포함한 모든 사업) 및 국 가(지역)에 구분 없이 단일요율(19/1,000)을 적용함.
	보험료의 신고·납부	① 부과고지대상 　건설업 및 벌목업을 제외한 모든 사업 　월 단위 보험료＝월 단위 보수총액 × $\dfrac{19}{1,000}$ ② 자진신고대상 　건설업 및 벌목업 　연간 보험료＝연간 보수총액 × $\dfrac{19}{1,000}$

가입 신청을 함이 원칙이나, 원수급인이 하수급인 소속 해외파견자를 포함하여 보험가입
신청도 가능함. 즉, 해외파견 건설업의 경우 국내 건설업의 적용과 달리 원수급인과 하수
급인이 각각 보험가입을 신청함이 원칙임.
51) 신청서 기재내용: 명단, 해외파견 사업장의 명칭 및 소재지, 파견기간, 업무내용, 보수지급
방법 및 지급액 등

● 해외교육 파견자의 산재보험적용 여부

해외교육 파견자의 경우 국내기업에 소속되어 해외에 파견된 경우로서 국내기업에서 임금을 직접 지급받으면서 사용종속관계가 유지되고 있다면 「보험료징수법」 제47조(해외파견자에 대한 특례)의 규정에 따라 산재보험 임의가입으로 적용함이 타당하다(가입지원팀-970, 2009. 3. 9.).

(나) 해외파견 근로자의 고용정보관리(산재보험특례)

산재보험특례에 의해 가입된 경우 국내 본사와 구분되어 별도 사업장 관리번호로 고용정보를 관리하게 된다. 단, 고용보험은 국내 본사에서 피보험자격 정보관리를 계속한다.

| 해외파견 근로자의 적용특례 업무처리 |

특례적용 승인여부	구분	업무처리
특례적용의 승인을 받지 않은 경우	해외 파견 시	• 「근로자고용종료신고서」 제출 (고용종료일: 국내 마지막 근무일의 다음 날)
	국내 복귀 시	• 「근로자고용신고서」 제출 (고용일: 국내사업장 복귀일)
특례적용의 승인을 받은 경우	해외 파견 시	• 「근로자고용종료신고서」 제출 (고용종료일: 국내 마지막 근무일의 다음 날) • 「해외파견자산재보험가입신청서」 제출 (고용일: 파견예정일 또는 신청서 접수일의 다음 날)
	국내 복귀 시	• 「근로자고용신고서」 제출 (고용일: 국내사업장 복귀일)

(다) 해외파견자(건설업 제외)의 월별보험료 산정(산재보험특례)

해외파견자 승인을 받은 사업 중 건설업 및 임업 중 벌목업을 제외한 모든 사업장의 월별보험료는 '산재보험 특례가입 해외파견 근로자의 개인별 월평균보수 × 보험료율'의 합산액으로 산정한다.

(6) 해외파견 근로자의 산재보상

1) 보상원칙

업무상 재해판단 및 보험급여 지급기준은 해외파견자가 업무상의 사유에 따른 부상·질병·장해 또는 사망 시 보험급여지급대상이 되며, 국내 근로자와 동일하게 보험급여를 지급한다.

2) 국외에서 발생한 재해에 대한 요양비

① 재해일로부터 30일까지의 기간

해당 외국의료기관에 지급한 비용을 지급한다.

② 재해일로부터 30일을 초과한 기간

해당 근로자의 부상·질병 상태와 비슷한 부상·질병 상태에 대하여 직전 보험연도에 지급된 평균 진료비에 준하여 산정한다. 다만, 외국 의료기관에 요양을 위하여 지급한 비용이 해당 평균 진료비보다 적은 경우에는 그 외국의료기관에 지급한 비용으로 지급한다.

 Ⅴ 휴가, 휴직 중인 근로자

1. 휴가, 휴직 등

(1) 육아휴직

1) 의의

육아휴직이란, 영유아 자녀가 있는 근로자가 아이의 양육을 위하여 사업주에게 일정기간의 휴직을 신청하는 것이다. 육아휴직의 신청 대상은 임신 중인 여성 근로자 또는 만 8세 이하 또는 초등학교 2학년 이하의 자녀를 양육하고 있는 남녀 근로자이다. 육아휴직 기간은 1년 이내로, 자녀 1명당 1년 사용이 가능하므로 자녀가 2명이면 각각 1년씩 2년을 사용할 수 있다.

2) 신청 요건

사업주로부터 30일 이상 육아휴직을 부여받은 근로자로서 육아휴직 개시일 이전에 피보험단위기간(재직하면서 임금받은 기간)이 모두 합해서 180일 이상이 되어야 한다. 이때 수급자격 인정과 관련된 이직일 이전의 피보험 단위 기간은 산입되지 않으며, 이직 후 재취득까지의 기간이 3년을 초과하는 경우에는 제외한다.

근로자는 휴직 개시 예정일 30일 전까지 신청서에 신청인의 성명, 생년월일 등 인적 사항, 육아휴직 대상인 영유아의 성명, 생년월일, 휴직 개시 예정일, 육아휴직을 종료하려는 날, 육아휴직 신청 연월일 내용을 작성해 사업주에게 제출하면 된다.

또한 사업주는 육아휴직을 이유로 해고나 그 밖의 불리한 처우를 해서는 안되며, 육아휴직 기간에는 해당 근로자를 해고할 수 없다(회사 사정으로 인해 사업을 지속할 수 없을 경우는 예외). 다만, 근로한 기간이 6개월 미만인 근로자는 사업주가 육아휴직을 거부할 수 있다. 육아휴직 후 복직했을 경우 휴직 전과 같은 업무 또는 같은 수준의 임금을 지급하는 직무에 복귀시켜야 하며, 육아휴직 기간은 근속 기간에 포함된다.

3) 육아휴직 사용

육아휴직 1년과 별개로 단축근무를 1년 동안, 최소 3개월 단위로 횟수 제한 없이 실행하고 있다.

① 육아휴직의 2회 분할

2020년 12월 8일부터 육아휴직을 2회까지 나눠서 사용할 수 있다. 따라서 근로자는 총 1년의 육아휴직 기간 동안 최소 1회 30일 이상, 2회 나눠서 휴직을 사용할 수 있다.

② 임신 근로자의 육아휴직

2021년 11월 19일부터 임신 근로자도 출산전후휴가 이외에 육아휴직을 사용할 수 있다. 임신 중 육아휴직 사용을 원하는 근로자는 휴직 예정일 30일 전까지 사업주에게 신청해야 한다.

또한, 출산한 근로자가 육아휴직과 출산전후휴가를 이어서 사용할 수도 있다. 예를 들어 '육아휴직 일부 사용 → 출산전후휴가 사용 → 육아휴직 일부 사용 → 회사 복귀 → 육아휴직 일부 사용'할 수 있다.

③ 맞벌이 부부 육아휴직 동시 사용

같은 자녀에 대하여 자녀의 출생 후 12개월이 될 때까지 피보험자인 부모가 모두 육아휴직을 하는 경우 부모 모두에게 급여가 지급된다.

(2) 질병 등 개인적 사유로 인한 휴직

근로자 개인적 상병 등 근로자의 귀책으로 소정근로일에 근로를 제공하지 못한 데 대해 취업규칙에 특별한 규정이 없으면 이를 결근으로 처리하게 된다. 따라서 별도의 약정이 없는 한 사용자가 근로자의 개인적인 사유로 인한 휴직기간 동안 임금을 지급해야 할 의무는 없다.

(3) 출산(유산 · 사산)전후휴가

1) 출산전후휴가 기간

사업주는 임신 중인 여성에 대하여 출산 전과 출산 후를 통하여 90일

(다태아일 경우 120일)의 출산전후휴가를 부여하되, 휴가기간의 배정은 **출산 후에 반드시 45일(다태아일 경우 60일) 이상이 확보되어야 한다.**

그러므로 출산이 예정보다 늦어져 출산전후휴가가 90일을 초과한 경우에도 출산 후 45일 이상이 되도록 휴가기간을 연장하여야 한다(무급 가능). 임신 중인 여성 근로자가 유산의 경험 등 일정한 사유로 휴가를 청구하는 경우에는 출산 전 언제라도 휴가를 나누어 사용할 수 있으나,[52] 출산 후의 휴가기간은 반드시 연속하여 45일(다태아일 경우 60일) 이상이 되어야 한다.

| 임신기간에 따른 휴가일수 |

임신기간	휴가일수
11주 이내	5일
12주 이상~15주 이내	10일
16주 이상~21주 이내	30일
22주 이상~27주 이내	60일
28주 이상	90일

출산휴가 급여액	최초 60일 (다태아 75일)	61~90일 (다태아: 76~120일)
대규모 기업	통상임금 100% 사업주 지급	통상임금 100% 정부에서 지원 (상한액 이내)
우선기업	통상임금 100% 정부 지원 (상한액 이내: 차액은 사업주)	

---

52) 분할하여 사용할 때마다 별도의 신청서(진단서가 필요한 경우에는 진단서 포함)를 제출해야 한다. 즉, 특별한 사유없이 반복적으로 월요일부터 금요일까지만 출산전후휴가를 사용하는 것은 인정되지 않을 수 있다.

● 출산전후휴가 급여 등의 대위 신청

사업주가 출산전후휴가 급여 등을 대위하여 받으려면 출산전후휴가 급여 등의 대위 신청서에 다음의 서류를 첨부하여 사업장의 소재지 관할 직업안정기관의 장에게 제출해야 한다.

① 사업주가 통상임금에 해당하는 금품을 근로자에게 지급한 사실을 증명할 수 있는 다음의 어느 하나에 해당하는 서류
  ㉠ 통장 사본 등 송금을 증명할 수 있는 자료 사본 1부
  ㉡ 해당 근로자의 신분증 사본 1부와 통상임금에 해당하는 금품을 지급받았다는 해당 근로자의 사실확인서(근로자 날인 포함) 1부
② 임금대장 등 통상임금을 확인할 수 있는 증명자료 사본 1부
③ 주민등록표 등본 등 근로자와 자녀의 관계를 증명할 수 있는 서류 1부(출산전후휴가만 해당)
④ 유산이나 사산을 하였음을 증명할 수 있는 의료기관의 진단서(임신기간 기재) 1부
⑤ 출산증명서류, 근로자와 출산여성의 배우자 관계를 증명할 수 있는 서류 각 1부(배우자 출산휴가의 경우만 해당)

● 배우자 출산휴가 및 출산육아기 고용안정장려금

❑ 배우자 출산휴가 기간: 유급 10일

- 휴가 청구기한: 출산일로부터 90일까지, 1회에 한하여 분할 사용이 가능하다.
- 배우자 출산휴가 급여: 우선지원 대상기업은 유급 5일분을 지원함.

(지급 요건)
① 남녀고용평등법 제18조의2에 따른 배우자 출산휴가를 신청할 것
② 휴가 종료일 이전에 피보험단위 기간 180일 이상일 것
③ 휴가 시작한 날 이후 1개월부터 휴가 끝나는 날 이후 12개월 이내에 신청할 것

(급여 산정식)

$$\frac{\text{월 통상임금(상한액 200만 원)}}{\text{월 소정근로시간}} \times \text{일 소정근로시간} \times 5\text{일}$$

단, 배우자 출산휴가 급여는 휴가가 모두 끝난 후(분할 사용 포함)에 일괄하여 신청해야 한다.

* 배우자 출산휴가 확대 및 급여 지급은 2019년 10월 1일 이후 최초로 휴가를 사용하는 노동자부터 적용한다.

다만, 9월 30일 이전에 청구기한(현행법상 출산일로부터 30일)이 경과되었거나 기존에 배우자 출산휴가를 사용한 노동자는 적용대상이 아니다.

구분	2019년 10월 1일 이후
사용기간	유급 10일
정부지원	우선지원 대상기업 노동자, 5일분, 통상임금 100% 지원
청구시기	출산한 날부터 90일 이내
분할사용	1회 분할 사용 허용

2. 휴가, 휴직 등의 4대보험

(1) 휴직 중인 근로자의 4대보험

근로자가 휴직 등은 고용관계가 종료되는 것은 아니므로, 4대보험 가입자자격이 상실되지 않는다. 다만, 휴직기간에는 급여 등이 정상적으로 지급되지 않으므로, 4대보험 부담을 줄여주기 위하여 휴직기간 등에 대하여 4대보험별로 납부예외·감면·면제 등의 특례규정을 두고 있다.

1) 국민연금의 휴직 등 신고

휴직으로 인하여 연금보험료를 낼 수 없으면 그 사유가 계속되는 기간에는 연금보험료를 내지 아니할 수 있다. 연금보험료의 납부예외를 신청하려는 사용자는 그 사유가 발생한 날이 속하는 달의 다음 달 15일까지

"연금보험료 납부예외신청·납부재개신고서에 진단서나 휴직발령서 사본 등 납부예외신청사유를 증명할 수 있는 서류를 첨부하여 (병역의무의 수행으로 인한 경우는 제외) 공단에 제출하여야 한다.

또한 복직 후에도 위 신고서를 통하여 납부재개신고를 할 수 있다. 납부재개신청은 보험 소급분의 납부없이 가능하다.

2) 건강보험의 휴직 등 신고

휴직자에 대한 건강보험료 경감 휴직 기타의 사유로 보수의 전부 또는 일부가 지급되지 아니하는 가입자의 보험료는 당해 사유가 발생하기 전월의 보수월액을 기준으로 보험료를 산정한다. 해당 보험료는 그 사유가 없어진 후 보수가 지급되는 최초의 월의 보수에서 공제하여 납부하여야 한다.

이 때 직장가입자의 휴직기간 중 보험료는 휴직사유 발생 전월에 정산 전 보수월액(휴직 전월의 보수월액이 없는 자는 휴직 당월의 보수월액)을 기준으로 산정한 보험료와 휴직기간에 해당 사업장에서 지급받은 보수를 기준으로 산정한 보험료 차액의 50%를 경감한다.

다만, 육아휴직자는 휴직기간 중 직장가입자 중 휴직기간이 1개월 이상인 경우 휴직 전월 정산 전 보수월액을 기준으로 산정한 보수월액과 직장가입자의 보수월액 보험료 하한 금액을 적용하여 산정한 보수월액 보험료와의 차액만큼 경감한다.

3) 고용·산재보험의 휴직 등 신고

사업주는 근로자가 휴업 또는 휴직하는 경우 그 사유 발생일로부터 14일 이내에 근로복지공단에 근로자 성명, 주민등록번호, 휴업·휴직기간의 시작일 또는 종료일, 휴직사유 등을 신고하여야 한다. 휴직 등의 신고는 고용보험, 산재보험 모두 근로복지공단으로 한다.

(가) 고용·산재보험의 휴직 등의 신고사유

① 사업장 사정에 의한 휴업·휴직
② 근로자 사정에 의한 휴직
③ 근로기준법 제74조 제1항에 따른 보호휴가(출산전후휴가)
④ 노동조합 등으로부터 금품을 지급받는 노조전임자
   다만, 타임오프제 시행에 따른 근로시간면제자는 휴직 등 신고대상이
   아니다.
⑤ 기타

(나) 휴직 등 근로자의 월별보험료 산정

① 고용보험

근로자의 휴업·휴직, 보호휴가(출산전후휴가, 유산·사산휴가) 및 그 밖에 근로자가 근로를 제공하지 않은 상태로서 고용노동부장관이 인정하는 사유에 해당하는 기간이 월중에 있는 경우에는 해당일 전일까지 월별보험료를 일할계산하여 고지한다.

휴직기간 동안 근로자에게 지급되는 보수에 대하여는 월별보험료를 산정하지는 않으나, 보험료정산 시 보수총액에 포함하여 산정한다. 다만, 휴직 등의 사유가 노조전임자일 경우에는 휴직기간의 보수에 대하여 월별보험료를 산정하여야 한다.

② 산재보험

사업장의 휴업, 근로자의 휴직(병가 등), 근로기준법에 의한 보호휴가, 그 밖에 근로자가 근로를 제공하지 않은 상태로서 고용노동부장관이 인정하는 사유가 발생하는 경우에는 해당일 전일까지 일할계산하여 부과하고 해당기간은 보험료를 부과하지 아니한다.

휴직기간 동안 근로자에게 지급되는 「소득세법」상 근로소득이 있더라

도 보험료를 부과하지 않는데, 휴직기간 동안에 발생한 보수에 대하여 월별보험료 및 정산보험료 모두 부과되지 아니한다.

(다) 휴직기간이 종료된 경우 월평균보수

휴직기간이 종료된 근로자의 월평균보수는 휴직일 이전 최종 월평균보수액으로 한다. 다만, 휴직기간 중 보수총액 신고 등으로 월평균보수 변경이 있는 경우에는 변경된 금액으로 한다.

(라) 고용보험 보수에는 포함되나 산재보험 보수에는 포함되지 않는 금품

① 노동조합 및 노동관계조정법 제24조의 규정에 의한 노동조합의 전임자가 그 전임기간 중 노동조합으로부터 급여의 명목으로 지급받은 금품
② 사용자의 귀책사유로 인하여 휴업한 기간 중 근로자가 근로기준법 제46조 제1항의 규정에 따라 지급받은 휴업수당
③ 근로기준법 제74조의 규정에 의한 보호휴가(출산전후휴가 또는 유산·사산휴가) 기간 중 사업주로부터 급여의 명목으로 지급받은 금품

즉, 다음 연도 보수총액 신고서 작성 시 위 ①, ②, ③의 금품은 고용보험 연간보수총액(④)에는 포함하고, 산재보험 연간보수총액(②)에는 제외한다. 위 ①, ②, ③뿐만 아니라 동일하게 근로를 제공하지 않은 상태에서 지급받은 금품에 대해서는 고용보험 보수에는 포함하나, 산재보험 보수에는 포함하지 않는다.

(마) 신고 시 유의사항

① 고용보험료의 경우 휴업·휴직기간에 발생한 보수에 대하여 월별보험료가 부과되지 않고, 보험료 정산 시 부과된다. 다만, 휴직 등의 사유

가 노조전임자일 경우에는 고용보험 월별보험료가 부과된다.

② 휴직의 경우 사업주와의 근로관계는 계속되나, 근로를 제공하지 않으므로 산재보험은 적용이 되지 않는다. 휴직기간 동안에 산재보험료를 부과하지 않기 때문에 근로자가 휴직하게 되는 경우에 반드시 휴직신고를 하여야 한다.

③ 고용보험 피보험자격취득이 누락된 근로자의 경우 고용보험 근로자 휴직 등의 신고를 하기 위해서는 고용보험 피보험자격취득 신고를 먼저 처리하여야만 한다.

④ 타임오프제 시행에 따른 근로시간면제자는 노조전임자가 아니므로 휴직 등의 신고대상이 아니며, 해당 기간의 보수 또한 보험료 산정에 포함된다.

4) 휴직기간 등의 보험료 산정 특례

근로자가 근로자의 휴업·휴직, 출산전후휴가 또는 유산·사산, 그 밖에 근로자가 근로를 제공하지 않은 상태로서 고용노동부장관이 인정하는 사유에 해당하는 경우에는 해당 근로자의 월평균보수(건설업 등의 사업은 보수총액)의 전부 또는 일부를 제외하고 보험료를 산정한다. 이러한 사유에 해당하는 기간 중의 보수는 산재보험료를 산정할 때 월평균보수 또는 보수총액에서 제외한다.

5) 근로자 휴직 등 신고

① 신고 사유 및 시기

사업주는 근로자가 휴업 또는 휴직하는 경우 그 사유 발생일로부터 14일 이내에 공단에 신고한다.

② 신고 내용

근로자 성명, 주민등록번호, 휴업·휴직 기간의 시작일 또는 종료일, 사유

③ 신고시 유의 사항

    ① 산재보험 근로자 고용정보신고에만 휴직 등의 신고가 있다(고용보험 피보험자격신고에는 휴직 등의 신고가 없음).

    ② 휴직의 경우 사업주와의 근로관계는 중단되지 않으나 근로를 제공하지 않으므로 산재보험 적용이 되지 않으며, 휴직기간 중에 산재보험료는 부과되지 않는다. 고용보험의 경우 휴직 등 신고가 없어 휴직기간에 대한 관리가 별도로 없으므로 월별보험료가 부과된 후 다음 연도 2월 말 보수총액신고 시 보험료를 정산한다.

④ 휴직 등의 신고 사유

> - 사업장 사정에 의한 휴업·휴직
> - 근로자 사정에 의한 휴직
> - 근로기준법 제74조 제1항에 따른 보호 휴가
> - 노조전임자
> - 기타

(2) 국민연금 납부예외제도

  국민연금 납부예외란 근로자가 휴직 등의 사유로 연금보험료를 납부할 수 없는 경우에, 해당기간 동안 연금보험료납부를 면제하여 그 부담을 경감시켜주는 제도를 말한다. 납부예외기간도 가입으로 인정되므로, 납부예외기간 중 장애를 입거나 사망하게 되더라도 장애연금 또는 유족연금의 수급을 할 수 있다.

> 납부예외가 계속될 경우 가입기간 부족으로 연금혜택을 받을 수 없거나 연금액이 줄어들 수 있고, 소득이 있으나 이를 신고하지 않을 경우 장애 또는 유족연금혜택을 받지 못할 수 있다.

1) 연금보험료 납부예외신청 사유

다음에 해당하는 사유로 연금보험료를 납부할 수 없는 경우에 납부예외신청을 할 수 있다. 납부예외를 신청하지 않은 경우에는 납부의사가 있는 것으로 보아 휴직기간에도 계속 연금보험료가 부과된다.

① 다음 사유로 소득이 없어 **연금보험료를 납부할 수 없는 경우**에 납부예외신청을 할 수 있다.

　㉠ 휴직 중인 경우

　　2012년 9월 20일 이후부터는 휴직기간 동안 직전 기준소득월액의 50% 이상 소득이 계속 발생하는 경우에 납부예외신청을 할 수 없으며, 사용자의 귀책사유로 휴업하여 휴업수당을 받는 경우에도 납부대상이 된다. 휴업, 휴직으로 고용유지지원금을 받는 경우, 휴업, 휴직기간 중 지급된 휴직수당 등 급여가 휴업·휴직 직전 적용 중인 기준소득월액의 50% 이상인 경우 납부예외신청을 할 수 없지만, 무급휴직 고용유지지원금을 받는 경우는 납부예외를 인정한다.

　㉡ 산전후휴가, 육아휴직, 산재요양 등

산전후휴가 납부예외인정 기간
- 고용보험법에 따른 우선지원대상(소규모) 사업장인 경우: 90일(다태아의 경우 120일)
- 고용보험법에 따른 우선지원대상 사업장이 아닌 경우: 최종 30일(다태아의 경우 45일)

---

② **병역법 제3조의 규정에 의한 병역의무를 수행하는 경우**

의무군인으로서 육·해·공군, 공익근무요원, 경비교도대원, 전경·의경, 의무소방대원 등을 말한다.

③ 무보수 대표이사인 경우

대표이사가 무보수임을 입증할 수 있는 서류를 제출하는 경우 납부예외로 처리될 수 있다. 다만, 무보수 대표이사 이외에 다른 근로자가 없는 경우에는 사업장적용대상에서 제외되므로 사업장을 탈퇴처리하고, 무보수 대표이사도 자격상실 신고한다.

④ 무급 근로자인 경우

쟁의행위 등으로 보수가 지급되지 않는 경우를 말한다. 다만, 임금체불에 의한 무급은 해당되지 않는다.

2) 납부예외 기간

납부예외 기간 중 연금보험료는 납부예외사유가 발생한 날(휴직일 등)이 속하는 달부터 납부예외사유가 없어진 날(복직일)이 속하는 달까지 면제한다. 다만, 납부예외사유가 없어진 날이 그 달의 초일인 경우와 가입자가 납부예외사유가 없어진 날이 속하는 달의 연금보험료의 납부를 희망하는 경우에는 납부예외사유가 없어진 날이 속하는 달의 전달까지 면제된다.

| 납부예외신청 사유 및 납부예외기간 |

납부예외신청 사유	사례 및 납부예외기간
• 휴직 등인 경우 • 휴직기간 중 급여가 휴직 직전 적용 중인 기준소득월액의 50% 미만이 경우	• 출산전후휴가[우선지원대상 사업장인 경우: 90일(다태아의 경우 45일)] • 육아휴직, 산재요양 등(휴가기간)
• 병역법 제3조의 규정에 의한 병역의무를 수행하는 경우	• 의무군인으로서 육·해·공군, 공익근무요원, 경비교도대원, 전·의경, 의무소방대원을 모두 말함(병역의무 수행기간).

납부예외신청 사유	사례 및 납부예외기간
• 무보수 대표이사인 경우	• 납부예외기간이 확정된 경우: 그 기간 • 납부예외기간이 확정되지 않은 경우: 1년 이내에서 인정
• 무급 근로자인 경우	쟁의행위 등으로 보수가 지급되지 않는 경우: 4개월 이내에서 인정 단, 임금체불에 의한 무급은 해당되지 않음.

3) 납부재개 또는 상실신고

납부예외 기간이 종료되거나 납부예외 기간 중이라도 납부예외사유가 종료된 경우에는 납부재개신고를 하여야 한다. 이때 납부재개일이 2일 이후인 경우 해당월 납부 희망 또는 미희망 여부를 반드시 기재하고, 취득 시 소득신고와 마찬가지로 기준소득월액을 기재한다. 납부예외자가 복직하면 복직일을 '납부재개일'로 기재하여 「납부재개신고서」를 제출하나, 복직하지 않고 휴직(납부예외)기간 중에 퇴사한 경우에는 「사업장가입자 자격상실신고서」를 제출한다.

휴직자가 복직으로 납부재개신고하는 경우에는 휴직기간(납부예외기간)에 대한 보험료는 부과하지 않고, 복직일이 속하는 달의 다음 달부터 연금보험료가 부과된다. 다만, 복직일이 초일이거나 복직월의 보험료 납부를 희망하는 경우에는 복직월부터 보험료가 부과된다.

① 납부예외자가 복직하였을 경우 복직일을 "납부재개일"로 기재하여 납부재개신고서 제출한다.

② 납부예외자가 휴직(납부예외)기간 중에 퇴사하였을 경우 「사업장가입자 자격상실신고서」를 제출한다.

4) 제출서류

출산전후휴가, 육아휴직, 산재요양기간은 별도의 증빙서류를 제출할 필요가 없다. 기타 휴직의 경우 「납부예외신청서」에 휴직계 등 증빙자료를 첨부하여 다음 달 15일까지 신청 또는 신고하여야 한다.

(가) 연금보험료(납부예외신청서, 납부재개신고서)

(나) 휴직발령서 등 납부예외신청 사유를 입증할 수 있는 서류

(다) 단, 납부예외사유가 산전후휴가·육아휴직, 산재요양인 경우 증빙서류 생략 가능

5) 납부예외 기간에 대한 추후납부제도

납부예외를 신청한 가입자가 연금혜택을 확대하기 위해 추후에 납부예외 기간 동안의 연금보험료를 납부하고자 할 때 납부할 수 있으며, 가입기간으로도 인정해 주는데 강제사항은 아니다.

(3) 건강보험료 납입고지유예제도

휴직 등의 기간에도 직장가입자로서의 건강보험혜택은 유지되나, 휴직 등의 기간에는 보수의 전부 또는 일부가 지급되지 않는다는 점을 고려하여 건강보험에서는 휴직자 등에 대해서 보험료 납입고지유예제도를 두고 있다.

유예사유 코드	신청대상
81. 기타휴직	• 병역을 위한 휴직, 학업을 위한 휴직 등
82. 육아휴직	• 만 8세 이하 또는 초등학교 2학년 이하의 자녀가 있는 직장가입자의 영유아 양육을 위한 휴직 • 기한은 1년 이내로 하며, 1년을 초과하는 육아휴직을 부여하는 내부규정(취업규칙, 단체협약 등)이 있는 사업장은 그 규정상 육아휴직기간을 인정
83. 질병휴직	
84. 무급노조 전임자 휴직	• 원 소속 사업장에서 휴직 또는 파견으로 인사발령하여 급여를 받지 않는 무보수 노동조합 전임자를 의미 • 원 소속 사업장에서 급여를 지급받는 경우(근로시간 면제 등)에는 대상이 아님.
89. 그 밖의 사유	• 휴직 외의 사유로 근로를 제공하지 않아 1개월 이상 보수의 전부 또는 일부가 지급되지 않은 경우 • 직위해제자, 무노동 무임금자, 기간제 교사의 방학기간 • 그 밖의 사유는 휴직자로 보지 않으므로 휴직자 경감이 적용되지 않음.

● 건강보험료의 면제

직장가입자가 ① 3개월 이상 국외에 체류하는 경우로서 국내에 거주하는 피부양자가 없을 때 ② 현역병(지원에 의하지 아니하고 임용된 하사 포함), 전환복무된 사람 및 군간부후보생 ③ 교도소, 그 밖에 이에 준하는 시설에 수용되어 있는 경우 그 가입자의 보험료를 면제한다.

급여정지 사유가 생긴 날이 속하는 달의 다음 달부터 사유가 없어진 날이 속하는 달까지 적용한다. 다만, 다음의 어느 하나에 해당하는 경우에는 그 달의 보험료를 면제하지 아니한다.

㉠ 급여정지 사유가 매월 1일에 없어진 경우
㉡ 국외에 체류하는 가입자 또는 그 피부양자가 국내에 입국하여 입국일이 속하는 달에 보험급여를 받고 그 달에 출국하는 경우

1) 건강보험료 납입고지유예 신청

직장가입자의 사용자는 휴직 기타의 사유로 보수의 전부 또는 일부가 지급되지 아니하는 때에는 휴직자 등 직장가입자 보험료 납입고지유예 신청을 할 수 있다.

납입고지유예 신청을 하면 휴직 등의 기간 동안은 보험료가 부과되지 않으나, 복직하여 보수가 지급되는 최초의 달에 보험료 납입고지유예기간에 대한 보험료를 산정하여 일괄 부과한다.

병역을 위한 휴직이거나 휴직 중 국외출국자는 「직장가입자(근무처, 근무내역)변동 신고서」로 급여정지(감면)신고를 병행하여야 한다.

2) 납입고지유예 기간 보험료 산정 및 납부

(가) 납입고지유예 기간 보험료 산정

> 납입고지유예기간 보험료 산정(휴직 등 기간 동안의 보험료)
> = 납입고지 유예사유 발생 전월 정산 전 보수월액(고지유예 적용일 현재 적용받고 있던 보수월액) × 해당기간 보험료율

"89. 그밖의 사유"는 휴직자 경감이 적용되지 않으나, 납입고지유예 기간 보험료 산정방법은 동일하다.

(나) 납입고지유예 기간 보험료 납부

납입고지유예 사유가 종료되어 「휴직자 등 직장가입자 보험료 납입고지유예 해지신청서」를 제출 시 복직 후 최초로 지급하는 보수에서 공제하여 납부한다.

(다) 납입고지유예 기간 보험료의 분할납부

납입고지유예된 보험료가 해당 가입자의 월 보험료의 3배 이상인 경우

에만 분할납부할 수 있다. 이때 분할 횟수는 10회 이내이며, 1회 분납액은
월보험료 이상이어야 한다.

(라) 장기요양보험료의 정산

건강보험료가 결정되어 정산이 발생한 경우에 장기요양보험료도 같이
정산한다.

(4) 휴직기간의 건강보험료 경감

1) 경감대상 및 경감액

휴직기간이 1개월 이상인 직장가입자를 대상으로 한다. 그 밖의 사유
는 휴직자로 보지 않으므로 휴직자 경감이 적용되지 않는다. 무보수 휴직
중 다른 사업장에 근무를 하여 보험료를 납부하였을 경우에는 복직 시 납
부하여야 할 보험료와 다른 사업장에서 납부한 보험료를 비교하여 많은
쪽의 보험료를 납부하여야 한다.

① 무보수 휴직의 경우 경감액

> 경감액 = 휴직전월 보수월액을 기준으로 산정한 보험료 × 50%

② 휴직기간 중 보수가 있는 경우의 경감액

> (휴직전월 보수월액 기준 산정 보험료−휴직기간 중 사업장에서 받는 보수월
> 액 기준 산정 보험료) × 50%
>
> * 휴직기간 중 사업장에서 받는 보수월액 기준 산정 보험료는, 휴직기간에 지급받
>   은 각 연도별 보수총액을 해당 연도 휴직월수로 나누어 보수월액을 결정하여 보
>   험료를 산정한다.

③ 육아휴직의 경우 경감액(2019년 1월 1일 시행)

육아휴직자의 납입고지 유예보험료 경감기준이 변경(2019. 1. 1. 시행)되었는데, 대상자는 납입고지유예신청(해지)을 신고한 대상자 중 해지사유가 육아휴직이고 유예해지일이 2019. 1. 1. 이후인 가입자이다.

> 경감액
> =휴직기간 중 지급받은 보수와 상관없이 휴직전월 정산 전 보수월액보험료
> − 보수월액보험료 하한 금액을 적용하여 산정한 보수월액보험료

2019. 1. 1.부터 유예해지(복직)하는 경우 육아휴직자의 휴직기간 중 유예보험료 정산 시 직장가입자의 보수월액보험료 하한 금액까지 경감한다. 보수월액보험료 하한 금액 규정 전의 보험료는 최저보수월액을 적용한 보험료를 적용한다(2018년 7월 전보험료).

> **❑ 임의계속가입자의 50% 경감(직전 직장 퇴사일로부터 최대 36개월간)**
> 은퇴하기 직전 18개월 중 12개월 이상 직장가입자의 자격을 유지한 경우로, 은퇴로 인해 지역가입자가 되어 지역가입자 보험료를 고지받은 날부터 그 납부기한에서 2개월 이내에 신청하면 은퇴시점부터 최대 36개월간 직장가입자의 자격을 유지한 것으로 보며, 이를 임의계속가입자라 한다. 보수월액보험료가 산정된 최근 12개월간의 보수월액을 평균한 금액으로 보험료액 전액을 부담해야 하나 50% 경감제도를 통해 은퇴 전처럼 근로자 본인분만 부담하는 효과가 있다.
>
> **❑ 국외근무자의 경감(면제)**
> 3개월(업무에 종사하기 위해 국외에 체류하는 경우라고 공단이 인정하는 경우에는 1개월) 이상 국외에서 체류하는 직장가입자의 경우 국외근무자의 경우 국내에 피부양자가 있는 경우 50% 경감이며, 국내에 피부양자가 없는 경우에는 100% 경감(면제)된다.

2) 경감적용기간

경감적용기간은 다음과 같다.

구분	경감적용기간
원칙	휴직월의 다음 날~복직월
휴직일이 매월 1일인 경우	휴직월~복직월
복직일이 매월 1일인 경우	휴직월의 다음 달~복직월의 전달
휴직일과 복직월이 1일인 경우	휴직월~복직월의 전달

| 휴직하는 경우 국민연금 납부예외와 건강보험의 보험료 경감 |

구분	휴직월	복직월
국민연금	납부예외	납부예외
건강보험	경감하지 않음.	경감함.

● 휴직자 등의 보수총액 신고

보험료 납입고지유예기간은 복직할 때 정산을 완료하였기 때문에 연말정산 (퇴직정산) 대상기간에서 제외된다. 따라서 보수총액 신고서 작성 시 해당 가입자의 전년도 보수총액과 근무월수는 휴직기간을 제외한 기간의 보수총 액과 근무월수를 각각 기재한다. 단, 휴직발생 해당 연도의 휴직일이 속한 월과 종료월은 근무월수에 포함하나, 해당 연도 휴직일이 매월 1일인 경우 에는 근무월수 산정에서 제외한다.

【사례】
보험료 납입고지유예기간이 있는 가입자의 보험료 연말정산

기간	급여	근무현황	비고
1. 1.~4. 14.	350만 원	근무	
4. 15.~8. 20.	250만 원	휴직 (납입고지유예신청)	휴직전월 보수월액 100만 원
8. 21.~12. 31.	460만 원	복직	

① 전년도 보수총액: 810만 원(= 350만 원+460만 원)
② 근무월수: 9월(1월, 2월, 3월, 4월, 8월, 9월, 10월, 11월, 12월)
③ 보수월액: 90만 원(= 810만 원/9월)
④ 정산월수: 8월(1월, 2월, 3월, 4월, 9월, 10월, 11월, 12월)

3) 장기요양보험료 경감 · 제외

장기요양보험료와 건강보험료는 이를 분리하지 않고 징수하며, 동일한 고지서에 장기요양보험료와 건강보험료를 각각 기재하여 합계금액을 고지하여야 하며, 가입자가 구분고지 요청을 한다 하더라도 구분고지는 불가능하고 분리납부도 할 수 없다. 직장가입자와 피부양자 중 장애인 또는 이와 유사한 가입자가 있는 경우 해당 가입자에게 장기요양보험료를 30% 경감한다.

직장가입자의 외국인 중 D-3(산업연수생), E-9(비전문취업), H-2(방문취업)의 외국인근로자는 신청에 의해 장기요양보험이 제외되며, 직장가입자가 장기요양보험에서 제외된 경우 그 직장가입자의 피부양자도 장기요양보험에서 제외된다.

(5) 출산전후휴가 시 4대보험

구분	출산휴가 시 적용	비고
국민연금	계속납부	납부예외신청 가능함.
건강보험	계속납부	납입고지유예신청 가능하나, 건강보험료는 경감되지 않으므로 신청하지 않는 것이 유리함.
고용보험	휴직신청	기간 중 사업주로 받은 급여는 보수총액 신고 시 합산함.
산재보험	휴직신청	기간 중 사업주로 받은 급여는 보수총액 신고 시 제외됨.

1) 출산전후휴가와 국민연금

출산휴가를 사용하는 사업장가입자는 그 사유 발생일의 다음 달 15일까지 국민연금보험료 납부예외신청을 할 수 있다. 납부예외신청을 하지 않는 경우에는 납부의사가 있는 것으로 보아 출산휴가기간에도 계속 연금보험료가 부과된다.

| 출산전후휴가 납부예외기간 |

구분		단태아	다태아
우선지원대상 사업장 여부	해당	90일	120일
	비해당	최종 30일	최종 40일

● 출산전후휴가 기간 중 납부예외신청

(주)위드플러스의 직원이 20×1. 3. 12.부터 20×1. 6. 9.까지 90일간 출산전후휴가를 사용한 경우
① 우선지원대상기업인 경우
   3. 12.부터 6. 9.까지 90일간 전 기간에 대해 납부예외신청이 가능하며, 납부예외를 신청하게 되면 3월, 4월, 5월, 6월(4개월간) 보험료가 고지되지 않는다.
② 대기업인 경우
   마지막 30일, 즉 5. 11.부터 6. 9.까지의 기간에 대해 납부예외신청이 가능하며, 납부예외를 신청하게 되면 5월, 6월(2개월간) 보험료가 고지되지 않는다.

2) 출산전후휴가와 건강보험

건강보험 연말정산 시 출산전후휴가 기간 동안 지급받은 보수와 근무월수는 「보수총액 통보서」를 기재할 때 전년도 보수총액(⑦), 근무월수(⑧)에 각각 포함한다.

(가) 출산전후휴가 기간 동안 지급받은 보수

출산전후휴가 기간 동안 사업장으로부터 지급받은 급여는 보수총액에 포함하며, 고용센터에서 지급받는 급여는 보수총액에서 제외한다. 또한 출산전후휴가 기간 동안 회사에서 지급되는 급여가 '0'이더라도 보수월액 변경 사유는 아니다.

(나) 출산전후휴가 기간의 근무월수

출산전후휴가 기간은 연말(퇴직)정산 근무월수에 포함한다.

그러나 출산전후휴가 기간 동안 「휴직자 등 직장가입자 보험료 납입고지 유예신청」을 하면 '그 밖의 사유' 대상으로 경감은 적용되지 않으면서, 급여액이 적은 출산전후휴가 기간이 건강보험료 연말(퇴직)정산할 때 근무월수에서 제외되므로 오히려 건강보험료 부담이 더 많아져서 불리하게 된다.

3) 출산전후휴가와 고용·산재보험

(가) 휴직신청

근로자가 출산전후휴가를 사용하는 경우 휴직사유는 "근로기준법에 따른 보호휴가"로 기재하고, 그 사유발생일로부터 14일 이내에 「근로자 휴직 등 신고서」를 제출하여야 한다. 휴직신고를 하게 되면 출산전후휴가 기간 동안 고용·산재보험료가 부과되지 않으나, 출산전후휴가 기간이 월의 중간에 걸쳐 있는 경우에는 일할 계산한 월별보험료가 산정·부과된다.

(나) 출산전후휴가 기간 중 급여를 지급받은 경우

출산전후휴가 기간 동안 사업주로부터 지급받은 보수는 다음 연도 보수총액 신고서 작성 시 고용보험 보수총액에는 포함하되, 산재보험 보수총액에는 포함하지 않는다.

❑ 우선지원대상기업에 재직하고 있는 직원(월 통상임금 200만 원)이 20×1. 1. 1.부터 3. 31.(90일)까지 출산전후휴가를 사용한 경우 회사에서 지급한 급여는 다음과 같다(고용센터 상한금액은 180만 원으로 가정한다).
① 1월부터 3월까지: 총급여 40만 원
② 4월부터 12월까지: 총급여 1,800만 원

[출산전후휴가 급여지급내역]

구분	1월	2월	3월
사용자(회사)	20만 원	20만 원	
고용센터	180만 원	180만 원	180만 원

20×2. 3. 15. 보수총액 신고서 작성 시 고용보험 전년도 보수총액(④)과 산재보험 전년도 보수총액(②)에 기재할 금액은?
• 고용보험 전년도 보수총액: 1,840만 원
• 산재보험 전년도 보수총액: 1,800만 원

 Ⅵ 노조전임자와 근로시간면제자

1. 개요

(1) 노조전임자

단체협약 또는 사용자의 동의를 얻어 근로계약에서 정한 근로를 제공하지 않고 노동조합의 업무에만 종사하는 자로, 사용자로부터 급여지급이 금지된 자를 말한다. 노조전임자는 무급휴직 형태의 지위를 가지기 때문에 사용자로부터 어떠한 급여도 지급받을 수 없으며, 금전의 지급은 부당노동행위에 해당된다.

노조전임자에 대한 급여 부담주체는 노동조합이므로, 4대보험 보험료의 원천공제 및 부담주체도 노동조합이 되는 것이 원칙이다.

(2) 근로시간면제자

근로시간 면제한도(타임오프) 내에서 근로시간 면제대상에 속하는 업무를 수행하는 자를 말하며, 사용자들로부터 급여를 받을 수 있다.

(3) 노조전임자와 근로시간면제자 비교

구분	노조전임자	근로시간면제자
업무범위	노동조합 업무로서 제한없음.	① 사용자와의 협의교섭, 고충처리 산업 안전 활동 등 노조법 등에서 정한 업무 ② 건전한 노사관계 발전을 위한 노동 조합의 유지·관리 업무
급여지급	무급	근로시간면제 한도 내에서 유급처리 가능
인원 수	노사가 협의 결정	근로시간면제 한도 내에서 노사가 결정
2010. 6. 30. 이전	노조전임자(유급)	−
2010. 7. 1. 이후	노조전임자(무급)	근로시간면제자(유급)

2. 노조전임자 및 근로시간면제자 4대보험

(1) 개요

노조전임자나 근로시간면제자의 경우 고용관계는 여전히 계속되므로, 원칙적으로 일반근로자와 동일하게 4대보험을 적용한다. 기존 보험성립 사업장이 급여를 지급하지 않는 경우에는 무급 휴직자와 유사한 지위 상태로 있는 근로자로 보아 4대보험을 적용하며, 급여지급 주체에 따라 4대보험료 원천징수의무 주체도 달라진다.

- 노조전임자에 대한 급여부담 주체도 노동조합이므로 4대사회보험료의 원천 징수 및 부담주체도 노동조합이 원칙이다(노사관계법제과-567, 2010. 8. 25.).
- 사회보험의 가입강제 및 사회보험의 취지를 감안할 때, 사회보험료의 사업주부담분은 급여가 아니므로, 노조전임자의 사회보험료(사업주부담분)를 사용자가 지원하더라도 이를 부당노동행위로 단정할 수 없다(노사관계법제과-1074, 2010. 10. 20.).

● 노조전임자의 소득에 대한 과세 여부 판단

「노동조합 및 노동관계조정법」 제24조 제2항에 따라 노동조합의 업무에만 종사하는 "노동조합의 전임자"가 해당 조합으로부터 직무를 수행하고 지급받는 급여성 금원은 「소득세법」 제20조에 따른 근로소득에 해당한다(소득세과-951, 2010. 9. 2.).

(2) 노조전임자 및 근로시간면제자의 국민연금

1) 원칙

소득 발생상황(원소속 사업장과 노동조합)에 따라 소득이 지급되는 사업(장)에서 노동조합전임자와 근로시간면제자에게 적용한다.

2) 적용기준

① 원소속 사업장에서만 소득이 발생하는 경우

원소속 사업장에서 적용한다.

② 노동조합에서만 소득이 발생하는 경우

노동조합에서 적용한다. 노동조합이 별도의 사업자등록번호(또는 고유번호)가 없는 경우 법인번호 없는 단체에 준하여 처리한다.

㉠ 원소속 사업장: 납부예외신청

원소속 사업장에서 임금을 지급받지 아니하는 노조전임기간(노조 전임자가 된 때부터 전임기간 종료일까지)에 대해 「연금보험료 납 부예외신청서」에 예외사유부호 〈10. 휴직(기타사유)〉를 기재하여 납부예외신청을 한다. 무급 노조전임기간 동안에는 원소속 사업장 에서 연금보험료를 원천공제하지 않는다.

㉡ 노동조합: 사업장 가입자로 적용

노동조합의 사업장 가입자로 보아 노동조합에서 노조전임자의 국 민연금 보험료를 원천공제하여 납부하도록 하고 있다.

③ 원소속 사업장과 노동조합에서 각각 소득이 발생하는 경우

원소속 사업장과 노동조합에서 발생하는 소득에 근거하여 각각의 사업 장가입자로 적용한다. 원소속 사업장과 노동조합에서 모두 사업장가입자 로 적용 시 둘 이상 사업장가입자 기준소득월액 결정방법에 따라 적용한다.

(3) 노조전임자 및 근로시간면제자의 건강보험

1) 원칙

노동조합에서 노조전임자에게 임금상당액을 지급하더라도 노동조합을 「건강보험법」상 직장으로 보지는 않는다. 원소속 사업장은 무급 노조전 임자를 「휴직자 등 직장가입자 보험료 납입고지유예신청서」 ㉠ 유예사유 코드에 〈무급노조전임자휴직(84)〉를 기재하여 휴직처리하고, 전임기간 동안 건강보험료를 원천공제하지 않고 전임기간이 종료된 이후 복직처리 하면서 전임기간 동안의 보험료를 정산한다.

구분	노조전임자	근로시간면제자
보수지급	노동조합	원소속 사업장
보험료 납부	원소속 사업장에서 납입고지유예신청(코드 "84")	계속납부

2) 전임기간 건강보험료 정산

무급 노조전임자는 이중자격 가입자와 동일하게 ① 원소속 사업장의 휴직전월 정산 전 보수월액에 따른 보험료에 경감률을 적용한 보험료와 ② 노동조합의 보수월액에 따른 보험료를 비교하여 그중 많은 보험료를 부과한다.

전임기간 건강보험료 정산=Max(①, ②)

① 원소속 사업장의 휴직전월 정산 전 보수월액에 따른 보험료에 경감률을 적용한 보험료
  ㉠ 무보수의 경우 경감된 보험료
    휴직전월 보수월액을 기준으로 산정한 보험료의 50%
  ㉡ 휴직기간 중 보수가 있는 경우 경감된 보험료
    (휴직전월 보수월액 기준 산정 보험료−휴직기간 중 사업장에서 받는 보수월액 기준 산정 보험료) × 50%
    * 휴직기간 중 사업장에서 받는 보수월액 기준 산정 보험료는 휴직기간에 지급받은 각 연도별 보수총액을 해당 연도 휴직월수로 나누어 보수월액을 결정하여 보험료를 산정한다.
② 노동조합의 보수월액에 따른 보험료

(4) 노조전임자 및 근로시간면제자의 고용보험

1) 노조전임자의 고용보험

① 노조전임자에 대해 원소속 사업장에서는 「근로자 휴직 등 신고서」에 휴직사유 노조전임자로 기재하여 전임기간을 휴직으로 처리한다.

② 노동조합 등으로부터 금품을 지급받는 노조전임자의 신분변동 시 근로자 고용정보 정정신청을 하여야 한다.

노동조합 등으로부터 금품을 지급받은 노조전임자의 경우 고용안정·직업능력개발사업보험료는 부과제외대상이나, 고용보험 실업급여에서는 보험료가 부과되므로, 신분변동의 경우(일반근로자 ↔ 노동조합 등으로부터 금품을 지급받은 노조전임자) 공단에 「근로자 고용정보 정정신청서」를 제출하여 정정신청을 하여야 한다.

노동조합 등으로부터 금품을 지급받는 노조전임자의 신분변동 시(일반근로자 ↔ 노조전임자)에만 변경일을 기재하고, 그 외 정보 정정신청은 고용일부터 정정처리되므로 별도의 변경일을 기재하지 않는다.

③ 당해 실업급여보험료는 노동조합으로 부과되는 것이 아니라 원소속 사업장으로 부과되기 때문에, 원소속 사업장에서는 노조전임자에게 실업급여보험료에 대한 근로자부담분을 징수하여야 한다.

2) 근무시간면제자의 고용보험

근무시간면제자의 경우 근무시간면제에 해당하는 부분에 대해서는 사용자가 급여를 지급할 수 있고, 일반 근로자와 동일하게 고용보험료가 부과되므로 보험료부과구분 정정신청에 해당하지 아니한다.

즉, 매월 사용자가 보수지급 시마다 근로자부담분 고용보험료를 원천징수하고, 다음 연도 3월 15일까지 보수총액 신고서를 통해 보험료 정산을 하면 된다.

휴직이나 그 밖에 이와 비슷한 상태에 있는 기간 중에 사업주 외의 자로부터 지급받은 금품 중 고용노동부장관이 정하여 고시하는 금품을 고용보험 산정기준인 "보수"에 포함한다.

이는 2011. 1. 1.「고용보험법」재정 시행 시 기존 고용노동부장관 고시 금품이 고용보험료 산정대상 보수에서 제외하는 것으로 개정되었으나, 이로 인해 실업급여 수급자격에서 제외되는 불이익이 발생하게 되므로, 이를 해소하기 위하여 개정된 것이다.

(5) 노조전임자 및 근로시간면제자 산재보험

1) 노조전임자의 산재보험

① 원소속 사업장

원소속 사업장에서 임금이 지급되지 않는 노조전임자는 산재보험 적용대상 근로자가 아니다. 그러므로 당해 사업장 소속근로자가 노조전임자가 된 경우 원소속 사업장에서는 「근로자 휴직 등 신고서」 휴직사유에 노조전임자로 기재하여 전임기간을 휴직으로 처리한다.

② 전임기간 동안 노동조합으로부터 지급받는 금품

노조전임자가 노동조합으로부터 지급받는 금품은 근로의 대가로 받은 것으로 보지 않기 때문에 산재보험료가 부과되지 않는다. 따라서 다음 연도 3월 15일 「보수총액 신고서」 작성 시 ② 산재보험 전년도 보수총액에 당해 금품을 포함하지 않는다.

2) 근로시간면제자의 산재보험

일반근로자와 동일하게 산재보험료가 부과되므로, 보험료부과구분 정정신청에 해당하지 아니한다.

 **파견근로자**

1. 파견근로의 개념

(1) 개요

① 파견사업주

　자기가 고용하는 근로자를 파견하여, 파견된 근로자가 타인의 지휘·명령을 받아 그 타인을 위하여 근로에 종사하게 하는 자를 말한다.

② 사용사업주

　타인이 고용한 근로자를 파견받아, 파견된 근로자가 자기의 지휘·명령하에 자신을 위하여 근로에 종사하게 하는 자를 말한다.

③ 파견근로자

　파견사업주와 근로계약을 체결하고, 실제 근무는 사용사업주의 지휘·명령을 받아 근로를 수행하는 근로자를 말한다.

　위의 근로자파견의 3주체 사이에는 파견근로관계가 성립한다.

　첫째 파견사업주와 파견근로자와의 사이에는 고용관계(근로계약)가 있으며, 둘째 파견사업주와 사용사업주와의 사이에 근로자파견계약(공급계약)이 체결되고, 셋째 사용사업주는 근로자파견계약에 따라 파견근로자를 지휘·명령하는 관계(사실상 지배)가 성립한다.

　우리나라의 경우 「파견법」에서 구체적인 파견허용업종을 정해놓고 있는데, 법에서 허용하고 있는 업종 외의 근로자파견은 불법파견이 된다.

요건	근로자 공급	근로자 파견	직업소개
근로계약(고용관계)	×	○	×
사실상 지배(지휘·명령하는 관계)	○	○	×
공급계약(근로자파견계약)	○	○	×

● 전출·전적과 근로자 파견의 차이

① 전적은 근로자가 원기업과의 근로관계를 종료시키고 타기업으로 옮겨 새롭게 근로계약관계를 형성하는 것이기 때문에, 고용관계를 유지하고 있는 근로자 파견과는 구별된다.
② 전출은 원기업과 근로관계를 유지한 채 관계회사에 근무한다는 점에서 근로자 파견과 유사하다. 그러나 일반적으로 전출의 경우 전출근로자와 원기업과의 사이에 고용관계는 유지되지만 근로제공관계는 없다. 그러 므로 형식상 전출의 형태와 상관없이 그 실질이 근로자 파견에 해당하 는 경우에는 이를 실질에 따라 판단하여야 한다.

2. 파견근로자의 4대보험

파견사업주가 파견근로자의 사업주로 보기 때문에 파견사업주가 4대 보험 취득·상실·변경신고의 의무가 있으며, 당해 소속근로자에 대한 보험료를 원천징수할 의무가 있다.

❏ **파견사업의 산재보험료율 적용**

「보험료징수법」에 의한 산재보험은 고용보험과 달리 각각의 사업장 단위 (현장 단위)로 보험료율을 적용하고 있다.
이에 따라 파견업체의 경우 파견되는 사업장별로 보험료율을 적용하고 있 으며, 파견근로자의 직종에 따라 보험료율을 적용하지 않는다(비정규직대 책팀-509, 2007. 2. 15.).

❏ 파견근로자의 산재사고 시 사용사업주의 산재보험적용 여부

파견근로자가 사고 시 사용사업주와 고용계약을 체결한 것이 아니더라도 그 사업주가 산재보험의 가입자인 이상 파견근로자는 사업주 보험범위 내에 속하는 근로자로 보아야 한다(서울행법 2002구24390, 2003. 6. 24.).

❏ 아파트에 경비원과 미화원을 파견하는 사업장의 산재보험 적용관계

「산재보험법」 제63조 제1항의 규정에 의하여 보험료율을 결정하여야 하는 경우의 사업종류는 재해발생의 위험성과 경제활동의 동질성을 기초로 하여야 하는바, 청소업과 경비업 사이에 재해발생의 위험성이 다르다고 볼 아무런 증거가 없으므로 하나의 사업장에 보험료율이 다른 둘 이상의 사업이 존재한다고 볼 수 없다.

또한 사업종류를 결정함에 있어 그 사업장의 면허, 등록업종도 고려해야 하지만 그것에만 구속되어지는 것이 아니라 원고가 제공하는 사업의 내용을 종합적으로 고려하여 사업의 종류를 판단해야 하는데 원고는 아파트에 경비원 71명, 미화원 39명을 파견하고 있는 사실을 알 수 있는바, 아파트 경비원 및 미화원이 제공하는 사업의 내용을 고려할 때 원고의 사업종류를 "건물 등의 종합관리사업"으로 보고 그에 의한 보험료율에 따라 한 공단의 처분은 적법하다(부산지방법원 2005구단1354, 2006. 3. 8.).

❏ 파견근로자의 출산휴가

파견근로자 보호 등에 관한 법률 제34조에 의하면 산전·후휴가를 부여할 의무가 있는 사업주는 사용사업주이며, 동 휴가기간 동안 발생하는 임금에 대해서는 파견사업주가 지급하도록 규정되어 있으므로 산전·후휴가기간 동안 동 임금을 지급하지 아니하는 경우에는 법 위반이 된다(여원 68240-126, 2000. 4. 6.).

Ⅷ 친족[53]

1. 친족의 4대보험

(1) 해당 사업(장)에 근로하고 있는 사용자(법인의 대표이사, 개인사업장의 사업자)의 친족은 근로자 여부와 무관하게 국민연금과 건강보험의 사업장(직장) 가입대상자이다.

(2) 고용보험 및 산재보험은 해당 사업(장)에 근로하고 있는 사용자(법인의 대표이사, 개인사업장의 사업자)의 친족이 「근로기준법」상 근로자로 인정되는 경우에만 적용된다.

2. 친족의 고용 · 산재보험 적용기준

(1) 사업주와 동거하고 있는 친족의 경우

사용자와 동거하고 있는 친족의 경우에는 임금 및 고용상태의 파악이 어렵고, 사회통념상 사용자와 생계를 같이 하는 것으로 근로자가 아니므로 고용 · 산재보험을 적용하지 않는다.

다만, 그 친족이 같은 사업장에 근무하는 일반근로자와 동일하게 "사업주의 지휘 · 감독하에서 상시 근로를 제공하고 그 대가로 임금형태의 금품을 지급받는 자"라는 사실관계가 명확하게 확인된 경우에는 고용 · 산재보험을 적용할 수 있다.

즉, 법인의 대표이사 동거 친족이 같은 사업장에 근무하는 다른 근로자와 동일한 근로조건하에 임금을 목적으로 근로를 제공하여 보수를 지급받는 경우에는 근로자로 인정하는 것이다.

---

53) 친족은 민법상의 친족(8촌 이내의 혈족, 4촌 이내의 인척 및 배우자)을 말하며, 동거 여부 및 친족 여부는 주민등록표나 가족관계증명서 등의 증빙서류를 통해 판단한다.

(2) 사업주와 동거하지 않는 친족의 경우

사업주와 동거하지 않는 친족은 일반적인 근로자 판단기준에 따라 판단한다. 동거하지 않는 친족은 일반적으로 근로자로 인정하여 고용·산재보험을 적용될 수 있다.

예외가 있으나, 일반적으로 다음과 같이 판단한다.

| 친족에 대한 근로자성 판단 |

구분	동거 여부	고용·산재보험
배우자	무관	비적용
배우자 외 (형제자매, 자녀 등)	동거	비적용
	비동거	적용

 Ⅸ **현장실습생**

1. 현장실습생과 근로자의 구분

학생들이 해당 분야의 전문 업무수행 역량을 배우는 교육 및 훈련 과정으로, 배움의 목적으로 현장에서 일과 학습을 함께하는 교육 프로그램으로 배움이 목적이기 때문에 노동관계법 적용과 관련하여 현장실습생은 근로자로 보지 않는 것이 원칙이다.

현장실습생의 경우 실습기관(사업장)과 학교(대학교 등) 및 학생은 실습기간과 장소, 실습시간, 실습비 지원 여부 등에 대하여 표준협약서를 작성하게 된다. 명시된 내용과 함께 학교에서 정한 실습(직업)교육훈련 과정에 의거하여 실습 계획에 따라 실습해야 하며 실습생을 전담하여 교육 및 훈련, 관리업무를 담당하는 담당자(지도자)가 있어야 한다. 실습생은 현장실습이 수업 및 교육의 연장이므로 출석 및 교육 이수에 관해 수행해야 하고, 실습기관은 이를 토대로 학교에 실습 내용에 대한 평가를 통보해야 한다.

그러나 근로기준법상 근로자의 해당 여부는 그 계약의 형태에 관계없이 그 실질에 있어 근로자가 사업(장)에서 임금을 목적으로 종속적인 관계에서 사용자에게 근로의 제공 여부에 따라 판단해야 하는 것으로, 현장실습생이더라도 그 실질이 임금을 목적으로 근로를 제공하는 경우라면 근로자에 해당되고 노동관계법이 적용된다.

현장실습생의 근로자 여부는 다음을 종합적으로 고려하여 판단하게 된다.
① 일반 근로자와 동일 또는 유사한 근무(실습)시간이 정해져 있는지 여부
② 일반 근로자와 동종 또는 유사업무의 수행, 생산과정의 직접 참여 및 보조 여부(특히 일반 근로자와 유사하게 연장·야간·휴일근로에 참여 여부)
③ 업무지시가 구체적으로 이루어지는지 여부
④ 보수의 성격이 근로의 대가인지 여부
⑤ 업무의 내용이 사용자에 의해 정해지고, 취업규칙·복무규정·인사규정 등의 규정 적용 여부, 업무수행 과정에 있어서도 사용자로부터 구체적이고 직접적인 지휘·감독을 받는지 여부
⑥ 근로자가 제3자를 고용하여 업무를 대행케 하는 등 업무의 대체성 유무
⑦ 비품·원자재·작업 도구 등의 소유관계
⑧ 기본급 또는 고정급이 정해져 있는지 여부, 근로소득세의 원천징수 여부
⑨ 근로제공 관계의 계속성과 사용자에의 전속성의 유무 및 정도
⑩ 사회보장제도에 관한 법령 등 다른 법령에 의하여 근로자로서 지휘를 인정해야 하는지 여부
⑪ 양 당사자의 경제적·사회적 조건, 현장실습생의 근로자성 판단 여부

만약 사업장이 현장실습생에게 근로관리 및 지휘 감독을 하게 된다면 이는 근로자성이 인정되어 일반 근로자와 마찬가지로 근로계약을 체결해야 한다. 만약 부득이하게 실습과 근로가 혼재한다면 표준협약서와 근로

계약서를 모두 작성하고 현장실습생의 관리와 별개로 근로자로 분리해서 관리해야 한다.

실무상 현장실습생 관리에서 근로자성이 인정되는지 여부가 가장 중요한 관점이다. 학교 및 학생과 표준협약서를 정확히 체결하고 교육과 훈련 목적에 어긋나지 않도록 주의하며 관리하여야 한다.

[현장실습생이 실질적으로 근로기준법상의 근로자로 인정되어 부당해고가 인정된 판례]

(중앙노동위원회, 사건: 2019부해839)

(판시사항)

현장실습생이 실질적으로 근로기준법상 근로자로 인정되어 5인 이상 사업장에 해당되며, 사용자가 근로자들을 해고하면서 구체적인 해고 사유를 고지한 사실이 없고 이를 기재한 서면통지도 하지 않아 절차상 하자가 있어 부당해고로 판정한 사례

(결정사항)

가. 상시근로자 수가 5명 이상인지 여부: 근로자성에 다툼이 있는 현장실습생의 경우 ① 근무시간과 근무장소가 정해져 있고 때로 근무시간을 초과하여 일한 것으로 보이는 점, ② 회사에 대학생 현장실습을 진행하기 위한 프로그램과 교육을 지도하기에 적합한 직원이 없었던 점, ③ 사용자의 지시를 받아 제품의 검수, 배송 및 포장 등의 업무를 수행하였고 그 수행 결과를 보고한 것으로 보여지는 점, ④ 법정 최저임금에는 미달하나 매월 일정한 고정액을 지급한 것으로 근로의 대가가 아니라고 단정하기 어려운 점 등을 고려하면 근로기준법상 근로자로 보는 것이 타당하고 산정기간 중 일별 근로자 수를 파악하면 법 적용 기준에 미달한 일수가 2분의 1 미만으로 확인되므로 5인 이상 사업장으로 볼 수 있다.

나. 해고의 정당성 여부: 사용자가 근로자들에게 구체적인 해고 사유를 고지한 사실이 없고 이를 서면으로 기재하여 통지하지 않아 절차의 하자가 있다.

---

2. 현장실습생의 4대보험 적용

현장실습생은 원칙적으로 근로자가 아니므로 사회보험 가입문제는 발생하지 않으나, 업무상 재해와 관련하여 산업재해보상보험법에서는 현장실습생에 대한 특례규정을 두고 있어 실습과 관련하여 입은 재해는 업무상의 재해로 보아 보험급여를 지급받을 수 있다.

그러므로 근로자성이 전혀 없는 현장실습생의 경우에는 4대보험 특례가 적용되어 산재보험만 적용한다. 신고가 완료되면 3일 내에 근로복지공단으로부터 현장실습생임을 증명하는 서류(학교·기업 간 협약서 등)의 제출요청이 있다.

구분	산재보험 고용신고	일용근로내용 확인신고
취득	보험료 부과구분: 52(산재만 부과) 사유: 03(현장실습생)	
상실	상실부호: 32(계약종료)	추가 신고 없음.
건설업	자진신고 사업장은 산재보험 고용신고 제외 업종이므로 신고 제외. 보험료는 정산해야 함.	
보수총액 (임금총액)	실습기관에서 지급하는 임금총액에 현장실습생에게 지급되는 훈련수당 등 모든 금품을 합산함[산업재해보상보험 적용범위 제3조(운영 등) 제2항].	
최저임금	현장실습생이 실습을 통해 회사로부터 얻는 금품은 임금이 아닌 실비적 금품이나 교육지원비의 성격이므로 최저임금제의 적용을 받지 않는다. 하지만 훈련수당 등의 임금총액이 최저임금액에 미달될 경우에는 최저임금액을 훈련수당으로 보고 재해 시 보험급여를 산정하므로 실습기관에서는 부득이한 경우가 아니라면 최저임금을 준수하여 급여를 책정하는 것이 합당함.	

I 근로기준법 적용범위

1. 근로자 5인 이상 사업장

「근로기준법」 적용범위는 상시 5명 이상의 근로자를 사용하는 사업 또는 사업장으로 규정하고 있다.

다만, 상시 5인 미만의 근로자를 사용하는 사업 또는 사업장에 대해서는 대통령령으로 정하는 바에 따라 「근로기준법」의 일부 규정을 적용할 수 있다고 규정하고 있다(근로기준법 11조 2항).

● 상시근로자 수

상시근로자 수의 산정은 산정기간 동안 사용한 근로자 연인원을 해당 기간의 사업장 가동일수로 나누면 된다. 이때 5인 미만이지만 5인 미만 일수가 50% 미만이면 5인 이상으로 보며, 5인 이상이더라도 5인 미만 일수가 50% 이상이면 5인 미만으로 본다.

상시근로자에 포함되는 근로자는 파견직과 용역근로자, 사용주를 제외한 정규직, 계약직, 4대보험 근로자, 아르바이트, 파트타임, 외국인 등 고용형태를 불문하고 모든 근로자가 상시근로자수에 포함된다.

동거가족끼리만 회사를 운영한다면 근로자로 보지 않는다. 다만, 동거가족 외 일반 근로자가 1명이라도 있다면 동거가족 4명도 상시근로자수에 포함하여 5인 이상 사업장에 해당되는 것이다.

예 평일 근로자수는 월~토 5명, 일요일 2명으로 7일간 총 32명인 경우: 7일간의 근로자 연인원 32명을 해당 기간 사업장 가동일수 7일로 나누면 5인 미만이나, 5인 미만 일수가 50% 미만이므로 5인 이상 사업장으로 볼 수 있다.

2. 근로자 5인 미만 사업장에 적용되는 규정

(1) 근로계약서 작성 및 교부(근로기준법 제17조)

근로자를 채용할 때에는 반드시 근로계약서를 서면으로 작성하고 근로자가 요구하지 않더라도 사업주는 원칙적으로 교부의무가 있으며, 위반 시 500만 원 이하의 벌금이 부과된다. 다만, 단체협약 또는 취업규칙 등이 변경되는 경우 근로자 요구에 한하여 근로자에게 교부하는 경우도 있다. 근로계약 체결 시에 근로조건을 명시한 경우 그 내용대로 근로계약은 성립되며, 근로자가 실제로 그 내용을 몰랐다고 하더라도 근로계약의 무효를 주장할 수는 없다.

● 근로계약서에 명시되어야 하는 내용

(1) 일반근로자의 경우(근로기준법 제17조)
① 임금의 구성항목, 계산방법, 지급방법, ② 소정근로시간, ③ 주휴일,
④ 연차휴가, ⑤ 취업장소와 종사업무, ⑥ 취업규칙의 필요적 기재사항
이때 '①~④'까지는 서면에 명시되어야 한다.

(2) 기간제·단시간근로자의 경우(기간제법 제17조)
① 임금의 구성항목, 계산방법, 지급방법, ② 근로시간, 휴게, ③ 휴일,
④ 연차휴가, ⑤ 취업장소와 종사업무, ⑥ 근로계약기간, ⑦ 근로일, 근로일별 근로시간(단시간근로자)
이때 '①~⑦'까지는 서면에 명시되어야 한다.

(3) 연소근로자(만 15세 이상~만 18세 미만, 근로기준법 제67조)
① 임금의 구성항목, 계산방법, 지급방법, ② 소정근로시간, ③ 주휴일,
④ 연차휴가, ⑤ 취업장소와 종사업무, ⑥ 취업규칙의 필요적 기재사항,
⑦ 기숙사규칙 내용
이때 '①~⑦'까지는 서면에 명시되어야 한다.

(4) 근로계약서 미작성 시 과태료
① 근로계약서 미작성 시 500만 원의 벌금 또는 과태료 부과
② 최저임금 미달 계약서 작성 시 2,000만 원 이하의 과태료 부과 또는 3년 이하의 징역
③ 입·퇴사 미신고 혹은 고용보험 미가입 시 300만 원의 과태료 부과

❑ **기간제·단시간근로자의 근로계약서**

기간제 근로자는 기간의 정함이 있는 근로계약을 체결한 근로자로서 기간을 정한 사유, 기간의 장단, 명칭 등에 관계없이 기간을 정한 근로계약을 체결하여 고용된 근로자를 말한다.

예시 ① 주5일, 일 6시간(근로일별 근로시간 같음)
- 근로일 : 주5일, 근로시간 : 매일 6시간
- 시업 시각 : 09시 00분, 종업 시각: 16시 00분
- 휴게 시간 : 12시 00분부터 13시 00분까지
- 주휴일 : 일요일

예시 ② 주2일, 일 4시간(근로일별 근로시간 같음)
- 근로일 : 주2일(토, 일요일), 근로시간 : 매일 4시간
- 시업 시각 : 20시 00분, 종업 시각: 24시 30분
- 휴게 시간 : 22시 00분부터 22시 30분까지
- 주휴일 : 해당 없음.

예시 ③ 주5일, 근로일별 근로시간이 다름(주휴일 : 일요일)

	월요일	화요일	수요일	목요일	금요일
근로 시간	6시간	3시간	6시간	3시간	6시간
시업	09시 00분	09시 00분	09시 00분	09시 00분	09시 00분
종업	16시 00분	12시 00분	16시 00분	12시 00분	16시 00분
휴게 시간	12시 00분 ~ 13시 00분	-	12시 00분 ~ 13시 00분	-	12시 00분 ~ 13시 00분

예시 ④ 주3일, 근로일별 근로시간이 다름(주휴일 : 일요일)

	월요일	화요일	수요일	목요일	금요일
근로 시간	4시간	-	6시간	-	5시간
시업	14시 00분	-	10시 00분	-	14시 00분
종업	18시 30분	-	17시 00분	-	20시 00분
휴게 시간	16시 00분 ~16시 30분	-	13시 00분 ~ 14시 00분	-	18시 00분 ~ 19시 00분

※ 기간제 · 단시간근로자 주요 근로조건 서면 명시 의무 위반 적발 시 과태료(인당 500만 원 이하) 즉시 부과에 유의(2014. 8. 1.부터)

● 급여명세서 교부 의무

(1) 개요

급여명세서란 근로자가 일정 기간 근무한 대가로 받는 급여에 대해 지급 내역과 공제 내역을 기재한 문서이다. 근로기준법에 따라 2021년 11월 19일부터 모든 사업자는 급여를 지급할 때 근로자에게 급여명세서도 함께 의무적으로 교부해야 하며, 3년간 증빙서류를 보관해야 한다. 5인 미만 사업장도 필수 기재 사항이 포함된 급여명세서를 근로자에게 교부하여야 한다.

(2) 급여명세서 교부 방법

서면, 문자메시지, 이메일, 메신저 등 서면 또는 「전자문서 및 전자거래기본법」에 따른 전자문서로 교부해야 한다.

전자우편(이메일)이나 휴대전화 문자메시지(SNS 또는 MMS), 모바일 메신저 등을 통해 임금명세서를 작성 · 전송할 수 있다. 이메일, 문자메시지, 카카오톡 등 메신저로 임금명세서를 발송한 경우 일반적으로 '발송된 때'를 임금명세서를 교부한 것으로 볼 수 있다.

또한, 사내 전산망 등에 근로자가 개별적으로 접근해 열람하고 출력할 수 있도록 올릴 수도 있는데, 사내전산망으로 임금명세서를 교부한다는 것을 알려야 한다. 이 경우 사내전산망의 정보처리시스템에 임금명세서가 '입력된 때'에 교부한 것으로 볼 수 있다.

(3) 급여명세서 필수 기재사항

① 성명
② 생년월일, 사원번호 등 근로자를 특정할 수 있는 정보
③ 임금지급일
④ 근로일수
⑤ 임금총액
⑥ 총 근로시간수
⑦ 연장근로, 야간근로 또는 휴일근로를 시킨 경우에는 그 시간수
⑧ 기본급, 각종 수당, 상여금, 성과금, 그 밖의 임금의 항목별 금액
⑨ 임금의 각 항목별 계산 방법 등 임금 총액을 계산하는 데 필요한 사항
⑩ 공제 항목별 금액과 총액

다만, 30일 미만 일용근로자의 경우 생년월일, 사원번호 등 근로자를 특정할 수 있는 정보를 기재하지 않을 수 있으며, 근로시간 규정이 적용되지 않는 상시 4인 이하 사업장의 근로자 또는 대통령령에 의한 업무를 담당하는 근로자는 예외 대상이 되어 연장·야간·휴일근로 시간을 기재하지 않을 수 있다.

1) 성명, 생년월일, 사원번호 등 근로자를 특정할 수 있는 정보
근로자를 특정할 수 있다면 성명만을 기재할 수 있다.
다만, 동명이인이 있을 수 있으므로 성명 외에도 생년월일, 사원번호, 부서 등을 기재하여 근로자를 특정하는 것이 필요하다.
근로자를 특정하는 정보에 관한 근로기준법 시행령 규정은 예시적 규정이므로, 사업장에서 자율적으로 기재사항을 정할 수 있다.

2) 임금지급일
임금지급일은 특별히 정한 바가 없다면 정기지급일을 말하며, 불가피하게 정기지급일에 임금을 지급하지 못하더라도 임금총액 등에 대하여 노사 간 다툼이 발생하지 않도록 가급적 정기지급일에 임금명세서를 교부하여야 할 것이다.

3) 임금총액
근로소득세 등 공제 이전 임금총액을 기재해야 하며, 근로소득세, 사회

보험료 근로자부담분 등을 공제한 경우에는 공제 후 실지급액을 함께 기재한다.

4) 임금의 구성항목별 금액
- 기본급과 각종 수당(연장·야간·휴일근로수당, 가족수당, 식대, 직책수당 등), 상여금, 성과금 등 임금을 구성하는 모든 항목을 포함해야 하며, 그 금액도 기재해야 한다.
- 근로자별로 지급되는 임금항목이 다를 경우 근로자별로 해당 임금항목만 기재할 수 있다. 예컨대, 특정 자격증 소지자에게 자격수당을 지급하는 사업장의 경우 해당 근로자의 임금명세서에만 기재하면 된다.

5) 임금의 구성항목별 계산방법
- 임금의 구성항목별 금액이 어떻게 산출되었는지 산출식 또는 산출방법을 작성하되, 근로자가 바로 알 수 있도록 구체적인 수치가 포함된 산출식을 적거나 지급요건을 기재한다.
- 임금 구성항목별 계산방법은 임금명세서에 별도로 작성란을 마련하여 기재할 수도 있고, 해당 임금항목란에 그 계산방법을 기재한다.
- 연장·야간·휴일근로를 하는 경우 추가된 근로시간에 대한 임금 이외에 가산수당이 발생하므로, 실제 연장·야간·휴일근로 시간 수를 포함하여 계산방법을 작성한다.

  예 연장근로수당 288,000원 = 16시간 × 12,000원 × 1.5

  * 연장 및 휴일근로의 경우 소정근로시간을 넘어 추가적인 근로에 해당하므로 통상임금의 1.5배를 지급해야 하나, 소정근로시간에 해당하는 야간근로의 경우에는 통상임금의 50%를 가산하여 임금을 지급한다.

  다만, 상시 근로자 5인 미만 사업장의 경우에는 「근로기준법」제56조(연장·야간·휴일근로에 따른 가산임금)가 적용되지 않고, 농·수·축산업 및 감시·단속적 근로자에게는 근로시간 관련 규정이 적용되지 않는다(근로기준법 163조).

- 모든 임금 항목에 대한 산출식 또는 산출방법을 기재할 필요는 없으며, 출근일수·시간 등에 따라 금액이 달라지는 항목에 대해서만 계산방법을 작성한다.

  예 ① 사업장에 출근한 경우에만 지급(재택근무 시에는 미지급)되는 통근수당 또는 식대의 경우 출근일수 기재

② 월 15일 이상 근무 등의 조건으로 지급되는 임금항목의 경우 해당 지급요건 충족 여부 등

　　　③ 일·숙직수당의 경우 그 일수 기재

　　　④ 연장·야간·휴일수당의 경우 해당되는 근로시간 수를 기재

6) 공제항목별 금액과 총액 등 공제내역
- 근로기준법 제43조 제1항 단서에 따라 임금의 일부를 공제한 경우 그 항목과 금액을 기재한다.

　예 근로소득세, 사회보험료 근로자부담분, 노동조합 조합비 등
- 근로소득세 세율, 사회보험의 보험요율에 대해서는 관련 법률에서 규정하고 있으므로 그 계산방법을 기재하지 않아도 된다.

(4) 급여명세서 작성방법

1) 임금 항목과 지급액

　매월 지급하는 임금 및 격월 또는 부정기적으로 지급하는 임금(명절상여금, 하계휴가비 등)도 기재해야 한다.

2) 공제 항목과 공제액

　법령이나 단체협약에 따라 임금의 일부를 공제하는 경우 그 항목과 금액을 기재해야 한다. 근로소득세율, 사회보험료율은 계산방법을 기재하지 않아도 된다.

3) 계산방법

　시간급, 일급, 연장, 야간, 휴일근로수당과 같이 출근일수, 시간 수 등에 따라 금액이 달라지는 임금항목은 계산방법을 작성해야 한다.

　예 • 매월 20만 원씩 고정적으로 지급되는 식대: 기재할 필요 없다.
　　 • 근로일수에 따라 일당 7천원씩 지급되는 식대의 경우: 18일(근로일수)×7,000원으로 작성

4) 연장·야간·휴일근로수당
- 해당 월의 실제 근로한 연장·야간·휴일근로시간 수, 통상시급, 가산율이 명시된 계산방법으로 작성해야 한다.

　예 연장근로수당 288,000원: 16시간 × 12,000원 × 1.5
- 상시 5인 미만 사업장의 경우 연장·야간·휴일근로에 대한 가산율

을, 농수축산업, 감시 · 단속적 근로자의 경우 연장 · 휴일근로에 대하여 가산율을 기재하지 않아도 된다.
- 연장(휴일)근로를 야간(오후 10시부터 다음 날 6시 사이)에 하는 경우 하나의 항목으로 작성할 수도 있고, 각각의 항목으로 나누어서 작성할 수도 있다.
  예) 연장근로수당 96,000원: 4시간 × 12,000원 × 2.0
     연장근로수당 72,000원: 4시간 × 12,000원 × 1.5
     야간근로수당 24,000원: 4시간 × 12,000원 × 0.5
- 휴일근로수당은 하루 8시간을 기준으로 가산율을 달리 기재해야 한다.
  예) 휴일근로수당 144,000원: 8시간 × 12,000원 × 1.5
     휴일근로수당 192,000원: (8시간 × 12,000원 × 1.5)
                        +(2시간 × 12,000원 × 2.0)

5) 근로일수
명확한 지침이 있는 것은 아니므로 주말을 포함한 일수를 계산하여 기재한다.
예) 11월 1달 만근: 30일/11월 15일 입사 30일까지 근무=16일 등

6) 급여명세서 의무 위반 시 제재
위반 시 사용자에게 500만 원 이하의 과태료가 부과된다.

위반행위	과태료 금액		
	1차	2차	3차
임금명세서를 교부하지 않은 경우	30만 원	50만 원	100만 원
임금명세서에 기재사항을 기재하지 않거나 사실과 다르게 기재하여 교부한 경우	20만 원	30만 원	50만 원

(2) 해고예고 및 해고예고수당(근로기준법 제26조)

사용자는 근로자를 해고(경영상 이유에 의한 해고 포함)하려면 적어도 30일 전에 예고를 해야 하고, 30일 전에 예고를 하지 않았을 때는 30일분 이상의 통상임금을 지급하여야 한다.

다만, 천재지변 그 밖의 부득이한 사유로 사업을 계속하는 것이 불가능한 경우 또는 근로자가 고의로 사업에 막대한 지장을 초래하거나 재산상 손해를 끼친 경우로서 고용노동부령으로 정하는 사유에 해당하는 경우에는 그러하지 않는다.

(3) 임금 지급 관련(근로기준법 제43조)

5인 미만 사업장에도 임금을 통화로 직접 근로자에게 그 전액을 지급해야 하며, 매월 1회 이상 일정한 날짜를 정해서 지급하여야 한다.

(4) 최저임금 이상 지급

국가가 법적 강제력을 가지고 임금의 최저한도를 정하고, 사용자는 그 이상의 임금을 지급하여야 한다.

(5) 퇴직금 지급

퇴직금은 「근로자퇴직급여보장법」이 정하는 바에 따르도록 하고 있으며, 사용자는 「근로자퇴직급여보장법」에서 정하고 있는 퇴직급여제도 중 하나 이상의 제도를 설정하여야 하며, 퇴직급여제도는 퇴직금제도 및 퇴직연금제도로 이루어져 있다.

즉, 사용자는 계속근로연수 1년에 대하여 30일분 이상의 평균임금을 퇴직금으로 근로자에게 지급하여야 한다.

(6) 주휴일(근로기준법 제55조): 주휴수당

사용자는 근로자에게 1주에 평균 1회 이상의 유급휴일을 보장해야 한다.

(7) 출산전후휴가, 육아휴직(근로기준법 제74조)

사용자는 임신 중의 여성에게 출산 전과 출산 후를 통하여 90일(한 번에 둘 이상 자녀를 임신한 경우에는 120일)의 출산전후휴가를 주어야 한다. 이 경우 휴가 기간의 배정은 출산 후에 45일(한 번에 둘 이상 자녀를 임신한 경우에는 60일) 이상이 되어야 한다.

(8) 휴게시간

근로기간이 4시간인 경우 30분, 8시간인 경우에는 1시간 이상의 휴게시간을 주어야 한다.

3. 근로자 5인 미만 사업장에 적용되지 않는 규정

(1) 해고제한, 해고의 서면통지

사용자는 근로자에게 정당한 이유 없이 해고, 휴직, 정직, 전직, 감봉, 그 밖의 징벌(부당해고 등)을 하지 못하며, 근로자를 해고하려면 해고사유와 해고시기를 서면으로 통지해야 하나, 5인 미만 사업장에는 해당 규정이 적용되지 않는다.

(2) 부당해고 등의 구제신청

부당해고 등을 하면 근로자는 노동위원회에 부당해고 등이 있었던 날로부터 3개월 이내에 구제신청을 할 수 있으나, 5인 미만 사업장에는 해당 규정이 적용되지 않는다.

(3) 휴업수당

사업주의 귀책사유로 휴업을 하는 경우 사용자는 휴업기간 동안 근로자에게 평균임금의 70% 이상의 수당을 지급해야 하나, 5인 미만 사업장에는 해당 규정이 적용되지 않는다.

(4) 연장, 야간 및 휴일근로

연장·휴일·야간근로 시에는 초과근무에 대한 가산수당을 지급해야 하는데, 5인 미만 사업장에는 적용되지 않는다.

(5) 연차유급휴가

사용자는 1년간 80% 이상 출근한 근로자에게 유급휴가를 주어야 하나, 5인 미만 사업장에는 해당 규정이 적용되지 않는다.

(6) 생리휴가

사용자는 여성근로자가 청구 시 월 1일의 무급생리휴가를 주어야 하나, 5인 미만 사업장에는 해당 규정이 적용되지 않는다.

Ⅱ 근로기준수당, 법정수당

1. 근로시간

(1) 법정근로시간(근로기준법 제50조)

1주간의 근로시간은 휴게시간을 제외하고 40시간을 초과할 수 없고, 1일의 근로시간은 휴게시간을 제외하고 8시간을 초과할 수 없다. 1일이란 오전 0시부터 오후 12까지를 말한다. 이때 휴게시간은 근로시간 중간에 4시간은 30분, 8시간은 1시간의 휴식을 보장받아야 하며, 근무시간에 포함한다. 근로시간을 산정함에 있어 작업을 위하여 근로자가 사용자의 지휘·감독 아래에 있는 대기시간 등도 근로시간으로 본다.

(2) 연장근로(근로기준법 제53조)

당사자 간에 합의하면 정산기간을 평균하여 1주간에 12시간을 초과하지 아니하는 범위에서 선택적으로 근로시간을 연장할 수 있다.

사용자는 특별한 사정이 있으면 고용노동부장관의 인가와 근로자의 동의를 받아 근로시간을 연장할 수 있다. 다만, 사태가 급박하여 고용노동부장관의 인가를 받을 시간이 없는 경우에는 사후에 지체 없이 승인을 받아야 한다.

근로시간의 연장이 부적당하다고 인정하면 그 후 연장시간에 상당하는 휴게시간이나 휴일을 줄 것을 명할 수 있다.

(3) 주 52시간 근로제도

2018년 개정된 근로기준법에서 "1주"란 휴일을 포함한 7일을 말하며, 주중 40시간과 주중 연장과 휴일근로를 합쳐서 법정근로시간은 총 52시간이다. 그러므로 특례업종이 아닌 이상 이유를 막론하고 근로자에게 주 52시간 이상의 근로를 요구할 수 없다.

다만, 사업 규모별로 단계적으로 시행된다.

① 300인 이상 사업장, 공공기관 등: 2018. 7. 1. 이후 시행
② 50인 이상 299인 이하 사업장: 2020. 1. 1. 이후 시행
③ 5인 이상 49인 이하 사업장: 2021. 7. 1. 이후 시행

위반 시 형사처벌이 따르는데 1주, 즉 7일 동안 12시간 이상 연장근로할 경우 2년 이하 징역 또는 1천만 원 이하의 벌금이 부과된다.

근로시간 및 휴게시간의 특례(특례업종)

다음의 어느 하나에 해당하는 사업에 대하여 사용자가 근로자대표와 서면으로 합의한 경우에는 주 12시간을 초과하여 연장근로를 하게 하거나 휴게시간을 변경할 수 있다.

① 육상운송 및 파이프라인 운송업. 다만, 「여객자동차 운수사업법」 제3조 제1항 제1호에 따른 노선(路線) 여객자동차운송사업은 제외한다.
② 수상운송업
③ 항공운송업
④ 기타 운송관련 서비스업
⑤ 보건업

사용자는 근로일 종료 후 다음 근로일 개시 전까지 근로자에게 연속하여 11시간 이상의 휴식 시간을 주어야 한다.

구분	기준근로시간		연장근로	야간근로	휴일근로
	1일	1주			
정의			기준근로시간을 초과하는 시간	오후 10시부터 오전 6시까지의 근로	법정휴일, 약정 휴일의 근로
일반근로자	8시간	40시간	1주 12시간	-	-
산후 1년 미만 여성	8시간	40시간	1일 2시간 1주 6시간 1년 150시간	고용노동부 장관 인가	고용노동부 장관 인가
임신여성	8시간	40시간	불가	명시적 청구 고용노동부 장관 인가	명시적 청구 고용노동부 장관 인가
18세 미만	7시간	35시간	1일 1시간 1주 5시간	고용노동부 장관 인가	고용노동부 장관 인가
유해위험	6시간	34시간	불가	-	-

● 가족돌봄 등 근로시간 단축제도

(1) 가족돌봄 등 근로시간 단축제도 개요

(단축사유) 가족돌봄(간병), 본인 건강, 학업, 은퇴준비(55세 이상)

(단축시간) 주당 소정근로시간 15~30시간 이내로 단축하여야 함.

(단축기간) 최초 1년(1회 연장하여 총 3년까지 가능, 단 학업사유는
총 1년)

(근로조건 보호) 해고나 불리한 처우 금지, 연장근로 요구 불가 등

(2) 근로시간 단축 허용 예외 사유

- 근로자의 계속 근로기간이 6개월 미만
- 대체인력 채용이 불가한 경우(직업안정기관에 구인신청 후 14일 이상)
- 근로시간 분할 수행이 곤란하거나 정상적인 사업 운영에 중대한 지장을 초래하는 경우(사업주가 이를 증명하는 경우)
- 가족돌봄 등 근로시간 단축 종료일로부터 2년이 지나지 않은 경우

(3) 시행시기

- 2020년 1월 1일 공공기관 및 300인 이상 사업장
- 2021년 1월 1일 30인 이상 사업장
- 2022년 1월 1일 1인 이상 사업장

● 임신근로자 보호법

육아휴직, 업무시간 유연적 활용, 시간 외 근로 금지 등 임신근로자를 보호하는 제도를 의미한다. 임신 중 육아휴직, 출산 후 육아휴직을 합쳐 총 1년 이내로 사용가능하며, 이를 허용하지 않으면 사용자에게 500만 원 이하의 과태료가 부과된다. 다만, 정상적인 사업 운영에 막대한 지장을 초래한다면 허용하지 않을 수 있다. 또한 근로시간 단축제도와 함께 사용하는 것도 가능하다.

- 임신근로자 보호법 신청절차
  ① 업무시간 변경 개시 예정일의 3일 전까지 신청
  ② 신청서와 의사 진단서를 제출(진단서는 최초 1회만)

③ 신청서에 임신기간, 업무시간 변경 개시 및 종료 예정일, 업무 시작 및 종료 시간 기재

2. 휴일 및 휴가

근로기준법 제55조 제1항에는 '사용자는 근로자에게 1주에 평균 1회 이상의 유급휴일을 보장하여야 한다.'라고 주휴일에 대한 부분이 언급되어 있으며, 그 외 법정휴일은 공휴일에 관한 법률을 통해 정하고 있다. 법으로 정하고 있지 않은 휴일은 회사 자체에서 노사가 약정한 휴일이 있다.

구분	내역	유/무급
법정휴일	주휴일, 근로자의 날, 공휴일, 대체공휴일	유급
약정휴일	단체협약, 취업규칙 등으로 노사간 정한 휴일	유급 또는 무급

(1) 법정휴일(유급휴일)

① 「근로기준법」에 따른 '주휴일'
   주휴일을 특정일에 부여하여야 한다고 정하고는 있지 않으므로, 주휴일을 반드시 일요일에 부여해야 하는 것은 아니다.
② 「근로자의 날 제정에 관한 법률」에 따른 '근로자의 날'(매년 5월 1일)
③ 관공서의 공휴일(일요일 제외)과 대체공휴일도 다음과 같이 유급휴일로 의무적용한다.
   ㉠ 300인 이상: 2020. 1. 1. 이후 시행
   ㉡ 30~300인 미만: 2021. 1. 1. 이후 시행
   ㉢ 5~30인 미만: 2022. 1. 1. 이후 시행

2022년부터 5인 이상 30인 미만의 민간기업도 명절, 국경일 등 관공서

의 공휴일(일요일은 제외)과 대체공휴일을 유급휴일로 보장해야 한다(민간기업의 경우 근로기준법 제55조 제1항에 따라 주 1회 이상의 유급 주휴일을 부여하므로 관공서 공휴일 중 일요일은 민간기업에 적용되는 공휴일에서 제외).

종전에는 관공서 공휴일이 민간기업의 법정 유급휴일이 아니었으나, 2020년부터 기업규모에 따라 단계적으로 법정 유급휴일로 적용되고 있다. 한편, 공휴일(대체공휴일 포함)에 불가피하게 근무할 수밖에 없는 경우에는 근로자대표와 서면합의를 통해 공휴일에 근무하는 대신 다른 근로일을 특정하여 유급휴일로 부여(휴일대체)할 수 있다. 그러나 연차유급휴가로 대체할 수는 없다. 만약 휴일대체를 하지 않은 채 근로자가 공휴일(대체공휴일 포함)에 근로를 했다면 휴일근로 가산수당을 포함한 임금을 추가로 지급해야 한다.

* 8시간 이내의 휴일근로 → 50% 가산, 8시간 초과한 휴일근로 → 100% 가산

❏ **근로기준법 공휴일 연차대체제도 폐지**

공휴일 연차대체제도란 근로자 동의하에 회사가 임의로 국경일, 명절 등 공휴일에 쉬는 것을 연차로 차감할 수 있는 제도이다. 2022년 1월 1일부터는 공휴일 연차대체는 합의해도 인정되지 않는다.

【사례】 2년 차 직원 기준(연차 15일 제공)
① 기존: 회사와 합의 후 명절 6일은 연차로 대체하여 연차유급휴가 9개 사용
② 개정: 법정공휴일이 전부 유급휴일이며, 연차유급휴가 15개 사용
   5인 이상 30인 이하 사업장에도 의무로 적용되며, 이를 어길 시 최대 2천만 원까지 과태료 및 벌금이 부과된다.

(2) 법정외휴일(약정휴일)

법정외휴일은 「근로조건자율결정원칙」에 따라 사용자와 근로자가 서로 약속하여 정한다는 의미에서 약정휴일이라고 한다. 약정휴일은 의무화되어 있지 않기 때문에 부여여부, 부여대상일, 임금지급여부, 부여요건 등은 원칙적으로 근로자와 사용자가 자율적으로 결정할 사항이다(유급휴일 또는 무급휴일).

따라서 여름휴가일 등은 법정공휴일이 아니므로 취업규칙에 이와 같은 임의휴일을 연차휴가로 대체하는 규정을 둘 수 있다.

(3) 대체휴일제

휴일의 대체는 '특정한 휴일을 근로일로 하고 대신에 통상의 근로일을 휴일 대체할 수 있는 제도'를 말한다. 이는 법에 규정되어 있는 제도는 아니지만 법원 및 고용노동부가 그 효력을 인정하고 있는 제도이다.

적법하게 휴일이 대체되면 당초의 휴일은 근로일이 되므로 해당 일에 근로를 하더라도 사용자는 근로자에게 휴일근로수당을 지급할 의무가 없게 된다(임금근로시간정책임-1815, 2006. 7. 21.).

1) '단체협약·취업규칙 등의 규정'이나 '근로자의 동의' 중 선택적으로 한 가지만 충족하면 휴일 대체할 수 있다.

또한 '단체협약 등의 규정'이나 '근로자의 동의'가 있다 하더라도 휴일 대체를 하기 위해서는 사전에 대체할 휴일을 특정하여 근로자에게 고지하여야 한다. 사전 고지에 관하여 고용노동부는 휴일대체사실에 관하여 적어도 근로하기 '24시간 이전'에 해당 근로자에게 알려줄 것을 요구한다(근기 68207-806, 1994. 5. 16.).

이때 구두로도 가능하긴 하나 고지 사실을 명확히 하기 위하여 근무표 작성 및 서명 등 서면으로 하는 것이 바람직하다.

2) 관공서의 공휴일의 대체

2022년 1월 1일부터 5인 이상의 근로자를 사용하는 사업 또는 사업장의 경우 관공서의 공휴일에 관한 규정에 따른 공휴일 및 대체공휴일을 유급으로 보장해야 한다.

해당 휴일의 경우 근로기준법에 따라 근로자대표와 서면으로 합의한 경우에 특정한 근로일로 대체할 수 있다.

3) 근로자의 날(5월 1일)의 대체

근로자의 날(5월 1일)은 법정 유급휴일이지만 근로기준법에서 휴일근로 대체가 가능한 휴일에서 제외하고 있으므로 노사가 합의하더라도 다른 날로 휴일을 대체할 수 없다(근기 68207-806, 1994. 5. 16). 즉, 근로자의 날에 근로하고 다른 특정 근로 일에 쉬기로 사전에 정하였다 하더라도 근로자의 날에 근로한 대가는 휴일근로임금과 휴일근로가산수당이 포함된 금액인 것이다.

(4) 보상휴가제

보상휴가제는 '근로자대표와의 서면 합의에 따라' 연장·야간·휴일근로에 대하여 임금을 지급하는 것을 갈음하여 휴가를 줄 수 있는 제도를 말한다.

1) 휴일근로수당을 갈음하여 휴가를 부여하는 것으로 가산분의 휴일을 추가 지급해야 한다. 8시간 이내의 근로의 경우 해당 근로시간의 1.5배 휴가를 부여해야 하며, 8시간을 초과한 근로에 대해서는 해당근로시간의 2배를 가산한 휴가를 부여해야 한다.

예를 들어, 휴일 8시간을 근로한 경우 12시간(8시간×1.5배)의 휴가를 부여해야 하며, 10시간을 근무한 경우 16시간(8시간×1.5배 + 2시간×2배)의 휴가를 부여해야 한다.

2) 보상휴가제는 '근로자대표'와의 '서면 합의'하여야 한다.

근로자대표는 사업 또는 사업장에 근로자의 과반수로 조직된 노동조합이 있는 경우에는 그 노동조합의 대표자 또는 대표권을 위임받은 자, 근로자의 과반수로 조직된 노동조합이 없는 경우에는 근로자의 과반수를 대표하는 자가 된다.

과반수 노조가 없어 근로자대표를 선정하는 경우 근로자들의 자유로운 의사에 따라 후보자를 선출하고, 근로자대표에게 주어지는 대표권 행사의 내용을 주지시킨 상태에서 근로자 과반수의 의사를 모으는 방식으로 선출해야 한다. 근로자대표의 구체적인 선출 방법이나, 선출 인원에 제한은 없으며 근로자대표 선정과 관련한 문서는 비치 보존하여 향후 논란의 여지를 없애는 것이 바람직하다(유연근로제가이드, 고용노동부, 2018. 6. 26.).

① 휴가 부여방식 : 보상휴가제를 전체 근로자에게 일률적으로 적용할 것인지, 희망하는 근로자에 한하여 적용할 것인지

② 임금청구권 : 휴가청구권과 임금청구권을 선택적으로 인정할 것인지, 임금청구권을 배제하고 휴가청구권만 인정할 것인지

③ 보상휴가 부여 기준 : 보상휴가 대상을 연장·야간·휴일근로에 대한 가산임금을 포함한 전체 임금으로 할지, 가산임금으로만 할지(ex. 휴일에 8시간 근로한 경우 가산된 12시간을 모두 휴가로 부여할 것인지, 8시간은 임금으로 지급하고 4시간만 휴가로 부여할 것인지 여부)

이외에도 보상휴가의 사용 기한이나 사용방법(일 단위 또는 시간 단위 사용 원칙 등)도 정하여야 한다.

3) 보상휴가는 근로자의 날에도 적용할 수 있고, 근로자의 날에 근무를 하였을 경우에 노사 간의 서면 합의로 보상휴가제를 실시하기로 하였다면 근로자의 날은 유급휴일이므로 그날 근로한 것에 대해서는 휴일근로 가산수당을 지급하거나 이에 갈음하여 보상휴가제를 실시할 수 있다. 사용기간은 누적하여 사용할 수 있으며 사용기간에 제한은 없으나, 사용하지 않고 퇴사하는 때에는 금전으로 보상하여야 한다. 유급휴가는 소정근로시간 중에 제공하여야 하며, 보상휴가제는 연차유급휴가가 아니므로 연차유급휴가 촉진 제도 대상에 해당하지 않는다는 것이 고용노동부의 입장이다.

구 분	기업운영방식	법적기준	
		휴일대체	보상휴가제
대체(보상) 대상	연장 및 휴일근로	휴일근로	연장, 야간 및 휴일근로
운영요건	개인 동의	개인동의 대체일 사전 특정	근로자 대표 서면 합의
운영효과	근로시간 1:1 ex) 휴일근로 8시간 →휴가 8시간 부여	근로시간 1:1 ex) 휴일근로 8시간 →휴가 8시간 대체	근로시간 1:1.5 ex) 휴일근로 8시간 →휴가 12시간 부여

* 법적으로 연장근로 및 휴일근로에 대해 이를 수당으로 지급하지 않고 휴가로 부여하는 경우는 보상휴가제만 할 수 있다.

3. 연차유급휴가

근로기준법상 사용자는 1년 동안 80% 이상 출근한 근로자에게 15일의 유급휴가를 주어야 한다. 3년 이상 계속하여 근로한 근로자에게는 최초 1년을 초과하는 계속 근로 연수 매 2년에 대하여 1일의 유급휴가를 추가로 주어야 한다. 이와 같이 추가로 부여되는 휴가를 포함한 총 휴가 일수는 25일을 한도로 한다.

한편, 계속하여 근로한 기간이 1년 미만인 근로자 또는 1년 동안 80% 미만 출근한 근로자에게는 1개월 개근 시마다 1일의 유급휴가를 주어야 한다. 1년 이상 계속 근로한 근로자의 연차유급휴가는 발생일로부터 1년간 사용할 수 있다. 다만, 계속 근로한 기간이 1년 미만인 근로자의 연차유급휴가는 입사일로부터 최초 1년의 근로가 끝날 때까지 사용할 수 있다.

연차유급휴가를 부여받은 근로자는 원하는 시기에 휴가를 청구해 사용할 수 있고, 사용자는 그 기간에 대해 취업규칙이 정하는 통상임금 또는 평균임금을 지급해야 하는데. 이때 지급하는 통상임금 또는 평균임금이 연차유급휴가수당이다.

연차유급휴가와 관련한 수당으로는 연차유급휴가수당과 연차유급휴가 미사용수당이 있으나 여기에서는 연차유급휴가 미사용수당을 말한다.

(1) 연차휴가일수의 산정

① 입사일기준으로 부여하는 경우

구분	연차휴가일수
1년 미만 근무자	1개월 만근 시 1일(최대 11개)
1년 이상 3년 미만 근무자(80% 이상 출근자)	매년 15일
3년 이상 근무자(80% 이상 출근자)	15일+[(계속근로연수−1)/2×1] : 최대 25일
80% 미만 출근자	1개월 만근 시 1일

만근 연수	1년	2년	3년	4년	5년	6년	7년	8년	9년	10년	11년
휴가 일수	15	15	16	16	17	17	18	18	19	19	20
만근 연수	12년	13년	14년	15년	16년	17년	18년	19년	20년	21년 이후	
휴가 일수	20	21	21	22	22	23	23	24	24	25	

② 회계연도단위로 일률적으로 연차휴가를 부여하는 경우

연차휴가를 관리목적상 근로자의 입사일을 기준으로 하여 부여하지 않고 회계연도단위로 일률적으로 부여할 수 있다. 이러한 방식으로 연차휴가를 부여할 경우 유의하여야 할 점은 연차 휴가 산정기간을 노무관리의 편의를 위해 회계연도를 기준으로 전 근로자에 일률적으로 적용하더라도 근로자에게 불리하지 않아야 하므로 퇴직시점에서 총 휴가일수가 근로자의 입사일을 기준으로 산정한 휴가일수에 미달하는 경우에는 그 미달하는 일수에 대하여 연차유급휴가미사용수당으로 정산하여 지급하여야 한다는 점이다(근로기준과-5802, 2009. 12. 31.).

❑ 20×1년. 7. 1. 입사자의 연차휴가일수 산정

구분	연차휴가일수
20×1년 7. 1.~12. 31.	매월 개근한 경우 개근한 달의 다음 달 1일에 1일의 연차휴가 부여
20×2년 1. 1.	15일 × (6개월 / 12개월)
20×2년 1. 1.~6. 30.	매월 개근한 경우 개근한 달의 다음 달 1일에 1일의 연차휴가 부여
20×3년 1. 1.	15일
20×4년 1. 1.	15일
20×5년 1. 1.	16일

| 연차휴가일수 산정방법의 차이(연차휴가 미사용가정) |

구분	20×1년						20×2년							20×3년
	7.1.	8.1.	9.1.	10.1.	11.1.	12.1.	1.1.	2.1.	3.1.	4.1.	5.1.	6.1.	7.1.	1.1.
회계연도 단위 산정 방법		1	1	1	1	1	7.5	1	1	1	1	1	−	15
입사일 기준 산정방법		1	1	1	1	1	1	1	1	1	1	1	15	−

❑ 1년 미만 근속자의 연차수당

1년 미만 근속기간 중 발생한 휴가를 사용하지 못하고 1년 미만 근속기간 중 퇴직하는 경우에는 월 단위 개근에 따라 발생된 또는 사용한 휴가는 그대로 유효하고 그 미사용한 휴가일수에 대하여도 퇴직시 연차휴가근로수당을 지급해야 한다.

❏ **퇴직하는 해의 1년 미만의 근무기간에 대한 연차휴가 부여 여부**

특별히 정함이 없다면 1년 미만의 근로에 대하여는 연차휴가를 주거나 연차휴가수당을 지급할 수 없다(대법 91다14826, 1991. 11. 12.).

다만, 연차 휴가 산정기간을 노무관리의 편의를 위해 회계연도를 기준으로 전 근로자에 일률적으로 적용하더라도 근로자에게 불리하지 않아야 하므로 퇴직시점에서 총 휴가일수가 근로자의 입사일을 기준으로 산정한 휴가 일수에 미달하는 경우에는 그 미달하는 일수에 대하여 연차유급휴가미사용수당으로 정산하여 지급하여야 할 것이다(근로기준과-5802, 2009. 12. 31.).

❏ **연차휴가 사용 권리 발생일 판단기준(2021년 12월 16일부로 행정해석)**

① 근로기준법 제60조 제1항의 연차휴가 사용권리는 전년도 1년간 근로를 마친 다음 날 발생하며, 제60조 제2항의 연차휴가 사용 권리도 1개월의 근로를 마친 다음 날 발생한다.

② 정규직, 계약직 모두 1년(365일) 근로 후 퇴직하면 제60조 제1항의 15일 연차 미사용 수당 청구 불가, 다음날 366일째 근로관계 존속 후 퇴직하면 15일 연차 전부에 대해 수당 청구 가능

③ 제60조 2의 연차휴가도 그 1개월 근로를 마친 다음 날 근로관계 존속 후 퇴직해야 퇴직 전월의 개근에 대한 연차 미사용 수당을 청구할 수 있다.

④ 정규직이 마지막 근무하는 해 1년(365일) 근무하고 퇴직하는 경우 80% 출근율을 충족하더라도 제60조 제1항, 제4항의 연차휴가와 가산휴가에 대한 미사용 수당은 청구할 수 없다.

〈예시〉

① 20×1년 1월 1일 입사하고 20×2년 1월 1일에 근로를 제공하고 퇴직한 근로자의 연차휴가일수

  1년의 근로를 마친 다음 날(366일째) 근로관계가 있으므로 1년 미만일 때 1개월 개근 시마다 주어지는 연차휴가일수 및 1년간 80% 이상 출근율 요건을 충족하면서 주어지는 15일의 연차도 확정적으로 발생하여 최대 26일이 연차휴가로 지급된다.

② 20×1년 1월 1일 입사하고 20×1년 7월 31일에 근로를 제공하고 퇴직한 근로자의 연차휴가일수

제60조 제2항에 따라 1년 미만인 근로자가 1개월 개근 시마다 발생하는 1일의 연차휴가도 그 1개월의 근로를 마친 다음 날 근로관계 필요하므로 연차휴가일수는 최대 6일만 발생한다.

③ 20×1년 1월 1일 입사하고 20×3년 12월 31일에 근로를 제공하고 퇴직한 근로자의 연차휴가일수

퇴직한 해의 다음 날 근로관계에 있지 않으므로 마지막 1년간 80% 이상 출근율에 따른 연차휴가는 발생하지 않으며 가산휴가도 발생하지 않으므로 퇴진한 해의 근로에 따른 연차휴가와 가산휴가에 대한 미사용 수당도 청구할 수 없다.

| 2022. 9. 1. 입사한 무기계약 상시근무자의 2022~2023학년도 휴가일수 |

발생시점 구분	2022. 10. 1.	2022. 11. 1.	2022. 12. 1.	2023. 1. 1.	2023. 2. 1.	2023. 3. 1.	2023. 4. 1.	2023. 5. 1.	2023. 6. 1.
월단위 휴가	1일	1일	1일	1일	1일	1일	1일	1일	1일
연단위 휴가						7.5일*			
누계	1일	2일	3일	4일	5일	13.5일	14.5일	15.5일	16.5일

발생시점 구분	2023. 7. 1.	2023. 8. 1.	2023. 9. 1.	2023. 10. 1.	2023. 11. 1.	2023. 12. 1.	2024. 1. 1.	2024. 2. 1.	2024. 3. 1.
월단위 휴가	1일	1일	-	-	-	-	-	-	
연단위 휴가									15일
누계	17.5일	18.5일							

* 입사 후 처음 도래하는 회계 시작일(2023. 3. 1.)에 그 때까지의 계속근로기간(2022. 9. 1.~2023. 2. 28. : 6개월)에 비례하여 연단위 휴가(1년 80% 이상 근무시 15일 발생)를 먼저 부여

(2) 연차휴가수당 산출

연차휴가는 2020년 3월 31일 이후 계속 근로기간이 1년 미만인 기간 동안 월 단위로 발생(1개월 개근 시 1일)한 연차휴가(최대 11일)는 해당 근로자의 입사일로부터 1년 동안 사용하지 않으면 소멸된다. 1년 이상 계

속근로자는 발생일로부터 1년간 사용할 수 있고, 1년간 사용하지 않은 경우에는 소멸된다. 이때 사용자의 귀책 사유로 사용하지 못한 휴가일에 대해서는 보상을 청구할 수 있는데, 그 보상으로 지급받는 급여를 연차휴가수당과 구별해 연차유급휴가 미사용수당이라 한다.

근로자가 부여된 연차휴가를 사용하는 경우, 해당 휴가 기간에 대해 지급되는 통상임금 또는 평균임금은 근로일에 지급되는 임금과 구별된다. 그러나 실무상으로는 급여명세서에 이를 연차휴가수당으로 따로 표시하지 않고, 해당 기간에 근무한 것처럼 기본급이나 연봉에 포함시켜 표시하는 경우가 많아 급여명세서상으로는 연차휴가수당의 지급 내용을 확인할 수 없게 된다.

반면 연차유급휴가 미사용수당(이하 편의상 '연차 미사용수당'이라 한다)은 사용할 수 있는 1년의 기간이 만료돼 소멸된 연차유급휴가 일수에 대한 보상으로 지급되는 것이므로, 급여명세서에 기본급이나 연봉 등과 별도로 표시된다.

연차수당은 다음과 같이 산출한다.

연차수당
= 미사용휴가일수 × 1일평균임금(또는 1일 통상임금)

실무상 대부분의 회사들은 1일 통상임금을 기준으로 하여 연차수당을 지급한다.
• 연차휴가 일수 기간 및 제한(최대 25일)

연차유급휴가란 1년 동안 80% 이상 출근 시 근로자에게 부여하는 휴가로서 1년에 15일씩 부여하고 3년 이상 계속하여 근로한 근로자에게는 1일을 가산하되, 2년마다 1일을 가산한 유급휴가를 주어야 한다. 이 경우 가산휴가를 포함한 총 휴가일수는 25일을 한도로 한다. 계속하여 근로한 기간이 1년 미만인 근로자 또는 1년간 80% 미만 출근한 근로자에게 1개월 개근 시 1일의 유급휴가를 주어야 한다.

(3) 신규입사자의 연차유급휴가 일수 등

① 개요

  1년 미만 근로자에 대한 연차유급휴가 보장확대와 관련된 근로기준법이 2018년 5월 29일 시행되었다. 적용대상은 2017년 5월 30일 이후 입사자부터이며, 입사 후 1년간의 출근율이 80% 이상인 경우 2년 차에 쓸 수 있는 유급휴가 일수는 1년 차에 1개월 개근 시 1일씩 발생한 유급휴가(최대 11일)와 별도로 15일을 합하여 최대 26일이 된다. 그러나 2020년 3월 31일에 이에 대하여 개정하여 1년 차에는 계속 근로기간이 1년 미만인 기간 동안 발생한 연차휴가(최대 11일)를 사용하고, 2년 차에는 최초 1년간 근로에 따라 발생한 연차휴가(최대 15일)만 사용할 수 있게 된다.

② 연차유급휴가수당 지급 시기와 사용촉진제도

  2017년 5월 30일 이후 입사자는 1년 차 때 매월 1일씩 발생한 연차유급휴가는 각 발생월로부터 1년간 사용할 수 있었는데, 2020년 3월 31일 이후에는 계속 근로기간이 1년 미만인 기간 동안 월 단위로 발생(1개월 개근 시 1일)한 연차휴가(최대 11일)는 해당 근로자의 입사일로부터 1년 동안 사용하지 않으면 소멸된다.

  1년 미만 근로자의 연차휴가의 경우 시행일(2020. 3. 31.) 이후 발생한 휴가부터는 개정법이 적용되어 입사일로부터 1년 후에 소멸되나, 시행일(2020. 3. 31.) 전에 이미 발생한 휴가는 종전의 규정에 따라 발생일로부터 1년 후에 소멸된다.

구분	2020년 1월 개근 시	2021년 1월 개근 시
개념	연차발생일로부터 1년간 미사용 시 소멸	입사일(2021. 1. 1.)로부터 1년간 미사용 시 소멸
개근 시	2020. 2. 1. 연차 1일 발생	2021. 2. 1. 연차 1일 발생
사용기간	다음 해 2021. 1. 31. 발생한 다음 해 매월 순차적으로 소멸	당해 2021. 12. 31.까지 입사일로부터 1년 후 한꺼번에 소멸

1년 미만 연차휴가(최대 11일) 중 근로자가 연차휴가를 사용하는 경우 선입선출에 따라 먼저 발생한 휴가를 사용하는 것으로 처리하는 것이 원칙이나, 사용자가 근로자의 신청을 수용하거나 단체협약, 취업규칙 등 노사 합의로 휴가를 먼저 사용할지에 대해서도 근로자에게 선택할 수 있도록 규정한 경우라면 나중에 발생한 연차휴가를 먼저 사용한 것으로 처리할 수 있다. 다만, 이러한 신청(청구)을 하는 경우 사용자가 반드시 이를 수용(승인)하여야 하는 것은 아니며, 사용자는 이를 거부하여 먼저 발생한 휴가부터 사용한 것으로 처리할 수 있다.

또한 1년 미만자의 연차휴가에 대한 사용촉진이 가능한지는 "입사일"이 아닌 "연차휴가의 발생일"을 기준으로 판단하며, 2020년 3월 31일 전에 입사한 경우라도, 2020년 3월 31일 이후 발생한 연차휴가에 대하여는 개정법에 따른 사용촉진제도가 적용된다. 연차유급휴가에 대해 사용촉진 조치를 한 경우에도 선입선출 원칙에 따라 먼저 발생한 연차유급휴가를 사용한 것으로 처리하는 것이 원칙이나, 근로자의 신청(청구) 또는 동의가 있는 경우 제한적으로 2020년 3월 31일 이후 발생한 연차유급휴가를 먼저 사용한 것으로 처리가능하다.

연차유급휴가는 사용자의 귀책사유로 사용하지 못한 경우를 제외하고 1년간 행사하지 아니하면 연차유급휴가청구권은 소멸하나, 연차유급휴가수당청구권은 소멸되지 않으므로 사용하지 못한 연차유급휴가 일수에 상응하는 연차유급휴가 미사용수당을 지급해야 한다. 연차유급휴가수당 청구권의 소멸시효는 3년이다.

③ 신규입사자의 회계연도기준 연차유급휴가 일수

연차유급휴가는 근로자별로 입사일을 기준으로 산정하는 것이 원칙이나, 노무관리 편의상 노사가 합의할 경우(취업규칙, 단체협약) 회계연도기준으로 모든 근로자에게 일괄 부여하는 것이 허용된다.

회계연도란 수입·지출 등 일반적인 회계처리를 구분하기 위해 설정하는 기간으로, 우리나라는 대부분의 회사가 1월 1일부터 12월 31일까지를 회계연도로 보고 있다.

노사가 1년 차 때 매월 1일씩 발생한 유급휴가를 2년 차 종료시점까지 사용할 수 있도록 합의(취업규칙, 단체협약 등)한 경우라면, 1년 차 때 발생한 연차유급휴가의 미사용수당 지급 시점은 2년 차가 종료한 다음 날에 발생한다.

회계연도 기준으로 연차유급휴가 일수를 산정하는 경우에는 근로자가 연도 중에 입사하더라도, 다음 연도의 회계연도 기준시점에 입사한 것으로 가정하여 연차유급휴가를 산정하는데, 입사한 시점부터 입사연도 회계기간 종료일까지는 일할로 유급휴가 일수를 계산하여야 한다.

입사한 회계연도에 발생하는 유급휴가일수는 ㉠+㉡의 합이다.

㉠ 기본연차유급휴가 일수

$$\left(15일 \times \frac{근무기간\ 총일수}{365} \right)$$

㉡ 입사일로부터 1월 개근 시 1일씩 발생한 휴가 일수

회계연도기준 적용 시 연차유급휴가 미사용수당은 해당 회계연도 종료일 다음 날(임금 지급일)에 지급하여야 한다.

[회계연도기준 연가휴가수당 적용 사례]

20×1년 7월 1일에 입사한 경우 20×2년 1월 1일을 입사기준일로 가정하여 근로기준법에 의하여 부여한다.

```
                          20×2. 1. 1.              20×3. 1. 1.
         ├──────────────────┼──────────────────────┤
  20×1. 7. 1.
```

(1) 20×2년 1월 1일: 13.5일(①+②) 부여

　① 기본 연차유급휴가 일수(15일) × $\dfrac{184^*}{365} = 7.5$

　　* 입사일(7월 1일)~12월 31일 동안의 월수

　② 1년 미만인 근로자 연차유급휴가 일수: 6일

(2) 20×3년 1월 1일: 20일 부여

　① 연차유급휴가 15일

　② 1년 미만인 근로자 연차유급휴가 일수: 5일

(4) 퇴사자의 연차휴가 및 연차수당

① 1년 미만 근무자 퇴사 시 미사용 연차유급휴가 일수 보상의무

　1년 미만 근무자의 경우 1개월 만근 시 1일씩 연차유급휴가가 발생하며, 1년이 되기 전에 퇴사하더라도 사용하지 못하고 남은 잔여 연차유급휴가가 있는 경우에는 미사용 연차유급휴가수당으로 지급하여야 한다.

　예를 들어, 6월 1일부터 11월 30일까지 만근하고 퇴사하는 경우 6일의 연차가 발생하며, 이 중 4일을 사용한 경우 잔여 연차유급휴가일수 2일은 금전으로 보상하여야 한다.

② 1년 이상 근무자의 퇴사연도 연차유급휴가

　입사일로부터 1년이 지난 후부터는 1년의 근로가 종료되어야 연차유급

휴가 산정을 위한 조건이 충족되므로 퇴사연도의 연차휴가는 발생하지 않는다.

다만, 퇴사일 이전에 이미 발생한 연차유급휴가를 사용하지 못한 경우에는 미사용 연차유급휴가 일수에 통상임금을 적용하여 금전으로 보상하여야 한다. 특히, 회계연도기준으로 연차유급휴가를 산정하는 경우 퇴직 시점에서 총 연차유급휴가 일수가 근로자의 입사일을 기준으로 산정한 연차유급휴가 일수에 미달하는 경우에는 그 미달하는 일수에 대하여 연차유급휴가 근로수당으로 정산해야 한다.

| 회계연도 기준의 연차유급휴가 일수 산정 |

회계연도 기준	case 1) 입사일 기준 (2022. 6. 10. 퇴사)	case 2) 입사일 기준 (2022. 7. 10. 퇴사)
2017. 7. 1.~2018. 6. 30. : 11일	2017. 7. 1.~2018. 6. 30. : 11일	2017. 7. 1.~2018. 6. 30. : 11일
2018. 1. 1.: 7.5일	2018. 7. 1.: 15일	2018. 7. 1.: 15일
2019. 1. 1.: 15일	2019. 7. 1.: 15일	2019. 7. 1.: 15일
2020. 1. 1.: 15일	2020. 7. 1.: 16일	2020. 7. 1.: 16일
2021. 1. 1.: 16일	2021. 7. 1.: 16일	2021. 7. 1.: 16일
2022. 1. 1.: 16일	(2022. 6. 10. 퇴사)	2022. 7. 1.: 17일
(2022. 6. 10. / 7. 10. 퇴사)		(2022. 7. 10. 퇴사)
연차유급휴가 총 80.5일	상반기 퇴사 시 연차유급휴가 총 73일	하반기 퇴사 시 연차유급휴가 총 90일

차액정산불요
[정산관련 규정이 있으면 가능]

입사일 기준이 회계연도 기준보다 연차유급휴가 일수가 크므로 차액정산 필요

(5) 출근율의 산정

① 출근율 산정

연차유급휴가는 원칙적으로 1년간 총 소정근로일수의 80% 이상 출근한 경우 15일 이상, 출근율이 80% 미만이거나 1년 미만 근로자의 경우 1개월 개근했을 때 1일씩 발생한다. 따라서 연차유급휴가 일수 산정을 위하여 1년에 80퍼센트 이상 출근하였는지에 대한 판단이 필요하다.

이때 '소정근로일'을 기준으로 하여 출근율을 계산하며, '소정근로일'은 역일상 365일이 아니라 법령의 범위 내에서 노사 당사자가 근로하기로 정한 날로서 근로자의 근로제공 의무가 있는 날을 의미한다.

$$출근율 = \frac{소정근로일수\ 중\ 출근일수}{연간\ 소정근로일수}$$

② 출근일수

실제 출근한 날을 의미함. 지각, 조퇴, 외출, 반일병가 등으로 1일의 소정근로시간 중 일부만 근무를 하였더라도 출근일수에 포함한다.

③ 소정근로일에서 제외되는 날(기간)

소정근로일은 근로자와 정한 날을 의미하며, 근로제공 의무가 없는 주휴일, 관공서의 공휴일 및 대체공휴일, 약정휴일 등 법령 또는 약정에 의한 휴일은 소정근로일수 계산에서 제외된다. 또한 특별한 사유로 근로제공 의무가 정지되는 사용자의 귀책사유로 인한 휴업기간, 적법한 쟁의행위 기간, 약정 육아휴직기간, 업무 외 질병으로 인한 휴직기간 등 역시 소정근로일에서 제외된다(임금근로시간정책팀-3228, 2007. 10. 25. ; 임금근로시간과-1736, 2021. 8. 4. 등).

예를 들어 2021년에 코로나로 인하여 경영사정이 어려워져 3개월간의 휴업이 있었다고 가정한다. 해당 휴업은 사용자의 귀책사유에 의한 휴업기간으로, 1년의 소정근로일수 중 3개월을 제외한 기간에 80% 이상 출근했는지 여부로 출근율을 산정한다. 다만, 이 경우 휴가일수는 통상의 경우와 다른 방법으로 산정한다.

④ 출근한 것으로 간주하는 날(기간)

출근율 산정 시 법령에 의해 정하거나 성질상 결근으로 처리할 수 없는 경우는 출근한 것으로 간주해야 한다. 예를 들어 남녀고용평등법에 따라 육아휴직 중인 경우 법이 보장하는 기간으로 출근을 하지 않았다고 해서 결근으로 처리하기엔 부적합하다. 따라서 이 기간은 출근한 것으로 간주한다. 즉, 2021년 1월 1일 입사자가 2023년 1월 1일부터 1년간 육아휴직을 사용한 경우 연차휴가 산정을 위한 출근율은 100퍼센트로 2024년 1월 1일에는 16일(15일+가산일수 1일)의 연차유급휴가가 발생한다.

그 외에도 근로자가 업무상 부상 또는 질병으로 휴업한 기간, 출산전후휴가 및 유사산휴가(근로기준법 60조 6항) 및 예비군 훈련기간, 민방위훈련 또는 동원기간, 공민권 행사를 위한 휴무일, 연차유급휴가, 생리휴가 등은 출근한 것으로 산정해야 한다.

⑤ 결근처리 되는 날(기간)

예외적인 경우가 아니라면, 근로제공의무가 있으나 근로제공을 하지 않은 날(기간)은 결근으로 처리한다. 예를 들어, 결근이나 개인 사정으로 인한 휴직, 징계로 인한 정직 또는 직위해제, 불법 쟁의행위 기간 등은 결근으로 처리한다. 다만, 취업규칙 또는 단체협약 등에서 별도로 정함이 있다면 그에 따른다. 참고로 조퇴를 하는 경우 출근을 한 것이기에 출근으로 인정된다.

⑹ 연차 유급휴가의 비례 부여 산정

: 특별한 사유로 소정근로일 제외된 경우 휴가일수 산정

출근한 것으로 간주한 경우에는 원칙적인 방법으로 연차휴가일수를 산정하면 된다. 다만, 특별한 사유로 소정근로일에서 제외된 경우에는 원소정근로일수와 소정근로일이 제외된 기간에 '비례'하여 휴가일수를 산정한다. 사용자의 귀책사유로 인한 휴업기간, 적법한 쟁의행위 기간 등은 근로자에게 불리하게 볼 수 없어 결근처리를 하지 않으나 실제 근로는 제공하지 않았기에 출근한 것과 동일하게 볼 수 없기 때문이다.

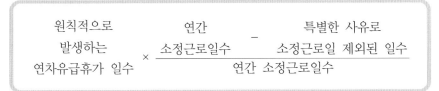

$$\text{원칙적으로 발생하는 연차유급휴가 일수} \times \frac{\text{연간 소정근로일수} - \text{특별한 사유로 소정근로일 제외된 일수}}{\text{연간 소정근로일수}}$$

비례하여 산정하는 방법은 위와 같다. 종전에는 1개월 개근 시 발생하는 1일의 휴가에 대해서는 비례하여 산정하지 않았으나, 최근 행정해석의 변경으로 해당 휴가에 대하여도 비례할 수 있다(임금근로시간과-1736, 2021. 8. 4.)

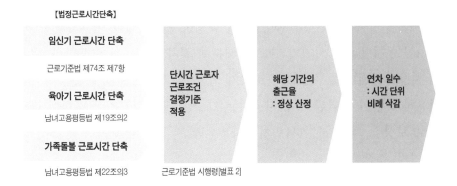

【법정근로시간단축】

임신기 근로시간 단축		
근로기준법 제74조 제7항	단시간 근로자 근로조건 결정기준 적용	해당 기간의 출근율 : 정상 산정

육아기 근로시간 단축
남녀고용평등법 제19조의2

가족돌봄 근로시간 단축
남녀고용평등법 제22조의3

단시간 근로자 근로조건 결정기준 적용
근로기준법 시행령[별표 2]

해당 기간의 출근율 : 정상 산정

연차 일수 : 시간 단위 비례 삭감

(7) 연차유급휴가의 사용촉진제도

연차유급휴가의 사용촉진은 사업주가 연차유급휴가 보상의무를 면제 받을 수 있도록 근로자에게 연차유급휴가 사용을 권유하는 것을 말한다.

연차유급휴가의 사용을 권유하였음에도 근로자가 연차유급휴가를 사용하지 않은 경우에는 연차유급휴가 미사용에 따른 금전적 보상의무가 면제되는 제도이다.

2020년 3월 31일 이후에는 1년 미만 근로자의 연차휴가와 1년간 80% 미만 출근한 근로자의 연차휴가에도 사용촉진제도를 적용한다.

다만, 1년간의 근로가 예정되어 있지 않은 계약기간 1년 미만의 기간제 근로자에게는 연차사용촉진이 적용된다고 볼 수 없다. 하지만 1년 미만 근로계약을 체결하였다 하더라도, 근로계약 갱신 또는 계약기간 연장 등으로 근로관계의 단절 없이 1년 이상의 근로가 예정되어 있는 경우라면 연차사용촉진 조치를 할 수 있다.

① 1년 미만 근로자 연차휴가에 대한 사용촉진 적용

계속 근로기간이 1년 미만인 기간 동안 월 단위로 발생한 연차휴가(최대 11일)에 대한 사용촉진을 적용할 수 있다.

사용자는 1년 미만 근로자의 연차휴가의 사용을 촉진하기 위하여 아래의 조치를 모두 취하여야 한다. 먼저 발생한 연차 9일과 이후 발생한 연차 2일의 사용촉진 시기가 다르기 때문에 절차에 유의하여야 한다. 다음의 사용촉진에도 불구하고, 근로자가 입사일로부터 1년 동안 연차휴가를 사용하지 않아 소멸된 경우 사용자는 그 소멸된 연차휴가에 대하여 금전으로 보상할 의무가 없다(연차미사용수당 지급 의무 면제).

ⅰ) 1차 촉진

㉠ 먼저 발생한 연차 9일

입사일로부터 1년의 근로기간이 끝나기 3개월 전부터 근로자별로 남은 연차휴가 일수를 알려주면서 촉구일로부터 10일 이내에 사용시기를 정하여 통보할 것을 서면으로 촉구하여야 한다.

ⓛ 이후 발생한 연차휴가 2일

입사일로부터 1년의 근로기간이 끝나기 1개월 전부터 근로자별로 남은 연차휴가 일수를 알려주면서 촉구일로부터 5일 이내에 사용시기를 정하여 통보할 것을 서면으로 촉구하여야 한다.

ⅱ) 2차 촉진

㉠ 먼저 발생한 연차 9일

근로자가 1차 촉진을 받은 때로부터 10일 이내 사용시기를 통보하지 않는 경우 입사일로부터 1년의 근로기간이 끝나기 1개월 전까지 근로자별로 서면으로 근로자에게 연차휴가의 사용시기를 정하여 통보하도록 하여야 한다.

ⓛ 이후 발생한 연차휴가 2일

근로자가 1차 촉진을 받은 때로부터 5일 이내 사용시기를 통보하지 않는 경우 입사일로부터 1년의 근로기간이 끝나기 10일 전까지 근로자별로 서면으로 근로자에게 연차휴가의 사용시기를 정하여 통보하도록 하여야 한다.

| 1년 차에 발생한 연차휴가 사용촉진 절차(1월 1일 입사자 기준) |

	〈1차 촉진〉		〈2차 촉진〉
	(사용자 → 근로자) 연차미사용일수 고지 및 사용시기 지정·통보 요구	(근로자 → 사용자) 사용시기 지정·통보	(사용자 → 근로자) 근로자의 사용시기 미통보시 사용자가 사용시기 지정·통보
연차 9일	9. 30.까지 (3개월 전)	10일 이내	11. 30.까지 (1개월 전)
연차 2일	11. 30.까지 (1개월 전)	5일 이내	12. 21.까지 (10일 전)

| 2020. 1. 1. 입사자(매월 개근)의 1년 미만 연차휴가의 사용촉진 |

발생	2020년										
	1.1.	2.1.	3.1.	4.1.	5.1.	6.1.	7.1.	8.1.	9.1.	10.1.	11.1.	12.1.
휴가 일수		1일	1일	1일	1일	1일	1일	1일	1일	1일	1일	1일
		1개	2개	3개	4개	5개	6개	7개	8개	9개	10개	11개
사용 촉진	불가			가능 (최초 1년간의 근로기간이 끝나기 3개월 전)							가능 (1개월 전)	
사용 기간	각 발생일부터 1년이 되는 날까지			입사일로부터 1년이 되는 날까지 사용할 수 있음.								

| 2021. 1. 1. 입사자(매월 개근)의 1년 미만 연차휴가의 사용촉진 |

발생	2021년										
	1.1.	2.1.	3.1.	4.1.	5.1.	6.1.	7.1.	8.1.	9.1.	10.1.	11.1.	12.1.
휴가 일수		1일	1일	1일	1일	1일	1일	1일	1일	1일	1일	1일
		1개	2개	3개	4개	5개	6개	7개	8개	9개	10개	11개
사용 촉진		가능 (최초 1년간의 근로기간이 끝나기 3개월 전)									가능 (1개월 전)	
사용 기간		입사일로부터 1년이 되는 날까지 사용할 수 있음.										

사례

2019년 9월 1일 입사자 회계연도 기준 연차사용촉진 방법

(1) 기본 연차유급휴가 일수(5일) : 2019년 근무(9~12월)에 따라 생성된 휴가 : 2020년 1월 1일~12월 31일 내에 사용

기본 연차유급휴가 일수(15일) $\times \dfrac{122^*}{365} = 5$일

* 입사일(9월 1일)~12월 31일 동안의 월수

- 1년 이상 근무자의 연차촉진과 동일하게 6개월 전 통지 후 2개월 전 통지로 촉진한다.

(2) 1년 미만인 근로자 연차유급휴가 일수(11일) : 1년 미만 근로자의 연차휴가는 회계연도를 기준으로 부여할 수 없음.

    ㉠ 2020년 3월 31일 이전에 생성된 연차유급휴가 6개
       10/1, 11/1, 12/1, 1/1, 2/1, 3/1은 생성일로부터 1년간 사용 가능(사용촉진대상 아님)

    ㉡ 2020년 4월 1일 이후에 생성된 연차유급휴가 5개
       4/1. 5/1, 6/1, 7/1, 8/1, 2020년 8월 31일 전까지 모두 사용해야 하나 2020년 12월 31일까지 사용 가능(사용촉진대상임)

      • 2020년 3월 31일 이후에 발생한 휴가 3개는 입사 1년이 되는 날 3개월 전 통지 후 1개월 전 통지로 연차촉진하고, 2개는 입사 1년이 되는 날 1개월 전 통지 후 10일 전 통지로 연차촉진할 수 있다.

② 1년 이상 근로자의 연차유급휴가에 대한 사용촉진
   (1년간 80% 미만 출근자의 연차유급휴가 포함)

1년간 80% 미만 출근자의 연차휴가를 포함하여 1년 이상 근로자의 연차유급휴가는 사용자가 유급휴가의 사용을 촉진할 수 있다. 사용자가 사용촉진을 통고 및 지정했음에도 불구하고 근로자가 휴가를 사용하지 아니하여 소멸하게 되면, 사용자는 그 사용하지 아니한 휴가에 대하여 보상할 의무가 없으며, 사용자의 귀책사유에도 해당하지 않는 것으로 본다.

다만, 근로자가 휴가사용시기를 지정하고도 출근한 경우 사용자가 노무수령 거부의 의사표시 없이 근로를 제공받았다면 휴가일 근로를 승낙한 것으로 보아 연차유급휴가 근로수당을 지급하여야 한다.

1년간 80% 미만을 출근하여 1개월 개근 시 1일씩 발생한 연차휴가는 80% 미만으로 출근한 해에 개근한 월을 기준으로 다음 해에 발생하는데, 2020년 3월 31일 이후에는 1년간 80% 미만 출근자의 연차휴가의 사용을 촉진할 수 있다.

ⅰ) 1차 촉진

　　연차휴가 발생일로부터 1년이 끝나기 6개월 전부터 근로자별로 남은 연차휴가의 일수를 알려주면서, 촉구일로부터 10일 이내에 사용시기를 정하여 통보할 것을 서면으로 촉구하여야 한다.

ⅱ) 2차 촉진

　　근로자가 1차 촉진일로부터 10일 이내 사용시기를 통보하지 않은 경우 연차휴가 발생일로부터 1년이 끝나기 2개월 전까지 근로자별로 남은 연차휴가의 사용시기를 정하여 서면으로 통보하도록 해야 한다.

| 2년 차에 발생한 연차휴가 사용촉진 절차(1월 1일 입사자 기준) |

〈1차 촉진〉		〈2차 촉진〉
(사용자 → 근로자) 연차미사용일수 고지 및 사용시기 지정·통보 요구	(근로자 → 사용자) 사용시기 지정·통보	(사용자 → 근로자) 근로자의 사용시기 미통보시 사용자가 사용시기 지정·통보
6. 30.까지 (6개월 전)	10일 이내	10. 31.까지 (2개월 전)

□ 회계연도기준

2020. 1. 1.~2020. 12. 31.까지 출근율이 80% 미만, 2020년 1월, 2월, 12월 개근한 경우: 연차휴가 3일 발생하여 2021. 1. 1.부터 사용 가능

1) 2020년 3월 31일 이전: 연차휴가 소멸 시 미사용 연차휴가에 대한 금전보상의무 발생(사용촉진 불가)

2) 2020년 3월 31일 이후: 사용촉진한 미사용 연차휴가에 대한 금전보상의무 면제(사용촉진 가능)

Q. 1년 미만 연차휴가 사용촉진, 시행일 이후 입사자부터 적용하는가?

A. 사용촉진 가능 여부는 '연차휴가의 발생일' 기준이므로 시행일 전에 입사했어도, 시행일 이후 발생한 연차휴가에 대해 개정법에 따른 연차휴가 사용촉진이 가능하다.

Q. 1년 미만 연차휴가 중 나중에 발생한 연차휴가 먼저 사용할 수 있나?

A. 회사에서 승인하거나, 노사 합의가 있었다면 가능하다. 즉, 원래 먼저 발생한 연차휴가부터 사용하는 것이 원칙이지만, 근로자의 신청이나 동의가 있다면 가능하다.

Q. 개정 후 발생한 연차휴가에 대해 사용촉진한 경우에도 먼저 발생한 연차휴가를 사용한 것으로 처리해야 하는가?

A. 개정 후 발생한 연차휴가를 사용촉진에 따라 사용했다면, 이전 휴가가 남아 있더라도 사용촉진 대상인 개정 후 발생한 연차휴가를 먼저 사용한 것으로 처리할 수 있다. 즉, 사용촉진에 따라 사용했다면 연차의 선입선출과 무관하게 먼저 사용한 것으로 처리할 수 있다.

Q. 총 11일 중 먼저 발생한 9일에 대해 사용촉진을 하지 않아도 나중에 발생한 연차휴가 2일에 대해 사용촉진할 수 있나?

A. 먼저 발생한 연차휴가에 대한 사용촉진 여부와 관계없이, 나중에 발생한 2일의 연차휴가를 사용촉진할 수 있다.

Q. 계약기간이 1년 미만인 경우에도 연차사용촉진 가능한가?

A. 계약기간 1년 미만 기간제 근로자는 해당되지 않는다. 다만, 계약은 체결했더라도 갱신이나 연장 등을 통해서 1년 이상의 근로가 예정되어 있는 경우라면 가능하다.

Q. 취업규칙에 1년 미만 연차휴가를 '입사한 다음 해 12월 31일까지' 쓸 수 있도록 규정한 경우에도 연차사용촉진할 수 있나?

A. 연차사용촉진할 수 있으나, 사용기간이 다음 해 12월 31일까지로 연장되었더라도, '최초 1년의 근로기간이 끝나는 날'을 기준으로 사용촉진해야 한다.

Q. 연차사용촉진 이후에도 입사한 다음 해 12월 31일까지 연차휴가 사용할

수 있나?

A. 연차사용촉진은 사용하지 못한 연차휴가에 대한 보상의무가 소멸되는 것이지, 연차유급휴가 자체가 소멸되는 것은 아니다.

Q. 연차사용촉진제도 도입으로 취업규칙을 변경하는 경우 불이익변경에 해당하는가?

A. 취업규칙에 정해져 있지 않아도 연차사용촉진은 가능하고, 연차사용촉진제도를 규정하는 것은 법에 따르는 것이기 때문에 취업규칙 불이익 변경으로 판단할 수는 없다.

Q. 연차사용촉진은 반드시 서면으로만 가능한가?

A. 불명확한 조치로 인한 당사자 간의 분쟁을 방지하고자 연차휴가의 사용촉진 조치는 "서면"으로 통보하도록 규정하고 있다. 따라서 '서면'으로 통보해야 유효한 사용촉진이 된다. 여기서 '서면'이란 '일정한 내용을 적은 문서'를 의미하므로 문자메시지 등은 '서면'에 해당한다고 볼 수 없다. 다만, 이메일(e-mail)에 의한 통보의 경우에는 근로자가 이를 수신하여 내용을 알고 있다면, 유효한 통보로 볼 수 있다(대법원 2015. 9. 10. 선고 2015두4140).

Q. 연차사용촉진을 사내공고 방식으로 하는 것도 가능한지?

A. "근로자별로" 사용촉구를 하도록 규정하고 있으므로 연차휴가의 사용촉진 조치는 "개별 근로자별"로 해야 유효하다. 따라서 사내공고 방식은 개별 근로자별 통보가 아니므로 유효한 통보로 볼 수 없다.

Q. 사용자는 반드시 2차례에 거쳐 사용촉진을 해야 하는지?

A. 근로자가 1차 촉진을 받은 날로부터 10일 이내에 사용시기를 정하여 사용자에게 통보한 경우에는 2차 촉진은 필요하지 않다.

Q. 사용자의 1차 촉진에 따라 근로자가 사용시기를 지정했으나, 남은 휴가 일수의 일부만 시기를 정하여 사용자에게 통보한 경우, 근로자가 사용시기를 지정하지 않은 연차휴가에 대하여도 금전보상의무가 면제되는지?

A. 근로자가 사용시기를 정하지 않은 나머지 연차휴가에 대하여 2차 촉진(사용자가 사용시기를 지정하여 근로자에게 통보)을 해야 이에 대한 금전보상의무가 면제된다.

Q. 사용자의 1차 촉진에 따라 근로자가 사용시기를 지정했으나, 지정일 전 퇴직한 경우 연차휴가미사용수당을 지급해야 하는지?

A. 사용촉진한 연차휴가가 연차사용촉진에 따른 기간이 도래하기 이전에 퇴직의 사유로 인하여 소멸된 경우라면 연차사용촉진에 따라 소멸된 것이 아니므로 사용자에게는 그 미사용 연차휴가에 대한 금전보상 의무가 있다.

4. 법정수당

(1) 주휴수당

1주일을 기준으로 소정근로시간이 평균 15시간 이상인 경우 주 1회 유급휴일이 발생하며, 이때 지급하는 수당이 주휴수당이다.

보통 1주일 기준으로 40시간, 1일은 8시간 범위 내에서 사업주가 임의로 정할 수 있다. 통상적으로 일요일을 주휴일(유급휴일)로 정하나, 주휴일이 반드시 일요일로 정할 필요는 없고 일주일 중에 한 날을 근로자와 정하면 된다. 1주일에 40시간을 소정근로시간으로 정하더라도 반드시 1일 8시간씩 5일간 근무해야 하는 것은 아니다.

다음의 요건을 충족한 경우에 주휴일이 발생한다.

㉠ 1주일간 소정근로시간 15시간 이상일 것

㉡ 1주일간 소정근로일수를 개근할 것(당해 주에 1일 이상 결근한 경우 유급휴일을 부여하지 않아도 됨)

㉢ 주휴수당이 발생한 주일 이후에 계속 근로할 것

$$주휴수당 = \frac{1주일\ 총\ 근로시간}{40시간(법정주당\ 근로시간)} \times 8 \times 시급$$

이때, 소정근로시간은 법정기준 근로시간 안에서 취업규칙이나 근로계약을 통해서 일하기로 한 시간을 의미한다. 소정근로시간은 일한 시간만 포함되므로, 유급으로 처리되는 시간인 유급휴일 또는 유급휴무는 포함되지 않는다. 주휴수당은 상시근로자 외에도 임시직 근로자, 기간제 근로자, 일용직 근로자, 외국인근로자 등 모두 포함하여 받을 수 있다.

❑ 연차유급휴가를 1주간 소정근로일에 전부 사용하면 해당 주에는 근로 제공의무가 면제되어 소정근로일에 해당되지 않으므로 무급 주휴일에 해당되어 주휴수당 지급의무가 없다. 다만, 1일 이상 출근한 경우에는 주휴수당을 지급하여야 한다.

❑ 휴일근로와 수당지급(시급 10,000원, 8시간 근무)
  • 무급휴무일에 근로를 제공하는 경우
    = 휴일근로임금(80,000원) + 휴일근로수당(40,000원)
  • 유급휴무일에 근로를 제공한 경우
    = 주휴수당(80,000원) + 휴일근로임금(80,000원) + 휴일근로수당(40,000원)

(2) 야간 · 연장 · 휴일근로 가산금

사용자는 연장근로와 야간근로(오후 10시부터 오전 6시까지 사이의 근로) 또는 휴일 근로에 대하여는 통상임금의 100분의 50 이상을 가산하여 지급하여야 한다(근기법 56조).

1) 야간근로수당

야간근로는 오후 10시부터 다음 날 오전 6시 사이의 근무를 말하며, 야간근로에는 통상임금의 50%를 가산하여 지급하여야 한다.

2) 연장근로수당

근로자가 「근로기준법」에 의한 법정근무시간을 초과하여 근무하는 경우, 통상임금의 50%를 가산하여 지급하여야 한다. 즉, 연장근로는 1일 기준 8시간, 1주 40시간을 초과한 근로를 말한다. 사업주와 근로자가 합의하는 경우 1주 12시간까지 근로시간을 연장할 수 있다. 만약, 오후 6시까지 근무하는 경우 연장근로는 오후 6시부터 10시까지의 근무를 말한다.

단시간근로자는 주 40시간 이내라도 당사자가 정한 소정근로시간을 초과하는 경우 연장근로에 해당하며, 이 연장근로시간이 12시간을 초과하면 기간제법 제6조 위반이 된다.

3) 휴일근로수당

1일 8시간 이내의 휴일근로에 대해서는 통상임금의 50%를 가산하여 지급하여야 한다. 다만, 1일 8시간을 초과하는 휴일근로에 대해서는 휴일근로와 연장근로에 해당되어 통상임금의 100%(휴일근로 50%, 연장근로 50%)를 가산하여 지급하여야 한다.

- 근로시간 8시간 이내 : 통상임금의 50% 가산(통상임금을 포함하여 150%)
- 근로시간 8시간 초과 : 통상임금의 100% 가산(통상임금을 포함하여 200%)

[평일에 연장, 야간근로 시 법정수당 계산]

시간	근로의 대가	연장	야간	합계
18:00~22:00	100%	50%		150%
22:00~06:00	100%	50%	50%	200%
06:00~09:00	100%	50%		150%

[휴일에 연장, 야간근로 시 법정수당 계산]

시간	근로의 대가	휴일	휴일연장	야간	합계
09:00~18:00	100%	50%			150%
18:00~22:00	100%	50%	50%		200%
22:00~06:00	100%	50%	50%	50%	250%
06:00~09:00	100%	50%	50%		200%

❑ **8월 15일 광복절(유급휴일)**
- 근로시간: 09:00~21:00 ▪ 휴게시간: 12:30~13:30
- 통상시급: 1시간 10,000원
- 근로시간은 11시간이다(휴게시간 1시간).
- 연장근로는 11시간－8시간 ＝ 3시간
(8시간 × 10,000원 × 150%)+(3시간 × 10,000원 × 200%) ＝ 180,000원

4) 휴업수당 : 사용자의 귀책사유

(가) 휴업수당의 요건

① 사용자의 귀책사유가 있을 것

사용자의 귀책사유는 고의·과실이 있는 경우뿐만 아니라, 경영상의 장애 등과 같은 사용자의 귀책사유로 휴업하는 경우에 사용자는 휴업기간 동안 그 근로자에게 평균임금의 70% 이상의 수당을 지급하여야 한다. 사용자의 세력범위에 속하는 사유도 포함된다. 그러나 휴업이 불가항력에 의한 경우이고 사용자가 이를 입증한다면 휴업수당의 지급이 면제될 수도 있다(대법 69다1538, 1970. 2. 24.). 판례와 행정해석이 휴업수당 지급을 인정한 사례를 보면 다음과 같다.

다만, 평균임금의 70%에 해당하는 금액이 통상임금을 초과하는 경우에는 통상임금을 휴업수당으로 지급할 수 있다.

② 휴업을 할 것

휴업이란 근로계약을 존속시키면서 사업의 전부 또는 일부를 사용자의 결정에 의하여 일시적으로 정지하는 것을 말한다.

(나) 휴업수당의 산정방법

① 원칙 : 평균임금 × 70% 이상
② Max(평균임금 × 70%, 통상임금) 이상

● 연장근로 산정 사례

Q. 연장근로시간 위반 여부 등을 판단하는 '1주'의 단위기간이 월요일~일요일처럼 특정 단위기간의 7일인가? 아니면 임의로 정한 7일인가?

A. 근로기준법은 근로시간을 산정하는 '1주'의 기산점에 대해 별도로 규정하지 않고 있으며, 노사 협의로 내부규정, 취업규칙, 단체협약 등으로 정할 수 있다. 특별한 정함이 없다면 사업장에서 노무관리, 근로시간, 급여 산정 등을 위해 산정단위로 적용하고 있는 기간이 된다. 1주 연장근로 한도 위반 여부 등도 사업장에서 적용하는 단위기간별로 판단한다.

| 산정 예시 |

항목	1주							2주						
요일	월	화	수	목	금	토	일(휴)	월	화	수	목	금	토	일(휴)
실근로시간 (연장근로시간)	8 (0)	8 (0)	8 (0)	10 (2)	10 (2)	8 (8)	–	10 (2)	10 (2)	8 (0)	8 (0)	8 (0)	–	–
1주 총근로시간 (연장근로시간)	52 (12)							44 (4)						

* 신정단위(월~일) 내에서는 연장근로가 12시간 이내이므로 위반 없음.

* 임의의 7일(목~수, ☐) 내에서 연장한도 12시간을 초과했어도 위반으로 보지 않음.

Q. 주중 명절 3일(월~수) 동안 매일 8시간씩 휴일근로를 했다면, 이 3일의 휴일근로도 연장근로시간에 포함되는가?

A. 1일 8시간, 1주 40시간을 초과하지 않았다면 연장근로에 해당하지 않는다.

| 산정 예시 |

항목	1주						
요일	월 (휴)	화 (휴)	수 (휴)	목	금	토	일 (휴)
실근로시간 (연장근로시간)	8 (0)	8 (0)	8 (0)	8 (0)	8 (0)	-	-
1주 총근로시간 (연장근로시간)	40 (0)						

* 월~수 근로는 법정근로시간(40시간) 내 휴일근로에 해당하며, 연장근로는 아님.
* 법 제56조 제2항에 따른 휴일근로 가산수당을 지급해야 함.
* 월, 화, 수는 소정근로일이 아니므로 근로를 시키기 위해서는 근로자와 합의해야 함.

Q. 토요일이 무급휴무일인 사업장에서 '화~금' 매일 8시간씩, 토요일 8시간 근로를 한 경우, 토요일 근무가 연장근로시간에 포함되는가?

A. 실근로시간이 1일 8시간, 1주 40시간을 초과해야 연장근로에 해당한다. 무급휴무일인 토요일에 일을 했어도 1일 8시간, 1주 40시간을 초과하지 않았다면 연장근로에 해당하지 않으며, 가산임금도 발생하지 않는다. 다만, 무급휴무일은 근로자의 소정근로일이 아니므로 사업주가 휴무일 근로를 시키기 위해서는 근로자와 합의해야 한다.

| 월요일에 휴일이 있어 월요일에 근로를 하지 않은 경우 |

항목	1주						
요일	월 (휴)	화	수	목	금	토	일 (휴)
실근로시간 (연장근로시간)	-	8 (0)	8 (0)	8 (0)	8 (0)	8 (0)	-
1주 총근로시간 (연장근로시간)	40 (0)						

* 토요일 근로는 법정근로시간(40시간) 내 근로에 해당

월~금 40시간을 채우고 토요일에 근로한 경우, 토요일 근로는 법정근

로시간(40시간)을 초과하여 연장근로에 해당된다.

| 월~금 40시간을 채우고 토요일에 근로한 경우 |

항목	1주						
요일	월	화	수	목	금	토	일 (휴)
실근로시간 (연장근로시간)	8 (0)	8 (0)	8 (0)	8 (0)	8 (0)	8 (0)	–
1주 총근로시간 (연장근로시간)	48 (8)						

* 토요일 근로는 법정근로시간(40시간)을 초과하여 연장근로에 해당

Q. 1일 15시간씩 1주에 3일 근무하면 1주 근로시간이 45시간이 된다. 이 경우 주 최대 근로시간인 52시간을 초과하지 않는가?

A. 근로기준법은 1일 8시간 또는 1주 40시간을 초과하는 시간을 연장근로시간으로 규정한다. 1주 총 근로시간이 52시간 미만이라도 1일 근로시간 8시간을 초과하는 시간의 합이 12시간을 초과하면 법 위반에 해당한다.

| 산정 예시 |

항목	1주						
요일	월	화	수	목	금	토	일 (휴)
실근로시간 (연장근로시간)	15 (7)	–	15 (7)	–	15 (7)	–	–
1주 총근로시간 (연장근로시간)	45 (21)						

* 1일 8시간을 초과하는 7시간은 연장근로이며, 3일간 연장근로 합계가 21시간이므로 1주 연장한도 12시간을 초과

Q. 월~금 5일간 10시간씩 연장근로하고, 일요일에 휴일근로 8시간을 추가했다면 연장근로 한도 위반인가?

A. 주휴일 8시간 근로는 1주 40시간을 초과하는 연장근로에 해당되며, 주 연장근로 합계가 18시간으로 법 위반에 해당한다.

항목	1주						
요일	월	화	수	목	금	토	일(휴)
실근로시간(연장근로시간)	10(2)	10(2)	10(2)	10(2)	10(2)	-	8(8)
1주 총근로시간(연장근로시간)	58(18)						

* 주중 1일 8시간에서 2시간씩 초과하여 연장(58×2＝10), 일요일은 1주 40시간 초과된 상태에서 8시간 연장

Q. '월~금'에 12시간 연장근로 후, 일요일 근로가 불가피하여 근로자와 사전 합의해서 '휴일대체'로 일요일 근로를 시켰다. 이 경우 일요일 근로시간도 연장근로에 포함되는가?

A. 근로자와 사전 합의하여 '휴일대체'를 했다면, 당초 휴일은 통상의 근로일이 되고 대체한 날이 휴일이 된다. 다음 주의 특정한 날과 대체했더라도 당초 휴일의 근로는 '통상의 근로'가 되고 1주 12시간 초과로 위반이다. 당초 휴일은 통상의 근로이므로 '휴일근로 가산수당'은 발생하지 않지만, 주 40시간을 초과한 경우 '연장근로 가산수당'은 발생한다.

항목	1주							2주						
요일	월	화	수	목	금	토	일(휴)	월	화	수(휴)	목	금	토	일(휴)
실근로시간(연장근로시간)	10(2)	10(2)	10(2)	11(3)	11(3)	-	8(8)	10(2)	10(2)	-	10(2)	10(2)	-	-
1주 총근로시간(연장근로시간)	60(20)							40(8)						

* 주중 1일 8시간에서 2~3시간씩 초과하여 12시간 연장, 일요일 1주 40시간 초과로 8시간 연장

* 1주 차의 연장근로는 총 20시간이므로 법 위반이 되며, 법 위반과 별개로 20시간에 대한 연장근로수당 지급의무 발생

Q. 취업규칙에 1주 소정근로시간을 1일 7시간, 주 35시간으로 규정하고 있는 사업장이다. 주 35시간 외에 13시간을 추가로 근로했다면 근로시간 위반인가?

A. '연장근로'는 1일 8시간, 1주 40시간을 초과하는 시간을 말하므로 당사자 사이에 약정한 근로시간인 7시간을 넘어도 1일 8시간, 1주 40시간을 초과하지 않으면 연장근로에 해당하지 않는다. 주 35시간이 소정근로시간인 경우 13시간을 추가 근로했어도 총 근로시간이 48시간(연장근로 8시간)이므로 법 위반이 아니다.

| 산정 예시 | ▶ 토요일이 휴무일인 경우

항목	1주						
요일	월	화	수	목	금	토	일 (휴)
실근로시간 (소정근로초과 ↔ 연장근로)	7 (0↔0)	7 (0↔0)	7 (0↔0)	10 (3↔2)	10 (3↔2)	7 (7↔4)	–
1주 총근로시간 (연장근로시간)	48 (8)						

* 월~금 법정근로 내 근로(37시간): 7+7+7+8+8
* 주중 1일 8시간을 초과한 목, 금 2시간씩(4시간 연장)
* 토요일 1주 40시간 초과한 4시간 연장: 37시간(월~금 법정근로 내 근로)+3시간(토요일 법정근로 내 근로)+4시간(토요일 연장근로)

Q. '단시간근로자'의 1주 소정근로시간이 35시간인 경우에도 13시간을 추가로 근무해도 되는가?

A. 단시간근로자의 연장근로 한도 및 가산수당 지급은 「기간제 및 단시간근로자 보호 등에 관한 법률」에서 별도로 규정하고 있다. 기간제법 제6조에 따르면 소정근로시간 외에 1주 12시간을 초과하여 근로하게 할 수 없고, 초과근로에 대해서는 통상임금의 50% 이상을 가산하여 지급하도록 되어 있다. 따라서 단시간근로자는 주 40시간 이내라도 당사자가 정한 소정근로시간을 초과하는 경우 연장근로에 해당하며, 이 연장근로시간이 12시간을 초과하면 기간제법 제6조 위반이 된다.

항목	1주						
요일	월	화	수	목	금	토	일 (휴)
실근로시간 (소정근로초과 ↔연장근로)	7 (0↔0)	7 (0↔0)	7 (0↔0)	10 (3↔3)	10 (3↔3)	7 (7↔7)	–
1주 총근로시간 (연장근로시간)	48 (13)						

* 월~금 법정근로 내 근로(37시간) : 7+7+7+7+7
* 주중 1일 소정근로 7시간을 초과한 목, 금 3시간씩(6시간)
* 토요일 1주 소정근로 35시간 초과한 7시간 연장:
　35시간(월~금 법정근로 내 근로)+7시간(토요일 연장근로)

임금 · 평균임금 · 통상임금 및 최저임금

1. 임금

(1) 임금

'임금'이 사용자가 근로의 대가로 근로자에게 임금, 봉급, 그 밖에 어떠한 명칭으로든지 지급하는 일체의 금품을 말한다.

1) 임금의 요건

① 근로의 대가성
② 사용자의 지급의무

임금은 사용자가 근로의 대가로 근로자에게 임금, 봉급, 기타 어떠한 명칭으로든지 지급하는 일체의 금품으로서,

❶ 근로시간이나 생산량에 따라 지급되는 직접적인 금액뿐만 아니라

❷ 근로자의 생활유지를 위하여 사용자가 근로자에게 지급하는 것으로 지급조건이 명백한 것은 모두 포함한다.

즉, 근로의 대가로서 단체협약, 취업규칙 등에 의하여 사용자에게 지급 의무가 지워져 있는(근로자에게 법률상의 청구권이 있는 것) 모든 일체의 금품을 말한다(대법 98다34393, 1999. 9. 3.), "지급의무가 지워져 있다"는 것은 그 지급 여부를 사용자가 임의적으로 결정할 수 없다는 것을 의미한다(대법 96누15084, 1997. 5. 28.).

2) 근로의 대가 여부 판단기준

금품지급의무의 발생이 근로제공과 직접적으로 관련되거나 그것과 밀접하게 관련된 것으로 볼 수 있어야 하고, 이러한 관련 없이 그 지급의무의 발생이 개별 근로자의 특수하고 우연한 사정에 의하여 좌우되는 경우에는 그 금품의 지급이 단체협약·취업규칙·근로계약 등이나 사용자의 방침 등에 의하여 이루어진 것이라 하더라도 그러한 금품은 근로의 대상으로 지급된 것으로 볼 수 없으므로 임금이 아니다(대법 2001다76328, 2004. 5. 14. : 대법 94다55934, 1995. 5. 12.).

근로기준법에는 법정수당, 퇴직금 등의 기준이 되는 임금의 범위를 정하는 기준으로 평균임금 및 통상임금을 구분하여 적용하고 있다.

| 통상임금·평균임금 적용례 |

기준 임금	적용 대상 임금
통상임금	① 평균임금의 최저한도 ② 해고예고수당 ③ 연장근로수당 ④ 야간근로수당 ⑤ 휴일근로수당

기준 임금	적용 대상 임금
	⑥ 연차유급휴가수당 ⑦ 출산전후 휴가급여 ⑧ 그 밖에 유급으로 표시된 보상 또는 수당
평균임금	① 퇴직급여 ② 휴업수당 ③ 재해보상 및 산업재해보상보험급여 및 감급제재의 제한 ④ 실업급여(구직급여)

① 통상임금 기준(야근수당)

구분	계산방법
3개월치 야근수당	$= \dfrac{\text{월 통상임금}}{\text{월 소정근로시간}} \times \text{야근시간} \times 1.5\text{배}$ $= \dfrac{265\text{만 원}}{209\text{시간}} \times 10 \times 3\text{개월} \times 1.5\text{배}$ $= 57\text{만 원(야근수당 월 19만 원)}$ ※ 야근수당은 근로기준법상 통상임금의 1.5배를 지급해야 함.

② 평균임금(퇴직금)

구분	계산방법
퇴직금	= 3개월치 평균임금 × 소정근로연수 = (3개월치 평균통상임금 + 3개월치 평균야근수당) × 3년 = (265만 원 + 19만 원) × 3년 = 852만 원

2. 통상임금

(1) 개요

"통상임금"이라 함은 근로자에게 정기적·일률적으로 소정근로 또는 총근로에 대하여 지급하기로 정한 시간급금액·일급금액·주급금액·월급금액 또는 도급금액을 말한다.

통상임금은 각종 법정수당(시간외근로수당, 휴일근로수당, 연차근로수당, 월차근로수당, 해고수당, 생리수당 등)을 계산하는 기준이다.

임금	지급기준
해고예고수당	1일 통상임금 × 30
휴업수당	통상임금의 100% × 휴업일수 또는 평균임금의 70% × 휴업일수
연장·야간· 휴일근로수당	시간당 통상임금 × 연장·야간·휴일근로시간 × 50%
연차휴가수당	1일 통상임금 × 미사용 연차휴가일수
출산휴가급여	1일 통상임금 × 90일(상한액은 별도)
육아휴직급여	1일 통상임금 × 30일 × 80(50)%(상한액, 최저액은 별도)

통상임금에는 기본적으로 기본급과 각종 수당으로 구성된다. 여기서 월급여명세서의 모든 수당이 다 통상임금에 포함되는 것은 아니며, 변동성의 임금(수당)은 제외된다.

「근로기준법 시행령」에 따르면, 통상임금은 그 명칭과 무관하게,

① **소정근로**의 대가로 지급받는 임금이어야 하고,

② **정기적**으로 지급되어야 하고,

③ **일률적**(통일적)으로 지급되어야 한다. 여기에 대법원은,

④ **고정적**으로 지급되어야 한다는 조건을 추가로 제시하고 있다.

㉠ 소정근로란 법정근로시간(1일 8시간) 중 실제 일하기로 근로자와 사용자가 정한 시간을 말한다. 따라서 소정근로시간 외에 연장, 휴일근로 등의 대가로 받는 임금은 통상임금에 포함되지 않는다.

㉡ 정기적으로 지급되어야 한다는 의미

일정한 간격을 두고 지급되어야 하는 것을 말한다. 꼭 1개월 단위일 필요는 없고 분기·반기별로 지급되어도 일정한 주기가 있다면 정기성이 인정된다.

㉢ 일률적으로 지급된다는 의미

사업장 내 모든 근로자에게 적용되는 것뿐만 아니라, 일정한 조건이나 기준을 만족하는 모든 근로자에게 지급되는 경우도 '일률적'으로 본다. 예를 들어, 특정 자격증을 가지고 있는 근로자에게 월 20만 원을 추가로 지급하는 경우는 일률적으로 지급되는 것으로 본다.

㉣ 고정성은 「근로기준법 시행령」에서 명시적으로 규정하고 있는 조건은 아니지만, 대법원은 통상임금은 각종 수당을 계산하기 위한 '기준'이 되는 역할을 하는 만큼, 사전에 고정되어 있어야 한다는 입장이다. '고정적'이라는 말은 내가 근로를 하면서 추가로 달성하는 성과나 목표와는 무관하게, 사전에 정해져 있어 확정적으로 지급받게 되는 부분을 뜻한다. 예를 들어, 회사에서 '출근 수당'이라는 명목으로 출근일마다 20만 원을 지급했다면 이는 통상임금이지만, '개근 수당'이라는 명목으로 한 달을 개근한 근로자에게만 수당을 지급한다면 '개근'이라는 조건을 추가로 달성해야 하므로 고정성이 없어 통상임금에서는 제외될 것이다.

❑ **통상임금에 해당하기 위한 조건**(대법 2006다11388, 2007. 6. 28.)

근로기준법상 '임금'이라 함은 사용자가 근로의 대상(對)으로 근로자에게 임금, 봉급 기타 어떠한 명칭으로든지 지급하는 일체의 금품'을 말한다. 그리고 소정 근로 또는 총 근로의 대상(對)으로 근로자에게 지급되는 금품으로서 그것이 정기적·일률적으로 지급되는 것이면 원칙적으로 모두 통상임금에 속하는 임금이라 할 것이나, 근로기준법의 입법 취지와 통상임금의 기능 및 필요성에 비추어 볼 때 어떤 임금이 통상임금에 해당하려면 그것이 정기적·일률적으로 지급되는 고정적인 임금에 속하여야 하므로, 정기적·일률적으로 지급되는 것이 아니거나 실제의 근무성적에 따라 지급 여부 및 지급액이 달라지는 것과 같이 고정적인 임금이 아닌 것은 통상임금에 해당하지 아니한다고 할 것인데, 여기서 '일률적으로 지급되는 것'이라 함은 모든 근로자에게 지급되는 것뿐만 아니라 일정한 조건 또는 기준에 달한 모든 근로자에게 지급되는 것도 포함되고, 여기서 말하는 '일정한 조건'이란 고정적이고 평균적인 임금을 산출하려는 통상임금의 개념에 비추어 볼 때 고정적인 조건이어야 한다.

(2) 통상임금에 포함되는 수당의 예시

① 급여·정규상여

급여는 정기적·일률적으로 지급되어 통상임금에 해당하나, 정규상여는 정기적으로 지급되지 않으므로 통상임금에 해당하지 않는다.

② 식대·휴가비

고용노동부 행정해석(지침)에서는 급식대를 통상임금에 포함시키지 않도록 하고 있으나, 각종 법원 판례에서는 모든 사원에 대하여 일률적으로 현금으로 지급되고, 사용자에게 그 지급의무가 명시되어진 경우에 한하여 통상임금에 포함시키도록 하고 있다.

근로계약서에 명시되어 지급조건이 명백한 임금에 해당하는 것은 식대와 휴가비 모두 일치한다(대법 98다34393, 1999. 9. 3.). 그러나 식대는 정기적으로 지급되어 통상임금에 해당하지만 휴가비는 그렇지 않다는 차이가 있다.

③ 차량유지비

자기소유차량을 업무에 사용한 것에 대한 실비변상적인 금품에 해당하여 임금이 아니다(서울지법 94가합106585, 1995. 12. 15.). 따라서 임금이 아니므로 통상임금에도 해당될 수 없다.

④ 보육수당

ⓐ 임금으로 인정되는 경우

통상임금이란 정기적·일률적으로 소정근로 또는 총근로시간에 대한 대가로 지급하기로 정하여진 고정된 시간급, 일급, 주급, 월급 또는 도급금액을 말하는 것으로서 결혼 여부, 가족수 등에 따라 지급되는 가족수당이나 근무연수에 따라 차등지급되는 근속수당에는 포함되지 아니하나, 단체협약 등에서 통상임금에 포함하기로 정하였다면 별도의 정함에 따라야 할 것이다(참조예규 : 노동부 예규 제551호, 2007. 11. 28. ; 임금 32240 – 8795, 1989. 6. 13.).

ⓑ 임금으로 인정되지 않는 경우

통상임금에도 해당되지 않는다.

⑤ 명절선물

명절때마다 지급 여부를 대표이사가 결정한다면 임금이라고 보기 어렵다(서울지법 2000가합31064, 2000. 12. 28.). 따라서 통상임금에도 해당하지 않는다.

⑥ 성과배분인센티브

근로자 개인의 실적에 따라 결정되는 성과급은 임금이 아니다(대법 2001다76328, 2004. 5. 14.). 따라서 통상임금에도 해당하지 않는다.

⑦ 가족수당

노동부 행정해석(지침)에서는 대체로 가족수당을 통상임금에 포함시키지 않고 있으나, 각종의 법원 판례에서는 모든 근로자에게 지급되는 경우(부양가족의 유무와 관계없이 일률적으로 지급되는 경우)에 한하여 통상임금에 포함시키도록 하고 있다.

⑧ 기타 통상임금에 포함되는 수당

직무수당, 직책수당, 근속수당, 면허수당, 승무수당, 물가수당 등 물가변동이나 직급 간의 임금격차를 조정하기 위하여 지급되는 수당, 업무장려수당 등 업무능률을 향상시킬 목적으로 근무성적에 관계없이 일률적으로 지급되는 수당 등

⑨ 기타 통상임금에 포함되지 않는 임금

상여금, 근무일에만 지급되는 승무수당, 업무능률에 따라 지급되는 업무장려수당, 숙직수당, 통근수당, 생활보조 및 복지후생적으로 보조되는 금품(경조비 등), 실비변상으로 지급되는 출장비나 업무활동비 등

(3) 통상임금 산정원칙(시간급 통상임금)

통상임금은 시급으로 계산한다. 통상임금 산정시간을 정함에 있어 주급이나 월급의 경우 소정근로시간과 유급휴일 근로시간을 포함한 시간으로 한다.

법정기준 근로시간을 초과하는 총 근로시간을 전제로 일급금액, 주급금액, 월급금액으로 정하여진 경우에는 초과근로에 대한 법정수당을 제외한 금액으로 계산한다.

통상임금을 일급금액으로 산정할 경우는 [1일 통상임금 = 통상임금(시간급) × 1일 소정근로시간수]로 계산한다.

또한, 성질상 통상임금에 산입되어야 할 각종 수당을 통상임금에서 제외하기로 한 합의는 효력이 없으며(대법 93다319, 1994. 5. 24.), 노사가 성질상

통상임금에 속하는 근속수당, 위험수당, 승무수당을 통상임금에서 제외하기로 합의하였다고 하더라도 이는 근로기준법에 위배되어 무효이다(대구지법 20067299, 2007. 7. 27.).

1) 시급제인 경우

시간급 금액으로 정한 임금은 그 금액

2) 일급제의 경우

일급으로 정하여진 임금은 일급을 1일의 소정근로시간수로 나눈 금액

❑ **1일 8시간 근로계약인 경우**

$$일급제\ 시간급\ 통상임금 = \frac{일급임금}{8시간}$$

❑ **1일 근로시간이 법정 8시간 초과하는 경우**

$$일급제\ 시간급\ 통상임금 = \frac{일급금액}{(1일의\ 소정근로시간 + 시간외근로시간 \times 1.5)}$$

---

3) 주급제의 경우

주급 금액으로 정한 임금은 그 금액을 주의 통상임금 산정 기준시간 수로 나눈 금액이다.

다만, 1주일의 통상임금 산정 기준시간 수는 주일의 소정근로시간과 소정근로시간 외에 유급으로 처리되는 시간을 합산한 시간을 말한다.

주당 소정근로시간을 40시간으로 정하고 있는 경우 주급 임금에 주휴수당을 포함하고 있다면, 소정근로시간 40시간에 8시간을 더한 48시간으로 나누어야 한다.

$$\text{시간급 통상임금} = \frac{\text{주급임금}}{(\text{1주의 소정근로시간} + \text{주휴해당분 근로시간})}$$

4) 월급제의 경우

월급 금액으로 정한 임금은 그 금액을 월의 통상임금 산정 기준시간 수로 나눈 금액이다.

□ **5인 이상 사업장으로서, 주 5일 + 1일 무급휴무 + 1일 유급휴일**

1주 40시간 근무하는 근로자가 매월 기본급 1,900,000원과 통상임금에 포함되는 각종 수당 200,000원을 지급받는 경우

- 시간급 통상임금: $\dfrac{2,100,000원}{209시간} = 10,048원$

- 1주 통상임금산정을 위한 소정근로시간 = 209시간

  $= (주\ 40시간\ 근로 + 무급휴무\ 0시간 + 주휴\ 8시간) \times \dfrac{365일}{1주일(7일) \times 12개월}$

□ **5인 이상 사업장으로서, 주 5일 + 1일 유급휴무 + 1일 유급휴일**

1주 40시간 근무하는 근로자가 매월 기본급 1,900,000원과 통상임금에 포함되는 각종 수당 200,000원을 지급받는 경우

- 시간급 통상임금: $\dfrac{2,100,000원}{244} = 8,607원$

- 1주 통상임금산정을 위한 소정근로시간 = 244시간

  $= (주\ 40시간\ 근로 + 유급휴무\ 8시간 + 주휴\ 8시간) \times \dfrac{365일}{1주일(7일) \times 12개월}$

| 통상임금을 시간급금액으로 산정할 경우 |

* 월급제의 별도 유급처리시간 계산

: 주 40시간제 사업장(토요일을 무급휴일로 하기로 한 경우) : 8시간(일요일)

구분	산정방법
시간급인 경우	당해 금액
일급인 경우	$\dfrac{\text{일급금액}}{\text{1일의 소정근로시간 수}}$
주급인 경우	$\dfrac{\text{주급금액}}{(\text{주소정근로시간} + \text{별도유급처리시간})}$
월급인 경우	$\dfrac{\text{월급금액}}{(\text{주중의 근로시간} + \text{별도유급처리시간})} \times \dfrac{365일}{\text{1주일(7일)} \times 12개월}$
일정기간임금제의 경우	이전 방법에 준한 방법
도급인 경우	$\dfrac{\text{도급임금총액}}{(\text{임금산정기간의 소정근로시간} + \text{별도유급처리시간})}$
2이상의 임금으로 구성된 경우	이전 방법 각각의 산정금액의 합산액

사례

다음 근로자의 통상임금을 산정하여 보자.

• 월급금액 : 200만 원
• 주 40시간 근무, 1일 소정근로시간 : 8시간, 토요일 : 무급휴일

① 1시간의 통상임금

= 월급금액 / 월의 통상임금산정 기준시간수

= 200만 원/ 209시간

= 9,570원

 * 주 40시간 근무 사업장이므로 월의 통상임금산정 기준시간수는 다음과 같이
  산정된다. 월의 통상임금산정 기준시간수

  = (주의 소정근로시간 + 소정근로시간 외에 유급처리되는 시간) × 1년간의
   평균주수

```
    = (40시간+8시간)× 4.345
    = 208.57시간(209시간)
```

② 1일 통상임금
```
    = 1시간의 통상임금 × 1일 소정근로시간수
    = 9,570원 × 8시간
    = 76,560원
```

예를 들어, 연차수당을 통상임금을 기준으로 지급하는 기업이 미사용연차휴가 5일에 대하여 연차수당을 지급한다면 382,800원(=5일 × 76,560원)을 지급하여야 한다.

❑ **주 40시간제와 토요일 근무에 대한 처리방법(주 40시간제 도입실무 매뉴얼 – 창조 노동부, 2007)**

1. 산정방법

주 40시간제하에서 토요일의 처리방식은 무급 또는 유급, 휴일 또는 휴무일에 따라, 무급휴무일, 무급휴일, 유급휴일의 세 가지 방식이 가능하다. 그리고 각 방식에 따라 만일 토요일에 근로하게 되었을 경우 임금산정은 다음과 같이 달라진다.

구분	근로미제공시	근로제공시
무급휴무일	0%	임금 100% + 연장근로 가산(25% 또는 50%)
무급휴일	0%	임금 100% + 휴일근로 가산 50%
유급휴일	유급 100%	유급 100% + 임금 100% + 휴일근로 가산 50%

휴무일과 휴일은 모두 당초부터 근로제공의 의무가 없는 날을 말하는 것이지만, 휴일이 법률 등에 의해 강제되는 반면 휴무일은 법률 등에 의해 강제되지 않고 노사자율적으로 판단하여 실시한다는 차이점이 있다. 휴일에 근로를 제공하면 휴일근로수당(할증 50%)이 적용되는 반면, 휴무일에 근로를 제공하면 연장근로수당(할증 50% 또는 25%)이 적

용된다. 주 40시간제 실시 이후 최초 3년간은 연장근로가 1주 16시간까지 가능하되, 1주의 최초 4시간은 연장근로수당 할증률이 25%이상이다(50%이상이 아님에 유의).

2. 토요일 처리방식에 따른 통상임금산정기준시간의 변화

주 40시간제를 도입하면서 토요일을 무급휴무일로 하기로 한 경우 통상임금산정기준시간은 이를 포함하지 않으므로 209시간으로 처리하여야 한다. 반면 토요일을 유급처리키로 한 경우에는 통상임금산정기준시간 계산시 그 시간을 포함하여 계산하여야 하므로 아래와 같이 226시간이 되거나 또는 243시간이 될 수 있다.

① 단축되는 4시간을 무급으로 처리하는 경우
 [(주 40시간+일요일 8시간)×52주+8시간)]/ 12월 = 209시간

② 단축되는 4시간을 유급으로 처리하는 경우
 [(주 40시간+일요일8시간+4시간)× 52주+8시간)] / 12월
 = 226시간

③ 8시간을 유급으로 처리하는 경우
 [(주 40시간+일요일 8시간+8시간) × 52주+8시간)] / 12월
 = 243시간

따라서 토요일을 유급처리하는 경우에도 유급시간을 4시간으로 하느냐, 8시간으로 하느냐에 따라 통상임금산정근로시간수가 변화되어 결국 통상임금의 변화를 초래한다. 다만, 개정법에서는 근로시간 단축을 전후하여 시간급 통상임금 및 임금총액이 저하되지 않도록 임금보전을 의무화하고 있다.

3. 평균임금

(1) 개요

평균임금이란 산정하여야 할 사유가 발생한 날 이전 3개월 동안에 그 근로자에게 지급된 임금의 총액을 그 기간의 총일수로 나눈 금액을 말한다.

평균임금은 퇴직금, 휴업수당, 재해보상금을 청구(징계로 감봉 조치를 할 때 기준)할 때 기준이 되는 임금으로, 계산 기준일 이전 3개월의 임금을 합한 금액을 그 기간의 역일(일수)로 나눈 금액을 말한다. 다만, 취업한 후 3개월 미만의 경우에도 이에 준한다.

이때 1일 치 평균임금이 1일 치의 통상임금보다 적은 경우에는 통상임금을 평균임금으로 본다.

임금	지급기준
퇴직금	1일 평균임금 × 30일 × $\dfrac{\text{재직일수}}{365}$
휴업수당	(통상임금의 100% × 휴업일수) 또는 (평균임금의 70% × 휴업일수)
실업급여	1일 평균임금 × 60% × 구직일수

❑ **평균임금의 기본취지 : 근로자의 안정된 생활 보장**

근로기준법상의 평균임금을 기초로 지급되는 퇴직금, 휴업수당 및 각종 재해보상은 근로자의 안정된 생활을 보장하는 데 그 기본 목적이 있는 것이므로 이의 기초가 되는 평균임금은 당해 근로자에게 일상적 평균적으로 지급되고 있는 임금에 가깝게 산정되어야 하고 향후에도 계속적으로 이러한 임금을 받을 것으로 기대될 수 있어야 할 것이다(임금 68207-468, 1993. 7. 31.).

❑ **평균임금이 통상임금보다 적은 경우의 적용 사례**

퇴직금 산정시 무보직 상태로 인하여 산출된 금액이 당해 근로자의 통상임금보다 적을 경우에는 그 통상임금을 평균임금으로 보아 퇴직금을 산정하면 된다(서울고법 89나31141, 1990. 6. 22.).

(2) 평균임금 산정방법

① 근로의 대가로, ② 정기적이고 계속적으로 지급하는 금품으로, ③ 근로계약, 취업규칙 등에 지급의무가 정해져 있는 것이면 명칭과 상관없이 평균임금 계산에 포함된다.

$$1일\ 평균임금 = \frac{\{사유발생한\ 날(퇴직일)\ 이전\ 3월간의\ 임금총액\}}{\{사유발생한\ 날(퇴직일)\ 이전\ 3월간의\ 총일수\}}$$

- 사유발생한 날(퇴직일) 이전 3월간의 임금총액
  = (3월간의 월급여총액) + (연간 지급된 상여금의 3/12)
    + (연간 지급된 연차수당의 3/12)
- 사유발생한 날(퇴직일) 이전 3월간의 총일수는 달력상의 날짜대로 한다.
  예 8월 31일 퇴직인 경우
    6월(30일) + 7월(31일) + 8월(31일) = 92일

※ 평균임금 산정시 소수점 4자리 이하 계산방법
  계산 편의상 노사가 협의하여 소수점 이하 첫째자리 또는 둘째자리까지 산정할 수 있으나, 이 경우도 평균임금은 근로자에게 불이익이 없도록 소수점 둘째 또는 셋째자리에서 올림을 하는 것이 타당하다고 판단됨 (퇴직연금복지과-777, 2009. 4. 1.).

1) 3개월간의 임금총액

임금총액은 「근로기준법」상의 임금이 모두 포함된다. 다만, 일시로 지불된 임금·수당과 통화 이외의 것으로 지불된 임금으로서 고용노동부장관이 정하는 것 이외의 것은 산입하지 아니한다.

임금은 '근로의 대가'로서 지급한 것이기 때문에 근로의 대가라기보다 사용자의 호의나 재량에 의해 지급하는 금품이나 순수한 복리후생비, 실비를 변상해주기 위해 지급하는 금품으로서 지급이 일시적이거나 일정하지 않은 경우에는 임금이 아니라고 본다.

이러한 예로 경영성과배분금이나 포상금, 격려금, 경조사비, 출근일수에 따라 달라지는 통근수당이나 급식비, 가족 수에 따라 달라지는 가족수당 등이 있다.

> 통상임금이 사전에 '주기로 정한 임금'이라면, 평균임금은 '실제로 발생한 임금'이다. 그러므로 통상임금은 사전에 정할 수 있는 고정적이고 일률적인 것이어야 하지만, 평균임금은 실제 발생한 임금이면 '모두' 포함된다.

(가) 평균임금 산정기초인 임금에 포함되는 것

① 통화로 지급되는 것

기본급, 연·월차 유급휴가수당, 연장·야간·휴일근로수당, 특수작업수당, 위험작업수당, 기술수당, 임원·직책수당, 일·숙직수당, 장려·정근·개근·생산독려수당, 단체협약 또는 취업규칙에서 근로조건의 하나로서 전 근로자에게 일률적으로 지급하도록 명시되어 있거나 관례적으로 지급되는 것(상여금, 통근비(정기승차권), 사택수당, 급식대(주식대보조금, 잔업식사대, 조근식사대), 월동비, 연료수당, 지역수당(냉, 한, 벽지수당), 교육수당(정기적·일률적 전 근로자에게 지급되는 경우), 별거수당, 물가수당, 조정수당, 가족수당이 독신자를 포함하여 전 근로자에게 일률적으로 지급되는 경우, "봉사료"를 사용자가 일괄 집중관리하여 배분하는 경우 그 배분금액

② 현물로 지급하는 것

법령, 단체협약 또는 취업규칙의 규정에 의하여 지급되는 현물급여
(예 급식 등)

(나) 평균임금 산정기초인 임금에 포함되지 아니하는 것

① 성질상 임금이 아니기 때문에 포함될 수 없는 것

　㉠ 통화로 지급되는 것

　　결혼축하금, 조의금, 재해위문금, 휴업보상금, 실비변상적인 것(예
　　기구손실금, 그 보수비, 음료대, 작업용품대, 작업상 피복제공이나
　　대여 또는 보수비, 출장여비 등)

　㉡ 현물로 지급되는 것

　　근로자로부터 대금을 징수하는 현물급여, 작업상 필수적으로 지급
　　되는 현물급여(예 작업복, 작업모, 작업화 등), 복지후생시설로서
　　의 현물급여(예 주택설비, 조명, 용수, 의료 등의 제공, 급식, 영양
　　식품의 지급 등)

　㉢ 기타 임금총액에 포함되지 않는 것

　　퇴직금(단체협약, 취업규칙 등에 규정함을 불문한다.)

② 임금이지만 총액에서 공제되는 것

임시 또는 돌발적인 사유에 따라 지급되거나 지급조건은 사전에 규정
되었더라도 그 사유발생일이 불확정적, 무기한 또는 희소하게 나타나는
것(예 결혼수당, 사상병수당)

❏ 평균임금 산정상의 상여금 취급요령

상여금이 단체협약, 취업규칙, 기타 근로계약에 미리 지급조건 등이 명시되어 있거나, 관례로서 계속 지급하여온 사실이 인정되는 경우에는 그 상여금의 지급이 법적인 의무로서 구속력을 가지게 되어 근로의 대상성이 확정되는 것이므로 이는 임금으로 본다. 그러므로 지급되는 상여금은 지급횟수(연 1회 또는 4회 등)를 불문하고 평균임금 산정기초에 산입한다. 상여금은 이를 지급받았을 때(월)만의 임금으로 취급하여 일시에 전액을 평균임금에 산입할 것이 아니고 평균임금을 산정하여야 할 사유가 발생한 때(퇴직한 때) 이전 12개월 중에 지급받은 상여금 전액을 그 기간 동안의 근로월수(3개월)로 분할계산하여 평균임금산정에 산입하여야 한다.
근로월수가 1년 미만인 경우에는 당해 근로월 중에 지급받은 상여금 전액을 그 근로월수로 분할 계산하여 평균임금 산정에 산입한다.

2) 3개월간의 총일수

3개월의 총일수는 날짜를 기준으로 계산하기 때문에 사유가 발행한 달이 몇 월달이냐에 따라 그 기간 동안의 총 일수는 89일에서 92일까지 다를 수 있다.

❏ 이직일이 20×1년 12월 17일인 경우

[3개월을 거꾸로 한 달의 이직일+1일]부터 [이직일]까지의 기간
(9월 18일~12월 17일)

	평균임금산정내역				
⑰ 임금계산기간	9월 18일~ 9월 30일	10월 1일~ 10월 31일	11월 1일~ 11월 30일	12월 1일~ 12월 17일	계
⑱ 총 일수	13일	31일	30일	17일	91

◀──────────────────────────── 3개월 거꾸로

① 사유발생일(평균임금 산정의 기산일)

평균임금 산정의 기산일이란 평균임금으로 산출해야 할 각종 급여를 지급하거나 감액할 사유가 발생한 날을 의미한다. 사유발생 당일은 포함되지 않는다. 퇴직금을 산정할 때의 기산일은 퇴직한 날로서 사직서를 제출한 경우에는 사용자가 이를 수리한 날을 의미하며, 재해보상의 경우에는 사고가 발생한 날 또는 진단에 의하여 질병이 발생되었다고 확정된 날을 말한다.

> ❏ **역법에 의한 일수계산**
> 역법에 의한 일수의 계산방법은 다음의 민법 제160조의 규정에 의한 계산을 말한다.
> (민법 제160조에 의한 계산) 1. 기간을 주, 월 또는 연으로 정한 때에는 역에 의하여 계산한다. 2. 주, 월 또는 연의 처음으로부터 기간을 기산하지 아니한 때에는 최후의 주, 월 또는 연에서 그 기산일에 해당한 날의 전일로 기간이 만료한다. 3. 월 또는 연으로 정한 경우에 최종의 월에 해당일이 없는 때에는 그 월의 말일로 기간이 만료한다.
> 예를 들어, 근로자가 20×1년 12월 3일에 퇴사하여 퇴직금 지급사유가 발생한 날 이전 3월간의 평균임금을 산정하기 위한 3월의 기간을 산정하면 20×1년 12월 2일부터 20×1년 9월 3일까지가 된다. 그러나 행정해석은 별도의 특약이 없는 한 퇴직한 날의 다음 날을 퇴직일로 간주하도록 하고 있다. 따라서 이러한 행정해석을 고려하여 산정하면 퇴사한 당일을 포함하여 20×1년 12월 3일부터 20×1년 9월 4일까지의 기간이 된다.

② 군복무기간

군복무기간 중 퇴직하였다면 휴직 첫날이 사유발생일이 되고, 복직 후 3개월이 되지 않은 상태에서 퇴직하였다면 퇴직일이 사유발생일이 된다.

③ 노조전임기간

노조전임간부가 원직에 복직하지 않고 퇴직한 경우 노사합의로 정해야 하나 합의사항이 없다면 노조전임간부가 개시된 날을 기산일로 하고, 원직에 복직한 경우는 실제 일한 기간만 산정대상기간으로 한다.

④ 3개월 미만 기간

취업 후 3개월 미만인 경우에는 근로기준법 제19조 규정에 따라 그 기간만을 대상으로 평균임금을 산정한다.

⑤ 평균임금 산정시 제외되는 기간 및 임금

다음과 같은 경우에는 산정대상기간 및 임금에서 그 부분만큼 제외된다(근로기준법 시행령 2조 1항).

ⓐ 업무수행으로 인한 부상 또는 질병의 요양을 위하여 휴업한 기간(근로기준법 81조)

ⓑ 사용자의 귀책사유로 인한 휴업기간(동법 45조)

ⓒ 수습기간(동법 35조 5호)

ⓓ 적법한 쟁의행위기간(노동조합 및 노동관계조정법 2조 6호)

ⓔ 군복무기간, 향토예비군훈련, 민방위훈련기간(다만, 그 기간 중 임금을 지급받은 경우에는 그러하지 아니한다)

ⓕ 산전후휴가기간(동법 72조)

ⓖ 육아휴직기간(남녀고용평등법 11조)

ⓗ 업무 외 부상 또는 질병으로 인하여 사용자의 승인을 얻어 휴업한 기간

⑥ '제외되는 기간이 있을 경우 3개월'의 산정방법

구분	평균임금 산정방법
휴직한 기간이 3개월을 초과하여 평균임금 산정기준 기간이 없게 되는 경우	휴직한 첫날을 산정사유발생일로 보아 이전 3개월간을 대상으로 산정
위 이외의 경우	휴직한 기간을 제외한 나머지 일수 및 임금을 대상으로 산정

❏ **육아휴직 후 1개월 반만 근무하고 퇴직한 경우 평균임금**

근로자가 육아휴직(4개월) 후 1개월 반만 근무하고 회사를 퇴직하였을 경우 퇴직금 계산을 위한 평균임금의 산정은 근로기준법 제2조 제1항 제6호의 "취업 후 3월 미만도 이에 준한다."는 규정을 감안하여 실제 근로를 제공한 1개월 반 동안의 임금을 그 기간의 일수로 나누어 산정하는 것이 타당할 것이다(부소 68247-112, 1993. 4. 10.).

❏ **평균임금의 산정**

[기본사항]

• 기본월급: 월 2,500,000원
• 평균임금산정 사유발생일: 20×1. 8. 1.
• 상여금지급 기준액: 2,500,000원
• 상여금 지급률: 400%
• 연차수당 지급기준액(통상일급): 96,000원
• 연차일수: 15일(퇴직 전일까지 미사용한 연차휴가일수)

(1) 3개월간 월급여액의 총액

평균임금 계산기간	20×1. 5. 1.~ 20×1. 5. 31.	20×1. 6. 1.~ 20×1. 6. 30.	20×1. 7. 1.~ 20×1. 7. 31.	합계
총일수	31일	30일	31일	92일
기본금	2,500,000원	2,500,000원	2,500,000원	7,500,000원
직책수당	30,000원	30,000원	30,000원	90,000원
초과근로수당	200,000원	270,000원	90,000원	560,000원
합계	2,730,000원	2,800,000원	2,620,000원	8,150,000원

(2) 상여금 가산액

$$2,500,000원 = (2,500,000원 \times 400\%) \times \frac{3}{12}$$

(3) 연차수당 가산액

$$360,000원 = (96,000원 \times 15일) \times \frac{3}{12}$$

(4) 평균임금산정기간 총일수

92일 = 20×1. 5. 1.~20×1. 7. 31.

(5) 평균임금의 계산

$$일평균임금 = \frac{\{사유발생한 \ 날(퇴직일) \ 이전 \ 3월간의 \ 임금총액\}}{\{사유발생한 \ 날(퇴직일) \ 이전 \ 3월간의 \ 총일수\}}$$

$$119,674원 = \frac{\{8,150,000원 + 2,500,000원 + 360,000원\}}{92일}$$

4. 최저임금

(1) 개요

최저임금제란 헌법 제32조 제1항에 따라 국가가 노·사 간의 임금결정 과정에 개입하여 임금의 최저수준을 정하고, 사용자에게 그 이상의 임금을 지급하도록 법으로 강제함으로써 저임금 근로자를 보호하는 제도이다.

(2) 최저임금 적용 대상

1) 사업장 규모

1인 이상의 근로자를 사용하는 모든 사업장에 적용된다. 다만, 동거하는 친족만을 사용하는 사업에는 적용되지 않는다.

2) 근로자 형태

상용근로자, 정규직뿐만 아니라 기간제, 계약직, 임시직·일용직·시간제, 파트타임, 아르바이트, 학생, 외국인근로자 등 고용형태나 국적에 관계없이 모든 근로자가 포함된다. 다만, 가사사용인, 선원법 적용을 받는 선원은 적용되지 않는다.

(3) 최저임금 적용제외 대상자

1) 특별한 인가절차 없이 당연적용제외 대상자

① 동거하는 친족만으로 구성된 사업

'친족'은 '8촌 이내의 혈족, 4촌 이내의 인척과 배우자'를 말한다(민법 767조). '동거'는 세대를 같이 하면서 생활을 공동으로 하는 것을 말한다. 따라서 친족이라 하더라도 동거하지 않으면 「동거의 친족」으로 볼 수 없다.

동거의 친족 이외의 근로자가 1명이라도 있으면 「동거하는 친족만을 사용하는 사업 또는 사업장」이 아니므로 「최저임금법」이 적용된다.

② 가사사용인

개인 가정에 고용된 각종 가사담당 근로자(가정에 고용된 요리사, 가정부, 세탁부, 보모, 유모, 참모, 개인비서, 집사, 운전사, 정원관리인, 가정교사 등)

③ 선원법의 적용을 받는 선원 및 선원을 사용하는 선박소유자

2) 고용노동부의 인가절차를 거쳐야만 적용제외되는 근로자

정신 또는 신체의 장애로 근로능력이 현저히 낮은 자로서, 당연히 적용제외되는 것은 아니며, 반드시 고용노동부의 인가를 받아야 적용제외된다. 정신 또는 신체의 장애가 있는 근로자라도 그 장애가 당해 근로자를 종사시키고자 하는 업무수행에 직접적으로 현저한 지장을 준다는 것이 명백하여야 하며, 인가기간은 1년을 초과할 수 없다.

(4) 감액 가능한 근로자

1년 이상 근로계약기간을 정하고 수습 중인 근로자에 대하여는 수습을 시작한 날로부터 3개월 동안은 최저임금의 10%를 감액하여 지급할 수 있다.

1) 수습근로자의 최저임금

최저임금액의 90%만 적용받는 근로자는, 1년 이상 근무할 것을 계약한 경우로서 근로계약서, 취업규칙 등에서 3개월 이내의 수습기간을 정한 경우에만 가능하다.

다만, 다음과 같은 경우에는 최저임금법 제5조 제2항에 해당하지 않아 최저임금의 100%를 지급해야 한다.

① 1년 이상 근무할 것을 계약했더라도 3개월을 초과하여 수습기간을 정한 경우(수습기간 3개월 초과분은 100% 지급해야 함)

② 1년 이상 근무할 것을 계약하지 않은 경우

③ 수습사용임을 정하지 않은 경우(근로계약, 취업규칙 등에서 '수습'으로 한다는 명시적 근거가 있어야 함)

④ 운송, 제조, 청소, 판매, 음식, 기타 서비스 업종 등에서 단순노무업무에 종사하는 경우

(5) 최저임금 산정

1) 2025년 최저임금

구분	금액	비고
1시간당 최저임금	10,030원	
1시간 연장근로수당	10,030원 × 1시간 × 1.5배 = 15,045원	50% 연장근로 가산수당
주휴수당	10,030원 × 8시간 = 80,240원	1일 소정근로시간 8시간 기준
1주 유급처리	10,030원 × 48시간 = 481,440원	주 40시간 + 주휴 8시간
월 최저임금	10,030원 × 209시간 = 2,096,270원	주 48시간 × 4.34주
연봉	2,096,270원 × 12개월 = 25,155,240원	12개월치 월급여
수습근로자 최저임금	2,096,270원 × 90% = 1,886,643원	아래 3가지 요건을 모두 갖춘 수습근로자는 해당연도 최저임금의 90%만 지급하여도 최저임금 미달 아님. ① 근로계약기간 1년 이상 ② 수습기간 3개월 명시 ③ 단순노무직종 미해당

2) 최저임금에 산입하는 범위

다음은 최저임금에 포함되는 임금이다. 기본급과 그 밖에 직무수당, 직책수당, 기술수당, 특수지 근무수당 등이 산입 시 포함된다.

(가) 공통요건

① 단체협약·취업규칙 또는 근로계약에 임금항목으로서 지급근거가 명시되어 있거나 관례에 따라 지급하는 임금 또는 수당

② 미리 정하여진 지급조건과 지급률에 따라 소정근로(도급제외 경우에는 총 근로)에 대하여 매월 1회 이상 정기적·일률적으로 지급하는 임금 또는 수당

③ 최저임금에 포함되는 수당

2024년부터는 매월 정기적으로 지급되는 상여금과 복리후생비 전액이 최저임금에 산입되게 된다.

| 정기상여금, 현금성 복리후생비 중 최저임금에 미산입되는 금액 |

구분	2019년	2020년	2021년	2022년	2023년	2024년~
정기상여금	25%	20%	15%	10%	5%	0%
현금성 복리후생비	7%	5%	3%	2%	1%	0%

※ 최저임금 월 환산액의 비율에 해당하는 금액(이 금액을 초과하는 금액은 산입)

(나) 개별적인 임금 수당의 판단기준

① 직무수당·직책수당 등 미리 정해진 지급조건에 따라 담당하는 업무와 직책의 경중에 따라 지급하는 수당

② 물가수당·조정수당 등 물가변동이나 직급 간의 임금격차 등을 조정하기 위하여 지급하는 수당

③ 기술수당·면허수당·특수작업수당·위험작업수당 등 기술이나 자격증·면허증 소지나 특수작업종사 등에 따라 지급하는 수당

④ 벽지수당·한랭지 근무수당 등 특수지역에서 근무하는 자에게 일률적으로 지급하는 수당

⑤ 승무수당·항공수당·항해수당 등 버스·택시·화물자동차·선박·항공기 등에 승무하여 운행·조정·항해·항공 등의 업무에 종사하는 자에게 매월 일정한 금액을 지급하는 수당

⑥ 생산장려수당 등 생산기술과 능률을 향상시킬 목적으로 매월 일정한 금액을 지급하는 수당
⑦ 그 밖에 '①'~'⑥'에 준하는 것으로서, 공통요건에 해당하는 것이 명백하다고 인정되는 임금 또는 수당

3) 최저임금에 산입하지 않는 임금의 범위

① 소정근로시간(1일 8시간, 1주 40시간 이내에서 근로자와 사용자가 일하기로 정한 시간) 또는 소정의 근로일에 대하여 지급하는 임금 외의 다음의 임금은 최저임금에 산입하지 않는다.
  ㉠ 연장근로 또는 휴일근로에 대한 임금 및 연장·야간 또는 휴일근로에 대한 가산임금
  ㉡ 연차유급휴가의 미사용수당
  ㉢ 유급으로 처리되는 휴일(단, 주휴일은 제외)에 대한 임금
  ㉣ 그 밖에 명칭에 관계없이 위 '㉠'~'㉢'에 준하는 것으로 인정되는 임금
② 식비, 숙박비, 교통비 등 근로자의 생활 보조 또는 복리후생을 위한 성질의 임금으로서 통화 이외의 것으로 지급하는 임금

(6) 최저임금 위반 여부 판정

주급이나 월급이 최저임금에 위반되는지를 판단하기 위해서는, 시간으로 나누어 시간급으로 환산하여 최저임금(2025년 시간급 10,030원)과 비교하여야 한다.

주급 또는 월급을 시간급으로 나누는 시간 수는 소정근로시간과 주휴시간을 합산한 시간 수로 한다.

소정근로시간이란, 법정근로시간(1일 8시간 또는 1주 40시간) 내에서

회사와 근로자가 근무하기로 약정한 근로시간을 말한다.

① 법정근로시간(1일 8시간, 1주 40시간) 이내이면 그 시간을 소정근로시간으로 한다.
② 법정근로시간(40시간)을 초과하면 법정근로시간(40시간)을 소정근로시간으로 한다. 초과된 시간은 연장근로시간으로 처리한다.
③ 5인 미만 사업장의 경우에는 근로기준법상의 근로시간 관련규정의 적용이 배제되므로, 법정근로시간과 관계없이 근로자와 사용자 간에 정한 근로시간을 소정근로시간으로 간주한다.

사례

❑ **시급인 경우**

시간급 10,000원인 경우: 시간급 10,000원 〈 10,030원(최저임금 위반)

❑ **일급인 경우**

1일 8시간 일급 80,000원

$$\frac{80,000원}{8시간} = 10,000원 〈 10,030원(최저임금 위반)$$

❑ **주급인 경우**

1일 4시간 1주(5일)간 총 20시간 근로(개근)하고 주급 210,000원을 받은 경우

$$\frac{210,000원}{1주 20시간+유급주휴 4시간} = 8,750원 〈 10,030원(최저임금 위반)$$

(주 15시간 이상 근무하는 경우 주휴수당을 포함하여 계산하여야 함)

❑ **월급인 경우**

① 1주 40시간(주 5일, 1일 8시간)을 근로하고 월급 1,901,900원을 받는 경우

$$\frac{1,901,900원}{209시간} = 9,100원 〈 10,030원(최저임금 위반)$$

* 소정근로시간 40시간인 경우 1개월의 최저임금 적용 기준시간수 = 209시간

$$= (주 40시간 근로 + 무급휴무 0시간 + 주휴 8시간) \times \frac{365일}{1주일(7일) \times 12개월}$$

② 1주 44시간(월~금 8시간, 토 4시간)을 근로하고(상시근로자 5인 미만 사업장) 월 2,260,000원을 받는 경우

$$\frac{2,260,000원}{226시간} = 10,000원 \langle 10,030원(최저임금 위반)$$

* 소정근로시간 44시간인 경우 1개월의 최저임금 적용 기준시간수 = 226시간

$$= (주 40시간 근로 + 유급휴무 4시간 + 주휴 8시간) \times \frac{365일}{1주일(7일) \times 12개월}$$

(7) 최저임금법 위반 시 처벌

① 최저임금액 이상의 지급의무

위반시 3년 이하의 징역 또는 2천만 원 이하의 벌금부과, 병과 가능하다.

사용자는 근로자들에게 최저임금액 이상의 임금을 지급하여야 하며, 최저임금액을 이유로 종전의 임금수준을 낮추어서는 아니된다.

이때 근로계약 중 최저임금액의 미치지 못하는 금액을 임금으로 정한 부분은 무효가 되고, 최저임금액과 동일한 임금을 지급하기로 한 것으로 본다.

② 주지의무(위반 시 100만 원 이하의 과태료)

사용자는 최저임금액, 최저임금에 산입하지 아니하는 임금의 범위, 적용제외 근로자의 범위 등을 근로자들이 볼 수 있는 장소에 게시하거나 그 외 적당한 방법으로 근로자에게 널리 알려야 한다.

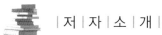 |저|자|소|개|

■ 세무사 윤지영

• 경력사항

現 세무법인 위드플러스 이사
現 한국세무사회 세무연수원 교수
現 한국세무사회 공익법인지원센터 간사
現 이나우스아카데미 교수
現 아이파경영아카데미 교수
現 세무TV 운영위원 및 교수

• 학력 및 자격사항

고려대학교 법무대학원 석사
세무사

• 전문분야

비영리법인 설립 및 운영 컨설팅(사내근로복지기금 포함)
가업승계 등 법인컨설팅

■ 세무사 최세영

• 경력사항

現 세무법인 위드플러스 대표이사
現 서울시 공익감사단 위원
現 서울지방세무사회 국제협력위원
前 한국세무사고시회 국제세무사제도센터장
前 한일세무사친선협회 사무국장
前 강동세무서 납세자보호위원
前 잠실세무서 정보공개심의위원

• 학력 및 자격사항

2005년 세무사 자격 취득
서강대학교 경영학과 졸업
명지대 부동산대학원 수료(경매과정)

• 전문분야

재산 컨설팅 서비스
국제상속 컨설팅 서비스
외투법인 자문 서비스